terrorism, crime, disaster, cyber attacks, drones,
corporate crisis and crisis negotiation

# 국가위기관리의
# 스펙트럼

김태영 · 송태은 · 이병석

박영사

# 머리말

위기(Crisis)는 그리스어 Krinein에서 유래되었는데, 기존 시스템, 생명, 재산을 단기간 심각하게 위협하는 사건을 의미하며, 일반적으로 통제할 수 없는 심각성(강도), 불확실성, 긴급성을 수반하는 사건과 프로세스를 포함하고 있다. 특히 위기는 시간적으로 위험한 결정적 순간(a critical moment)에서 상황 판단과 의사결정이 요구된다.

오늘날 위기관리 학문은 하이브리드 위협 형태로 더욱 역동적이고 학제적, 융합적인 이론으로 확장되며 발전하고 있다. 여기에 더하여 첨단 신기술의 발전은 더욱 복잡하고 파괴력이 큰 위기를 끊임없이 출현시키고 있다. 앞으로 위기관리 스펙트럼의 경계선을 어떻게 정립하고 대응해야 할 것인가?

이런 측면에서 책의 제목을 정하는 과정은 역설적으로 행복하면서도 본문을 작성하는 것만큼이나 어려운 작업이었다. 앞으로 도래할 위기의 양상을 명확하게 위기관리 관점에서 예측, 예방, 대비·대응, 복구하는 것이 쉽지 않기 때문이다.

오늘날 세계는 복잡하고 다양한 위협에 직면하고 있다. 테러, 범죄, 자연재난, 사이버 공격, 드론을 활용한 위협, 기업 위기 등은 국가와 조직의 안전을 위협하는 주요 요소가 되었다. 이러한 복합적이고 동시다발적인 위기 상황에서 효과적으로 대응하기 위해서는 국가 차원의 위기관리 시스템을 구축하고, 이를 효율적으로 운영할 전략적 사고와 전문성이 요구된다.

이 책은 국가 위기관리학의 기초 이론부터 실무적 접근까지를 포괄적으로 다루며, 현대 사회에서 발생하는 다양한 하이브리드 위협(hybrid threats)에 대한 대응 방안을 제시한다. 특히 국가 위기관리학의 이론적 기반을 정리하고, 전통적인 위기관리 전략의 한계를 극복하기 위한 새로운 접근법을 탐색하며, 위기관리 리더십의 중요성을 강조한다.

책의 주요 내용은 다음과 같다. 국가 위기관리학의 개요를 통해 위기 개념의 진화와 국가 위기관리 체계의 변화를 살펴보고, 위기관리학의 학문적 특징과 정책 집행 및 연구 접근법을 분석하며 다양한 위기관리 이론을 제시한다. 또한 국내외 국가 위기관리 체계를 비교 분석하고, 기업과 조직의 업무 연속성 관리(BCM)에 대한 전략을 다룬다. 드론시큐리티와 사이버 위기, 위기협상 등도 포함되어 있어 실용적인 관점에서 위기관리학을 이해하는 데 도움을 줄 것이다.

저자들은 공통적으로 주로 국가 위기관리 영역에서 오랜 기간 근무하며 학술 연구와 강의를 활발히 수행해 왔다. 먼저 대표저자인 김태영 대통령경호처 경호안전교육원 교수는 주로 하이브리드 위협 측면의 테러리즘, 인지전, 국가 위기관리, 경호안전, 협상 분야를 연구했다. 국무총리실 대테러센터와 합동참모본부 등에서 대테러 정책 업무를 담당했고, 정책학·범죄학 석·박사 과정과 연계해 국내외 위기 현장에서 소중한 위기관리 경험을 축적했다.

송태은 교수는 현재 외교부 국립외교원에 재직 중이고 국제안보통일연구부 소속으로서 신흥안보 분야를 강의하며 연구하고 있다. 주요 연구 분야는 사이버 안보, 인공지능의 국제정치적·군사안보적 영향, 데이터안보, 우주안보와 아울러 사이버전, 하이브리드전, 정보전, 인지전 및 전략커뮤니케이션이다.

이병석 교수는 경찰대학에서 재직하며 학술 연구와 강의를 활발히 수행해 왔다. 드론테러 및 경찰드론 분야의 선구자로서 '드론아키텍트'라고 불리며, 드론시큐리티 분야를 개척하여 공공분야 드론시큐리티 생태계의 발전에 크게 기여하였다. 현재는 순천향대학교 드론시큐리티전략연구원 원장으로 재직 중이며, 드론, 대드론, 대테러, 재난대응 분야를 연구하고 있다.

이러한 저자들의 연구 결과는 국내외 학술논문으로 발표되었으며, 이 책의 중요한 밑거름이 되었다. 단편적인 이론이나 실무적 측면에 치우치지 않고 학제적 관점에서 위기관리에 대한 필수적 내용을 담는 데 집중했다. 따라서 이 책은 국가 위기관리 활동의 정책적 경험과 최신 양상 및 이론을 융합한 학술서이자 실무 매뉴얼로서의 역할을 할 것이다. 마지막으로 이 책의 완성도를 높이기 위해 소중한 감수의견을 주신 노승룡 대통령경호처 경호안전교육원장님, 손○○ 경호교육센터장님, 문○○ 경호훈련센터장님, 송○○ 경호사무관님 … 그리고 짜증내지 않고 수많은 오탈자를 수정해준 사랑하는 우리 딸 라희에게 감사함을 표한다.

이 책이 위기관리 분야를 연구하는 학자, 공공기관 관계자, 기업 경영자, 위기 대응 실무자들에게 유용한 지침서가 되기를 바란다.

2025. 2. 25
북악산이 보이는 연구실에서
대표저자 김태영

# 목 차

# Ⅰ. 국가 위기관리학 개요와 관련이론

## Ⅱ. 국내외 국가위기관리 대응체계

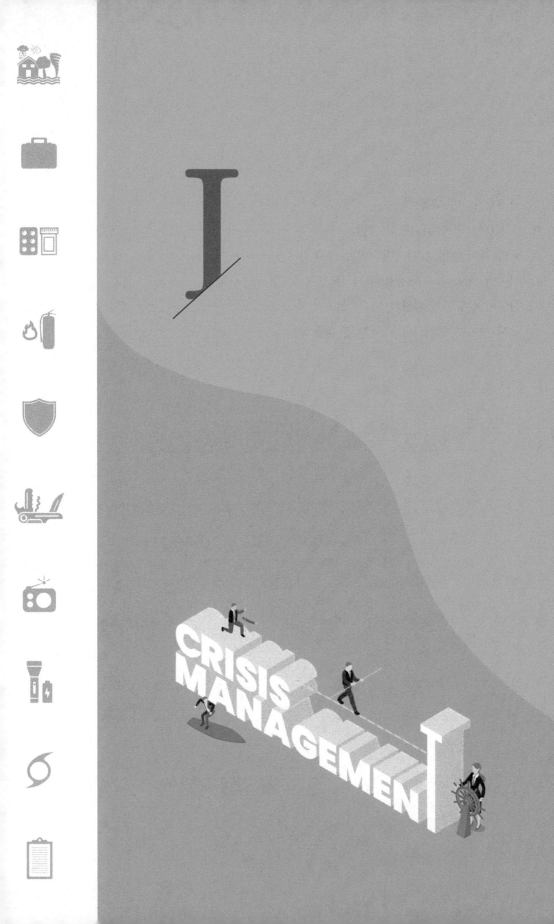

# 국가 위기관리학 개요와 관련이론

# 제1장

# 국가 위기관리학의 개요

## 제1절  위기관리학의 등장과 위기의 개념

우리는 전례 없이 예측할 수 없는 불확실성에 직면한 사회에서 다양한 위기유형이 발생하는 격동의 환경에 살고 있으며 그 피해 또한 점점 증대되고 있다. 이러한 위기에 대응하고 피해를 최소화하기 위해 사전 예방과 대비, 사후 대응, 복구단계에서의 위기관리 연구가 활발해지고 있다.

위기관리가 인류 역사와 문명과 함께 했다는 점에서 매우 중요한 학문임에도 불구하고, 종합학문으로서의 필요성에 대한 인식이 부족했다. 따라서 위기관리 연구는 인간의 존엄성과 생명에 대한 존중을 바탕으로 하며, 다양한 학문 분야의 지혜와 지식을 통합하여 더 나은 해결책을 제시해야 한다. 최근 들어 위기관리학의 중요성이 점점 더 부각되고 있으며, 특히 복합적이고 다학문적인 접근이 필요하다는 인식이 확산되고 있는데, 이러한 경향은 위기 상황에서의 효과적인 대응과 예방을 위해 필수적이다. 기존 위기 관리 연구의 경향은 전통적인 접근방식인 계획 및 프로세스(traditional planned and process) 기반 중점에서 실시간 대응 및 반응성(reactivity) 중점으로 전환되고 있다. 일부 최근의 위기관리 연구를수행하는 학자들은 전통적인 접근 방식을 시대에 뒤떨어진 것으로 평가하지만, 실제 조직에서도 이에 동의하는지는 검증되지는 않았다. 따라서 위기관리 연구의 중점은 위기 발생시 다양한 조직들마다 위기관리 이론을 실제로 어떻게 적용하고 무엇이 시스템 설계에 영향을 미치는가를 분석하는 것이 중요해졌다(Johansson & Pihl, 2023).

일반적으로 평시 위기에 대한 인식이 제한적일 경우에는 주로 사전 예방적이지만, 조직이 크고 예측할 수 없는 위기에 직면할 때 반응적이고 유연한 전략적 요소를 포함하도록 확장되고 있다. 순전히 현대적인 위기관리 시스템에 의존하는 것은 드물지만 한 소규모 조직에서 볼 수 있듯이 가능하다. 전반적으로 위기관리 설계는 규모, 조직 구조, 위기 취약성, 정체성, 전문가 의견, 유사한 조직 및 조직 내 위기관리 책임이 있는 위치에 의해 영향을 받는다. 학자들은 위기관리 연구를 통해 이론과 실제 실천 사이의 격차를 이해할 수 있으며, 조직의 위기관리 담당자들은 전통적 및 현대적 위기관리 시스템을 적용하는 방법을 이해할 수 있다.

이러한 배경하에서 이 책은 그동안 국내·외에서 진지하게 논의되어온 선행연구들을 체계적인 연구의 틀을 기반으로 현실 문제를 해결하고 미래 방향을 제시하기 위한 학문적 틀을 제공하고자 의도하였다. 먼저, 이 책에서의 위기는 국가위기를 의미한다.

용어 자체에 한정하여 살펴보면 개인보다는 전체 사회의 안전에 중점을 두는 것처럼 보일 수 있지만, 사실은 사회를 구성하는 각 개인의 안전이 무엇보다도 우선시된다는 점을 미리 말한다. 즉, 여기서의 국가위기는 국가를 구성하는 국민, 영토, 주권, 핵심기반의 안전보장을 위협하는 상황이나 상태라고 이해한다. 국민의 안전보장을 위협하는 요소, 영토와 주권의 안전보장을 위협하는 요소, 핵심기반의 안전보장을 위협하는 요소 모두가 국가위기인 것이다.

둘째, 이 책에서의 위기는 포괄적 안보 개념에 입각한다. 2001년 9.11테러 이전에는 전통적인 군사적 안보 개념이 위기관리의 핵심 가치였다. 그러나 안보를 위협하는 것이 군사적 위기뿐만 아니라 재난이나 전염병, 대규모 실업 등도 국가 안보를 위협할 수 있다고 인식하였기 때문에 군사적 안보 개념으로부터 포괄적 안보 개념으로 전환하였다.

이에 이 책에서는 군사적 안보뿐만 아니라 경제 안보, 환경 안보, 인간 안보 개념을 포함하는 포괄적 안보 개념하에서 위기관리를 논의하고 있다.

셋째, 이 책에서의 위기관리는 위기가 발생하기 이전과 발생한 이후의 조치들을 포함하는 과정론의 입장을 따른다. 따라서 이 책에서는 위기가 발생하기 전의 예방 단계, 대비 단계, 그리고 위기가 발생한 후의 대응 단계와 복구 단계를 모두 포함하는 개념으로서의 위기관리를 의미한다. 넷째, 이 책에서는 위기관리 거버넌스를 전제로 한다.

오늘날 현대 사회에 와서는 정부 혼자서 모든 정책을 결정하고 집행하는 것이 불가능하다. 위기관리는 시민, NGO, 지방정부, 기업, 중앙정부, 글로벌 사회의 적극적인 참여와 협력이 없는 경우에는 성공할 가능성이 매우 낮다. 이들 모두가 위기관리의 궁극적인 주체이자 수혜자이기 때문이다.

### 존 고든의 에너지 버스의 '위기'

"불행히도, 대부분의 사람들은 위기를 겪고 나서야 비로소 변화해요. 이유는 잘 모르겠어요. 하지만 그렇게 경험을 한 사람들이라면 누구나 '다른 사람들은 그런 위기를 겪기 전에 한 번이라도 자신의 인생에 대해서, 자신이 원하는 바에 대해서 진지하게 생각해 보았으면…' 하고 바라죠. 어떻게 되겠지 하고 마냥 기다려서는 안되요. 그래서 때로 위기가 필요하기도 해요." 가정의 위기, 개인의 위기, 사회의 위기, 국가의 위기…' 위기(危機): 위험(危險) + 기회(機會)

# 1. 국가 위기관리학의 중요성

위기관리는 최근 10여년 동안 전 세계적으로 혼란이 증가함에 따라 뜨거운 주제가 되어왔다(Darkow, 2019). 예를 들어, 코로나19 팬데믹은 전 세계의 조직과 더 큰 사회 구조에 심각한 약점이 있음을 드러냈고(Dobrowolski, 2020), 사회는 지구 온난화, 식량 공급 부족, 경기 침체, 사이버 범죄로 몸살을 앓고 있다(Helbing, 2013). 2022년 이후 러시아의 우크라이나 침공으로 인해 글로벌 차원의 경제와 지역 차원의 개인 및 기업을 저해하는 심각한 문제가 발생했다(Orhan, 2022). 전쟁은 석유 및 가스 가격의 상당한 상승으로 이어졌고 부품 및 재료의 국제 흐름을 방해했다(Orhan, 2022). 이러한 파괴적이고 혼란스러운 환경은 "뉴 노멀"로 명명되었는데(Tierney, 2014), 인간에 의해 고도로 상호 연결된 시스템과 네트워크 때문이다(Helbing, 2013). 특정 디지털 플랫폼의 컨텐츠나 트윗이 지구 반대편에서 치명적인 사회적 불안을 일으킬 수 있다. 실제로, 점점 더 고도로 연결된 사회의 출현은 선행연구에서 공통적으로 연구되었다(Dahlberg, 2015; Ramezani & Camarinha-Matos, 2020). 이러한 근본적인 경로를 통해 위기는 전 세계적으로 더 빠른 속도로 확산될 수 있고, 이러한 사건은 자연 재해와 같은 외부 요인이나 잘못 설계된 조직 시스템에서 발생할 수 있다(Helbing, 2013).

국가위기는 국가를 구성하는 국민, 영토, 주권, 핵심기반의 안전보장을 위협 요소를 의미한다. 앞서 언급한 것처럼 9.11테러 이후 포괄적 안보 개념 입각해서 재난이나 전염병, 대규모 실업 등도 국가 안보를 위협할 수 있다고 인식의 패러다임이 전환되었다. 포괄적 안보 개념은 군사적 안보 개념으로부터 경제 안보, 환경 안보, 인간 안보 등 확장된 안보 개념을 의미한다. 이러한 측면에서 위기관리학은 "인간은 태어난 그 자체로서 존중받아야 한다"는 가치를 학문적 논의의 출발점으로 하여 인간의 존엄성을 존중하고 구현하기 위해 노력하는 것을 중점으로 하고 있다.

최근 글로벌 위기의 복합성이 증대되면서 전통적 위기와 비전통적 위기의 교집합 영역이 확대되고 있다. 푸틴의 러시아, 시진핑의 중국, 김정은의 북한 등 주변국의 전통적 안보위기의 고조와 연계하여, 비전통적 위기인 감염병(코로나), 기후위기, 각종 사회적 재난(이태원참사), 사이버공격(국가행정망장애, 가짜뉴스) 등이 급증하고 있다.

## 2. 위기의 개념

위기(Crisis)는 그리스어 Krinein에서 유래되었는데, 기존 시스템, 생명, 재산을 단 기간 심각하게 위협하는 사건을 의미하며, 일반적으로 통제할 수 없는 심각성(강도), 불확실성, 긴급성 수반하는 사건과 프로세스 포함하고 있다. 특히 위기는 시간적으로 위험한 결정적 순간(a decisive or critical moment or turning point)에서 상황판단과 의사결정이 요구된다. 위기는 자연재해, 사회적(인위적·기술적) 재난을 포함하고 있다(Allinson 1993; 이재은, 2001). 대표적 예로 미국 9.11테러와 같은 국가중요시설이나 민간 다중이용시설에 대한 테러공격, 허리케인, 홍수, 기후위기와 같은 자연재해, 미국 스리마일 섬 원전사고, 체르노빌 원전사고, 민간 IT 기업의 데이터센터 화재사고 등과 같은 사회적 재난을 들 수 있다.

어떠한 사건이나 사고가 '위기' 여부라는 판단하는 것은 상황주의적 측면에서 접근해야 한다(김형렬, 2000). 상황에 따라 위기 특성이 변할 수 있기 때문에 개인의 성격 특성은 크게 중요하지 않으며, 특정한 상황이 주는 영향력이 개인의 특성보다 크므로, 개인의 특성이 상황에 따라 변할 수 있다(Wildavsky, 1988)

### 1) 위기의 개념에 대한 국내의 선행연구

먼저 Webster Dictionary에서는 중요한 변화가 절박하게 요구되는 불안정한 상태, 사건이 계속 진행되어야 하는지, 수정·종결되어야 하는지 여부가 결정되는 순간(turning point)으로 정의하고 있다. 또한 Barton(1963, 1993)도 사회체계 투입에 있어서 발생하는 바람직하지 못한 큰 변화로서 위기의 피해결과 및 영향 차원에서의 위기는 '잠재적으로 부정적인 결과를 지니고 있는 예측할 수 없는 큰 사건으로 정의하고 있다. Herman(1972)는 의사결정 맥락에서 위기는 '의사결정자들을 경악하게 하고, 의사결정시간에 제약을 가하며, 우선순위가 높은 목표 달성을 위협하는 상황으로 정의하고 있다. 한편 위기와 유사상황을 체계의 영역과 수준에 따라 사건, 사고, 사회적 갈등, 위기로 구분하기도 하였다(Pauchant & Mitroff, 1990)

## 2) 국내연구

한편 국내에서 이재은(2005)은 자연현상이나 인간의 실수나 고의, 사회적 상황으로부터 피해를 받는 사회체계의 범위가 지역사회 이상이면서 체계의 존립이나 구성원의 생명·건강·재산에 위해를 가하는 사건(상황)으로 정의하였다. 주충근(2018)의 연구에서는 전통적 안보는 국가 간의 위기를 의미하며, 포괄적 안보는 전통적 안보에 더하여 개별 국가의 중요 가치에 대한 위협과 사회 문화적 위기를 포함시켰다. 또한 김성진(2019)의 연구에서는 위기를 적대행위나 대규모 재해 재난 등으로 인하여 개인 및 국가의 생존이 심각하게 위협받을 가능성이 현저하게 증가하여 주요 의사결정 행위자들이 시간의 제약과 불확실성이 높은 상황에서 중대한 결정을 해야 하는 급박한 상황으로 정의하였다.

## 3) 위기의 유사개념

The Homeland Security Digital Library(HSDL)[1]의 Business and Industry Crisis Management, Disaster Recovery, and Organizational Continuity 교육과정에서는 위기(definition of Key Terms and Identification of Crisis Events) 관련 주요 개념을 아래와 같이 정의하고 있다. 먼저 위기의 개념을 시스템 전체에 물리적으로 영향을 미치며 조직의 우선순위 목표를 위협하고 조직 내에서 공유되는 전통적인 행동과 가치에 도전하는 조직이 직면한 중대한 상황이며 전략적 영향을 초래할 수 있는 사고(Accident)로 정의하고 있다.[2]

본 책에서는 Crisis와 유사개념 용어로 Hazard, Risk, Incident, Accident, Disaster, Emergency, Catastrophe 용어에 대해 구분하고 있다(HSDL, 2009).

---

1 미국의 국가 안보 정책, 전략 및 기관 경영과 관련된 문서의 최고 수집처이다. HSDL은 해군 대학원 국가 안보 및 안전 센터의 일부이며 미국 국토 안보부 국가 대비 이사국, FEMA의 후원을 받는다.
2 https://wikidiff.com/accident/crisis

## (1) Hazard

위험한 상태 또는 사고원인을 의미하는데, 사고로부터 발생하는 손해 가능성을 발생 또는 증가시키는 사고원인이나 물리적 조건으로 정의하고 있다(Event or physical condition that has the potential to cause fatalities, injuries, property damage, infrastructure damage, agricultural loss, damage to the environment, interruption of business, or other types of harm or loss). Hazard는 자연적 원인, 기술적 원인 또는 인간적 원인으로 발생할 수 있으며, 특정 개인 단위부터, 지역 사회 또는 커뮤니티에 영향을 미칠 수도 있다. 예를 들어, 화재가 발생하면 해당 건물의 주민과 소방대원, 인근 건물 주민에게 위험한 상황이 된다. 또한 화재는 물론 물리적인 위험을 초래하지만, 연기와 독성 가스로 인한 건강 문제도 발생할 수 있다.

예를 들어 항공기 장비나 서비스의 안전하지 않은 작동을 유발, 야기할 수 있는 물리적 조건인 것이다.

## (2) Risk

위험의 실제 발생 가능성을 의미하는데 Hazard로부터 실제 발생할 수 있는 사고(손실) 발생가능성으로 규정하고 있다. The exposure to the chance of loss; the combination of the probability of an event and the significance of the consequence(impact) of the event. 이러한 위험의 실제 발생을 통해 야기되는 손실은 사망, 부상, 재산 피해, 기반 시설 피해, 농업 손실, 환경 훼손, 사업 중단 등으로 구분할 수 있다. 예를 들면 자동차 운전 중 휴대폰 사용하는 것은 RISK차원에서 사고 위험성이 높을 수 있다.

## (3) Disaster

재난은 보다 넓은 범위의 지역사회 가용 자원이 초과되는 위협사건을 의미한다. 지역사회가 심각한 위험을 겪고 개인 및 재산에 손실을 입히거나 발생 위험을 받아 지역사회 내에서 이용할 수 있는 자원이 초과되어 부정적인 결과를 초래하는 사건이다. 재난 또한 자연적 원인, 기술적 원인 또는 인간적 원인으로 발생할 수 있고,

주로 국가적인 규모에서 발생하며, 다양한 자원과 협력이 필요하다. 유엔의 재난 위험 감소 국제전략(UNISDR)에서는 재난의 기준을 4가지 기준 중 하나에 충족하면 DB에 반영하고 있다(UNISDR, 2022). 10명 이상 사망, 100명 이상 영향 사건, 관련 정부가 비상사태 선포, 국가 정부가 국제 지원 요청 등이다(UN/ISDR, 2022; ECHO).). An event in which a community undergoes severe danger and incurs, or is threatened to incur, such losses to persons and/or property that the resources available within the community are exceeded.

The & Khan(2021) 연구 등에서는 재난은 자연재난과 인위적인 재난으로 분류되며, 특히 자연재난은 3가지 유형인 수리기상(hydrometeorological)재난, 지질(geophysical)재난, 생물학적(biological)재난으로 분류하고 있다(Teh & Khan, 2021). 첫째 수리기상 재난은 대기, 수문 또는 해양적 성격의 자연적 과정이나 현상으로 인해 생명 손실, 부상, 재산 피해, 사회 및 경제적 혼란 또는 환경 파괴가 발생할 수 있는데 주로 홍수와 파도, 폭풍, 눈사태, 가뭄 및 관련된 재난(극한 기온 및 산불)이 포함된다. 둘째 지질재난은 지구적인 자연 과정이나 현상으로 인해 생명 손실, 부상, 재산 피해, 사회 및 경제적 혼란 또는 환경 파괴가 발생하며 대표적 유형으로 지진, 산사태, 화산 폭발 등을 들 수 있다. 셋째 생물학적 재난은 유기적 기원의 과정(processes of organic origin)이나 생물학적 벡터를 통해 전달되는 것으로, 병원성 미생물, 독소 및 생물 활성 물질에 노출되어 생명 손실, 부상, 재산 피해, 사회 및 경제적 혼란 또는 환경 파괴를 초래할 수 있다. 대표적으로 전염병과 곤충·동물 페스트가 포함된다.

한편 기술적 또는 인위적 재난은 의도적이거나 의도치 않게 인간의 부주의에 의해 발생한다. 대표적 유형으로 복잡한 긴급 상황, 기근, 이동 인구, 산업 사고 및 교통 사고를 포함한다.

## (4) Emergency

예기치 못한 사건으로 생명과/또는 재산을 위협하며 즉각적인 대응이 필요한 상황으로 일상적인 지역 자원과 절차를 사용하여 즉각적인 대응이 이루어진다.

### (5) Catastrophe

재앙은 지역사회가 인명과/또는 재산에 큰 손실을 입거나 입을 위험이 있는 사건으로, 국가 전체가 영향을 받으며 비상한 자원과 기술이 필요한 상황이다. 이러한 자원 중 일부는 다른 국가로부터 제공되어야 한다. 즉, 재앙은 지역사회 내에서 큰 영향을 미치는 사건으로, 비상한 상태로 인해 초국가적 결과를 초래할 수 있다

### (6) Incident, Accident

Incident은 더 큰 시스템의 구성 요소, 단위 또는 하위 시스템의 중단을 의미한다. 이는 시스템의 일부가 방해되는 상태를 의미한다. 한편 Accident는 시스템 전체에 물리적으로 영향을 미치는 장애로서 다양한 사건들이 모여 발생하는 상황으로, 인간의 의도적이거나 의도치 않은 행동, 부주의 또는 집중력 부족, 관심의 변동 또는 는 고통의 감정 등이 원인이 될 수 있다.

## 3. 위기 개념의 진화

위기(Crisis)는 1962년 미국과 소련의 쿠바 미사일 사태가 발생한 이래 보편적으로 사용되어 오다가(Clutterbuck, 1993), 최근 들어 군사적 위기뿐 아니라 정치·경제·사회·문화적 부문, 재해 재난을 비롯한 개인 또는 기업이나 국가적 위기 등을 포함한 비군사적 위기에 이르기까지 광범위하게 사용되고 있다.

먼저 전통적 위기는 군사적 안보위기로서 쿠바 미사일 사태 이후 위기관리에 대한 관심이 고조되는 가운데, 찰스 허만(Charles F. Hermann), 윌리엄스, 스나이더 등, 현실주의 국제 정치학자들은 전통적 안보의 차원에서 위기를 연구하였다. 위기는 국가를 중심으로, 국가 간 어떤 사건의 발생으로 인한 위험한 시기의 도래로 정의되며 주로 전쟁과 평화를 구분 짓는 절박한 시점으로 간주하였고, 국가 간 상충된 이해관계로 갈등이 고조되고 전쟁 발발 직전의 상황에 도달한 평화와 전쟁의 분기점으로 정의하였다.

1990년대 탈냉전 시대가 도래되고, 2001년 미국의 9.11테러 이후 전 세계는 군사적 안보에서 포괄적 안보에 관심을 갖게 되었다. 포괄적인 안보 상황에서는 위기라는 용어가 군사적 위기뿐만 아니라 비군사적 위기도 포함하는 추세이므로 위기는 군사적·비군사적 위기를 아우르는 개념으로 정의된다. 이는 전통적 안보 위기뿐만 아니라 개별 국가들의 중요 가치에 대한 위협이나 자연재해와 같은 사회 문화적 위기까지를 포함한다.

## 4. 국가위기관리 개념

위기관리란 위기 발생 전후에 위기를 사전에 예방하거나 사후에 그 위기를 최소화하는 활동을 의미한다(US DHS, 2007). 스나이더(Glenn H. Snyder)는 위기관리를 "위기 시 정치적 수완을 통해 강압과 유화를 최적 배합하여 전쟁을 회피하거나 자신의 이익을 극대화하고 손해를 최소화하려는 전략"으로 정의하였다. 필 윌리암스(Phil Williams)는 "위기관리는 위기상황이 전쟁으로 확대되지 않도록 위기를 통제·조절하는 과정이며, 동시에 위기가 당사국에 유리하게 해결되어 사활적 이익(critical interest)을 보호·유지하기 위한 모든 노력"이라고 강조하고 있다.

---

### 미국의 위기관리 개념

미국 FEMA에서는 위기관리를 필요한 자원을 식별, 확보 및 사용 계획을 수립하는 조치를 말한다. 이는 위협 또는 테러 행위를 예상, 예방 및/또는 해결하는 데 필요한 자원의 사용을 식별하고 계획하는 것으로 정의하고 있다. 이때 협조 구조는 문제 해결을 용이하게 하고 자원 접근성을 향상시키며, 조정 및 정보 공유를 촉진한다. 고유한 예방 임무를 가진 부서, 기관, 민간 및 비영리 단체는 이러한 구조를 통해 추가 능력을 발휘한다. 국가 수준의 구조에는 국토안보부 국가운영센터(NOC), 국가사이버보안 및 통신 통합센터(NCCIC), FBI 전략 정보 및 운영센터(SIOC), 국가지휘센터, FBI 국립 연합 테러 태스크 포스(NJTTF), 국가사이버수사 연합 태스크 포스

(NCIJTF) 등이 포함된다. 현장 조정 구조에는 FBI JTTFs와 FIGs, 주 및 주요 도시 퓨전 센터, 주 및 지역 카운터테러 및 정보 단위가 있다. 이러한 조정 구조는 확장 가능하고 유연하며 적응력이 있다.

2002년 7월 국토 안보를 위한 국가 전략에 따라, NRP는 기존의 연방 정부 비상 대응 계획을 하나의 진정한 전천후 관리 계획으로 통합하였다. 전통적으로 위기 관리는 주로 법 집행 기능이었으며, 테러 위협이나 테러 행위를 예측, 예방 및/또는 해결하는 데 필요한 자원의 사용을 식별, 획득 및 계획하는 조치를 포함했다(National Strategy for Homeland Security, 2007).

## 1) 국제정치학적 관점

국가위기관리란 개념의 시초는 미국의 1962년 쿠바 미사일 위기 이후부터 사용됐다고 보는 것이 일반적인 통설이다. 위기관리는 국가 간 위기를 예방하거나, 발생 후 최소화하기 위한 활동을 일컫는다. 타국의 이익과 경쟁하고 절충하는 외교 중에서 극단적인 형태의 하나다. 위기관리 목적은 위기가 증폭되거나 전쟁 등으로 악화되는 것을 방지하기 위함이다.

국제정치학 관점에서 국가위기는 국가를 구성하는 주요 요소인 국민, 영토, 주권, 핵심기반 등이 안전보장이 위협받는 상태를 의미한다. 특정 시기에 국가 리더십이 특정 현안에 대해 고도의 안보상 위협을 느끼고, 이에 대한 긴급조치를 독자적 또는 국제적 연대 속에 취할 필요성을 느끼는 상황을 의미한다(남주홍, 2018). 국가위기관리는 타국의 이익과 경쟁하고 절충을 통해 위기가 증폭되거나 전쟁 등으로 악화되는 것을 방지하고 전쟁 회피와 국가 이익의 극대화(손해 최소화)에 중점을 두는 것이다. 결국 위기상황이 전쟁으로 확대되지 않도록 통제하고, 위기가 국가의 중요한 이익(critical interest)을 보호할 수 있도록 관리하는 것을 의미한다.

이러한 위기관리의 핵심은 위기로 인한 갈등이 폭발하지 않고 절제된 범위 안에서 관리하는 것이다. 이는 어려운 판단과 결정을 요구하는 다양하고 상반된 목표를 어떻게 조화롭게 추구할 수 있는가에 달려 있다. 스나이더(Glen H. Snyder) & 디싱

(Paul Diesing)은 '평화와 잠재적 전쟁이 상호 결합된 정점의 갈등을 겪고 있는 둘 또는 그 이상의 국가들 사이에서 일어나는 일련의 상호작용'을 의미한다고 한다. 위기관리는 위기상황이 전쟁으로 확대되지 않도록 통제하고 조절하는 과정(Phil Williams)이며, 위기가 당사국에 유리하게 해결되어 국가의 중요한 이익(critical interest)이 보호 및 유지될 수 있도록 하는 모든 노력을 의미한다. 하지만 위기관리는 대결과 협력 요소를 동시에 내포하기 때문에 더 포괄적 정의가 여러 학자들에 의해 내려졌다. 주한 미국대사를 지낸 스나이더(Glenn H. Snyder)는 "위기 시 정치적 수완 문제는 자신의 전략에서 어떻게 강압과 유화를 최적으로 배합을 이루는가이다. 즉 배합은 전쟁 회피와 자신의 이익 극대화 또는 손해의 최소화를 의미한다"며, 외교관 출신답게 위기관리를 국제정치적 역량 발휘 측면에서 정의했다.

## 2) 행정학적 관점

행정학적 관점의 위기관리는 위기가 발생하기 전에는 위기를 예방하고 대비하며, 위기가 발생한 후에는 대응하고 복구하기 위해 필요한 자원을 기획, 조정, 통제하는 과정을 의미한다. 국가 위기를 효과적으로 예방하고 대비하며, 발생 시에는 효율적으로 대응하고 복구하기 위해, 국가가 가용자원을 기획, 조정, 통제하는 과정을 말한다.

프랜시스 후쿠야마에 따르면, 국가위기관리는 국가의 능력, 사회적 신뢰, 리더십에 따라 천차만별이다(Fukuyama, 2014). 포괄적 안보위기는 필연적으로 국가위기관리 역량이 필요하다. 과정론적 관점에서 위기가 발생하기 이전과 예방 단계, 대비 단계, 그리고 위기 발생 후 대응 단계와 복구 단계를 포함한다. 최근 위기관리는 거버넌스가 전제되어야 한다. 현대 사회에서는 정부가 혼자서 모든 정책을 결정하고 집행하는 것이 불가능하다. 위기관리는 시민, NGO, 지방정부, 기업, 중앙정부, 글로벌 사회의 적극적인 참여와 협력이 없는 경우에는 성공할 가능성이 매우 낮다. 위기관리의 궁극적인 주체이자 수혜자는 바로 국민이기 때문이다.

### 3) 우리나라의 위기관리 개념

우리나라 정부의 공식적 위기에 대한 개념은 대통령 훈령인 국가위기관리 기본지침에 규정되어 있다. 위기는 국가주권 또는 국가를 구성하는 정치, 경제, 사회, 문화체계 등 '국가의 핵심 요소나 가치'에 중요한 위협이 가해질 가능성이 있거나 이미 가해지고 있는 상태를 의미하며, 이는 주로 재난 중심 기술로 정의되며, 안보와 재난을 포괄적으로 고려하고 있다. 특히 포괄적 안보 상황을 고려한 국가위기 정립은 전통적·비전통적 안보 위기를 중심으로 대응하고 있다.

이러한 국가위기관리 기본지침은 참여정부 시절에 생산이 되었다. 2004년 당시 국가안전보장회의(NSC) 사무처가 8일 발표한 '국가위기관리 기본지침'과 '위기관리 표준 매뉴얼'은 각종 위기상황에 대한 정부의 대응방침을 총망라하였다. '국가위기관리 기본지침'은 대통령 훈령 형식으로 지난 7월 제정됐으며, 향후정부 부처와 기관은 국가 위기관리체계 구축 및 업무 수행의 기본문서로 활용하였다. 또한 '위기관리 표준 매뉴얼'은 국가 위기관리제도 구축을 위해 대통령 지시문서 형식으로 만들어졌으며, 위기 유형에 따른 정부 부처·기관의 임무, 역할, 협조관계 등을 담고 있다. 이같은 기본지침과 매뉴얼을 근거로 정부의 유관 부처·기관은 앞으로 국가위기 상황이 발생할 경우 현장에서 신속하게 적용할 구체적 조치사항을 목록화한 '위기대응 실무매뉴얼'을 작성하게 된다.


## 5. 위기관리의 특성

위기는 대체로 변이성, 양면성, 계층성, 경계성과 가외성을 가진다.


### 1) 변이성

위기를 적절하게 관리하지 못하면 위기의 성격이 변해 더 큰 위기를 초래할 수 있다. 위기관리는 위기가 전개될 미래 상황을 예측하여 조기에 수습하며, 섣부른 조치로 인해 위기가 확대 재생산되지 않도록 해야 한다.

땅콩회항 사건은 위기를 제대로 파악하지 못하고 당장의 어려움을 모면하기 위한 자기 보호 본능에 사로잡혀 내뱉은 말 때문에 더 큰 위기를 초래한 대표적 사례다. 2014년 12월 5일, 금요일 0시 50분(현지 시각 기준), 뉴욕 존 F. 케네디 국제공항에서 인천국제공항으로 향한 대한항공 KE 086편에서 사건이 발생했다. A380 여객기 퍼스트 클래스에 탑승한 조현아 대한항공 부사장이 땅콩 제공 서비스를 문제 삼아 사무장을 항공기에서 내리게 했고, 이로 인해 항공기는 예정된 시간보다 46분 늦게 출발했다. 2014년 12월 8일, 언론을 통해 '땅콩 회항' 사건이 알려지고 파장이 커지자, 대한항공은 사과문을 발표했으나, 실상은 부사장을 위한 변명과 행동 합리화를 반복하며 권력을 동원하여 무마, 회유 등의 부적절한 대응으로 인해 결국 구속된 사건이다.

또한, 미국의 워터게이트 사건 역시 도청 문제가 대통령의 거짓말 문제로 전개되어, 마침내 지도자의 도덕성과 신뢰성의 위기로 변이·발전되어 결국 닉슨 대통령이 사임하게 되었다.


## 2) 양면성

위기는 양면성을 지닌다. 누구에게는 심각한 '위기'가 누구에게는 '기회'가 될 수 있다. 국가적 경제위기 시에도 서민들에게는 생존이 걸린 위기지만, 부유층에게는 단지 수입이 조금 줄어드는 것에 불과하다. 국가 위기 상황에서도 각각의 조직 차원에서 감지하는 위기의 정도는 다르다. 예를 들어, 북한의 핵실험에 대해 청와대와 여당이 느끼는 위기의 감도와 야당의 감도가 차이를 보인다. 정치 단체가 느끼는 위기의 감도와 경제 단체가 느끼는 위기의 감도 역시 다르다. 같은 경제 단체 내에서도 개성공단 관련 업체나 금강산 관광 등 대북 경제 관련 단체들이 느끼는 위기감은 다를 수 있다. 또한 우크라이나 전쟁을 국제 주식시장에 있어서는 호재로 작용하는 반면, 중국은 이를 대만의 무력통일 여건 조성의 기회로 본다.

AI 기술 위협에 있어서도 AI는 인간을 지배할 수 있는 공포의 대상이 될 수도 있지만, 반대로 AI를 통해 시장을 장악하려는 독재자의 무기가 될 수도 있다. 예로 테슬라의 일론 머스크는 자신의 기업 AI 기술을 홍보하면서도, 그 기술로 인해 발생할 수 있는 위협을 강조하는데, 이는 규제를 회피하기 위한 전략이다. 또한 사우디 아라비아와 중국의 경우 막대한 자금력을 통해 AI 개발 프로젝트를 추진하며 시장 장악을 목표로 한다.

## 3) 계층성

위기의 특성 중 계층성은 위기 상황을 다양한 수준과 범주로 나누어 이해하는 것을 의미한다. 이는 위기의 복잡성을 체계적으로 분석하고, 각 계층별로 적절한 대응 전략을 수립하는 데 중요한 역할을 한다. 위기의 계층성은 다음과 같은 요소로 구성될 수 있다. 첫째 개인적 계층은 개인이 경험하는 위기 상황으로, 개인의 심리적, 정서적 반응이 중심이 된다. 예를 들어, 개인의 건강 문제나 직장 내 갈등 등이 해당된다.

둘째 조직적 계층은 조직 내에서 발생하는 위기 상황으로, 조직의 구조적 문제나 운영상의 어려움이 포함된다. 예를 들어, 기업의 재정 위기나 인력 부족 등이 해당된다.

셋째 지역사회 계층은 지역사회 전체에 영향을 미치는 위기 상황으로, 자연재해나 지역사회 내 갈등 등이 포함된다. 예를 들어, 지진이나 홍수, 지역사회 내 범죄 증가 등이 해당된다.

넷째 국가적 계층은 국가 전체에 영향을 미치는 위기 상황으로, 정치적 불안정이나 경제 위기 등이 포함된다. 예를 들어, 국가의 경제 불황이나 정치적 혼란 등이 해당된다.

다섯째 국제적 계층은 여러 국가에 걸쳐 영향을 미치는 위기 상황으로, 국제적인 갈등이나 글로벌 경제 위기 등이 포함된다. 예를 들어, 국제 테러리즘이나 글로벌 금융 위기 등이 해당된다. 이러한 계층적 접근은 위기 상황을 보다 체계적으로 이해하고, 각 계층별로 적절한 대응 전략을 수립하는 데 도움이 된다. 각 계층은 서로 상호작용하며, 한 계층에서 발생한 위기가 다른 계층으로 확산될 수 있기 때문에, 종합적인 대응이 필요하다.

## 4) 경계성과 가외성

위기는 개별 기관의 노력만으로 해결될 수 없기 때문에 경계성과 가외성(redundancy)의 원리가 필요하다. 먼저 경계성(alertness)은 최악을 대비할 수 있는 모든 장비, 기술, 인력(조직)을 갖추고 있으면서도 그것을 전혀 사용하지 않도록 유도하는 것을 의미한다. 이는 능률성의 반대 개념이다. 다음으로 가외성(redundancy)은 여러 기관에서 한 가지 기능이 혼합되는 중첩성(Overlapping)과 동일 기능이 독립적으로 수행되는 중복성(Duplication)을 의미한다. 기관 내에서 주된 조직 단위 기능이 미작동 시 다른 보조 단위 기관들이 주된 단위 기능을 인수하여 수행하는 동등 잠재력 등의 포괄 개념이다.

위기관리 업무는 과업의 일상화, 표준화가 불가능하며, 소관 업무가 중첩되어야 각종 위기 상황에 적절히 대응할 수 있다. 이러한 유기적 협력이 필요함을 인식해야 한다.

---

### 제2절　국가위기관리의 현주소

## 1. 국가 위기관리 유형별 취약성

국민, 주권, 영토의 안전보장은 여전히 위협을 받는 불안한 상태에 놓여 있으며, 국가 생존과 번영의 기반이 되는 국가핵심기반 역시 안전을 보장받지 못하고 있다.

첫째 전통적 안보 영역에서는 남북 분단 상황과 지정학적 특수성으로 인해 전쟁, 무력침공, 국지분쟁, 군사적 위협, 핵무기 및 대량살상무기 개발 등 제반 위기를 관리하기 위한 체계가 제대로 구축되지 못한 상태이다. 둘째 재난 영역에서는 태풍, 호우, 집중호우, 홍수, 지진, 황사, 산사태, 가뭄 등의 자연재난과 대형화재, 붕괴, 침몰, 추락, 폭발 등의 인적재난이 빈발하여 인명 및 재산 피해가 급증하고 있다. 셋째 국가핵심기반 영역에서는 금융, 교통, 수송, 전력, 정보통신, 주요 산업단지, 에너지, 원자력, 댐, 공중보건, 공공질서, 정부시설, 국가적 유물 유적 등의 분야에서 국가 사회 운영의 핵심기반이 각종 위협에 노출되어 있다. 넷째 국민생활 영역에서는 국민의 일상생활이 이루어지는 식품, 치안, 경제, 건강, 직업 등의 분야에서 국민들이 불안해하고 있다. 다섯째 국가갈등 영역에서는 사회적 공공 갈등이 예방과 해결이 이루어지지 않은 채 국가적으로 커다란 사회적 위기 현상을 초래하고 있다.

2024 Ecological Threat Report

Institute for Economics & Peace(IEP)가 2024 연간 생태 위협 보고서를 발간하였는데 주요 내용으로는

① 생태 위협 요소의 가속화: 급격한 인구 증가, 식수 위험 및 식량 불안과 같은 생태 위협 요소가 기후 변화로 인해 가속화되면서 대량 이주 및 갈등 발생 가능성이 높아졌다. 기후 변화는 가뭄, 홍수, 사이클론 및 폭풍과 같은 위험을 증폭시킨다. 회복력 및 안정도가 낮은 국가의 사망률은 그렇지 않은 국가 대

비 7배 더 높다. 인구 압력의 증가도 생태 위험을 심화하는 요소로 작용한다. 깨끗한 식수를 공급받지 못하는 인구가 25% 증가하면 분쟁 발생 위험이 18% 증가한다.

② 식량 불안정: 현재 42개 국가에 거주하는 10억 명의 인구가 심각한 식량 불안정을 겪고 있으며, 전 세계 인구의 4명 중 1명이 안전한 식수를 정기적으로 공급받지 못하고 있다. 식량 불안이 25% 증가하면 분쟁 위험이 36% 증가한다.

③ 생태적 위협 증가: 심각한 생태적 위협을 겪고 있는 국가에 거주하는 인구는 현재 18억 명에서 2050년에는 28억 명으로 증가할 것이다. 니제르, 에티오피아, 미얀마가 새로운 '위험 국가(hotspot)'로 떠올랐다. 이들 국가는 생태 위협 증가, 사회적 회복력 감소, 분쟁 심화라는 악순환에 접어들었다. 자원 부족은 분쟁으로 이어지고, 분쟁은 자원 부족을 야기하는 등 생태 파괴와 분쟁은 서로 영향을 주고받는다. 특히, 심각한 생태 위협과 낮은 사회적 회복력으로 어려움을 겪고 있는 국가는 작년에 30개에서 올해는 33개로 증가했다. 이들 국가의 인구수는 3억 3,200만 명이 증가하여 현재 11억 명에 달한다.

④ 대형 도시의 성장: 전 세계 대형 도시의 60% 이상이 급격한 성장세에 있으며 폭력 또는 분쟁 위험이 높은 국가에 위치하고 있다. 이 도시는 인구 성장에 대응할 충분한 재정적 자원을 보유하고 있지 않다. 2050년까지 33개에서 50개로 증가할 것으로 예상된다. 현재 위험 발생도가 높은 대형 도시에 거주하는 인구수는 2억 6,700만 명 이상이다. 이들 도시는 향후 30년간 급격한 성장을 이룰 것으로 예상되나, 재정적 자원이 부족해 범죄, 빈곤, 교통 체증 및 오염의 증가가 우려된다(Institute for Economics & Peace, 2024).

## 2. 전통적 위기관리 전략의 한계

국가위기관리 전략에서 기술적 요소와 비기술적 요소의 균형이 중요하다는 점은 여러 연구에서 강조되고 있다. Kovoor-Misra et al.(2000)의 연구에서도 언급된 것처럼, 많은 조직이 공식적인 안전 감사와 같은 기술적 요소를 선호하는 경향이 있다. 그러나 이러한 접근 방식이 항상 완벽한 것은 아니며, 때로는 직원의 감정과 같은 비기술적 요소를 간과할 수 있다.

2003년 콜롬비아 우주왕복선 사고는 이러한 문제를 잘 보여주는 사례이다. NASA의 엄격한 안전 절차가 오히려 사고를 초래했다는 주장이 있으며, 이는 위험 식별 과정에서 기술적 증거에만 의존하고 직원의 감정을 무시한 결과로 볼 수 있다.

위기관리 전략을 수립할 때는 기술적 요소와 비기술적 요소를 균형 있게 고려하는 것이 중요하다. 예를 들어, 안전 감사와 같은 기술적 절차를 강화하는 동시에, 직원 설문 조사나 커뮤니케이션을 통해 현장의 목소리를 반영하는 것이 필요하다. 이렇게 하면 보다 포괄적이고 효과적인 위기관리 전략을 수립할 수 있다.

## 3. 국가위기관리체계의 비효율성 증대

우리나라는 1963년 NSC가 설치되었으나, 국가비상기획위원회 등의 국가기관과 일부 행정부처, 軍을 중심으로 군사적 위기에 집중하였다. 각종 재해 및 재난 분야는 행정기관이 제한적으로 조치하는 수준에 머물러 있어, 국가위기관리체계의 비효율성은 그 어느 때보다 높다고 볼 수 있다. 전시대비 업무를 담당하던 국가비상기획위원회가 행정안전부로 통합되면서 위기관리 영역이 축소되었고, 국가안보실, 국정원, 행정안전부(비상대비, 민방위, 재난)와 소방청, 중앙재난안전대책본부 등은 각자의 영역으로 분산되었다. 이로 인해 일원화는 불가능해졌고, 지휘통제와 협조체계, 위기관리 수단의 활용이 제한되어 통합과 효율성을 기대하기 어려워졌다.

또한 복합적 위기 환경의 증대와 통합 위기관리 필요성의 증대되었다. 현대 사회에서는 다양한 복합적 위기 상황이 증가하고 있으며, 이에 따라 통합적인 위기관리 체계의 필요성이 더욱 강조되고 있다. 이러한 위기에는 다음과 같은 사례들 1996년 강릉 잠수함 침투사건, 2010년 천안함 폭침과 연평도 피격사건, 2014년 세월호 침몰사고, 2019년 헝가리 유람선박 사고, 중-러 군용기의 KADIZ 침범, 삼척 북한목선 진입 사건, 코로나 19 위기, 2022 이태원 압사사고 등을 들 수 있다.

이러한 우리나라 국가위기관리 문제점에 대해서 이재은(2000)은 1990년대 발생한 성수대교·삼풍백화점 붕괴, 집중호우 등 재난사례를 중앙정부와 지방정부 수준

의 집행구조 이원화 문제점을 도출하고, 집행구조의 일원화, 위기유형별 법 및 행정
체계의 통합 그리고 민간부문 조직의 참여 등을 제시하였다.


## 4. 위기관리 개념의 정의 문제

첫째 시간이 경과함에 따라 위기의 본질, 원인 및 쟁점이 실시간으로 변화한다.
이는 위기관리의 핵심 쟁점을 정리하고 분석하는 데에 여러 가지 한계를 발생시킨
다. 2007년 허베이 스피리트호 유류 유출 사고와 2019년 코로나19 위기 상황,
2022년 이태원 압사사고 등은 다양한 쟁점이 얽혀 있다. 2007년 허베이 스피리트
호 유류 유출 사고는 생태 환경 복구, 어업인 피해자 생계 지원, 관광 자원 복구, 손
해 배상 문제 등이 2019년 코로나19 위기는 인류와 환경의 관계성 파괴, 사회 구성
원 간의 불평등, 초기 무능한 대응(조직화된 무책임) 등이 쟁점이 얽혀 있었다. 이처럼
위기 상황은 시간이 지나며 그 본질과 원인이 변화하고, 다양한 쟁점들이 복잡하게
얽혀 있어 효율적이고 체계적인 위기 관리가 필요함을 시사한다.
둘째 위기 관리 수준의 정립과 관리의 정의가 어려운 과제이다. 어느 정도 수준
으로 위기를 관리해야 하는지 기준을 설정하는 것이 어려울 수 있다. 또한 발생 이
전의 통제와 예방 조치를 위기 관리로 설정할 수 있는지에 대한 논의도 필요하다.
특정 대형 위기상황에서 어느 것을 주요 위기 관리 활동으로 정의할 것인지 구
분하는 것도 어려운 과제이다. 위기 관리는 일반적으로 원상태로 복귀함으로써 위
기를 통제하려는 정부의 노력이다. 그러나 위기가 체계에 대해 영속적인 영향을 미
치는 경우, 원래 상태가 무엇인지 밝히는 것 자체가 매우 어려운 일이다. 또한, 위기
를 관리한다는 것이 어느 정도 수준에서 행해져야 하는지 정하는 것도 쉽지 않다.
발생한 위기에 대해 대응하는 것이 관리인지, 발생 이전의 통제와 예방 조치를 관리
라고 할 수 있는지 결정하는 데에는 한계가 있다. 2014년 세월호 참사 시 선박의
침몰 위기를 관리하는 것이 침몰 이전의 안전 매뉴얼을 작성하고 준수하는 것인지,
침몰 상황에서 승객의 대피 명령, 해경의 구조 조치 등 다양한 상황 중 어느 것을
주된 위기관리 활동으로 정의할 것인지 구분하는 것이 어려운 과제였다. 이처럼 위

기관리의 정의와 범위를 정하는 것은 복잡한 문제이며, 학문적 연구와 실무적 노력을 통해 지속적으로 논의되고 발전되어야 할 필요가 있다.

## 5. 위기관리 리더십 부재

김홍수(2014)는 우리나라 위기관리 문제점을 부처이기주의와 공무원들의 관성적 업무처리 성향, 폐쇄적 업무행태 등 여러 요인이 혼재되어 나타난 것으로 보았다. 이는 조직 관리자의 인식의 문제로서, 최고 관리자들이 위기에 대해 무감증을 지니는 경우가 많다. 위기 관리에 대한 인식 부족으로 위기 관리 계획 수립이 미흡한 경우도 있다. 조직 최고 관리자가 위기에 대해 불감증을 보이는 현상을 "흡연자 증후군(Smokers' Syndrome)"이라고 비유한다. 즉 흡연자가 담배의 위험성을 인지하면서도 계속 흡연을 하는 것처럼, 최고 관리자가 위기의 심각성을 인지하지 못하거나 무시하는 상황을 설명하는 데 적용된다. 불감증의 원인으로는 최고 관리자가 위기관리 경험이 부족할 경우, 정보 위기에 대한 정확한 정보가 부족하거나 왜곡될 때, 인지 부조화나 부정적 감정을 회피하려는 심리적 경향, 위기를 경시하는 조직 문화가 형성되어 있을 때, 최고 관리자도 이에 영향을 받을 수 있다.

이를 극복하기 위해서는 먼저 조직 최고 관리자의 위기에 대한 인식 제고와 체계적인 대응 전략 수립을 통해 불감증을 극복하는 것이 중요하다. 또한 위기관리의 이론적 연구를 강화하여 보편타당한 이론이나 모형을 정립하고, 이를 바탕으로 정책을 수립하고 실행해야 한다. 특히 현장에서의 경험과 사례를 바탕으로 실무자들의 역량을 강화하고, 위기 관리에 대한 교육과 훈련을 지속적으로 실시해야 한다. 다음으로 조직 내 최고 관리자들의 위기 관리에 대한 인식을 제고하고, 위기 상황에 대비한 계획 수립과 실행을 철저히 해야 한다. 마지막으로 위기 관리의 핵심 쟁점을 종합적으로 분석하고, 다양한 상황에 대응할 수 있는 종합적이고 체계적인 관리 방법을 모색해야 한다.

# 6. 위기관리 대응매뉴얼의 실효성, 정합성(논리성) 미흡

국가 위기관리 매뉴얼은 중요한 역할을 수행하지만 최근 주요 재난 상황에서 미흡한 대응과 대처로 인해 다양한 문제점이 제기되고 있다.

첫째 국가 위기관리 체계에서 매뉴얼의 역할과 실제 활용성에 대한 문제점이 제기되고 있다. 특히 최근 주요 재난 상황에서 미흡한 대응으로 인해 위기관리 매뉴얼의 중요성이 더욱 부각되고 시점에서 기관 간 협업 관계 불명확성이 존재한다. 즉 매뉴얼은 기관 간 협업 관계를 고려하지 않고 작성되어 있어 현장에서의 실제 활용성이 제한되는 실정이다. 둘째 매뉴얼 간의 논리적 연결 관계에 대한 불명확성도 여전히 존재한다. 작성자 중심의 체계로 되어 있어 매뉴얼 간에 논리적인 연결고리가 부족하게 되는 문제가 있다. 특히 책자와 파일 위주의 정적 문서 포맷으로 구성되어 있으며, 내용이 비구조적이어서 주요 정보 간의 연계와 활용성이 낮아지는 문제가 상존한다(류범종·김병규·심형섭, 2021). 셋째 4차 산업혁명 시대를 맞아 ICT 기술 및 정보들이 융합된 환경에서의 재난 대응 체계는 정보 융합 관점에서 새로운 매뉴얼 체계를 요구하고 있다. 넷째 상위기관의 위기현장 지휘에 대한 의사결정 관여 수준도 재검토가 필요한데, 현장지휘에 대한 혼선을 주지 않는 수준을 결정하기 위한 검토가 필요하다. 특히 매뉴얼은 실무측면의 작동성과 효율성을 고려하여 개정되어야 한다. 향후 실무 및 행동매뉴얼의 개정 시에는 위기 현장과 직접적으로 관련된 사안을 반영하는 것이 중요하다.

# 제2장

# 위기관리학의 특징과 연구관점

인도 보팔 가스누출 재난사건(세계 최악의 산업재난 사건)과
위기관리 쟁점

- 개요

1984년 12월, 인도 중부 보팔시에 위치한 미국 화학 기업 유니언 카바이드사의 살충제 공장에서 메틸이소시안산이라는 유독 가스가 누출되는 사건이 발생했다. 이로 인해 노동자가 주로 거주하는 주택가를 중심으로 수천 명이 목숨을 잃는 피해가 발생했다.

인명 피해만 보면, 이 사건은 인류 최대의 환경 재앙이라는 체르노빌 원자력 발전소 폭발 사고를 능가할 정도다. 영어로는 'Bhopal disaster' 즉, '보팔 재앙'으로 불린다. 보팔이라는 이름은 죽음, 기업과 정부의 부적절한 대처, 태만을 의미하는 상징적인 단어가 되었다.

이 사고로 인해 3,787명이 즉사했고, 가스 누출로 후유증을 얻은 사람 중 1만 6천명 이상이 사망하였다. 또한 558,125명 이상의 부상자가 발생하였다.

- 복잡한 위기쟁점들

보팔 사건과 관련하여 법적, 재정적, 기술적, 관리적, 정치적, 임상치료 등 다양한 위기쟁점들이 복잡하게 얽혀 있다. 이러한 쟁점들을 파악하고 대응하기 위해서는 법학, 재정학, 경제학, 정치학, 사회학, 심리학, 공학 등 다양한 전문영역과 학문적 접근이 필요하다. 이는 종합적 처방이 요구되는 사례라 할 수 있다.

- 제학문적 및 다학문적 접근법

보팔 사건은 위기관리에서 제학문적(multi-disciplinary) 접근과 다학문적(inter-disciplinary) 접근이 필요한 전형적인 사례이다. 이러한 접근법은 위기의 복잡성을 체계적으로 분석하고, 각 분야의 전문 지식을 통합하여 보다 효과적인 해결책을 모색하는 데 중요한 역할을 한다.

## JR 후쿠치야마선 탈선 사고(2005)와 위기관리 쟁점

2005년 4월 25일 오전 9시 18분경, 일본 효고현 아마가사키시의 JR 후쿠치야마선에서 열차 탈선 사고가 발생하였다. 사고는 반경 300m의 우측 커브 구간에서 발생했으며, 다카라즈카 역에서 가타마치 선 도시샤마에 역까지 운행하는 상행 쾌속 전동차의 선두 5량이 탈선하였다. 선두 2량은 선로 가의 9층 맨션 건물에 충돌하여 형체를 알아볼 수 없을 정도로 대파되었다. 이 사고는 과속과 ATS(자동열차정지장치)의 작동 미비로 인해 발생했다.

이 비극적인 사건은 일본 철도사고 사상 7번째로 많은 사망자가 발생한 사건으로, 희생자의 상당수는 1호차와 2호차에서 발생했다. 언론에서는 이 사고를 "JR 다카라즈

카선 탈선 사고" 또는 "아마가사키 JR 탈선 사고"로 호칭하였다. 이 사고로 인해 많은 사람들이 아픔과 상실을 경험했으며, 이는 철도 안전에 대한 경각심을 일깨워주는 사례로 남았다.

　-위기관리와 조직 내 압박

사고 당시 JR 서일본은 목표를 완수하지 못한 승무원에게 일근교육이라는 징벌적 처분을 취하고 있었다. 이는 충분한 재발 방지 효과를 제공하지 못하고 오히려 승무원에 대한 압력을 증대시켰다는 지적이 있다. 사고가 일어나기 반년 전, 국회의원으로부터 "중대사고를 일으킬 수도 있다"는 추궁을 받았으며, 사고 후에는 "사고의 큰 원인의 하나"로서 많은 미디어에서 다루어졌다.

해당 기관사는 과거 운전 실수 등으로 3회 일근교육을 받았지만, 사고 직전의 행동으로 보아 주의 장애(ADHD나 아스퍼거 증후군 등)를 가지고 있었을 가능성이 제기되었다. 또한, 사고 전년도에 받은 일근교육에서 회복운전을 하지 않았던 것을 상사에게 질책당했다는 보도도 있었다. JR 서일본의 일근교육과 사고 사이에 인과관계가 입증되었고, 사측은 여론의 비판을 수용하여 일근교육을 포함한 노무관리에 대해 보완대책을 수립하였다. 이 사고는 위기관리에 있어서 조직 내 잘못된 문화 및 업무 시스템의 개선 필요성을 강조하는 중요한 사례로 남아 있다.

## 제1절　위기관리학의 가치(성격)와 학문적 특징[1]

## 1. 위기관리학의 일반적 성격

위기에 대한 연구는 1990년대 이후 위기 발생 빈도가 증가하고 그 심각성에 대한 인식이 증대되면서 1990년대 중반부터 본격적으로 연구가 시작되었다. 위기관리는 개인, 기업, 조직, 사회 모든 차원에서 보편적이고 일반적인 성격을 지닌다. 이는 국가뿐만 아니라 사회 유지 기능을 수행하는 기업과 개인도 위기관리에 대한 책

---

1 이 부분은 이재은(2020). 연구를 재구성.

임이 있음을 의미한다. 위기관리는 국가 안전과 국민의 생명, 재산을 보호하고 위험 상황을 극복하기 위한 일상화된 과정이다. 다양한 차원에서 위기관리는 보편적이며 일반적인 성격을 지닌다.

첫째 국민은 행복을 추구할 권리를 가지며, 국가는 국민의 안전을 위해 책임을 진다. 위기 발생 시 사회적 손실과 피해는 사회 구성원 전체의 부담이 되며, 기업이나 개인도 사회적 비용 부담을 공유해야 한다.

둘째 위기관리는 공공 관리적인 성격을 지니며, 책임 소재와 관계없이 발생 원인이 개인이나 기업의 작은 실수라도 그 영향은 생명, 국가, 국제 사회까지 미친다. 특히 위기관리 측면에서 안보 개념은 시대적 상황을 반영하여 새롭게 발현하고 진화되고 있다. 신종 위협 요인들이 안보의 범주에 포함되면서 지속적으로 재정립되고 확장되었는데 특히 탈냉전 이후, 국가 간 직접적·대규모 군사적 충돌 가능성은 낮아졌지만, 테러, 국제범죄, 기후변화, 전염병 등과 같은 요인들이 주요 문제로 대두되었다. 이러한 비전통적 안보 이슈들이 안보 개념에 포함되는데 비전통적 안보위협과 전통적 안보위협 모두 국가 및 개인에게 위해를 가할 수 있다는 점은 동일하다. 그러나, 비전통적 안보위협은 전통적 안보위협에 비해 국가의 지리적 한계를 넘어서는 초국가적 성격이 강하다. 특정 국가와 개인에게 국한되지 않고 모든 국가와 개인에게 피해를 줄 수 있는 공동의 문제로, 효과적인 대응을 위해서는 상호연대와 협력이 필수적이다.

셋째 위기관리는 일상적으로 이루어져야 한다. 예를 들어, 코로나 확산에 따른 사회 필수 기능의 마비는 일상적인 위기 상황이다. 대형 인명사고, 온라인망 마비, 국가 경제 활동의 파괴 등이 발생할 수 있다. 위기관리는 일상적으로 준비되어야 하며, 위기 발생 시 조직은 지속적으로 대응해야 한다.


## 2. 위기관리학의 이념적 가치와 목표적 가치

### 1) 이념적 가치

위기관리시스템을 효율적으로 작동시키기 해서는 위기관리 이념적 가치 정립이 필요하다. 이념적 가치는 위기관리 전문가, 조직이 바람직한 신념체계로 받아들여야 하는 규범을 의미하는데, 인간생명, 인간의 존엄성 구현, 인간 근본적 권리 존중과 구현을 의미한다.

첫째 인간 생명에 대한 존중(Respect for the Life)은 개인의 생명이 존중되지 않으면 가족, 사회, 국가 등 사회적 구성체 존재가 무의미하다는 것이다. 일상생활을 포함하여 전쟁, 폭동, 시위, 재난 등 위기상황에서 개인의 생명이 보존되어야 한다. 국가위기관리 관점에서 우리 정부의 가장 기본적이고 중요한 임무는 국민의 생명과 재산을 보호하는 것이다. 이는 헌법에 명시된 국민의 기본 권리에 기초하고 있다. 헌법 제10조에 따르면, 모든 국민은 인간으로서의 존엄과 가치를 지니며 행복을 추구할 권리를 가진다. 헌법 제34조 제6항은 국가는 재해를 예방하고 위험으로부터 국민을 보호하기 위해 노력해야 한다고 규정하고 있어 국가위기관리의 책임을 명확히 하고 있다.

둘째 인간 존엄성(Respect for the human dignity)으로 어떤 상황에서도 기본적 권리인 자유권, 평등권, 사회적 형평성, 안전권이 존중되어야 한다. 이는 정책학의 이념적 가치로 Lassewll이 강조한 인간의 존엄성 증진하기 위한 학문과도 그 맥을 같이한다. 이러한 측면에서 위기관리는 상황 발생시 생존자 포함, 사망자 시신처리에 있어 존중의 가치가 적용되어야 한다.

셋째 사회적 형평성(social equity, 평등) 으로 위기관리에 있어 자유와 평등의 가치가 적용된 사회적 형평을 의미한다. 행정학에서의 '사회적 형평성'이란 행정의 모든 국면에서 행정 체제의 환경에 대해 기본적으로 개인의 자유를 최대한 보장하고 또한 소득재분배 정책 등을 통해 합당한 평등적 분배를 이룩하려는 복지이념이다. 행정이 사회적 형평을 추구하는 평등적 분배가 우선적으로 고려되고, 사회·경제·정치적으로 불리한 계층을 위해 서비스 배분에 있어 공평성, 평등성이 보장되어야 한다. 1996~2015년 全 세계 자연재난 피해의 90%(0.7만건)가 중·저소득 국가 집중되었는데 2010년 아이티 지진시에만 22만 명의 사망자가 발생했다. 유엔 재난위험경감 사무국(UNDRR)이 발간한 〈2000-2019년 세계 재해 보고서〉에 따르면, 지난 20년 동안 전 세계에서 7,384건의 자연재해가 발생하였고, 40억 명이 피해를 입었으며, 해마다 약 6만 명이 재해로 목숨을 잃는 것으로 평가되었다(UDRR, 2020). 이 보고서는 특히 홍수, 태풍, 가뭄과 같은 기상이변이 사회안전망을 갖추기 힘들고 재난

복구에 충분한 자원을 확보하지 못한 가난한 나라에 더욱 큰 피해를 안길 수밖에 없음을 강조하고 있다.

기후 변화로 인한 재해가 증가하고 있으며, 이는 사회적, 경제적 격차를 더욱 심화시킬 수 있음을 시사하고 있는데 특히 이러한 문제를 해결하기 위해서는 국제적인 협력과 지원이 필요하다. 재해에 대한 예방과 대응 능력을 향상시키기 위해, 각국은 재난 관리 체계를 강화하고, 기후 변화 대응 전략을 마련해야 한다. 자연재해는 특히 사회적 약자에게 더 큰 피해를 주기 때문에, 위기관리에서 공평성과 평등성을 보장하는 것이 필수적이다.

## 2) 목표적 가치

위기관리는 국가 안전과 국민의 생명, 재산을 보호하고 위험 상황을 극복하기 위한 일상화된 과정이므로 다양한 측면에서 위기관리 시스템을 효율적으로 운영하기 위한 목표적 가치들이 있다. 먼저 효율성(Efficiency)으로 위기 발생 이후의 위기관리는 종종 비효율적이며 생산성이 낮아지게 된다. 이를 개선하기 위해 다음과 같은 접근 방법을 고려할 수 있는데 첫째 시스템 효율화를 위해 위기관리 시스템을 효율적으로 개선하는 것이다. 또한 위기관리 산업 분야의 적극적 투자 유도를 통해 위기관리 능력을 강화해야 한다. 이를 통해 위기 발생 이전의 예방과 대비를 통해 위기 발생을 억제할 수 있다.

둘째 효과성(Effectiveness)으로 위기관리 시스템의 목표 달성 정도를 측정하기 위해 명확한 달성 목표를 설정하고 지표를 개발해야 하며 사전적, 계획적, 의도적 목표를 고려하여 성과를 평가하고 개선해야 한다.

셋째 민주성(Democracy)으로 위기관리시스템의 내부 운영도 민주적인 특성을 반영해야 하는데 시민 참여유도와 의견 수렴, 빠른 대응성 통한 효과적인 의사소통의 보장, 위기관리 의사결정과정에 대한 투명성을 들 수 있다. 이를 통해 국가위기관리 체제의 효율성과 효과성을 극대화할 수 있다(이홍기, 2014).

# 3. 국가위기관리학의 학문적 발전의 필요성과 특징

## 1) 위기관리 학문적 발전 필요성

위기관리학(Crisisonomy)은 인류의 보편적 가치를 위협하는 위기의 본질과 원인을 규명하고, 위기관리의 규칙과 법칙을 찾는 학문으로서 그 목표는 과학적 연구에 기반을 두고 위기 발생 원인과 결과 간의 인과적 관계를 밝히는 것이라고 볼 수 있다.

어떤 조직이 선진화되기 위해서는 항상 일상적 기능을 보완하는 비상적 기능이 상시적으로 유지되어야 하며, 비상적 기능이 유사시에 일상적 기능을 원활하게 대체할 수 있도록 학문적 연구가 되어야 한다. 우리의 미래에는 다양한 위기가 더욱 빈번하게 발생할 것이므로 국가위기를 관리하기 위한 노력이 보다 체계적이고 통합적으로 이루어져야 할 시점에 와 있다. 세계적으로 나타나는 정치, 경제, 사회, 문화, 자연 환경의 변화 속에서 국민, 주권, 영토, 국가 핵심기반을 위협하는 각종 위기를 관리하는 것이 우리들의 소명이다. 위기관리 학자들은 위기관리의 이론과 실제에 대한 진지한 연구를 통해 위기관리학의 발전을 이루고자 한다. 제학문적 접근과 학계 및 실무계의 연계를 통한 위기관리는 미래 불확실한 환경 하에서 국가 안전보장을 가능하게 하는 중요한 요소이다.

미래 국가의 안전보장을 통해 인간의 존엄성을 확보하기 위해서는 과거의 경험과 노력을 기반으로 하여 위기관리학의 정립과 연구의 체계화, 학제 간 연구의 활성화와 위기관리 관련 학회 간의 소통, 위기관리 전문가 양성, 위기관리에 대한 국민적 의식과 문화 고양, 관련 산업의 육성 및 국가경쟁력 기반 제공, 위기관리 정책 개발 등이 절실히 필요하다. 이를 위해 해외에서는 다양한 학문 분야의 학자들과 실무 전문가들이 담론을 통해 위기를 관리하기 위한 노력을 기울이고 있다. 위기관리 이론 개발과 연구, 실무 전문성 향상이 궁극적으로는 전 세계적으로 상호 확산되어 보편적인 인간의 존엄성을 구현하고자 노력하고 있다.

위기관리학의 학문적 체계화는 선진화된 위기관리의 필수조건이다. 이론적 체계화와 논리적 일관성을 통해 국민과 전문가들이 공유할 수 있는 위기관리를 통해 안전사회를 건설할 수 있다. 실무적 차원에서의 국가위기관리 업무 수행만으로는 미래 위기 영역의 예측과 대응이 제한된다. 국가위기관리의 학문적 체계화는 실무적 차원에서의 국가위기관리를 다루는 것만으로는 국가위기관리의 발전이 한계에 도달할 것이라는 판단에서 비롯되었다. 즉, 실무 전담 공무원들과 정부 중심의 논의만으로는 새로운 위기 영역의 예측이나 예상, 다가오는 피해나 결과의 규모에 대한 이해가 어렵기 때문이다. 논의의 경쟁과 확산은 모든 분야의 영역과 깊이를 더해주는 최선의 방법이다. 따라서 국가위기관리의 학술적 발전은 많은 연구자와 실무자, 일반 국민, NGO 등이 함께 참여할 수 있는 장을 만들어 주고, 학계와 실무계, 그리고 일반 국민이 함께 담론의 장을 형성할 때 가능하다. 이러한 맥락에서 국가위기관리의 학문적 체계화는 국가 사회의 구성원들이 학문적 차원에서 연구하고, 교육하고, 봉사할 수 있는 담론의 장을 만드는 것이라고 정의할 수 있다.

## 2) 위기관리의 학문적 특징

### (1) 실천적 학문

위기관리 학문은 실천적 학문의 성격을 지닌다. 국가가 공통적으로 직면하고 있는 현실 문제를 해결하는 데 초점을 맞추기 때문이다. 따라서 이러한 현실의 문제를 해결하기 위해 국가위기관리 연구자들은 미래에 닥쳐올 위기를 예견하고 당면한 문제를 정의하는데, 그 해결책은 순수한 학술적 이론이나 모형만으로 창출되기 어렵다. 연구자들은 실증적 연구나 실무에의 직접 참여를 통해 아이디어를 발견하기도 한다. 또한, 국가위기관리 연구자들은 이상과 현실 사이에 가교의 역할을 담당하여 양자를 조화시킬 수 있는 이론이나 모형을 추출하고자 한다. 이러한 귀납적 방법으로 연구자들이 발견한 새로운 이론이나 모형은 현실 문제를 해결하는 데 많은 도움을 준다(백진숙, 2010).

여기에서 강조되어야 할 것은 지식과 행동이 일치할 수 있도록 학자들과 실무자들 사이에 상호 이해와 협조가 있어야 한다는 점이다. 그렇게 하기 위해서는 실무자들에게도 다양한 위기관리 분야 연구사업에 적극적으로 참여할 수 있는 기회가 제공되어야 한다. 예를 들어, 실무자들이 대학에서 국가위기관리에 관한 강의를 담당할 수 있는 동시에 연구자들도 국가위기관리 정책의 수립이나 집행에 적극 참여하는 경우가 있다. 이러한 교류는 학계와 실무계 관계가 일방적이 아니라 쌍방향으로 이루어지는 것을 의미한다. 이러한 과정을 통해 학술적 차원에서의 국가위기관리는 점진적으로 발전할 수 있다.

## (2) 제학문적 접근법(Interdisciplinary Approach)과 다학문적 접근법 (multi-disciplinary approach)

오늘날에는 과거와 달리 수많은 재앙적 사건들, 즉 방사능 및 유독성 화학물질 유출 사고, 환경오염, 유괴 및 납치 사건, 비행기 납치, 공공 및 민간부문의 파업 및 태업, 소비자 불매운동 등과 같은 국가 사회와 관련된 신종 위기들이 전 세계에 걸쳐 발생하고 있다. 이러한 이유로 새로운 해결 방법의 모색이 끊임없이 이루어져야 하며, 다양한 유형의 관리 방법뿐만 아니라 단일 위기에 대해서도 종합적이고 철저한 해결을 위해 관련 제반 학문 분야의 연구가 절실히 요구되고 있다(국가안전보장회의 사무처, 2013; 이재은, 2018).

현실 문제를 해결하는 데 역점을 두는 국가위기관리 연구는 주로 제학문적 접근법(interdisciplinary approach) 또는 다학문적 접근법(multi-disciplinary approach)에 의존한다. 먼저 제학문적 접근법은 각 학문 또는 전공분야가 독자성을 유지하면서 다른 학문 또는 전공분야와 협조 관계를 이루어 어떤 문제를 공동으로 해결하려는 방법을 의미한다.

다음으로 다학문적 접근법은 두 개 이상의 학문이 각각의 독자성을 버리고 융합하여 새로운 학문 또는 전공분야를 형성하여 어떤 문제를 해결하려는 방법을 의미한다(김형렬, 2000). 예를 들어, 정치학과 경제학이 융합하여 정치경제학을 이루어 정치·경제 문제를 같은 시각에서 해결하려는 것이다. 이 같은 경우는 정치사회학, 사회인류학, 사회복지학, 범죄심리학 등에서도 찾아볼 수 있다.

위기관리학 역시 행정학, 사회학, 법학, 심리학, 의학, 도시공학, 도시계획학, 토목공학, 안전공학 등의 다학문적 접근법이 요구된다. 산업화된 사회에서 표출되는 문제들은 너무나 복잡하고 다양하여 어느 한 분야에만 의존해서 해결하기에는 한계가 있다. 따라서 각 분야의 전문가들이 하나의 문제를 여러 시각에서 분석해 그 해결책을 공동으로 모색하는 것이 보다 더 효율적이다. 이러한 관점의 대표적인 사례가 인도 보팔 유독가스 누출 사고이다. 사고 자체는 매우 단순한 하나의 사건으로 인식될 수 있으나, 실제로는 보팔 사건과 관련하여 많은 위기 쟁점들이 대단히 복잡하게 얽혀 있었다. 즉, 법적, 재정적, 기술적, 관리적, 정치적, 의사소통, 그리고 임상 치료상의 쟁점 요소들이 보팔 사건과 직접적 혹은 간접적으로 연관되어 있었다. 이러한 위기 쟁점들을 파악하고 극복하기 위해서는 법학, 재정학, 행정학, 의학, 도시공학, 토목공학, 안전공학, 경제학, 철학, 정치학, 사회학, 심리학, 관리 과학, 공학은 물론 인류학이나 보건학, 종교 및 신학 등의 다양한 전문영역과 제학문 영역들이 필요했다.

과학기술의 발달과 더불어 위기관리에 있어서도 보다 복잡하고 새로운 기술이 요구되고 있으며, 종합적인 처방을 필요로 하는 위기가 발생하고 있다. 다학문적 접근법의 예로, 정치학과 경제학이 융합하여 정치경제학을 이루어 정치·경제 문제를 같은 시각에서 해결하려는 것이다. 이 같은 경우는 정치사회학, 사회인류학, 사회복지학, 범죄심리학 등에서도 찾아볼 수 있다. 이러한 현실에 비추어 보면, 오늘날 발생하고 있는 국가위기를 관리하기 위해서는 제학문적 접근이 필수적으로 요구되고 있다.

### (3) 보편성과 연계성

위기관리 연구는 모든 분야의 개별 위기관리정책 과정에 적용될 수 있는 보편타당한 이론이나 모형을 정립하는 데 그 특징이 있다. 이러한 국가위기관리의 이론이나 모형은 자연재난관리정책, 인적재난관리정책, 사회적 재난관리정책, 안보위기관리정책 등 모든 분야의 정책을 분석하는 데 적용될 수 있다. 모든 분야의 위기관리 정책에 활용될 원리나 모형을 개발하기 위해서는 무엇보다도 과학적 방법에 근거한 연구가 전제되어야 한다. 어떤 문제의 원인을 분석하고 그 결과를 예측하는 방법을 위기관리 연구자들이 활용한다면, 자연과학적 방법이든 인문사회과학적 방법이든 모두 적절하게 사용될 수 있다.

한편, 위기관리 연구는 연계성에 역점을 둔다. 여기에서 논의되는 연계성은 시차적, 체계적, 정책적 관점에서의 긴밀한 관계를 의미한다. 시차적 연계성은 현재의 위기관리가 과거의 어떤 위기관리와 직접 또는 간접으로 관련되어 있다는 것을 전제로 한다. 현재 표출되는 어떤 위기나 쟁점, 문제는 과거의 어떤 사건이나 문제와 맥락을 같이 하는 것으로 파악될 수 있으며, 현재의 위기관리는 미래의 위기관리의 기초가 될 수 있다. 체계적 연계성은 어느 한 체계에서 추진되는 위기관리는 동일 체계 내의 하위 체계뿐만 아니라 다른 체계에 직간접으로 영향을 준다는 것을 의미한다. 정책적 연계성은 국가위기관리정책의 형성, 집행, 평가의 각 단계가 분리된 것이 아니라 서로 연결·의존된 과정임을 의미한다. 또한, 위기관리정책의 평가 과정은 결과에 대한 평가뿐만 아니라 형성과 집행 과정에 대한 평가도 포함하며, 평가 후 제시되는 정보와 자료는 환류를 통해 형성과 집행 과정에 활용될 수 있다.

## 제2절 학문별 위기관리 연구관점과 접근법

한국에서 위기관리와 재난관리 분야는 중요한 주제로서 국내에서는 일부 학과에서 소방, 경찰행정, 군사학 등 국가안보, 재난공학 등을 중심으로 강의를 개설하고 있지만, 아직 학문적으로 체계화되지 않은 부분이 많다. 체계적으로 발전시키고 통합적인 학문으로 발전시키는 것이 중요한데, 국내에서는 학문의 순수성을 강조하는 관행과 위기관리 연구의 제학문성에 대한 인식 부족으로 전문인력 양성이 제한되고 있다(이재은, 2005; 김열수, 2016). 위기관리 분야는 단일 학문 분야로만 주도하기 어려운 제학문적 접근법(interdisciplinary approach)을 사용하는 연구 분야이다. 이러한 연구는 사회과학, 인문학, 보건의료 등 다양한 관점에서 수행되어야 한다. 이를 통해 개인과 조직이 위기 상황에서 어떻게 행동하며, 위기 발생 이후에는 어떻게 대응해야 하는지를 고려해야 한다. 따라서 다양한 학문 분야의 협업과 연구가 필요하며, 위기관리에 대한 교육과 연구를 더욱 발전시키는 노력이 필요하다.

그동안 위기에 대한 논의는 각각의 학문 분야별로 흩어져서 논의되어 오기는 했지만 학술적 차원에서 깊이 있는 논의가 체계적으로 수행되지 못했다. 따라서 위기관리 연구관점을 특정 학문분야에 국한하지 않고 인문사회과학은 물론 자연과학, 공학, 의학 등 제학문적 접근에 입각하여야 한다. 이를 통해 국가위기관리의 학문적 체계화가 이뤄질 수 있다.

　국내 사회과학 측면에서 위기관리 연구경향은 주로 사회과학 전공인 주로 행정학과 사회학 등을 중심으로 수행되었다. 향후 위기관리의 학문적 분야로서의 위치 설정을 위해 여러 학문적 관점에서 논의가 필요하다. 위기상황이 진행되면서 개인과 조직이 행동하는 방법과 위기 발생 이후 개인과 조직이 대응하는 방법과 관련된 연구관점을 살펴보면 크게 5가지 전공인 심리학, 정치학, 경제학, 사회학, 행정학 관점으로 구분될 수 있다.


## 1. 심리학

　심리학 관점의 위기관리 연구는 3가지 관점인 인지적[2] 관점, 심리분석적 관점, 외상후 스트레스 관점으로 구분된다. 첫째 인지적(cognitive) 관점은 개인이 위기상황에서 인지적 한계를 극복하는 것이 문제 해결의 핵심이라는 가정 아래에서 진행된다. 위기관리에 대한 인지적 관점은 매우 중요한데, 개인과 조직이 위기 상황에서 어떻게 인식하고 대응하는지를 이해하는 데 유용하기 때문이다. 인지적 관점에서의 주요 연구 내용은 위기상황 하 정보 처리, 판단, 의사 결정 과정 등이 주요 핵심이 된다. 먼저 정보처리는 위기 상황에서 개인이 어떻게 정보를 수집하고 처리하는지를 분석하는 것으로 위기 상황에서의 정보 과부하나 불확실성에 대한 대응과정을 이해하는데 중요하다. 또한 개인이 위기 상황에서 어떻게 판단을 내리는지를 연구한다. 이는 스트레스 상황에서의 판단 오류나 편향을 분석하는 데 도움이 된다. 마지막으로 위기상황에서의 의사 결정 과정을 분석한다. 이는 개인이 제한된 시간과 자원 내에서 최선의 결정을 내리는 방법을 이해하는 데 중점을 두게 된다. 이러한 인지적 관점의 위기관리 연구는 위기 상황에서 개인과 조직이 보다 효과적으로 대응할 수 있도록 돕는 데 중요한 역할을 하게 된다.

---

2 인지적이라는 것은 인식의 경험으로 설명할수 있는 모든 정신과정을 의미하며 어떤 사실을 인식하여 아는 것이다.

둘째 심리 분석적 관점은 급작스러운 스트레스나 정신적 충격에 대응할 때 개인이 어떤 통찰력을 발휘하는지를 연구한다. 특히 개인이 위기 상황에서 나타나는 심리적 반응과 그에 따른 행동을 분석하는 데 중점을 두게 된다.

셋째 외상 후 스트레스 관점은 개인이 위기 상황에서 외상적 사건을 경험한 후 어떻게 스트레스를 경험하고 이를 극복하는지를 탐구한다. 이는 외상 후 스트레스 장애(PTSD)와 같은 심리적 문제를 다루며, 개인이 위기 이후 회복하는 과정을 중심으로 진행된다. 이러한 관점들은 위기 상황에서 개인의 심리적 반응과 행동을 이해하고, 효과적인 대응 전략을 개발하는 데 중요한 역할을 한다.

**캐플란 위기진행모형**

캐플란(Caplan)은 위기 상황에서 개인이 어떻게 대처하는지를 연구하여 4단계 위기진행모형을 개발했다(Caplan, 1964). 먼저 제1단계(충격단계)는 위기가 발생했을 때 처음으로 경험하는 단계로서 개인은 문제를 인식하고 불안, 스트레스, 두려움, 죄의식과 같은 감정과 싸우기 시작하며 정상적인 대응능력이 저하된다.

제2단계(방어적 퇴행단계)는 자신이 경험하고 있는 불안, 스트레스, 두려움이나 죄의식 등과 싸우기 위한 대처방안을 개발하기 시작한다. 개인은 위기에 대응하기 위해 기존에 사용했던 대처 메커니즘을 반복해서 사용하고 문제 해결을 위해 노력하지만, 효과적이지 않은 방법을 계속 시도하게 된다.

제3단계(재평가 단계)는 긴장이 증가하면 개인은 새로운 해결책을 시도하고 응급상황에서 문제를 해결하기 위해 행동한다. 기존의 대처 메커니즘이 효과적이지 않다는 것을 인식하고, 새로운 방법을 모색하면서 문제를 해결하기 위해 다양한 대처 전략을 시험해보는 단계이다.

제4단계(적응단계)는 새로운 대처 메커니즘을 발견하고 적용하며 위기 상황에서 배운 경험을 바탕으로 개인의 대처 능력이 향상하게 된다. 만약 3단계에서 새로운 해결책이 스트레스 감소나 문제 해결에 기여하지 못했다면, 개인은 정신적 장애를 경험하게 되는데, 이는 자아통제력 상실과 같은 적절하지 않은 대응을 포함할 수 있다. 위기 상황에서 적절한 대응 방법을 찾는 것이 중요하며, 이 모형은 개인이 위기 상황에서 어떻게 변화를 겪고 성장하는지를 이해하는 데 중요한 역할을 한다.

## 2. 사회학

위기관리와 사회학은 밀접한 관계를 가지고 있다. 우선 사회학은 사회적 현상과 인간 행동을 연구하는 학문이며, 위기관리는 이러한 사회적 현상과 인간 행동을 위험 상황에서 어떻게 대응해야 하는지를 다룬다. 위기관리는 다양한 사회학 전공 관점을 고려하게 되는데 예를 들어, 위기 상황에서 개인과 집단이 어떻게 의사결정을 내리는지, 사회적 네트워크가 어떻게 작용하는지, 문화적 차이가 어떻게 영향을 미치는지 등을 연구한다. 이러한 측면은 사회학의 관심사와 맞닿아 있다. 또한 사회학적 연구를 통해 위기 상황에서 사회적 불평등, 정치적 갈등, 경제적 영향 등을 분석할 수 있으며, 이를 통해 정책 제안과 위기 관리 전략을 개발하는 데 도움이 된다. 따라서 사회학과 위기 관리는 상호 보완적인 관계를 가지고 있으며, 현실적인 문제에 대한 해결책을 찾는 데 중요한 역할을 한다.

특히 재난에 대응하는 지역사회와 집단들을 연구하는 관점이며 다양한 수준의 개인, 조직, 지역 공동체, 그리고 사회적 수준에서 분석된다. 주로 지역 공동체와 조직 수준을 중심으로 연구되며, 재난의 영향에 대한 조직화된 집단의 대응을 기술하고 분석하는 경향이 있다(김진석·박찬석, 209).

## 3. 정치학

정치학은 국제관계에서의 위기 연구와 국가 내부에서의 관료정치적 특성 연구를 중점으로 다루는 학문이다. 이 관점은 국가 간의 국제적 위기보다는 국가 내부의 위기에 초점을 맞추며, 주로 지역공동체와 정치적 기관, 행정기관 수준에서 연구되어 왔다. 대표적인 정치학 관점의 위기관리이론으로 Allison 모델을 들 수 있다. Allison(1971)의 대표적 저서인 Essence of Decision: Explaining the Cuban Missile Crisis에서는 쿠바 미사일 위기에 대한 케네디 행정부의 대응을 연구하였다. 국가 내부의 위기관리 과정에서 나타나는 관료 집단의 의사결정 과정을 정치적 특성에 초점을 두며 합리적 행위자 모형, 조직과정 모형, 정부정치모형을 제시하고 있는데 주로 안보 위기 정책결정 설명시 적용이 가능하다.

## 4. 경제/경영학

경제/경영학에서 조직의 위기 취약성과 연결시키는 위기 경향성 모형은 다양한 변수들을 고려하여 조직의 대응 능력을 분석하는데 3가지 변수를 확인한다. 첫째 환경의 특성은 시장, 생산자, 공급자 관점에서 볼 때, 환경의 급작스런 변화는 기업에 문제를 야기하고 위기에 대해 더욱 취약하게 만든다. 둘째 관리의 특성은 관리자의 개인적 자질, 능력, 리더십 유형은 의사결정의 질과 위기에 대처할 수 있는 기업의 능력에 중요한 영향을 미친다. 셋째 조직의 특성은 조직 규모, 자원 기반, 구조, 계획 등은 위기 상황 관리와 위기 상황 발생 가능성에 영향을 미친다.[3]

이러한 관점의 대표이론으로 경영학 이론을 다베니 & 맥밀란의 위기 대응 모형 (1990)을 들 수 있다(D'Aveni & MacMillan, 1990). 위기 상황에서 실패해서 도산한 기업 57개와 생존한 기업 57개를 비교한 후 다음과 같은 3가지 위기 대응 모형을 제시했다. 먼저 위협-경직 대응 모형(threat-rigidity response model)은 위기가 잡음을 발생시키며 관리자의 관심을 위기 영역으로부터 멀리 전환시키고, 환경의 변화는 부정적인 대응을 초래한다. 둘째 위기-부정 모형(crisis-denial model)은 관리자들이 외부의 위기를 무시한다. 셋째 환경-탐색 모형(environmental-scanning model)은 관리자들이 쟁점 위기의 중요성에 따라 많은 관심을 기울인다. 이 모형들은 기업이 위기 상황에서 어떻게 대응하는지를 설명하는 데 유용하며, 다양한 위기 상황에서의 관리자들의 반응을 분석하는 데 중요한 도구로 사용될 수 있다.

또한 블랙스완 이론을 들 수 있다. 2000년대에 들어 과거의 경험이나 확률 분포만으로는 가늠하기 어려운 상상을 초월하는 극단적인 사건들이 점점 더 빈번하게 주변에서 발생하고 있다. 대형화되고 있는 자연재해와 기상이변, 글로벌 경영의 보편화, 정치적·종교적 쟁점 심화 등은 20세기까지는 가능했던 관찰과 경험에 의존한 예측을 비웃기라도 하듯이 Black Swan이론으로 현실화 되고 있다(Taleb, 2007). 검은색을 띠는 흰색의 새라는 상반되는 어휘에서 알 수 있듯이, 1697년 호주 대륙에

---

3 https://www2.deloitte.com/content/dam/Deloitte/kr/Documents/risk/2016/kr_risk_about-crisis-management-methodology_20160927.pdf

서 검은 백조가 발견되기 전까지 유럽 사람들은 모두 백조는 흰색이라고 생각했다. 그때까지 발견된 백조가 모두 흰색이었기 때문이다. 검은 백조의 발견을 통해 이 용어는 경험상 절대로 존재하지 않을 것이라고 생각했으나 실제 발생하거나 발견되는 현상을 뜻하는 경영학 용어가 되었다.

블랙스완 이론은 과거의 경험에 근거한 판단이 반드시 옳지는 않으며, 과거의 사건을 아무리 분석해도 미래를 예측하는 데 한계가 있음을 시사한다. 또한 최근 잇따르는 테러, 2008년의 글로벌 경제 위기와 같은 사건이 앞으로 더욱 자주 출몰할 수 있음을 의미한다. 사실 돌이켜보면 지난 수천 년간 인간과 자연계의 역사에서 예기치 못한 사건(위기)들이 종종 발생해왔고, 그에 적응하지 못한 다양한 생명체 종들이 멸종했듯이, 영원히 해가 지지 않을 것만 같았던 수많은 기업들이 순식간에 몰락해버리는 경우가 빈번히 발생했었다. 1970년대의 포천(Fortune) 500대 기업 중 60%는 더 이상 존재하지 않으며, 급변하는 경영 환경에서 내외부 위기에 신속하고 효과적으로 대응하지 못한 기업은 더 이상 생존을 보장받을 수 없다는 것이 이를 방증한다.


## 5. 행정학

위기관리는 현대 사회에서 점점 더 중요한 주제가 되고 있는데, 행정학에서 위기관리 연구는 다양한 관점에서 진행되고 있으며, 이를 통해 정부와 사회가 위기 상황에서 어떻게 대응해야 하는지에 대한 통찰을 얻을 수 있게 하였다. 1980년대 이전에는 심리학, 사회학, 정치학 관점에서 위기에 대한 연구가 주로 이루어졌으나, 1980년대 이후 위기 발생의 빈도가 증가하고 위기 결과와 영향의 심각성에 대한 인식이 높아지면서 행정학에서 위기관리 연구가 더욱 강조되었고 특히 위기관리, 갈등관리, 재난관리 연구가 중요시되고 있다.

행정학에서 위기는 자연재난과 인적 및 기술재난으로 분류되는데 위기가 발생하기 전에는 예방, 대비, 대응, 복구 단계로 구분되며 이를 통해 행정 중심적인 활동이 이루어진다. Schneider(1992)의 연구에서는 왜 정부의 재난 구조 노력이 다른 것보다 더 성공적일까? 라는 연구질문에 대한 연구를 진행하였다. 연구결과 위기에 대한 정부의 대응 성공 여부는 사회적 상호작용을 지배하는 위기규범과 정부활동을 지배하는 관료규범 사이의 격차에 좌우된다고 주장하였다(Schneider, 1992). 이는 비상 관리 상황에서 정부가 준비가 되어 있는 것(관료적 규범)과 재해에 희생된 사람들의 기대(비상적 규범) 사이의 "간극의 정도"에 초점을 맞추었다. 이처럼 행정학 측면에서 위기관리 연구는 최근 다양한 재난 사례분석을 통해 지속적으로 수행되고 있다.

## 제3절   위기관리 정책집행 접근법과 연구접근법

정책과정을 정책의제설정-정책결정-정책집행-정책평가 및 변동의 단계로 구분하는데, 정책집행은 정책의 내용을 실현시키는 과정을 의미하는 것을 의미하며 정책결정과 정책평가를 연결하는 고리의 역할을 수행한다. 즉 정책이 어떻게 집행되느냐에 따라 정책의 효과 나타나므로 정책집행은 성공적으로 정책을 추진하기 위한 지식이나 논리를 연구하는 것이 중요하다. 정책집행에는 다양한 접근법이 있는데 하향식 접근법, 상향식 접근법 및 상황적 접근법을 살펴보겠다.

## 1. 하향식 접근법

하향식 접근법은 정책 결정자들이 설정한 목표를 달성하기 위해 상부에서 하부로 명령이 전달되는 접근법으로 정책 결정과 집행을 분리하여, 중앙정부나 고위 정책 결정자들이 주도하는 방식으로 진행된다. 하향식 접근법은 정책집행을 정책목표 달성을 위해 채택된 정책결정을 충실히 이행하는 과정으로 인식한다. 정책결정과 정책집행을 분리하며, 정책결정자의 리더십이 성공적 집행의 핵심조건으로 전제한다. 바람직한 정책집행을 위한 규범적 처방을 제시하며, 거시적 접근과 연역적 접근을 강조한다. 또한 정책결정의 단계에서 목표와 수단이 어떻게 설계되었고 이후 집행과정에서 이를 얼마나 충실히 수행했느냐에 따라 정책의 결과가 달라질 수 있다고 인식하고 있다. 이 접근방법은 주로 안정적이고 구조화된 상황에서 주로 발생되며 목표가 명확하므로 수정을 할 필요성이 적다. 또한 정책의 결정과 집행이 분리되어 있고 집행자가 자신의 재량을 발휘하는 것을 인정하지 않는다.

하향식 접근법의 주요 특징으로는 첫째 중앙집권적 결정관점에서 정책 목표와 지침이 중앙정부나 고위 정책 결정자들에 의해 설정되고, 이를 바탕으로 집행이 이루어진다는 점이다. 둘째 명확한 목표 설정이 가능하다는 것이다. 정책 목표가 명확하고 일관되게 설정되어야 하며, 이를 달성하기 위한 구체적인 지침을 필요로 한다. 셋째 법적 구조화 측면에서 정책 집행 과정이 법적으로 구조화되어 있어야 하며, 집행관료와 대상 집단의 순응을 확보하기 위한 법적 장치가 마련되어야 한다. 집행관료의 역할이 강조되는데, 유능하고 헌신적인 집행관료가 필요하며, 이들은 정책 목표를 충실히 실현하는 데 중점을 둔다.

위기관리 정책 평가의 기준은 집행을 충실하게 하였는지와 그에 따른 성과로 귀결된다. 이 접근법은 정책집행과정에서 법적 구조화의 중요성을 강조하고, 성공적 집행조건을 체크리스트로서 규명할 수 있다.

하향식 접근법은 대규모 재난 대응, 국가 안보, 공공 보건 등 중앙집권적 통제가 필요한 위기 상황에서 효과적일 수 있다. 예를 들어, 팬데믹 대응에서 중앙정부가 일관된 방역 지침을 설정하고, 이를 전국적으로 집행하는 방식이 하향식 접근법의 대표적인 사례이다. 이 접근법은 정책 목표의 명확성과 일관성을 유지하는 데 유리하지만, 현장의 다양한 상황을 충분히 반영하지 못할 수 있다는 한계도 있다. 따라서, 상황에 따라 상향식 접근법과 병행하여 사용하는 것이 바람직하다.


## 2. 상향식 접근법

위기관리 정책 집행에서 상향식 접근법은 현장 경험과 실무자의 의견을 중시하는 방식으로 위기 상황에서 실무자들이 직접 참여하여 의사결정 과정에 기여함으로써, 보다 현실적이고 효과적인 해결책을 도출하는 데 중점을 둔다. 결국 상향식 접근법은 상황 변화에 빠르게 적응할 수 있는 유연성을 제공한다. 이는 위기 상황에서 신속하고 효과적인 대응을 가능하게 한다.

특히 정책집행을 다수의 참여자들 사이에 발생하는 상호작용으로 인식하며, 실제 정책결정은 집행과정에서 구체화되므로 정책결정과 집행 간의 구분의 의문을 제기한다. 일선 집행관료와 대상 집단의 입장에서 정책집행이 실제 어떻게 이루어지는지에 중점을 두고 있다. 이 접근법은 정책집행과정의 인과관계를 규명하고, 분권과 참여를 증대시키고 있다.

상향식 접근법은 주로 유동적인 상황에서 주로 일어나며, 정책 목표 또한 중간에 수정되어야 하는 경우가 많다. 특히 관리자의 적극적인 참여가 필요하며, 집행자의 재량도 인정되는 것이 특징이다. 정책평가의 기준은 환경에 대한 적응성이 우선되며, 2차적으로 정책의 성과를 평가하게 된다. 또한 현장 중심의 실무자들이 직접 참여하여 현장에서의 경험과 지식을 바탕으로 의사결정을 내리므로 위기 상황에서의 실질적인 문제 해결에 큰 도움이 된다. 모든 팀원이 의사결정 과정에 참여하여 다양한 관점과 아이디어를 반영되므로 창의적이고 혁신적인 해결책을 도출하는 데 기여할 수 있다.

이러한 대표적 사례로는 유럽의 EU 회원국가들의 위기관리 방식이 책임성과 참여를 통한 상향식 접근법을 들수 있다. 위기대응에 있어서 EU 회원국들이 EU의 제도와 자원 및 책임을 공유할 것을 요구하며, EU는 역내외 위기에 대해 개별 회원국이 책임을 갖는 'local ownership'을 확인함으로써 기존의 하향식(top-down) 방식에서 상향식(bottom-up) 방식으로 위기 대응에 대한 접근법을 변화시켜왔다. 즉 개별 회원국의 책임성을 강조하는 상향식 위기 대응방식에 대한 EU의 정책적 지향은 '2016 EU 외교안보 글로벌 전략(2016 EU Global Strategy on Foreign and Security Policy, EUGS)'에서 통합적 전략에 대한 강조로 발전되었다. 위기대응에 있어서 EU가 상향식 방식과 통합적 접근법으로의 변화를 추구하게 된 것은 비전통 안보 영역에서의 다양한 위험과 위협이 각국이 홀로 대응하기 어려울 만큼 복잡한 성격을 갖고 있기 때문이다. EU는 이러한 새로운 전략을 통해 역내 불안정을 야기하는 다양한 변수에 대해 조기경보, 위기분석, 위기예방 영역에서의 회원국 및 EU 전체의 역량과 위기 민감성(sensitivity)을 강화하여 전략적으로 다양한 위기에 대응하고 있다(송태은, 2022).

## 3. 상황적 접근법

　상황적 접근법은 특정 정책을 둘러싼 제환경적 요소들 중 집행 과정에서 밀접한 연관성을 지니며 즉시적으로 문제 해결이 요구되는 조건의 조합을 고려한다. 위기 관리에 대한 상황적 접근법은 정책 행위자들 간에 특정 상황 요소가 고려되는 상호 작용의 과정을 강조한다. 이러한 접근법들은 정책 집행에 있어 다양한 관점과 방법론을 제공하며, 특정 상황에 맞게 적절한 접근법을 선택할 수 있다. 특정 정책과 관련된 상황의 제환경적 요소들을 고려하여, 정책 집행 과정에서 발생 가능한 문제 해결이 요구되는 밀접한 연관성을 지니는 조건들을 조합하여 문제 해결 접근법을 제공한다. 상황적 접근법은 대규모 자연재해, 테러, 팬데믹 등 다양한 위기 상황에서 정책 집행자들은 상황적 접근법을 통해 신속하고 효과적인 대응을 한다.

　정책 행위자들 간의 상호작용을 통해 특정 상황 요소가 고려되며, 다양한 관점과 방법론을 제공하여 특정 상황에 맞게 적절한 접근법을 선택할 수 있다. 이러한 위기 상황에서 유연하고 신속한 대응을 가능하게 하며, 위기 관리의 복잡성과 다변성을 고려할 때 유용하다. 또한 즉시적으로 문제 해결이 요구되는 조건의 조합을 고려하여 빠른 대응을 도모한다.

# 제3장

# 위기관리 설명이론

안전관리 분야 이론

## 1. 도미노 이론

### 1) 하인리히 도미노 이론

하인리히 도미노 이론은 사고(accident)는 주요 요인들의 연쇄 반응에 의해 발생하므로 사고 발생의 원인 분석을 통해 사고 발생 원인을 줄이기 위해 연쇄적 반응을 설명하는 것을 핵심으로 하는 이론이다(Heinrich & Peterson, 1990). 이 이론은 하인리히가 1920년대 미국 여행자 보험 회사에서 근무하면서 사고 통계를 접하며 개발되었는데 '1대 29대 300'으로 요약되며, 사고의 직접 원인과 간접 원인들의 연쇄 반응을 주목하였다.

하인리히는 "사고의 정의를 물체, 물질, 사람 또는 방사선의 작용 또는 반응으로 인해 발생하는 계획될 수 없고 통제될 수 없는 사건"으로 규정하였다. 즉 사고는 예상치 못하고 계획되지 않은 사건 또는 상황으로 인해 손상(부상)을 유발하는 사건을 의미한다(Ward, 2012). 구체적으로, 1번의 중상(사고) 발생은 29번(3·4단계)의 경상(사건)을 초래하며, 부상이 발생하지 않은 300번(1·2단계)의 가벼운 사고(단순 이상)가 발생한다고 분석하였다. 이처럼 선행 사고 요인과 후행 사고 요인들의 연쇄 반응을 분석하고 사고 발생 원인 중 직접 원인인 불안전한 행동(Unsafe Act)과 상태(Condition)를 고려하여 사고 발생 원인을 줄이는 것이 중요하다는 것을 밝혀냈다. 즉 사고 예방을 위해 중간 과정(직접 원인: 불안전한 행동 및 불안전한 상태)을 제거하는 것이 핵심이라는 것이다(Leveson, 2004; Underwood and Waterson, 2013).

단계별로 살펴보면 먼저 1단계는 사회적 환경 및 유전적 요인 단계로서 선천적인 기질이나 작업 환경의 결함으로 인한 사회적 환경 및 유전적 요인으로 변경이 제한되는 단계를 의미한다. 2단계는 개인적 결함 단계로서 전문 지식 부족, 기술 숙련도 부족 등으로 불안전한 행동을 유발하게 된다. 3단계는 불안전한 행동 및 상태 단계로서 사고의 직접 원인인 불안전한 행동(인적 원인)과 불안전한 상태(물적 원인)를 포함한다. 4단계는 사고발생 단계로서 인적, 물적 손실이 발생하는 단계이다. 5단계는 상해 단계로서 사고의 최종 결과로서 사람이 다치거나 장애를 입는 것을 의미한다. 하인리히의 도미노 이론은 사고 예방을 위해 각 단계에서의 원인을 분석하고, 이를 통해 사고를 줄이는 데 중점을 두고 있다. 특히, 사고의 연쇄 과정을 이해함으로써 예방 조치를 효과적으로 취할 수 있다(Awal & Hasegawa, 2015).

그러나 도미노 이론은 단순한 사고 연쇄과정을 설명하는데 유용하지만, 현대의 복합적이고 대규모 사고의 연쇄 과정을 설명하는 데에는 한계가 있다. 특히 1970~1980년대 발생한 쓰리마일 아일랜드와 체르노빌 원자력 발전소 사고, 보팔 화학공장 폭발 사고와 같은 대형 사고의 원인을 설명력이 제한되기 때문이다(Rathnayaka et al., 2011; Underwood and Waterson, 2013). 또한 인적 처벌 위주의 사고 조사에서 처벌 대상자를 찾으면 조사가 중지되는 경향이 있으며, 사고 과정에 대한 피상적 설명만을 제공하여 사고의 재발을 방지할 수 없다는 비판도 존재하였다. 이러한 한계를 극복하기 위해 다양한 접근 방법과 연구가 수행되고 있다. 예를 들어 시스템 사고(Systems Thinking) 접근법은 사고를 단순한 연쇄 과정이 아닌 복잡한 시스템 내의 상호작용으로 이해하려고 하는 접근법이다. 또한, 인적 요인(Human Factors) 접근법은 인간의 행동과 사고 과정이 어떻게 사고에 영향을 미치는지를 분석하여 보다 심층적인 사고 원인 분석을 가능하게 한다(ward, 2012).

## 2) 버즈 도미노(연쇄성) 이론

하인리히 연쇄성 도미노 이론은 산업이 기계화되고 시스템화되면서 새로운 재해 발생 설명력의 한계를 직면하게 되었다. 버드(Frank E. Bird Jr.)는 하인리히의 도미노 이론을 실용적 관점에서 수정하여 사고 발생의 연쇄 관계를 5단계 모델인 통제부족(Lack of control), 기본원인, 직접원인, 사고(접촉), 재해(상해 및 손실)로 구분하였다(Othman, et. al., 2018). 먼저 통제 부족 단계(Lack of Control)는 관리의 부족으로 인해 발생하는 문제로, 계획, 조직, 지휘, 통제 등의 관리 기능이 제대로 이루어지지 않을 때 발생한다. 둘째 기본 원인단계(Basic Causes)는 개인적 요인(지식이나 기술 부족, 동기부여 문제, 신체적 또는 정신적 문제)과 작업 요인(작업 기준 부족, 설계 결함, 유지보수 문제 등)으로 인해 발생하게 된다. 셋째 직접 원인(Immediate Causes)단계는 불안전한 행동이나 상태로, 사고의 직접적인 원인이 된다. 넷째 사고(Accident)단계는 불안전한 행동이나 상태로 인해 실제 사고가 발생하는 단계이다. 다섯째 재해(Injury/Damage)단계는 사고로 인해 발생하는 상해나 물적 손실을 의미한다(Bird, 1974). 이러한 버드의 도미노 이론의 주요 특징으로는 첫째 사고 발생의 연쇄 반응을 5가지 손실 제어 요인이 연쇄 반응을 일으키면서 사고가 발생한다고 주장하였다(Bird, 1974). 둘째 사고를 상해, 중상, 물리적 손실만의 사고, 상해와 손실이 없는 사고로 분류하여 통계적 분석을 통해 사고 예방에 대한 관점을 제시하였다. 셋째 사고 발생의 기본 원인을 확인하는 것이 중요하다고 강조하면서 직접 원인을 해결하는 것보다 근본적인 문제를 찾아내어 사고 예방을 추진해야 한다고 주장했다. 이와 같이 버드의 연쇄성 도미노 이론은 하인리히의 이론을 수정하여 더 실용적인 관점에서 사고 예방을 고려한 것으로 볼 수 있다.[1]

### 3) 아담스 도미노 이론

아담스 도미노 이론은 사고 발생 원인을 관리 구조 결여, 작전적 및 전술적 에러, 사고, 상해로 이어진 연쇄적인 과정으로 설명하는 이론이다. 1단계로 관리구조는 조직의 관리체계와 구조에서 발생하는 문제를 의미한다. 2단계는 작전적 에러로 관리자의 전략적 결정에서 발생하는 실수나 책임 소재, 규칙, 지도 방침, 운영 등을 의미한다. 3단계는 전술적 에러로서 작업의 행동 실수와 작업 조건 결함을 의미하는데 작전적 에러가 전술적 에러에 영향을 미치며 관리상의 잘못으로 연결됨을 의미한다. 이 단계에서는 관리 부분을 강조하는데 작전적 에러를 잘 수립하면 전술적 에러가 미발생하게 되므로 관리 부분의 강조를 통해 사고 예방 추진이 되어야 한다고 설명했다. 4단계와 5단계는 각각 사고와 상해를 의미한다. 아담스의 도미노 이론은 사고 예방을 위해 관리 부분을 강조하며, 직접 원인과 관리 시스템의 상호작용의 적용을 주장하였다.

### 4) 웨버(D.A.Weaver) 도미노 이론(Updated Dominoes)

웨버(D.A. Weaver)의 도미노 이론(Updated Dominoes)은 사고 발생 원인과 해결 방법을 찾기 위해 작전적 과오와 징후 개념을 도미노 연쇄 형태로 결합한 이론이다.

1단계는 유전과 환경으로 개인의 유전적 요인과 환경적 요인이 사고의 기초를 형성한다. 2단계는 인간의 실수로 개인의 실수나 오류가 사고의 원인이 된다. 3단계는 불안전한 행동과 태로서 운영의 에러에서 나타나는 불안전한 행동이나 상태가 사고의 징조로 나타난다. 4단계는 사고로서 불안전한 행동이나 상태로 인해 실제 사고가

---

1 https://rlsdhamal.com/frank-birds-domino-theory/#google_vignette

발생하는 단계이다. 5단계는 상해서 사고로 인해 발생하는 상해나 손실을 의미한다.

웨버의 도미노 이론의 주요 특징은 2가지로 먼저 사고와 상해는 관리적 실수의 징후인 전술적 에러로 설명되며, 작전적 과오의 징후로 평가된다. 둘째 관리 시스템의 역할을 강조하며 사고 예방을 위해 안전 기술의 활동과 시정 조치를 명확히 해야 한다고 주장한다. 또한 불안전한 행동을 제거함으로써 반드시 사고 예방이 가능하다고 하였다. 이 이론은 관리 시스템과 직접 원인의 상호작용을 고려하여 사고 예방을 추진하는 데 의미가 있다(Othman, et. al., 2018).

## 5) James Reason의 스위스 치즈 사고원인모델(Swiss Cheese model of accident causation)

도미노 이론과 유사한 스위스 치즈 사고 원인 모델은 제임스 리즌이 제안한 것으로, 복잡한 시스템에서 사고가 어떻게 발생하는지 이해하기 위한 모델이다(Reason, 1990; Othman, et. al., 018). 스위스 치즈 모델은, 인간 시스템 방어를 서로 수직으로 배열된 랜덤 구멍이 뚫린 스위스 치즈 조각들의 시리즈로 비유하고 있다. 대부분의 사고의 원인은 조직적 영향, 안전 감독, 안전하지 않은 행위의 조건, 안전하지 않은 행위 자체 중 하나 이상과 연관이 있다고 주장하는 것이 핵심이다(Wiegmann, et al., 2005). 스위스 치즈 모델에서 사고에 대한 조직의 대응(방어)은 치즈 조각으로 표현된 연속적인 장벽으로 모델링되며, 치즈 조각의 구멍은 시스템의 개별 취약성을 나타내며, 모든 슬라이스 조각에서 크기와 위치가 지속적으로 변하게 된다. 이러한 상황 속에서 모든 치즈 슬라이스 조각의 구멍이 일시적으로 일치하면 전체 시스템은 사고를 발생시키며, "**사고 기회의 궤적**(trajectory of accident opportunity)"을 허용하여 모든 대응(방어)의 구멍을 통과하는 위험으로 이어져 대형사고로 이어진다는 것이다(Reason, 1990).

첫 번째 가장 하단의 슬라이스층은 조직적 영향(Organizational Influence)을 나타내는데, 주로 정책, 절차 및 경영 결정을 포함된다. 그러나 스위스 치즈처럼 이러한 방어 메커니즘, 즉 위험이 통과(발생)할 수 있는 구멍(취약성)이 존재한다.

두 번째 슬라이스층은 안전감독(Unsafe Supervision)으로 좋은 조직적 방어가 있더라도 불충분한 감독은 구멍을 만들 수 있는데, 예를 들면 감독자가 안전 프로토콜을 시행하지 않는 경우이다.

세 번째 슬라이스층은 불안전 행위의 사전 조건(Preconditions for Unsafe Acts)으로 불안전 행위가 더 자주 발생하도록 만드는 요소인 피로, 스트레스 또는 불충분한 교육 등으로 인한 취약성이다.

네 번째 슬라이스층(최상위)은 불안전 행위 자체를 나타내는데 사고로 이어지는 직접적인 행동을 의미한다. 모든 구멍이 잠깐 동안 정렬되면 위험이 모든 방어를 통과하여 사고로 이어질 수 있다. 스위스 치즈 모델은 이러한 구멍이 정렬되면 사고가 발생한다는 점을 강조하며, 사고 기회의 궤적이 형성되는 것을 보여준다. 조직은 위험이 손실로 이어지지 않도록 방어를 지속적으로 개선해야 한다.

이 이론의 주요 특징으로는 첫째 다층 방어 측면에서 사고를 방지하기 위해 여러 층의 방어막이 존재하지만, 각 층에는 결함이 있을 수 있다는 것이다. 둘째 구멍의 정렬로서 사고는 여러 층의 방어막에 있는 결함이 일직선으로 정렬될 때 발생한다는 것이다. 셋째 인적 오류뿐만 아니라 조직적 요인도 사고의 원인으로 고려될 수 있다는 것이다. 넷째 잠재적 결함으로 사고를 유발할 수 있는 잠재적 결함이 다양한 위치에서 발생할 수 있다는 것이다. 이 모델은 항공 안전, 원자력 발전소 안전, 선박 안전, 산업 안전, 의료 등 다양한 분야에서 사용되며, 사고 예방을 위한 중요한 도구로 활용되고 있다. ① 항공 안전사고의 경우 조종사의 실수, 항공기의 설계 결함, 관제탑의 실수, 기상 악화 등 여러 다양한 요인이 동시에 복합적으로 작용할 때 사고가 발생할 수 있다. ② 원자력 발전소 안전사고에 있어서 1979년 미국의 스리마일 섬 원전 사고는 여러 안전 장치의 결함과 운영상의 실수가 겹쳐져 발생했다. 예를 들어, 냉각수 펌프의 고장, 밸브의 오작동, 작업자의 실수 등이 복합적으로 작용하여 사고가 일어날 수 있다는 것이다. ③ 2014년 세월호 참사의 원인와 같이 선박의 과적, 부적절한 화물 고정, 승무원의 미숙한 대응, 구조 시스템의 문제 등 여러 요인이 겹쳐져 발생했다. 이 이론을 통해 사고 예방을 위한 다층적인 방어막의 중요성을 알 수 있다.

이 이론을 통해 미국의 Human Factors Analysis and Classification System (HFACS), Heinrich Pyramid, ICAO SHELL Model, PEAR Model 등이 발전하게 되었다.[2]

---

2 https://skybrary.aero/articles/james-reason-hf-model

공통점은 인적요소와 안전사고를 예방하는데 서로 다른 관점에서 사고를 분석하며, 사고원인을 체계적으로 이해하는 프레임워크를 제공한다는 것이다.

[그림 3-1] 스위스 치즈 모델(이론)

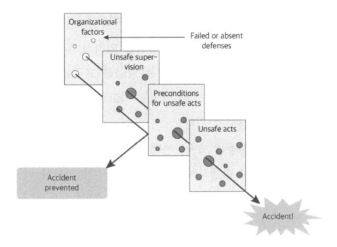

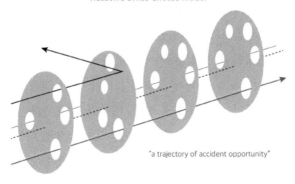

## 2. 다중원인 이론(Multiple causation Theory)

피터슨(Petersen, 1971)의 다중원인 이론(Multiple causation Theory)은 1971년에 소개된 안전 관리 기술(Technique of Safety Management)을 기반으로 한다. 사고를 유발하는 요인은 단일 원인이 아닌 불안전한 행위와 불안전한 조건 등 다중원인이 복합적으로 작용하여 발생한다고 분석하였다. 사고의 원인은 경우에 따라 하나의 원인이 결정적인 영향을 미칠 수 있지만, 거의 영향을 미치지 않을 수도 있다고 강조하였다. 다중원인 이론은 사고 예방을 위해서는 다양한 요인들을 체계적으로 분석하고 관리하는 것이 중요하다는 것을 강조하였고 사고의 근본 원인을 파악하고 예방하는 데 유용한 도구로 사용되고 있다.

이 이론은 3가지 주요 개념을 포함하는데 첫째 다중 원인으로 사고는 여러 원인이 복합적으로 상호작용하여 발생하며, 이는 단일 원인 분석보다 더 포괄적이고 정확한 사고 원인 분석을 가능하게 한다는 것이다. 둘째 근본 원인 분석으로 표면적인 원인뿐만 아니라 근본적인 원인을 찾아내어 문제를 근본적으로 해결하려고 해야 한다는 것이다. 셋째 예방 조치로 다양한 원인을 분석하여 예방조치를 마련하는 것이 사고 발생 가능성을 줄이는 데 중요한 역할을 한다.

대표적 적용사례를 들어보면 산업안전분야에서 작업장에서 발생하는 사고를 분석할 때, 단순히 표면적인 원인(예: 기계 고장)뿐만 아니라 근본적인 원인(예: 정기적인 유지보수 부족, 작업자의 교육 부족 등)을 함께 고려해야 한다. 또한 교통 사고의 원인을 분석할 때, 운전자의 실수뿐만 아니라 도로 상태, 차량의 상태, 날씨 조건 등 다양한 요인을 함께 분석해야 한다. 이러한 다중원인 이론의 이점으로 다양한 원인을 고려함으로써 보다 정확하고 포괄적인 사고 원인 분석이 가능하며, 근본적인 원인을 찾아내어 문제를 근본적으로 해결함으로서 단기적인 해결책이 아닌 장기적인 안전관리 시스템을 설계하고 실행하는 예방조치를 마련할 수 있다. 이러한 다중원인 이론은 사고 예방을 위해 다양한 환경 요인을 고려하는데 도움이 된다(Othman, et. al., 2018).

## 3. 정상사고(Normal Accident) 이론

### 1) 개요

Farrow의 정상사고이론은 복잡한 시스템이 본질적 특성으로 인해 어떻게 불가피한 사고를 발생하는지 잘 설명하는 이론이다. 고위험 대형 기술 시스템(원자력 발전소 등)의 안전에 대한 대표적인 이론으로 고도의 복잡한 기술로 구성된 조직에서는 정상 상태에서도 사고 발생 가능하며 복잡하고 상호 연결된 시스템에서 사고가 필연적으로 발생할 수밖에 없다는 것을 설명하였다. 페로우는 대형 기술 시스템에서 작은 인간적 실수나 사소한 기계적 결함이 사고의 계기가 될 수 있다고 주장하였다(Perrow, 1994). 국내에서 최근인 2021년 발생한 KT의 네트워크 장애 사건도 시스템의 복잡한 시스템에서 작은 오류가 큰 문제로 이어질 수 있음을 시사하는 이론이다. 주요 개념으로는 시스템의 복잡성(Complexity)과 긴밀히 연계된 시스템(Tightly Coupled Systems)을 들 수 있다.

첫째 시스템이 복잡하고 많은 요소들이 상호작용할수록 비선형적이며 여러 종속성을 가지므로 사고 발생 가능성이 높아지게 되어 예측하기 어렵고, 작은 오류가 돌발적인 큰 사고로 이어질 수 있다는 것이다(Hopkins, 1999). 여기에서 DEPOSE 모델의 구성요소[3]인 기술적, 인간적, 환경적, 조직적 요소 모델들이 등장하고 있다. ① 기술적 요소의 의미는 원자력 발전소와 같은 고도의 기술 시스템에서는 다양한 기계적 요소들이 복잡하게 상호작용는데 예측하기 어렵고, 작은 오류가 큰 사고로 이어질 수 있다는 것이다. ② 인간적 요소로서, 컨트롤 타워의 담당자가 모든 기계적 요소를 관찰하기 어렵기 때문에, 인간의 실수가 시스템 전체에 큰 영향을 미칠 수 있다는 것이다. ③ 환경적 요소로서, 외부 환경의 변화나 자연재해 등이 시스템에 영향을 미칠 수 있다는 것이다. ④ 조직적 요소로서, 조직의 구조와 절차가 복잡할수록, 작은 문제가 전체 시스템에 큰 영향을 미칠 가능성이 높아진다는 것이다. 복잡하고 긴밀하게 연계된 시스템에서 필연적으로 작은 오류가 예상치 못한 방식으로 다른 요소들과 상

---

3 DEPOSE 모델의 요소로 기술적 요소는 시스템의 하드웨어와 소프트웨어, 기계적 장치 등이며, 인간적 요소는 작업자의 행동, 실수, 의사결정 등이며, 환경적 요소는 작업 환경, 날씨, 자연재해 등이며, 조직적 요소는 조직의 구조, 정책, 절차, 문화 등을 의미한다.

호작용하여 연쇄반응 및 대형사고가 발생할 수밖에 없음을 강조하였다(김은성, 2011).

둘째 긴밀히 연계된 시스템(Tightly Coupled Systems)들이 밀접하게 연결되게 되면 하나의 요소에 문제가 생기면 다른 요소들에도 연쇄적으로 영향을 미치고 사고가 빠르게 확산될 수 있다. 이러한 시스템들은 단일화되어 변형이 적고, 시간 의존적인 생산과정을 거치는 특성을 갖고 있어 예기치 못한 조그만 사건이 발생하게 되면 가속화 과정을 거쳐 대형사고로 확대되는 경향이 있다. 특정 부분의 고장이 예상치 못한 다른 부분의 고장으로 이어지는 등 시스템에 내재된 사고의 불가피성에 초점을 두었다.

결국 정상사고 이론에서는 '상호작용적인 복잡성'과 '긴밀한 연계성'이라는 복잡한 기술-조직 시스템(high-risk technological systems) 속성에 따라 '정상 사고'는 불가피하게 발생할 수밖에 없는 사고의 불가피성에 초점을 두고 있다. 시스템 사고는 우연한 사고가 전체 시스템에 큰 영향을 줄 수 있고, 이를 통제하기 위한 체계전체에 대한 이해나 정보가 부족하며, 사고 발생 시 어떻게 대처해야 하는지도 알 수 없기 때문에 기존의 엔지니어링 대응방법으로는 실패하게 된다고 주장한다. 결국 현대 사회의 복잡한 기술 시스템에서 사고를 완전히 예방하는 것이 불가능하다는 점을 강조하면서 사고 발생 시 피해를 최소화하고, 시스템의 복잡성을 줄이는 방향으로 관리하는 것이 중요하다고 평가하고 있다.

이 이론은 1979년 미국 스리마일섬(TMI) 원전사고를 토대로 정상사고 이론을 구체화하였다(강윤재, 2011). 특히 기술적 오류(밸브 고장)와 인간적 오류(운영자의 잘못된 판단), 조직적 요소(부적절한 절차)가 복합적으로 작용하여 큰 사고로 이어졌다. 우선 원자로 냉각수 필터에 불순물이 끼면서 냉각수 공급이 중단되었는데, 이런 현상은 종종 발생하는데 보통 비상 냉각수가 작동해 큰 문제가 되지 않는다. 그런데 하필 사고 이틀전 보수작업이 있었고, 이때 펌프밸브를 잠가두었다. 밸브가 잠긴 걸 인지하지 못했던 것은 밸브개폐여부를 표시하는 계기판 위에 우연히 점검 기록부가 놓여 있었다. 결국 명확히 누구의 잘못이라고 평가하기 어려운 것이었다.

## 2) 고위험 대형 기술 시스템(원전시설) 안전관리

페로우의 정상사고 이론에서는 시스템의 복잡한 상호작용(complex interaction)과 긴밀한 연계성(tight coupling)을 동시에 가진 사고에 주목했다. 원전, 핵무기, 유전자 재조합, 화학공장 등이 대표적 예로서 다음과 같은 특징을 갖는다. 원자력산업은 스리마일섬(TMI) 원전사고(1979년)와 체르노빌 원전사고(1986년)로 인해 전 세계적으로 퇴보하였다. 원전 관계자들은 원자력의 안전성을 강조했지만, 체르노빌 사고는 어떤 결과를 초래하는지 분명하게 보여주었다. 현재에도 크고 작은 원전사고가 계속 발생하고 있으며, 대형사고를 피할 수 없다는 페로우의 정상사고론에 주의를 기울여야 한다. 사고가 '정상' 상태에서도 발생할 수 있다는 필연적 관점을 갖고 있으며, 원전과 같은 고위험 기술 시스템에서도 대형 사고를 피할 수 없다고 주장하였다. 어쩌면 대형사고가 뜸한 것처럼 보인다고 해서 이젠 원전이 안전할 것이라는 생각은 굉장한 착시현상에 불과하다.

최근 현대산업사회에서 대부분의 공장의 기술시스템은 수많은 장치의 조합으로 설계되어 있다. 복잡계로 구성된 공장시스템에서 발생하는 재해는 하나의 장치에서 일어나는 것이 아니라, 여러 가지 장치의 연쇄적인 상호작용에서 발생하기 때문에 그 위험을 사전에 판단하고, 방지하는 데는 한계가 있다. 단순 시스템 기반의 구성요소들은 독립적·순차적으로 구성되어 시스템 이해·예측가능하지만 복잡한 상호작용 시스템은 단일 구성요소에 다양한 요소들이 결합되어 복합적 기능을 동시에 수행하게 되므로 특정 부분의 고장이 예상치 못한 다른 부분의 고장으로 변이되는 등 대응이 제한된다. 또한 시스템 내에 내재된 사고의 불가피성에 초점을 맞추고 있다(Shrivastava et. al., 2009).


## 3) 조직유형 분류(복잡한 상호작용 여부 & 긴밀한 연계성 유무)

이러한 유형의 사고는 두 가지 차원의 위험을 고려하는데, 복잡한 상호작용 여부와 긴밀한 연계성 여부이다(Scheibe & Blackhurst, 2018). 이러한 기준을 적용하여 조직의 유형을 분류하였다. 먼저 복잡한 상호작용의 의미는 원자력 발전소와 같이 복잡한 시스템에서는 예측 불가능한 상호작용이 증가하며 컨트롤타워에서 모든 기계적 요소를 관찰하기 제한된다는 것이다. 무수히 많은 고도의 복잡한 기계들과 전문기술자 조직으로 이루어져 있어 예측 불가능한 상호작용이 발생할 수 있다는 것이다. 예를 들어 컨트롤 타워에 있는 담당자는 원전의 모든 기계적 요소들을 다 관찰할 수 없기에 경미한 실수가 큰 사고로 이어지거나 다른 요소들에 영향을 미칠 수 있는 개연성도 크다. 결국 특정 부분의 문제가 전체 문제로 빠르게 확대되는데 A 공정 고장이 B 공정 영향에 미치고, 각 공정은 대체 불가하게 된다. 반면 반대의 개념인 선형적 상호작용의 의미는 자동차 조립라인과 같이 선형(단선)적인 시스템에서는 장치간 배치가 촘촘하지 않고 작동들 간에 분리되어 있어 예측 가능성이 높기에 오작동이 되더라도 쉽게 격리조치가 가능하다는 것이다. 또한 고도의 전문지식이 필요하지 않고 개별조직원이 특정분야 업무만 수행하면 된다.

또한 긴밀한 연계성의 의미는 두 요소 간에 완충장치가 없이 A 요소가 발생하면 B 요소에 직접 영향을 미칠 수 있으며 특히 긴밀한 연계성은 혼란에 신속하게 대응할 수 있지만 동시에 큰 문제를 발생시킬 수 있다는 것을 의미한다.

아래의 표는 위 2가지 요소가 적용된 시스템의 사고를 설명하는 4개의 4사분면 유형을 설명하고 있다.

## [그림 3-2] Perrow Interaction/Coupling Chart

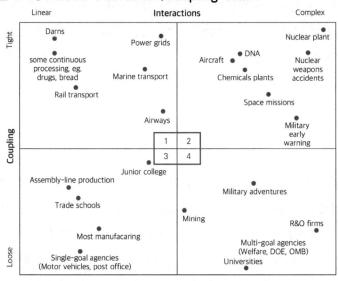

## (1) 1사분면(단선적 상호작용과 긴밀한 연계성)

- 이 유형은 프로세스는 간단하지만 긴밀한 결합으로 인해 변경사항이 빠르게 전파되고, 단선적 상호작용으로 인해 즉각적 사고가 발생할 수 있다. 예측된 (공개된) 위험으로 대표적 유형으로는 댐, 해양 수송, 철도 항공 수송 분야가 대표적이다.

## (2) 2사분면(복잡한 상호작용과 긴밀한 연계성)

- 이 유형은 시스템의 복잡성과 긴밀한 결합으로 장애가 불가피한 '정상사고'가 발생하기 쉽다.
- 기술이 복잡하여 이해불가능성(Incomprehensibility)으로 특정부분 감시를 위한 장치 고장시 전체 시스템을 이해 못하면 큰 사고로 확대된다. 대표적으로 원자력 발전소나 화학 플랜트, 우주항공 금용 시스템, 항공 교통관제 분야를 들 수 있다.

## (3) 3사분면(단선적 상호작용, 느슨한 연계성)

- 이 유형은 사고발생을 제어하기 쉬운데 장애는 격리되고 계단식 영향없이 사고예방을 관리할 수 있다.
- 사고 발생시 개별적 조직라인을 멈추고 조치 가능한 유형으로 다수의 제조업, 어셈블러 라인 공정 등을 들 수 있다.

## (4) 4사분면(복잡한 상호작용, 느슨한 연계성)

- 국지적이고 예측 불가능한 일상화된 위험을 의미하는 유형으로 유연성이 많으며 하위 시스템이 독립적으로 작동하여 오류가 확대될 가능성이 적다. 대표적으로 단과대학으로 구성된 대학조직, 느슨한 규제산업, 제 병과가 구성된 군사작전이 대표적이다.

## 4) 정상사고이론의 시사점

### (1) 분산화와 집중화

이 이론을 통해 사고 예방을 위해 요소들 간의 상호작용 및 시스템의 복잡성을 줄이고, 개별 요소의 오류가 전체 시스템에 미치는 영향을 최소화하는 분산화가 강조되었다. 또한 우발적 사고 대응을 위해 군대식의 강력한 중앙집중화를 통한 신속하고 일관된 대응의 중요성도 대두되었다. 그러나 분산화와 집중화를 동시에 만족시키는 것은 모순적이므로 이를 해결하기 위해서는 시스템의 안전 역량을 강화하고 기술 자체의 내재적 복잡성을 이해하고 관리하는 접근을 강조했다. 시스템의 상호작용과 연계성 모두를 낮추는 것만이 시스템 사고의 해결방안은 아니며 시스템의 안전성을 높이기 위해 한 측면의 연계성을 높이고, 다른 측면의 연계성을 낮추는 방식으로 조정해야 한다. 결국 위에서 4가지 시스템 유형 및 특성을 이해하고 복잡성과 결합성 정도를 관리하는 것이 중요하다. 시스템마다 상호작용과 연계성의 강도가 다르며, 이 두 속성은 서로에게 영향을 미치므로 탄력적이고 합리적인 조정을 통해 위험성을 최소화하는 것이 필요하다.

### (2) 거버넌스 관점의 사회문화적 합리성

정상사고 이론에서는 고위험 기술 시스템의 위험 거버넌스에 사용될 수 있는 합리성을 절대적(경제적), 제한적, 사회문화적 합리성으로 구분하였다. 첫째 절대적(경제적) 합리성은 경제학자와 공학자의 합리성으로 비용 효율성과 기술적 효율성을 중시하였다. 둘째 제한적 합리성은 위험 평가자들이 강조하는 합리성으로, 제한된 정보와 자원 하에서 최선의 결정을 내리는 것을 의미한다. 셋째 사회문화적 합리성으로 사회 구성원 다수가 문제의식을 가지고 의사결정에 반영할 수 있는 합리성을 의미한다. 이는 재앙적 파괴를 초래할 수 있는 원전과 같은 고위험 기술 시스템에서 특히 중요하며 다양한 이해관계자들의 의견을 반영하여 보다 포괄적이고 민주적인 의사결정을 가능하게 한다는 점을 강조했다. 페로우는 재앙적 파괴를 초래할 수 있는 원전과 같은 고위험 기술 시스템에서 사회문화적 합리성을 통해 정상사고의 문제를 의사결정에 반영할 수 있고 사고를 예방하고 관리하는 데 중요한 접근 방식임을 강조하였다(Scheibe, 2018).

# 4. 고신뢰조직론(High reliability organization Theory)

## 1) 개요

노동의 분업화, 계층화, 전문화에 따라 지식 분절이 발생하여, 조직원들은 개별 부서와 관련된 지식만 습득할 뿐, 타 부서나 시스템 전체에 대한 지식은 매우 부족하다. 이러한 지식 분절은 현대의 복잡한 조직이 가지는 "구조적 비밀주의"(structural secrecy) 문제점을 낳는다. 복잡한 상호작용과 긴밀한 연계성을 가진 시스템에서는 시스템 사고가 발생할 확률이 높다. 이러한 배경에서 연구된 고신뢰조직(HROs, high reliability organizations)이론은 정상사고 이론과 유사한 개념으로 앞서 언급한 쓰리마일 섬 원전사고에 그 뿌리를 두고 고위험 복잡한 상호작용에 의한 시스템 조직의 위험관리 한계점을 분석한 이론이다. 그러나 정상사고 이론과 차별화된 내용으로는 정상사고론이 시스템의 내재된 사고의 불가피성에 초점을 맞춘 반면, 고신뢰조직 이론은 관리조직의 높은 신뢰성 확보와 지속성에 바탕을 둔 고위험 기술시스템의 관리기법에 중점을 두었다(Vaughan, 1996). 고신뢰조직은 안전과 관련된 개인들의 행위와 태도를 강화하고, 긍정적인 안전 문화를 창출하여 복잡한 시스템 속에서도 사고를 예방할 수 있다고 보았고, 고위험 기술 시스템의 관리기법에 초점을 맞추어 지속적으로 높은 신뢰성을 유지하는 것이 중요하다고 인식하였다. 이를 통해 안전과 연관된 개인들의 행위와 태도를 조직 내에서 강화하고, 긍정적인 안전 문화를 창출해냄으로써 복잡한 각 부문 간에 신뢰를 높일 수 있으며, 이를 통해 복잡한 시스템 속에서도 사고를 예방할 수 있다고 강조하였다(Weick & Roberts, 1993).

정상사고론과 비슷한 관점에서 Danie Voughan(1996)은 복잡한 시스템에서 발생하는 에러와 실수들이 조직에서는 정상적인 것으로 인식됨을 주장하였다. 복잡한 상호작용과 긴밀한 연계성을 가진 시스템에서는 시스템 사고가 발생할 확률이 높다. 이러한 관점에서 1986년 미 항공우주국(NASA)의 챌린저호 사고 관련하여 NASA의 조직문화적 측면에서 위험의 조기신호에 어떻게 대응하는지에 대한 사회심리학적 연구를 수행하였다.

첫째 챌린저호 사고는 개인이 규칙을 따르지 않아서 발생한 실수라기보다는, 실수 자체가 조직 내에서 사회적으로 조직되고 체계적으로 재생산되었음을 보여주었다. 사고의 핵심원인이었던 O자형 링의 마모가 이상현상의 징후로 인식되기보다는 작업 특성상 수용할 수 있는 일상적이고 당연한 현상이며 해결 가능한 것으로 인식하였다. 즉 위험의 불확실성 속에서 기술적 오류를 시스템 실패로 심각하게 받아들이지 않고, 충분히 조절 가능한 문제로 과소평가되었다(김은성, 2009). 결국 사고의 근본 원인은 개인의 판단 실수가 아니라, 나사의 오랜 조직 문화에서 조금씩 성장해온 시스템적인 실수, 즉 '**이상현상의 정상화**(normalization of deviant)'의 결과였다. 조직에서 루틴으로 굳어진 당연한 것들이 실제로 볼 수 있는 것을 결정하지만, 다른 것은 보지 못하도록 하는 역할을 초래했다. 이는 개인적 부도덕이나 무지가 아니라, 잘못된 것을 정상적인 것으로 판단하게 하는 결과였다.

둘째 우주왕복선 개발과 발사에 참여한 엔지니어들의 불확실성 대응을 들 수 있다. 우주왕복선 개발과 발사에 참여하는 엔지니어들은 예측하지 못했던 새로운 상황과 예측할 수 없는 불확실성에 계속해서 노출되었다. 그러나 모든 것들이 계산 가능하고 예측 가능해질 때까지 기다릴 수 없으므로, 불확실성 속에서 나름의 적절한 선택을 할 수밖에 없다. 이러한 선택에 기반해 불확실성을 확실성으로 전환하는 과정에서 위험 인식에 대한 문화적 생산을 통해 특정 선택을 하도록 유도하게 된다. 결국 챌린저호 발사 결정은 임의적인 것이 아니라, 기존의 조직 문화가 축적해온 관습적인 기술적 기준에 비친 '정상적인' 결정이었다. NASA의 작업장을 지배했던 문화적 요인으로는 초기의 기술 문화, 관료적 책임성(accountability), 정치적 책임성 등 3가지가 존재한다. NASA 내에서는 이 3가지 문화적 기준에 맞는 행동이 정상적인 것으로 간주되었고, 그렇지 않은 것은 비정상적이고 피해야 할 것으로 인식되었다.

Voughan은 NASA의 메니저 및 엔지니어들은 기술적 이상 현상을 경고신호로 파악하지 않고 우주선의 수용할 수 있는 일상적이고 당연한 현상으로 인식했다고 주장한다(Sagan, 1993).

## 2) 고신뢰조직(High Reliability Organization, HRO)

고신뢰조직(High Reliability Organization, HRO)은 최악의 위험상황에서도 흔들림 없이 임무를 수행하는 조직을 의미한다. 어떤 위기상황에서도 빠른 대처로 위기의 확대, 확산을 방지하고, 본연의 업무수행에 미치는 영향을 최소화하며, 조속한 회복력을 통해 정상상태로 되돌아 가는 역량과 시스템을 갖춘 조직으로 규정하였다. 즉 극히 위험한 환경에서 재난을 피하는 데 성공한 조직을 의미하는데, 이러한 조직은 안전과 신뢰성을 최우선 목표로 삼으며, 극히 위험한 기술이라도 아주 안전하게 작동하고 시스템을 운영할 수 있다고 강조한다. 고신뢰조직의 역량은 3가지로 설명할 수 있는데 ① 예상하지 못한 것을 예측하는 능력, ② 예상하지 못한 사고를 감당해내는 능력, ③ 돌발사고에 대응하는 Mindfulness(마음갖춤)이다. 작업자와 관리자가 따로 있지 않고, 규정과 실행이 따로 있지 않으며, 구성원 개개인의 행동신뢰성이 확보된 조직은 발생 형태는 물론 파급효과 역시 상상하기 어려운 어떤 위기상황도 예측하고, 대처하며, 빠른 회복력으로 흔들림없이 업무를 지속시킬 수 있다.4

고신뢰조직의 특성은 5가지로 제시할 수 있는데, 첫째 구성원의 실수에 민감하게 반응하고 학습하며, 개인 차원이 아닌 시스템적 차원에서 접근한다. 둘째 실수에 대한 비난보다 보고를 우선하는 조직이어야 한다. 해당 오류 원인을 규명하고 경미한 사고 보고시 보상하는 안전한 조직문화를 지향해야 한다. 셋째 경영진의 확고한 의지와 태도가 중요한데 고신뢰조직 문화는 경영진의 의지와 태도에 크게 영향을 받기 때문이다. 넷째 현장 숙련 담당자의 자율적 대처를 존중하는 유연한 문화로서 상위 관리자의 경직된 구조를 피하고 의사결정 과정을 유연하게 만든다. 다섯째 시스템 구성에서 잉여성(redundancy) 요소의 확보가 필요한데, 중복장치나 여유인력, 예비설비 등을 활용하여 안전을 높일 수 있다.

---

4 http://www.gaonpartners.com/%EC%82%AC%EA%B3%A0-%ED%95%84%EC%97%B0
%EC%A0%81%EC%9D%B4%EB%8B%A4-%EA%B7%B8%EB%9F%AC%EB%82%98-%
EB%A7%89%EC%95%84%EB%82%B4%EB%8A%94-%EC%A1%B0%EC%A7%81%EC%
9D%B4-%EC%9E%88%EB%8B%A4/

항공모함은 극도로 위험하고, 복잡한 시스템에서 작업하면서 놀랍도록 사고발생률이 낮은 특징이 있다. 항공모함은 '축소된 도시'라 불리우는데, 길이 333m, 폭 77m의 선체에 80여대의 전투기, 6,000명의 승무원이 생활한다. 항공기의 이착륙은 물론, 초정밀 무기의 관리와 탑재, 원자로, 터빈, 레이더 등 첨단 장비의 운용과 유지보수, 병원, 식당을 비롯한 다양한 시설이 제한된 공간 내에 밀집해 있다. 안전관리를 위한 복잡성과 상호연계성이 지구상에서 가장 높은 것으로 간주된다. 더구나 군대의 특성상 함장을 포함한 승무원의 100%가 40개월 단위로 교체된다. 그래서 항공모함을 '세상에서 가장 위험한 4.5에이커'라고 부른다. 항공모함의 안전관리는 '크런치(Crunch)'라는 개념으로 관리된다. 크런치는 항공기가 무엇인가와 스치는 상태를 이착륙 횟수로 나눈 값이다. 칼빈슨호의 크런치는 1/8000이다. 이륙하는 비행기를 보며 "완벽한 상태의 출격인지를 확인해 줄 수 있는 개인은 아무도 없다"고 해군 지휘관은 말한다. 안전관리가 따로 있는 것이 아니라, 각자의 일하는 방식 자체가 완벽한 출격을 향해 정렬되어 있다는 의미이며, 누군가의 관리가 아니라 개개인의 행동이 Risk와 사고를 예방하도록 구성되어 있다는 의미이다.

항공모함이 고신뢰조직 기능을 할 수 있는 이유는 안전과 신뢰를 최우선으로 하는 조직문화, 정기적 훈련과 시뮬레이션을 통한 위기관리, 최신과학기술을 통한 사고예방 모니터링(조기감지), 모든 부서와의 원활한 의사소통 등을 들 수 있다.

## 3) 사고예방 조건(4가지)

고신뢰조직은 '인지적 인프라 구조'를 수립하여 구성원 간에 안전을 둘러싼 활동에 있어서 신뢰를 형성하는데, 끊임없이 내부 오류를 교정하면서 개선을 추구해야 하는 실천적 유용성을 강조하고 있다. 특히 복잡한 기술시스템 조직에서 어떻게 하면 조직적 차원의 높은 신뢰성을 확보하고 유지하여 기술적 실패를 예방할 수 있느냐에 중점을 둔다. 이 이론에서 강조하는 중요한 사고예방의 조건은 4가지로 강조된다.

① 조직의 지도자는 안전과 신뢰성의 리더십을 최우선 목표로 삼는다. 고신뢰조직 이론가들은 안전을 향상시키기 위해 리더십이 필요하다고 말한다. 안전한 시스템을 만들기 위해서는 보조장치 등을 두어야 하며 여러 관리자와 감독자를 두어야 함으로 고비용을 초래하고 효율을 떨어뜨린다. 따라서 안전한 시스템을 구축하기 위해서는 리더들이 안전에 대한 확고한 철학이 있어야 하며 또 이를 실행하기 위해서 예산을 지원해야 한다.

② 백업을 가능하게 하거나 실패를 보충하기 위해 구성단위를 중첩시키는 높은 수준의 과잉이 필요하다. 비행기에서 엔진이 하나 있는 것보다 두 개 있는 것이 더 안전하듯이 감독자가 한 명 있는 것보다 두 명 있는 것이 더 안전하므로 중복장치는 기술적 보조장치와 인적 보조장치를 구분하여 구축해야 한다. 조직 내에서는 신뢰할 수 없는 부분들은 항상 존재하므로 중첩된 중복 보조장치와 체계가 필요하다. 또한 중복장치나 조직을 만들 때 다양한 의사소통 채널이 구축되어야 한다. 중복 장치 구축 시 정확한 중복(duplication)과 유사한 중복(overlap)으로 고려되어야 하는데 항공기의 엔진 두 개는 정확한 중복이고 항공통제시스템에서 레이더와 라디오 시스템 둘 다 같이 사용하는 것은 유사함 중복의 예가 될 수 있다

③ 권위의 분산, 강한 조직문화, 상시적 운용과 훈련을 통해 오류율을 감소시킨다. 위험을 줄이고 조직의 신뢰를 높이기 위해서 정책결정의 탈중심화가 이루어져야 하는데, 조직이 위계적이고 의사결정이 집중되어 있으면 드러난 문제를 해결하는데 절차와 시간이 걸린다. 직접 문제 발생에 영향있는 사람이 적합한 책임을 맡음으로서 빨리 해결될 수 있다. 따라서 위험상황에 대비하기 위해 요원들을 계속적으로 훈련시키고 안전문화를 강조할 필요가 있다. 예를 들어 항공사고는 항공량이 많을 때보다 적을 때 더 많이 발생되는데 경계심을 늦추고 완화하기 때문이다. 훈련을 통해서 항상 사고와 위험에 대비해 경계를 유지할 필요가 있음을 고신뢰이론가들은 주장한다.

④ 반복적 훈련과 시뮬레이션에 의해 보충된 시행착오 과정을 통해 조직적 학습이 일어난다(Weick et al., 1999). 고신뢰조직을 구축하기 위해서는 시도와 실패를 통해서 시스템 사고와 위험을 발견하는 과정을 밟아야 한다. 항공기 사고와 원자력 발전소 사고 이후에 보다 더 많은 안전장치들이 고안되었다. 시뮬레이션을 통해서

작동요원과 기술자들은 시도가 실패를 줄이며 더 빨리 배울 수 있게 한다. 따라서 시뮬레이션 기술의 향상이 안전향상에 중요한 요인이 된다.

### 4) 정상사고이론과 고신뢰조직이론의 비교분석

정상사고이론 관점은 일부 시스템에서 주요 사고는 필연적이라고 주장하는데 고도의 위험기술이 가진 사고가능성을 피할 수 없다는 점을 강조한다. 아무리 열심히 할지라도 복잡하게 상호작용하고 팽팽하게 결합된 시스템의 성격은 결국 주요한 실패를 야기한다는 점에서 비관적이다. 결국 우리가 아무리 열심히 할지라도, 복잡하게 상호작용하고 팽팽하게 결합된 시스템의 성격은 결국 주요한 실패를 불러올 것이라는 점이다(Perrow, 1994: 216).

이에 반해 고신뢰조직이론은 재난의 원인을 시스템에서 찾기보다 조직내 권력과 문화, 조정의 차원에서 접근하는 데 중점을 두고 있다. 이론적 정교함보다는 실천적 유용성을 강조하며, 복잡한 기술시스템에서 어떻게 하면 조직적 차원의 높은 신뢰성을 확보하고 유지하여 기술적 실패를 예방할 수 있느냐에 놓여 있다. 결국 낙관적 관점에서 아주 위험한 기술시스템일지라도 안전한 운영은 가능하다고 인식하고 있다.

---

### 제2절 범죄학 이론

## 1. 환경범죄학

본 책에서 다루는 범죄학 관점의 위기관리 이론은 국가위기관리 유형 중 전통적 안보위기 유형에 해당되는 테러리즘 관련 설명이론인 환경범죄학 관련 주요 이론들을 소개하고자 한다.

테러범 입장에서 테러대상목표에 대한 테러공격을 의사결정을 설명하는 이론은 일반적으로 생태학적 특성의 범죄학 이론들과 연관지어 설명하고 있다. 환경범죄학 이론(Environmental Criminology)은 위와 같이 물리적, 환경적 속성에 중점을 두는 이론으로 범죄 발생에 있어서 범죄자, 목표물, 장소라는 요소에 주목하고 있다. 특히 장소와 같은 공간적 요소가 가장 중요한 요소로 부각되었고 건물 및 특정 장소나 물리적 환경이 지닌 범죄적 유발요인의 분석을 통해 기회요인의 감소에 초점을 맞추어 연구되었다(심명섭, 2017). 환경범죄학 연구자들은 범죄의 기회가 늘어난다면 범죄 역시 늘어난다고 주장하였다. 다른 장소에 비해 목표물에 접근하기 쉽거나 감시가 취약한 특정 장소에서 범죄의 기회가 높아진다고 보고 있기 때문에 환경적 요인을 차단하면 범죄를 감소시킬 수 있다고 보았다(이윤호·성빈, 2015). 이러한 환경범죄학은 '환경설계 통한 범죄예방'(CPTED, Crime Prevention Through Evironmental Design)으로 이어지는데, 물리적·사회적 환경과 관련된 변수들을 조작함으로써 범죄를 예방하려는 전략이 그 핵심이다. 위험요소의 제거를 통해 테러범의 행동을 손쉽게 관측한다면 테러공격의 기회요인은 감소될 수 있다는 것이다. 또한 범죄는 선별적이고 시·공간적으로 집중되어 발생하는 이른바, '핫스팟'(hot spot) 개념으로 설명하였다. 즉, 범죄는 도시 전체에 균등하게 발생하는 것이 아니라 범죄를 유발시키는 특정한 환경요소에 의해 발생된다는 것이다(노성훈, 2015). 이와 같이 환경적 요인을 강조한 환경범죄학 이론은 환경설계를 통한 범죄예방(CPTED)이론, 일상활동이론·합리적 선택이론에 기반을 둔 상황적 범죄예방이론(SCP) 등으로 발전되어 왔다.

특히 상황적 범죄예방(SCP)이론은 일상활동이론과 합리적 선택이론에 기반을 두고 있다: 먼저 일상활동이론(Routine Activity Theory)에서 Cohen과 Felson(1979)은 범죄가 발생하려면 동기가 있는 범죄자, 적절한 목표, 그리고 방어의 부재가 결합되어야 한다고 주장하였다. 둘째 합리적 선택 이론(Rational Choice Theory)으로 Clarke와 Cornish(1985)은 범죄자가 범죄를 저지르기 전 비용과 이익을 계산한다고 설명하면서 테러리즘 관점에서는 테러조직이나 테러범들도 목표 선정 시 합리적 판단을 내리는 경향이 있다고 주장했다. SCP는 위 이론을 결합하여 테러공격이 실행하기 어렵게 환경적 조건을 변화시키는 데 중점을 두고 있다.

## 2. 합리적 선택이론

합리적 선택이론은 잠재적인 범죄자들의 의사결정과정을 설명하고자 하였다. 범죄자들이 합리적 인간이라는 기본 가정을 통해, 최소의 위험과 비용을 들여 최대의 이익을 확보한다고 주장한다. 특히 이들은 큰 보상보다 작은 위험을 더 중요시하기 때문에 범행을 결정하는 데 보호자의 존재 여부가 매우 중요한 영향을 미친다(박현호, 2017). 이는 사람들이 이윤이나 보상을 극대화하고 손실을 최소화하기 위해 합리적 결정을 할 것이라는 기대효용원리에서 기인한 것이다. 만약 범죄행위로 인해 얻을 수 있는 이익이 극도로 적다거나 범죄행위에 대한 사법기관의 단속과 적발이 쉽게 이루어질 수 있을 것이라고 여기는 경우에는 범죄행위를 더 이상 진행시키지 않는다. 테러를 합리적 선택이론 측면에서 생각해보자. 여러 주권 국가에 의해 테러가 정치적 목적을 달성하기 위한 매력적인 수단으로 인식되는 이유는 과학기술의 발달에 따라 엄청난 비용이 드는 재래식 전쟁에 비해 투입비용이 저렴하다는 점이다. 특히 핵 및 재래식 전쟁에 비해 결점이 적다는 이유 때문이다. 즉 저렴한 투자에 비해 적대국으로 하여금 상당한 자원을 투입하지 않을 수 없도록 강요할 수 있다는 것이다.

특히 많은 선행연구에서 대표적인 국가위기인 테러상황시 테러범이 합리적 의사결정자라고 강조하고 있다(Clarke, 2006; Molly, 2016; Burcu, 2017; 김태영·문영기, 2022)). 테러대상목표 및 테러공격수단의 결정에 있어 테러범은 비용효과분석을 통해, 테러공격에 들어가는 재정과 물자, 인력, 노력, 공격 이후의 예상되는 처벌이나 보복공격 등과 같은 비용과 테러공격을 통해 달성하게 되는 이익이나 긍정적 효과 등과 비교하여 비용이 적고 효과가 클 경우에 테러공격을 결정하고 실행하게 되는 것이다. 이러한 합리적 실행과정은 테러공격에 의해 발생되는 사상자 규모는 테러대상목표, 테러공격수단 등과 인과성을 가짐을 검증하였다.

특히 Molly(2016)와 김태영·최창규·이준화(2021), Kim·Park·Lee(2024) 등의 연구에서는 테러범이 합리적 행위자이기에 이들의 테러 행위 역시 뚜렷한 경향성을 띠며, 이러한 테러공격의 영향요인들과 테러 사상자 규모 간에는 인과성이 나타날 것이라고 주장했다. 즉 테러범은 합리적 의사결정을 통해 테러공격 사상자 규모에 영향을 끼칠 수 있는 최적의 요인을 선택한다는 것이다. 예를 들면 테러공격의 목적이 불특정 다수에 대한 무차별적 살상이라면 민간시설에서 복합적 테러공격수단을 활용해 동시다발적으로 공격할 것이다. 하지만 만약 특정 유명인사나 국가 요인만을 암살하는 것이 목적이라면, 제한된 수단과 방법만을 선택한다는 것이다(Bloom, 2005).

만약 테러범이 합리적 의사결정자가 아니라면 각각의 테러대상목표가 테러공격을 받을 가능성은 우연에 의해 결정되므로, 테러발생의 위험성이 상대적으로 더 높거나 낮다고 예측할 수 없게 된다. 따라서 테러발생 위험성의 예측과 평가는 불가능해진다(김태영·이준화, 2022)). 이러한 근본적인 이유는 테러범이 합리적 행위자이기에 특정 영향요인을 극대화하여 전략적 사고와 합리적인 의사결정과정을 통해 테러공격을 실행하고, 사상자 규모를 예측할 것이라는 판단을 가능케 한다(Burcu, 2017).

## 3. 일상활동이론(Routine Activity Theory)

일상활동이론은 합리적 선택이론의 하위이론으로서 기본가정 역시 범죄의 합리성에 기초하고 있다(Fussey, 2011). 일상활동이론이 초기에는 거시적 수준의 연구에 주로 적용되었지만, Felson에 의해 수행된 후속연구들은 미시수준의 탐색을 시도하면서 합리적 선택 및 상황적 범죄예방과 융합을 시도함으로서 개별 범죄사건의 영향요인을 분석하였다(이윤호, 2015). 특히 일상활동이론은 환경범죄학적 관점의 영향을 받아 범죄행위와 범죄현상을 사회적 측면의 거시적 관점을 보여주고 있는 반면, 합리적 선택이론은 개인적 측면의 미시적 수준의 환경적 특성을 고려하였다. 종전의 범죄학 이론들이 범죄자들이 '범행 동기'나 '범행성'이 주된 관심이었으나, 일상활동이론은 '범행 장소'를 중심으로 한 기회적 요인에 초점을 맞추었다(최영인·염건령, 2005; 이윤호, 2015).

Cohen & Felson(1979)은 일상활동이론을 통해 범죄를 유발하는 세 가지 핵심적 요소는 적절한 범죄대상(Suitable Targets), 동기화된 범죄자(Motivated Offender), 보호능력의 부재(The Absence Of Capable Guardians)이며, 이러한 요소들이 실시간 동시에 존재할 때 최상의 범죄행위를 발생한다고 주장하였다. 세 가지 요소 중 어느 하나라도 부족하다면 범죄행위가 퇴치될 수 있으며, 이 요소들이 존재하는 한 범죄자의 범행동기를 유발한 구조적 조건의 변화 없이도 범죄율의 급증은 얼마든지 가능하게 된다(이윤호, 2007).

특히 이러한 세 가지 요인이 동일한 시공간에서 발생되는지 여부는 개인의 일상적 활동에 따라 달라지며 범죄동기를 야기하는 구조적 조건들에 변화가 없더라도 보호능력이 없는 적절한 범죄대상이 많아진다면 범죄발생도 많아질 수밖에 없다(최응렬·정우일, 2007). 특히 범죄의 대상은 사람과 사물을 구별하지 않았는데, 이는 모두 범죄자의 범죄목적을 충족시킬 수 있는 대상이기 때문이다. 또한 범죄를 예방할 수 있는 보호자는 사람 또는 범죄예방을 위한 안전장치로 정의된다. 이러한 이론이 범죄자, 범죄대상, 위치 또는 장소가 세 변을 형성하는 삼각형을 만들어냈다(Clarke & Eck, 2005).

Felson(2010)은 방호성을 의미하는 보호능력을 잠재적 범죄목표를 지속적으로 경계·감시·추적하기 위해 범죄발생을 물리적으로 억제하는 행위라고 정의하였다. 예를 들어 CCTV, 경찰순찰 활동 등을 포함한 경계활동을 대표적으로 들 수 있는데, 특히 CCTV를 통한 감시활동이 범죄 및 테러행위를 억제하고 용의자를 체포하는 데 많은 효과를 거두고 있음을 밝혔다(Meghan, 2011). 그 중 수동적 녹화방식이 아닌 실시간 모니터링 개념의 능동형 CCTV가 범죄억제를 억제하는데 보다 효과적임을 강조하였다.

이러한 보호능력은 범죄발생요인 중 핵심요소로 동기화된 범죄자와 적합한 범죄목표 간에 직간접적인 상호작용을 방해하는 요소로 볼 수 있는데, 보호능력을 위한 가장 중요요소로 접근 가용성(Availability)을 제시하였다. 적절한 보호능력의 개념은 단순한 법집행 수단에 의해서가 아닌, 범죄 자체를 억제할 수 있는 인원 및 장비를 의미한다. 테러범 또한 단순히 감독자들에 의해 억제되지 않으며 특히, 테러의 관점에서 적절한 보호능력은 일반적 범죄보다 높은 수준을 요구한다(Felson, 2008). 또한 Cohen & Felson(1979), Coupe & Blake(2006), Wilcox 외(2007) 등은 보호능력과 범죄와의 관계를 연구하였는데, 보호능력의 증가와 범죄율의 급감 사이에 유의미한 연관성을 밝혀냈고, 낮과 밤에 따라 조건적으로 범죄율에 영향을 미친다는 것을 검증했다.

## 4. 상황적 범죄예방 이론(Situational Crime Prevention Theory)

합리적 선택이론의 영향을 받은 학자들 중 한 명인 Clarke(2006)에 의해 정립된 상황적 범죄예방 이론(SCP, Situational Crime Prevention)의 핵심개념은 범죄자는 합리적 행위자라는 가정에 기초하여 물리적 · 상황적 · 환경적 기회요인이 범죄실행에 영향을 끼친다고 전제를 두고 있다. 범죄예방을 위해 그 기회요건을 제거 · 변화시키는 것에 중점을 둔다는 것이다. 범죄 기회를 줄이고, 범죄 실행이 더 어렵거나 위험하게 만들어, 잠재적 가해자의 동기를 약화시키는 예방전략을 중심으로 접근한다. 특히 범죄나 테러리즘의 근본 원인(정치적, 사회적, 경제적 불만)이나 범죄자의 개인적 기질을 다루기보다는, 범죄를 실행할 기회를 차단하거나 제한하는 데 초점을 두게 된다. 즉 상황적 요인 등 환경을 변화시켜 범죄 기회 및 피해 정도를 감소시켜 범죄를 효과적으로 예방하는 이론이다(김태영, 2019).

특히 범죄예방을 위해 제안한 방책의 비용과 이익을 평가하는 구조적 접근에 기인하며 CPTED와 맥을 같이하고 있고, 상황적 범죄예방 이론에 근거하여 각종 정책평가 연구에서 경험적으로 증명되었다.Clarke & Newman(2006)은 테러범은 합리적 행위자이며, 특정 상황적 특성에 대한 경향성을 나타낼 것이라고 가정하였다. 예를 들어, 테러대상목표의 노출성, 경찰이나 보안요원, CCTV 등의 경계시설, 테러실행의 가능성 등과 같은 기회요건이 테러공격의 실행여부 및 사상자 규모에 영향을 끼친다고 주장하였다(윤민우, 2013). 따라서 이러한 기회요건의 통제를 통해서 테러실행을 차단 및 억제하거나, 사전에 기회요인들을 식별할 수 있다면 테러발생위험성을 미리 예측하고 피해규모를 최소화 할 수 있다고 강조하였다.

Clarke(1997)의 SCP 전략은 테러리즘 예방에도 활용되는데 아래 표와 같이 주요 5가지 전략인 노력의 증가, 위험의 증가, 보상 감소, 유발요인 감소, 변명 제거로 정리할 수 있다. 먼저 노력의 증가(Increasing the Efforts)는 테러범이 테러성공이라는 목표를 달성하기 위해 요구되는 시간과 노력을 증가시켜 실행을 단념하게 만드는 것이다. 대표적인 실행전략으로는 테러범이 행동을 실행하기 위해 더 많은 자원, 시간, 노력을 요구받도록 테러예방 측면에서 테러정보 교류 시스템을 구축하여 국제적인 테러조직 네트워크와 자금 흐름을 추적하여 그들의 활동을 방해하는 것을 들 수 있다. 또한 민감한 테러이용수단 물질(폭발물 제조용 화학물질) 구매에 엄격한 규제와 복잡한 절차를 적용하는 것이다.

둘째 위험 증가(Increasing the Risks)는 테러범이 테러준비과정에서 검거될 가능성을 높이고, 행동 실행 전에 발각되거나 실패할 가능성을 인지하도록 하는 것이다. 대표적 실행전략으로 주요 테러취약시설에 경계 감시 기술역량을 강화하여 드론, AI 기반 감시 시스템, 생체 인식 기술 등을 활용하여 잠재적 테러범의 위험행동을 모니터링하는 것을 들 수 있다. 또한 경찰 및 보안 인력을 테러 가능성이 높은 장소에 더 많은 보안 인력을 배치하여 억제 효과를 강화하는 것을 들 수 있다.

셋째 보상 감소(Reducing the Rewards)는 테러 행위의 결과로 얻을 수 있는 정치적, 심리적, 경제적 보상을 최소화하는 것이다. 대표적 예로 테러범이 디지털 플랫폼이나 미디어를 통해 자신들의 메시지를 전달하지 못하도록 디지털 플랫폼의 허위조작정보 알고리즘 기술을 적용하거나 심리적 보상 차단 측면에서 테러행동을 통해 영웅화되지 않도록 중립적으로 유지하는 것을 들 수 있다. 넷째 기회 차단(Focusing on Opportunities)은 테러는 의도뿐 아니라 테러목표가 취약성 높은 기회가 주어질 때 발생하므로, 테러리스트가 행동에 옮기기 어려운 물리적 환경을 조성하는 것이다. 대표적으로 물리적 보안 전략인 공항, 기차역, 대형 스포츠 경기장 등 테러 가능성이 높은 장소에 금속탐지기, 감시 카메라, 출입 통제 시스템을 설치하는 것이다. 또한 국가중요시설(전력소, 통신시설 등) 주변에 출입 금지 구역을 설정하고, 접근을 어렵게 만드는 것을 들 수 있다. 마지막으로 변명(정당화) 차단(Removing Excuses)으로 테러범이 자신들의 테러행위를 정당화할 근거를 약화시켜 심리적 억제를 유도하는 것이다. 실행전략으로는 교육 및 커뮤니티 프로그램 등 특정 이념이나 종교적 교리에 대한 왜곡된 해석을 교정하기 위한 프로그램의 실행을 강화하는 것이다. 또한 갈등 해결 메커니즘 역량 강화를 통해 소외된 취약계층과 정부 및 주류계층 간의 갈등을 완화하여 테러 행동의 정당화를 방지하는 것을 들 수 있다.

## [표 3-1] 상황적 범죄예방 전략 관점의 테러 예방전략

| 전략 | 세부전략 | 주요내용 |
|---|---|---|
| 노력 증가<br>(Increasing the Effort) | 목표강화 | 주요 기반 시설 보호<br>(예: 방호벽, 검문소) |
| | 접근통제 | 공항, 정부 건물 등 주요 지역에 대한 접근 제한 |
| | 검색 및 검사 | 금속 탐지기, 신체 스캐너, 소지품 검사 |
| 위험<br>증가(Increasing the Risks) | 감시 기술 | CCTV, 드론, 감시 시스템 도입 |
| | 공식적 감시 | 경찰 및 군의 주요 위험지역 배치 |
| | 비공식적 감시 | 지역 사회 기반 정보 수집 |
| 보상 감소(Reducing the Rewards) | 자산추적 | GPS 기술을 활용해 고가의 자산 추적 |
| | 상징적 목표 보호 | 정치적 또는 문화적으로 중요한 자산 보호. |
| 기회(유발)요인<br>차단(Focusing on Opportunities) | 군중관리 | 시위 및 대규모 집회시 폭력성 감소 전술 |
| | 불만해소 | 경제적, 사회적 불평등 해결을 통한 극단주의 감소 |
| 변명 제거(Removing Excuses)<br>*테러리스트 은닉 행위 처벌을 강조하는 공공 캠페인. | 명확한 표지판 | 불법 행동 금지를 알리는 표지판 설치 |
| | 대테러 교육 캠페인 | 테러 지원의 결과에 대한 대중 인식 증진 |

출처: Clarke & Newman(2006). 재구성

이러한 상황적 범죄예방이론은 미국 등 해외 주요 국가들의 대테러 정책 및 각종 테러사건 분석에 중요하게 활용되었고, 그 타당성은 여러 연구결과들을 통해 실증적으로 검증되었다(Purpura, 2007; Molly, 2016). 주로 국제적 차원에서 아프간 인질 납치 및 유괴, 바이오테러, 이라크 대반란전 등의 테러양상에 대해 심층 분석하고 기회요인을 제거하는 방안 등을 제시하거나(Freilich, 2009), 테러공격양상을 분석 및 영향요인을 검증하는 데 유용한 이론적 틀임을 입증하였다(Molly, 2016). 특히 Lum 등(2006)의 연구에 따르면, 감시 강화, 접근 통제 등 SCP 조치가 특정 환경에서 테러 공격 빈도를 줄이는 데 효과적이었다. 예를 들어, 2005년 런던 폭탄 테러 이후

런던 대중교통 시스템에서 CCTV와 신속 대응 팀을 활용한 SCP 접근법은 테러 위협 감소에 기여하였다.

상황적 범죄예방 기법을 적용한 국가위기관리 정책에 기여하는 요소는 다음과 같다. 첫째 기술 통합 차원에서 인공지능, 예측 분석, 생체인식 기술을 활용하여 SCP를 강화, 둘째 지역사회 참여 측면에서 지역 사회의 정보를 적극 활용하여 테러리즘 위험 요소를 사전에 파악, 셋째 효과 평가 측면에서 SCP의 효율성을 측정할 수 있는 체계적이고 정량적인 방법을 개발하는 것이다. SCP는 위기관리 관점에서 테러리즘 예방에서 실용적이고 효과적인 프레임워크를 제공한다. 그러나 환경적 요인을 변화시켜 테러리스트의 활동을 억제하거나 방해하는 데 있어 성공적인 사례가 많지만, 비용, 윤리적 문제, 목표 대체 효과와 같은 한계도 존재한다. 따라서 테러리즘의 진화하는 위협에 적응할 수 있도록 지속적인 연구와 혁신이 필요하다.

## 제3절 행정학·정책학 이론

### 1. 위기관리체제의 과정모형

위기관리는 위기발생의 시간대별 진행과정을 중심으로 네 단계로 나눌 수 있다. 위기의 발생을 중심으로 위기발생 이전 국면과 위기발생 이후 국면으로 나누고, 위기발생 이전 국면은 예방과 완화(prevention and mitigation)와 대비(preparedness)단계로, 위기발생 이후 국면은 대응(response)과 복구(recovery)단계로 분류한다. 이 과정들은 서로 독립적이라기 보다는 상호 유기적이며, 순환적인 관계를 갖고 있다. 이러한 위기관리의 네 단계에서 제시된 전략은 기본적으로 시간별 위기의 진행상황에 맞춘 관리전략을 제시할 뿐만 아니라 위기관리 전략의 기본전제에 대한 논의도 담고 있다(박동균, 2016).

## 1) 위기발생 이전단계: 위기예방과 완화단계

위기예방과 완화는 사회의 건강, 안전 및 복지에 대한 위험이 존재하는 영역에서 무엇을 해야 할 것인지를 결정하고, 위험감소를 위한 노력을 하는 단계이다. 대체로 장기적인 관점에서 사회가 직면하게 될 장래의 위기를 극복할 수 있는 능력을 증진시키는 데 중점을 두며, 위기의 종류에 따라 예방과 완화의 목표가 변화될 수 있다. 즉 잠재적 위험성을 지닌 물질을 포함하는 인위적 재난의 경우에는 발생기회를 감소시키거나 원인을 제거하는 조치에 중점을 두는 반면 지진이나 태풍과 같은 자연재난의 경우에는 대비나 구조 활동 등을 통해 노출지역에서의 재난을 감소시키는 데 중점을 둔다(박동균, 2016). 이러한 완화단계는 복구단계에서 개발된 정책이나 사업계획들에 의해 개선될 수 있으며, 따라서 준비, 대응, 복구단계와 직·간접적인 관련성이 있다고 볼 수 있다. 완화 단계에서 사용되는 기법으로는 계획, 개발규제(development regulation), 조세제도, 자금지출계획, 보험, 그리고 위기정보체계 등이 있으며, 이들 접근법들을 활용하는 과정에서의 기술적·정치적 과정 모두를 포함한다.

## 2) 위기대비단계

위기에 대비하기 위해 비상계획을 수립하고, 훈련을 통해 위기대응조직의 운영능력을 개발시키려는 단계이다(McLoughlin, 1985). 비상계획에는 위기발생의 피해를 최소화하기 위한 조기경보체제의 구축과 효과적인 비상대응 활동의 확립이 포함된다. 또한, 위기발생시 투입될 자원과 관련하여 신속하게 자원이 배분될 수 있도록 자원배분의 우선순위가 이 단계에서 설정되어야 하며, 위기발생시 정상적으로 사용할 수 있는 자원 외에 예측하지 못한 재난에 대해서도 자원이 투입될수 있는 특별자원의 확보방안도 마련되어야 한다. 위기발생시 대응단계에서 일어날 수 있는 조직간, 지역간의 갈등을 조정하는 문제도 이 단계에서 주의깊게 다루어져야 한다. 특히 응급의료체계에 있어 병원들과 위기관리기관들과의 긴밀한 협조는 재난의 인명피해를 줄이는 데 있어 중요한 문제이다. 따라서, 위기관리가 정상상태로의 신속한 복귀를 목표로 한다면 지속적·연속적 과정으로서의 준비과정은 대응과정과 연계되어야

만 하며, 과학적 지식과 계획에 의해 합리적으로 이루어져야 한다.

## 3) 위기발생 이후단계

### (1) 비상대응단계(emergency response phase)

일단 위기가 발생하면 일련의 대응조치를 통해 재난의 심각성을 줄여가고 확산을 방지하기 위한 활동이 전개된다. 인명을 구조하고 재산피해를 최소화하며, 위기복구가 순조롭게 될 수 있도록 한다. 이 단계에서는 이전에 수립했던 비상계획이 실행되며, 응급의료체계가 가동되고, 재난대책본부와 같은 비상기구가 작동된다. 구체적인 비상대응 활동으로는 위기현장에서의 수색과 구조, 피해지역의 안전 확보, 필요한 경우 응급의료, 구호품의 보급, 비상 대피소의 설치 등을 들 수 있다(박동균, 2016).

이외에 위기상황에 대해 보다 효과적으로 대응하기 위해서는 위기준비 과정에서 집중화되고 공식적인 의사결정보다는 유연한 결정구조(flexible decision makingstructures)를 유지하는 것이 바람직하며, 조직 구성원들의 위기관리 역할을 구체화시키는 것이 필요하다. 이와 같이 대응은 완화나 준비와 독립되어 있는 것이 아니라 상호 밀접하게 연계되어 있다. 그러므로 위기에 대한 대응은 인위재난, 대규모 자연재난을 막론하고, 대응단계에서 전체적 차원에서 위기를 파악·대응하기 위한 통합 위기관리체제의 확립이 필요하다.

### (2) 위기복구단계(recovery phase)

위기상황이 안정되고 긴급한 인명구조와 재산보호가 수행된 이후에는 위기발생지역이 위기발생 이전의 정상적인 상태로 회복시키는 데 초점을 맞추어야 한다. 단기적으로는 이재민들이 최소한의 생활을 영위해 나갈 수 있도록 하는데 중점을 두어야 하며, 장기적으로는 재개발계획과 도시계획 등의 과정을 거쳐 원상을 회복시켜야 한다. 이러한 계획들은 미래에 닥쳐올 위기발생 피해의 영향을 줄이거나 재발을 방지할 수 있는 좋은 기회가 되며, 위기관리의 첫 단계인 예방과 완화단계에 순환적으로 연결된다.


## 2. 위기관리모형: 생명주기 모형

### 1) 전통적 위기관리모형: 생명주기모형(life-cycle model)

위기관리모형의 연구는 1980년대 대규모 산업재해 및 환경(자연)재해 분야에서부터 시작되었는데 주로 자연재해, 기술 및 산업재해, 테러, 국가 간 갈등, 핵위협, 감염병 등 여러 분야에서 발생하는 위기는 사회시스템, 제도 및 다양한 조직에 큰 위협이 되어 왔다(Fink, 1986). 위기는 발생할 가능성이 높으며, 성공적으로 대응할 수 있는 확률이 낮다. 또한 위험과 불확실성은 시간 압박 하에서 나타나고, 정상적인 사업운영을 방해하며, 즉각적으로 혹은 잠재적으로 조직 평판에 치명적인 영향을 미치며 이해관계자들 간 정보공유, 책임성 등이 낮아진다(Pearson & Clair, 1998; 김정인, 2020). 따라서 어떻게 위기를 관리하는 가에 따라 개인, 조직, 국가 등 다양한 주체의 생존에 중요한 영향을 미칠 수 있는 것이다. 기존의 위기관리 선행연구에 의하면 위기관리는 내·외부적으로 발생하는 위기를 효과적으로 해결하기 위한 준비, 예방, 대응, 복구 단계를 포함한다(Pearson & Clair, 1998). 위기를 예측하고, 대응하며, 완화시킬 수 있는 전반적인 능력과 기술을 위기관리 능력이라고 간주해 온 것이다(Fink, 1986). 이처럼 대부분의 전통적 위기관리 모형들은 위기 발생 이전, 위기 발생, 위기 발생 이후의 3단계관리를 기반으로 하는 생명주기(life-cycle)모형이었다. 대표적인 전통적 위기관리모형으로는 Fink(1986)의 위기관리모형이 있다. 그는 위기 대비 계획(planning)을 강조하면서 수많은 위기를 회피하고 관리할 수 있는 방안을 제시하였다. Fink는 위기관리 단계를 전구(prodromal)단계, 심각(acute)단계, 만성(chronic)단계, 해소(resolution)단계 등 4단계로 분류하였다(김정인, 2022).

먼저 전구단계는 위기가 발생하기 이전 단계로서 이 단계에서 위기관리자는 적극적으로 위기발생 가능성을 모니터링하고 위기 발생 범위를 제한해야 한다.

둘째로 심각단계는 촉발장치를 통해 위기가 발생하는 단계로 위기관리자의 적극적인 활동과 계획수립이 요구된다.

셋째 위기가 지속되는 만성단계로서 피해를 적극적으로 복구해야 한다.

넷째 위기가 종료되는 해소단계로서 재발방지를 위한 원인의 정확한 규명이 요구되며 지속된 위기의 성급한 종료는 오히려 위기를 재발시켜 치명성을 높일 수 있다. 다음으로 Fink(1986)의 모형을 발전시킨 González-Herrero & Pratt(1996)의 위기관리모형이 있다. 이들은 위기단계를 생명주기(태생, 성장, 성숙, 쇠퇴)에 비유하면서 위기관리 시 커뮤니케이션을 중요하게 고려하면서 이슈관리(issue management)와 연계하여 설명하였다. 이슈관리는 주로 조직에 영향을 미칠 수 있는 잠재적인 경향과 사건들을 확인하기 위해 미래 조사에 중점을 두고 있고, 위기관리는 위기 발생 이후 상황에 초점을 맞추어 반응적 훈련을 중시한다는 점에서 차이가 있다. 특히 이슈는 미해결된 문제이기 때문에 이슈를 어떻게 관리하는지가 위기관리에 중요한 영향을 미칠 수 있다(Jaques, 2007).

이 모형에서는 위기가 발생하기 이전에 효과적인 이슈관리가 이루어진다면 위기관리가 원활하게 이루어질 수 있음을 강조하였다. 이와 같은 전통적 위기관리모형들은 생명주기모형(life-cycle model)으로서 문제에 대한 관심(concern to problem), 위기에 대한 이슈(issue to crisis), 해결방안 등의 순차적 단계를 따른다(Jaques, 2007).

## 2) 최근의 위기관리모형

최근 들어 기존 생명주기 위기관리모형의 한계를 극복하고자 하는 대안적 위기관리모형들이 등장하였다. 대표적인 예로는 상호연계모형(relational model), 시나리오기반 위기관리모형(scenario-based model), 역량기반 위기관리모형(capacity-based model) 등이 있다.

첫째, 상호연계모형은 위기관리를 통합적이고 비선형적인 클러스터(cluster)로 간주하며, 상호 의존적이고 관계적 구성을 중시하는 모형이다(Jaques, 2007). 상호연계모형의 4가지 클러스터는 위기 대비(crisis preparedness), 위기 예방(crisis prevention), 위기사건 관리(crisis event management), 위기 이후 관리(post-crisis management) 등이다. 위기관리 요소들은 순차적인 단계가 아닌 클러스터와 연계된다. 특히 마지막 클러스터인 위기 이후 관리 클러스터는 미래에 닥쳐 올 위기를 준비하고 관리하는데 중요한 기능을 한다.

기존의 생명주기 위기관리모형이 위기가 발생할 때마다 그에 대응하는 전술적 조치(tactical steps)를 중요시했다면, 이 모형은 전체 프로세스를 강조하여 연속성 차원에서 각 클러스터가 독립적이 아닌 상호 연계되어 있다는 점에서 기존의 생명주기 모형과 차별화된다. 또한 위기관리 연계성은 특정 조직만이 아닌 타 조직의 위기관리 시 조기 경고 및 중요한 정보를 제공하는 이른바 위기소통(crisis communication) 측면에서 중요한 역할을 한다.

둘째, 시나리오기반 위기관리모형은 불확실성과 변동성이 큰 미래 환경을 대비하기 위해 다양한 미래 위기관리 시나리오를 설정하고, 의사결정을 개선하며, 개인과 조직의 학습을 강화하는 모형이다(Moats et al., 2008). 이 모형의 특성은 ① 여러 가지 정보에 입각하여 다양한 시나리오를 설정하고 현재의 생각을 바꾸고, 다양한 잠재적 결과를 평가할 수 있다. ② 시나리오를 통해 의사결정 과정을 개선하고, 최선의 결정을 내릴 수 있도록 유도한다는 것이다. ③ 위기관리자의 기술과 능력을 개발하기 위해 시뮬레이션을 통한 학습과 훈련을 중시한다. ④ 불확실한 문제에 유연하게 접근하여 다른 예측 모델과 통합가능하다. 이 모형은 위기관리자가 다양한 미래 추세를 분석하고, 핵심 요소를 식별하여 최선의 결정을 내리는 데 기여할 수 있다. 또한, 시나리오 기반 접근법은 조직이 변동성이 큰 상황에서도 효과적으로 대응할 수 있도록 기여하며, 위기관리자가 변동성이 큰 상황에서 다양한 잠재적 결과를 평가하고, 다양한 미래 추세를 분석하며, 핵심 요소를 식별하여 최선의 결정을 내리는 데 기여할 수 있다(Zhang et al., 2018).

셋째, 역량기반 위기관리모형은 시나리오기반 위기관리모형을 바탕으로 발전하여 국경을 초월한 초국가적 위기에 유연하게 대응하기 위한 총체적이고 역동적인 접근 방식을 의미한다(OECD, 2013).

이 모형은 특히 글로벌화된 현대 사회에서 다양한 위기에 효과적으로 대응하기 위해 필요한 역량을 강화하는 데 중점을 둠으로써 조직은 보다 복잡하고 예측 불가능한 위기 상황에서도 효과적으로 대응할 수 있다.

## 3) 위기관리모형의 특징

OECD(2013)에 따르면 상호연계모형, 시나리오기반 위기관리모형, 역량기반 위기관리모형 등의 대안적 위기관리모형은 위기 대비 및 위기 대응 측면에서 주요한 특징들을 지니며, 이러한 특징들은 위기관리 분석에 있어 주요 기준이 된다(Baubion, 2013). 첫째, 위기 대비(crisis preparedness) 차원에서 대안적 위기관리모형들은 불확실하고 예측하기 제한되는 위기에 대비하기 위해 위험 분석, 비상 계획, 훈련, 활동 관점에서 기존 방안들과 차별된다. 과거에는 위험 분석(risk assessment)을 시행할 때 역사적 사건을 중요시하고 분야별 분석(sectoral analysis)을 수행하였으나, 대안적 위기관리모형은 부문별 분석·평가에서 벗어나 종합적인 국가 위험 분석(national risk assessment)을 수행한다는 점에서 차이가 있다.

둘째 위험 분석 방법 역시 복합다중 위험 접근 방식을 강조하면서 위기의 상호의존성, 잠재적 연쇄 효과 및 티핑 포인트 식별 등과 같은 위기 분석 방법이 적극 활용되고 있다. 다양한 이해관계자들(예: 국가 및 지역 응급 서비스, 보건 기관, 경찰 및 군인, 중요 기반시설 운영자, NGO 및 자원봉사 단체, 미디어 및 일반 대중, 주변국) 상호간에 적극적인 정보공유와 통합적 파트너십(integrative partnerships) 구축을 통한 조정 및 협력도 강조된다. 국가전반에 영향을 미칠 수 있는 위험을 위험매트릭스 등을 통해 시각화한다(OECD, 2013).

셋째, 비상계획 관점(emergency planning)에서 역량기반과 네트워크 구축(capability-based and network building)이 강조된다(OECD, 2013). 비상 계획의 목표는 다양한 조직이 위험 평가 프로세스에서 식별된 비상 사태에 대응할 수 있는 충분한 역량(비상 센터, 인적 자원, 장비 및 물품)을 국가 영토 전체에 보유하고 있는지 확인하는 것이다. 비상 대응 역량이 구축되면 위기 상황이 발생했을 때 이를 동원할 수 있도록 다양한 형태의 운영 계획을 수립해야 한다. 이러한 계획의 대부분은 일반적으로 시나리오 기반이며 비상 상황이 발생할 때 자동으로 적용되는 일련의 표준운영 절차를 포함한다.

넷째 효과적으로 위기에 대비하기 위해 훈련 관점에서 전략연습 및 네트워크 구축이 중요하게 고려된다(OECD, 2013). 이러한 시뮬레이션 교육은 프로토콜이나 절차 자체에 대한 지식을 테스트하는 것이 아니라 "두려움 요소"가 존재할 때 스트레스가 많은 환경에서 혁신할 수 있는 능력을 테스트해야 한다. 이러한 전략적 위기관리 훈련은 현실적인 조건을 보장하고 주로 인적 요소에 초점을 맞추기 위해 심층적인 준비가 필요하다. 새로운 위기에 대해서는 사전에 정해진 계획이 없기 때문에 이에 대응하기 위해서는 리더십과 네트워크 조정을 위한 특별한 훈련이 시행될 필요가 있다. 대표적인 훈련방법으로는 지휘조 훈련(tabletop exercises)이 있다.[5] 또한 새로운 위기에 효과적으로 대응하기 위해 활성화(activation) 관점에서의 전략적 예측도 고려된다. 위험의 불확실성이 증가함에 따라 조기 위험 징후를 더욱 면밀하게 관찰할 수 있도록 하는 전략적 예측이 필요하다는 것이다. 이에 대한 대표적인 방법이 이슈스캐닝(horizon-scanning)방안이다.[6] 특히 크라우드소싱 정보를 활용하여 소셜 네트워크를 모니터링하면 위기 발생 전에 정보를 파악할 수 있다(Baubion, 2013). 다음으로 적절한 위기 대응(crisis response)을 위해 대안적 위기관리모형에서는 지시와 통제(command and control)보다 적응적 역량(adaptive capacities)을 중요시한다(OECD, 2013). 이를 위해서는 센스메이킹(sense-making)이 선행되어야 한다. 센스메이킹은 조직 내에서 발생하는 여러 현상들을 알기 쉽게 구조화하는 과정이며, 불확실한 환경을 이해하기 위한 인지적 지도를 개발하는 과정이다(Weick, 1995). 이전에 경험해보지 못한 위기는 사전에 모니터링할 수 없기 때문에 위기가 어떻게 발생하고 또 현재는 어떤 상황인가를 분석하는 센스메이킹이 필수적이다(OECD, 2013). 센스메이킹의 대표적인 방안으로 위기관련 분야 전문가 풀을 구성하여 위기관리 시 그들의 전문지식을 신속하게 활용해야 한다. 또한 긴급 대응(emergency response) 관점에서는 과거의 표준운영절차(SOP, standard operating procedures)를 활용하기보다 대규모 대응 네트워크 관리(managing large response networks) 방안을 마련할 필요가 있다. 특히 대규모 대응 네트워크 관리를 위해서는 충분한 권한과 적응력을 갖춘 고도로 전문화된 리더의 역할이 매우 중요하다(OECD, 2013). 이 과정에서 개방적이고 투명한 접

---

5 "특정 이슈에 대하여 주요 의사결정권자들이 한 장소에 모여 전략적으로 개발된 가상의 시나리오를 가지고 실제사건 동안 직면될 문제에 대한 답변을 찾기 위해 적절한 스태프들과 적극적인 토론 및 의사소통을 통하여 정책결정에 도달하게 하는 훈련방법"을 의미한다.

6 이슈스캐닝은 미래 예측방법으로 활용되는데, 선택한 영역에서 정책 입안자를 위한 신흥 기술 또는 위협을 조기에 감지하고 평가하게 된다. 이러한 영역으로는 농업, 수질 등 환경, 건강관리, 생물 보안 및 식품 안전이 포함된다(한혜진·이주연, 2015).

근을 강조하는 시민사회의 적극적인 참여가 요구된다. 마지막으로 위기 발생 시 리더의 의미형성(meaning-making) 역량이 중요해진다. 효과적인 위기 대응을 위해 명확한 메시지를 전달하는 리더의 위기소통 역량도 중요하지만 위기 상황을 시민들에게 이해시킬 수 있는 역량 또한 중요하다. 특히 최근 시민들의 참여가 확대되면서 리더는 정확한 정보를 제공해 주는 역량뿐만 아니라 시민들의 기대에 부응하는 내러티브를 제공하는 능력도 갖추어야 한다. 즉 시민들에게 위기 상황을 이해시킬 수 있는 의미(meaning)형성이 중요한 리더의 역량이 되는 것이다. 또한 이러한 의미형성 역량이 적절히 발휘될 때 리더는 위기 상황에서 시민들로부터 신뢰를 확보할 수 있다. 특히 위기 종료(end of crisis) 시기에는 위기 발생으로 인해 낮아진 시민들의 신뢰를 회복할 수 있는 리더의 의미형성 역량이 더욱 절실히 필요하다고 할 수 있다.

## 3. 앨리슨 모델

앨리슨의 정책결정 모델은 국가의 안보위기상황시 정부 정책결정과정에 대한 모델로서, 특히 1962년 쿠바 미사일 위기와 관련하여 미국 정부의 대응책을 분석하고 3가지 모델을 제시하였다.[7] 당시 정책결정과정에서 국방부, 합참, 육·해·공군성, CIA, 국무부, 법무부, 백악관 최고 관료들이 총동원되어 대응방안을 검토하였는데, 최종적으로 해군성의 해상봉쇄이 대안이 결정되었다. 이러한 정책결정과정에서 합리적 행위자 모델, 조직적 프로세스 모델, 정부 정치 모델 등 3가지 모델을 사용하여 국가의 위기 관리 대응과정을 분석하였다(Wilson, 1972).

---

7 이모델의 기반이 Essence of Decision: Explaining the Cuban Missile Crisis은 정치학자 Graham T. Allison에 의해 제안된 1962년 쿠바 미사일 위기를 분석한 가장 우수한 도서 중 하나이다.

## 1) 합리적 행위자 모델

정부를 주요 주체인 행위자로 간주하며, 국가는 합리적으로 판단을 내리는 개인과 같다고 인식한다. 합리적 행위자 모델은 목표 극대화를 추구하는 개인 차원의 의사결정 논리를 조직 정책 과정에 적용한다. 이 이론에 따르면, 국가는 국가 목적과 전략적 목표 극대화를 위해 최적의 대안을 탐색하고 선택하며 국익의 극대화를 추구하며, 국가는 단일의 유기체처럼 행동한다고 주장한다. 목표를 평가하여 가장 높은 "보상"을 가진 대안을 선택하는 방식으로 의사결정을 설명한다는 이론이다. 마치 한 사람이 의사결정을 하는 것처럼, 조직은 강한 응집성을 가지며 결정을 내리는 과정에서 완전한 합리성을 갖춘게 된다. 합리적 행위자 모델의 특징은 분석자가 자신이 해당 국가의 입장이라면 어떻게 했을까를 따짐으로써 쉽게 큰 그림을 그릴 수 있다는 점이다.

당시, 존 F. 케네디는 소련이 주장한 것보다 훨씬 적은 ICBM을 보유하고 있음을 밝혔다. 이에 대응하여, 니키타 흐루시초프는 쿠바에 사정 거리가 짧은 핵미사일을 설치하도록 명령하였다. 소련은 이로써 "미사일 격차"를 메우고 냉전에서 유리한 위치를 차지하려 했다. 베이 오브 피그스 침공을 지원하지 않은 점을 감안하여, 미국이 강력하게 대응하지 않을 것으로 생각하였다. 케네디와 그의 고문들(EXCOMM)은 아무것도 하지 않는 것부터 쿠바의 완전한 침공까지 여러 옵션을 평가하였다. 이 중에서 쿠바에 대한 해상 봉쇄를 선택한 이유는 전쟁으로 확대되지 않을 가능성이 크며, 소련으로 하여금 다음 행동을 취하게 만들 수 있었기 때문이다. 핵전쟁에 의한 상호 보증 파괴로 인해 소련은 미국의 요구에 굴복하고 무기를 철거할 수밖에 없었다.

## 2) 조직 과정 모델

앨리슨은 제임스 G. 마치와 허버트 A. 사이먼의 연구를 인용하여, 기존 정부 기관 체계가 국가의 행동에 한계를 지정하고 종종 결과를 지시한다고 주장했다. 그는 '조직적 과정' 모델 명제를 제시하였다. 국가가 위기에 직면했을 때, 정부 지도자들은 전체적으로 바라보지 않고 사전에 설정된 조직적 라인에 따라 분해하고 할당한다. 시간과 자원의 제약으로 인해 가능한 모든 행동 방안을 평가하여 가장 가능성이 높은 것을 선택하는 대신, 리더들은 문제를 충분히 해결하는 첫 번째 제안에 합의한다. 이를 사이먼은 "만족"이라고 칭하며 리더들은 단기 불확실성을 제한하는 솔루션에 중점을 둔다고 강조했다.

조직은 행동을 취할 때 설정된 '레퍼토리'와 절차를 따른다. 큰 조직(또는 정부) 내에서 행동을 완전히 계획하고 동원하는 데 필요한 큰 자원과 시간 때문에, 리더들은 사실상 기존 계획으로 제한된다. 조직 내에서 루틴적인 의사결정이 어떻게 이루어지는지를 강조한다. 이 모델에서는 국가는 다양한 부품으로 뒤덮인 복잡한 기계 장치이므로 조직행태 측면에서 정부는 준 독립적인 하위조직으로 느슨하게 연결된 집합체라고 강조하였다. 특히 시간과 자원 제한으로 인해 문제를 해결하는데, 국가의 행동이나 선택은 한 사람의 결정이라기보다 조직의 표준운영절차나 조직만의 문화와 논리에 따른 '산출물'로 주장하였다.

당시 소련은 당시 국외에 핵미사일 기지를 설립하지 않았기 때문에, 이미 사전 설정된 부서에 할당하였고, 각 부서는 각자의 업무수행절차를 따랐다. 그러나 이 절차는 쿠바 위기 상황에 실효적으로 적용되지 않았으며, 결과적으로 미국이 소련의 계획을 상당히 쉽게 알아차릴 수 있었다. 이러한 실수에는 위장된 소련군이 천장에서 볼 수 있는 소련군 시설로 쉽게 식별할 수 있는 군 시설을 만드는 등의 실수가 포함되었다.
한편 미국 케네디와 그의 참모들은 사실상 해상 봉쇄나 공습 외에 다른 옵션을 고려하지 않았으며, 처음에는 대부분의 찬성을 받았다. 그러나 이러한 공격은 미국 공군이 모든 핵미사일을 비활성화할 것을 보장할 수 없었기 때문에 막대한 불확실성을 야기시켰다. 게다가 케네디는 광범위한 피해보다는 핵미사일만 파괴할 '수술적' 공습을 원했지만, 기존의 공군 계획은 케네디가 원하는 것보다 더 많은 부수적 피해를 초래할 폭격을 필요로 했다.

## 3) 정부정치모델

정부 구성원 간의 정치적 상호작용을 강조하는데 특히 목표를 공유하더라도 개인적 이해와 이익에 따라 의견이 다를 수 있음을 주장하고 있고 국가의 행동은 정부 구성원 간에 이루어진 '정치'의 결과다(정부정치). 국가는 수많은 부처로 구성되어 있고 각 부처의 수장은 치열한 경기에 참가한 주전 선수와 같은데, 정부의 행동은 이런 경기자 간 협상게임, 즉 정치적 흥정의 결과라는 것이 '정부정치 모델'의 핵심이다.

정부정치 모델은 국가를 수많은 정부 부처로 구성된 복잡한 기계 장치로 본다. 정부의 행동은 협상과 정치적 흥정의 결과로 나타나며, 응집성이 없다. 정부정치 모델에 따르면, 국가의 행동은 정부 구성원 간에 이루어진 '정치'의 결과이다. 국가는 수많은 부처로 구성되어 있으며, 각 부처의 수장은 치열한 경기에 참가한 주전 선수와 같다. 이 선수들이 뛰는 경기의 이름은 '정치'이다. 정부의 행동은 이러한 경기자 간 협상 게임, 즉 정치적 흥정의 결과라는 것이 정부정치 모델의 핵심이다. 조직행태 모델과 혼동될 수 있지만, 조직행태 모델은 '시스템'에 초점을 맞춘 반면, 정부정치 모델은 '사람', 즉 '경기자'에 초점을 맞춘다는 점에서 차별화된다. 정부정치 모델에서 경기자는 통일된 전략 목표가 아니라 자신이 속한 조직이나 개인적 목표에 따라 행동한다. 비록 목표를 공유하더라도, 지도자들은 개인적 이익과 배경 등의 요인으로 인해 목표 달성 방법에 차이가 있다. 지도자들은 카리스마, 성격, 설득력, 그리고 의사결정자와의 개인적 관계에 따라 서로 다른 수준의 권력을 가진다고 주장한다. 조직행태 모델이 '시스템'에 초점을 맞춘 반면, 정부정치 모델은 '사람'에 초점을 맞춘다. 정부정치 모델에서 경기자는 통일된 전략 목표가 아니라 자신이 속한 조직이나 개인적 목표에 따라 행동한다. 이는 정치적 게임의 일환으로 볼 수 있다.

케네디가 결론적으로 해상 봉쇄를 선택한 것은 강력한 지도자로서의 이미지를 과시하려는 정치적 동기에서 비롯되었다. 반면, 공군의 정밀 폭격을 채택하지 않은 것은 동생 케네디 법무장관의 계산이 작용한 결과로, 무모한 지도자로 인식되지 않기 위해서였다. 맥조지 번디 국가안보 보좌관, 맥나마라 국방부 장관, 딘 러스크 국무부 장관, 케네디 법무장관 등 핵심 '경기자'들은 각자의 입장에서 사태를 인식하며 치열한 논쟁을 벌여 '봉쇄'라는 타협점을 찾았다. 당시 3차 세계대전의 문턱을 넘을지도 모르는 절체절명의 위기 상황 속에서 국가안보 정책 결정에 참여한 미국의 고위급 관리들이 국가의 이익보다는 자신이 속한 집단의 이익을 위해 싸웠다는 사실은 놀랍지만 수긍할 만한 결정이었다.

이 모델들은 정부의 다양한 의사결정 프로세스를 이해하고 사고를 예방하기 위한 통찰을 제공하기 위해 의사결정에 참여하는 다양한 조직과 개인의 역할을 고려해야 함을 강조하고 있다. 각 모델은 다른 측면을 강조하며, 정부의 위기관리 의사결정 프로세스를 이해하는 데 도움이 된다.

## 4. 군사개입 결정이론(국가안보)

Nye(2009)는 국가의 안보위기 발생시 가장 고조된 상황인 군사개입(military intervention)의 개념을 "다른 주권국가의 국내적 사건에 군사적으로 영향을 미치는 외부적 행위"라고 규정하면서 군사적 침략, 제한된 군사적 행동, 봉쇄, 군사자문, 경제적 원조 등으로 범주화하였다. 특히 국내정치적으로 상호 견제와 균형이 잘 이루어진 정치체제를 갖고 있는 선진국들이 어떠한 의사결정과정에 의해 군사개입이라는 정책적 선택을 하였는가를 면밀히 살펴보지 않을 수 없다. 특히 미국과 프랑스는 공통적으로 상호 핵심 동맹국으로서 각각 1개월 이내의 단기간에 전면전이라는 의사결정이 이루어진 반면 군사개입의 수준은 서로 달랐다는 점에 주목할 필요가 있다. 냉전시대 이후 2001년 미국의 9·11 테러 이전까지 국가 간의 전쟁은 빈도수는 감소되었으나 테러리즘 위협은 국가위기관리 측면에서 파급효과는 증대되고 있다. 20세기 이후 테러공격이 전쟁으로 확대된 주요 사건은 1914년 1차 세계대전의 원인이 되었던 오스트리아 황태자 부부 총기테러, 2001년 아프가니스탄 전쟁의 원인이 되었던 미국의 9·11 테러, 2015년 시리아 및 이라크의 군사개입의 원인이 되었던 프랑스 파리 테러를 들 수 있다(김태영·문영기, 2022). 특히 9·11 테러는 각각 테러공격 후 27일 만에, 파리 테러는 30일 만에 전쟁 및 군사개입으로 표출되었다.

이러한 국가 위기상황시 수많은 전쟁과 시행착오를 거치면서 상대적으로 정착된 서구권 주요 국가들도 위기상황을 적절하게 관리하지 못하고 전쟁(군사개입)으로 확대되게 된 영향요인은 무엇일까? 기존 연구에서 전쟁(군사개입)의 결정요인에 대한 학계 및 전문가들의 공통적이고 포괄적인 논의를 종합하면, ① 국가이익, ② 국민의 지지, ③ 국제적 지지, ④ 군사적 목표와 실현 가능성으로 제시할 수 있다(김태영·문영기, 2022). 첫째 국가이익은 개입할 국가에 대해서 사활적 국가이익을 가지고 있는 가의 여부를 의미한다. 둘째 국민의 지지이다. 국민과 의회의 지지 여부는 해외에 군사력 투입을 결정하기 위한 중요한 요인이 된다. 특히 군사개입을 위한 군사력의 투사는 전쟁에 직접적으로 참여하는 군인의 생명과 관련되므로 전쟁수행의 국민의 지지는 전쟁승패와 직결될 수 있다. 셋째 국제적 지지로서 국제사회의 지지를 포함한 외교적 노력은 군사개입 결정요인에 매우 중요한 영향을 끼친다. 대규모 군사개입 시 국제적지지 여부는 매우 중요한 요소이나, 그것을 판단하는 기준을 선정하고 평가하는 것은 매우 어렵다. 결국 UN의 공식적인 군사력 사용에 대한 승인여부로 판단할 수 있을 것이다. 특히 위에서 강조한 국민과 국제적 지지가 점점 더 중요해지는 이유에는 온라인 상의 언론매체 발달을 들 수 있다. 특히 온라인 플랫폼은 현대 사회에서 전 세계 인류 모두가 공유하는 유용한 정보통신 수단이 되었고, 각종 개인 및 집단들이 정치적인 목적을 달성하기 위해 매스컴을 도구적 수단으로 활용하고 있다. 미국의 9·11 테러의 경우 CNN에서 현장상황을 24시간 지속적으로 보도함으로써 테러범들이 생각한 공포의 확산을 용이하게 하였다. 또한 2022년 러-우 전쟁, 2023년 이-하마스 전쟁에서도 테러발생 초기상황부터 전쟁 선포시까지 뉴스가 확산되고 반복적으로 보도가 됨으로써 대중 및 국제사회가 즉각 인지할 수 있게 되었다. 넷째 군사적 목표와 실현가능성으로 군사개입의 목적이 국가지도자에 의한 정치적 결정이라면, 군사목표는 군사지휘자에 의한 군사적 결정이 된다. 따라서 군사목표는 정치목적 달성을 위한 가장 중요한 목표이며, 군사목표의 달성은 성공적인 군사력 운용에 의해 달성될 수 있다(Haass, 1994).

## 5. Downs 이슈관심주기 이론(공공정책)

1972년 미국의 공공정책·경제학자인 '앤서니 다운스'가 발표한 이론이다. Downs는 특정 이슈가 하나의 사회문제로 갑자기 등장한 후, 잠시 동안 국민들의 열정적인 관심을 끌다가 사라지는 경향에 주목한다. 모든 정부정책은 단시간에 이뤄지는 것이 아니기 때문에 시간적 차원을 고려하여야 한다(임도빈 & 허준영, 2010).

Downs는 이러한 패턴이 발생하는 이유를 설명하기 위해 하나의 사회적 이슈가 탄생하여 소멸될 때까지 거치게 되는 단계를 대략 5개로 보고 각 단계에서 나타나는 특징들을 설명하고 있다. 이 이론의 진정한 의의는 각자 자신의 주기 단계를 거치는 여러 이슈들이 경쟁을 하는 과정에서 주목받는 이슈가 있는가 하면 묻히는 이슈도 있다는 것이다. 뉴스 헤드라인의 공간은 한정되어 있기 때문이다. 이러한 경쟁은 자연스럽게 일어나기도 하지만 때로는 인위적으로 발생되기도 한다. '이슈가 이슈를 덮는다'는 말이 이를 가장 잘 설명한다. 결론적으로 사회적 이슈가 어떻게 발생하고 정부 정책에 영향을 미치는지 이해하는 데 의미가 있다(Downs, 1972).

사실 모든 사회문제가 이슈관심주기를 거치는 것은 아니다. Downs는 사회문제가 이슈관심주기에 진입해서 발전하기 위한 조건으로 3가지의 특징을 언급하고 있다. 첫째, 그 이슈와 관련해서 고통을 받고 있는 사람의 수가 과도하지 않아야 한다. 둘째, 그 문제로 인한 고통의 원인이 인구의 다수나 강력한 소수에게 편익을 가져다주는 사회구조에 의해 발생하는 이슈여야 한다. 셋째, 일반 대중의 흥미를 일시적으로 유발하는 자극적이고 흥미진진한 '깜짝 이슈'가 아니어야 한다. 물론 그가 제시한 이러한 조건들은 최소한의 기본 요건으로서 완결적이지도 않고 포괄적이지도 않다는 점에 주의할 필요가 있다.

## 1) 문제 이전 단계(The pre-problem stage)

바람직하지 않은 이슈나 소수의 피해자 등 부정적인 사회적 조건이 존재하나, 대중의 경각심과 주목이 경미한 단계이다.

## 2) 문제 발견 및 흥분 단계(Alarmed discovery and euphoric enthusiasm)

이슈가 표면화되는 단계로 극적 사건(과격 집회)이 발생하고, 대중에게 경고가 되어 정부가 심각성에 대한 해결방안을 모색하는 단계이다.

### 3) 진보가치 실현 단계(Realizing the cost of significant progress)

문제 해결 가치의 비용이 확산되며, 큰 희생이 요구된다. 한편 국민들은 문제해결의 가치가 실제로는 비용이나 다수의 희생을 요구한다는 인식이 확산되게 된다. 즉 문제와 해결책 사이에서 목적을 위해 희생해야 하는 경우가 있음을 인식하는 것이 이 단계의 핵심이다.

### 4) 대중 관심의 감소 단계(Gradual decline of intense public interest)

대중의 관심이 낙담, 억제 또는 지루함으로 감소하는 단계이다. 문제에 대한 대중의 관심의 강도가 점진적으로 감소한다. 점점 더 많은 사람들이 문제에 대한 해결이 얼마나 어렵고 비용이 많이 드는지를 깨닫게 되고 문제에 대한 해결책을 낙담을 하거나, 위협에 대한 두려움으로 생각자체를 억제하거나, 이슈에 대해 점점 지루해한다. 또한 주류 계층 등이 사회적 급격한 변화전망에 대한 자신들의 특권적인 위치가 위협받는 것을 보고 눈을 감을 수 있다. 이로 인해 이슈에 초점을 맞추려는 대중의 열망은 사라지게 된다. 한편 또 다른 문제로 2단계가 진행되기 시작하면서 대중의 관심을 끌기 위해 더 자극적인 주장을 하는 경우도 있다. 대표적 사례로 2020년 코로나 위기 당시 신천지 대구교회 코로나바이러스감염증 집단 감염 사건이 과도하게 관심을 받으면서, 바이러스의 발병경로에 대한 관심은 수면 아래로 가라앉게 되었다.

### 5) 문제 종말 단계(The post-problem stage)

망각의 영역 이동하는 단계로 문제는 더 이상 대중의 관심사가 아니며, 대중의 주의가 다른 문제로 전환된다. 대중들의 문제에 대한 관심 희미해지지만 언제든지 일반대중의 관심을 다시 회복 가능한 개연성이 잠복하고 있다. 한편 이슈관심주기를 통과하는 과정에서 문제 해결에 필요한 새로운 정책이 작동된다.

# 6. 토머스 킬만 갈등관리 이론

## [그림 3-3] 갈등관리 모형

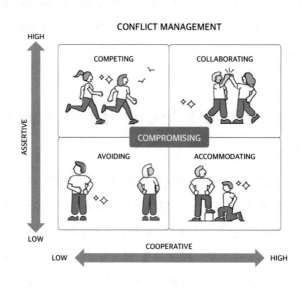

이 이론은 5가지 갈등상황을 해결하는 방식의 각각의 장·단점을 알고 적절히 사용하여 상황에 맞는 갈등해결방식을 사용하는 것이 중요하다고 강조한다. 이 이론은 갈등관리, 위기관리, 협상기법 등에 주요하게 적용될 수 있는 유용한 이론이다. 주요 분류 기준은 타인에 대한 협조적 욕구 정도인 협력성(cooperativeness)과 자신에 초점을 두고 자신의 욕구를 고려하는 정도인 독단성(assertiveness)의 두 차원을 결합하고 있다(Benke, 2023).

첫째 협력성은 개인이 다른 사람의 우려 사항을 충족시키고, 함께 일하고, 상호 동의 가능한 해결책을 찾으려는 의지의 정도를 의미하며, 개방적·수용적 관점으로 해석할 수 있다. 둘째 독단성은 개인이 주도권을 갖고, 자신의 요구 사항을 표현하고, 자신의 권리를 옹호하고, 자신의 아이디어와 의견을 추진하려는 의지의 정도로서 공격적이거나 지배적이지 않고 자신감 있고 명확하며 적극적으로 자신의 목표나 욕구를 전달하는 것을 의미한다. 이러한 2가지 요소를 기준으로 갈등상황을 경쟁형 (competition), 협력형(collaboration), 타협형(compromise), 회피형(avoidance), 순응형 (accommodation)으로 분류하였다(Shell, 2001). Thomas-Kilmann 갈등 모델의 의의는 갈등에 대한 접근 방식에 통합함으로써 갈등 상황을 보다 효과적으로 헤쳐나가고 조직 생활의 다양한 측면에서 더 건강하고 생산적인 관계를 구축할 수 있다는 점에 있다(은재호·장현주, 2012).

이 모형의 주요한 의의는 갈등관리 방식의 무조건적인 정답이나 오답이 없으며, 5가지 모드는 각각 상황적 특성에 따른 대응방향이 도출된다는 것이다. 우리의 일반적인 통념은 예를 들어, 우리는 종종 "두 사람의 머리가 한 사람의 머리보다 낫다"(협업)는 것을 인식한다. 그러나 그것은 또한 이렇게 말한다, "친절로 적을 죽여라"(수용), "차이를 나누라"(타협), "잘 내버려둬라. 충분히 내버려둬라"(피하기), "옳은 것이 옳다"(경쟁)라고도 한다. 주어진 갈등 처리 모드의 효과는 갈등 처리 모드의 효과는 특정 상황의 요건과 해당 모드를 사용하는 스킬에 따라 5가지 갈등 처리 모드를 모두 사용할 수 있다. 하나의 엄격한 갈등 처리 스타일로 특징지을 수는 없으나, 대부분의 사람들은 다른 모드보다 일부 모드를 더 쉽게 사용하고 다른 모드보다 더 쉽게 사용하고, 해당 모드에서 더 많은 기술을 개발하며, 따라서 해당 모드에 더 많이 의존하는 경향이 있다. 많은 사람들이 뚜렷한 선호도가 있으며, 적용하는 갈등관리 유형은 구성원의 성향과 자신이 처한 상황의 요구 사항의 결과이다.[8]

이러한 갈등관리 모형을 기반으로 1974년 Kenneth W. Thomas와 Ralph H. Kilmann는 Thomas-Kilmann Conflict Mode Instrument(TKI)라는 개인의 갈등 상황에 대한 대응을 측정하기 위한 도구를 개발하였다(Kenneth et al., 1974). '사람에 대한 관심(concern for people)'을 Y축, '작업에 대한 관심(Concern for task)'은 X축으로 하여 1부터 9까지의 숫자 척도를 갖는다. 이러한 축은 관리의 다섯 가지 서로 다른 스타일을 다이어그램으로 표현한다. 격자는 작업과 관계의 상호 작용을 가정하며 사람들이 이러한 가치를 어떻게 평가하는지에 따라 사람들과 상호 작용하는 5가지 유형이 있다고 보여준다. TKI는 경쟁(단호하고 비협조적), 회피(단호하지 않고 비협조

---

8 https://en.wikipedia.org/wiki/Thomas%E2%80%93Kilmann_Conflict_Mode_Instrument

적), 순응(단호하지 않고 협조적), 협력(단호하고 협조적), 타협(중간 단호성과 협조성)의 5가지 갈등관리 유형을 식별한다.

## 1) 경쟁형(win-loose)

### (1) 개념

경쟁형은 독단적, 비협력적이며, 승패의 상황을 만드는 유형으로 상대방의 입장은 전혀 고려하지 않고, 자신의 관심사를 위해서 공식적인 권위를 사용하여 상대방을 지배하고 복종을 강요한다. 이러한 면 때문에 강요(forcing)라고 하기도 하며, 일방적 승리(win-lose)를 가져온다. 갈등 상황에서 상대방의 요구나 관심사를 무시하고 자기 주장성을 강조하는 유형으로 승패를 만들어내는 경향이 있으며, 상대방의 입장을 고려하지 않고 자신의 관심사를 위해 공식적인 권위를 사용하여 상대방을 지배하고 복종의 강요를 통해 일방적인 승리를 추구한다(Benke, 2023).

### (2) 주요 상황(조건)

경쟁형은 다음과 같은 상황에서 주로 나타나는데 양보나 타협이 불가능한 상황에서 신속하고 단호한 의사결정이 필요한 긴박한 상황, 소수 의견이너라도 옳나고 확고하게 믿는 중요한 결정이 필요한 중대한 상황, 변화에 대한 구성원들이 저항하는 상황이며 대표적으로 비용 절감, 인기 없는 규칙 시행, 징계 등의 경우이다.

이러한 경쟁형 상황에서는 에너지를 과도하게 사용하므로 본인 방식으로 문제가 해결되지 않는다면 무기력감에서 나아가 분노까지 느낄 수 있다. 관리자가 경쟁형 의사소통 과도하게 사용시 조직원들은 대부분 순응할 수밖에 없고 억압감을 느끼기에 말을 하지 않는다거나, 업무를 대충하는 경향이 높다.

과도한 경쟁형 갈등관리 상황으로는 조직내 "예스맨"이 많거나, 조직원들이 불확실한 상황이나 실수를 솔직히 말하지 못하는 상황에서 더욱 빈번하게 나타난다. 여러분에게 영향을 미치려고 포기했기 때문일 수 있으며, 정보에 대한 접근이 차단된다.

다음으로 다른 개인 및 조직으로부터 겪게 되는 무시나 불확실성을 두려워하는 인식이 높을 경우이다. 이러한 상황에서는 정보와 의견을 구하는 데 어려움을 겪게 된다. 반대로 과소의 경우로는 조직의 의사결정과정에서 영향력 부족의 징후가 높아서 무력감을 가질 때나 자신이 가진 영향력을 인식하지 못하는 경우이며 이는 영향력을 제한하여 효율성을 저해할 수 있다.

## 2) 협력형(Win-Win)

### (1) 개념

협력형은 조직 내에서 다양한 욕구와 개인의 욕구 간에 모두 충족을 통해 균형을 유지하려는 유형으로 상대방과 자신이 서로 관심사를 양보하는 갈등관리 방식이다. 업무 몰입도와 구성원간 관계가 좋을 때 형성이 되며, 서로의 관심사를 모두 만족시키기 위해 문제 본질을 집중적으로 정확하게 파악할 수 있다. 갈등 상황에서 서로의 관심사를 모두 만족시키기 위해 문제의 본질을 집중적, 정확하게 파악이 가능하다(Thomas, 2008).

### (2) 주요 상황(조건)

먼저 서로 다른 조직에서 통합적 대안이 도출이 요구될 때, 조직원내 구성원들이 매우 책임감이 강하고 조직 및 개인발전에 적극적일 때, 상호요구조건의 차이점을 인정하고 생각과 정보 공유가 필요한 상황, 서로에게 이익이 되는 통합적 대안을 도출시 필요하다. 근본적으로 협력형 상황은 갈등관리 유형 중 가장 많은 노력이 요구되는 상황으로 사안이 장기적이어도 조직에 큰 영향을 미치는 사안으로 인해 상대방과의 고도의 합의와 헌신이 요구되는 상황에서 필요하다. 주로 노사협상, 국제협상, 타 부서와 업무분장 등에서 보편적으로 나타난다.

과도한 협력적 갈등관리 상황으로는 그다지 중요하지 않은 사안에 대해 심도 있게 논의하는 데 시간을 소비하는 경우를 들 수 있는데, 협업에는 시간과 에너지가 필요하며, 이는 조직에서 가장 부족한 자원일 수 있다. 사소한 문제에는 최적의 솔루션이 필요하지 않으며, 모든 개인적·조직적 차이를 고려해서 결론을 내릴 필요는 없다. 남용 협업과 합의에 의한 의사 결정의 남용은 때때로 결정에 대한 책임을 분산하거나 결정에 대한 책임을 분산하거나 조치를 연기함으로써 위험을 최소화하려는 욕구를 나타낸다.

반대로 과소한 협력형 갈등관리 상황으로는 사안을 바라보는 개인 및 조직의 차이를 공동 이익, 학습 또는 문제 해결의 기회로 보는 데 어려움을 겪는 경우를 들 수 있다. 모든 갈등상황을 비관적으로 접근하면 사람들이 협업의 가능성을 보지 못하게 되어 성공적인 협업에 수반되는 상호 이익과 만족을 얻지 못할 수 있다.

협력형의 방식을 주로 사용하는 사람은 직장에서 책임감이 강하고 개인과 조직의 발전을 위해 적극적으로 노력하는 경향이 있다. 갈등관리 기술과 조직몰입도 및 직무만족도와의 관계에 대한 연구를 살펴보면, 협력형 갈등관리 기술을 주로 사용하는 사람은 다른 유형에 비해 갈등 당사자 간 이해관계 차이를 조정하려는 의지를 더 갖는다. 또한 갈등상황에서 모두에게 도움이 되는 결론을 만들어 내고자 노력하고 그로 인해 자신의 직무에 대해 상대적으로 높은 만족감을 보이기도 한다.

협력형 갈등관리 방향은 주요 중점으로는 첫 번째, 갈등 당사자가 서로 손해 없이 모두 좋은 방향으로 갈등을 해결하겠다는 의지가 중요하다. 합의의 힘과 정보 및 이해의 공유를 믿으며 팀원을 동료로 여기며 팀 외부의 사람들을 잠재적인 동료로 보는 경향이 있다. 다른 사람의 아이디어를 바탕으로 다른 사람의 아이디어를 잘 경청하며 협력자는 혁신, 열린 마음, 학습, 합의를 중시한다. 다른 사람의 말에서 가치를 찾고 이를 자신의 인사이트와 결합하여 모두가 원윈할 수 있는 솔루션을 찾는다(Thomas, 2008). 두 번째, '나의 것'과 '너의 것'을 확인하기 위해 충분한 대화가 이루어져야 한다. 마지막으로, 상대방과 편안하게 이야기를 나눌 수 있는 직장 내 환경이 필요하다. 이를 통해 상호 도움이 되는 결과를 만들어낼 수 있는 것이다. 그러므로 다른 기술들에 비해 갈등을 해결하는 데 오랜 시간이 걸리기도 한다. 하지만 서로에게 초점을 맞추고 함께 해결책을 만들었기 때문에 만족도가 높다(박효정 외, 2020).

## 3) 타협형

### (1) 개념

타협형은 조직 내에서 다양한 욕구와 개인의 욕구 간에 균형을 유지하려는 유형으로 상대방과 자신이 서로 관심사를 양보하는 방식으로 작동된다. 타협형은 최선의 해결책보다는 차선의 해결책을 선택하며, 처음에는 경쟁적이거나 협력적인 방식을 시도한 후 타협형으로 진행된다. 이렇게 하면 갈등이 재발할 가능성도 배제할 수 없는 상황에서도 적절한 해결책을 찾을 수 있다.

### (2) 주요 상황(조건)

① 동등한 힘을 가진 두 당사자(상대방)가 상호 배타적인 목표에 강력하게 집착하는 경우이다. 즉 서로 다른 목표를 가지고 있는 상황에서 갈등 종류 후 만족과 불만족이 공존하는 상황을 들 수 있다. ② 협상, 표결 또는 제3자의 개입을 통해 의사결정이 이루어지는 상황에서도 유용하다. ③ 동등한 협상력 본질적으로 갈등 당사자가 동등한 협상력을 가지고 있을 때 유용하다. 즉 동등한 협상력을 가진 갈등 상대방이 상호 공통적인 목표가 아닌 상호 배타적인 목표를 달성하기 위해 노력함으로써 타협을 위한 바람직한 거래 또는 교환(trade-off)이 가능한 경우를 의미한다. ④ 갈등을 오래 끄는 것은 갈등 당사자 모두에게 괴로움을 줄 수 있으므로 임기응변적 해결책을 요구될 때 유용하다. 예를 들어 여러 부처간 또는 부서간 협의가 필요한 복잡한 사안에 대해 잠정적인 해결책을 얻으려고 하는 경우를 의미한다.

과도한 타협적 갈등관리 상황으로는 타협 위주의 전술에만 지나치게 집중하여 더 큰 문제를 놓치는 경우이다. 조직의 본질적 원칙, 가치, 장기적인 목표 등을 간과할 수 있다. 또한 협상과 거래에만 중점을 두면 대인 관계의 신뢰가 훼손될 수 있다.

한편 과소한 협력적 갈등관리 상황으로는 협상에 대해서 과도하게 예민하거나 부끄러워 하는 경향이 있거나 유연하게 양보하는 것에 어려움을 느끼는 경우이다.

## 4) 회피형(Lose-Lose, Avoiding)

### (1) 개념

이 방식은 갈등을 인식하면서도 공개적으로 노출하지 않으려는 경향으로 상대방의 요구나 관심사 충족에 비협력적으로 갈등 상황을 회피하거나 무시하는 것이 목표이다. 팀 리더는 갈등 노출을 피하고, 팀 구성원들 간의 토론을 회피, 갈등 문제를 무시 또는 도외시하는 유형이다. 회피형은 일시적으로 스트레스를 줄이는 데 유용할 수 있지만, 갈등 상황을 무시하면서 모든 갈등에 직면하게 될 수 있다. 상황에 따라 적절한 대처 방식을 선택하는 것이 중요하다.

### (2) 주요 상황(조건)

자신에게 사소한 문제나 중요하지 않은 사안이지만 다른 중요하고 시급한 문제가 존재하는 상황, 갈등의 잠재적 비용이 갈등 해결로 인한 이익보다 큰 상황, 구조적으로 변화가 제한되는 제도적인 갈등, 자신이 갈등을 해결하는 것보다 다른 사람들이 더 효과적으로 해결 가능한 상황, 추가적인 정보를 수집하는 것이 즉각적 의사결정보다 중요한 상황 등이다. 특히 압도적 스트레스 받을 경우에는 일시적 회피가 유용한데, 모든 갈등상황에 직면하게 되면, 스트레스만 야기할 가능성이 높기 때문이다. 따라서 전략적으로 사안의 우선순위를 정해서 주변이슈에 선택적으로 개입하는 것이 필요하다. 또한 특정 주제에 관해 의견 차이가 있지만 두 사람 모두 잠재적인 갈등을 피하기 위해 주제를 바꾸기로 결정하는 경우도 회피형에 해당한다고 볼 수 있다.

이러한 과도한 회피형 갈등관리 상황으로는 개인이나 조직이 사안에 대해 의견을 제시하는 데 어려움을 겪어 협업을 방해할 때(살얼음판 위를 걷는 분위기 조성)를 들 수 있다. 반대적인 징후로는 다른 사람의 감정을 상하게 하거나 적대감을 불러일으키는 상황, 때때로 나의 의견이 조직내 다양한 이슈들에 의해서 자주 무시당한다고 느끼는 상황을 들 수 있다.

## 5) 순응형

### (1) 개념

순응형은 갈등 상황에서 상대방의 요구나 관심사를 무시하지 않고 협력적인 태도를 보이는 유형이다. 비독단적이고 협력적 유형으로서, 상대방의 관심인 이익이나 욕구를 충족시켜 주기 위해서 자신의 관심 부분을 양보 또는 포기하는 유형을 의미한다. 경쟁형과 반대되는 유형으로서 상대방의 이익을 우선시하며, 자신의 관심 부분을 양보하거나 포기하는 것을 선택하게 된다.

### (2) 주요 상황(조건)

① 상대방에게 중요한 이슈에는 순응하고, 자신에게는 가벼운 이슈에는 양보하는 상황이 대표적이다. 즉 갈등 상황보다는 다음 단계의 문제가 더 큰 갈등을 초래할 수 있기 때문에 다음 단계의 문제해결을 위해 지금 단계에서 자신의 입장을 다소 손해보더라도 상대방으로부터 신뢰를 얻을 필요가 있는 경우를 의미한다. ② 패배가 불가피한 상황에서 상대방과의 관계를 유지하면서 손실을 최소화하거나, ③ 상대방으로부터 신뢰를 얻기 위해 순응하는 경우이다. 대표적으로 관리자는 휴식이 필요한 동료를 위해 휴가를 연기하고 자신의 필요보다 동료의 필요를 우선시하는 데 동의하는 상황을 들 수 있다. ④ 다음 단계의 더 복잡하고 중요한 문제를 해결하기 위해 상대방과의 관계를 유지하기 위한 신뢰 구축상황 등을 들 수 있다. 대표적 예로 향후 업무, 승진, 보상, 친분관계 유지 등의 이유로 상대방과의 조화가 필요한 경우를 들 수 있다. 순응은 상호간의 신뢰 관계 형성에 도움이 되며, 상대방의 논점이 상대적으로 중요할 때 순응적인 태도를 보이는 경우가 많다. ⑤ 갈등 상황에서 자신의 입장이 더 바람직하지만 이를 끝까지 고수해도 상대방과의 갈등이 쉽게 해결되지 않을 것이라는 기대 때문에 일단 상대방이 시행착오를 통하여 올바른 방향을 스스로 찾도록 하려는 경우를 의미한다.

과도한 순응형 갈등관리 상황의 징후로는 개인 및 조직의 아이디어가 충분한 관심을 받지 못한다고 인식될 때이다. 왜냐하면 다른 조직의 입장과 목적 달성에 과도한 노력을 투입하면 영향력, 존중, 인정을 박탈당할 수 있고, 조직으로부터 잠재적인 기여를 박탈할 수도 있기 때문이다. 반대로 과소한 상황의 징후로는 다른 개인이나 조직들과 관계를 맺는데 어려움을 느끼거나, 타인으로부터 불합리한 존재로 인식되거나, 나의 잘못을 인정하는 데 어려움을 느끼는 경우 등을 들 수 있다.

# 국내외 국가위기관리 대응체계

# 제4장
# 국가위기관리 발전과정과
# 위기유형별 대응체계

1990년 중반 이후 냉전시대 양극체제의 국제질서가 해체되었을 뿐만 아니라 국가주권 쇠퇴와 범세계적 상호의존성 증대 그리고 무정부적 분쟁의 확산이라는 새로운 양상을 촉발시켰다. 즉 전통적인 정치·군사(high politics) 중심의 안보개념에 경제·문화·자연·환경오염 등 비정치·비군사(low politics) 개념을 포함하는 이른바 포괄안보(comprehensive security) 개념으로 발전하는 계기를 제공하였다. 이러한 포괄안보환경에서 국가위기관리 개념도 사후대응보다는 사전대응, 분야별 대응보다는 포괄적 대응으로, 사전 결정된 계획보다는 상황 적응적 관리로 변환되었다. 우리나라 역시 이러한 포괄안보 개념으로의 변화에 예외일 수는 없었다. 이처럼 탈냉전과 세계화의 영향으로 우리나라의 국가안보를 위협하는 대상과 범위는 과거 냉전기보다 현저하게 다양해졌고 더 확장되었다. 그 결과 과거에는 국가안보를 단지 국민방위에 초점을 맞춰 이해하였으나, 오늘날에는 보호되어야 할 대상이 복잡하고 다양하며 확대된 안보개념으로 변화되고 있다.

특히 냉전체제의 붕괴 이후 위기관리는 전통적인 안보 중심에서 재난 대비로 변화했다. 산업화와 도시화의 영향으로 인한 인적 재난이 증가하고 지진, 태풍, 홍수 등 자연 재난으로 인한 피해에 대비할 수 없게 되었다.

냉전체제의 커다란 흐름은 국민방위(civil defense)의 개념에서 국민보호(civil protection)의 개념으로 중심이 이동했다. 국민방위는 주로 외적의 침입에 대응하는 개념이며, 국민보호의 관점은 자연 재난과 인위 재난으로부터 국민을 보호하기 위한 개념이다. 한편, 냉전체제의 붕괴 이후 국가위기관리는 지구상의 유일한 분단국인 한반도에서 남북이 군사적으로 대지하고 있는 안보 상황을 고려할 때, 선신국의 새난 중심의 위기관리와 한국의 위기관리를 동일하게 보는 시각도 존재한다.

## 제1절    우리나라 국가위기관리 역사와 발전과정

앞서 우리나라의 위기관리는 안보와 재난분야가 균형을 유지하는 가운데 위기상황이 발생 시에는 필요시 군사적·비군사적 측면에서의 포괄적 대응이 필요함을 강조했다. 이러한 관점에서 지금까지 국가위기관리체계에 대한 국내 학계의 선행연구경향에 대해 대략적으로 살펴보면 다음과 같다. 이채언(2021)은 국가위기관리체계가 효율적이지 못한 원인으로 법·제도의 문제, 컨트롤타워 부재를 언급하였다. 정지범(2010)은 국가위기관리 패러다임이 일사 분란한 명령과 통제시스템을 구축하고 유지하는 국민방위의 관점에서 기후변화 등의 영향으로 증가하기 시작한 자연재난, 전염병 등에 대해 효과적으로 국민을 보호하기 위한 국민보호의 관점을 언급하였다. 길병옥(2010)은 효과적인 위기대응을 위한 조직개선 방안으로 청와대에 국가위기관리처를 신설하고, 국가의 비상사태에 관련한 업무를 총괄하는 기구로서 국가비상기획원을 설립하는 방안을 제시하기도 하였다. 채경석(2004)은 재난을 평시와 전시로 분류하고, 재난관리, 위기관리, 소방교육·훈련체계, 외국의 위기관리체계와 주요 사례 등을 통해 우나라의 위기관리체계의 문제점을 도출하고 향후 바람직한 발전방향을 모색하였다.

한국의 국가위기관리체계는 시대와 정부별로 변화하고 발전해왔는데, 본 장에서는 역대정부의 국가위기관리 조직을 분석하고자 한다.


## 1. 안보 위기·자연재난 관리체계 태동(1950년~1980년)

북한의 군사적 위기에 대한 전통적 안보위기 대응체계는 먼저 1953년 6월, 국방위원회가 설치되었고, 1963년 12월에는 국가안전보장회의가 설치되었다(김태호·남성욱, 2023). 1968년에는 향토예비군이 창설되었고, 1969년 비상기획위원회가 설치되었다. 1968년 1.21 사태는 우리나라의 위기관리 체계태동에 큰 영향을 미쳤다. 당시 북한 무장공비가 청와대를 기습하고 미 해군 푸에블로호를 납치하면서 안보위기는 최고조에 달했다. 향토예비군 설치가 중요한 의제가 되었고, 정부는 향토예비군 설치법 시행령을 개정하여 4월 15일 향토예비군을 창설하였다. 이후 정부는 통합방위법을 제정하였고, 비상기획위원회가 설치되었다. 비상기획위원회는 전시 정부의 행동계획인 충무계획을 작성하고, 정부 주관 비상대비훈련인 태극연습을 실시하였다. 1975년 4월 30일 월남패망 이후, 정부는 민방위기본법 제정을 추진하여 1975년 7월 25일 민방위기본법이 제정되고, 1975년 9월 22일 민방위대가 창설되었다. 민방위 업무는 내무부 실장급 부서인 민방위본부가 담당하였다.

한편 재난관리 분야는 내무부 치안국 소방과와 건설국 이수과가 담당하였다. 1959년 태풍 사라와 1961년 남원·여주 홍수 사건을 계기로 하천법, 재해구호법, 풍수해대책법(자연재해대책법)이 제정되었다. 1962년 3월 재해구호법이 제정되었고, 1961년 7월 국토건설청이 신설되어 수해 복구를 위한 조직체계가 갖추어졌다. 1967년에는 풍수해대책법(1996년 자연재해대책법으로 개정)이 제정되며 자연재난에 대한 정부정책의 근간이 마련되었다(김문겸 외, 2019).

## 2. 안보 위기·재난 유형 다변화(1990년대)

### 1) 포괄적 안보개념의 정립[1]

국가안보와 관련하여 국가의 가장 중요한 목표는 생존인데, 국가안보는 대내외적인 물리적 공격이나 공격의 위협으로부터 국가주권과 그 통치체제를 방어하는 현실주의적 입장에서 논의되어 왔다. 그러나 급속한 산업화와 세계화가 진행되면서 국가의 주권과 생존, 국민의 안전이 국내외에서 발생하는 전통적인 안보위협뿐만 아니라 새로운 위기유형들이 국가와 국민의 안전을 위협하고 있다. 테러, 빈곤, 환경오염, 감염병, 자원확보, 이상기류 등 정형화되지 않은 다양한 요인들에 의해서도 위협받을 수 있다는 인식이 대두됨에 따라 안보개념도 변화되고 있다(김태호·남성욱, 2023).

과거 산업사회에서는 국가안보의 과제가 국가주권의 수호를 중심으로 국가이념 및 가치의 수호, 또는 국가이익의 보호 및 확장과 같은 것들이었지만, 현대 사회에서는 안보의 의미가 많이 변하였다. 특히, 1990년대 중반 이후 인간안보(human security) 논리가 등장하면서 인간 개개인의 인권과 안전, 평화와 같은 인류 보편적인 가치가 국가주권 못지않게 보호되어야 할 중요한 안보적 가치로 인식하게 되었다. 인간안보는 안보의 주체와 위협받는 대상에 대한 근본적인 시각변화에서 나온 개념으로 안보관점이 국가중심에서 개인과 인류공동체 중심으로 바뀌었다. 전통적 안보 못지않게 인권, 복지, 평등 등 인류의 보편적 가치를 보호하고자 하는 안보관이 확산되었다. 이와 같이 평상시 재난대응을 포함하는 포괄안보의 개념은 더욱 더 강조 발전되고 있으며 조직간·국가간 공조체제 형식을 나타내고 있다.

따라서 국가안보의 영역은 군사위주에서 정치, 경제, 사회, 문화, 환경, 기술과 대형 재난 등 비군사분야를 포함하는 포괄적 안보개념(comprehensive security)으로 확대되었다. 전통적 안보개념이 군사중심 개념으로 파악되고 있는데 비해 포괄적 안보개념은 군사뿐만 아니라 비군사 분야들까지를 포함하여 설정되는 개념이다. 안보적 차원에서 세계화는 대량살상무기 확산, 사이버 범죄, 종족분규, 마약밀매, 환경

---

1 https://www.kima.re.kr/3.html?html =3-10-3.html&uid=289&s=10

의 파괴, 감염병의 확산 등 초국가적 위협의 범위와 유형을 확대시키고 심화시킨다. 위기관리의 커다란 흐름이 국민방위(civil defense)의 개념에서 국민보호(civil protection)의 개념으로 중심이 이동하였는데, 이는 국가가 적극적으로 국가의 방위뿐만 아니라 국민의 안전을 보호해야 한다는 의미를 갖는 것이다.

## 2) 국가위기관리 개념의 진화

1990년대는 국내에서 안보 위기와 재난유형이 다양화되면서 포괄안보체계 전환하는 과정으로 볼 수 있다. 먼저 이 시기 시작된 철통안보 관점의 북핵위기는 새로운 유형의 위기였는데, 언론의 관심이 높았고 대북정책 의제를 놓고 정치권의 동원과 아이디어 토론과정이 전개되었다. 언론은 정부의 1차 북핵 위기관리 과정상의 문제를 지적하면서 새로운 국가위기관리체계의 필요성을 제기하기도 하였다. 1998년 출범한 김대중 정부가 국가안전보장회의 사무처 조직을 보강한 계기로 작용하였다. 1990년대 재난관리체계는 자연재난 중심에서 인적재난을 포함한 종합적인 재난관리 체계로 발전하였다. 1995년에 제정된 재난관리법이 대표적이다. 체계변동 과정에서 성수대교 붕괴, 삼풍백화점 붕괴 등이 초점사건으로 작용하였다(김태호·남성욱, 2023).

### (1) 강릉무장공비 침투사건: 통합방위법 제정

1996년 9월 북한의 상어급 잠수함이 강릉시 부근에서 좌초된 후 잠수함에 탑승한 인민무력부 정찰국 소속 특수부대원 26명이 강릉 일대로 침투한 뒤 49일만에 소탕된 강릉무장공비 침투사건이 발생하였다. 당시 군은 육·해·공군 합동전력은 물론 수십만 명의 예비군을 동원하였으나 오인사격, 무장탈영을 비롯한 대비태세의 허점이 노출되었다. 언론은 현장에 기자들을 파견하여 작전상황을 보도하였고 야당은 정부의 대북정책과 대비태세를 비판하였다. 이 과정에서 민·관·군 통합방위 역량강화에 대한 필요성이 강조되면서 통합방위법 제정을 추진하였고 동년 12월 통합방위법이 제정되었다. 통합방위법 제정은 기존 군 중심의 체계를 민·관·군 통합 체계로 전환하였음을 의미한다.

## (2) 삼풍백화점 붕괴사고: 재난안전법 제정

1995년 6월 29일에는 삼풍백화점이 붕괴하였다. 삼풍백화점 붕괴는 502명의 희생자가 발생한 대규모 참사였다. 1994년 발생한 성수대교 붕괴에 이어 사회적 충격은 대단히 컸다. 언론은 현장상황을 실시간 속보로 보도하였고 정부의 재난대응에 대한 비판을 쏟아냈다. 국회는 상임위와 본회의를 열어 진상조사를 논의했고 국정조사가 진행되면서 정부책임을 놓고 여·야가 대립하기도 하였다. 결국 정부는 1995년 7월 재난관리법을 제정하였고 재난관리 조직을 보강하였다. 총리실에 국가재난관리업무를 총괄하는 중앙안전대책위원회를 설치하였다. 이 시기 내무부의 민방위 본부를 민방위재난통제본부로 개편하였고 재난관리국을 신설하였다.

## (3) 국가안전보장회의(NSC) 상설화

김대중 정부는 최초로 국가안전보장회의(NSC)를 상설화하여 국가위관리의 체계화를 시도하였다. 이때부터 국가위기관리체제를 통해 주요 국가들의 위기 발생을 분석하고 체제를 변화 및 발전시켜 왔다. 김대중 정부 이전까지 임시소집되어 운영되던 국가안전보장회의(NSC)를 상설화하고(1998.05.25), 상임위원회와 사무처를 설치하였다. 그러나 국가안전보장회의는 총 인원이 10명에 불과할 정도로 조직, 위상, 인력에 있어서 취약성이 상존했다. 이로 인해 상임위원회 운영 및 지원 업무에만 치중할 뿐, 부처간 정책조정 및 통합능력은 취약하였다(김문겸 외, 2019).

# 3. 안보 위기·재난관리 통합(2000년~현재)

## 1) 노무현 정부: 포괄적 안보위기 관점의 국가위기관리 총괄조정체제 구축

노무현 정부가 시작된 2003년 2월은 2차 북핵위기가 진행 중인 상태였다. 노대통령은 국가안전보장회의 사무처 조직을 강화하였고 국가위기관리센터를 설치하였다. 정권 인수 기간 발생한 대구지하철 화재와 인터넷 대란을 계기로 안보 위기와 재난관리를 통합하는 포괄안보체계를 구축했다. 이를 수습하며 출범한 참여정부는 핵이나 전쟁 같은 군사적 위협뿐 아니라 테러나 각종 재난 같은 비군사적 위협까지 위기 영역을 넓혀 대처 방안을 강구했다(김홍수, 2014). 이 시기는 안보와 사회 재난까지 포괄하는 체계적인 위기관리 시스템을 구축하는 위기관리센터의 창설을 의미했다. 이후 새로운 정부의 출범과 천안함피격사건, 연평도포격전, 세월호 침몰사고 등 초점사건을 겪으면서 체계변동의 과정을 거쳤지만 현재에도 포괄안보체계가 유지되고 있다(김태호·남성욱, 2023).

그러나 제도적 수준에서의 개선과 달리, 실제운영에 있어 NSC 사무처장은 인사권을 장악하지 못하여 권한과 책임이 명확하지 않아 정책시스템의 운영상 한계가 노출된다. 국가안보 보좌관은 대통령의 개인참모의 역할에 기울어져 정책조율 및 조정역할에 취약하였으며, NSC 인사구성이 북한전문가로만 구성되어, 외교안보보다는 대북화해협력에 기울어진 문제가 있었다. 이후, NSC가 본연의 자문기능을 넘어 부처 고유업무를 침해한다는 비판이 커져, 2006년 들어 기능이 대폭 축소되었다(통일연구원, 2015).

- 대구지하철 화재: 재난 및 안전관리 기본법 제정, 소방방재청 설치

2003년 2월 19일 발생한 대구지하철 화재는 포괄안보체계 구축에 큰 영향을 미쳤다. 노무현 정부에서 발간한 『새로운 도전, 국가위기관리』에서도 대구지하철화재가 새로운 위기관리체계 구축의 요인이라는 점을 명시하고 있다(NSC 사무처, 2008). 사건이 발생하자 언론은 참혹한 피해 상황과 사건의 수습, 원인 및 대책 등 다양한 시각에서 신속하게 관찰·보도하였고, 정부의 재난대처능력 부재를 비판했다. 국회에서는 재해특위를 포함한 관련 상임위원회를 열었고 정부는 특별재난지역을 선포하는 등 다각적인 후속조치를 추진하였다. 특히 소방방재청 설치와 관련하여, 기관의 명칭에서부터 역할에 이르기까지 치열한 논쟁이 발생하기도 하였고 이 과정에서 재난 및 안전관리 기본법이 제정되었다.

## 2) 이명박 정부: 전통적 안보 위기관리 회귀

이명박 정부에 들어서 국가위기관리 업무는 대통령실 산하기관에서 관리하는 것

으로 개편되었다. 2008년 4월 NSC 사무처 소속 위기관리센터는 대통령실 위기관리상황실로 업무를 이관하였으며, 다시 대통령실 국가위기상황센터로 재이관되었다. 국가위기관리 중점을 군사적 위기에 치중하여, 포괄적 안보측면의 위기관리에서 전통적 군사안보 측면의 위기관리로 다시 회귀되었다(김태호·남성욱, 2023). 이에 따라 이전 정부에서 구축하였던 재난 및 국가핵심기반위기분야 위기관리매뉴얼을 행정안전부 및 해당부처에 이관 및 분산관리하였고, 이러한 업무이관 과정에서 많은 매뉴얼이 사문화되기도 하였다.

### - 천안함 피격사건·연평도 포격전: 대통령실 위기관리조직 개편

2008년 7월 11일 발생한 금강산 관광객 피격 사망사건으로 위기정보상황팀의 보고 지체와 조정·통제기능 부재가 문제점으로 지적되자, 이명박 정부는 7월 22일 위기정보상황팀을 국가위기상황센터로 확대 개편하였다. 2010년 3월 26일 천안함 피격사건이 발생하자 국가위기관리상황센터의 위기관리대응 문제점이 다시 지적되었다. 이에 따라 국가위기관리실은 위기관리에 대한 전문성을 높이기 위해 국가위기관리비서관실과 정보분석비서관실, 상황팀 3개 조직으로 구성되었다. 국가위기관리비서관실은 위기 시 초기 대응과 평상시의 위기 대비 체계를 점검하고, 정보분석비서관실은 각종 상황 정보 분석 및 검토를 담당하며, 상황팀은 상황관리 임무를 수행했다. 국가위기관리실은 수석과 비서관 각 각 1명, 행정관 4명을 증원해 총 30명으로 구성되었다.

2010년 11월 23일 연평도 포격전이 발생했는데, 연평도 포격전은 정책결정과정에서 지침전달, 교전규칙 적용해석, 위기관리 리더십 등 많은 문제점을 노출했다. 결국 정부는 2010년 12월 1일 기존 국가위기관리센터를 수석비서관급이 실장을 맡는 국가위기관리실로 격상하였다. 2012년 말에는 당시 한기호 의원이 연평도 포격전 등을 계기로 전통안보와 재난을 포괄하는 국가위기관리 기본법을 발의하였으나 반영되지 못했다. 송영근 의원도 연평도 포격전을 계기로 2013년, 2014년 각각 평시 부분동원령 근거를 마련하기 위하여 통합방위법 개정안을 발의하였으나 기본권 침해 가능성을 우려로 폐기되었다.

### 3) 박근혜 정부: 국가안보실 보강과 국가위기관리의 이원화 체계 대응

박근혜 정부는 국민안전을 국정의 최우선 과제로 설정하여 행정안전부를 안전행정부로 개편하고 관련 조직을 실에서 본부로 격상하였다.[2] 이명박 정부가 NSC 산하 위기관리센터의 재난총괄 기능을 빼서 행정안전부로 이관했고, 박근혜 정부도 행정안전부의 중앙재난안전대책본부에 사회적 재난을 총괄대응토록 하였다.

2013년 3월 대통령실 국가위기관리실을 국가안보실 위기관리센터로 개편했다. 또한, 국가안전보장회의(NSC)의 상임위원회와 사무처를 재설치하고, 거듭되는 북한의 도발에 대응하여 청와대는 이명박 정부의 군사안보 중시 개념을 계승하여, 전통적 안보위기는 청와대, 재난 및 국가 핵심 기반 위기에 대하여는 안전행정부에서 대응하는 이원체제를 구축했다. 그러나 2014년 4월의 세월호 침몰 사고(2014.4.16.)와 중동 호흡기 증후군(MERS) 사태에 적절히 대응하지 못했다는 비판을 받았다.

#### - 세월호 침몰 사건: 국민안전처 설치

2014년 4월 16일 발생한 세월호 침몰사건으로 사망자 295명 등 대규모 인명피해가 발생하였다. 언론은 연일 정부의 위기관리에 비판적 보도를 양산하였으며 국가적으로 재난관리체계에 대한 관심도 높아졌다(심재훈, 2019). 특히 '세월호 3법 협상 TF'에서 정부조직 개편방안으로 해양경찰청 폐지가 쟁점이 되었다. 당시 여당은 소방방재청, 해양경찰청 폐지와 국민안전처 설치를 주장하였고 야당은 해양경찰청의 존치와 함께 청와대가 국가 재난사태의 컨트롤타워 역할을 해야 한다는 입장을 보였다. 여야의 협상 끝에 11월 7일 국회 본회의에서는 국민안전처 설치를 골자로 하는 정부조직법을 세월호 특별법 등과 함께 처리하였다(심재훈·최상옥, 2019). 세월호 침몰로 인해 2014년 11월 소방방재청과 해양경찰청이 해체되고 국민안전처가 출범하였다. 박근혜 대통령은 세월호 침몰 한 달여 만인 2014년 5월 19일 대국민 담화문에서 "그동안 국민의 안전과 재난을 관리하는 기능이 여러 기관에 분산되어 있어 신속하고 일사분란한 대응을 하지 못했고, 컨트롤타워의 문제점을 인정하면서 국가안전처를 만들어 각 부처에 분산된 안전관련 조직을 통합하고, 지휘체계를 일원화

---

2 https://news.sbs.co.kr/news/endPage.do?news_id=N1001778996

해서 육상과 해상에서 일어나는 모든 유형의 재난에 현장 중심으로 대응할 수 있는 체제를 만들겠다"고 발표하였다.

## 4) 문재인 정부: 포괄적 안보 위기관리 중점 회귀

탄핵 이후 집권한 문재인 정부는 국가안보실 직제를 개편하여 대통령비서실에 흩어져있던 외교안보 관련 비서관과 국가안보 관련 기능을 모두 국가안보실로 넘겨서 기능과 인원을 확대했다. 문재인 정부에서는 국가안보실 위기관리센터를 국가위기관리센터로 명칭을 변경함으로써 청와대는 국가 중대 재난의 컨트롤타워를 강조하며, 국민안전처를 행정안전부에 흡수통합했다. 2014년 창설된 국민안전처는 2017년 7월 2년 8개월 만에 폐지되었고 그 대신 행정안전부에 재난·안전관리 업무를 맡은 차관급 재난안전관리본부가 새로 설치되었다. 기존 국민안전처 산하에 있던 소방청과 해양경찰청은 각각 행정안전부와 해양수산부의 외청이 되었다(중앙일보. 2017.7.20.).

한편 문재인 정부 기간 동안 가장 큰 위기상황으로 2020년 서해공무원 피살사건이 발생했다. 국가안보실을 중심으로 범정부적 대응이 필요한 위기관리 상황이 발생했는데도 해경, 통일부, 국방부 등 관계기관은 관련 상황을 제대로 파악해 전하지 않거나 관련 후속 조치를 이행하지 않았다.

### - 2020년 서해 공무원 피살 사건

이 사건은 해양수산부 소속 어업지도 공무원인 이대준 씨가 서해 연평도 인근에서 실종된 후 북한군에게 피살되고 시신이 해상에서 소각된 사건이다. 국가안보실 등 관계부처는 이씨 사망 전에는 손을 놓고 방치했고, 북한의 피살·시신 소각 후에는 사건을 덮으며 '자진 월북'으로 몰아갔다고 감사원은 결론냈다. 국가안보실, 해양경찰청, 통일부, 국방부, 국가정보원 등 관계 기관은 이씨가 사망하기 전부터 범정부적 대응이 필요한 위기상황이 발생했는데도 관련 상황을 제대로 파악해 전하지 않거나 필수적 위기대응조치를 이행하지 않았다. 공통적으로 서해 공무원이 북한 해역에서 생존했을 당시에는 상황을 보고·전파하지 않고 조기 퇴근, 대북전통문 미발송 등 관련 규정과 매뉴얼에 따른 신변보호 및 구호 조치를 검토·이행하지 않았다.

해경 및 중부청 또한 '보안 유지'를 사유로 관계기관에 수색구조에 필요한 협조를 요청하지 않았다(헤럴드 경제, 2023.12.7.).[3]

첫째 국가 위기관리 컨트롤타워인 안보실은 2020년 9월 22일 당일 오후 북한 해역에서 서해 공무원이 발견됐다는 사실을 합동참모본부로부터 보고 받고도, 통일부 등에 위기 상황을 전파하지 않고 '최초 상황평가회의'도 하지 않았다. 둘째로 해경은 당일 오후 6시쯤 안보실로부터 정황을 전달받았지만, 보안 유지를 이유로 추가 정보를 파악하지 않고, 국방부 등에 필요한 협조 요청도 하지 않았다. 셋째 통일부에서는 국정원으로부터 정황을 전달받아 서해 공무원의 생명이 위협받고 있다고 파악했으나 장·차관에게 보고하지 않았다. 넷째 합참은 당일 오후 4시대에 정황을 확인하고도 '통일부가 주관해야 하는 상황으로, 군에서는 대응할 게 없다'고 국방부에 보고하고 관련된 조치방안도 검토하지 않았다. 국방부 또한 합참의 보고를 받고도, 대북 전통문을 발송할 필요성이나 군에서 가능한 방안을 검토하지 않고 안보실에 건의도 하지 않았다. 해군은 구체적인 수색 방법·경로에 대한 지시 없이 탐색작전을 제대로 수행하지 않았고, 합참에 탐색전력을 사실과 다르게 부풀려 작성·보고한 것으로 드러났다.


## 제2절  국가위기관리 문서체계

## 1. 국가위기관리 문서체계

국가위기관리 기본지침(대통령훈령)은 다원화된 사회에서 지속적으로 발생하는 국가 위기관리 시스템 구축의 기본이 되는 문서이다. 국가위기 차원에서 체계적으로 대응하고 관리하기 위해 이 지침은 재난 및 안전관리기본법, 테러방지법, 통합방위법 등의 법적 근거가 된다. 이 문서에는 '국가위기'의 개념 및 위기관리체계, 분야별

---

3 https://news.heraldcorp.com/view.php?ud=20231207000179

중점활동, 위기경보체계, 유형별 대응, 위기관리 의사결정기구 등에 대한 내용을 담고 있다. 참여정부 시절 수립된 국가위기관리기본지침은 포괄적 안보개념을 적용해 '국가위기' 개념을 정의하면서 안보위기(군사분야, 남북 교류협력분야 4개, 테러 등 사회·치안 분야), 자연재난, 사회재난 세 가지 분야로 구분했다. 특히 국가위기관리 매뉴얼은 위기 유형별 정부 부처·기관의 임무, 역할, 협조관계 등을 담았고 국가위기상황이 발생할 경우 현장에서 신속하게 적용할 구체적 조치사항을 목록화하였다(임승빈, 2013).

안보 위기의 경우 분쟁방지 및 통일·외교·국방 분야 대비계획의 연계성강화에, 자연적 재난 분야는 예방·피해 최소화 및 현장중심의 대응체계 강화에, 사회적 재난 분야의 경우에는 어떤 상황에서도 최소한의 기능을 유지하고 대체자원 관리체계를 구축·운영하는데 각각 중점을 두고 있다. 이에 맞춰 정부는 을지연습, 민방위훈련 등을 통한 위기관리 훈련을 실시하고, 위기 상황에 따라 '관심→주의→경계→심각' 등 4단계 조기경보 제도를 도입하였다.

국가위기관리 기본지침에서는 위기 분야별 위기관리 의사결정 구조를 달리하는데 통일·국방·외교 등 안보 위기는 국가안보실이, 재난 분야는 중앙안전관리위원회가 각각 최고 의사결정기구로서 명시되어 있다. 국가 안보실과 국가 안전보장회의에서 설정한 위기유형을 기준으로 해당 부처가 작성하는 위기관리 표준매뉴얼과 현장조치 행동 매뉴얼로 구성된다(이재언, 2014). 이 문서들은 정부부처와 기관이 국가 위기관리체계를 구축하고 업무를 수행하는 데 필요한 기본 문서로 활용된다(김성진, 2022).

안보위기 유형으로 군사적 위협(전시, 북한 국지적 도발), 테러 위협, 사이버 위협(해킹 등), 대량살상무기(WMD) 등을 들 수 있다.

한편, 2024년 현재 정부의 '재난 분야 위기 관리 표준 매뉴얼'은 41종 위기 유형을 담은 '위기관리 표준 매뉴얼'에 명시되어 있다. 2018년 이후 정부의 '재난 분야 위기관리 표준매뉴얼'이 4년간 4개 위기 유형이 추가돼 총 37개에서 41개로 자연재난 유형 3개, 사회 재난 유형 1개가 추가되었다.

## [표 4-1] 위기관리 매뉴얼 현황(자연·사회적 재난)

| 분야 | 순번 | 위기유형 | 주관기관 | 분야 | 순번 | 위기유형 | 주관기관 |
|---|---|---|---|---|---|---|---|
| 자연재난 (13) | 1 | 풍수해 | 행정안전부 | 사회재난 (28) | 10 | 인접국가방사능누출 | 원안위 |
| | 2 | 지진 | 행정안전부 | | 11 | 해양선박사고 | 해양수산부 |
| | 3 | 대형 화산폭발 | 행정안전부 | | 12 | 사업장대규모 인적사고 | 고용노동부 |
| | 4 | 적조 | 해양수산부 | | 13 | 다중밀집건축물붕괴 대형사고 | 국토교통부 |
| | 5 | 가뭄 | 공동부처 | | 14 | 교정시설 재난 및 사고 | 법무부 |
| | 6 | 조수 | 해양수산부 | | 15 | 가축질병 | 농림부 |
| | 7 | 우주전파재난 | 과기정통부 | | 16 | 감염병 | 보건복지부 |
| | 8 | 녹조 | 환경부 | | 17 | 정보통신 | 과기정통부 |
| | 9 | 산사태 | 산림청 | | 18 | 금융전산 | 금융위 |
| | 10 | 낙뢰 | 행정안전부 | | 19 | 원전안전 | 원안위/ 산업부 |
| | 11 | 한파 | 행정안전부 | | | | |
| | 12 | 폭염 | 행정안전부 | | | | |
| | 13 | 자연우주물체 추락·충돌 | 과기부, 우주청 | | | | |
| 사회재난 (28)) | 1 | 산불 | 산림청 | | 20 | 전력 | 산업부 |
| | 2 | 유해화학물질유출 사고 | 환경부 | | 21 | 원유수급 | 산업부 |
| | 3 | 대규모수질오염 | 환경부 | | 22 | 보건의료 | 보건복지부 |
| | 4 | 대규모해양오염 | 해수부 | | 23 | 식용수 | 환경부 |
| | 5 | 공동구 재난 | 행정안전부/ 국토교통부 | | 24 | 육상화물운송 | 국토교통부 |
| | 6 | 댐붕괴 | 산업부/ 국토교통부 | | 25 | GPS전파혼신 | 과기정통부 |
| | 7 | 지하철대형사고 | 국토교통부 | | 26 | 해양유도선수난사고 | 해양경찰청 |
| | 8 | 고속철도대형사고 | 국토교통부 | | 27 | 경기장 및 공연장 발생사고 | 문체부 |
| | | | | | 28 | 초미세먼지 | 환경부 |
| | 9 | 다중밀집시설대형 화재 | 소방청 | | - | | |

출처: 행정안전부 홈페이지(2024. 9월 기준).[4]

---

4 https://www.mois.go.kr/frt/sub/a06/b11/crisisManual/screen.do

국가위기관리 기본지침에 근거하여 국가위기관리 매뉴얼은 3가지 유형의 매뉴얼이 포함되어 있다. 첫째 위기관리 표준매뉴얼로서 국가적 차원에서 관리가 필요한 위기유형에 대하여 각종 재난관리 체계와 관계기관의 임무와 역할을 규정한 문서이다. 위기관리의 전반에 대한 표준화된 지침으로 각 기관이 공통적으로 수행해야 할 기본원칙 절차를 규정하고 있다.

둘째 위기대응 실무매뉴얼로서 표준매뉴얼을 기반으로 특정기관에서 실제 위기대응에 필요한 조치사항 및 절차를 규정한 문서이다. 위기관리 주관기관의 장과 관계 기관의 장이 작성한다. 셋째 현장조치 행동매뉴얼로서 현장에서 임무를 직접 수행하는 기관의 주체적 행동조치 절차를 구체적으로 수록한 문서이다. 이 매뉴얼은 위기대응 실무매뉴얼을 작성한 기관의 장이 지정한 기관의 장이 작성하게 된다.

세 가지 매뉴얼은 상호 보완적이며 위기대응의 전 단계(예방 대비, 대응, 복구)를 포괄한다. 재난 중 태풍 발생시, 표준매뉴얼은 태풍 시 대응원칙을 명시하고, 실무매뉴얼은 기상청, 행안부, 지자체간 절차를 규정한다. 현장조치 매뉴얼은 현장대피, 인명구조, 피해복구 지침을 제공한다.

[표 4-2] 위기관리 매뉴얼의 종류

| 매뉴얼 | 작성기관 | 주요내용 |
|---|---|---|
| 위기관리 표준매뉴얼 | 위기관리주관기관 (중앙부처) | 위기관리체계 및 기관별 임무와 역할 |
| 위기대응 실무매뉴얼 | 주관기관 및 유관기관 | 위기대응에 필요한 조치사항 및 절차 규정 |
| 현장조치 행동매뉴얼 | 실무매뉴얼 작성기관의 장이 지정한 기관 | 위기현장 임무 수행기관의 행동절차 수록 |

출처: 행정안전부 홈페이지.[5]

이러한 매뉴얼들은 국가 위기 상황에서 효과적인 대응을 위해 중요한 지침과 정보를 제공하며, 위기 관리에 관심 있는 분야에서 활용된다.

---

5 https://www.mois.go.kr/frt/sub/a06/b11/crisisManual/screen.do

## 2. 국가위기관리 체계 특징

우리나라의 위기관리 체계의 첫 번째 특징은 다기관 협력 체계(Multi-agency partnerships)로서 관련 기관들이 수평적으로 주어진 업무를 수행하면서도 컨트롤 타워를 명확히 하여 의사결정의 권한과 업무 부여를 명확히 하고 있다.

두 번째 특징은 위기의 정도에 따라 위기경보를 관심, 주의, 경계, 심각 4단계로 구분되며 위기경보가 상향될 때마다 총괄 대응 기관도 상향되게 된다. 예를 들어, 감염병 위협의 경우 경계 단계는 지역사회 전파로서 재난관리주관기관의 장인 보건복지부 장관(중앙사고 수습본부)이 책임을 진다. 전국적 확산에 따른 범정부 통합대응이 필요한 심각 단계에서는 국무총리나 행정안전부 장관이 중앙안전대책본부장이 되어 책임을 지게 된다(보건복지부, 2019). 코로나 바이러스의 경우, 2020년 2월 23일 기준으로 '경계'에서 '심각' 단계로 상향되었다. 이러한 상황에서 중앙 및 지방 부처의 컨트롤타워 역할은 범정부 통합대응 재난으로 인정되어 중앙재난안전대책본부가 컨트롤 타워 역할을 담당하였다(박동균, 2020).

최근의 국가위기관리 매뉴얼의 개정사항으로는 2018년과 2023년에 걸쳐 재난 분야 중심의 위기관리 표준매뉴얼을 개정한 사례를 들 수 있다. ① 2018년 주요사항으로는 위기를 선제적으로 관리하기 위해 강화된 위기관리체계와 매뉴얼 관련 제도 개선사항을 반영하여, 현장 작동성을 대폭 강화했다. ② 중대 재난에 대한 대통령실 컨트롤타워 기능 강화를 위해 국가안보실의 역할을 명확화하고, 국가위기관리센터가 참여하는 '재난관리 영상회의'를 초기상황부터 운영하도록 하였다. 대규모 재난 등 위기 상황 수습을 지원하기 위해 ○○년 포항 지진 시 처음으로 가동하여 성공적으로 평가된 중앙수습지원단의 표준 편(대규모 재난 대비 핵심 지침서)제도를 반영하였다. ③ 위기를 선제적으로 관리하기 위해 평시 위기징후 감시와 평가절차를 규정하고 징후감시 유형을 구체화하여 위기상황의 진행 양상에 따라 위기경보를 유연하게 발령할 수 있도록 개선하였다. ④ 국민 눈높이에 맞는 위기관리제도 개선을 추진하였는데 어린이, 노인, 장애인 등 안전취약계층 특성을 고려한 위기현장 대피절차, 체류 외국인 증가에 따라 외국인 사상자 주한대사관 통보 절차 및 재난관리주관기관이 휴교 등 국민 생활과 밀접한 연계대책을 함께 마련하고 시행하는 체계를 반영하였다. 마지막으로 신규 재난 유형인 폭염, 한파의 위기관리 매뉴얼 제정을 추진하였다.

2022년 이태원 참사 이후 후속조치로 2023년 4월에 국가 안전시스템 개편 종합대책('23.1.27) 중 현장적용 사항들을 위기관리 매뉴얼에 개정반영하였다. ① 재난안전통신망을 소방, 경찰, 해경, 의료, 지자체 등 재난대응 기관 간 재난상황 보고나 전파 시 상시 통신망으로 활용하도록 하는 한편, 유관기관 비상연락망에도 재난안전통신망 번호를 병기하도록 하였다. ② 대규모 사상자 발생에 대비하여 재난의료지원팀의 신속한 출동 태세를 구축하고, 복지부·소방·해경·자치단체 간 합동훈련을 실시한다는 내용 등을 매뉴얼에 반영하여 재난 현장에서의 응급의료 기능을 강화하였다. ③ 다중밀집 인파사고를 예방하기 위해 공연이나 지역축제 등으로 인파 밀집 상황이 생기면, 경찰이 교통통제, 인파 소산 및 대피 유도, 경찰기동대 출동 등 사회질서 유지 기능을 수행하도록 매뉴얼에 명시하였다. ④ 공연장 및 경기장 안전 등 인파사고6와 관련이 높은 매뉴얼 등에 '인파사고'를 위기 유형에 새로이 추가하고, '대규모 공연·경기 개최'나 '역사 및 열차 혼잡도' 등을 위기징후 감시 목록에 추가하였다. 이러한 개정 작업을 통해 41종의 재난 관련 위기관리 표준매뉴얼 개정을 시작으로 실무매뉴얼과 행동매뉴얼도 순차적으로 개정하였다(행정안전부 보도자료, 2023. 4. 23).[7]

## 3. 국가위기관리 유형별 대응체계

국가위기관리체계는 정부 조직들로 구성되며, 위기관리활동의 절차와 근거는 법과 제도에 기반한다. 따라서 국가위기관리체계 변동은 정부 조직 개편과 법률 제·개정 과정을 통해서 확인할 수 있다(김태호·남성욱, 2023). 국가위기관리에 관한 법령

---

6 압사, 전도 등 관객의 과도한 밀집으로 부상 또는 사망하는 사고
7 주요내용으로는 재난 피해 최소화를 위한 위기관리 표준매뉴얼 개정 본격 추진하면서 인파밀집 상황 시 교통통제, 합동훈련 등 인파사고 예방 조치 반영, 매뉴얼 작성 주관부처, 지자체 및 민간전문가 등이 참석하는 설명회 개최 등이었다.

은 신속한 통합 및 협력적 대응이 어렵게 되어 있다. 법령정보센터에 총 47종의 관련 법령이 있음에도 각기 제정목적이 다르기에 상호 협력 및 연계는 쉽지 않다(김성진, 2022). 김흥수(2014)는 한국의 국가위기관리체계를 대통령을 중심으로 하는 상위체계와 중앙정부와 지방자치단체를 중심으로 하위체계로 구분하였다. 국가안보실이 최상위체제로서 대통령을 보좌하여 국가위기관리활동 전체를 총괄·지휘하는 체계이다. 국가안보실에는 위기가 발생하면 대통령에게 최초 보고하고 하위체계 조직을 조정·통제하는 국가위기관리센터가 있다. 주요 유형별 하위체계는 통합방위체계, 재난대응체계, 테러대응체계 등이 있다.

특히 국가 위기상황에 대비하기 위한 대응체계는 크게 전통적 안보위기와 자연적·사회적 재난위기에 따른 대응체계로 구분할 수 있다. 본장에서는 안보위기와 관련하여 통합방위사태에 대비하여 관계기관 간의 통합적 대응체제에 관하여 규정하는 통합방위체계 및 통합방위법, 비상사태 시의 인력과 물자의 동원이나 징발에 관하여 규정하고 있는 비상대비자원관리법, 테러상황에 대비하여 관계기관 간의 통합적 대응체제에 관해 규정한 국가테러대응체계 및 테러방지법을 살펴보겠다. 그리고 자연적 사회적 재난 사태에 대비하기 위한 국가 재난대응체계 및 재난 및 안전관리 기본법에 대해 살펴보겠다.

현실적으로 우리나라의 개별 위기유형에 적용되는 법령과 비상 대비법령, 재난 및 안전 관리 기본법을 통합할 수 있는 기본법이 부재하기 때문에 평시 위기 상황이 발생했을 때, 법적용에 대한 명확한 근거와 유기적인 협조 체제가 제한된다. 따라서 전·평시 비상 상황 발생 시 명확한 책임 한계와 이를 조정·통제할 수 있는 기본법이 필요하다.

대표적 예로 대형 건축물 붕괴사고가 발생한 경우, 원인에 따라 적용되는 법률이 달라진다. 적에 의한 침투·도발이 원인일 경우는 「통합방위법」을 적용하고, 테러단체에 의한 테러가 원인일 경우는 「테러방지법」을 적용하고, 관련자의 과실로 인한 사고일 경우는 「재난안전법」을 적용하게 되는 것이다. 본장에서는 국가위기관리 체계를 크게 국가통합방위체계, 국가테러대응체계, 국가재난대응체계로 설명하겠다.

## 1. 통합방위체계와 관련법령[8]

　　국가 통합방위체계는 국가 총력전 개념에 입각하여 민·관·군·경과 향토예비군 및 민방위대 등 다양한 국가방위요소를 효율적으로 통합하여 운영하는 체계를 의미한다(김진항, 2019). 통합방위법은 이러한 통합방위체계를 구축하기 위해 적의 침투, 도발, 그 위협에 대응하고 국가를 방위하는 목적을 달성하기 위해 제정되었다. 먼저 통합방위는 군(국군조직법), 경찰(경찰청 · 해양경찰청 · 자치경찰기구), 예비군(예비군법), 직장 민방위대(민방위기본법) 등을 민관군경을 포함한 다양한 국가방위요소를 통합하여 지휘체계를 일원화하는 개념이다.

　　통합방위체계는 「통합방위법」을 근거로 하여 구성되는데 「통합방위법」 제2조에 따르면 "위협"이란 대한민국을 침투 · 도발할 것으로 예상되는 적의 침투 · 도발 능력과 기도(企圖)가 드러난 상태를 의미한다. 통합방위체계는 기본적으로 적의 군사적 위협에 대응하는 체계이나, 앞서 살펴본 바와 같이 군사적 위협과 비군사적 위협의 구분이 모호한 일부 위협의 경우에는 「통합방위법」에 따라 군이 주도적인 역할을 수행한다. 총괄기관은 통합방위본부내 합동참모본부가 수행하며 국가의 방위를 위해 다양한 국가방위요소를 효율적으로 통합하여 운영한다(김성진, 2022).

---

8　https://law.go.kr/%eb%b2%95%eb%a0%b9/%ed%86%b5%ed%95%a9%eb%b0%a9%ec
　%9c%84%eb%b2%95

## [그림 4-1] 통합방위체계

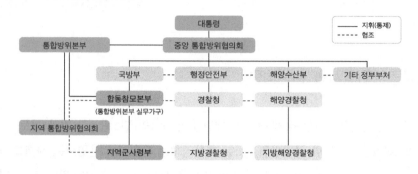

자료: 국방부(2020), 2020 국방백서.

통합방위사태는 적의 침투, 도발, 그 위협에 대응하여 선포되며, "갑종사태", "을종사태", "병종사태"로 구분되는데, 국가방위요소를 통합하여 지휘·통제하는 방위작전이 이루어지게 된다. 정부는 국가방위요소의 육성 및 통합방위태세의 확립을 위해 필요한 시책을 마련하고, 각 지방자치단체의 장은 관할구역별 통합방위태세의 확립에 필요한 시책을 마련해야 한다. 또한 각급 행정기관 및 군부대의 장은 통합방위작전을 원활하게 수행하기 위해 서로 지원하고 협조해야 한다. 통합방위사태의 선포에 따른 국가방위요소의 동원 비용은 대통령령으로 정하는 바에 따라 예산의 범위에서 해당 지방자치단체에 지원될 수 있다.

### 1) 통합방위법

통합방위법은 1977년 제정되었는데 적의 침투, 도발, 그 위협 또는 우발상황에 대응하여 통합방위사태를 선포하고 국가 총력전의 개념에 입각하여 민, 관, 군, 경과 향토예비군 및 민방위대 등을 효율적으로 통합하여 운영하는 법률이다. 이 법에서 의미하는 통합방위란 적의 침투·도발이나 그 위협에 대응하기 위하여 각종 국가방위요소를 통합하고 지휘체계를 일원화하여 국가를 방위하는 것을 의미하고 있다(박상선, 2018).

또한 국가방위요소란 통합방위작전의 수행에 필요한 6개의 방위전력 또는 그 지원 요소를 말하는데, 먼저 군(국군조직법), 경찰(경찰청·해양경찰청·자치경찰기구), 예비군(예비군법), 직장 민방위대(민방위기본법) 등을 의미한다. 이 법에서는 통합방위요소 간의 통합 운영을 위한 체제의 구축과 방법에 관한 사항을 규정하고 있고, 관련 인력과 물자 동월 등에 관한 구체적 사항은 직접 규정하고 있지 않다(한영수·강현철, 2010).

## 2) 비상대비자원관리법[9]

비상대비자원관리법'은 전시·사변 또는 이에 준하는 비상시에 국가의 인력·물자 등의 자원을 효율적으로 활용할 수 있도록 하기 위하여 필요한 계획의 수립·자원관리·교육 및 훈련 등에 필요한 사항을 정하고 있는 법률로서, 주로 인력 자원과 물적 자원을 대상으로 하고 있다(비상대비자원관리법, 제1조).

조직체계를 살펴보면 먼저 총괄기관으로는 행정안전부가 국무총리를 보좌하여 비상대비업무에 관한 사항을 총괄하고 조정하며, 집행기관은 중앙행정기관이 인력, 물자 등 자원에 관한 업무를 관장하며, 해당 기관의 장이 집행하게 된다.

자원동원체계 측면에서 인적 및 물적 자원을 효율적으로 동원하기 위해 사전에 중점 관리 대상자원을 지정하게 된다. 즉 주무장관은 효율적인 비상대비업무를 수행하기 위하여 필요하다고 인정하면 대통령령으로 정하는 바에 따라 인력자원·물적자원 중에서 중점 관리하여야 할 인력·물자 또는 업체를 지정할 수 있다(비상대비자원관리법, 제11조). 또한 국가비상사태, 국가동원 등 신속한 비상대비 전환태세 준비를 위해 정부기관 및 중요 중점관리지정업체(동원업체)에서 비상대비 업무를 전담하는 비상대비업무담당자를 두게 된다. 국회·법원·헌법재판소·중앙선거관리위원회의 행정사무를 처리하는 기관, 중앙행정기관 및 소속 지방행정기관, 대통령 소속 기관 및 국무총리 소속 기관, 특별시·광역시·특별자치시·도·특별자치도 및 시·도교육청이 이에 해당된다(비상대비자원관리법 제12조의2). 비상대비업무담당자의 주요 임무는 소속기관의 장이나 업체의 장을 보좌하여 충무계획에 관한 사항, 비상대비교

---

9 https://law.go.kr/LSW/lsInfoP.do?lsiSeq=192599#0000

육 및 훈련에 관한 사항, 직장민방위 및 예비군 업무의 협조·조정에 관한 사항, 직장방호 및 보안업무에 관한 사항, 기타 전시업무 수행과 관련되거나 지시받은 사항, 비상대비, 재난, 안전업무를 담당한다. 한편, 정부는 비상사태에 대비하여 필요한 물자를 비축하도록 규정하고 있다(비상대비자원관리법 제13조). 이러한, 인력의 참여 및 물자의 사용은「통합방위법」제12조에 따른 통합방위사태가 선포된 경우 국민의 생명·신체 및 재산에 대한 피해로부터의 보호에 필요한 경우에는 제11조에 따라 지정된 자 및 물자의 소유자에게 참여 또는 사용 협력을 요청할 수 있다.

이 법은 전시위기의 일종인 전시·사변 또는 이에 준하는 비상사태에 대비하여 계획의 수립·자원관리·교육 및 훈련 등에 필요한 사항을 규정함을 목적으로 하고 있기 때문에, 위기관리 단계 중, 예방과 대비단계에 적용된다고 볼 수 있다. 계획 수립 등은 위기 예방단계에서 이루어지는 활동이고, 자원관리, 교육 및 훈련 등은 대비단계에서 이루어지는 활동이기 때문이다.


## 제4절　국가테러대응체계

## 1. 글로벌 테러 위협

2022년 러시아와 우크라이나 전쟁, 2023년 10월 7일 하마스의 공격과 이스라엘의 중동 전쟁(25.1.17 휴전), 하야트 타흐리르 알샴(HTS) 테러단체의 시리아 장악 등이 보여주었듯이 폭력적인 비국가 행위자, 특히 테러리스트 집단은 여전히 최근 테러위협차원의 지정학에서 큰 역할을 하고 있다.

### 1) 국제 테러단체의 활동 진화

(1) ISIS 및 알카에다, HTS, 후티반군 등 이슬람 국제테러단체의 부활

미국 대테러 씽크탱크인 Director of Research at The Soufan Group.의

Colin P. Clarke는 2025년 이후 최근의 테러리즘의 특성을 우선적으로 ISIS 및 알카에다 이슬람 국제테러단체의 부활로 평가했다(Clarke, 2025). 코로나 기간 동안의 정량적인 테러공격의 감소에도 불구하고 ISIS와 알카에다는 테러역량이 강화되면서 서구권까지 지속적인 위협을 가하고 있다.[10] 중동지역이 다게스탄과 오만에서의 ISIS의 공격은 ISIS의 위협양상이 지리적으로 확장되고 있으며, 시리아에서 소말리아에 이르기까지 ISIS의 재기가 지속적으로 계속될 것으로 평가된다. 특히 사하라 사막 이남의 아프리카, 특히 사헬(말리, 부르키나파소, 니제르 등) 지역 지역은 알카에다 및 이슬람국가(IS)와 연계된 다양한 지하디스트 그룹에게 피난처를 제공하기 때문에 계속해서 테러리즘의 온상이 되고 있다. 이 지역에서 JNIM(Jama'at Nasr al-Islam wal Muslimin) 등의 단체는 알카에다와 연계되어 다양한 테러 공격과 납치 사건이 증대되고 있다. 심지어 2023년에는 부르키나파소에서 600명 이상의 목숨을 앗아간 대규모 공격을 감행하기도 했다. 서아프리카 해안으로 진격하면서 안보 상황을 계속 악화시키고 있으며, 가나와 같이 이전에는 안정되어 있던 국가들을 위협하고 카메룬에서 나이지리아까지 세력을 확장하고 있다. 또한 니제르와 말리는 러시아의 바그너 그룹(현재 아프리카 군단으로 명칭 변경)의 민간 군사 계약업체를 고용하여 본래는 쿠데타 및 테러 방지에 동원되었으나 오히려 테러정세를 악화시키고 있다.

이와 더불어 ISIS는 서구권 지역까지 기획 테러 형태로 진화된 공격양상을 보이고 있다. 예를 들어 2024년 11월 미국 대통령 선거일에 테러공격 음모를 계획했으며, 테러범인 나시르 아흐마드 타웨디(Nasir Ahmad Tawhedi)는 AK-47 소총으로 민간인을 살해하려는 계획을 실행에 옮기기 전에 FBI에 체포되었다. 또한 2025년 1월 1일 미국 뉴올리언스에서 ISIS의 영향을 받은 공격으로 14명의 사망자와 수많은 부상자가 발생했다.

한편 남아시아 지역내 아프가니스탄에서 정권을 잡은 탈레반이 약화시키지 못한 ISIS-K(이슬람 국가 호라산)와 더불어 파키스탄 탈레반과 발루치스탄 해방군 등 무장단체들이 여전히 감시해야 할 중대한 테러위협이 되고 있다. 최근 ISIS-K는 2024년 여름에 오스트리아 비엔나에서 열리는 테일러 스위프트 콘서트를 공격하려는 계

---

10 https://www.fpri.org/article/2025/01/trends-in-terrorism-whats-on-the-horizon-in-2025/?utm_source=chatgpt.com

획을 포함하여 2024년 1월 이란, 2024년 3월 러시아를 대상으로 테러공격을 감행했다. 이러한 테러공격 모의시 주목할 부분은 테러범의 연령대가 매우 젊은 청년 급진화를 반영하고 있다는 것이다. 이 단체들은 파키스탄 정부 및 지역 내 중국의 대표적인 외교안보 정책인 일대일로 인프라 프로젝트를 위협하고 있다(Clarke, 2025).

둘째 HTS가 시리아에서 권력을 장악하려 함에 따라, 투르키스탄 이슬람당과 다른 중앙아시아 지역에 속한 지하디스트들을 포함한 HTS 내부의 불만 강경파들은 분열되어 서구권을 대상으로 테러위협이 증대되고 있다.[11]

셋째 이란의 후원아래 '저항의 축'의 핵심인 예멘의 후티 반군이 소말리아 등 홍해 지역 해상에서 심각한 테러위협이 되고 있다. 미국, 영국, 이스라엘 등을 중심으로 후티 반군의 역량을 약화시키기 위해 노력하고 있으나 제한되는 부분이 상존한다. 글로벌 차원에서 후티 반군은 알샤바브, 아라비아 반도의 알카에다 등과 협력을 확대하고 있다. 특히 최근에는 국가 차원에서 러시아와 중국이 각각 후티 반군의 표적 데이터와 무기를 지원 등 국가 후원 요소도 존재한다.

### (2) 헤즈볼라 및 하마스 글로벌 기획테러

레바논의 헤즈볼라의 테러위협은 2023년에 비해 급진적으로 약화되었다. 이는 2024년 9월 이스라엘(모사드)의 호출기 및 무전기 공격으로 인해 헤즈볼라 조직원이 수천 명이 부상을 입은 사건과, 이스라엘 방위군이 레바논에서 동년 9월 헤즈볼라 사무총장 하산 나스랄라를 암살 등 세력이 약화된 것으로 평가된다. 하마스 또한 가자지구에 대한 이스라엘의 전면전 결과로 2025년 1월 중순 휴전시까지 45,000명의 팔레스타인인이 살상되어 당분간 테러위협 측면의 역량은 다소 제한적이다. 그럼에도 불구하고 헤즈볼라와 하마스는 고유의 글로벌 네트워크를 활용하여 북중미, 서구권 소재 미국, 이스라엘 등 서구권 주요 공관 및 시설 등 극단적 테러행위를 벌일 가능성이 상존하고 있다(Reuters, 2025. 1. 20).

이 조직들은 특유의 친팔레스타인 정서와 반이스라엘 감정을 이용해 서방의 지

---

11 시리아와 아프가니스탄은 현재 테러리스트 집단에 의해 통치되고 있다. 특히 HTS는 미국에 의해 공식적으로 외국 테러 조직으로 지정되었다.

지자들 사이에서 공격을 선동할 수도 있고, 직접 테러공격에 나설 수도 있다. 이는 이스라엘 대사관이나 영사관에 대한 공격이나 공격 계획을 포함한 다양한 형태를 띨 수 있는데, 2024년 6월과 12월에 각각 세르비아와 뉴욕 주재 이스라엘 영사관에 대한 공격이 모의되었다.

## 2) AI, 드론 등을 활용한 신종 테러공격수단 진화

최근 테러 조직들이 인공지능(AI)을 활용한 테러공격수단 활용에 사활을 걸고 있다. 폭발 장치 개발을 비롯한 정교한 공격 전략이 수행되었다. 예를 들어 극단주의자들은 ChatGPT와 같은 AI 도구를 활용하여 폭탄 제조 지침을 생성하고 미국 전력망과 같은 중요 인프라에 대한 공격을 계획했다. 이런 측면에서 온라인 플랫폼을 통해 급진화되고 있다. 인터넷은 계속해서 급진화를 위한 강력한 도구 역할을 하고 있다. 극단주의 단체는 소셜 미디어와 암호화된 메시징 앱을 활용하여 개인을 모집하고 세뇌하며 종종 외로운 늑대 공격으로 이어진다. 온라인에서 극단주의 콘텐츠가 빠르게 확산되면서 대테러 활동에 심각한 어려움이 발생하고 있다(Doe & Roe, 2024).

또한 테러조직들이 드론, 3D 프린팅, WMD(대량살상무기)와 같은 신흥 기술의 사용을 특징으로 대량살상 공격을 통해 스포트라이트를 장악하려고 할 가능성이 상존한다. 공격이 더 치명적이거나 세간의 이목을 끌수록 더 많은 명성을 얻을 수 있으며 개인이나 그룹은 지지자, 추종자 및 잠재적인 신임 테러 조직원을 대상으로 하는 선전활동에서 더 많은 신뢰성을 얻을 수 있기 때문이다.

## 3) 극단주의적 증오 기반 국내 요인테러 위협

최근 서구권 국가에서는 국내 테러와 폭력적인 극단주의가 우려되는 수준으로 증가하고 있다. 정치적 양극화, 온라인에서 극단주의 이데올로기의 확산 등의 요인이 이러한 추세에 기여했는데 미국 국토안보부의 '2025년 국토 위협 평가' 보고서에 따르면 국내 및 해외 테러 위협이 여전히 높은 것으로 평가되었다(U.S. DHS, 2025). 극우 국내 극단주의도 크게 부각되고 있는데, 특히 미국의 경우 국내 정치를 감염시키고 있는 양극화와 초당파성을 고려할 때 더욱 그렇다. 더욱이 이민 논쟁이 더욱 가열될 것으로 보이는 상황에서 이민자 커뮤니티와 그들의 존재에 반대하는 사람들 사이의 적대감이 증대되고 있다. 2019년 8월, 백인 우월주의자가 멕시코인에 대한 증오와 백인우월주의 음모론에 기반하여 엘패소 월마트에 들어가 23명을 살해했다. 특히 인종적, 민족적, 반자본주의적 동기를 가진 폭력적 극단주의자들은 부주의한 주류 폭력적 정치적 수사에 의해 대담해질 수 있다.

미국 West Point(육군사관학교) 연구에 따르면 선출직 정치지도자 및 고위 공무원, 법 집행 기관 주요 지도자 등 국가 차원의 테러대상목표(state targets) 등 하드타깃에 대한 위협이 증가하고 있다(U.S. Military Academy, 2023). 미국 테러리즘 연구기관인 The National Consortium for the Study of Terrorism and Responses to Terrorism(START)에서는 최근 30년(1992-2022) 동안 국가 차원의 테러대상목표(정부, 정치지도자, 군경)를 대상으로 한 460개의 테러위협 사례에 대해서 실증분석하였다. 분석결과 최근 5년간 반국가적 테러범(anti government extremists)의 음모와 공격이 급격히 증가하였음을 분석하였다. 조직화된 민병대 및 느슨하게 연결된 반정부 운동과 연계된 사람들을 포함한 반정부 극단주의자들이 이러한 범죄의 대부분을 담당해 왔다. 2021년 1월 6일 발생한 미국 국회의사당에서도 트럼프 당시 대통령의 지지자들이 대선결과를 뒤집기 위해 수행한 테러시에도 퇴역 군인들이 핵심 주동자로 가담하였다(US, GAO, 2022). 이 사건은 미국 내에서 제2의 9.11테러로 평가되는데 특히 반정부성향의 퇴역군인들로 구성된 테러범들이 테러모의에 연루되었다는 것이 충격을 주었다.

최근 대표적으로 미국 트럼프 대통령 후보를 대상으로 하는 초유의 암살미수 사건이 2024년 7월 13일과 9월 15일 2차례에 걸쳐 발생했다. 1차 사건은 트럼프 대통령이 펜실베니아 버틀러 지역 대선 유세차 연설 도중 매튜 크룩스(Mattu Crooks, 20세)에게 저격소총에 의한 암살시도를 당했고, 2차 사건은 플로리다주 소재 골프클럽에서 웨슬리 라우즈(Wesley Routh)가 소지한 소총을 발견하고 즉각적 초동대응조치를 통해 사전 차단되었다. 이들 암살미수 사건은 원인 및 동기는 현재 미국 FBI에서 국내테러 관점에서 수사 중에 있다. 미국의 국가위기관리 역량은 세계 최고 수준으로 평가되어 왔는데, 이번 트럼프 암살미수 사건은 세계 최고 수준의 경호안전 대응시스템을 자랑하는 미국의 역량이 한순간에 붕괴되었다(김태영·송정훈, 2024). 이번 트럼프에 대한 암살시도는 1963년 케네디 대통령 암살사건 발생된 1960년~1970년대 정치인 대상 폭력이 난무하던 시대를 연상시킨다는 점에서 시사하는 바가 크다(Ware, 2024, January 17).

또한 2024년 12월 4일, 미국 뉴욕 다운타운에서 유나이티드헬스케어의 CEO 브라이언 톰슨이 총격을 받아 사망한 사건이 발생했다. 이 사건의 용의자(루이지 맨지오니)는 의료 기업들이 환자 치료보다 이윤을 우선시한다는 비판을 담은 선언문을 소지하고 있었고, 유사테러 측면에서 반자본주의적 성향을 가진 지지층을 결집시켜 모방 행동을 유발할 가능성이 있다는 우려가 제기되었다. 이 사건은 정부 정책과, 기업 윤리, 대중의 극단적 증오와 불만에서 비롯된 개인의 폭력 행위 사이의 복잡한 교차점을 극명하게 상기시켜 주고 있다.[12]

## 2. 하이브리드 위협(인지전, 마이크로 타겟팅 위협)

### 1) 하이브리드전과 인지전

#### 가. 하이브리드전
하이브리드전은 2000년대 이후 현대전의 특성으로 주목받고 있고 최근 들어 러

---

12 https://people.com/brian-thompson-ceo-shooting-suspect-manifesto-8757801?utm_source =chatgpt.com

시아-우크라이나 전쟁 이후 물리적, 비물리적 디지털 및 가상 사이버 환경에서 가장 이슈화되고 있는 전쟁의 양상이다(Marsili, 2023). 그러나 하이브리드전은 새로운 전쟁 개념이라기보다는 인류 전쟁사와 공존해 온 개념으로 중국 손자의 비물리적 영역에서의 부전승(不戰勝)사상에서 출발한다고 볼 수 있다. 서구권에서는 1998년 미국의 로버트 워커에 의해서 최초로 재래전과 특수전 사이에 존재하는 전쟁양상으로 규정되었으며, 2005년 미군에서 미래전 양상연구에서 직면할 위협의 양상으로 대두되면서 전통적 전쟁외 국가가 갈등을 이용한 심리전 및 정보전 측면을 포함하는 연구가 진행되었다(Mattis & Hoffman, 2005). 최근 들어 나토 등 서구권을 중심으로 많은 선행연구가 되고 있는데, 그 핵심은 기존의 군사적 도발과 더불어 정치, 경제, 사회 등 비 군사적 도발을 망라한 전쟁을 의미하고 있다(Schmid, 2019). 결국 하이브리드 전쟁의 개념은 기존의 정규전 양상에 추가하여 전시와 평시의 구분없이 회색지도 공간에서 정치공작, 정보탈취 등 심리전 요소와, 사이버전, 정보전쟁 등 비정규전 양상을 결합하여 적대국의 사회적 가치와 규범 등 제반 취약성을 약화 및 분열을 통해 무력화시키는 전쟁방식을 의미한다(Marsili, 2023; 지효근, 2024).

한편 러시아 등 사회주의 국가들에서는 2013년 러시아 총 참모장이었던 게라시모프가 '게라시모프 독트린'이라고 하는 하이브리전 모델을 러시아의 전쟁수행개념으로 정립하였다(송승종, 2017). 핵심내용은 선전포고 없이 수행되는 정치, 경제, 정보 등 비군사적 영역에서 적대국 국민의 저항 잠재성과 결합시킨 비대칭적 군사활동으로 정의하면서 세부적으로 6단계로 제시하였다. "현대전은 비군사적 도발의 비율이 군사적 도발보다 4배 많으며, 비군사적 영역에서의 우위확보가 절대적으로 중요하다고 강조하였다. 또한 2018년 러시아군은 "하이브리드 전쟁"을 지역 분쟁에서 재래식 군사력 사용을 포함한 모든 행동이 정보의 대상이 되는 대상 국가의 거버넌스 및 지정학적 방향을 형성하기 위한 전략적 수준의 노력으로 정의하였다(Fridman, 2018).

최근 주요 하이브리전 사례로는 러시아-조지아 전쟁(2008년), 러시아-크림반도 합병(2014), 러시아-우크라이나 전쟁(2022), 이스라엘-하마스 전쟁(2023)을 들 수 있다. 러시아-조지아 전쟁의 양상을 보면 사이버 공격을 통한 국가중요 및 사회기반시설 마비, 여론조작, 국론 분열을 통해 직접적 군사적 도발 없이 5일 만에 러시아의 승리로 귀결되었다. 러시아의 크림반도 합병의 사례에서도 선거개입 등 친러 체제 구축을 위해 2004년부터 10년간 장기적으로 경제봉쇄, 방송장악, 여론조작 등 비물리적 영역에서 충분한 여건 조성 후 군사적 공격 없이 합병하였다(이문영, 2015; 김상현, 2022). 이 중 여론조작 및 선거개입 측면에서는 2014 우크라이나 대선을 앞두고 친러성향 언론매체를 통한 친우크라이나 성향 대통령 후보 비난글 유포, 러시아인 학살, 억압 등 가짜뉴스 통한 사회혼란을 조장으로 러시아의 크림반도 합병의 정당성을 부여하였다. 이를 통해 선거가 철저하게 조작되어 2014년 3월 14일 주민투표 간 95%의 압도적 찬성을 통해 무혈로 합병되는 결과를 초래했다.

최근 러시아 우크라이나 전쟁에서는 우크라이나가 하이브리드전을 상대적 우위에서 효과적으로 수행하였다. 러시아의 군사적 만행을 SNS 상에서 신속공개하고, 푸틴 대 서구권의 민주주의 구도의 국제적 심리전 차원으로 발전시켜 전쟁을 수행하였다. 러시아는 우크라이나 정부기관의 사이버 공격, 딥페이크 기술을 활용한 젤렌스키 대통령 항복 등 지속적 여론조작의 시도하였으나, 효과성 측면에서는 취약하였다. 결국 위에서 언급한 사례들과 같이 하이브리드전의 양상은 비물리적 영역에서 충분한 여건조성 후 군사력을 투사하는 형태로, 평시상황에서부터 위협이 항상 상존하며, 전쟁 임박시에 비물리적 영역을 중심으로 위협이 급증되는 형태를 보이고 있다.

이러한 하이브리드전의 주요한 공격수단은 사회적 혼란과 분열 조장을 위해 SNS 및 디지털 미디어를 활용하는 사이버 심리전으로 디지털 플랫폼 상에서 국가 및 집단의 견해, 아측에 유리하게 유도하는 전술 등이 활용되고 있다.

### 나. 인지전

인지전(cognitive warfare)이란 용어는 국가나 영향력 있는 집단이 적이나 그 국민의 자발적 인지 매커니즘을 조작하기 위해 사용하는 행동수단으로 군사영역에서 필수적인 부분이지만 최근 많은 영역에서 부각되고 있다(Du Cluzel, 2023). 이는 단순한 정보전이나 심리전을 넘어, 적의 의사결정 과정(OODA 루프)[13]을 무력화하거나 방해하는 데 중점을 둔 전략이다.

---

13 Observation(관찰)-Orientation(방향)-Decision(결정)-Action(행동)으로 미국 공군 대령 존 보이드가 개발한 의사결정 모델

송태은(2022), 김태영·송태은(2024), 김정모·김태영(2024) 등은 인지전을 하이브리드 전쟁의 한 형태로 SNS 및 디지털 미디어 등을 활용하여 사이버 공격, 정치공작, 가짜뉴스 등 비군사적 위협의 형태로 표출하고 이를 적국의 의사결정 과정을 방해하고 혼란을 초래하여 저항 의지를 약화시키는 정보심리전과 정보전의 한 형태로 보았다.

분쟁의 영역에서 인지전, 사이버전, 정보심리전, 하이브리드 전쟁 등 인간의 인지에 영향을 미치는 영향력 작전을 사용한다는 공통점을 가지고 있다. 하지만 Gallo(2024)는 인지전이 전통적인 대중매체 기법에서 벗어나 무기화된 신경과학을 여러 작전으로 혼합하여 인간의 뇌를 통제하기 위해 신경학적 과정을 조작하고 인지 통제에 초점을 맞추고 있다. 현대의 인지전은 고도화된 ICT 기술 확장과 SNS의 발달은 내러티브 생산능력을 증가시켰고 더불어 생성형 AI는 방대한 양의 정보를 생성할 수 있게 되었다. 이로 인해 국가의 경계에 제한없이 전염성 강한 정보확산으로 내러티브와 프로파간다 형성을 통해 인간의 뇌와 인지 과정을 무기화하여 개인과 집단의 인식을 조작하고 혼란을 일으키는 것을 목표로 별도 설득 없이 인간의 사고체계에 직접적으로 영향을 끼치려는 현상으로 발전하고 있다(김태영·송태은, 2024).

인지전의 핵심요소로서 MDM(Mis-information, Dis-information, Mal-information)을 들 수 있다. MDM은 디지털 매체, 소셜미디어 등 다양한 소스에서 확대되고 있으며, 적대 세력을 목표로한 주요 공격수단으로 활용되고 있다. CISA(Cybersecurity and Infrastructure Security Agency, 사이버보안 및 인프라 보안국)에서는 MDM을 인지전에서 심리적 도구로 사용되어 대중의 인식 조작과 의사결정 왜곡에 결정적 역할을 한다고 제시하였다.

이러한 MDM은 딥페이크(Deep-fake), 합성 등을 통해 가짜 인물을 생성하거나 주요인사를 사칭하는 경우, 특정 대상 그룹의 관심사와 세계관에 맞는 조작된 맞춤형 콘텐츠 제작, 정보의 홍수에서 정보 격차를 악용하는 등 대중에게 혼란, 불안, 두려움을 유발하게 하는 많은 인지전의 전략적 도구이자 전술로 활용되고 있다.

김정모·김태영(2024)은 이러한 허위조작정보가 작동하는 메커니즘은 인간의 뇌에 강압적(coercive)인 영향을 주거나 설득적(persuasive)으로 영향을 주는 것으로 분석하였다. 첫째 강압적 영향은 주요 의사결정권자 또는 대중의 뇌 신경에 직접적으로 조작 및 침투하여 자율적 의사결정 체계를 단축시켜 인지적 손상과 혼란을 가중시켜 제한된 선택을 하도록 강요하는 방식이다. 둘째 설득적 영향은 대중에게 제공하는 콘텐츠나 데이터의 양을 조작하여 잠재된 의식속에 편향된 판단을 하도록 유도하는 것이다.

미국 국토안보부(2020)에서는 현대의 정보환경에서 허위조작정보와 같은 MDM 요소가 소셜미디어와 결합하여 그 영향력이 크게 확대되며, 선거와 같은 중요한 국가적 이슈에서 널리 사용되어 사회적 분열을 촉진하는 도구로 활용된다고 분석하였다. 앞서 언급한 '2025 Homeland Threat Assessment'평가서에서 자국의 위협요소 중 하나로 사회공학적 기술과 공개된 사이버 도구를 악용한 다양한 전술을 사용할 것이라고 전망하였다.

이러한 맥락에서 북한 또한 우리 정부를 사이버 상에서 인지전 전략전술을 활용하여 대중의 신뢰와 분열을 조장하고, 민감한 정보를 탈취하며 합법적, 불법적 채널을 두루 활용하고 있다. 이러한 전략들은 장기적인 경제 및 국가 안보를 위협하고 있다.

최근 국내외 안보 위협을 고려해보면 인지전의 영역이 전투나 전쟁의 요소만으로 보기는 어렵다. 김태영·송태은(2024)은 인지전을 테러공격 위협 관점에서 기만적인 내러티브를 포함한 정보 및 기술 사용으로 공격대상에 대한 인지적 조작 및 충격을 발생시켜 공포감을 극대화하는 인지적 테러공격(cognitive terror attacks, CTA)의 개념을 제시하였다. 또한 보안의 영역에서 대두되던 사회공학적(social engineering) 공격 기법까지 인지전의 요소로 활용되면서 인간의 심리적 요소의 조작과 왜곡과 더불어 기술적 해킹을 통한 기밀을 탈취하여 공격의 형태로 활용되고 있다고 강조하였다.


## 2) 마이크로타켓팅 위협(Microtargeting threat)

미국 대통령 등 경호대상자를 경호하는 비밀경호국(U.S. Secret Serviece)은 2020년 미국 대선에서 러시아의 허위 정보와 불법 개입 등이 발생하면서 앞으로 마이크로타켓팅(microtargeting) 기술이 자국 내 군, 법 집행기관, 고위급 인사(HVI, High Value Individual)를 겨냥한 개인화된 위협으로 악용될 가능성을 높게 평가하면서 마이크로타켓팅 기술이 국가안보에 위협을 가하는 중요한 전략적 도구로 자리잡고 있다고 전망하였다.

마이크로타켓팅(microtargeting) 기술은 개인의 데이터를 수집하고 분석하여 특정 개인이나 소규모 집단에게 맞춤형 메시지를 전달하는 기술로 최초 1990년대에는 광고 등 상업적 마케팅을 목적으로 사용되기 시작했다. 하지만 정교한 데이터 분석, 세분화된 타켓팅, 개인의 영향력 행사 등 다양한 데이터를 연결하여 분석해 대중의 욕구와 두려움을 자극하고 행동변화를 이끌어내는 심리적 조작 방식으로 진화하였다. 또한, 소셜미디어 플랫폼의 확산과 함께 더욱 효과적으로 발전해 정치(선거)는 물론 정보전에서도 활용할 수 있는 매우 강력한 수단으로 떠올랐다.

특히, 최근과 같이 소셜미디어 활동, 금융거래, 의료 데이터 등 사회적 추세가 온라인에서 많은 데이터를 공유하면서 여러 가지 데이터를 결합하여 개인의 행동과 성향을 예측할 수 있게 되는 Transitive Data[14]화 되면서 맞춤형 메시지를 전달하거나 특정 인물 또는 집단을 정밀하게 타켓팅 할 수 있게 되었다(Lindsay et al., 2023).

마이크로타켓팅 기술은 정치, 군사, 경제적 리더쉽 등 국가안보에 중대한 영향을 미치는 고위급 인사(HVI)를 대상으로 타켓팅되어 그들의 결정을 조작하거나 해당 조직 또는 사회 전반에 혼란을 야기시킨다. 단순히 그들의 직위와 역할뿐 아니라 접근성, 취약성까지 고려하게 되어 결정된다. 특히나 HVI의 가족, 동료, 파트너 등을 표적으로 간접적인 공격이 가능하고 직접적으로 공격받지 않더라도 그들의 사회적 관계망을 이용해 개인의 명예훼손이나 의사결정을 왜곡시켜 국가안보에 위협을 초래할 수 있는 전략적 도구로 사용된다.

Lindsay et al.(2023) 연구에 따르면 현재의 정보환경에서는 개인의 공공 이미지가 쉽게 왜곡될 수 있어 명성 관리(reputation management)차원에서 잠재적인 공격을 실시간 모니터링하고 대응하여 이러한 공격으로부터 인물을 보호하고 필요한 경우 손상된 명성을 회복시키기 위한 노력이 투사되어야 한다고 강조하였다. 또한 마이크로타켓팅 기술은 테러 공격수단으로 적극적으로 활용될 수 있다. 개인의 성향, 감정

---

14 Transitive data는 다양한 데이터셋이 상호 연결되어 새로운 관계를 형성하는 과정을 설명하는 개념으로 데이터간 상호작용을 통해 발생하는 예측 불가능한 변화를 결합하여 새로운 성질로 나타내어 그 결과로 개인의 행동과 성향을 예측할 수 있게 되는 것을 말한다.

적 반응, 행동패턴을 분석하여 매우 구체적인 메시지를 전달하여 특정 개인이나 소규모 집단의 감정적 심리적 취약점을 공략해 폭력적인 행동을 유도하거나 극단적인 사고를 강화하게 되는데 이를 Stochastic terrorism(확률적 테러리즘)이라고 명칭하였다.

Angove(2024)와 Lindsay 외(2023) 등의 연구에 의하면 Stochastic terrorism(확률적 테러리즘)은 대중 커뮤니케이션을 통해 이념적 동기를 가진 개인들이 무작위적 폭력행위를 유발하는 것을 의미한다. 이는 정치적, 이념적 목표를 달성하기 위해 허위정보나 진실을 왜곡시켜 특정 개인이나 집단을 표적으로 메시지를 전달하여 비인간화(dehumanization), 악마화(demonizaion)를 통해 폭력을 정당화하는 방식으로 작동한다.

이러한 방식은 ISIS등 국제테러단체들이 자체 선전매체를 만들어 메시지를 전달하고 프로파간다를 통한 자생적 테러리스트를 만들어 극단주의형 테러리즘을 유발하게 하는 매커니즘과 유사하다(김태영·문영기, 2022). 그리고 가상화 공간, 생성형 AI, 웨어러블 장치, 신경 자극과 같은 신기술의 발전은 마이크로타켓팅을 활용한 보안 위협을 한층 심화시키고 있다. 특히 가상화 공간(Virtualized Spaces)은 소셜 미디어 및 메타버스와 같은 몰입형 환경을 통해 개인을 겨냥한 맞춤형 메시지 전달이 용이해졌고, 이를 통해 허위 정보와 음모론이 강화된 에코챔버(EchoChamber)[15]가 형성된다.

또한 생성형 AI와 딥페이크 기술은 개인의 신뢰성을 훼손하고 폭력적 행동을 유발할 수 있는 매우 정교한 허위 정보를 생성하는데 사용될 수 있다. 웨어러블 및 임플란터블(Wearable & implantable) 장치는 실시간 데이터 해킹을 통해 개인의 신체적, 정신적 건강에 위협을 가하며, 특히 건강 모니터링 장치가 악용될 위험이 크다. 신경 자극 기술은 개인의 신념과 행동을 직접적으로 조작할 수 있는 위험성을 가지고 있어, 새로운 보안 위협으로 부각되고 있다.

앞서 살펴보았듯 인지전은 정보와 심리전을 넘어 인간의 뇌에 접근하여 의사결정체계를 방해하고 혼란을 초래하는 반면 마이크로타켓팅은 데이터 분석을 통해 개인이나 소규모 그룹에 정교한 맞춤형 정보를 제공하여 특정행동을 유도한다. 이러

---

15 에코 챔버(Echo Chamber)는 정보가 필터링되어 자신과 동일한 의견이나 신념을 가진 사람들끼리만 소통하게 되는 환경을 의미하며, 이로인해 외부에서 들어오는 다른 관점이나 정보를 차단하거나 무시하고, 자신이 원래 가지고 있던 신념이나 의견만이 반복적으로 강화되는 현상을 말한다.

한 인지전과 마이크로타켓팅 기술은 테러단체 또는 집단이 특정 대상에게 더욱 정교하고 효과적인 심리적 혼란을 유발하고 대중과 정부의 반응을 조작하여 사회적 공포심과 충격력 증폭시켜 목표 달성을 위한 도구로 사용된다(김태영·송태은, 2024). 이러한 인지적 과정을 통한 극대화된 공포심을 활용한 테러 공격 전략은 전통적인 물리적 테러 공격뿐만 아니라 비물리적 테러 영역에서도 공격이 가능하게 하여 테러의 유형과 전술을 다양화시키는 역할을 하고 있다.

## 3. 해외 재외국민 테러 위협

최근 해외 군사적 갈등과 내전으로 인해 재외국민의 안전이 위협받고 있으며, 이에 따라 정부의 보호 필요성이 증대되고 있다. 그러나 재외공관의 제한된 인력과 자원으로 인해 동시다발적 대응이 어려운 현실이다. 주요 군사적 위협 사례는 다음과 같다.

[표 4-3] 최근 주요 해외 재외국민 군사안보적 위협 사례

| 사건명 | 발생 연도 | 조치 내용 |
| --- | --- | --- |
| 아프가니스탄 정권 붕괴 | 2021년 8월 | 군 수송기를 통한 조력자 철수(미라클 작선) |
| 러시아-우크라이나 전쟁 | 2022년 2월 | 공관 일시 철수, 교민 대피 |
| 수단 내전 | 2023년 4월 | 군 수송기를 통한 교민 대피(프라미스 작전) |
| 이스라엘-하마스 전쟁 | 2023년 10월 | 군 수송기를 통한 교민 대피 |

2022년 우크라이나 전쟁 초기 대응 경과를 살펴보면 전쟁 발발 후 우크라이나 주재 한국 대사관은 교민 대피를 지원하고, 국경 이동 및 안전 확보를 위한 조치를 시행했다.

**[표 4-4] 우크라이나 전쟁 재외국민 보호사례**

| 월일 | 주요 조치 |
|---|---|
| 1. 19. | • 주우크라이나 대사관 현장지휘본부에 직원 급파(3명), 위성전화 비치 |
| 1. 25. | • 우크라이나 남동북부 지역 여행경보 3단계(출국권고) 발령<br>  * 재외국민 565명, 삼성전자 등 13개 기업 |
| 1. 29. | • 우크라이나 출국시 이용가능한 교통정보 안내<br>  - 인접국(5개 국가) 국경 검문소 현황, 철도·선박·항공 운항 현황 |
| 2. 7. | • 유사시 교민 대피집결장소 안내<br>  - 우크라이나 한국교육원 등 5개소 |
| 2. 9. | • 교민 차량용 안전식별 스티커 배포 안내 |
| 2. 11. | • 우크라이나 남동부-몰도바-루마니아 육로 이동 관련 공지 |
| 2. 13. | • 우크라이나 전 지역에 대한 여행경보 4단계(여행금지) 발령<br>• 임차 전세기 운행계획 및 취소(수요 부족), 공관원 포함 341명 |
| 2. 14. | • 대피집결장소까지 버스 운행    * 키이브→ 르비브 대피집결장소 |
| 2. 15. | • 우크라이나 인접국 국경검문소 상황 실시간 중계 안내 |
| 2. 16. | • 교민 출국 지원을 위한 르비브 임시 사무소 개설 안내<br>  - 폴란드를 비롯한 서부 인접국 육로 출국 절차 안내<br>  - 국경검문소 이동지원 및 문제 발생 시 조력 제공 |
| 2. 24. | • 우크라이나 잔류 교민(153명) 안내<br>  ① 출국 권고                    ② 안전지역 이동 권고<br>  ③ 거주지역 안전대피장소 안내 |

## 1) 재외국민 범죄 피해 위협

2018~2022년 최근 5년간 13,129명의 재외국민이 범죄 피해를 입었으며, 주요 피해국은 다음과 같다. 2022년 강력범죄 피해가 증가했는데 강도 피해자는 119명으로 전년 대비 2배 증가했으며, 살인 피해자는 17명, 강간 및 강제추행 피해자는 56명, 납치 및 감금 피해자는 48명에 달했다. 특히 필리핀 행방불명 신고자는 58명으로, 중국이 4배 많음에도 불구하고 실종자가 더 많았다. 세계적 차원에서 반중 정서의 심화는 일본인과 한국인, 중국인을 구별하지 못하는 외국인들에게 동아시아계

를 향한 인종혐오 및 증오범죄(테러)로 나타날 개연성이 증가하고 있다. 특히 유럽이 점차 정치적 보수화됨에 따라 극우 테러 가능성이 증대될 수 있으므로, 재외공관을 중심으로 한 우리 국민 보호대책 수립이 필요하다. 증가하는 각종 사건·사고로부터 재외국민과 해외여행객을 보호하고, 국제공조 등 치안 협력 네트워크 강화 필요성이 증대되고 있다.[16]

최근 5년간 재외국민 917명이 자살사건이 발생했는데 자살 예방을 위한 정부의 적극적인 조치 필요성이 증대되고 있다. 일본에서는 전체 917명 중 절반 가량인 455명이, 미국에서는 72명, 필리핀에서는 66명, 중국에서는 61명 등으로 나타났다.

## 2) 재외국민 테러 위협

최근 해외에서 대통령, 대사, 주요 기업 CEO 등 국가 주요 인사를 겨냥한 테러 위협이 증가되고 있다. 이와 더불어 우리 기업 및 교민이 운영하는 주요 시설인 건설현장, 호텔 등에 대한 드론 및 항공기 테러 위협이 고조되고 있다. 이러한 측면에서 2024년 5월 이후, 캄보디아, 라오스, 베트남, 블라디보스토크, 선양 총영사관 등 5곳의 재외공관이 테러 위협 증가로 인해 테러경보가 '관심'에서 '경계'로 2단계 상향 조정되었다. 정부는 국무총리실 대테러센터 주관으로 '테러대책 실무위원회'를 개최하여, 우리 재외공관의 테러대비 현황을 점검하고 공관 및 공관원의 안전 확보를 위해 필요한 조치를 협의했다. 특히, 정부는 이번 회의에서 5개 재외공관을 대상으로 테러경보를 '관심'에서 '경계'로 두 단계 상향 조정했다(대테러센터 보도자료, 2024. 5. 2.).[17] 이는 최근 우리 정보 당국이 우리 공관원에 대한 북한의 위해 시도 첩보를 입수한 데 따른 것이다. 최근 들어 북한의 해외 공관 및 국민을 대상으로 한 테러 가능성이 증가하고 있으며, 이에 따른 정보 수집 및 감시 활동이 강화되었다.

최근 아프리카에서 발생한 주요 납치 및 테러 사건을 살펴보면, 신원 미상의 해적 및 무장 단체로 인한 피해가 증가하고 있다. 정치가 불안하고 경제상황이 나쁜 아프리카에서는 최근 몸값을 노리는 납치가 증가하고 있어 주의가 필요한 실정이다.

---

16 https://v.daum.net/v/20230928224506170
17 대테러센터 보도자료(2024.5.2.), 5개 재외공관에 대한 테러경보 상향 조치

홍해 및 아덴만에서의 해적 활동 증가되면서 화물선 공격 등 2024년 1분기 전 세계 해적 사건 33건 발생되어 전년 동기 대비 22% 증가되었다. 또한 주요 대형 건설업체가 현재 다수 나이지리아에 진출해 있는데 최근 경제적 어려움과 정치 혼란이 가중되면서 5년 사이 납치 사건이 3배 증가한 것으로 알려졌다. 2023년 12월에 나이지리아에서 납치되었던 한국인 2명이 17일 만에 풀려났다. 2023년 800건, 2022년 1,129건의 납치 사건이 발생했다. 현재 나이지리아에는 교민 400여 명과 기업 근로자 340여 명이 생활하고 있다. 지역 정세가 불안한 만큼 사실상 납치를 '비즈니스'로 삼고 있는 상황이다(KBS, 2023. 12. 30).[18]

## 4. 국가테러대응체계

### 1) 테러방지법

#### (1) 테러방지법 제정 배경

1982년 1월에 제정한 대통령훈령 제47호 '국가대테러활동지침'에 따라 정부기관들이 테러대응활동을 수행하였다(문준조, 2012). 그러나 기존의 '국가대테러활동지침'의 가장 큰 문제점은 행정명령이기에 법적인 구속력이 없었고, 테러를 예방하기보다는 테러 발생 이후 정부 부처와 기관들의 역할분담을 정한 내부지침에 가까워 국가 차원의 효과적 대테러활동 수행에 제한이 있어 왔다.

2001년 미국의 9.11 테러사건을 계기로 지속적인 북한의 위협과 동시에 국제교류의 활성화로 인해 우리나라는 테러의 위협을 비로소 심각하게 인식하기 시작했다. 그 이후 김대중 정부(16대 국회) 시기 테러방지법을 제정하기 위해 노력하였으나 입법화하지 못하였다. 17·18대 국회(노무현·이명박 정부)에서도 법률제정을 위한 노력을 기울여 왔지만 "국민의 자유와 사생활 침해"에 대한 논란으로 결국은 법 제정에 실패하였다. 19대 국회(박근혜 정부)시기인 2015년 11월 프랑스 파리에서 ISIS 테러단

---

18 KBS(2023.12.30.), "나이지리아 무장세력납치 한국인 2명 풀려나"

체의 기획하에 동시다발 복합테러사건이 발생하여 세계를 다시 한 번 충격에 빠뜨렸고, ISIS는 우리나라를 미국이 주도하는 '십자군 동맹국'에 포함시키는 등 국내에서 실존하는 강력한 테러위협으로 등장했다. 이를 계기로 2001년부터 15년간 지지부진하던 법제정 노력의 결실로 "국민보호 및 공공안전을 위한 테러방지법"이 탄생하게 되었다.

## (2) 테러방지법 구성 및 주요 내용

테러방지법은 테러의 예방 및 대응 활동, 테러로 인한 피해보전 등을 규정함으로써 테러로부터 국민의 생명과 재산을 보호하고 국가 및 공공의 안전을 확보하는 것을 목적으로 제정되었다. 총 19개조로 구성되어 있는데, ① 제1조~제4조는 주로 법의 목적과 활동 및 대상 등에 관한 것이며, 제5조~제8조는 대테러센터, 국가테러대책위원회 등 국가테러대책기구와 전담조직 등에 관한 내용이 규정되어 있다. ② 제9조~제13조는 테러예방활동 및 테러취약요인 제거 등 대테러활동과 외국인테러전투원 규제에 관한 내용이다. ③ 제14조~제16조까지는 테러신고 포상금과 테러피해 지원내용이다. ④ 제17조~제19조까지는 테러단체 구성죄 등 테러 양형 기준 등의 내용으로 규정되어 있다. 이와 더불어 2016년 6월부터 테러방지법 시행령 및 시행규칙이 시행되고 있는데, 총 45조로 구성되어 있으며 국가테러대책기구, 대테러인권보호관, 전담조직 등에 관해 규정하고 있다(이만종, 2019).

테러방지법에서 규정된 테러의 정의는 국가, 지방자치단체, 외국 정부, 국제기구 등의 권한 행사를 방해하거나 의무 없는 일을 하게 할 목적 또는 공중을 협박할 목적으로 하는 행위를 의미한다. 이에는 사람을 살해하거나 신체를 상해하여 생명에 위협을 가하는 행위, 항공기나 선박과 관련된 행위, 핵물질이나 방사성물질과 관련된 행위 등이 포함된다. 테러방지법의 주요 내용으로는 첫째 대테러활동의 개념을 테러의 예방 및 대응을 위하여 필요한 제반 활동으로 정의하고 테러의 개념을 국내 관련법에서 범죄로 규정한 행위를 중심으로 적시하였다.

둘째 대테러활동에 관한 정책의 중요사항을 심의·의결하기 위하여 국무총리를 위원장으로 하여 국가테러대책위원회를 두고 대테러활동과 관련하여 임무분담 및 협조사항을 실무 조정, 테러경보를 발령하는 등의 업무를 수행하기 위하여 국무총리 소속으로 대테러센터를 설치케 하였다. 또한 관계기관의 대테러활동으로 인한 국민의 기본권 침해 방지를 위해 대책위원회 소속으로 대테러 인권보호관을 두게 하였다.

셋째 관계기관의 장은 테러를 선전·선동하는 글 또는 그림, 상징적 표현이나 테러에 이용될 수 있는 폭발물 등 위험물 제조법이 인터넷 등을 통해 유포될 경우 해당기관의 장에 긴급 삭제 등 협조를 요청할 수 있도록 하였다. 관계기관의 장은 외국인테러전투원으로 출국하려 한다고 의심할만한 상당한 이유가 있는 내·외국인에 대하여 일시 출국금지를 법무부장관에게 요청할 수 있도록 하였다. 특히 국정원장은 테러위험인물에 대한 출입국·금융거래 정지 요청 및 통신이용 관련 정보를 수집할 수 있도록 하였다.

넷째 테러 계획 또는 실행 사실을 신고하여 예방할 수 있게 한 자 등에 대해 국가의 보호 의무를 규정하고, 포상금을 지급할 수 있도록 하고, 피해를 입은 자에 대하여 국가 또는 지방자치단체는 치료 및 복구에 필요한 비용의 전부 또는 일부를 지원할 수 있도록 하는 한편 의료지원금, 특별위로금 등을 지급할 수 있도록 하였다.

다섯째 테러단체를 구성하거나 구성원으로 가입 등 테러관련 범죄를 처벌할 수 있도록 하고, 타인으로 하여금 형사처분을 받게 할 목적으로 이 법의 죄에 대하여 무고 또는 위증을 하거나 증거를 날조·인멸·은닉한 자는 가중처벌하며, 대한민국 영역 밖에서 이같은 죄를 범한 외국인에게도 국내법을 적용하였다.

## 2) 국가테러대응체계

국가테러대응체계는 국가의 안보와 공공안전을 위해 테러에 대응하는 체계로서 다양한 기관과 조직이 협력하여 테러 위협을 예방하고 대응하는 방안을 마련하고 있다. 국가테러대응체계를 구성되는 주요 기관과 역할은 아래와 같다. 국가테러대책위원회는 국무총리를 위원장으로 하는 기관으로, 테러 대응에 관한 정책을 수립하고 조정한다. 대테러센터는 국무조정실 소속으로, 국가 대테러활동에 관한 정책 수립, 중장기 대책 등을 심의·의결하며, 국가 대테러활동 임무를 분담하고 실무를 조정하는 국무총리 소속기관이다. 테러정보통합센터는 국내외 테러 정보를 통합하여 관리하고, 테러 위협에 대한 정보를 제공한다. 넷째 지역 및 공·항만 테러대책협의회는 주요 지역 및 공항만별로 테러 대응 업무를 협의하고 조정한다. 테러사건대책본부는 국가기관과 지방자치단체 등 관계기관이 협력하여 테러 사건 발생 시 신속하게 대응할 수 있는 체계를 구축한다.

## (1) 국가 테러대응조직

테러방지법은 테러대응조직으로서 국가테러대책위원회(제5조, 이하 '대책위원회')와 대테러센터(제6조)의 구성과 운영에 대하여 규정하고 있다. 이들 기관은 국내에서 발생하는 테러에 대응하는 가장 기본적인 조직이라 할 수 있다.

### 가. 국가테러대책위원회

국가테러대책위원회는 국가 대테러정책에 관한 최고 심의 의결기구로서 대테러정책의 최고 컨트롤타워라고 할 수 있다. 국무총리가 위원장이 되고 기획재정부장관, 외교부장관, 통일부장관, 법무부장관, 국방부장관, 행정안전부장관, 산업통상자원부장관, 환경부장관, 국토교통부장관, 해양수산부장관, 대통령경호처장, 국가정보원장, 국무조정실장, 금융위원회위원장, 원자력안전위원회 위원장, 관세청장 및 경찰청장, 소방청장, 질병관리청, 해양경찰청 등 20개 관계기관의 장으로 구성된다(테러방지법 제5조 제1항 및 제2항, 테러방지법 시행령 제3조 제1항). 국가테러대책위원회의 주요 심의·의결사항은 ① 대테러활동에 관한 국가의 정책 수립 및 평가, ② 국가 대테러 기본계획 등 중요 중장기 대책 추진사항, ③ 관계기관의 대테러활동 역할 분담·조정이 필요한 사항 등을 포함한다.

### 나. 대테러센터

대테러센터는 국무조정실 소속으로 국가 대테러활동을 원활히 수행하기 위하여 필요한 사항과 대책위원회의 회의 및 운영에 필요한 사무 등의 기능을 수행하는데, 2016년 테러방지법 제정시 창설된 조직이다. 주요 기능으로는 ① 국가 대테러활동 관련 임무분담 및 협조사항 실무조정, ② 장단기 국가대테러활동지침 작성·배포, ③ 테러경보 발령, ④ 국가중요행사 대테러안전대책 수립, ⑤ 대책위원회 회의 및 운영에 필요한 사무의 처리, ⑥ 국가테러대책실무위원운영, ⑦ 그 밖에 대책위원회에서 심의·의결한 사항 등의 임무를 수행한다.

### 다. 주요 전담조직[19]

국내 대테러 안전 활동과 관련해서는 새로 제정된 테러방지법 제8조에 규정하고 있는 테러의 예방과 대응을 위하여 관계기관의 장이 설치하는 전담조직이 실질적인 역할을 수행한다. 이를 세부적으로 살펴보면 테러방지법시행령 제3장(제11조~제21조)에서 명시된 ① 지역테러대책협의회, ② 공항·항만 테러대책협의회, ③ 테러사건대책본부, ④ 현장지휘본부, ⑤ 화생방테러대응지원본부, ⑥ 테러복구지원본부, ⑦ 대테러특공대, ⑧ 테러대응구조대, ⑨ 테러정보통합센터, ⑩ 대테러합동조사팀 등을 들 수 있다. 이러한 테러방지법상의 전담조직들의 업무와 역할을 간략하게 살펴보면 아래와 같다.

#### ① 지역테러대책협의회

지역테러대책협의회는 특별시·광역시·특별자치시·도·특별자치도(이하 "시·도"라한다)에 해당 지역에 있는 관계기관 간 테러예방활동에 관한 협의를 위하여 설치하는 조직이다. 주요 구성을 살펴보면 의장은 국가정보원 관할지부의 장(서울특별시의 경우 대테러센터장)이 되며, 위원은 시·도 및 관계기관 3급 상당 공무원과 지역 경찰, 군, 방첩사 부대의 장 등이다. 주요 임무로는 국가테러대책위원회의 심의·의결 사항 시행, 해당 지역 테러사건의 사전예방 및 대응·사후처리 지원 대책, 해당 지역 대테러 업무 수행 실태의 분석·평가 및 발전 방안, 해당 지역의 대테러 관련 훈련·점검 등 관계기관 간 협조에 관한 사항 등을 수행하게 된다(윤민우, 2017).

#### ② 공항·항만 테러대책협의회

공항·항만 테러대책협의회는 공항 또는 항만 내에서의 관계기관 간 대테러활동에 관한 사항을 협의하기 위하여 공항·항만별로 설치되는 조직이다. 주요 구성원 중 위원장은 해당 공항·항만에서 대테러업무를 담당하는 국가정보원 소속 공무원 중 국가정보원장이 지명하는 사람이 되며, 위원은 공항 또는 항만에 상주하는 소속 기관장, 경비보안책임자로 구성된다.

---

19 테러방지법시행령 제11조는 전담조직이란 테러 예방 및 대응을 위하여 관계기관 합동으로 구성하거나 관계기관의 장이 설치하는 협의체를 포함하는 전문조직으로 규정하고 있다.

주요 임무로는 대책위원회의 심의·의결 사항 시행, 공항 및 항만 시설 및 장비의 보호 대책, 항공기·선박의 테러예방을 위한 탑승자와 휴대화물 검사 대책, 테러첩보의 입수·전파 및 긴급대응 체계 구축 방안, 공항 또는 항만 내 테러사건 발생시 비상대응 및 사후처리 대책 등을 수행한다(대테러센터, 2017).

### ③ 테러사건대책본부

테러사건대책본부는 테러가 발생하거나 발생할 우려가 현저한 경우에, 테러대책을 마련하기 위하여 관계기관의 장(외교부장관, 합동참모의장, 국토교통부장관, 경찰청장, 해양경찰청장)이 설치·운영하는 조직이다. 세부적으로 살펴보면 ① 외교부장관은 국외테러사건대책본부, ② 합참의장은 군사시설테러사건대책본부, ③ 국토교통부장관은 항공테러사건대책본부, ④ 경찰청장은 국내일반 테러사건대책본부, ⑤ 해양경찰청장은 해양테러사건대책본부를 설치하게 된다. 만약 테러수단 및 테러대상목표가 동시다발적인 복합테러와 같이 2개 이상의 대책본부가 관련되는 경우에는 대책위원장(국무총리)이 테러사건의 성질·중요성 등을 고려하여 설치기관을 지정할 수 있다(대테러센터, 2017).

### ④ 현장지휘본부

현장지휘본부는 테러사건이 발생한 경우 테러사건 현장대응활동을 총괄하기 위하여 테러사건대책본부장이 지명하여 설치하는 조직이다. 군사시설테러의 경우에는 군단장 및 사단장 등 지·해·공역 책임부대장이며 항공테러 시에는 지방항공청장(공항 및 계류중인 항공기) 또는 항공교통본부장(운항중 항공기)이 수행한다. 일반테러의 경우는 지방경찰청장, 해양테러 시에는 지방해경청장이 현장지휘본부장에 지명된다.

주요 임무로는 테러의 양상 및 규모, 현장상황 등을 고려하여 협상·진압·구조·구급·소방 등에 필요한 전문조직을 직접 구성하거나 관계기관의 장에게 지원을 요청할 수 있다. 현장지휘본부장은 현장출동 관계기관의 주요조직인 대테러특공대, 테러대응구조대, 대화생방테러특수임무대 및 대테러합동조사팀 등을 지휘·통제한다(윤민우, 2017).

### ⑤ 화생방테러대응지원본부

화생방테러대응지원본부는 화생방테러사건 발생 시 테러사건대책본부를 지원하기 위하여 질병관리청(생물테러), 환경부(화학테러) 및 원자력안전위원회(방사능테러) 장이 설치·운영한다. 세부 조직으로는 화학물질안전원(화학테러 상황실), 유역(지역)환경청 지역화학재난 합동방재센터, 원자력안보팀 등으로 구성된다(대테러센터, 2017).

### ⑥ 대화생방테러 특수임무대

대화생방테러 특수임무대는 국군 화생방방호사령부 및 지역별로 편성하여 화생방 테러대응 지원과 오염 확산 방지 및 제독 등의 임무 수행을 한다.

### ⑦ 테러복구지원본부

테러복구지원본부는 테러사건 발생 시 구조·구급·수습·복구활동 등을 지원하기 위하여 행정안전부장관이 설치·운영하는 조직으로 주요임무는 테러사건 발생 시 수습·복구 등 지원을 위한 자원의 동원 및 배치, 대책본부의 협조 요청에 따른 지원 등을 수행한다.

### ⑧ 대테러특공대

대테러특공대는 국방부장관, 경찰청장, 해양경찰청장이 테러사건에 신속히 대응하기위하여 국가대책위원회의 심의·의결을 거쳐 설치·운영하는 조직이다. 주요임무는 국내외 테러사건 진압(무력진압작전), 폭발물의 탐색 및 처리, 주요 요인 경호 및 국가 중요행사의 안전한 진행 지원 등을 수행한다. 특히 국방부 소속 대테러특공대의 출동 및 진압작전은 군사시설 안에서 발생한 테러사건에 대하여 국한되며, 부득이 경찰력의 한계로 긴급한 지원이 필요하여 대책본부의 장이 요청하는 경우에는 군사시설 밖에서도 경찰의 대테러 작전을 지원할 수 있다(김태영, 2017).

또한 국방부장관은 동시다발복합테러 등 군 대테러특공대의 신속한 대응이 제한되는 상황에 대비하기 위하여 군 대테러특수임무대를 지역 단위로 편성·운영할 수 있다. 육군은 특전사령부, 수도방위사령부, 군사경찰, 특공여단, 해군과 공군은 각각 특수전 전단 및 특임대 등을 중심으로 광역시도별 운용하고, 대규모 동시다발 테러 발생 시 골든타임 내 신속 대응할 수 있는 태세를 유지하고 있다.

### ⑨ 테러대응구조대

테러대응구조대는 소방청 및 각 시도 및 중앙 소방본부에 설치되는 조직으로 테러발생 시 초기단계에서의 조치 및 인명의 구조·구급과 화생방테러 발생 시 초기단계에서의 오염 확산 방지 및 제독 임무를 수행한다.

⑩ 테러정보통합센터

테러정보통합센터는 국가정보원장이 테러 관련 정보를 통합관리하기 위하여 설치·운영하는 조직으로 관계기관 공무원으로 구성된다. 주요 임무로는 국내외 테러 관련 정보의 통합관리·분석 및 관계기관 배포, 24시간 테러 관련 상황 전파체계 유지, 테러 위험 징후 평가, 기타 테러 관련 정보의 통합관리에 필요한 사항을 수행한다.

⑪ 대테러합동조사팀

대테러합동조사팀은 국가정보원장이 국내외에서 테러사건이 발생하거나 발생할 우려가 현저할 때 또는 테러 첩보가 입수되거나 테러 관련 신고가 접수되었을 때에 예방조치, 사건 분석 및 사후처리방안 마련 등을 위하여 관계기관 합동으로 중앙 및 지역별로 편성하는 조직이다. 국가정보원장은 합동조사팀이 현장에 출동하여 조사한 경우 그 결과를 대테러센터장에게 통보하여야 한다.

특히 군사시설에 대해서는 국방부장관이 자체 조사팀을 편성·운영할 수 있는데, 이 경우 국방부장관은 자체 조사팀이 조사한 결과를 대테러센터장에게 통보하여야 한다.

## (2) 대테러관계기관

국내 주요 대테러관계기관은 다음과 같이 분류되며 테러방지법 제5조 제1항 및 제2항, 테러방지법 시행령 제3조 제1항을 기준으로 한다.[20]

### 가. 외교부(국외테러 사건대책본부)

외교부는 ① 국외테러에 대한 종합적 예방대책을 수립 및 시행하며, 국제적 대테러 협력을 위한 국제조약 체계 및 각종 국제 협의체에 참여한다. ② 재외국민 및 해외여행객 대상 해외테러 정보를 제공하며 각국 정부 및 주한 외국공관과의 대테러협력 업무를 수행한다. ③ 재외공관 안전점검 및 재외국민 안전대책을 추진하며 사태 악화 시 재외국민 비상수송대책을 수립한다. ④ 여행금지국 지정 및 여행경보 발령과 더불어 해외테러 시 현지대책반 구성·파견 임무를 수행한다.

---

20 http://www.nctc.go.kr/nctc/activity/mofa.do 재정리.

## 나. 국방부(군사시설테러 사건대책본부)

국방부(합참)는 ① 군사시설테러 발생 시 군 책임하 작전을 수행한다. ② 군사시설 및 방위산업시설에 대한 테러 예방활동 및 지도점검 등 대테러·안전대책을 수립 및 시행한다. ③ 군 대테러특공대·군 대테러특수임무대 및 대화생방테러 특수임무대를 편성 및 운영한다. ④ 국내외 테러진압작전에 대한 지원 및 유관기관 간 대테러 합동훈련 임무를 수행한다.

## 다. 국토교통부(항공테러 사건대책본부)

국토교통부는 ① 항공·철도·수자원·도로분야 테러 예방활동을 수행하며, 특히 항공테러 발생 시 국내 항공 운항 조정 및 우회계획 수립을 시행한다. ② 테러위험국가 취항노선에 대한 대테러·보안점검을 수행한다.

## 라. 경찰청(국내일반테러 사건대책본부)

경철청은 ① 국내 일반테러에 대한 예방·저지·대응책을 수립 및 시행한다. ② 테러대상시설·테러이용수단·국가중요행사 경비를 강화한다. ③ 테러사건에 대한 수사, 대테러특공대 편성 및 운영한다. ④ 국제경찰기구 등과의 대테러 협력체제 유지한다.

## 마. 해양경찰철(해양테러 사건대책본부)

해양경찰청은 ① 해양테러예방을 위해 해양기반시설, 테러 취약요인 등에 대한 테러예방대책을 수립·시행한다. ② 임해시설 보호를 위해 해경 대테러특공대를 편성·운영한다.

# 1. 국내외 재난환경 양상

## 1) 재난 환경의 변화

최근 다양하고 융합적인 재난 환경의 변화요인들이 도시 내 대형·복합 재난 발생 위험을 증가시키고 있으며 이러한 요인들은 도시의 재난관리에 큰 영향을 미치고 있다.

첫째 도시 인프라의 노후화와 상호의존성 증가로 인해 재난 발생 시 피해가 더욱 커질 수 있다. 도시화와 인구 밀집에 따른 재난 위험 증가되고 있는데 대규모 인프라 등 도시화로 인해 초고층 건물과 지하 공간이 늘어나면서 화재, 지진, 또는 건물 붕괴 시 피해 규모가 커질 가능성이 증대된다. 또한 교통 인프라가 증가하면서 대규모 교통사고와 같은 새로운 재난 유형이 등장했다. 인구가 밀집된 지역에서는 대규모 대피가 어렵고, 재난 대응이 더욱 복잡해지고 있다. 예를 들어, 저수지의 96%, 댐의 45%, 철도의 37% 등이 준공 후 30년이 경과하였다(2021년 기준).

둘째 신종 위험요인의 부각되고 있다. 정보통신 기술의 발전으로 인한 새로운 위험요인들도 부각되고 있다. 2022년 10월 판교 데이터센터 화재로 인한 메신저·서비스 마비가 그 예이다. COVID-19와 같은 팬데믹은 사회적, 경제적 충격을 초래했으며, 이러한 감염병에 대한 예방 및 대응의 중요성이 부각되었다. 또한 디지털 기술 발전과 함께 사이버 공격이 증가하고, 이는 국가 안보와 기업, 개인의 데이터 보안에 심각한 위협이 되고 있다. 특히 자연재난과 사회적 재난이 결합된 형태의 복합 재난이 증가하고 있다. 예를 들어, 감염병이 유행하는 상황에서의 태풍과 같은 사례를 들 수 있다.

셋째 기후 변화와 재난의 일상화가 증가되고 있다. 기후 변화로 인한 재난의 빈도와 강도가 증가하고 있으며, 지구온난화와 기상이변으로 태풍, 집중호우, 가뭄, 폭염 등 재난이 과거 경험을 뛰어넘는 수준으로 강해지고 일상화된 형태로 반복되고 있다. 폭염과 한파 등 기후 변화로 인해 극한 기후 현상이 빈번해지고 있는데, 이로 인해 건강 문제와 에너지 소비량이 증가하고 있다. 또한 국지적이고 강력한 집중호우로 인해 하천 범람 및 도심 지역의 침수가 자주 발생하고 있으며 이는 기존의 배수 시설로는 감당하기 어려운 새로운 재난 상황을 초래한다. 강력한 태풍이 더 자주 발생하며, 해안 지역과 농업에 큰 피해를 주고 있는데 예를 들어, 2022년 8월 서울 지역에서는 기상 관측 이래 최대인 시간당 141.5㎜의 강우가 발생하였다.

넷째 4차 산업혁명과 과학기술이 혁신하고 있다. 4차 산업혁명과 과학기술 혁신을 통해 재난 관리 역량을 강화할 수 있는 기회도 있다. 우리나라는 AI, IoT, 빅데이터 등 신기술을 활용한 재난·안전 관리 역량의 획기적인 개선이 가능한 환경을 갖추고 있다. 5G 상용화(2019년), 국가 디지털 잠재력 5위(2021년), 디지털 경쟁력 8위(2021년) 등이 그 예이다. 특히 빅데이터, 드론, AI 기술 등 스마트 기술을 활용하여 재난 예측과 대응이 더욱 정교해지고 있는데, 정부 주도뿐만 아니라 지역사회와 개인의 재난 대비 능력을 강화하는 방향으로 변화하고 있다.

다섯째 취약 인구의 증가이다. 고령사회 진입과 국내 거주 외국인 증가로 인해 재난 상황에 취약한 인구가 증가하고 있어, 이들에 대한 보호와 지원이 중요하다. 코로나-19 장기화로 인한 복지 서비스 제한, 집중호우 시 반지하 주택 피해 집중 등 취약 계층의 피해가 심각하게 나타났다.

이러한 요인들을 종합적으로 고려하여 도시의 안전과 복지를 향상시키기 위한 정책적 노력을 통해 재난 발생 시 피해를 최소화하고, 시민들의 안전과 복지를 보장할 수 있을 것이다

이에 따라 기존의 재난 대응 방식에서 벗어나 혁신적이고 통합적인 접근 방식이 필요하다. 또한, 개인과 지역사회, 정부 간 협력과 새로운 기술의 활용이 앞으로의 재난 대응에서 중요한 역할을 할 것이다.


## 2) 우리나라 재난관리 체계 진단

위에서 설명한 재난환경의 변화를 토대로 우리나라의 재난대응체계의 현주소를 살펴보면 아래와 같다.

## (1) 재난 사고 선제적 위험관리 미흡

최근 데이터센터 화재, 이태원 참사 등 통상적인 위험 인식과 재난 관리 대응 역량을 넘어선 재난·사고가 빈발하며 대규모 피해가 발생하였다. 환경 변화 등에 따라 새로운 재난(폭염, 미세먼지 등)을 추가하며 재난 관리체계를 강화해왔으나, 비정형 재난 발생 가능성은 계속 증가하고 있다(이나경, 2024). 해외 사례로는 미국, 영국 등이 재난 발생 전 위험요인을 식별·평가하고 경감 계획을 수립하는 선제적 위험 관리체계를 운영하고 있다(미국 THIRA, 영국 NRA 등).

## (2) 국가 재난안전관리체계 및 역할 불균형

중앙정부 중심의 하향식(Top-Down) 재난 관리체계로는 지역·현장 중심의 적극적인 재난 예방과 대응에 한계가 있다. 중앙정부는 소관 재난에 대한 안전관리 계획을 수립하여 기본 방향을 제시하지만, 지자체는 이를 단순히 집행하는 경우가 대부분이다. 해외 사례로는 미국과 영국에서 지방정부가 관할 구역 내 재난 관리에 일차적 책임을 지고, 지방정부 역량을 넘어서는 재난은 중앙정부가 보충성의 원칙에 따라 참여·지원하는 체계를 운영하고 있다.

## (3) 과거 경험에 의존하는 재난안전관리

재난의 양상과 강도가 예측하기 어려워지는 상황에서 과거 경험에 기반한 재난 예측과 대응만으로는 효과적인 재난 관리에 한계가 있다. 협력적 재난 관리의 중요성에도 불구하고, 재난 관련 데이터가 기관별로 분산 관리되어 정보 공유 및 활용이 부족하다. 기술 발전으로 디지털 네트워크와 서비스 등이 국가의 핵심 인프라로 역할을 하고 있으나, 안정적 운영을 위한 기술적 대비가 취약하다.

## (4) 실질적인 재난 피해지원 및 안전취약계층 보호 부족

공공시설의 물리적 복구와 제한적인 피해자 지원만으로는 피해 원인의 근본적 해소와 지역공동체의 실질적인 회복에는 부족하다. 최근 대규모 재난·사고 발생 시 공동체의 회복 지원 등 과거 지원 수준을 넘는 실질적 피해 지원 요구가 증가하고 있다. 해외 사례로는 미국과 일본에서 재난 경감과 적응력을 키우는 회복력(resilience)을 강조하고 있다.

---

**[그림 4-2] 국가안전시스템 진단결과(행정안전부)**

《국가안전시스템 진단 결과(요약)》

국가 재난안전관리의 관점 · 방식 · 행동(실천)에 대한 안전패러다임 大전환을 통해
이태원 참사 유사사고의 재발 방지 및 재난안전관리 전반에 대한 개편 추진

| 국가안전시스템 진단 | 재난·사회 환경 변화 | 안전관리체계 진단 | 이태원 참사 진단 |
|---|---|---|---|
| | • 재난 환경의 변화 (대형화·복합화·일상화 등)<br>• '안전취약계층 증가<br>• 과학기술의 발전<br>• 안전에 대한 국민의 요구 변화 | • 재난 · 사고에 대한 선제적 위험관리 미흡<br>• 재난안전관리 체계 및 역할의 불균형<br>• 과거 경험에 의존하는 재난안전관리<br>• 재난으로부터 국민보호 및 실질적인 피해지원 미흡<br>• 안전에 대한 국민 식과 재난 시 동요령 숙지 부족 | • 인파사고 위험에 대한 구체적인 인식 부재<br>• 안전 저해 요소에 대한 적극적인 관리 미흡<br>• 신고 접수 후 상황인지 지연<br>• 상황공유 및 지자체 상황관리 혼선<br>• 1차 대응기관 초기대응 미흡<br>• 피해지원의 사각지대 |

| 안전패러다임 전환 | 관점, 大전환 | 방식, 大전환 | 행동(실천), 大전환 |
|---|---|---|---|
| | ▶ "예측"과 "회복"을 포함하는 상시적 재난관리로 전환<br>▶ 새로운 제도의 도입 보다, 제도와 스템이 현장에서 동하도록 개편 | ▶ 디지털플랫폼, 과학 기술에 기반한 재난안전 관리<br>▶ 정부(공급자) 중심에서 수요자 현장 중심으로 사회 구성원이 참여하는 재난안전 관리 | ▶ 생활 속에서 全국민이 실천하고 행동하는 안전문화 확산 |

---

## (5) 안전에 대한 국민 의식과 재난 시 행동요령 숙지 부족

생활 속 위험 증가로 안전 교육이 강화되어왔으나, 현행 학생 위주, 공급자 중심의 안전 교육은 국민 행동 변화와 실천으로 이어지는 데 한계가 있다. 우리나라 재

난·안전사고 사망자 중 교통사고와 산업재해 등 생활 밀접 분야가 큰 비중을 차지하며, 생활 속 고질적인 안전 무시 문화가 관행화되고 있다. 실질적인 생활 안전을 확보하기 위해서는 현행 정부 주도의 안전 문화 확산 노력만으로는 역부족이다.

## 2. 재난관련 주요 용어의 개념

### 1) 재난, 재난관리의 개념

일반적으로 재난(災難, disaster)의 개념은 홍수, 지진과 같은 대규모의 자연재난(natural disaster)을 지칭하는 것이었으나, 산업화·도시화 등에 따른 과학 기술의 발달로 현대 사회에 들어와서는 대규모의 사회재난(man-made disaster)의 결과가 자연재난을 능가함에 따라 자연재난 뿐만 아니라 사회재난까지 포괄하는 개념으로 사용되고 있다(이재은 외, 2006: 109-110).

우리나라 재난안전법(제3조제1호)에서의 재난의 개념은 국민의 생명·신체·재산과 국가에 일정규모 이상의 피해를 주거나 줄 수 있는 것(법제3조 제1호)을 의미한다. 또한 국가 또는 지방자치단체 차원의 대처가 필요한 피해 및 그 밖에 행정안전부장관이 필요하다고 인정하는 피해를 시행령 2조에 명시하고 있다. 재난의 개념을 규정하고 있는 재난 및 안전관리기본법(재난안전법)은 각종 재난으로부터 국토를 보존하고 국민의생명, 신체의 안전과 재산보호를 위하여 국가와 지방의 안전관리 체계를 확립하기 위해 제정된 것이다. 이러한 재난관리 활동은 재난의 예방, 대비, 대응, 복구를 위하여 하는 모든 활동을 의미하는데, 각 단계는 상호순환적인 성격을 띠고 있고, 각 단계의 활동결과는 다음 단계 영향을 미친다(정찬권 외, 2020).

미국의 연방재난관리청(Federal Emergency Management Agency: FEMA)은 "재난이란 통상 사망과 상해 및 재산 피해를 가져오고, 또한 일상적인 절차나 정부의 자원으로는 관리할 수 없는 심각하고 규모가 큰 사건을 의미한다(US. FEMA, 2016). 이러한 규모가 큰 사건은 보통 돌발적으로 일어나기 때문에 정부와 민간조직이 인간의 기본적 수요를 충족시키고 복구를 신속하게 하고자 할 때 이에 대해 즉각적이고 체계적으로 대처해야 하는 사건"으로 규정하고 있다(채경석, 2007: 36). 또한 UN DRR(United Nations Office for Disaster Risk Reduction)에서는 재난의 정의를 광범위한 인적·물적·경제적· 환경적 피해로 인한 공동체나 사회기능의 심각한 붕괴현상으로 규정하고 있다(UN - DRR, 2024)[21] 유엔개발계획(UNDP)은 "재난을 사회의 기본 조직 및 정상 기능을 와해시 키는 갑작스러운 사건이나 큰 재난으로서 재난의 영향을 받는 사회가 외부의 도움 없 이 극복할 수 없고, 정상적인 능력으로 처리할 수 있는 범위를 벗어나는 재산, 사회간 접시설, 생활 수단의 피해를 일으키는 단일 또는 일련의 사건"이라고 정의하고 있 다.[22]

일본의 재해대책기본법 제2조 제1항에서는 "재난을 태풍, 호우, 폭설, 홍수, 해 일, 지진, 쓰나미, 화산 폭발, 그 밖의 이상한 자연현상 또는 대규모 화재, 폭발 기타 의 원인에 의해서 생기는 피해"로 정의하고 있다(방재행정연구회).

한편 재난과 유사한 용어로 사고는 예측하지 못한 일상적인 피해를 수반하는 사 건을 의미하는데, 일상생활에서 부주의 등으로 일어나는 사건을 의미한다.

우리나라의 재난은 전통적으로 태풍, 지진 등과 같은 자연현상에 의한 피해를 의 미하였으나, 1990년 중반 이후 성수대교 붕괴, 삼풍백화점 붕괴 등의 사고를 계기로 그 범위가 넓어졌다. 특히 2003년 대구 지하철 화재사고를 계기로 한 「재난 및 안전 관리 기본법」의 개정을 통해 인적재난 범위가 확대되었으며, 2000년 이후, 물류대란, 사 스, 광우병, 조류독감, 코로나 19, 세월호 및 이태원 참사 등 국가 핵심기반 위협요소 를 포괄하는 사회재난이 추가되면서 재난의 범위가 점차 확장되었다(행정안전부, 2024).

## 2) 재난의 유형

오늘날 국제적 경쟁 속에 산업화, 도시 집중화로 인하여 시설물이 대형화, 고층 화, 밀집화되어 화재·폭발·붕괴 등으로 인한 인명피해가 증가하고 있다. 또한, 지 역·경제·종교 등으로 국제적 갈등과 분쟁이 증폭되면서 대규모 인명피해를 수반 하는 테러·전쟁의 증가와 함께 조류독감, SARS, MERS 등 전염병이 급속히 확산

---

21 GAR Special Report 2023 Mapping Resilience for the Sustainable Development Goal.
22 http://www.undp.org

될 가능성이 증가되고 있는 추세이다. 이러한 추세에 대응하여 우리나라의 재난안전법은 재난의 유형을 크게 자연재난과 사회재난으로 구분하고 있다.

국가위기관리 기본지침에서 분류하고 있는 재난은 자연재난과 사회재난으로 분류되는데, 재난분야 위기 관련 표준 매뉴얼은 13개의 자연재난과 28개의 사회재난으로 유형화하여 관리하고 있다.

자연재난은 태풍, 홍수, 호우(豪雨), 강풍, 풍랑, 해일(海溢), 대설, 낙뢰, 가뭄, 지진, 황사(黃砂), 조류(藻類) 대발생, 조수(潮水), 화산활동, 소행성·유성체 등 자연우주물체의 추락·충돌, 그 밖에 이에 준하는 자연현상으로 인하여 발생하는 재해로 정의하고 있다.

사회재난은 화재·붕괴·폭발·교통사고(항공사고 및 해상사고를 포함)·화생방사고·환경오염사고 등으로 인하여 발생하는 대통령령으로 정하는 규모 이상의 피해와 에너지·통신·교통·금융·의료·수도 등 국가기반체계의 마비, 「감염병의 예방 및 관리에 관한 법률」에 따른 감염병 또는 「가축전염병예방법」에 따른 가축전염병의 확산 등으로 인한 피해로 정의하고 있다(이병기·고경훈, 2018).

## [표 4-5] 재난관련 주요 용어

| 용어 | 뜻(정의) |
|---|---|
| 재난 | 국민의 생명·신체·재산과 국가에 피해를 주거나 줄 수 있는 것으로서 자연재난 및 사회재난을 말함 |
| 자연재난 | 태풍, 홍수, 호우(豪雨), 강풍, 풍랑, 해일(海溢), 대설, 한파, 낙뢰, 가뭄, 폭염, 지진, 황사(黃砂), 조류(藻類) 대발생, 조수(潮水), 화산활동, 소행성·유성체 등 자연우주물체의 추락·충돌, 그 밖에 이에 준하는 자연현상으로 인하여 발생하는 재해 |
| 사회재난 | 화재·붕괴·폭발·교통사고(항공사고 및 해상사고를 포함함)·화생방사고·환경오염사고 등으로 인하여 발생하는 대통령령*으로 정하는 규모 이상의 피해와 * 시행령 제2조(재난의 범위)<br>국가핵심기반의 마비, 「감염병의 예방 및 관리에 관한 법률」에 따른 감염병 또는 「가축전염병예방법」에 따른 가축전염병의 확산, 「미세먼지 저감 및 관리에 관한 특별법」에 따른 미세먼지 등으로 인한 피해를 말함 |
| 재난관리 | 재난의 예방·대비·대응 및 복구를 위하여 하는 모든 활동을 말함 |
| 긴급구조 | 재난이 발생할 우려가 현저하거나 재난이 발생하였을 때에 국민의 생명·신체 및 재산을 보호하기 위하여 긴급구조기관과 긴급구조지원기관이 하는 인명구조, |

| | 응급처치, 그 밖에 필요한 모든 긴급한 조치를 말함 |
|---|---|
| 재난관리 주관기관 | 재난이나 그 밖의 각종 사고에 대하여 그 유형별로 예방·대비·대응 및 복구 등의 업무를 주관하여 수행하도록 대통령령*으로 정하는 관계 중앙행정기관을 말함 |
| 재난관리 책임기관 | 재난관리업무를 하는 다음 각 목의 기관을 말함<br>가. 중앙행정기관 및 지방자치단체(「제주특별자치도 설치 및 국제자유도시 조성을 위한 특별법」 제10조 제2항에 따른 행정시를 포함함)<br>나. 지방행정기관·공공기관·공공단체(공공기관 및 공공단체의 지부 등 지방조직을 포함함) 및 재난관리의 대상이 되는 중요시설의 관리기관 등으로서 대통령령*으로 정하는 기관 |
| 긴급구조기관 | 소방청·소방본부 및 소방서를 말함. 다만, 해양에서 발생한 재난의 경우에는 해양경찰청·지방해양경찰청 및 해양경찰서를 말함 |
| 긴급구조 지원기관 | 긴급구조에 필요한 인력·시설 및 장비, 운영체계 등 긴급구조능력을 보유한 기관이나 단체로서 대통령령*으로 정하는 기관과 단체를 말함 |

출처: 재난 및 안전관리 기본법

## 3. 국가재난관리 조직의 변천

### 1) 제1세대 건설행정(1948~1990년대)

1948년부터 1962년까지 재난관리 업무는 내무부 건설국이 담당했고, 1961년부터 1962년까지 국토건설청에서 수행되었다. 이 시기에는 재난관리 업무가 주로 건설행정의 시각에서 검토되었다. 내무부 건설국은 풍수해를 중심으로 한 자연재난 관리와 복구사업을 추진했고, 국토건설청 수자원국은 재해대책 업무를 관장하면서 대규모 치수사업의 계획 및 시공을 본격적으로 시행하였다. 당시 재난관리 업무는 자연재난(태풍 등) 후 원활한 복구사업 추진에 중점을 두었다. 사안별 국무회의 의결을 통해 재난지원을 결정했으나, 이 과정에서 제도적 혼란이 발생했다. 3공화국 이후, 국토건설청 수자원국이 재해대책 업무를 관장하게 되었고, 대규모 치수사업의 계획과 시공을 통해 재난관리의 체계성을 강화했다. 이 시기에는 사안별 국무회의 의결을 거쳐 범부처적으로 재난지원이 이루어졌으나, 제도적으로 혼란스러운 시기였다.

## 2) 제2세대 지방행정(1990년대~2000년대 초반)

이 시기에는 재난관리를 내무부와 행정자치부를 중심으로 수행했다. 1991년에 재난관리 업무가 건설부에서 내무부로 이관되면서 국내 재난관리 행정에 획기적인 변화가 시작되었고, 인적재난(현 사회재난) 관리의 중요성이 대두되었다. 내무부 민방위재난통제본부와 재난관리국 등의 범정부적 재난관리 조직이 신설되었다. 주요 사건으로는 성수대교 붕괴 사고(1994), 삼풍백화점 붕괴 사고(1995), 대구 지하철 폭발 사고(2003) 등이 발생하면서 국민적 공분을 야기했다. 이러한 사건으로 인해 1995년에 인적재난에 대한 재난관리법과 시설물안전법이 제정되었고, 대형 재난 발생 시 중앙사고대책본부가 설치되었다. 1998년 내무부의 재난관리 업무가 행정자치부로 이관되었고, 이 시기에는 재난관리 체계와 관련된 법률과 조직이 더욱 체계적으로 정비되었다.

## 3) 제3세대 전문행정(2004~현재)

이 시기의 대표적 특징으로는 소방방재청(2004.6~2008.2)과 행정자치부 및 행정안전부(2008~2013), 안전행정부(2013.3~2014.4), 국민안전처(2014.11), 행정안전부(2017.7)로 통합되면서 재난관리 체계가 발전되어 현재에 이르고 있다.

이중 국민안전처 조직은 국가적 재난관리를 위한 재난안전 총괄기관으로서 국내 재난관리 발전 과정 중 가장 전문적이고 체계적인 조직으로 평가받고 있다. 안전행정부의 안전관리 기능과 소방방재청의 재난관리 기능, 해양경찰청의 구조구난, 경비 기능을 포함한 통합된 형태로 설립되었다. 설립배경은 세월호 사건(2014.4) 이후 각 부처에 분산된 안전관련 조직을 통합하고 지휘체계를 일원화하여 육상과 해상 재난 대응의 일관성을 강화하고자 하였다. 주요 기능은 첫째 안전행정부의 안전관리 기능을 통합하여 각종 재난 및 사고를 예방하고 관리하는 것이었다. 둘째 소방방재청의 재난관리 기능을 통합하여 재난 발생 시 신속하고 효과적으로 대응하였다. 셋째 해양경찰청의 구조구난 및 경비 기능을 포함하여 해상에서의 재난 및 사고에 신속하게 대응하였다. 국민안전처는 재난 대응의 전문성과 체계성을 강화함으로써 국민의 생명과 재산을 보호하는 데 중요한 역할을 수행했다. 2017년 7월 행정안전부 창설 이후 안전관리 및 재난대비·대응·복구에 관한 정책의 기획·총괄·조정과 비상대비·민방위 관련 정책의 기획 및 제도개선의 총괄·조정업무를 담당하였다.

최근에는 이태원 참사(22. 10.29) 계기로 2023년 1월 재난안전관리체계 전반에 대한 진단과 개편 내용을 담은 국가안전시스템 개편 종합대책을 마련하여 현재에 이르고 있다.

---

## [그림 4-3] 안전시스템 개편 종합대책

▶ 「국가안전시스템 개편 종합대책」 개요

**추진배경**

- 이태원 참사('22.10.29.)를 계기로 재난안전관리체계 전반에 대한 진단과 개편 내용을 담은 「국가안전시스템 개편 종합대책」 마련(23.1.27.)

 * 추진기간: 2023~2027년(총 5년)

**비전 및 추진방향**

| 비전 | 함께 만드는 「모두의 일상이 안전한 대한민국」 |
| --- | --- |
| 목표 | 새로운 위험에 상시 대비하고, 현장에서 작동하는 국가 재난안전관리체계 확립 |

| 기본 방향 | 「관점」 전환 | 「방식」 전환 | 「행동(실천)」 전환 |
| --- | --- | --- | --- |
| | 예측과 회복을 포함하는 상시적 재난관리 | 디지털플랫폼·과학 기술 기반, 숲 사회 구성원 참여 | 온 국민이 실천하고 행동하는 안전문화 확산 |

**5대 전략 + 인파사고 재발방지 대책**

| 전략 | 주요 과제 내용 |
| --- | --- |
| ❶ 새로운 위험 예측 및 상시 대비체계 강화 | • 위험요소 상시 발굴·예측 범정부 관리체계 구축<br>• 인파사고 예방을 위한 관리체계 구축 등 |
| ❷ 현장에서 작동하는 재난안전관리체계 전환 | • 현장 대응기관 간 소통과 협력 강화<br>• 지역·현장의 재난안전관리 역량 강화 등 |
| ❸ 디지털플랫폼 기반 과학적 재난안전관리 | • 선제적 재난 예측·감지 및 대응지원 시스템 고도화<br>• 디지털 플랫폼 기반 재난관리 강화 등 |
| ❹ 실질적 피해지원으로 회복력 강화 | • 공동체 회복을 위한 실질적 재난피해 지원<br>• 심리지원 등 피해자 맞춤형 지원체계 마련 등 |
| ❺ 민간 참여와 협업 중심 안전관리 활성화 | • 자발적 국민 참여에 기반한 안전문화 확산<br>• 지역주민 참여 기반 안전신고 활성화 등 |

⬇

| <특별대책> 인파사고 재발방지 대책 | ⇒ 종합대책 과제들로 단계별 인파사고 재발방지 대책 제시 |
| --- | --- |

## 4. 국가재난대응체계

### 1) 국가재난대응체계의 특징

#### (1) 재난 수준별 대응

국가재난관리대응체계 단계별 수준은 아래와 같다. 첫째 지자체 수준에서 소방, 해경과 협력하여 현장에서 대응가능한 사고는 지역재난안전대책본부(지방자치단체)가 재난관리를 담당한다. 둘째 재난관리주관기관(관계부처) 차원에서 관리가 가능한 재난은 재난관리 주관기관인 중앙사고수습본부가 재난관리를 담당한다. 셋째 지자체 지원과 동시에 정부 차원의 총괄조정이 필요한 대규모 재난은 행안부 장관이 주도하는 중앙재난안전대책본부가 대응한다. 넷째 범정부 차원의 통합대응이 필요한 대규모 재난은 행안부장관이나 국무총리가 주도하는 중앙재난안전대책본부가 대응한다 (이병기·고경훈, 2018).

#### (2) 통합형과 분산형 방식

통합형 방식 통합형 방식은 행정안전부를 중심으로 추진되는 국가의 재난안전관리체계로서 재난안전법에 따라 국무총리가 중앙안전관리위원회의 위원장을 맡고, 행정안전부 장관은 간사로서 정부의 재난안전관리와 관련된 주요 정책 및 계획 수립 등 핵심적인 역할을 수행한다. 행정안전부 장관은 중앙재난안전대책본부, 중앙긴급구조통제단, 중앙사고수습본부 등의 관련 기구와 시·도 및 시·군·구 안전관리위원회, 시·도 및 시·군·구 재난안전대책본부, 시·도 및 시·군·구 긴급구조통제단 등의 지방 기구를 통해 재난안전관리와 관련된 모든 업무를 협의, 조정, 자원 배분 등 총괄한다.

한편 분산형 방식에서는 재난안전관리를 중앙과 지방으로 구분하여, 중앙은 통합형 방식으로 운영하고 지방은 자치단체에서 독자적으로 재난안전관리 업무를 수행하는 방식이다. 지방자치단체는 주관기관인 행정안전부의 지원/지도 업무 외에 업무 추진은 지방자치단체에서 독자적으로 진행하게 된다. 실제 국가적인 대규모 재난재해를 제외한 대부분의 재난은 기초자치단체 차원에서 종결되며, 일부만 광역자치단체의 지원이 필요하게 된다. 현재 소방체계도 시/도 차원의 소방본부(시/도지사가 소방본부장 임명)를 중심으로 추진되며, 기초자치단체의 소방서는 광역단위의 소방본부와 직접적으로 연계된다. 통합형 방식과 분산형 방식은 각각의 장단점을 가지고 있으며, 국가와 지역사회가 직면하는 다양한 재난 상황에 따라 적절히 적용되고 있다.

## 2) 재난안전관리 법제: 재난안전법과 재해대책 기본법

국가차원의 재난안전 대응체계를 직접적으로 제시한 기본법적인 성격을 가지고 있는 개별법으로는 재난 및 안전관리기본법(이하 재난안전법), 자연재해대책법, 민방위기본법으로 재난예방, 대비, 대응, 복구 등 재난안전관리의 제 단계별 대책 및 역할을 포괄적으로 명시하고 있다. 이 연구에서는 재난안전관련 법제 중 재난상황에 직접적으로 대응하기 위한 목적으로 제정된 법제를 중심으로 내용 및 체계를 검토/정리하였다(이병기·고경훈, 2018).

### (1) 재난 및 안전관리기본법(재난안전법)

재난안전법은 각종 재난으로부터 국토를 보존하고 국민의 생명, 신체 및 재산을 보호하기 위해 국가와 지방자치단체의 재난 및 안전 관리 체제를 확립하고, 재난의 예방, 대비, 대응, 복구, 그리고 안전 문화 활동 등에 필요한 사항을 규정하는 법이다. 이 법은 국가와 지방자치단체가 재난 상황에서 효과적으로 대응하고 안전을 유지할 수 있도록 기반을 제공한다(법률 제19838호, 2024).[23]

재난안전법에 따른 재난이란 국민의 생명, 신체, 재산과 국가에 피해를 주거나 줄 수 있는 것으로서, 태풍, 홍수, 호우, 강풍, 풍랑, 해일, 대설, 낙뢰, 가뭄, 지진, 황사, 적조, 그 밖에 이에 준하는 자연현상으로 인하여 발생하는 자연재난과, 화재, 붕괴, 폭발, 교통사고, 화생방사고, 환경오염사고, 그 밖에 이와 유사한 사고로 발생하는 일정 규모 이상피해 및 에너지, 통신, 교통, 금융, 의료, 수도 등 국가기반체계의

---

23 https://law.go.kr/%eb%b2%95%eb%a0%b9/%ec%9e%ac%eb%82%9c%eb%b0%8f%ec%95%88%ec%a0%84%ea%b4%80%eb%a6%ac%ea%b8%b0%eb%b3%b8%eb%b2%95

마비와 전염병 확산 등으로 인한 사회재난을 포괄하고 있다.

재난안전법은 재난 및 안전관리와 관련된 사항 등을 규정하기 위하여 총10장 82조문과 부칙으로 구성되어 있다. 1장 총칙에서는 제정 목적과 기본이념, 관련 용어정의 및 재난관리업무를 담당하는 기관의 역할을 정의하고 있고, 제2장에서는 안전관리기구 및 기능과 관련된 사항으로 중앙안전관리위원회, 중앙재난안전대책본부, 재난안전상황실 등에 대한 기능을 규정하고 있다. 제3장부터 제8장까지는 안전관리계획, 재난예방, 대비, 대응, 복구, 안전문화 진흥과 관련된 조문을 제9장 보칙, 제10장 벌칙과 부칙으로 구성하고 있다.

재난안전법에서는 재난관리의 단계를 별도로 정의하고 있지는 않고, 제3조(정의)의3에 "재난관리"란 재난의 예방·대비·대응 및 복구를 위하여 하는 모든 활동으로 정의하고 있다. 재난관리를 위한 예방, 대비, 대응, 복구의 내용적 범위에 대한 별도의 정의나 설명이 없이 법 제4장에 재난의 예방, 제5장 재난의 대비, 제6장 재난의 대응, 제7장 재난의 복구에 따른 관련 참여주체들의 역할과 임무 등을 조문화하였다.

### (2) 자연재해대책법

태풍, 홍수 등 자연현상으로 인한 재난으로부터 국토를 보존하고 국민의 생명·신체 및 재산과 주요 기간시설을 보호하기 위하여 자연재해의 예방·복구 및 그 밖의 대책에 관하여 필요한 사항을 규정함을 목적으로 하고 있다. 이 법에 따른 재해나 자연재해와 같은 용어의 정의는 재난안전관리기본법을 준용하고 있다. 다만, "풍수해"(風水害)의 정의를 추가하여 태풍, 홍수, 호우, 강풍, 풍랑, 해일, 조수, 대설, 폭염, 그 밖에 이에 준하는 자연현상으로 인하여 발생하는 재해로 규정하고 있다. 이 법은 1967년 법률1894호로 제정된 전문 7장 79조와 부칙으로 구성되어 있으며, 이 법의 목적에 따라 자연재난으로부터 국민의 생명·신체 및 재산과 주요 기간시설을 보호하기 위한 자연재해의 예방 및 대비에 관한 종합계획 수립 및 시행의 책무 등은 재난안전관리기본법 제3조 제5호에 따른 재난관리책임기관에서 수행토록 하고 있다(정찬권 외, 2020).

이에 따라 관계행정기관의 장은 자연재해에 영향을 미치는 행정계획을 수립·확정하거나 개발상의 허가 등을 할 때에는 재난관리책임기관(행정안전부)과 사전재해영향성 검토협의를 하여야 하며, 또한 관계행정기관의 장은 협의절차가 완료되기 전에 개발사업에 대한 허가 등을 할 수 없도록 하고 있다. 그리고 자치단체장은 10년마다 시·군 자연재해저감 종합계획을 수립하여 시·도지사를 거쳐 대통령령으로 정하는 바에 따라 행정안전부장관의 승인을 받아 확정토록하고 있다. 이외에도 방재시설의 방재성능평가, 방재기준 가이드라인 설정, 수방기준 제정, 각종 재해지도 작성 등 자연재해대책과 관련된 제반 활동은 기본법인 재난안전법상 관련 기관의 승인 및 참여하에 추진토록 하고 있다.

자연재해대책법은 자연재해예방 및 보호를 위하여 1967년에 제정·공포된 풍수해대책법에 토대를 두고 있다. 이후 삼풍백화점 붕괴 사고 직후인 1995년에 인위재난 및 예방 및 보호를 위하여 「재난관리법」이 제정하면서 풍수해대책법은 자연재해와 인위재난이라는 발생원인별 분류에 따라 「자연재해대책법」과 「재난 및 안전관리기본법」으로 이원화하여 법제화하고, 참여주체는 재난안전관련 기본법적인 성격을 가지고 있는 재난안전관리기본법에 명시된 기관 및 조직을 준용토록 하고 있다.


## 3) 국가재난관리체계 개요

### (1) 재난안전관리 조직: 재난안전 기관

우리나라의 재난안전관리 조직은 재난안전법상 중앙정부와 자치단체, 자치단체는 광역과 기초, 중앙 및 지방의 재난안전책임/주관기관과 관련 위원회, 중앙/지방의 재난안전책임/주관기관과 긴급구조기관 등 복잡하게 연계된 재난안전관리체계로 운영되고 있다. 재난안전법상 먼저 재난안전관리 조직은 크게 재난안전관련 기관과 기구로 분류할 수 있다.

## [그림 4-4] 국가재난대응체계

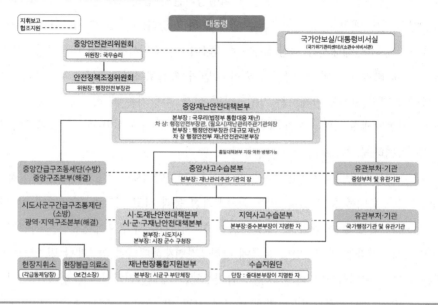

재난관리 기관은 재난관리업무를 수행하는 재난관리책임기관과 재난관리주관기관으로 구분하였고, 재난발생의 우려가 현저하거나 재난이 발생하였을 때에 국민의 생명·신체 및 재산을 보호하기 위한 긴급구조업무를 수행하는 긴급구조기관, 긴급구조지원기관으로 구분하여 역할을 규정하고 있다.

재난안전관리 기구는 재난안전관리와 관련된 제반사항을 심의 및 승인하는 기구와, 재난상황에서 여러 관련주체들의 역할을 조정/협의/지휘하는 역할을 수행하는 기구, 재난발생에 따른 피해를 최소화하기 위한 활동을 수행하는 기구, 재난상황 시 가동되는 기구 등으로 구분할 수 있다. 이러한 안전관리기구의 중심에는 행정안전부가 총괄적인 책임을 수행하는 구조이다.

### (2) 중앙정부의 재난관리 체계

크게 국가차원의 재난 및 안전관리와 관련된 사항을 심의하는 중앙안전관리위원회, 주로 대형재난 등의 수습활동을 총괄적으로 지휘하는 중앙재난안전대책본부, 재난상황관리 및 재난발생 시 초동조치 및 지휘 등의 업무를 수행하는 재난안전상황실, 긴급구조에 관한 사항을 총괄하는 중앙긴급구조통제단으로 구분할 수 있다. 각각의 기구에는 재난업무 수행에 필요한 하부 기구를 설치하여 운영하거나 광역 및 기초자치단체에 유관기구를 설치하여 재난관리업무를 수행하고 있다.

재난 및 안전관리 기본법 제3조에 따른 대상기관인 재난관리책임기관에는 중앙행정기관 및 지방자치단체, 지방행정기관·공공기관·공공단체 및 재난관리의 대상이 되는 중요시설의 관리기관 등으로서 대통령령으로 정하는 기관이 해당되며, 재난관리주관기관에는 재난이나 그 밖의 각종 사고에 대하여 그 유형별로 예방·대비·대응 및 복구 등의 업무를 주관하여 수행하도록 대통령령으로 정하는 관계 중앙행정기관이 이에 해당된다. 긴급구조기관은 소방청·소방본부 및 소방서, 해양에서 발생한 재난의 경우에는 해양경찰청·지방해양경찰청 및 해양경찰서가 해당되며, 긴급구조지원기관에는 긴급구조에 필요한 인력·시설 및 장비, 운영체계 등 긴급구조능력을 보유한 기관이나 단체로서 대통령령으로 정하는 기관과 단체를 포괄적으로 지정하고 있다.

## 가. 중앙안전관리위원회

중앙안전관리위원회는 국무총리가 위원장인 최고의 심의기구로 재난안전관리정책, 재난사태 및 특별재난지역의 선포, 국가안전관리기본계획, 재난안전관리 중기사업계획서 및 예산, 중앙행정기관의 재난안전관리업무 조정, 국가적 차원의 재난대응 및 예방 전략 수립, 주요 재난 발생 시 대응 조치 및 복구 계획 검토 및 조정 등 국가 재난안전관리의 최종적인 심의를 수행하는 기구이다.

특히 중앙안전관리 위원회에서는 국가차원의 재난 및 안전관리업무에 관한 기본계획(국가안전관리기본계획)을 수립하게 된다. 이 계획은 재난 관리뿐만 아니라 다양한 안전 문제를 포괄적으로 다루는 계획으로 국가적 차원에서 재난 예방, 대비, 대응, 복구 등을 체계적으로 관리하기 위해 마련되며 생활안전, 교통안전, 산업안전, 시설안전, 범죄안전, 식품안전, 안전취약계층 안전 및 그 밖에 이에 준하는 안전관리에 관한 대책 포함된다. 행안부 장관은 안전관리계획 수립지침을 작성하여 관계 중앙행정기관의 장 및 자치단체장에서 통보하게 된다. 안전관리기본계획이 확정된 후에는 중앙행정기관에서는 기본계획에 수반되는 업무추진계획을 수립하고 국무총리의 승인을 받아 시행한다. 또한 지방자치단체에서는 지역의 안전관리계획을 시/도 및 시/군/구별 안전관리위원회의 심의를 통해 확정하게 된다. 계획 수립 측면에서 중앙행정기관과 자치단체는 협력하여 계획을 수립하고, 이를 통해 국가와 지역사회의 안전을 강화하게 된다

### 나. 중앙재난안전대책본부

중앙재난안전대책본부는 행정안전부장관을 본부장으로 하여 주로 대규모 재난의 수습에 필요한 사항을 총괄·조정하고 필요한 조치를 하는 기구이다. 법적 근거는 재난 및 안전관리 기본법 14조에 근거하는데 대규모 재난의 대응복구 등에 관한 사항을 총괄조정하고 필요한 조치를 하기 위하여 행정안전부에 중앙재난안전대책본부를 설치하게 된다. 중앙대책본부장은 행정안전부장관, 외교부장관(해외재난), 원자력안전위원회 위원장(방사능재난)이 각 재난 유형에 따란 본부장으로 임명되며 범정부적 차원의 통합 대응 필요 시, 중앙대책본부장을 국무총리로 격상하게 된다. 특히 코로나 사회재난 이후 국무총리가 지명하는 중앙행정기관의 장이 공동으로 차장이 될 수 있는 근거 규정이 신설되었다(재난안전법 제14조 제5항, 20년 6월 신설).

중앙재난안전대책본부의 주요 임무 및 역할은 아래와 같다. 첫째 대규모재난의 수습(대응·복구) 등에 관한 사항 총괄·조정(재난안전법14①), 둘째 관계 재난관리책임기관의장에게 행정·재정상조치, 소속직원파견, 그 밖에 필요한 지원요청(재난안전법 제15조 제1항), 셋째 중앙안전관리위원회의심의를 거쳐 대통령에게 특별재난 지역 선포건의(재난안전법 제60조 제1항), 넷째 재난이 발생하거나 발생할 우려가 있는 경우 상황판단회의 소집(중대본운영규정 제8조 제1항)을 통해 중앙대책본부 운영여부와 중앙사고수습본부 및 재난관리책임기관의 협력에 관한 사항 등 판단(중대본운영규정 제8조 제2항), 다섯째 지역재난안전대책본부 및 재난관리책임기관의 장에게 필요한 조치 요청(중대본운영규정 제9조 제1항), 여섯째 대규모 재난의 수습지원을 위하여 수습지원단을 구성하여 현지에 파견(재난안전법 제14조의2 제1항), 일곱째 중앙재난피해합동조사단편성 및 재난피해상황조사(재난안전법 제58조 제1항)이다. 또한 중앙과 지방에 사고수습본부 등과 같은 유관기관을 설치하여 운영하고 있다.

## [그림 4-5] 코로나19의 중앙재난대책본부

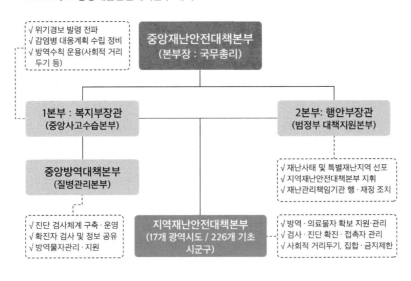

○공동차장제(재난안전법 제14조제5항, '20.6.9. 신설)
■코로나19 중앙재난안전대책본부 예시

### 다. 중앙사고수습본부

중앙사고수습본부는 재난 수습에 필요한 지역재난안전대책본부를 지휘하는 기구이다(장관급). 이를 통해 재난 관리와 수습에 효율적으로 대응할 수 있도록 조정하고 지원하고 있다.[24] 주요 임무 및 역할은 재난 및 사고 발생 시 피해상황 종합관리 및 상황보고, 재난 및 사고의 조기 수습을 위한 조정·통제 등 수습업무 총괄, 재난 위험수준 상황 판단과 예보 또는 경보 발령 및 전파, 사상자 긴급구조 및 구급활동 현황파악·협력, 피해자 신원파악 및 관리 등 상황관리, 피해상황 조사, 피해지원 대책 마련, 재난으로 발생한 피해조사 및 복구계획 수립, 사회재난의 경우 시·도대책본부 또는 시·군·구대책본부(이하 "지역대책본부"라 한다)가 조사한 피해지역 검토·확

---

24 행정안전부 중앙사고수습본부 구성 및 운영 등에 관한 규정(행정안전부령 212호) https://www.mois.go.kr/frt/bbs/type001/commonSelectBoardArticle.do?bbsId=BBSMSTR_000000000016&nttId=87893

인, 지역대책본부 지휘 및 지역사고수습본부(이하 "지역수습본부"라 한다) 지휘·운영, 재난관리책임기관의 장에게 재난수습에 필요한 행정상 및 재정상 조치 요구, 재난 및 사고 상황 대국민 브리핑 및 언론 대응 등을 들 수 있다.

중앙재난안전대책본부와 수습본부와의 관계는 재난안전법 제14조에 근거하여 범정부 차원의 통합 대응이 필요한 경우나 대규모 재난이 발생하거나 발생할 우려가 있는 경우 중앙재난안전대책본부로 확대 운영한다. 중앙사고수습본부는 재난 발생 시 실시간 대응과 수습을 담당하며, 중앙재난대책본부는 재난 예방과 대비를 위한 전략적인 계획과 정책을 수립 중앙사고수습본부는 재난 발생 시 즉시 대응하고 지원을 제공하며, 중앙재난대책본부는 주로 재난 예방, 대비 계획 수립 및 교육을 담당하게 된다.

### 라. 재난안전상황실

재난안전상황실은 재난정보의 수집·전파, 상황관리, 재난발생 시 초동조치 및 지휘 등의 업무를 수행하기 위하여 중앙과 지방자치단체에 상시 재난안전상황실을 설치·운영하고 있다.

### 마. 중앙긴급구조통제단

중앙긴급구조통제단은 소방청장을 단장으로 긴급구조에 관한 사항의 총괄·조정, 긴급구조기관 및 긴급구조지원기관이 하는 긴급구조활동의 역할 분담과 지휘·통제업무를 수행하며 지역긴급구조통제단을 설치하여 운영하고 있다.

소방은 정부수립 이후 국가소방체제로 시작하여 1992년 광역자치소방체제로 전환하였으며, 2004년 소방방재청으로 승격되었다. 이후 2014년 국민안전처 설립이후 중앙소방본부 체제로 전환되면서 방재기능과 분리되었으며, 2017년 소방청으로 독립하여 현재의 광역자치소방체제로 소방업무를 수행하고 있다.

해상재난은 중앙구조본부인 해경이 담당하고 지역긴급구조통제단은 시도 소방본부가 담당한다.

### (3) 지방자치단체의 재난관리체계

재난안전관리에 있어서 국내 의 모든 재난/재해는 자치단체에서 재난발생의 현장도 자치단체이고, 재난대응 및 복구도 자치단체에서 이루어지고 있다는 점을 고려하면 재난관리체계는 자치단체에 초점을 두고 있다. 재난안전법 제16조에 따라 시장·군수·구청장은 지역대책본부장으로서, 부단체장은 재난현장통합지원본부의 본부장으로서 관할구역 내 재난을 책임수습하게 된다. 다시 말하면, 자치단체는 재난의 발생에서 최종적인 복구와 보상을 주관하는 실질적인 재난관리책임기관이자 주관기관이다.

또한 일상적인 생활환경속에서 발생할 수 있는 주민들의 생활안전을 보장하기 위한 안전 활동을 실시하거나 교육·홍보 등 안전문화운동을 전개하는 등 지역사회에서 안전한 생활을 보장하는 역할을 수행하고 있다.

지자체 재난대응의 대표적인 기구인 지역재난안전대책본부에 대해서 살펴보면 아래와 같다. 법적 근거는 재난안전법 16조에 근거하여 해당관할구역에서 재난의 수습 등에 관한 사항을 총괄·조정하고 필요한 조치를 하기 위해 설치한다. 주요 임무 및 역할은 아래와 같다. 관할 구역에서 재난의 수습 등에 관한 사항 총괄·조정(재난안전법16①), 재난현장의 총괄·조정 및 지원을 위한 재난현장 통합지원본부 설치·운영(재난안전법16③), 관할 구역의 재난관리책임기관의 장에게 행정·재정상의 조치, 소속 직원 파견, 필요한 업무협조 요청(재난안전법17①·②), 중앙재난안전대책본부, 중앙사고수습본부 및 지역사고수습본부 등과 홍보용 연락망 개설, 정보공유·협조체계 구축(재난안전대책본부운영조례), 피해상황 조사 및 중앙대책본부장에게 보고(시장·군수·구청장)(재난안전법58①) 등을 들 수 있다.


## 4) 재난관리 단계별 주요활동

### (1) 재난관리 개념

재난관리는 재난안전법상 재난과정을 재난발생 시점이나 관리시기를 기준으로 ① 예방 ② 대비 ③ 대응 ④ 복구의 4단계로 제시하고 있다. 이러한 재난의 생애주기에 따른 분류는 예방-대비의 재난발생 이전 단계와 대응-복구의 재난발생 이후 단계로 구분하고 있으나 재난관리의 각 단계는 상호 독립적이라기보다는 각 단계들이 상호 의존적이다. 즉 재난관리의 과정은 각 단계별로 상호 단절된 과정이 아니라 상호 연계된 과정적 성격을 갖고 있다. 따라서 이러한 재난관리 과정은 개별적인 과정이라기보다는 하나의 시스템으로 통합적으로 작동할 수 있으면서 각각의 단계별로 개별적인 역할체계가 분명히 정의되어 있어야 한다. 각 단계별 진행결과는 다음 단계의 활동에 영향을 미치며, 개별 단계별 노력 및 노하우는 장기적인 재난관리 능력을 향상시키는데 도움을 주게 된다. 또한 재난관리의 총체적인 의무가 있는 관련법상 재난관리기관의 임무와 역할 및 활동에 필요한 관련 체제를 갖추는 노력 또한 재난관리에 필수적인 요소이다.

## (2) 재난 예방

일반적으로 재난관리의 단계별 개념을 설명하면, 첫 번째 단계인 재난 예방(Mitigation)은 재난발생으로 초래될 수 있는 손실 및 발생확률을 낮추기 위한 제반 활동을 총칭하는 것이라고 정의할 수 있다. 이와 관련된 사항은 재난안전법 제4장에서 재난의 예방으로 조문화(제25조의2~제33조의3)하였다. 대표적인 예방활동으로 평상시 재난발생 위험감소 및 예방을 위해 수행하는 일련의 활동을 의미하며 국가핵심기반의 관리(제26조의2), 종사자 교육(제29조의2) 등이 있다.

## (3) 재난 대비

두 번째 단계인 재난대비(Preparedness)는 재난발생시 초래될 수 있는 위기상황을 가정하여 재난관리 참여주체들이 갖추어야 할 임무 및 역할을 총칭하는 것으로 재난상황을 가정한 가장 근접한 준비활동이라고 할 수 있다. 재난대비 단계에서는 계획의 수립과 함께 재난대응 훈련활동을 실시하며, 재난발생시 필수자원 준비 및 참여주체간 협력관계 구축 등의 활동이라 정의할 수 있다. 이와 관련된 사항은 재난안전법 제5장에서 재난의 대비로 조문화(제34조~제35조)하였다. 대표적인 대비활동으로 재난관리자원의 비축관리(제34조), 재난안전통신망 구축·운영(제34조의8)을 들 수 있다.

## (4) 재난대응

세 번째 단계는 재난대응(Response)으로 실제 재난상황이 발생하여 재난으로부터 국민들의 안전을 확보하고 재산을 보호하는 일련의 활동이라고 정의할 수 있다. 이 단계에서는 재난위험상황에서 인명구조, 구급 및 구호, 대피시설 제공, 위험시설 관리 등 국민의 안전과 재산을 직/간접적으로 보호하는 활동을 주요 내용으로 하고 있다. 이를 위해 재난관리책임기관 및 구호기관을 중심으로 재난경보발령, 재난사태 선포, 응급조치, 자원동원 및 대피명령, 구급활동 등의 조치를 수반하는 활동을 수행한다. 이와 관련된 사항은 재난안전법 제6장에서 재난의 대응으로 조문화(제36조~제57조)하였다.

## (5) 재난복구

마지막 네 번째 단계는 재난복구(Recovery)로 재난으로부터 발생된 피해상황을 재난이전 상황으로 회복시키기 위한 일련의 활동이라 정의할 수 있다. 재난안전법에서는 이 단계의 활동을 피해조사 및 복구계획, 특별재난안전지역 선포 및 지원, 재정 및 보상 등으로 구분하고 있는데 재난복구의 성격상 단기와 장기로 구분하여 설명되기도 한다. 단기의 재난복구는 재난현장에서 이루어지는 지원(재난구호시설제공등)활동을 의미하며, 장기의 재난활동은 수년에 걸쳐 이루어지는 손실평가와 이에 따른 보상 등을 의미한다. 이와 관련된 사항은 재난안전법 제7장에서 재난의 복구로 조문화(제58조~제66조의3)하였다.

# 제5장

# 기업과 조직의
# 위기관리(업무연속성관리, BCM)

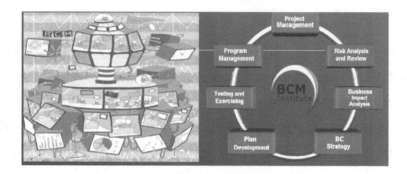

AMENDMENT
International
Standard

ISO 22301:2019/AMD
1:2024

Security and resilience – Business
continuity management systems –
Requirements-Amendment 1:
Climate action changes

Edition 2
2024-02

**기업 업무연속성관리(Business Continuity Management, BCM) 개요**

최근 기업에서 다양한 위험이 존재함을 인식하고 있으며 기술과 사회의 진보가 계속됨에 따라 이러한 위험은 더욱 다양하고 복잡한 양상을 띠게 되었다. 일반 사회학 관점인 벡의 위험사회론적 관점에 따르면 기업에서는 앞으로 오게 될 위험의 복잡성(complexity)과 이질성, 유동성에 주목해야 한다(권대원·최수형·강희경, 2022). Watkins & Bazerman(2003)은 기업이 위기와 위기대비에 실패하는 원인 연구에서 조직적, 정치적, 심리적 3가지 유형의 취약성 때문에 예측 가능한 놀라움을 예측하지 못한다는 것을 발견했다. 첫째 조직적 취약성은 의사소통 방해와 책임을 희석하는 조직 내부 장벽에 기인한다. 둘째 정치적 취약성은 의사결정 과정의 체계적 결함과 관련된다. 셋째 심리적 취약성은 개개인이 접근하는 위협에 눈을 멀게 하는 인지적 결함으로, 경영자들이 자신의 선입견들에 지나치게 비중을 두고 자신의 신념에 부합하지 않는 증거를 과소평가하는 함정에 빠질 수 있다고 강조했다.

이러한 이유로 기업에서는 최근 다양한 재해와 재난이 발생하면서 업무연속성(BCM, Business Continuity Management) 개념이 기업의 핵심 경영 전략으로 확산되고 있는 추세이다(김휘범·옥상철·정종수, 2021). 본 장에서는 기업 업무연속성 관리의 주요 내용과 사례를 중심으로 살펴보겠다.

# 1. 업무연속성관리 도입 배경

**[그림 5-1] 업무연속성관리**

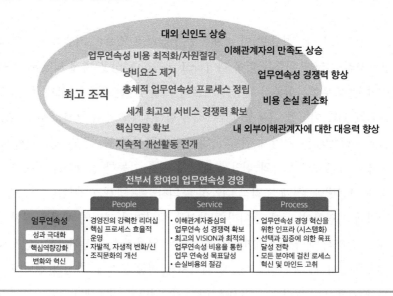

최근 다양한 재해와 재난이 발생하면서 업무연속성(Business Continuity Management, BCM) 개념이 기업의 핵심 경영 전략으로 확산되고 있다. 중요 복구 대상이 하드웨어를 포함한 중요 업무시스템으로 전이되면서 최종 사용자 관점에서의 복구 변화가 요구되고 있다. 또한 다양한 위험요소들이 산재하게 됨에 따라 위험 발생시, 각종 사건이나 재난으로 이어져 업무가 중단되거나 조직이 와해 위기감 초래가 가중되고 있다. 이에 따라 조직은 위험요소들로부터 취약원인 분석, 위험요소를 제거하여 사전에 위험 발생 차단해야 사건·사고(재난)로부터 자유로워지게 되어 중단 및 이음새 없는 업무 가능한 상황에 이르게 되었다.

기업의 재해재난 대비와 극복에서 중요한 것은 재해재난 이전의 정상적인 경제 상황을 계속 유지하는 연속성에 있다. 기업 입장에서는 비즈니스의 연속성을, 국민은 삶의 연속성을, 국가는 체제의 연속성을 유지해야 한다. 이런 연속성에 대한 개념은 비즈니스 차원에서 먼저 연구 및 도입되었고 최근에는 정부정책에도 영향을 미치고 있다. 민간 기업은 자연 재난이나 기타 예기치 못한 사고에도 자사의 생산·영업 활동이 중단되지 않고 안정적으로 사업을 수행할 수 있도록 하는 대응 전략에 오래전부터 관심을 보여 왔다.

## 1) 업무연속성관리 개념

국가기술표준원 KS A ISO 22301(보안회복력 업무연속성 관리시스템 요구사항)에서 규정하는 업무연속성(Business Continuity Management Systems)이란 중단 사고 동안 사전 정의된 한도에서 허용하는 기간 내 제품과 서비스 공급을 지속할 수 있는 조직의 능력을 의미한다(국가기술표준원, 2019).[1] 그리고 비즈니스(업무·영업) 연속성관리(BCM)는 "어떤 발생 가능한 위험요소로부터 기업 또는 조직의 핵심 업무 기능(critical business functions)이 단절 또는 중단되지 않고 사전에 수행 또는 계획된 수준으로 연속성을 유지할 수 있는 정책 및 프로세스(절차)로 정의할 수 있다. 또한 업무연속성 관리시스템은 업무연속성을 수립, 실행, 운영, 모니터링, 검토, 유지보수 및 개선하는 전반적인 관리시스템의 일부분을 의미한다. 뿐만 아니라 조직이 중단사고에 대응하고 제품과 서비스 공급을 업무연속성 목표와 일치하도록 재개, 복구 및 복원하도록 안내하는 문서화된 정보를 의미하기도 한다(국가기술표준원, 2019; International Organization for Standardization, 2019). 결국 업무연속성 관리시스템이란 조직의 잠재적 위험을 식별하고, 위험으로 인한 위기상황에 대한 예방, 대비, 대응, 복구 등 전반적인 단계에 걸친 포괄적 관리시스템이다. 따라서 업무활동 중단 시 피해를 최소화하고 신속하게 정상적인 상황으로 복귀하므로써 조직의 핵심 업무를 유지하기 위한 관리시스템 (체계)으로 정의할 수 있다(한국생산성본부, 2023).[2]

한편 업무연속성계획(BCP, Business Continuity Plan)은 비즈니스의 중단을 방지하고, 재상태화를 가능하게 하는 구체적인 계획을 의미한다. 요약하면, BCP는 특정

---

1 https://standard.go.kr/KSCI/standardIntro/getStandardSearchView.do?menuId=919&topMenuId=502&upperMenuId=503&ksNo=KSAISO22301&tmprKsNo=KSAISO22301&reformNo=01
2 ISO 22301 BCMS 실무자 과정 강의록(생산성본부).

계획을 BCM은 전체적인 관리 프로세스를 의미한다.

## 2) 업무연속성관리의 목적

---

**[그림 5-2] 업무연속성 중점**

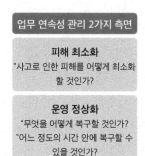
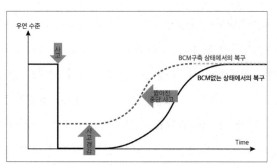

---

업무연속성 관리의 목적은 서비스 중단 상황에서도 사업 운영을 계속할 수 있도록 하는 것이다. 이를 위해 각종 위기상황으로 인해 정보시스템에 중단된 경우에도 피해 최소화 및 운영 정상화를 통해 조직을 생존시켜 적정시간 안에 순차적으로 비즈니스 사이클을 회복시키는 것이다. 단순히 피해 최소화가 아닌 서비스 단절 방지와 운영 정상화 통한 연속적인 서비스 제공이 우선이라고 할 수 있다(The goal is to minimize downtime and ensure that critical services continue without compromising quality). 구체적으로는 태풍, 홍수, 폭풍, 해일, 가뭄, 지진 등의 자연 재해를 비롯하여 화재, 붕괴, 환경오염 등의 인적 재난으로부터 사전 예방, 대비, 대응, 복구 등을 단계별로 체계적으로 관리하는 절차를 포함한다.

업무연속성 관리는 재해발생 시 단순히 피해를 최소화하는 게 아니라 서비스의 단절을 방지하고 연속적인 서비스 제공을 우선한다는 점에서 피해 최소화에 중점을 둔 기존의 재난대응체계와는 차이를 보인다. 업무연속성 관리의 핵심 목표 및 효과는 각종 재난으로부터 직접적인 피해를 최소화하는 면도 있지만, 궁극적으로 기업의 활동이 중단되어 발생하는 2차 피해를 최소화하는 데 있기 때문이다.

## [그림 5-3] BCM 적용범위

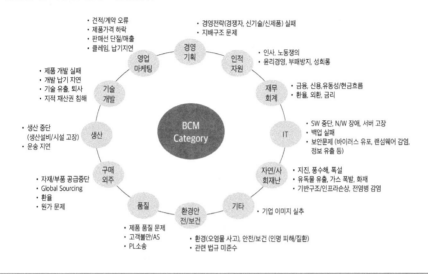

## 3) 업무연속성 관리(BCM) 기원

### (1) 국외

1970년대 후반에 미국 금융기관에서 정보시스템 도입이 시작되면서 시스템 정지에 대한 대응책이 검토되었다. 초기에는 주로 컴퓨터와 데이터 처리에 중점을 두었으나(Herbane, 2010), 1988년부터 1991년까지 재해복구 업무 종사자들이 "Survive"와 "DRP"를 사용하며 "연속성"에 중점을 두는 비즈니스 연속성 관리(Business Continuity Management, BCM) 개념이 제시되었다. 이후 2000년대 초반에는 미국 NFPA 1600과 영국 PAS56과 같은 재해경감 활동 표준이 등장했다. 특히 2001년 9.11 테러 이후에는 재해 발생 시 핵심 업무 기능이 마비되면 심각한 영향을 미치는 문제점이 대두되면서 막대한 비용이 발생할 수 있다는 위기감이 급증했다(FEMA, 2018). 이로인해 2005년에는 바젤 위원회에서 BCP를 신 BIS(은행 규제 기구) 운영 리스크 관리 원칙으로 제시했다.

기업의 업무연속성 관리(BCM)는 재해경감 리스크에 대비하기 위한 중요한 경영 전략으로 접근하고 있다. 기후변화, 지진, 홍수, 태풍, 테러, 점염병과 같은 다양한 재해가 복합적으로 발생함에 따라, 핵심 업무 기능을 계획된 수준이나 중대한 변경 없이 지속할 수 있도록 전사적 정책과 절차를 수립하고 이행하고자 노력하고 있다. 따라서 기존에 주로 IT 분야의 데이터 복구에 중점을 두었지만, 현재는 비즈니스의 모든 영역을 고려한 접근으로 확대하고 있다. 이와 연계하여 국제표준화기구(ISO)는 사회 안전 분야의 표준화 작업을 시작하여, 2012년에 ISO 22301(비즈니스 연속성 경영 시스템 요구사항, Security and resilience – Business continuity management systems – Requirements) 국제 표준[3]과 같은 위기경감 활동 지침서를 발행했다. 이 표준은 기업들이 재해 발생 시 핵심 업무 기능을 지속할 수 있도록 필요한 요구사항이 포함되어 있고 2019년과 2024년에 각각 ISO 22301의 개정판이 발간되었다. ISO 22301은 국제 표준으로서 기업의 업무 연속성 제공을 위한 BCP와 IT 부문의 DRS(Disaster Recovery Systems)를 포함한 업무 연속성 관리를 정의하고 있다. 이러한 접근 방식은 기업이 재난 상황에서도 비즈니스를 지속할 수 있도록 도와주며, 고객과 이해관계 자들에게 조직의 회복력을 입증하여 신뢰를 구축하는 데 도움이 된다(International Organization for Standardization, 2019).

---

3 https://www.iso.org/standard/75106. html ISO 22301(2019) ISO 22301:2019 Security and resilience Business continuity management systems Requirements은 국제적으로 인 정받는 비즈니스 연속성 관리 시스템의 요구사항을 제시하는 국제 표준으로 기업들이 재해 발생 시 핵심 업무 기능을 지속할 수 있도록 필요한 요구사항을 포함하고 있다. ISO 22301의 목적은 첫째 기업의 비즈니스 연속성 관리 시스템을 계획 및 구축, 둘째 위험 관리 프로세스를 통해 기업의 취약 성을 파악하고 대응 방안을 마련 기여, 셋째 위기 상황에 대한 체계적 대응 지침제공, 넷째 ISO 22301을 준수하는 기업들은 이해관계자들의 신뢰 강화 등을 들 수 있다.

[그림 5-4] ISO 22301(2024년 개정판)

(2) 우리나라

한국에서도 재난 관리와 사회 안전을 국제 수준으로 운영하고 관리하기 위해 2013년에 KS A ISO 22301(사회안전 – 비즈니스 연속성 관리시스템 – 요구사항) 국가산업표준을 제정하여,4 국내 기업들이 국제적인 재난 관리를 실현할 수 있도록 지원하고 있다(국가기술표준원, 2019). KS A ISO 22301은 ISO 22301: 2019와 동일한 요구사항을 포함하고 있으며, 비즈니스 연속성을 확보하고 위험을 최소화하기 위해 기업들이 적용할 수 있는 표준이다. 이를 통해 기업들은 재난 발생 시 핵심 업무 기능을 지속할 수 있도록 필요한 요구사항을 준수하고 비즈니스 연속성 관리시스템을 구축할 수 있다.

국내 기업들은 「재해경감을 위한 기업의 자율활동 지원에 관한 법률」에 따라 「기

4 https://www.kssn.net/search/stddetail.do?itemNo=K001010139249

업재난관리표준」을 개정하여 ISO 22301의 초판을 참고하여 전면 개정하였고 "이는 재해경감 우수기업" 인증평가 기준으로 활용되고 있다. 국제표준화기구(ISO)에서의 2019년 ISO 22301의 개정에 따라, 2022년 9월 우리나라도 KS A ISO 22301: 2019로 개정하였다(Lee & Cheung, 2024).

최근 2022년 제정된 중대재해처벌법으로 인해 업무연속성 관리에 대한 기업들의 인식이 높아지고, 글로벌 ESG 경영으로의 변화가 가속화되고 있다.

## 중대재해처벌법 제정과 업무연속성 관리

2022년 1월에 시행된 중대재해처벌법은 중대 재해와 관련된 범죄에 대한 처벌을 강화하고 기업의 안전과 보건을 강화하고 중대재해를 예방하기 위한 법률이다. 이 법은 기업주, 경영책임자, 공무원, 법인이 안전보건 관리체계를 구축하고 이행할 수 있도록 중대산업재해와 중대시민재해를 예방하고 시민과 종사자의 생명과 신체를 보호하기 위해 제정되었다. 중대재해처벌법은 기업주나 경영 책임자가 안전 의무를 소홀히 해 심각한 산업 사고나 공공 재해로 인명 피해가 발생할 경우, 해당 책임자가 처벌받게 된다. 중대 산업재해 또는 중대 시민재해가 안전 및 보건 의무 불이행으로 발생했다면, 책임자는 사망 사고의 경우 1년 이상의 징역 또는 10억 원 이하의 벌금형에 처해지며, 민사상 손해액의 최대 5배까지 징벌적 배상 책임을 질 수 있다. 중대 산업재해는 사망자 발생, 6개월 이상 치료가 필요한 부상자 2명 이상 발생, 또는 직업병 환자가 1년 내 3명 이상 발생한 사고를 의미하고, 중대 시민재해는 특정 원료나 제품, 공공시설 또는 대중교통 수단의 설계, 제조, 설치, 관리상의 문제로 인해 발생한 재해로, 중대 산업재해와 유사한 규모의 피해를 일으킨 사고를 지칭한다. 또한 중대재해처벌법은 재해 예방을 위한 경영 책임자의 구체적인 의무 사항을 명시하고 있다. 예를들어, 안전보건 관리체계 구축 및 이행, 재해 예방에 필요한 인력 및 예산 확보, 안전보건 관계 법령에 따른 의무 이행에 관한 조치 등이 포함된다.

중대재해처벌법의 제정은 재난 발생 시 기업이 신속하게 대응하며, 피해자를 보호하기 위한 목적을 가지고 있기에 기업재난관리에 대한 사회적 관심이 증대되는 계기가 되었다. 사업주 및 경영책임자의 안전보건확보 의무를 강조하고 수립된 업무연속성 체계가 목적에 부합하게 운영되는지를 주기적으로 확인하고, 전담 조직에 대한 역할·책임을 보장케 하였다. 또한 기업의 주요 기능 및 핵심 업무에 대한 '통합적인 사업 연속성 확보'를 중요하게 인식하며 자연재해, 전쟁, 테러와 같이 극적인 상황에만 해당하는 것이 아니라 어떤 요인으로 인해 기업의 핵심업무가 중단되어 손실 초래 시 미연방지, 신속대응 및 극복방안을 사전준비하는 것이 중요함을 강조하였다.

특히 2024년 1월부터 50인 미만 사업장에도 중대재해처벌법이 적용됨에 따라, 재난과 재해에 대한 국민들의 인식이 높아지고, 글로벌 ESG 경영으로의 변화가 가속화되고 있다.

이와 같이 기업이 재해 발생 시 신속하게 복구하고 지속 가능한 경영을 유지하기 위해 각종 재난대응계획을 세우는 것을 의미하므로 중대재해처벌법과 업무연속성 관리는 서로 밀접하게 연관되어 있다고 평가할 수 있다. 기업주와 경영 책임자는 중대재해처벌법에서 정한 사항을 준수하여 재해 예방에 필요한 안전보건 관리체계를 구축해야 하며, 이를 충실히 이행하고 있음을 체계적으로 문서화할 것을 강조하고 있다.

결국 중대재해처벌법은 기업이 재해 대응 계획을 마련하고 이를 준수하는 것을 강조하며, 업무연속성 관리는 이러한 준수를 통해 기업의 재해 대응 능력을 향상시키는 역할을 하는 것이다. 이 두 가지가 연계되어 있으면 기업은 재해 발생 시 법적 책임을 피하고, 더 나은 재해 대응을 할 수 있게 된다. 이렇게 함으로써 재해로 인한 피해를 최소화하고, 기업의 지속 가능성을 높일 수 있다.

## 2. ISO 22301

### 1) 개요

재난관련 국제표준화기구(ISO) 사회안전분야기술위원회(TC223)는 2001년 9.11테러, 2004년 인도네시아 쓰나미 및 2005년 허리케인 카트리나 등의 재해발생으로 ISO 차원에서 대책마련의 필요성이 제기되었다. 2006년 5월 스웨덴에서 개최된 1차 총회부터 국제적으로 표준화된 규격제정을 추진하게 되었다. 재난대비를 위해 지속적인 글로벌 워크샵을 통해 민방위(Civil Defense)에서 사회적 안전(Societal

Security)으로 대상범위를 변경하면서 재난관리와 업무연속성을 ISO/TC 223의 명칭으로 채택하였다. ISO/TC 223에서 개발된 ISO 22301이 재난관리, 업무연속성관리 분야의 대표적인 기준으로 널리 사용되고 있다(정용균, 2018).

ISO 22301은 BCM을 조직에 대한 잠재적 위협과 그 위험이 실제로 발생할 경우 기업의 주요업무 운영에 미치는 영향을 식별하고, 조직의 주요 이해관계자 이익, 명성, 브랜드와 가치 창조 활동을 안전하게 보호하는 효과적인 대응 역량으로 조직의 복원력을 수립하는 프레임워크를 제공하는 총체적인 관리 프로세스로 정의하고 있다.

예상치 못한 재난이나 재해로 초래된 업무 및 서비스 중단으로 인한 매출 감소, 지속적으로 지출되는 경상비 등에 의한 영업이익 감소, 공급사슬 단절과 같은 기업과 정부기관 등 모든 경제주체의 생존에 직결되는 중요한 문제와 연관되어 있기 때문에 우리나라뿐 아니라 전 세계적으로 중요한 이슈로 대두되어 왔다. 특별히 대규모 재해와 긴급사태 발생 시 외부 충격에 대한 대응력이 약하고 복구에 필요한 자금조달에 어려움이 있는 기업들은 인적자원이나 설비에 큰 피해를 입고 사업 복구가 지연됨으로 인해 사업 축소나 폐업으로 이어지게 되는 사례가 발생할 수 있다(한상용·홍보배, 2022).

ISO 22301은 재해, 재난, 테러 등 예측하지 못한 위기의 출현으로부터 조직의 업무연속성을 확보하기 위해 주요 규정사항으로 중요한 업무에 대한 위험으로부터의 보호, 발생가능성의 감소, 대비와 위험 발생 시 업무 복구를 위한 문서화된 관리시스템을 기획, 수립, 실행, 운영, 모니터링, 검토, 유지관리 및 지속적 개선을 위한 요구사항 등을 포함하고 있다.

이를 위한 접근방법으로 P(Plan)-D(Do)-C(Check)-A(Act) 모델을 적용하고 있다. PDCA 모델은 아래와 같이 계획수립(Plan), 이행 및 운영(Do), 감시 및 검토(Check), 유지관리 및 개선(Act)을 통해 업무연속성관리 능력을 유지, 제고한다.

먼저 계획수립(Plan)은 조직의 전체적인 정책 및 목표와 일관성을 가지는 결과를 도출하기 위한 BCM 개선방안과 정책, 목표, 세부목표, 통제, Process를 수립한다. 이행 및 운영(Do)은 업무연속성관리정책, 통제, 프로세스, 절차를 실행하고 운영한다. 감시 및 검토(Check)는 업무연속성관리정책 및 목표에 대한 성과를 모니터링 및 검토하며, 주요 결과를 경영진에게 보고하여 시정과 개선에 대한 결정 및 권한을 부여하는 것이다. 마지막으로 유지관리 및 개선(Act)은 경영진 검토결과, 업무연속성관리체계 적용범위 및 BCM 정책 및 목표를 다시 평가하고, 그 결과를 바탕으로 바람직한 방향으로 수정하여 관리수준을 유지하고 개선하는 것이다.

## 2) ISO 22301 구성 체계

ISO 22310이 제정된 의도는 획일화된 기준이나 요건을 정하여 모든 조직에 획일적으로 적용하는 것이 아니라 BCMS를 도입하기 위해 모든 조직에 적용할 수 있는 일반적이고 핵심적인 사항을 제시하는 것이다.

조직은 ISO 22301을 통해 이해관계자 및 조직의 요구사항에 적합한 BCMS를 설계하고 구축할 수 있다. 또한, 본 표준은 조직의 명문화된 BCM 정책에 대한 자기적합성 여부를 확인하고, 대내외적으로 준수 여부를 증명하는데 적용할 수 있다. ISO 22301 역시 다른 ISO 규격과 동일하게 공통적인 요소로 구성되어 있다. 전체적인 항목은 일반사항, 리더십, 책임, Policy, 조직의 역할 및 책임, 계획, 성과 측정 및 모니터링, 내부감시, 경영진의 검토와 개선으로 구성되어 있다. 개별 구성요소의 활동들은 다음과 같다.

첫째, 일반사항에는 ISO 22313이 조직 내외부의 변화 요인에 대하여 업무연속성관리체계의 효과적인 방향을 제시하고 지속적으로 검토 및 모니터링하는 가이드라인을 제시한다. 또한, 조직의 모든 임직원들은 업무연속성관리의 개선을 위해 노력해야 한다는 내용을 포함하고 있다(정용균, 2018).

둘째, 리더십에서는 업무연속성관리의 정책과 목표 달성을 위해 경영진의 지원과 관심이 필요하다는 점을 명시하고 있다. 이를 위해 경영진의 책임에 관한 정책을 수립하고, 조직의 역할 및 책임에 대한 역할을 다음과 같이 기술하고 있다.

① **경영진 책임**
  - 업무연속성관리시스템의 효과적인 운영을 위해 업무담당자 지정
  - 충분한 지원과 자원의 정상적인 사용이 가능해야 함: 업무연소성관리 시스

템에 대한 내부감사 실시
- 감독 및 지원을 통한 지속적인 개선
② **정책수립**
- 기존의 평가결과 검토와 조직의 목표에 부합하는 업무연속성관리정책 수립
- 조직의 복잡성이 적절히 반영되는 방향으로 설정
③ **조직의 역할 및책임**
- 여러 유형의 위험에 따른 업무 중단 가능성을 예측
- 경영진의 업무연속성관리 리더십 및 전략적인 의사 결정사항
- 국제표준의 요건에 따른 업무연속성관리체계 수립, 조직 내 전파 및실현: 업무연속성관리 검토결과 및 개선 성과를 경영진에게 보고
- BCM 프로그램에 대한 조직의 인식 제고: 위기대응 프로세스의 효율성 보장

셋째, BCM 계획은 위기상황 시 중요 활동의 신속한 실행을 통하여 허용 가능한 최소한의 업무복구 계획을 수립하는 것이다. 계획 수립 시에는 업무영향분석을 통해 산출된 복구우선순위와 복구목표시간이 기준이 된다. 중요 업무를 복구하기 위하여 위기 발생 전에 합의된 최소한의 자원을 확보하는 방법과 복구한 업무 산출물을 고객에게 제공하는 방법의 결정이 중요하다.

넷째, 성과평가는 모니터링 및 측정을 통해 성과평가가 법규와 표준화된 전략 등에 따라 운영되고 있는지를 확인하고, 비즈니스 요구에 맞는 정성적, 정량적 평가를 수행한다. 이를 통해 목표 달성 수준에서의 모니터링이 필요하며, 법규 및 감독당국 요구사항의 준수 여부를 평가하여야 한다. 내부감사는 기업의 주요업무 활동 자원에 대한 충분한 지원이 되었는지, 목적달성을 위한 우선순위와 요구사항이 반영되어 있는지를 확인하여야 한다. 성과평가에서 경영진은 내부감사 결과와 법적 요구사항 및 그 외의 다른 요구사항 준수여부를 평가하여야 한다. 이때 경영진은 조직 내외부의 이해관계자 요구사항, 조직의 업무연속성 성과, 목표 달성 수준, 시정 및 사전적 예방조치, 기존 경영진 검토결과가 반영된 시정조치 및 개선을 위한 조언 및 권고사항 등을 감안하여야 한다.

마지막 항목인 개선 단계에서는 평가결과의 BCM Policy 반영에 관한 사항,

BCM 역량 개선을 위한 전략 수립여부, 법규준수 평가에 관한 사항 및 BCM 대책의 경영진 승인 사항 등을 고려한 조치를 시행하여야 한다.

## 3. 업무연속성 관리의 주요 구성요소

### 1) 위험평가(Risk Assessment)

위험평가는 기업에서 대내외 조직의 운영자산·인력 등 잠재적 리스크(위험)를 파악 및 식별하고 위험성 수준을 결정하여, 위험성을 낮추기 위한 적절한 조치를 마련하고 실행하는 과정이다. 사업주가 스스로 유해·위험요인을 파악하고 해당 유해·위험요인의 위험성 수준을 결정하여, 위험성을 낮추기 위한 적절한 조치를 마련하고 실행하는 것이다. 이러한 과정에서 조직의 취약한 부분에 영향을 미칠 수 있는 위험들을 분류하고, 그 조직과 관련된 위험의 발생빈도와 영향의 크기를 예상한다. 위험평가의 주요 내용으로는 첫째 핵심 프로세스를 지원하는 인원, 데이터, 인프라를 식별한다(Identify risks and vulnerabilities specific to your organization). 둘째 핵심 프로세스를 지원하는 인원, 데이터, 인프라를 식별한다. 셋째 취약점 리스트와 위협 식별 및 존재 가능성을 평가한다. 넷째 통제 효율성과 효과성 평가 측면에서 현재 존재하는 통제 방안의 효율성과 효과성을 평가한다(FEMA, 2018). 현재 국내에서는 산업안전보건법 제36조 위험성 평가 실시 등을 통해 평가방법, 절차, 시기 등 기준을 제시하고 있다. 이를 근거로 산업안전관리공단은 "위험성평가 지원시스템(KRAS: Korea Risk Assessment System)"을 운영하고 있다(행정안전부, 2023). 특히 위험평가에서는 평가할 중요 비즈니스기능, 프로세스 서비스(지리적 위치, 공급망 등)을 정의하는 것이 중요하다, 또한 리스크 식별시 내부위협(IT장애, 인간실수, 장비고장, 파업 등)과 외부위협(자연재해, 사이버 공격, 데이터유출, 보건위기, 공급망 중단 등)을 정확히 파악하여 핵심 비즈니스분석(BIA) 단계로 접근해야 한다.

**[그림 5-5] 위험성 평가(RA) 고려시 위험요인 및 효과**

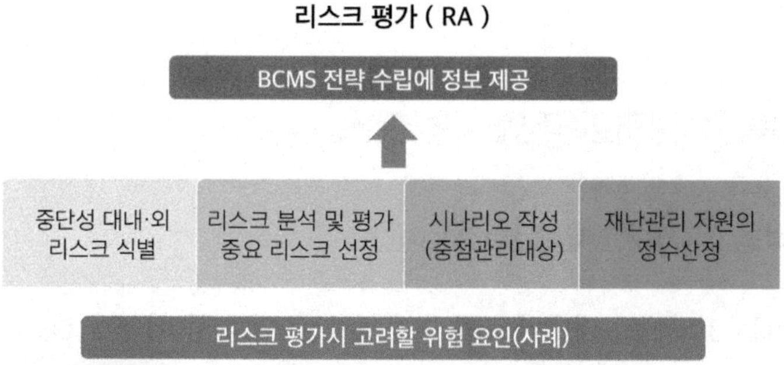

리스크 평가 ( RA )

BCMS 전략 수립에 정보 제공

| 중단성 대내·외 리스크 식별 | 리스크 분석 및 평가 중요 리스크 선정 | 시나리오 작성 (중점관리대상) | 재난관리 자원의 정수산정 |

**리스크 평가시 고려할 위험 요인(사례)**

| 사회재난 | 원부자재 공급 중단, 대내외 문제 접수, 기자재 품질, 전산망 마비, 테러, 파업, 폭동, 방화, 폭발물 설치, 전력공급중단, 통신망 두절, 오염을 무단 방치/처리, 전염병 등 |
| 자연재난 | 지진, 홍수, 태풍, 폭우, 폭설 등 |

한편, 미국 FEMA Continuity Plan Template and Instructions(Non-Federal Entities and Community-Based Organizations) 등에서 제시하는 위험평가의 단계별 절차는 5단계로 구분되는데 먼저 1단계는 사전준비로서 위험성평가 실시규정을 작성하고 평가대상을 선정, 평가에 필요한 각종 자료를 수집하는 것이다. 2단계는 유해위험요인을 파악하는 것으로 사업장 순회점검 및 안전보건 체크리스트 등을 활용하여 사업장 내 유해 및 위험요인을 파악한다. 3단계는 위험성 추정단계로서 유해·위험요인이 부상 또는 질병으로 이어질 수 있는 가능성 및 중대성의 크기를 추정하여 위험성의 크기를 산출한다. 4단계는 위험성을 결정하는 단계로서 유해·위험요인별 위험성 추정 결과와 사업장에서 설정한 허용 가능한 위험성의 기준을 비교한다. 5단계는 4단계에서 추정된 위험성의 크기가 허용 가능한지 여부를 판단하여 제한될 경우 위험성 감소 대책을 수립하고 실행한다. 위험성 결정 결과, 허용 불가능한 위험성을 합리적으로 실천 가능한 범위에서 낮은 수준으로 감소키기기 위한 대책을 수립하고 실행한다(FEMA, 2018).

## 2) 업무영향분석(Business Impact Analysis, BIA)

업무영향분석은 여러 가지 영향 유형과 기준을 정의하는 프로세스로서 조직의 핵심 비즈니스 프로세스와 기능에 대한 잠재적인 영향을 평가하는 과정이다.[5] 즉 업무 프로세스를 상실했을 때 손실 규모를 평가하는 것으로 업무 중단의 조직 및 재무 영향을 예측하는 프로세스로서 조직을 정상으로 되돌리기 위해 가장 빠른 복구 전략을 수립하는 데 도움이 되는 관련 데이터를 수집하는 것이다(FEMA, 2018). 특히 필수기능과 프로세스 식별, 중단시 (재무적·운영적) 영향평가, 복구 우선순위 및 허용가능한 다운타임(복구시간목표, RTO) 설정하는 것이 중요한다.[6]

이를 단계별로 살펴보면 첫째 비즈니스 기능의 위험과 영향 이해를 위해 기업의 핵심 비즈니스 기능에 대한 위험과 잠재적 영향을 분석을 통해 취약성을 식별하고 핵심 프로세스를 우선순위로 정하며 복구 시간 목표를 설정하게 된다. 어떤 프로세스가 중단되면 기업의 운영에 큰 영향을 미치는지 확인한다. 특히 중요한 비즈니스 기능과 프로세스를 식별하는데, 예를 들어 주문 처리, 고객 서비스, 금융 거래 등이 해당된다.

둘째 영향의 양적 평가로서 중단된 프로세스가 어떤 영향을 미치는지 평가한다. 이는 복구 시간 목표(RTO)와 복구 지점 목표(RPO)를 고려하여 조직 영향이 부정적 결과를 초래하기 시작하는 시기를 이해하게 된다. 이는 금전적인 손실뿐만 아니라 고객 서비스, 법적 규제 문제, 계약 문제, 운영 성과, 조직 이미지와 평판, 리더십·경영에 영향을 주기 시작하는 시기도 포함한다. 이때 금전적 계산뿐만 아니라 고객 서비스, 법적·규제 문제, 계약 문제, 운영 성과, 조직 이미지와 평판, 리더십·경영에 미치는 영향을 고려한다. 이러한 양적 평가와 정성적 평가를 통해 BIA는 기업이 중단 사항에 대응하고 비즈니스 연속성을 유지하고, 중요도에 따라 복구 순서를 결정

---

5 Business impact analysis is a process of predicting the organizational and financial impact of business disruptions. It collects relevant data to aid businesses in creating the fastest recovery strategies to get companies back to normal after inevitable consequences.

6 https://www.businesstechweekly.com/operational-efficiency/business-continuity/business-impact-analysis-bia/

할 수 있다(행정안전부, 2023).

셋째 연속성 시설 및 인프라 요구 사항, 필수 기록, 서버, 데이터 라인 및 장비에 대한 위험을 고려한다.

이와 같이 비즈니스 영향 분석(BIA)은 중단 사항에 대응하고 비즈니스 기능을 유지하는 데 필수적이다. 이를 기반으로 비즈니스 연속성 전략을 개발하고 효과적인 비즈니스 연속성 계획을 수립할 수 있다.

## 3) 업무 연속성 전략(Business Continuity Strategies)

핵심 비즈니스 기능이 중단되게 되면 필수적인 운영을 유지하기 위한 전략인 예방(완화) 전략, 위기 대응 전략 및 복구 전략 등이 위기 발생부터 정상적인 운영이 복구될 때까지 수행되어야 한다.[7] 여러 가지 비즈니스 연속성 전략과 환경에 따른 다양한 방법론 존재하는데 일반적으로 국제 표준화 기구(ISO)는 ISO 22301: 2019 표준 지침을 적용한다. 비즈니스 연속성 전략을 선택하기 전에 기업의 목표와 상호 의존성을 식별해야 한다. 주요 초점은 즉각적인 위기 관리, IT 및 시스템 복구 또는 신속한 비즈니스 재개인지 고려를 통해 최적의 연속성 전략을 결정한다.

## 4) 비즈니스 연속성 계획(Business Continuity Plan, BCP)

중단 사항 발생 시 필수적인 운영을 유지하기 위한 단계별 절차와 조치를 의미하는데, 의사 소통 및 자원 할당이 포함된다. 중단 사항이 발생했을 때 관련된 직원, 파트너, 고객 등과의 효율적인 의사 소통이 필요하다. 자원 할당은 중단 사항에 대응하기 위해 필요한 인력, 장비, 시설 등을 할당하는 프로세스이며, 각 직원과 팀의 역할과 책임을 명확하게 구분이 되어야 한다.

---

7 https://www.diligent.com/resources/blog/strategies-and-solutions

## 5) Testing and Exercising / Crisis Communication Plan

이 단계에서는 정기적인 계획 감사 및 최신화를 통해 BCP가 현재 비즈니스 요구 사항을 충족하는지 확인하고, 변경된 조직 구조, 프로세스 또는 기타 요소에 따라 계획을 최신화한다. 또한 위기상황에 대한 교육훈련을 통해 직원들은 업무연속성 관리를 이해하고 효과적으로 실행할 수 있도록 교육한다. 다양한 시나리오 시뮬레이션을 통해 BCM 프레임워크 효과를 검증하며, 사건 발생시 책임·역할을 인지시켜야 한다.

마지막으로 위기관리 커뮤니케이션은 조직에 비즈니스 연속성 계획을 최신 상태로 정확하게 유지할 수 있는 기능을 제공하기 위해 계획을 최신 상태로 유지하고 정확하게 실행하기 위한 핵심 기능을 제공한다.

## 4. 우리나라 기업 업무연속성 계획

우리나라 기업의 업무연속성계획은 재해경감활동 관리체계(BCMS, Business Continuity Management System)라는 용어로 운영되며,8 재난 발생 시에도 기업의 핵심 업무를 지속할 수 있도록 전략·경감·대응·사업연속성·복구체계를 수립하고, 이를 실행·운영·감시·검토·유지관리 및 개선하는 경영시스템을 목표로 구축되어 있다. 현행 재해경감활동관리체계의 기준은 「기업재난관리표준」으로 국제표준 ISO 22301 (비즈니스 연속성 관리 국제표준)에서 정의하고 있는 업무연속성관리체계와 유사하다. ISO 22301은 재해나 비상사태 시 조직의 핵심 기능을 유지하고 복구할 수 있도록 계획을 수립하고 실행하는 것을 목표로 하며 리스크 관리 및 복원력을 중시하며, 빠르게 회복하고 중단을 최소화하기 위한 요구 사항과 지침을 제공한다.9

---

8 https://www.mois.go.kr/frt/sub/a06/b10/disasterMitigationCompanies/screen.do
9 한편 이와 유사한 ISO 45001(안전보건경영시스템 국제 표준)는 기업 활동 중 발생할 수 있는 다양한 위험을 예측하고 안전보건을 체계적으로 관리하는 것을 목표로 한다. 근로자의 안전과 건강을 보장하고 향상시키기 위한 요구 사항과 지침을 제공한다. ISO 45001이 안전과 건강 관리에 중점을 두고, 근로자의 안전과 건강을 향상시키기 위한 시스템을 구축하는 것을 목표로 한다면 ISO

이러한 기업의 재해경감활동 관리체계는 재난 발생 시 조직의 업무연속성 관리를 위해 의무적으로 계획을 수립하는 '기능연속성계획'과 자율적으로 계획을 수립하는 '재해경감활동계획'으로 이원화되어 있다(행정안전부, 2023).

**[그림 5-6] 재해경감활동관리체계[10]**

## 1) 기능연속성 계획

'기능연속성계획'은 다양한 위기 상황에서 기관의 핵심기능을 유지하기 위한 필수 계획으로 「재난 및 안전관리 기본법」(이하 "재난안전법") 제25조의2 제5항에서 재난관리책임기관의 장[11] 및 국회·법원·헌법재판소·중앙선거관리위원회의 행정사무를 처리하는 기관의 장은 재난 상황에서 해당 기관의 핵심기능을 유지하는 데 필요한 계획이다.[12] 이 계획의 주요목적은 재난 등으로 인한 핵심 기능의 피해 최소화

---

22301은 재난 발생 시 회복 능력을 높이기 위한 시스템을 구축하는 것을 목표로 한다. 결국 두 표준 모두 기업의 안정성과 지속 가능성을 높이는 데 중요한 역할을 한다.

10 https://www.mois.go.kr/frt/sub/a06/b10/disasterMitigationCompanies/screen.do

11 「재난 및 안전관리 기본법」 제3조 5호의 재난관리책임기관, 중앙행정기관(본부, 1차 소속기관, 2차 소속기관 일부), 지방자치단체(시도, 시군구, 상·하수도 등 일상생활 기반사업 사업소), 재난안전법 시행령 별표 1의2의 지방행정기관·공공기관.

12 행정안전부 보도자료에 의하면 '기능연속성계획'은 2022년 2월 18일 기준 수립 대상을 재난관리책임기관으로 중앙부처(47), 지자체(245), 재외공관(164), 교육청(193), 재난방송사업자(160), 기타

및 신속한 복구, 핵심 기능 식별, 소요자원 분석, 연속성 절차 등 마련, 실효성 있는 계획을 위한 주기적인 교육·훈련 및 개선 등을 들 수 있다.[13]

세부적으로는 「재난안전법」 시행령 제29조의3 제3항의 사항인 핵심기능 의 선정과 우선순위, 대체시설·장비 등의 확보, 시행 절차, 교육·훈련에 관한 사항 등을 포함하여 수립절차는 [표 5-1]과 같다.

### [표 5-1] 기능연속성 수립절차

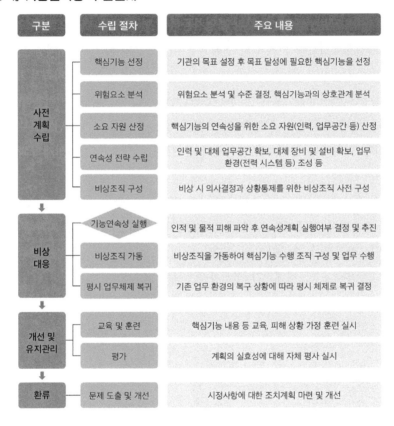

| 구분 | 수립 절차 | 주요 내용 |
|---|---|---|
| 사전 계획 수립 | 핵심기능 선정 | 기관의 목표 설정 후 목표 달성에 필요한 핵심기능을 선정 |
| | 위험요소 분석 | 위험요소 분석 및 수준 결정, 핵심기능과의 상호관계 분석 |
| | 소요 자원 산정 | 핵심기능의 연속성을 위한 소요 자원(인력, 업무공간 등) 산정 |
| | 연속성 전략 수립 | 인력 및 대체 업무공간 확보, 대체 장비 및 설비 확보, 업무 환경(전력 시스템 등) 조성 등 |
| | 비상조직 구성 | 비상 시 의사결정과 상황통제를 위한 비상조직 사전 구성 |
| 비상 대응 | 기능연속성 실행 | 인적 및 물적 피해 파악 후 연속성계획 실행여부 결정 및 추진 |
| | 비상조직 가동 | 비상조직을 가동하여 핵심기능 수행 조직 구성 및 업무 수행 |
| | 평시 업무체제 복귀 | 기존 업무 환경의 복구 상황에 따라 평시 체제로 복귀 결정 |
| 개선 및 유지관리 | 교육 및 훈련 | 핵심기능 내용 등 교육, 피해 상황 가정 훈련 실시 |
| | 평가 | 계획의 실효성에 대해 자체 평사 실시 |
| 환류 | 문제 도출 및 개선 | 시정사항에 대한 조치계획 마련 및 개선 |

---

공공기관(340) 등으로 1,149개 지정하고 그 중 중앙 47, 지방 245, 교육(지원)청 188, 공공기관 등 642개 1,122개 기관이 수립하였다.

13 행정안전부에서 2020년 9월 재난관리책임기관을 대상으로 전파한 '공공기관용 기능연속성계획 수립 지침'에서 '기능연속성계획의 목적을 3가지로 정리하였음(https://www.mois.go.kr/srch.jsp?query=%EA%B8%B0%EB%8A%A5%EC%97%B0%EC% 86%8D%EC%84%B1%EA%B3%84%ED%9A%8D&x=0&y=0#Result_%EC%A0%95%EC%B1%85%EC%A0%95%EB%B3%B4)

## 2) 기업재해경감활동 계획

'재해경감활동계획'은 「재해경감을 위한 기업의 자율활동 지원에 관한 법률」(이하 "기업재해경감법") 제2조 제3호에서 기업이 재난으로부터 피해를 최소화하기 위하여 수립하는 전략계획, 경감계획, 사업연속성확보계획, 대응계획 및 복구계획으로 정의하고 있다. 적용범위는 재해경감 우수기업 인증을 받고자 하는 기업으로, 영리를 목적으로 「상법」 제172조에 따라 법인설립등기를 마친 기업 또는 「소득세법」 제168조 및 「부가가치세법」 제8조에 따라 사업자등록을 한 기업을 대상으로 하고 있다.14

한편 기업재해경감활동 계획'의 핵심인 「기업재난관리표준」은 재해경감활동관리체계의 수립, 운영 및 실행, 교육과 훈련, 감시 및 검토, 유지관리 및 지속적 개선 등을 위한 프로세스 접근방법으로 P(Plan)-D(Do)-C(Check)-A(Act) 모델을 적용하고 있다.

'재해경감활동계획'은 사업연속성학보계획 측면에서 기업이 재난으로부터 피해를 최소화하기 위한 사업연속성 계획으로 앞서 언급한 '기능연속성계획'과 유사하다고 할 수 있다.

한편 재해경감 우수기업 인증제도는 재해경감활동 관리체계 구축 및 운영현장을 평가해 우수기업에 보증서를 수여하는 제도이다. 즉 인센티브로는 지자체 사업 입찰시 신인도 가점부여, 송공단지, 산업단지 등의 업무 우선권 부여, 신용보증기금 등 자금조달 시 우대조건, 재해경감 설비자금 등을 들 수 있다.

---

14 '기업재해경감활동계획'의 경우 재해경감 우수기업 인증을 받은 기준으로 보면 2023년 8월을 기준으로 356개 기업이 인증을 획득하였다.

## 1. 미국

### 1) FEMA ONCP(The Office of National Continuity Programs)[15]

FEMA는 미국 국토안보부(DHS) 소속 기관으로, 모든 유형의 재난에 대한 총괄 업무를 수행하는데, 국가적 연속성 계획실(ONCP)이 업무연속성 업무를 수행하는 주요 조직이다. 국가 연속성 계획실(ONCP)은 연방, 주, 지역, 부족 및 영토 정부가 필수 기능을 수행하고 재난이나 기타 긴급 상황 발생 시 중요한 서비스를 제공할 수 있도록 지속성 프로그램을 계획, 실행 및 평가하는 업무를 수행한다. 이러한 프로그램을 통해 연방, 주, 지방, 부족, 자치지역 정부는 비상사태로 인해 일반적인 운영이 중단되는 경우에도 필수 기능 수행이 가능하다. ONCP의 기능은 5가지로 다음과 같다.

① 연속성 계획(Continuity Planning): 연방 기관들이 비상 상황에서 필수 기능을 지속할 수 있도록 지침과 표준을 제공한다. 또한 연방 기관들의 업무연속성 계획 수립을 지원하고 평가한다.

② 주, 지방정부 기술 지원(Technical Assistance): 지역 사회의 업무지속성 관리역량 강화를 위해 기술 지원과 자원을 제공한다. 지역 사회 전체가 재난과 위기에 대비할 수 있도록 협력한다.

③ 국가 수준의 업무연속성 계획수립: 국가 지속성 정책과 계획을 수립하고 관리하며, 연방·주·지방정부 간 업무연속성 활동을 조정통제한다.

④ 알림 및 경고(Alerts and Warnings): ONCP는 자연재해, 테러 행위 및 기타 공공 안전에 대한 위협과 관련하여 시기적절하고 효과적인 경보 및 경고를 제공한다. 이러한 사전 예방적 접근 방식은 위험을 완화하는 데 도움이 된다.

⑤ 교육 및 훈련: 연방 기관 직원들을 대상으로 지속성 교육훈련 프로그램을 제

---

15 https://www.fema.gov/about/offices/continuity

공하며, 지역 사회의 비상 대응 역량 강화를 위한 교육 프로그램을 운영한다.

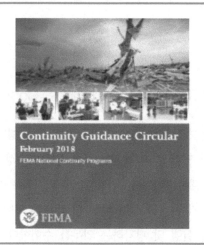

## 2) 미국 NFPA 1600 표준

미국 연방방재협회(NFPA)가 채택하고 있는 NFPA 1600 표준은 재난 관리와 업무연속성 관리를 위한 기준을 제시하는 중요한 표준문서이다. 이 표준은 모든 유형의 재난과 비상시태 관리, 업무 연속성 프로그램, 복원력에 대한 공통된 지침을 제공한다.[16]

이 표준은 다양한 산업 분야에서 활용되며, 국토안보부가 인정한 비즈니스 연속성 계획(Business Continuity Planning, BCP) 요구 사항을 충족한 조직에게 증명서를 발급하는 인센티브 제도로도 활용된다. NFPA 1600은 재난 관리, 위기 대응, 비상사태 대응에 관심 있는 모든 전문가와 기관들에게 유용한 자료로서 국가 및 국제적으로도 인정받고 있으며, 사업소와 기관이 재난 상황에서 효과적으로 대응하고 회복할 수 있도록 지원한다.[17] 이 표준의 기원은 2001년 미국에서 발생한 9.11테러 뒤 국

---

16 https://www.nfpa.org/codes-and-standards/nfpa-1600-standard-development/1600
17 미국 국토안보부가 적용하고 있는 위기관리 관련 표준의 미국연방방제협회(NFPA)의 NFPA1600:2007/
   2010, 영국표준협회(BSI)의 BS25999-2:2007, 미국사회산업보안협회(ASIS)의 SPC.1:2009이다.

토안보부는 9.11 특별위원회를 설치해, 민간조직(기업·대학·비영리 조직 등)의 재난과 위기발생 시 대응력·복구력을 높이기 위한 자발적인 표준제도를 검토해왔다.

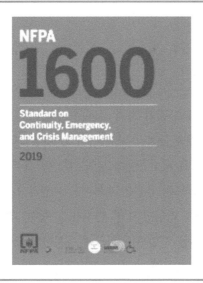

NFPA 표준이사회는 1991년 1월 『재난관리위원회』를 설립하였고, 1995년 NFPA 1600의 초판인 '재난관리를 위한 권장 실무(Recommended Practice for Disaster Management)를 발간하였다. 2000년 판은 재난·비상사태 관리 및 업무연속성 프로그램을 위한 '종합 프로그램 접근방법'을 채택해 공통의 프로그램 요소, 기법과 절차를 정의해 민간과 공공 부문의 재난·비상사태 관리 및 업무연속성 프로그램을 위한 표준화된 기반을 제공하였다.

이후 2016년과 2019년 최근 조직의 복잡한 환경과 신종 위협에 대응위해 표준을 발전시키는데 중점을 두었다. NFPA 1600이 일반적으로 '운영계획의 연속성(Continuity of Operations Planning, COOP)'으로 불리는 공공 부문 연속성 계획에 적용하기 위한 개정이 수행되었다. 특히 다양한 위협에 대한 다차원적 위험평가접근, 장기적 복원력을 높이기 위한 절차 마련, 국제표준(IS 22301)과 호환성 강화 위한 용어통합 교육훈련 강화 등이 핵심 개정사항이다.

또한 조직내 다양한 부서간 통합적 협력에 대한 접근방식 지침이 추가되었다.

마지막으로, 조직문화와 리더십 역할, 의사소통 체계 개선 등 현대적 요소가 반영되었다.[18] 특히, 부록 'C'에 소기업에 적용할 수 있는 '가이드(Guide)'가 제시된 점은 주목할 만하다(행정안전부, 2023).

### 3) NFPA HAZMAT Awareness Level Certification

NFPA HAZMAT 인증은 미국 기업의 전반적 위험관리 체계를 강화한 인증제도이다. 각종 재난 사고 대응에 관한 자격 중에서 가장 낮은 수준의 자격증으로 화학, 생물, 방사능, 폭발물 등 위험물처리 및 관리 위험을 통합한 개념인 HAZMAT과 관련하여 교육 및 훈련을 받은 사람들에게 부여된다. 이 자격증은 소방관을 포함한 사고 대응에 관련된 경찰 등 모든 유관된 초동대응 요원과 동일한 훈련과 시험을 포함한다. 특히 민간 기업 소속 직원인 안전 관리자, 소방관, 경찰관, 구급대원 등 다양한 재난 상황에 관한 훈련을 포함하며 시험에 통과하면 모든 기관에서 통용되는 공통된 기준의 인증 자격을 획득할 수 있다.[19]

NFPA에 따른 자격 인증을 갖춘 안전 관리자는 재난 현장에서 보다 상위 자격을 갖춘 대응 요원(소방, 경찰 등 소속에 관계 없음)이 현장에 도착하기 전까지 재난 현장의 책임자 겸 지휘관 역할을 수행하게 된다. 특히 공무원 신분이 아니더라도 국가 재난 대응 체계의 일부로서 가용한 범위 내에서 꼭 필요한 책임과 권한을 행사할 수 있다.

### 4) 미국 민간 분야 재난 대비 인증프로그램

9.11 테러와 허리케인 카트리나 등을 겪으면서 미국은 민간 영역에서도 재난 대비 활성화의 필요성을 인지하게 되었다. 이에 따라 국토안보부 주관으로 민간 분야

---

18 https://www.riskandresiliencehub.com/nfpa-1600-2019-edition-a-resource-for-every-practitioners-and-auditors-toolbox/

19 https://www.dps.arkansas.gov/wp-content/uploads/2020/05/HazMat-Awareness-2019-Student-Manual.pdf, https://www.safetimes.co.kr/news/articleView.html?idxno=70782

재난 대비 인증 프로그램(PS-Prep; Voluntary Private Sector Preparedness Accreditation and Certification Program)을 통해 기업들의 재난 대비 경영 실태를 평가·관리하고 있다. 국토안보부가 민간 분야와 협력으로 만든 이 인증프로그램은 민간 분야의 재난 연속성계획 프로그램을 포함한 민간 분야 조직의 사전단계에서 인증하도록 독립적인 수단을 제공하며, 기업 및 민간 분야 단체들은 재난대비상태를 인증하는 데 초점을 두고 있다. 특히 중소기업에는 기업재난관리 소프트웨어를 무료로 제공하고 있고, 재난 대비 인증을 받은 업체에는 융자 프로그램을 통해 재난에 대처할 수 있는 비용을 대출해 주며 보조금도 지급하고 있다. PS-Prep의 목적은 민간기업 분야 재난 대비 능력을 향상시키고 확장하는 것으로 제3의 인증기관으로부터 인증(증명서)을 받을 수 있게 함으로써, 민간 조직(기업, 시설, 비영리단체, 병원, 체육 분야 등)의 재난 대비 능력을 향상시키는 것이다(정종수, 윤동근, 김태환,, 2015).

## 2. 일본

일본은 잦은 재난·재해의 경험을 통해 일찍이 업무연속성관리의 필요성을 인식하였으며, 2011년 동일본대지진 등을 계기로 대규모 재해의 가능성을 상정한 정책을 제고하였다. 특히 코로나19 사태로 인해 공급망 관리의 중요성이 재차 크게 부각되었다.

### 1) 일본의 업무연속성관리 제도

일본 정부는 재난·재해 발생 시 손해를 최소화하고 업무의 연속성을 확보하기 위해 국가 차원에서 기본방침 및 표준기준을 제정하고 있다. 내각부 산하 중앙방재회의에서는 2005년부터 기업과 정부기관의 업무 연속성을 강화하기 위해 기본방침 및 표준기준을 제정하였으며, 니가타현 지진(2004·2007년), 신종플루 확산(2009년), 동일본대지진·태국 홍수(2011년) 등 위기상황 발생의 교훈을 반영하여 가이드라인을 최신화 하였다. 경제산업성, 중소기업청 등 중앙부처에서 가이드라인을 발표했으며,

각 기업 및 기관은 내각부·중소기업청 등의 가이드라인을 기반으로 아래와 같은 업무연속성 계획을 작성하고 있다(이보람·이정은·손원주, 2020).

### (1) 재해의 특정

사업에 심각한 피해를 줄 수 있는 중대 재난을 상정한다. 이는 자연재해, 신종플루 등 전염병을 포함한다.

### (2) 영업영향분석(BIA)

① 복구 기간과 대응력 분석: 핵심기능·업무에 대해 기업으로서 다양한 관점에서 어느 정도(조업도 하한과 복구시간)까지 견딜 수 있는지 분석하고 판단한다.
② 핵심 업무의 식별: 재해 발생 후 즉시 모든 업무를 계속하거나 조기 재개하는 것은 불가능하므로 활용할 수 있는 인적, 물적 자원, 자금 등의 경영자원에 한계가 있음을 인식하고, 지속해야 할 중요업무를 선별한다. 또한 응급복구가 필요한 재해와 응급복구가 필요하지 않은 재해로 구분한다.
③ 복구 시간의 설정: 복구 기간과 대응력 추정의 결과(거래처 및 행정청과의 관계, 사회적 사명 포함)를 바탕으로 기업에게 중요 업무 재개 또는 착수까지 소요될 수 있다고 생각되는 시간(복구시간)을 중요 업무별로 상정한다. 이 단계의 '목표시간'은 '달성하고자 하는' 목표시간이며, 현실에서 도달 가능한지의 여부는 피해 가정과 병목현상의 해소 정도 등에 따라 달라진다. 이를 바탕으로 최종적으로 '경영판단으로서의 목표시간'을 설정한다. 특별한 사정이 없는 한 거래처 등에 대해 달성할 수 있는 약속이 된다.

### (3) 중요 예상 피해의 가정(assumption)

대책 수립을 위해 결정된 중요 업무가 재해 등 위험에 노출될 때 받을 수 있는 피해의 정도를 가정한다. 사무소, 공장, 장비, 인력, 원자재, 운송 등 다양한 경영자원이 받는 영향을 고려한다.

## (4) 중요 요소 추출

중요 업무의 지속에 필수적이지만 재조달 및 복구에 시간과 노력이 소요되어 복구에 제약이 될 수 있는 중요 요소(병목현상)를 파악한다. 또한 병목현상에 대해 이를 극복하기 위한 전략을 수립하게 되는데 병목현상의 존재를 전제로 BCP를 수립하지만, 이후에 병목현상이 해소되면 이를 전제로 BCP를 규정한다.

## (5) 업무연속성계획(BCP) 수립

업무를 존속시키기 위해 중요 업무를 목표 시간까지 복구할 수 있도록 (1)~(4)에 근거하여 구체적인 계획을 수립함으로써, '목표시간'을 달성해야 한다. 주요 내용은 기본적으로 재해발생 후의 대응절차 계획, 목표시간을 앞당기거나 확실하게 달성하도록 하는 사전대책 계획, 평상시 점검·유지관리와 훈련, 지속적인 개선·검토에 관한 계획을 포함한다.

**[표 5-2] 일본 중소기업 대상 BCP 인증제도 주요내용**

| 구분 | 주요 내용 |
| --- | --- |
| 1. 사업 연속성 강화의 목적 검토 | • 자연재해 등 발생 시 사업연속성 강화의 목적을 명확히 기재 |
| 2. 재해 리스크 확인·인식 | • 해저드맵(hazard map) 등을 활용하여 기업별 거점의 리스크 인식과 재해시 피해 상정 등 재해가 사업 활동에 미치는 영향 파악 |
| 3. 초동대응 검토 | • 재해 발생 직후의 초동 대응 조치 검토<br>• 인명의 안전 확보, 비상체제 구축, 피해 상황 파악 및 피해 정보 공유 등을 포함한 대응 |
| 4. 인적·물적(사람, 물건), 자금, 정보 관련 대응 | • 재해 발생 시 경영자원(사람, 물건, 자금, 정보)에 대한 대책 마련<br>• 직원의 다능공화(多能工化·멀티태스킹 가능), 시설 내진화, 설비투자, 보험, 데이터백업 등 정보호호 |
| 5. 평시의 추진체제 | • 평시의 BCP 추진체제에 경영진이 참여<br>• 1년에 1회 이상 훈련을 실시하고 검토를 정기적으로 실시할 것 |

**자료:** 中小(2019), 事業継続力強化計画定的手引(12月), 15~17.

일본은 위기상황에 취약한 중소기업과 소규모 사업자의 BCP 책정을 지원하기 위해 2019년부터 중소기업강인화법을 시행하고 있다. 중소기업강인화법(2019년 7월 시행)에 기반하여 세제 혜택, 금융조치 및 보조금 등을 지원하고 중소기업이 수립한 업무연속성 계획을 국가(경제산업대신)가 심사하여 인정받은 중소기업에 대하여 재정적·비재정적 조치를 지원하는 인증제도를 수립하고 있다. 이를 통해 인정을 받은 중소기업에는 세제 우대조치, 금융지원, 보조금 우선 지원 등의 재정적 지원, BCP 수립 관련 자문, 문가 파견 등 비재정적 지원을 실시하고 있다.

일본 정책투자은행 BCP 평가제도를 시행하고 있다. 2014년 메이코 건설은 쓰나미 피해가 예상되는 해안 연안부의 현장에서 해저드 맵[20]을 게시하고 피난 장소를 확인하는 의무화를 통해 거래처를 포함한 모든 현장에서 연 1회씩 대피 훈련을 실시했다. 결과적으로, 2015년에 일본 정책투자은행은 이러한 노력을 평가하여 BCP 최고 등급을 수여받았다.

국토강인화계획 인증제도를 들 수 있다. 이 제도는 재난다발지역의 기업들이 대규모위기가 발생했을 때 피해를 최소화하고 신속하게 복원력을 강화하기 위해 가능한 국가 차원의 기업 인증시스템을 의미한다. 주요내용으로는 먼저 재난 시나리오별로 위험평가 및 자원 취약성을 분석한다. 둘째 업무연속성 계획을 수립하여 업무 복구 우선순위를 명확화한다. 셋째 위기대응조직 및 체계를 구축한다. 넷째 정기적 훈련 및 시나리오 테스트, 공급망관리를 위한 대체공급업체(협력사 등)의 다각화를 확보한다.

이 제도의 인증 절차단계로서 기업이나 기관은 국토강인화계획을 수립하고 이를 국가에 제출하면 국가는 해당 계획을 심사하여 품질과 적절성을 평가하여 인증 여부를 부여한다. 인증을 받은 기업이나 기관은 재난 상황에서 빠른 대응과 효율적인 복구를 위한 지침과 재정적 지원을 받을 수 있게 된다. 이렇게 인증을 받은 기업이나 기관은 재난 상황에서 더욱 효과적으로 대응할 수 있다. 결론적으로 일본 추가강인과 인증제도는 단순한 기업인증을 넘어 국가와 지역사회의 안정성과 복원력을 높

---

20 해저드 맵: 지진, 화산 분화, 태풍 등이 발생할 경우, 재해를 일으키기 쉬운 각종 현상을 진로, 도달 범위, 소요 시간으로 표기한 지도이다.

이는데 기여한다.

## 2) 주요 시사점: 기업의 비상 대응 역량 강화, 지역사회의 역량 강화

- 대형 재해가 많은 일본에서는 이미 BCP를 공공·민간에서 도입하고 있는 반면, 우리나라에서는 아직 초보적인 단계에 머무르고 있는 실정이다, 일본 예처럼 공공에서 주도하여 인증시스템을 갖추고 인증을 가진 건설업체에게는 더욱 실효적인 인센티브를 부여 필요
- 재해 발생시 지역사회와도 유기적인 협조 관계를 구축하고 있으며, 재해 발생현장에서 조달할 수 있는 물자 등에 대한 정보 구축
- 지속적 인증 갱신 노력(평시 훈련, 문제점 파악 및 반영 등 BCP 업데이트)
- 기업 내부적으로 정보를 공유하고 일하는 방식의 혁신을 통해 기업 가치를 높일 수 있음
- BCP 수립 및 운영과 관련된 전문적인 노하우나 지식을 가진 전문가 육성 시급
- 위기 상황에 신속하게 대응하고 공공 인프라를 복구할 수 있도록 긴급 대응 활동에 참여하는 건설회사를 확대하고 사업 운영의 핵심 요소로 지정 필요
- 정부 주도의 BCP 인증 프로그램과 입찰 제도 등 인센티브 제공을 통해 자체 BCP 수립에 적극적으로 참여 독려
- 기업의 보유 자원에 대한 정보를 공유하도록 장려함으로써 지자체 위기관리역량 활용: 지역 관공서 및 기업이 어떤 인적·물적 자원이 있는지 정확한 정보를 확보, 효율적 활용

## 3. 영국[21]

영국은 기능연속성(BCP, Business Continuity Planning)제도와 시민보호법(Civil Contingencies Act, CCA, 2004)을 기반으로 각종 재난 등 비상사태에 대비하여 정부 기관, 지방정부, 공공기관 및 민간 기업이 비상관리계획(BCM, Business Continuity

---

21 관련부분은 김인혁(2018) 연구를 재구성하였음.

Management)을 수립하도록 규정하고 있다(김인혁, 2018). 영국에서 1948년 제정된 민방위법에 근거한 비상사태 등 위기대응은 2001년 9.11테러 이후 테러 공격에 취약하다는 비판에 따라 2004년, 민방위법을 대체한 국가비상관리법(Civil Contingencies Act 2004)을 도입하게 된 것이다. 기존 민방위법과 국가비상관리법의 차이점으로 민방위법의 적용대상은 전쟁 상황에 한정되었지만 국가비상관리법은 이를 비상사태(Emergency)로 확대하였다. 민방위법은 지방자치단체, 경찰 및 소방 당국에만 위기대응 의무를 부여하였지만 국가비상관리법은 위기대응 의무대상을 확대, 세분화하였다.

영국의 비상관리계획은 비상사태의 발생을 예방하거나, 발생 이후에는 비상사태의 확산을 막고, 그 피해와 영향력을 최소화하기 위하여 수립하는 체계적인 국가재난관련 위기관리 대비계획으로 일반비상계획(Generic Plans)과 특별비상계획(Specific Plans)으로 구분된다.

## 1) 영국의 BCP 제도

영국의 BCP 제도의 목적은 비상사태 예방 및 위기 대응 역량을 강화하기 위해 공공 및 민간 조직의 기능 연속성을 보장하고 필수 서비스(전력, 수도, 교통 등) 유지 및 신속한 복구에 중점을 두고 있다.

영국의 BCP 제도는 기관유형에 따라서 일반비상계획과 특별비상계획으로 분류된다. 일반비상계획은 모든 재난 및 위기 상황에서 공통적으로 적용되는 대응 및 복구 계획으로 재난관리 책임기관이 위기 대응 및 복구를 수행할 수 있도록 주요 자원 및 인력을 확보하는 것이 핵심이다. 재난대응 구조인력들의 안전과 비상사태에 대하여 충분한 자원과 수단의 지원을 확보하도록 내용이 구성되어 있다. 특별계획은 특정한 재난(화재, 홍수, 전염병, 테러 등) 등 비상사태나 특정지역에서 발생한 비상사태에 대비하는 특별비상계획으로 일반비상계획보다는 상세한 대응지침, 복구 절차 등을 포함하고 있다(신정훈 외, 2018).

영국 기능연속성(BCP) 제도의 특징은 첫째 법적 기반을 확보(Civil Contingencies Act, 2004)하여 국가 차원의 위기 대응 프레임워크를 확립하고 있다는 것이다. 이를 통해 공공 및 민간 부문의 기능 연속성 관리(BCM)를 의무화 및 권장하고 있다. 우리나라도 법적 근거를 기반으로 BCP 수립을 의무화할 필요가 있다.

둘째 위기 대응기관(Category 1 & 2 Responders)을 체계적으로 운영하며 필수 공공기관 및 민간 기업의 역할을 명확하게 구분하여 기능 연속성을 유지하고 있다.

셋째 공공-민간 협력 모델 적용하여 지방정부가 기업 및 자원봉사 단체와 협력하여 비상관리계획을 공동 수립하고 주요 인프라 기업(전력, 교통, 통신 등)이 정부와 협력하여 위기를 대응한다. 우리나라도 공공기관과 기업이 협력하여 위기 발생 시 신속한 대응 체계 구축 강화가 더욱 필요하다.

넷째 정기적인 BCP 훈련 및 평가 차원에서 공공기관과 기업은 정기적으로 비상훈련을 수행하여 실제 위기 상황에서의 대응력을 강화하고 있다. BCP는 한 번 수립하는 것이 아니라 정기적인 모의훈련 및 검토 과정이 중요하다는 것을 시사하고 있다.


## 2) 시민 보호법(Civil Contingencies Act, 2004)

CCA 2004는 영국의 국가재난 및 위기관리 체계의 근간이 되는 법률로, 공공 및 민간 부문에서 비상 대비 및 기능 연속성을 보장하는 역할을 한다. 핵심 내용으로 제1부(Part 1)에서는 정부 및 지방정부의 비상대비계획 수립 의무를 규정하고 있으며 제2부(Part 2)에서는 비상사태 발생 시 정부의 특별 권한 부여, 위기관리 책임기관(Category 1 Responders)의 역할과 책임 명시, 기업 및 민간 부문의 기능 연속성계획(BCM) 수립 및 권장내용을 포함한다(안창모·정지범, 2022).

이 법에서는 위기대응 의무대상을 두 단계로 나누었는데 위기관리 책임기관(Category 1 Responders)으로는 지방자치단체, 경찰, 소방, 국민보건서비스(NHS), 환경청, 해경, 교통청, 주요 공공기관 등이 포함된다. 이들은 비상사태 시 필수 서비스 제공을 지속해야 하며, 이에 따라 비상계획 및 기능연속성 계획을 수립해야 한다. 1차 핵심대응기관은 기능연속성계획 수립에 필요한 위험 평가를 실시하고 기능연속성관리를 실시할 임무가 규정되어 있다. 또한 지원기관(Category 2 Responders)으로는 각종 사회기반 시설사업체 및 관련된 민간사업체인 에너지, 통신, 교통 및 금융 부문 기업(예: 전력회사, 통신사, 철도 운영사 등)이 포함된다(안창모·정지범, 2022). 필수 서비스 제공 기관으로서 비상 상황에서 공공기관과 협력하여 기능을 유지한다(KIM et al., 2016).

## 3) 영국 기업의 기능연속성 관리(BCM)

영국은 지방정부 및 공공기관이 기업 및 민간 부문에 BCP 수립을 권장하며 주요 기업(전력, 수도, 금융 등)은 필수적으로 BCP를 수립하고 중소기업(SME)에도 BCP의 필요성을 강조하며 지방정부 및 자원봉사 단체와 협력을 유도록 규정하고 있다. 지방정부는 기업 및 시민 단체와 협력하여 지역 차원의 기능연속성을 강화하고 있으며, 중요 인프라 운영업체(통신, 교통, 에너지 기업 등)는 정부 및 지방정부와 협력하여 기능연속성을 유지하고 있다.

BCP의 중 핵심 요소로서 리스크 평가(Risk Assessment)에서는 예상되는 위기 및 재난 분석하고 핵심 기능 및 중단되어서는 안 되는 주요 서비스 및 업무를 정의한다. 대체 인력 및 자원 확보: 위기 발생 시 투입할 예비 인력 및 대체 시설 구축하고 복구 계획(Recovery Plan)을 토해 위기 발생 후 일정 시간 내에 정상 운영으로 복귀하는 전략을 수립한다. 정기적 훈련 및 점검(Training & Testing)에서는 실제 비상 상황에서의 대응력을 강화하기 위한 모의훈련을 수행한다.

기업의 비상관리계획(BCM, business continuity management)은 제1차 대응기관인 지방정부가 기업 및 시민자원봉사단체에 대해 기업 비상 관리계획을 수립하고 시행하도록 권장하고 있다. 기업 비상관리계획은 비상사태가 발생했을 경우 각 기관이 즉각적으로 주요활동이 중단되지 않고 연속적으로 시행될 수 있고, 궁극적으로는 정상상태로 복구가 가능하도록 조직화한 비상비계획의 한 부분이다. 비상대비법상 모든 재난관리책임기관들은 이 계획을 수립하고 연습을 이행해야 한다고 규정하고 있다. 또한, 주로 취약계층이나 위기재난관리책임기관의 인력 등에 초점을 두고 비상사태예방계획(Plans for preventing an emergency), 비상사태확산방지계획(Plans for reducing, controlling or mitigating the effects of an emergency), 사후처리계획(Plans for taking other action in connection with an emergency) 등으로 구성되어 수립된다. 비상대비계획의 실효성 확보를 위한 비상처리인력 및 그 대상을 중심으로 비상연습계획(Exercising plans)과 훈련계획(Training plans)을 포함한 계획안을 마련하여야 한다(김인혁, 2018).

## 4) 영국의 기능연속성 관련 주요 사례

### (1) 2005년 런던 지하철 폭탄 테러(7·7 테러) 대응

런던 지하철 및 버스에서 연쇄 폭탄 테러가 발생시, 시민보호법(CCA 2004)에 따라 긴급 대응 및 기능 연속성 유지 체계를 가동하였다. 런던교통국(TfL)은 비상 운영 센터 가동, 대체 교통수단 마련, 통신망 복구 등의 기능 연속성 계획을 즉각 시행하였고 기업 및 공공기관은 사이버 보안 강화 및 비상 네트워크 운영을 통해 업무를 지속하였다.

### (2) 2017년 맨체스터 경기장 폭탄 테러 대응

경찰, NHS, 긴급 대응 기관이 기능 연속성 계획(BCP)에 따라 즉각 대응하였고, 의료 서비스 및 대중교통 기능이 빠르게 복구되어 시민 피해를 최소화하였다.

### (3) 2020년 COVID-19 팬데믹 대응

NHS 및 필수 서비스 기관은 비상관리계획(BCM)을 적용하여 의료서비스 연속성 유지하였다. 대형 기업 및 금융 기관들은 원격 근무 및 비대면 업무 환경 구축을 통해 기능 연속성을 확보하였고 시민보호법에 따라 정부는 비상 입법 조치를 시행하여 필수 인프라를 보호하였다.

## 5) British Standards 25999

사업연속성관리(BCM, Business Continuity Management)는 BS 25999로 영국 표준협회(BSI)에 의해 발표된 비즈니스연속성관리(BCM) 표준이며 두 부분으로 구성되어 있다. 첫째, 연습 "BS 25999-1:(2006) 비즈니스 연속성 관리코드", BCM에 권장되는 프로세스, 원칙과 용어에 대한 일반적인 지침의 형태를 취한다. 1부에서는 비즈니스 연속성을 달성하기 위해 고려되어야 한다. 그것은 자신들의 특정상황에 따라서 사용자 조직에 의해 달리 해석될 필요가 있다. 둘째, "BS 비즈니스 연속성 관리를 위해 25999-2:(2007) 사양", 공식적으로 BCMS를 구현하고 운영 및 개선을 위한 일련의 요구 사항을 지정한다. 2부에서는 1부에 설명된 비즈니스 연속성의 준비가 체계적으로 문서화된 BCMS를 사용해서 관리할 수 있는 방법을 설명한다. BCM 시스템(BCMS)의 구현, 운영, 개선을 위한 구체적인 요구사항이기에, 사용자 조직은 BCMS를 객관적이고 독립적으로 인증에 이르는, 표준에 대해 선택할 수 있다. 인증서는 조직이 표준의 2부에 규정되고 구조화된 방식으로 사업연속성을 관리하는 이해 관계자를 나타낸다. BS 25999는 2012년에 국제 표준인 ISO 22301로 대체되어 현재는 사용되지 않는다. ISO 22301은 BS 25999의 구조를 기반으로 국제적으로 통용되는 BCM 표준으로 발전하였다. 영국 인증서비스(UKAS)의 인증을 상용 인증기관은 2부의 조직 준수 여부를 확인하고 난 후에 인증서를 발급하도록 되어 있다. 인증평가 방문번호는 다단계 과정을 거치게 되는데, 초기 인증활동 및 인증서, 감시 또는 후속방문의 문제는 조직이 준수하고 유지되도록 하기 위해 계획에 따라 연속적으로 작성된다.

제3절    국내외 업무연속성관리 사례분석

## 1. 국내

### 1) 코로나 시기 기업 업무연속성관리[22]

전 세계적으로 코로나 시기 기업의 업무연속 체계는 비약적으로 발전하였다. 미국 FEMA는 SLTT 파트너가 COVID-19 팬데믹 속에서 재난 운영을 준비할 수 있도록 COVID-19 Pandemic Operational Guidance(팬데믹 운영 가이드라인)를 발표하기도 했다. 이러한 가이드라인을 통해 COVID-19의 현실과 위험에 대응하기 위

---

22 고용노동부(2022)의 업무연속계획(BCP) 작성 가이드라인, 산업통상자원부(2020) 감염병 발생시 기업의 업무연속성 계획 가이드라인을 재구성하였다.

해 대응 및 복구 작업을 어떻게 조정했는지를 설명하고 연방, 주, 지방, 민간 기관 (SLTT) 비상대비 관리자의 조치사항을 체계화 하였다(FEMA, 2021). 우리나라도 코로나19 확진자와 접촉자가 폭증하게 되면서 고용노동부나 산업통상자원부에서는 사회유지를 위한 필수 기능의 유지가 어려울 상황에 대비하여, 기업 사업장별 핵심업무 지속을 위한 매뉴얼이 시급히 필요하였다. 특히 인력·물자의 이동 제한 등으로 정상적인 업무수행이 어려운 상황에서 핵심업무 지속을 위한 계획 수립을 지원하기 위한 업무연속성계획 가이드라인을 작성하였다(고용노동부, 2022). 이를 통해 각 사업장에서는 사업장별 특성(업종, 규모 등)에 따라 가이드라인의 내용을 적절히 수정하여 활용케 하였다.

### (1) 코로나19 업무연속성계획 개요

업무연속성 계획의 실행시기는 감염병의 대규모 유행으로 확진자와 격리자가 폭증하여 사회 필수기능 유지를 위한 비상계획 가동이 필요하다고 예상되는 시점으로 설정하였다. 구체적으로 방역당국이 각 부처의 필수 기능유지를 위한 BCP 작동을 요청하거나 사회기능유지를 위한 핵심업무 수행 인력 다수가 감염 등으로 해당 업무 수행이 곤란한 경우 등으로 세분화하였다.

#### [표 5-3] BCP 주요 내용

| ① 비상조직체계 구성 및 역할분담 | • 비상시 체계적인 대응 및 의사결정을 위해 비상조직체계를 구성하고, 팀별·개인별 역할을 규정 |
|---|---|
| ② 사업장 핵심업무 정의 및 연속성계획 수립 | • 사업장 자체 특성에 따라 반드시 지속해서 수행하여야 하는 핵심업무를 선정하고 우선 순위에 따라 체계적인 핵심업무 연속성 계획(BCP)을 마련함<br>• 계획 실행 시 다양한 상황을 고려하여야 혼란을 최소화 함 |
| ③ 가용자원 현황 파악 | • 사업장이 보유하고 있는 인적, 물적 자원의 현황을 파악 |
| ④ 인력운영 방안 마련 | • 인력 부족 시 핵심업무 지속 방안을 마련 |
| ⑤ 소통 체계 구축 | • 사업장 내외부와의 소통체계를 유지하여 업무집중도를 높임<br>• 직원, 고객, 거래처, 하청업체 등 내·외부 연락망 정비 직원뿐 아니라 파견·하청노동자에게 행동지침 등 전파 |

| ⑥ 사업장 내 확산 방지조치 | • 추가적인 인력 손실을 최소화하기 위해 사업장 내 확산 방지 조치사항 등 마련함 |
|---|---|
| ⑦ 복구 등 사후조치 | • 사업복구 절차를 마련하여 복구 시 혼선 최소화 |

## (2) 사업장 대응체계 및 조직

신속·정확한 의사결정과 상황통제를 위한 각 사업장 비상조직체계 가동을 위해 해당 사업장에서 운영 중인 코로나19 비상대응조직을 활용하거나 신규 조직 구성

**[표 5-4] 비상 대응 체계 및 역할(예시)**

| 정부 기관 | 비상대책위원회 |
|---|---|
| 관할 지자체 보건소 등 | · 위원장 : CEO<br>· 위원 : 각 분야 책임자<br>· 임무 : 기관 핵심업무 선정 |

| 의료팀 | 대책팀 |
|---|---|
| · 내부 확진자 및 접촉자 발생 시 의학적 자문지원 | · 조직 내 비상대책위원회의 지시사항 전달 (내부 소통)<br>· 정부기관 및 주요 유관기관 간 연락체계 유지 (외부 소통)<br>· 비상대책위원회 지원 및 상황 점검 |

| 대응팀 | | | | |
|---|---|---|---|---|
| 운영관리팀 | 인력관리팀 | 물류관리팀 | 환경관리팀 | 정보관리팀 |
| · 핵심업무 운영관리<br>· 고객 및 유관기관 관리<br>· 모든 운용자금 및 지출 감시 | · 인력 관리<br>· 대체 인력 및 기술 지원<br>· 결근 직원의 복귀 관리<br>· 원격근무체계 도입·운영 | · 감염병 발생 대비 필요 물품 및 서비스 관리(위생, 방역 용품 등)<br>· 협력업체 관리 | · 직원 및 고객의 감염관리<br>· 환자발생현황 모니터링 | · 정보 수집<br>· 주요 정보 백업 및 스토리지 관리 |

가능토록 하고 비상조직체계를 구성하고 즉시 체계적인 대응이 가능하도록 준비하였다. 또한 업무 대체 상황 등을 고려하여 개인별 임무 숙지와 상시 연락체계 유지

를 위한 개인별 임무관리카드를 작성 및 휴대·비치케 하였다.

### (3) 사업장 핵심업무연속성계획 수립

필수적으로 유지되어야 할 핵심업무를 선별, 우선순위 업무를 선정하고, 비필수 혹은 단기 중단 가능 업무는 축소케 하였다. 이러한 목적은 사업장 내 다수 확진자 등 발생으로 일부 업무의 중단 혹은 축소가 필요한 상황에 대비하여 우선적으로 지

**[표 5-5] 업무연속성 계획 실행절차**

| 구분 | 단 계 | 활동 내역(예) |
|---|---|---|
| 1단계 | 우선순위 평가<br>* 비상계획 가동준비 | • 사업장 핵심업무 중심으로 방향 개편<br>• 우선순위 업무 선별<br>(중단 후 복구 곤란 여부 및 최대 중단 가능 시간 등 고려) |
| 2단계 | 자원(인력.물자 등) 배치조정 및 시행 전 고려사항 검토 | • 추가 인력 확보 방안 모색<br>• 축소 혹은 중단업무 지정에 따른 인력 재배치 및 물자 확보<br>• 인력, 자원, 시설, 감염관리 등 계획 실행을 위한 점검 |
| 3단계 | 업무연속성계획 시행 | • 상황에 따른 핵심 업무연속성계획 가동<br>• 정상 복구 작업을 위한 활동<br>• 비상계획 가동에 따른 문제점 발생 대응 등 |
| 4단계 | 평가 및 환류 | • 비상가동 계획을 얼마나, 어떻게 유지할지<br>• 가동을 통한 문제점 발생 시 수정 계획 반영 |

속하여야 할 업무를 선정하는 것이 중요했기 때문이다. 또한 핵심업무 위주의 업무지속계획 시행에 따른 고려사항과 문제점 등을 파악하여 돌발 상황과 피해 최소화

하였다. 주요 고려사항으로는 인력, 정보, 자원, 장비, 소통 등 다양한 분야를 고려하여 시행토록 하고 업무연속성계획 수립시 근로자측(노동조합, 산업안전보건위원회 등)의 의견을 청취토록 하였다.

## (4) 가용자원 현황 파악

사업장이 보유하고 있는 주요업무와 인력, 가용자원을 파악하여 핵심업무 유지를 위한 기초자료를 마련하였다. 첫째 주요 업무 및 인력면에서 사업장 내 주요업무를 대상으로 업무별 우선순위 평가를 위한 정보를 수집하고 각 업무별 개인별 현황을 정리하고 핵심인력 파악을 위해 대체인력 투입 가능 여부를 결정하였다.

둘째 가용 자원 측면에서 사업장이 보유 혹은 도입가능한 필수자원과 기타자원의 종류·필요량 및 현재의 비축량을 파악하였다(예: 기계장치·설비, IT·데이터, 통신, 외주·공급 협력사, 기타 인프라 등). 다만, 감염병 확산에 따라 수요 증가 또는 공급 부족이 예상되는 자원은 별도 명시하여 관리케 하였다. 또한 사업장 내 핵심정보 및 기타 정보를 백업하여 보관·관리하고 향후 업무 복구 시 접근가능하도록 조치하였다. 최소 8주 이상 위기상황이 지속된다는 전제하에 핵심업무를 위해 필요한 물자의 필요량을 산정하여 비축하되 한 곳 이상의 자재 및 물품 업체 지정하고 국내 상황의 악화에 대비하여 국외 공급업체로 대상을 확대하였다.

셋째 가용 재원 측면에서 사업장 내 가용 예산과 조달 가능한 액수, 조달 방법을 국가 및 지자체의 지원 예산과 액수, 신청방법, 지급 시기 등을 파악케 하였다.

넷째 감염병 확산방지를 위한 방역물품 측면에서 현재 보유하고 있는 위생·청결 물품 수량을 확인하고 감염병이 장기간 지속될 경우를 대비한 위생·청결 물품의 필요량 파악 및 비축케 하였다(예: 비누, 손소독제, 일회용 마스크, 체온계, 티슈, 개인보호구, 소독제, 청소 물품 등).

## (5) 핵심업무 지속을 위한 인력운영

감염병 확산으로 인한 대규모 결근을 막기 위한 사전 조치로서 재택·원격·교대근무 활성화 및 대체 근무지 지정 등을 조치하였다. 재택근무, 탄력근무제, 대체근무지 지정 등 밀집도를 줄이면서 업무수행이 가능한 다양한 방법을 도입하되 치료·격리 후 복귀 인력에 대한 업무배치 등을 검토하였다.

종사자가 업무수행이 어려운 경우에 대비하였다. 핵심업무 종사자의 결근에 대비한 대체근무조 등을 사전에 확정하여 대상자와 부서장에게 공지하고 대체인력의 부족, 업무 특성상 재택근무가 곤란한 경우 외부인력 도입을 통한 핵심업무 지속을 위한 인력 활용방안을 수립하였다. 특히 무증상(경증)확진자 혹은 자가격리대상자는 ① 가급적 재택근무로 전환하고, ② 재택근무가 불가능한 경우에는 대체인력을 즉시 투입조치 하되, 재택근무와 대체인력 투입이 곤란한 경우, ③ 별도의 비상인력 운영 기준을 적용하였다. 이러한 조치로도 인력 확보가 불가능한 경우에 대비하여 단기간 핵심업무의 부분적 중단 및 단계적 축소 방안을 마련하였다.

## (6) 연락망 구축 및 소통

조직 내·외 비상연락망을 구축하고 원활한 소통을 유지하여 위기 상황에서의 유언비어를 막고 체계적인 대응이 가능하도록 준비하였다. 먼저 사업장 내·외 비상연락망 운영 측면에서 직원들의 건강상태 확인과 감염병 발생 시 대응 지침을 전달할 수 있도록 직원 비상연락망을 구축하였다. 기존에 운영하고 있는 직원의 건강상태확인 방법이 있다면 운영상황을 재점검하고, 시행하고 있지 않았다면 일일별 점검토록 하였다. 이때 직원 근무상황 등을 모니터링하여 핵심업무 지속에 미치는 영향 고려하였다. 동거 가족 확진자 혹은 재택치료자 발생 시 개인별 업무별 특성에 따라 업무형태를 사전에 정하여 발생 시 혼선 최소화하였다. 또한- 업무형태에 따른 조치사항을 정하고 모든 직원에 사전 공지하였다. 예를 들어 재택근무 혹은 대체자 지정 시 기간 및 복귀 전 진단검사, 업무상 출근이 필요한 경우 감염여부 확인 방법 및 근무 시 주의사항 등을 포함하였다.

마지막으로 거래처, 협력기관(물품, 서비스 등 공급업체), 고객 등 직장 내외 대응과 발병 상황에 관한 정보 교환을 위한 비상연락망을 구축하였다. 지역 관할 보건소 등 방역당국 등의 연락망 관리 및 지속적인 정보·공지사항을 확인하여 전파할 수 있도록 조치하였다. 비상연락망은 기관의 특성에 따라 온·오프라인으로 구축하여 모든 직원이 신속하게 정보를 공유할 수 있도록 하였다.

둘째 확진자 발생 시 전 직원에 그 사실을 알려야 하며, 조직 내 확산 동향을 투명하게 공유하여 유언비어를 방지하였다. 발생 정보 제공의 목적은 접촉자들이 신속하게 진단검사를 받는 등 확산 방지 조치를 위한 것으로 해당 목적에 따른 정보만 제공하였다. 확진자 다수 발생 시 내부 인트라넷망 등 비접촉식 소통 방안을 마련하여 직원 간 접촉 최소화하였다. 소속 직원 뿐 아니라 사업장 내 출입하는 모든 사람(청소·식당 노동자, 물품 운송기사 등 협력업체·파견·용역업체·특수형태근로종사자 포함) 대상으로 하였다.

셋째 직원 교육 측면에서 전 직원이 감염병 대응에 동참하도록 감염병 기본 지식과 행동지침 등에 대한 비대면 교육을 실시하였다.

## 2) 현대 자동차(현대 오토에버 디지털 재난안전 플랫폼)

현대 오토에버㈜는 현대자동차그룹의 IT 전문기업으로, 그룹 차원의 재난·위기 대응 프로세스를 확립하기 위해 위기 상황 발생 시 신속하게 상황을 파악하고 인적·지적 자산의 피해를 최소화하는 솔루션을 구축 및 운영하고 있다.

현대자동차 BCM 센터의 구성은 ① 융합보안 요소로서 임직원의 지적 재산과 안전을 보호하기 위한 보안 서비스를 제공하고 디지털 통합 관리 체계 기반으로 위기 대응 프로세스를 확립한다. ② 에너지 절감을 위한 서비스와 시설 엔지니어링을 제공한다. ③ 실시간 경영 정보 데이터를 활용하여 그룹 업무 생산성을 향상시키고, 실질적인 경영 현황과 이슈 분석을 통해 경영 전략과 의사결정을 최적화한다.[23]

현대자동차그룹의 디지털 재난안전관리체계의 중점은 그룹의 총체적 지속적 사업/서비스 운영을 위해 24시간 살아있는 디지털 기반 통합 사업연속성 체계 확보하는 것이 중점이다. 코로나19 이후, 총체적 위기상황에 적시 대응 가능한 그룹 차원의 스마트 위기관리 및 사업연속성(BCM¹) 관제 체계의 필요성을 공감했다. 특히 다양한 유형의 재난, 사건, 사고에 대한 상시 대응력 강화를 통한 그룹 임직원 및 핵심 정보/자산의 보호가 필요하게 되었다. 특히 공급, 생산, 판매 이슈 발생 시 빅데이터 및 예측 기반을 통해 경영층의 경영전략/의사결정을 지원하여 그룹 매출 지속성을 확보하는 것이 중요하게 되었다.

---

23 https://post.naver.com/viewer/postView.nhn?volumeNo=30106525&vType=VERTICAL

이러한 디지털 재난안전관리체계의 주요내용은 통합사업연속성 센터의 상시 운영을 통한 그룹 재난 및 위기대응 총괄 컨트롤 체계 확립, 빅데이터 및 예측기반 융합보안, 그룹 통합 자산운영, 경영정보 빅데이터, 디지털 SOP를 통합한 실시간 운영체계를 구축 등이다. 이를 통해 다차원 데이터의 통합적 분석과 시각화로 최고 경영층 의사결정 적시 지원, 디지털 SOP를 통한 재난·위기상황 대응력 향상으로 그룹차원의 상시 종합상황관리 역량을 극대화하는 목표를 설정하였다.

디지털 SOP는 재난 예방부터 대비, 대응, 복구까지 자동으로 빠르게 처리되는 것이 특징이다. 빅데이터를 기반으로 해 재난·재해를 예측 및 예방하고, 취약 지역이나 재난 유형을 집중 모니터링한다. 다양한 재난 상황을 디지털 트윈(현실 세계의 기계나 장비, 사물 등을 컴퓨터 속 가상세계에 구현한 것)에서 학습한 매뉴얼을 실전에 적용하고, 실전에서 얻은 데이터를 또 학습해 최적의 상태로 업그레이드하는 방식이다.

현대오토에버는 디지털 SOP 및 디지털 트윈 기반 재난관리 체계 기술에 대한 지식 재산권을 확보하기 위해 2019년 3월에 특허권(디지털 SOP 및 예측 기반 빌딩 통합운영시스템)을 취득했다. 현대오토에버의 디지털 SOP는 사고 시 빠른 대응과 복구도 가능하지만 그보다 한 단계 나아가 재난과 재해를 예방하고 대비할 수 있다는 것이 특징이다. 재난 교육과 훈련 커리큘럼, AR과 VR 기술을 활용한 재난 대피 훈련, 사고 발생 후 사람의 위치를 파악할 수 있는 위치 확인 서비스, 소방 및 가스 농도를 실시간으로 감지하는 소방·가스 농도 감지 서비스 등이 있다. 이러한 디지털 SOP가 최적화되어 아파트, 건물, 공장 등에 적용된다면 재난 발생 시, 골든 타임 내 신속 대응이 가능하다.

운영개념은 디지털 SOP의 통합과 실시간 운영되는·정보들의 통합적 분석·시각화를 통한 컨트럴타워의 의사결정을 지원한다. 재난이 발생하면 스마트 재난 관제 센터가 가동된다. IoT 기반으로 상황의 심각도를 분석하고, 최적의 매뉴얼을 스스로 찾아서 대응한다. 사고 현장에 있는 사람들에게 위치 기반 시스템을 활용해 개인별로 재난 알림을 전파하고, 재난 상황에 따라 실시간으로 최적의 대피 경로를 안내한다. 사람들을 대피시킨 후에는 AI 기술 기반으로 사고 현장에 잔류 인원을 분석하고, 이들의 위치를 탐지해서 구조대원들에게 실시간으로 알려준다. 사고 현장을 수습한 이후에는 피해 상황을 분석하고, 빅데이터와 AI 기술을 기반으로 재난 상황

데이터베이스를 구축해 대응 보고서를 작성해 최적화된 SOP를 가동시킨다.

## 3) 삼성 바이오로직스

삼성바이오로직스는 환자들에게 안정적으로 바이오 의약품을 공급하기 위하여 사업연속성 관리 시스템을 운영하고 조직의 탄력성을 높이기 위한 지속적인 관리 프로그램 사이클을 구성하고 있다.

삼성바이오로직스의 업무연속성 관리체계는 3가지 구조로 구성되어 있다. 전략팀은 조직의 핵심제품과 서비스에 영향을 줄 수 있는 이슈 관리하고 전술팀은 팀 리더 구성, 영향을 받는 제품이나 서비스의 연속성 관리, 자원들이 적절히 할당되어 있는지 확인한다. 특히 전략적 목표와 결정 관리를 위한 프레임워크를 제공한다. 운영팀은 각 기능별 담당자 구성, 우선순위 높은 제품이나 서비스 공급하는 활동의 연속성을 관리하며 운영팀 대응 통해 주요 제품이나 서비스 공급 능력을 갖추고 있다.[24]

**[그림 5-7] 사업연속성 관리 시스템**

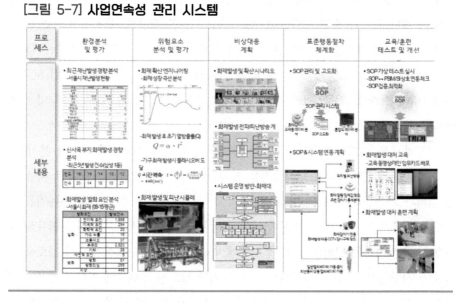

24 https://samsungbiologics.com/kr/esg/social/bcms

삼성바이오로직스 또한 현대자동차와 마찬가지로 글로벌 고객사로부터 신뢰를 확보하기 위해 모든 공장에 대한 BCM(비즈니스 연속성 관리) 인증을 획득하였다.[25] ① 사업 연속성 관리 시스템 구축 측면에서 2019년부터 3개 공장에서 사업 연속성 관리 시스템을 구축을 통해 위기 상황에 대비하여 사전 방지 및 신속한 복구 프로세스를 수립하고 있다. ② 32개 부서의 태스크 포스를 통해 발생할 수 있는 모든 리스크를 점검하고 있고 가상 훈련을 통해 위기 상황에 대비하는 능력을 강화하고 있다. ③ 자연재해, 사건, 사고, 기술 실패와 같은 예상치 못한 돌발 변수에도 기업 운영 차질을 최소화하고 정상적인 기업 활동을 가능하게 하는 국제 표준 ISO 22301을 획득했다. 2018년에 국내 제약 및 바이오 업체 가운데 최초로 모든 생산 설비의 연속성을 국제적으로 입증했다.


## 4) 삼성 SDI

삼성 SDI는 다른 경쟁사들이 각종 자연재난 및 인적재난 사태로 인해 경쟁력을 상실하는 경우가 증가하는 것을 보면서 미래의 불확실한 상황 하에서도 자사의 안정적인 비즈니스를 유지하기 위한 대응방안으로 비즈니스 연속성 관리 전략을 수립했다. 핵심 구성은 위험관리전략(RM, Risk management), 사업재개전략(BR, Business Resumption), 이해관계자 커뮤니케이션 전략(SC, Stakeholder Communication)이라는 세 개의 전략 축으로 대표된다. 먼저 위험관리전략은 재난을 대비한 사전예방조치를 강구하는 활동을 의미한다. 즉, 위험발생 이전에 이를 해결 또는 축소할 수 있는 예방조치를 철저히 하는 것이다(유종기·이호준, 2011).

사업재개전략은 이러한 예방조치에도 불구하고 재난이 발생한 경우, 최단 시간 내에 서비스를 재개할 수 있는 대응조치를 의미한다. 기존의 정상적인 업무를 한시적으로 대체할 수 있는 대체수단을 미리 확보해 놓는 것이 핵심이다. 이해관계자 커뮤니케이션 전략은 재난발생 시 자사 고객 및 이해관계자와의 신속한 의사소통을 통해 재난에도 불구하고 자사의 비즈니스가 중단 없이 수행될 수 있다는 것을 적극

---

25 https://samsungbiologics.com/kr/esg/social/bcms

전달하여 신뢰성을 확보하는 전략을 의미한다.

이러한 세 가지 전략수립을 기반으로 삼성 SDI는 다양한 훈련을 통해 확고한 BCM 체계를 구축하고 있다.


## 2. 국외

### 1) 미국 모건 스탠리(9.11테러)

9.11 테러 공격 당시의 모건 스탠리 사례 연구는 효과적인 비즈니스 연속성 계획(BCP) 중요성의 대표적인 사례이다. 9.11 테러로 인해 맨해튼 본사가 완전히 붕괴되었음에도 불구하고 모건 스탠리는 바로 다음 날 업무를 재개했다. 이러한 성과는 바로 수년간 훈련을 통한 신속한 대피 및 비상대응계획 수행, 대체사업장 및 재해복구시스템, 위기관리 매뉴얼, 재무손실 분산관리 덕분이었다(Deloitte Anjin LLC, 2017).

미국의 세계 최대 투자은행인 모건 스탠리는 세계무역센터(WTC)에 본사를 두고 있었고, 2001년 발생한 9.11 테러로 본사가 일시적으로 폐쇄되는 엄청난 재난을 당했다. 그러나 본사 붕괴 직후 24시간 만에 전 세계 업무를 모두 정상화시키는 놀라운 비즈니스 연속성 능력을 보여주었다. 이는 평소 업무연속성 경영 프로그램을 자체적으로 구비하고 있었을 뿐 아니라, 지속적인 훈련과정을 통해 비상상황에서도 위기 대응 프로그램이 효과적으로 가동됐기 때문에 가능한 일이었다.

또한, 본사 업무 재가동에 힘입어 뉴욕 증권거래소도 6일 만에 정상 업무가 이루어졌다. 이를 통해 모건 스탠리의 위기 대응 시스템은 협력 기관의 위기에도 상당한 대응 능력을 갖추고 있음을 보여주었다.

### (1) 비상대응계획

911테러 발생 즉시 모건스탠리는 BCP체계로 전환되었다. 수년간 지속해온 대피훈련에 따라 임직원들은 건물 밖으로 신속하게 대피를 시작했다. 수많은 임직원들이 건물 안에서 근무를 하고 있었기 때문에, 수천명이 넘는 인명피해가 있을 것이라고 예상했지만 신속한 대피 덕분에 실종자는 15명에 그칠 수 있었다. 모건스탠리는 1993년 세계무역센터에 발생한 폭탄 테러 사건 이후로, 이와 같은 사건을 대비하여 비상대응계획을 수립하고 비상대피 모의훈련을 꾸준히 수행했다. 비상대응계획에는 비상대피방안, 비상연락망, 연락 두절 시 집합시간과 장소를 명시하고 있었다. 결국 임직원들은 사전에 수립된 비상대응계획에 따라 실제 테러사건이 발생하였을 때 대응했기 때문에 피해를 최소화할 수 있었던 것이다.[26]

1993년 테러리스트들이 처음으로 세계무역센터를 공격했을 때, 금융 서비스 회사인 모건 스탠리는 생명을 구하는 교훈을 얻었다. 직원들을 대피시키는 데 4시간이 걸렸고 직원 중 일부는 60층 이상의 계단을 걸어서 안전하게 대피해야 했다. 이 사건을 계기로 회사 경영진은 재난 계획이 충분하지 않다고 판단 후 조직사 운영을 면밀히 검토하고 잠재적인 재난의 위험을 분석하여 다각적인 위기대응 계획을 수립했다. 특히 중요한 것은 이러한 위기대응 훈련을 자주 실행한 결과 2001년 9월 11일, 계획과 연습이 결실을 맺었다. 첫 번째 납치된 비행기가 세계무역센터에 납치된 직후, 모건 스탠리의 보안 담당 임원들은 3,800명의 직원들에게 직원들에게 월드 트레이드 센터 2, 5번 건물에서 대피하라고 명령했고 결국 직원들이 45분 만에 안전하게 대피할 수 있었다.

## (2) 대체사업장 및 재해복구시스템

모건스탠리는 평상시 Hot Site 백업시스템을 통하여 모든 비즈니스와 관련된 정보/데이터를 철저하게 백업하였다. 뿐만 아니라 리스크를 줄이기 위하여 전산센터와 백업센터를 본사에서 떨어진 다른 지역에 운영하였다. 이에 따라 실제 상황이 발생했을 때 문제 없이 업무연속성을 유지할 수 있었다.

9시 20분 뉴욕 브루클린의 백업센터로 대피한 핵심 임직원들은 백업 사이트를 재개했고 10분 뒤 임원들이 지휘본부를 본격 가동했다. 9시 59분에 남쪽 타워, 10시 29분에 북쪽 타워가 주저앉으며 본사가 먼지로 변하는 동안 모건스탠리는 콜센터 번호를 핫라인으로 변경하고, 이 번호를 전국 TV 자막을 통해 고객에게 알렸다.

---

26 https://www.ready.gov/sites/default/files/2020-04/business_morgan-stanley-case- study.pdf

3시간 동안 뉴욕으로 2천500여 통 전화가 걸려왔지만 런던과 시카고 사무실로 회선을 연결해 고객을 안심시켰다. 사고 발생 24시간 후에는 본사를 제외한 전 세계 업무를 정상화했다.

모건스탠리는 데이터 백업과 타 지역으로 데이터를 전송하는데 월 10만 달러 이상을 지출하고 있었다. 사실상 비상상황이 발생해야만 효과를 발휘할 수 있는 백업시스템에 지속적으로 적지 않은 돈을 지출한다는 것은 기업으로써 쉽지 않은 결정일 수 있다. 하지만, 업무연속성을 유지하기 위해 지속적인 돈을 들여 운영하고 있었던('돈 먹는 하마'로 인식되었던) 백업시스템 덕분에 모건스탠리는 911테러라는 대참사에서 살아남을 수 있었다.

## (3) 위기관리매뉴얼

모건스탠리는 1993년 폭탄테러 사건 이후, 테러를 기업의 가장 큰 리스크로 정의하고 위기관리매뉴얼을 수립했다. 실제 상황이 발생하자 모건스탠리는 철저히 매뉴얼에 따라 행동했다. 모건스탠리 위기관리 매뉴얼에 따라 행동한 결과, 사건 당일 회사의 공식발표 전까지는, 모든 직원들은 언론 접촉을 자제했다. 사건 발생 하루 만에 최고책임자는 기자회견을 통하여 모건스탠리의 건재함을 알렸다. 직원에 대해서는 비즈니스보다 인명이 중요하다는 점을 강조하고, 마지막 한 사람까지도 최선을 다해 찾겠다는 메시지를 통하여 사내 결속력을 굳건히 하였다. 고객에 대해서는 고객 자산과 모건스탠리의 서비스는 전혀 문제 없으며, 업무는 차질 없이 진행될 것이라고 강조했다. 미국 국민과 정부에 대해서는 9.11테러에도 월스트리트와 미국은 건재하다는 메시지(he global financial system is working, This country is very, very strong)를 통하여 미국인과 모건스탠리가 같은 편임을 보여주었다. 언론에 대해서는 모건스탠리가 9.11테러 발생에도 건재하다는 구체적인 사실을 근거를 통하여 전달하여 신뢰도를 확보하였다. 예정되어 있었던 경영실적 발표도 예정일에 진행했다. 위기대응매뉴얼에 따른 이러한 행동들은 대형사고로 인해 막대한 손실을 입을 수 있었던 위기를 재도약의 기회로 바꿔놓았다.

## 2) 일본 도요타 사례(2011년 동일본 지진)

2011년 동일본 대지진은 일본 기업에 극심한 파괴를 초래했다. 동일본 대지진으로 인한 파괴와 공급망 단절은 기업 및 생산 시설에 심각한 영향을 미쳤는데 이런 상황에서 부품 부족과 생산 중단은 큰 문제가 될 수 있었다. 그러나 도요타는 업무 연속성 관리 측면에서 공급망 데이터베이스인 '레스큐(RESCUE)'를 구축하여 이러한 문제를 효과적으로 해결했다. 레스큐(RESCUE)는 다음과 같은 주요 기능을 제공했다.[27] 레스큐기능은 재난발생시 영향을 받는 부품과 공급업체를 식별하고 대체부품 조달의 타당성을 결정, 영향 받은 공급업체에 대한 지원을 조정·복구하여 가속화한 것이다.

첫째 위험품목 식별 및 생산거점 분산이다. 레스큐를 통해 기업은 위험품목을 식별하고 생산거점을 분산시켜 부품 부족을 최소화하였다. 생산 시설이 분산되면 재난 발생 시 특정 지역의 파괴로 인한 영향을 최소화할 수 있었다.

둘째 레스큐는 생산거점별로 재난방지책을 수립하여 재고 관리 및 대응책을 마련했다. 이는 재난 발생 시 신속한 대응을 가능하게 했다. 예를 들어, 특정 부품의 생산이 중단되면 대체 부품을 사용하여 생산을 유지할 수 있도록 계획하였다.

셋째 레스큐는 6,800여개의 부품을 생산하는 공급망 데이터베이스를 구축하고, 데이터베이스에는 65만여 개의 공급지점 정보와 2차 이하 부품 공급업체까지 고려되었다. 이를 통해 기업은 부품의 공급 경로를 정확히 파악하고 필요한 부품을 신속하게 확보할 수 있었다.

넷째 부품 공급업체와의 훈련을 내실화하였다. 레스큐 공급망 데이터베이스 정보를 기반으로 부품 공급업체와 재난 발생 대비 훈련을 정기적으로 시행하였다. 이를 통해 부품 공급업체도 시스템의 중요성을 인지하고 효과적인 대응 방안을 학습할 수 있다.

2020년 1월 미야자키현 노베오카시에 위치한 Asahi Kasei 자회사 공장에서 화재가 발생하여 자동차용반도체 부품 생산이 중단되었다. 도요타는 상황평가 후

---

27 https://www.fortunekorea.co.kr/news/articleView.html?idxno=20123

레스큐를 활용하여 공급망탄력성을 확보하였다.

이러한 사례는 기업이 재난 상황에서도 핵심 기능을 유지하고 고객에게 서비스를 제공할 수 있도록 하는 데 큰 역할을 하였다. 이 결과, 2021년 3월 순이익이 10.3% 증가하는 재무성과를 달성했다.

### 3) 일본 닛산 & 소니사

동일본 대지진과 태국 홍수 발생 시 닛산 자동차와 소니는 각각 효과적인 비즈니스 연속성 계획(BCP)을 구축하여 재난 상황에서 신속하게 대응했다.

첫째 닛산 자동차는 다양한 모의 훈련 경험과 기능 간 및 지역 간 대응을 통해 빠르게 대응 방안을 마련하여 부품 부족과 생산 중단을 최소화했다. 재해 발생 시 개발, 생산, 구매 부서가 연계해 정보를 수집하는 시스템을 구축했다. 또한 비상 상황 발생 시 사업소 피해 상황, 피해 공장 지원 체계, 공급업체 정보 수집 등을 시각화하여 상황을 파악할 수 있도록 노력했다.

둘째 소니의 경우를 살펴보면 동일본 대지진 시 일원화된 조달본부를 설치하여 공급망을 파악했다. War Room을 통해 그룹 내 부품 및 소재 정보와 파트너 기업의 피해 및 공급 상황을 집약하여 공급 체제를 확립했다. 파트너 기업을 대상으로 2차 및 3차 공급업체의 정보 공개 및 지역 리스크 회피 관점에서 생산 체제를 재검토했다. 직접 거래하지 않는 2차, 3차 공급업체 정보를 공개하고 지역 리스크 회피 관점에서 생산 체제를 재검토했다. 워룸을 만들어 그룹 내부품과 소재 정보, 파트너 기업 피해, 공급 상황 등을 다양한 정보 집약 시스템으로 구축했다.

# 제6장

# 드론시큐리티와 위기관리

## 1. 드론시큐리티(Drone Security) 개념

위기관리의 개념은 시대의 변화에 따라 점점 더 확대되고 있으며, 단순한 재난 대응을 넘어 국가 안보와 사회 안전을 종합적으로 고려하는 방향으로 발전하고 있다. 이는 국가위기관리학에서 논의되는 포괄적 안보 개념과 밀접하게 연관되며, 전통적인 군사적 위협뿐만 아니라 자연재해, 대규모 감염병, 테러, 사이버 공격 등 다양한 형태의 위기가 증가하면서 더욱 복잡해지고 있다. 이러한 변화 속에서 새로운 기술의 도입 과 활용이 위기관리의 핵심 요소로 자리 잡고 있으며, 특히 드론 기술은 현대 사회의 위기 대응 체계를 혁신적으로 변화시키고 있다.

드론 기술의 발전은 보안, 재난 대응, 국방 등 다양한 분야에서 획기적인 변화를 가져오고 있다. 드론은 공중에서 신속하고 효율적으로 정보를 수집할 수 있으며, 기존의 감시·정찰 시스템보다 저렴하고 효과적인 대안을 제공한다. 이에 따라 경찰, 소방, 국방 등 공공 안전과 국가 안보 영역에서 드론의 활용이 빠르게 증가하고 있으며, 이는 단순한 기술적 진보를 넘어 새로운 형태의 보안 및 방어 시스템을 구축하는 중요한 요소가 되고 있다. 드론 기술이 공공안전분야에 연결되어 드론시큐리티 영역이 만들어지게 되었다.

드론시큐리티(Drone Security)의 개념은 드론 및 대드론(counter-drone) 기술을 활용하여 경찰, 소방, 국방 등 공공 안전 분야에서 범죄 예방, 대테러 대응, 재난 대응을 위한 종합 보안 체계로 정의한다. 이를 통해 위협 요소를 사전에 탐지하고 신속히 차단하여 시민과 주요 시설의 안전을 보장하는 역할을 한다.

드론시큐리티의 개념과 연구 범위는 2016년 경찰대학교에서 드론시큐리티연구원을 창설하면서 만들어진 개념[1]으로 국가위기관리학의 개념과 밀접한 관련이 있

---

1 당시 드론시큐리티연구원(원장 강욱) 산하에 경찰드론연구센터와 산업보안연구센터를 두고 드론시큐리티 개념과 범위를 처음으로 설정하였다.

다. 국가위기관리학은 국가의 핵심 요소인 국민, 영토, 주권, 그리고 핵심 기반 시설의 안전을 위협하는 다양한 위험 요소를 식별하고 대응하는 학문이다. 첨단 IT 기술의 등장과 과학기술이 발달함에 이러한 위기의 요소와 위기대응의 개념이 확장되었고, 드론시큐리티는 현대 위기관리 체계에서 중요한 개념으로 자리잡게 되었다.

드론시큐리티는 드론과 대드론(counter-drone)[2] 기술을 활용하여 공공안전(public security)과 국가안보(national defense)를 확보하는 것을 목적으로 한다. 이는 경찰, 소방, 국방 등 다양한 공공 분야에서 범죄 예방, 대테러 대응, 재난 관리 등과 같은 다목적 보안 체계를 구축하는 개념으로 발전되었다. 특히, 드론 기술의 발전으로 인해 드론의 정찰, 감시, 데이터 수집 및 정보 분석 능력이 향상되었으며, 위기를 예방하고 대응하는데 매우 중요한 수단이 되고 있다. 드론과 관련 기술을 통해 국가위기관리의 사전 예방과 대응 능력이 한층 강화되고 있는 것이다.

## 1) 드론시큐리티와 국가안보의 관계

드론시큐리티는 국가안보의 핵심적인 요소로 자리 잡고 있다. 기존의 국가안보 개념이 전통적으로 군사적 위협에 대응하는 것을 중심으로 구성되었다면, 현대의 국가안보는 경제 안보, 사이버 안보, 환경 안보 등으로 확장되었으며, 드론 기술은 이러한 다양한 안보 위협에 대응하는 데 중요한 역할을 한다.

특히, 국방 분야에서는 드론이 전투 수행, 정찰, 감시, 공격 등의 역할을 수행하면서 기존의 군사 작전 방식을 근본적으로 변화시키고 있다. 예를 들어, 러시아-우크라이나 전쟁에서는 드론이 정찰뿐만 아니라 직접적인 공격 수단으로 활용되었으며, 이에 대한 방어 수단으로 대드론 기술도 함께 발전하고 있다. 이처럼 드론과 대드론 기술의 발전은 현대 전장에서 필수적인 요소로 자리 잡고 있으며, 군사적 위협을 신속하게 감지하고 대응하는 데 중요한 역할을 하고 있다. 뿐만 아니라, 드론은 중요 국가시설(공항, 발전소, 정부청사 등)의 보안과 방어에도 활용될 수 있다. 불법 드론

---

2 일반적으로 드론범죄를 예방하고 드론테러에 대응하는 기술을 안티드론(anti-drone)으로 설명하는 경우가 많은데, 정확한 표현은 대응한다는 개념인 Counter-UAS이며, 대드론(對드론)으로 표현한다.

의 침입을 감지하고 차단하는 대드론 시스템을 구축함으로써, 적대적인 드론 공격으로부터 국가의 주요 기반시설을 보호할 수 있다. 이러한 기술적 발전은 현대 사회에서의 위기 대응 역량을 강화하는 중요한 요소로 작용하고 있다.

## 2) 경찰 및 치안 분야에서의 드론 활용

드론 기술은 경찰과 치안 유지 분야에서도 혁신적인 변화를 가져오고 있다. 기존의 경찰 업무는 지상에서의 순찰과 감시, 그리고 CCTV 등의 정적인 감시 시스템에 의존하는 경우가 많았으나, 드론을 활용하면 보다 빠르고 효율적으로 범죄 예방 및 대응이 가능하다.

경찰은 드론을 활용하여 범죄 현장을 신속하게 파악하고, 용의자의 도주 경로를 추적하며, 대규모 집회나 시위에서의 군중 관리를 수행할 수 있다. 또한, 교통사고 현장에서 드론을 활용하면 신속한 현장 분석이 가능하며, 교통 흐름을 실시간으로 모니터링하여 교통 체증을 줄이는 데에도 도움을 줄 수 있다.

특히, 드론은 인구 밀집 지역에서의 치안 유지에도 효과적이다. 대도시에서는 범죄 발생률이 높은 지역에서 지속적인 감시를 수행할 필요가 있으며, 드론을 활용한 순찰 시스템을 도입하면 치안 유지 비용을 절감하면서도 보다 효율적인 감시 체계를 구축할 수 있다. 또한, 인질극이나 무장 용의자 대응과 같은 고위험 작전에서도 드론을 활용하면 경찰의 안전을 보장하면서 작전을 수행할 수 있다.

## 3) 소방 및 재난 대응에서의 드론 활용

소방 분야에서 드론 기술은 화재 진압 및 구조 활동의 효율성을 극대화하는 중요한 역할을 한다. 특히, 대형 화재 발생 시 드론을 이용하면 화재의 진행 방향을 실시간으로 모니터링하고, 소방관들에게 보다 안전한 진압 전략을 제공할 수 있다. 또한, 산불과 같은 대규모 화재에서는 드론을 활용한 공중 감시가 필수적이며, 이를 통해 화재 확산을 사전에 차단하고 피해를 최소화할 수 있다.

재난 대응에서도 드론은 필수적인 도구로 자리 잡고 있다. 지진, 홍수, 태풍과 같은 자연재해 발생 시 드론을 활용하면 피해 지역을 신속하게 조사하고, 구조팀이 접근하기 어려운 지역에서 생존자를 탐색하는 데 도움이 된다. 또한, 응급 물품을 재난 지역으로 신속하게 배송할 수 있어, 인명 피해를 최소화하는 데 기여할 수 있다.

특히, 건물 붕괴나 광산 사고와 같은 사고 현장에서는 드론이 실시간으로 내부 상황을 탐색하고, 생존자의 위치를 파악하여 구조 활동의 정확성을 높일 수 있다. 이처럼 소방 및 재난 대응에서 드론의 활용은 기존의 대응 체계를 획기적으로 개선하며, 보다 신속하고 효과적인 재난 관리가 가능하게 한다.

## 4) 대테러 및 보안 분야에서의 드론 활용

현대 사회에서 테러 위협은 국가안보의 중요한 과제로 자리 잡고 있으며, 드론 기술은 대테러 작전에서 중요한 역할을 수행하고 있다. 테러리스트들은 드론을 활용하여 폭발물을 운반하거나 정찰 활동을 수행할 수 있으며, 이에 대응하기 위한 대드론 기술의 개발이 필수적이다.

드론을 활용한 대테러 작전에서는 주요 시설 주변의 감시 및 정찰, 폭발물 탐지 및 제거, 용의자 추적 등이 가능하다. 또한, 대테러 부대는 드론을 활용하여 테러리스트의 은신처를 신속하게 파악하고, 작전의 성공률을 높일 수 있다.

특히, 국제 행사나 대규모 집회에서의 보안 유지에도 드론이 활용될 수 있다. 공항, 경기장, 국가 기관과 같은 중요한 장소에서는 드론을 이용한 감시 시스템을 구축하여, 위협을 사전에 탐지하고 대응할 수 있는 능력을 향상시킬 수 있다. 이러한 기술적 발전은 국가 안보를 강화하고, 사회 안전을 확보하는 데 중요한 기여를 하고 있다.

드론시큐리티는 국가안보와 사회안전을 종합적으로 고려하는 현대 위기관리 체계에서 필수적인 요소다. 경찰, 소방, 국방, 대테러, 재난 대응 등 다양한 분야에서 드론의 활용은 기존의 대응 체계를 혁신적으로 변화시키며, 보다 신속하고 효과적인 안보와 안전 확보에 기여하고 있다. 또한, 드론과 대드론 기술이 함께 발전하면서, 새로운 형태의 위협에도 적극적으로 대응할 수 있게 되었다. 드론시큐리티의 발전은 단순한 기술 혁신을 넘어, 국가의 안전과 시민들의 삶을 보호하는 중요한 역할을 수행하게 될 것이다. 따라서, 드론 기술을 지속적으로 연구하고 발전시키며, 국가 위기관리와 연계하여 보다 강력한 보안 체계를 구축하는 것이 중요한 과제이다.


## 2. 드론시큐리티 범위

드론시큐리티의 범위는 드론이 활용, 드론의 대응, 대테러, 재해재난 예방을 담당하는 경찰, 소방, 국방과 같은 공공의 영역을 주로 하며, 공공의 영역에서 파생되는 분야도 포함한다.

공공안전 및 재난관리가 주 분야이다. 드론은 자연재해 발생 시 피해 지역의 신속한 파악과 구조 활동에 활용될 수 있다. 예를 들어, 산불, 홍수, 지진 등의 재난 현장에서 드론을 활용하여 피해 규모를 평가하고, 실종자 수색 및 구조 작업을 지원하는데 유용성이 이미 다양하게 입증되었다.

드론을 활용하여 대기 오염, 수질 오염, 산림 파괴 등의 환경 변화를 실시간으로 모니터링하고, 이를 통해 환경 보호 및 관리에 기여할 수 있다. 산업 및 인프라 안전 점검, 관리에도 유용하다. 드론을 이용하여 교량, 댐, 송전탑 등의 대형 구조물의 안전 점검을 수행할 수 있으며, 이를 통해 접근이 어려운 장소의 점검이 용이해지고, 작업자의 안전을 확보할 수 있다. 대규모 산업 단지나 공사 현장에서 드론을 활용하여 무단 침입 감시, 장비 도난 방지 등의 보안 업무를 수행할 수 있다.

또한, 교통 안전 확보 및 물류 관리에 유용하다. 경찰에서 활용하는 교통사고과 관리와는 별도로 자치단체나 도로교통공단 등에서 드론을 활용하여 교통 흐름을 실시간으로 모니터링하고, 도로의 상태를 점검하여 안전사고를 예방하는 등 교통 관리에 활용할 수 있다. 드론을 이용한 물품 배송 서비스는 특히 긴급한 의료 물품이나 원격 지역으로의 배송에 효과적이다. 소외된 지역이나 격오지와 같은 경우 안전 약품이나 물품등을 배송함으로써 주민들의 안전을 확보할 수 있다.

사람의 안전 못지 않게 생태계 환경보호와 야생동물 보호도 광의의 안전에 해당한다. 드론을 이용하여 멸종 위기 종의 서식지 모니터링, 밀렵 감시 등의 활동을 수행함으로서 생태계의 안전에 기여할 수 있다. 민간경비 분야 및 개인프라이버시 보호를 통한 안전 확보에도 유용하다. 드론을 활용하여 주거 지역의 보안 감시를 강화하고, 침입자나 의심스러운 활동을 신속하게 탐지할 수 있다. 홈 보안 드론 시장은 2036년까지 연평균 성장률 약 30%로 성장할 것으로 예상되는데 여기에 드론의 활용이 점점 확대되고 있는 추세다.

이처럼 드론시큐리티의 범위는 공공안전, 산업 보안, 교통 관리, 농업, 환경 보호, 민간 보안 등 다양한 분야로 확장될 수 있다. 각 분야에서 드론의 활용은 효율성과 안전성을 높이는 데 기여할 수 있으며, 동시에 새로운 보안 위협에 대한 대비도 필요하다.

드론시큐리티는 기존 국가위기관리 체계에서 새롭게 파생된 분야이며 앞으로 중요성이 더욱 높아질 것으로 전망된다. 따라서 새로운 차원의 전략이 필요하며, 첨단 기술과 결합한 새로운 대응 체계를 구축해서 운영해야 한다. 이는 위기관리학의 종합적 접근과 맞물려 있으며, 향후 국가 안보 및 공공안전 분야에서 더욱 중요한 역할을 하게 될 것이다.

그러나 드론시큐리티 분야는 아직 초기단계이기 때문에 정확한 범위를 설정하는 것이 무엇보다 중요하다. 먼저, 대상을 드론의 활용, 드론의 대응, 관련 정책분야 세 가지로 구분할 수 있다. 첫째 보안 드론(Security Drone) 기술 연구로, 이는 경찰과 군사 작전에서의 정찰 및 감시 기능을 포함하며, 실종자 수색, 재난 대응 및 범죄 예방과 같은 공공안전 분야에서 드론이 어떻게 효과적으로 활용될 수 있는지를 연구하는 영역이다. 둘째 대드론(Counter-Drone) 기술 연구로, 불법 드론의 탐지 및 무력화를 위한 레이더(Radar), 주파수 탐지기(RF scanner, RF detector), 전파 교란기(Jammer, Spoofer), 요격 드론(Attack drone) 등의 기술 개발을 포함하며, 불법 드론이 접적지역의 군사시설은 물론 다양한 국가 중요 시설을 위협하는 상황을 방지하기 위한 연구를 수행한다. 셋째 드론시큐리티 정책 및 법률 연구로, 이는 드론의 공공안전 활용을 위한 법적 규제 및 운영 표준을 마련하는 연구 영역이다. 드론의 상업적 및 군사적 활용이 증가함에 따라, 국가별로 드론 보안에 대한 법률과 정책이 차별적으로 적용되고 있으며, 이러한 정책 연구는 드론의 활용을 확대하는데 필수적인 분야이며, 국제적 협력과 표준화를 필요로 한다. 이러한 드론의 활용과 드론의 대응, 드론 정책, 제도 분야를 연구, 교육, 사업 세 가지 범주로 나누어서 설명한다.

드론시큐리티의 범위는 크게 기술 연구, 인력 교육, 산업 발전이라는 세 가지 핵심 요소로 구성되며, 이는 국가안보와 사회안전에 필수적인 역할을 수행한다. 연구 분야는 드론 및 대드론(counter-drone) 기술을 발전시키는 것을 목표로 하며, 교육 분야는 이러한 기술을 효과적으로 활용할 전문 인력을 양성하는 것을 의미한다. 또한, 사업 범위는 드론시큐리티 기술의 상용화 및 산업화 가능성을 다루며, 민간 및 공공 부문에서의 응용을 중심으로 한다.

## 1) 기술 연구: 드론 및 대드론 기술 개발과 응용 연구

드론시큐리티 분야에서 연구는 보안 드론(Security Drone)과 대드론(Counter-Drone) 기술을 발전시키는 것을 중심으로 이루어진다. 이는 기존의 감시·정찰 기능을 고도화할 뿐만 아니라, 불법 드론의 위협을 탐지하고 대응하는 기술 개발을 포함한다.

드론이 활용분야인 보안 드론(Security Drone) 기술 연구는 국가중요시설, 군사 작전, 공공안전, 재난 대응 등의 다양한 영역에서 적용될 수 있다. 인공지능(AI) 및 머신러닝(ML)을 활용하여 자동화된 감시·정찰 시스템을 구축하고, 고화질 카메라와 열화상 센서를 통해 실시간으로 상황을 분석하는 기술이 개발되고 있다. 이를 통해 경찰은 범죄 현장을 보다 신속하게 파악할 수 있으며, 소방 당국은 화재 진압 시 화염 내부 감시는 물론 출동 최적화 경로 획정, 신속한 화재 진압에도 활용할 수 있다.

또한, 드론의 자율비행 및 충돌 방지 시스템이 연구되고 있으며,[3] 이는 군사 및 공공안전 작전에서 드론이 인간의 개입 없이도 신속하고 안전하게 작전을 수행할 수 있도록 돕는다. 특히, 군사 및 국방 분야에서는 무인 공중 정찰 및 전술 드론 시스템이 연구되고 있으며, 이는 기존의 유인 항공기에 비해 비용을 절감하면서도 높은 작전 효율성을 제공한다.

다음은 불법드론에 대응하는 대드론(Counter-Drone) 기술 연구를 들 수 있다.

대드론 기술은 적대적 또는 불법적인 드론의 위협을 탐지하고 무력화하는 연구

---

3 한국전자통신연구원(ETRI)에서는 경찰대학 국제대테러연구센터와 함께 2022~2026(5년, 150억 원) 동안 "골든타임 확보를 위한 실종자 수색 다수 드론 자율비행 핵심기술"을 개발하는 등 자율비행과 관련한 연구가 활발하게 이루어지고 있다.

를 포함한다. 최근 불법 드론을 이용한 테러 공격, 군사 정찰, 산업 스파이 활동이 증가함에 따라, 이를 방어하기 위한 대드론 시스템과 관련한 연구가 활발하게 진행되고 있다.4 불법드론의 탐지, 식별, 분석, 무력화, 사고자라 등 발견부터 사후처리까지 종합적으로 대응이 가능한 통합솔루션을 개발하고 있다. 불법 드론의 통신 신호를 차단하여 조종권을 박탈하는 기술 연구, 레이더 및 광학 탐지 시스템, 적대적인 드론을 조기에 탐지하여 식별하는 AI 기반 감시 기술, 공격 드론을 이용하여 적대적인 드론을 공중에서 제거하는 연구, 전자기펄스(EMP) 및 네트워크 해킹 기술 등 드론을 무력화하는 차세대 전자전 기술 연구 등이 이루어지고 있으며, 이러한 연구는 특히 국가 주요 시설(공항, 원자력 발전소, 국방 기지 등)의 보안 시스템 강화와 연계되며, 정부 기관 및 군사 부문에서 적극적으로 개발되고 있다.

## 2) 인력 교육: 드론시큐리티 전문가 및 오퍼레이터 양성

드론시큐리티 기술을 효과적으로 활용하기 위해서는 전문 인력 양성이 필수적이다. 이에 따라 정부, 군, 경찰, 공공기관, 산업체 등의 다양한 분야에서 드론시큐리티 전문가를 양성하기 위한 교육 프로그램이 필요하다. 따라서 대학 등 교육기관의 교육이 중요하다.

필요한 교육의 범위는 하드웨어, 소프트웨어, 서비스 분야의 교육이 필요하며, 세부적으로는 드론 운영 및 조종자 교육, 보안 및 대드론 시스템 기술 및 운용 교육, 드론 범규 및 정책 교육 등이 필요하다.

드론을 효과적으로 활용하기 위해서는 전문적인 조종 기술이 필수적이다. 이를 위해 정부 및 민간기관에서 공인된 드론 조종사 교육 과정이 제공되며, 공공안전 및 군사 분야에서는 특수 작전에 맞춘 고급 조종 교육이 진행된다. 또한, 자율비행 드론 시스템 교육도 중요한 요소로 자리 잡고 있으며, 이를 통해 AI 기반 드론 운영 전문가가 양성되고 있다. 이는 향후 드론의 군사 및 산업 자동화 활용에 중요한 기

---

4 한국원자력연구원은 한국항공우주연구원 등 4개 공공기관과 대학, 기업들과 함께 컨소시엄을 구성하여 2021년부터 5년간 420억원의 예산으로 "불법드론 지능형 대응기술 개발사업"을 수행하고 있다.

반이 될 것이다.

보안 및 대드론 기술을 실무에서 활용하기 위해서는 드론 탐지, 방어, 요격 기술에 대한 실습 교육이 필수적이다. 이에 따라, 경찰 및 군사 기관에서는 불법 드론 탐지 및 대응 전술 교육을 진행하며, 공항 및 주요 시설의 보안 담당자들에게는 대드론 방어 시스템 운용 교육이 제공된다.

대테러 및 보안 부문에서는 드론을 이용한 첩보 및 감시 전술이 연구되고 있으며, 이를 위해 특수부대 및 정보기관에서는 드론 운용 기술을 숙달하는 전문 훈련 프로그램을 도입하고 있다.

드론 기술이 발전함에 따라, 드론 운용과 관련된 법적 규제 및 국제 표준을 이해하는 것이 중요해졌다. 이에 따라, 경찰, 법무부, 항공당국 등과 협력하여 드론 운용 및 보안 관련 법률 교육이 진행되며, 특히 국제 드론 보안 정책 및 윤리 기준에 대한 교육도 함께 이루어진다.


## 3) 산업 발전: 드론시큐리티의 산업화 및 상용화

드론시큐리티 기술은 국가 및 민간 부문에서의 사업적 응용 가능성이 매우 높으며, 이를 통해 공공안전, 보안, 물류, 응급의료, 환경 감시 등 다양한 산업 분야에서 적용될 수 있다. 드론시큐리티 분야의 성장을 통해 경제발전을 견인할 수 있다.

드론을 활용한 보안 서비스는 기업, 공항, 발전소, 군사 기지 등의 주요 시설 보호에 적용될 수 있으며, 드론을 활용한 무인 경비 시스템을 통해 보다 효율적인 보안 체계를 구축할 수 있다.

특히, 대드론 시스템을 기반으로 한 불법 드론 방어 서비스는 향후 국가 및 민간 부문에서의 수요가 증가할 것으로 예상되며, 이는 보안업체 및 기술 스타트업들에게 새로운 사업 기회를 제공할 것이다.

드론 기술은 스마트 도시(Smart City) 개념과 결합하여 실시간 교통 감시, 환경 모니터링, 범죄 예방 시스템으로 활용될 수 있다. 또한, 응급 의료 드론(Emergency Medical Drone)을 통해 재난 현장에서 긴급 구조 물품을 수송하거나 원격 진료를 지원하는 서비스가 개발되고 있다.

드론시큐리티 기술은 군사 및 국방 분야에서 무인 전투 시스템, 전자전, 정찰 드론, AI 기반 군사 전략 분석 시스템 등의 다양한 형태로 적용될 수 있으며, 향후 드론 기반 방어 및 공격 시스템의 발전과 함께 더욱 확대될 전망이다.

드론시큐리티는 연구(기술 개발), 교육(전문가 양성), 사업(산업화 및 상용화)이라는 세 가지 주요 범주를 통해 발전하고 있으며, 이는 국가 안보 및 사회 안전을 위한 필수적인 기술로 자리 잡고 있다. 기술 개발을 통해 보안 및 대드론 시스템을 강화하고, 이를 운용할 전문가를 양성하며, 나아가 다양한 산업에서의 상용화를 촉진하는 것이 미래 드론시큐리티의 핵심 과제가 될 것이다.

## 3. 드론시큐리티의 국내외 생태계

드론시큐리티 분야는 드론 산업에서 차지하는 비중이 크다. 2014년 Thomas Frey가 그의 글에서 드론으로 할 수 있는 미래의 192가지 사용방법을 제시하였는데[5] 그 중에서 가장 비중이 높고 현재 많이 사용되고 있는 분야가 경찰, 소방, 국방 분야에서 활용하고 있는 감시, 정찰, 안전, 소방, 재난대해대응 등의 분야이다.

**[표 6-1] 드론이 할 수 있는 1927가지 일들(이병석 박사논문 p. 23 발췌)**

| 순번 | 카테고리 | 세부 | | | |
|---|---|---|---|---|---|
| 1 | 조기경보 시스템 | 지진경보 | 허리케인모니터 | 토네이도 경보 | 우박 방지 |
| | | 눈사태 방지 | 홍수 경보 | 지진, 해일 예측 | 산불 방지 |
| 2 | 긴급 서비스 | 미아 드론 | 열센서 드론(눈) | 적외선 센서(산불) | 곤충 살상 |
| | | 밀렵 | 멸종위기 보호 | 문제의 눈 | 애완동물 찾기 |
| 3 | 뉴스 리포팅 | 사고 모니터링 | 날씨 드론 | 시위자 촬영 | 길거리인터뷰 |
| | | 실시간 통계 | 빠른 인터뷰 | 라커룸 드론 | 사진 드론 |

---

5 http://www.futuristspeaker.com/, 2014년 "Communicating with the Future"의 작가 미래 학자 Thomas Frey가 작성한 글을 재작성.

| 4 | 배달 | 사서함 드론 | 의료처방전달 | 식료품 배달 | 우편물 포장 |
| | | 예측 주문 배달 | 반송서비스 | 농장 직구매 | 연희 향연 |
| 5 | 사업활동 모니터링 | 건설 모니터링 | 위상 측량 | 환경평가 | 전원 모니터링 |
| | | 빌딩 열 감지 | 민감 제품 배송 | 해적 감시 | 지질 측량 |
| 6 | 게임용 드론 | 3차원 체스드론 | 증강현실 드론 | 3차원 보물사냥 | 드론 마상게임 |
| | | 몬스터 트럭 | 드론 레이싱 | 장애물 코스 | 드론 사냥 |
| 7 | 스포츠 드론 | 선수 성능구현 | 공간 카메라 | 개인트레이너 | 인스턴트 랜딩 |
| | | 마라톤 트래커 | 신진대사 추적 | 안장 드론라이더 | 야외 볼링 |
| 8 | 엔터테인먼트 드론 | 코미디언 쇼 드론 | 마술사 드론 | 콘서트 군집드론 | 드론 서커스 |
| | | 공연 아트 쇼 | 메가사진 묶음 | 장난꾸러기 드론 | 불꽃놀이 드론 |
| 9 | 마케팅 | 스팟 광고 | 잠재의식 광고 | 포메이션 | 배너 드론 |
| | | 식품 샘플러 | 눈길 끄는 드론 | 섬광등 드론 | 빵 냄새 드론 |
| 10 | 농업용 드론 | 인공벌 드론 | 씨 뿌리는 드론 | 곤충모니터링 | 비료모니터링 |
| | | 질병 모니터링 | 새 쫓는 드론 | 곡물 분무기 | 수학 드론 |
| 11 | 목장용 드론 | 소 모니터 | 말 추적 | 돼지 모니터 | 꿀벌 감시 |
| | | 양 추적 | 달 모니터 | 칠면조 추적 | 오리거위 모니터 |
| 12 | 경찰 드론 | 약물 냄새추적 | 정치부패 추적 | 체이스 드론 | 가정폭력 모니터 |
| | | 아동학대 모니터 | 이웃시계 모니터 | 발목 팔찌 교체 | 법정 출석 드론 |
| 13 | 스마트 홈 드론 | 에어브러시 드론 | 먼지제거 | 잔디 관리 | 낙엽 수거 |
| | | 홈 보안 | 3D 프린터 | 특별 드론 부두 | 기저귀 교체 |
| 14 | 부동산 드론 | 부동산 에이전트 | 공중 수분 수확 | 홈 검사 | 배터리 교체 |
| | | 쓰레기 배출 | 하수 제거 | 보험 조절 | 리스팅 드론 |
| 15 | 도서관 드론 | 도구 대여 | 바상 장비 대여 | 애완동물 대출 | 정보 배달 |
| | | 기술 대여 | 전문가 대화 | 빅 부라더(동반) | 드론 대출 |
| 16 | 군대 스파이 드론 | 미사일 발사 | 폭탄 투하 | 위장 드론 | 통신 교란 |
| | | 의료 공급 | 스파이 드론 | 총알 열추적 | 와이파이 드론 |
| 17 | 건강관리 드론 | 의료용품 배송 | 카나리아 드론 | 바디 모니터링 | 공중건강 |
| | | 물리적 이동 | 스킨 케어 | 경비 드론 | 감염증 감시 |

| 18 | 교육용 드론 | 역사 참조 | 실시간 관점 | 기하학적 모양 | 질문 답변 |
| | | 다큐멘터리 | 언어 파트너 | 기본 수학 드론 | sat테스트 드론 |
| 19 | 과학과 발견 | 고고학 드론 | 고래 추적 | 조류 추적 | 산림 건강 |
| | | 해류 추적 | 극오로라 추적 | 태양 모니터링 | 지구소음 측정 |
| 20 | 여행용 드론 | 통근 드론 | 택시 드론 | 바 호핑 드론 | 관광 명소 드론 |
| | | 시트투어 드론 | 긴급 구조 | 운송 드론 | 야간 여행 드론 |
| 21 | 로봇 팔 드론 | 유해 물질 운반 | 위험 물 운반 | 위험한 동물 구출 | 체스 두는 드론 |
| | | 팔 레슬링 드론 | 스팟 용접 | 기계 수리 | 공간 정크 제거 |
| 22 | 현실왜곡 영역 | 냄새 제거 | 소리 잡음 제거 | 가시광선 제거 | 확대 드론 |
| | | 축소 드론 | 색상 변경 | 열 대포 | 목소리 변조 |
| 23 | 참신한 아이디어 드론 | 개인 잠망경 | 식물 소통 | 프리스비 터보 | 그늘 드론 |
| | | 모기 퇴치 | 데이트 드론 | 필터링 드론 | 엘리베이터 드론 |
| 24 | 머나먼 개념의 드론 | 대규모 비행 | 인공 지렁이 | 개인 준비 | 떼 의류 |
| | | 보호 떼 | 정신 연결 떼 | 원격 감시 떼 | 슈퍼맨 떼 |

출처: 이병석 박사학위 논문 발췌

위 [표 6-1]에 제시된 24가지의 범주는 서로가 연결되어 있으며, 아직은 기술이 개발되지 않은 분야도 있지만 머지않아 예상했던 분야에 드론이 활용될 것이다.

## 1) 경찰분야

한국 경찰청에서는 2019년부터 실종자 수색에 드론을 활용하기 시작하였다. 2016년 실종자수색드론을 연구개발하기 시작하여 2019년에 완료하여 실제 실종자 수색 드론을 2019년부터 도입하여 운영하였다. 이후 2024년 3월에는 실종자수색 에만 한정되어 있던 '경찰 무인비행장치 운용규칙' 제9조 운용범위를 확대 개정하여 순찰, 교통 단속, 집회시위 등에도 활용할 수 있게 되었다. 이후 다양한 경찰 업무에 적용하기 위한 연구도 활발하게 진행하고 있다.

미국 경찰은 각 주별로 드론을 활용하고 있으며, 드론을 활용한 범죄 현장 감시,

교통 사고 조사, 인질 상황 모니터링에 이용하고 있다. 특히, 베버리힐즈 경찰서에서는 9.11 상황실에 드론 운용 요원(Drone Unit)을 별도로 두고, 상황실과는 떨어진 원격지에서 드론을 띄워 드론영상을 9.11 상황실에서 모니터링 하며 운용하고 있다.

영국 경찰, 일본 경찰, 중국 공안에서도 드론을 활용한 교통 관리 및 대규모 행사 모니터링 등 다양하게 활용하고 있다.

**[그림 6-1] 베버리힐즈 경찰서 드론 운용**

출처: 직접 방문 촬영

드론을 활용하기 위한 교육은 경찰대학, 경찰인재개발원 등에서 드론 운용 및 관련 법률 교육을 실시하여 경찰관들의 드론 활용 능력을 향상시키고 있으며 특히, 드론 조종 자격증 취득을 위한 교육 프로그램도 운용하고 있다. 미국의 여러 경찰 교육 기관에서는 드론 운용 교육과 함께 데이터 분석, 영상 처리 등의 교육을 통해 드론 활용 능력을 강화하고 있다.

사업분야에서도 다양한 기업들이 경찰과 협력하여 드론을 활용한 실종자 수색, 교통 단속 지원 등의 서비스를 제공하고 있다. 해외에서는 DJI, AUTEL, PARRAT, SKYDIO, BRINC, TEAL와 같은 글로벌 드론 제조업체는 경찰용 드론을 개발하여 전 세계 경찰 기관에 공급하고 있으며, 드론 데이터 분석을 위한 소프트웨어를 개발하는 기업들도 있다.

**[그림 6-2] 뉴욕 경찰의 드론 활용 모습**[6]

출처: AI POST

## 2) 소방 분야

한국 소방청은 드론을 활용한 화재 현장 모니터링, 인명 구조, 위험 물질 탐지 등의 연구를 진행하고 있다. 소방학교 등에서 드론 운용 교육을 실시하여 소방관들의 드론 활용 능력을 강화하고 있으며 특히, 재난 현장에서의 드론 운용 및 데이터 분석 교육이 강조되고 있다. 국내 드론 제조업체들은 소방용 드론을 개발하여 소방 기관에 공급하고 있으며, 특히, 열화상 카메라를 장착한 드론을 개발하여 화재 현장 모니터링에 활용하고 있다.

미국 소방 당국은 드론을 활용한 산불 모니터링, 구조 활동 지원 등 다양한 연구를 수행하고 있으며, 특히, 드론을 활용하여 산불의 확산 경로를 예측하는 연구가 주목받고 있다. 미국의 소방 교육 기관에서는 드론을 활용한 화재 현장 모니터링, 구조 활동 지원 등의 교육 프로그램을 운영하고 있으며, FLIR Systems와 같은 기업은 소방용 열화상 드론을 개발하여 전 세계 소방 기관에 공급하고 있다.

## 3) 국방 분야

한국 국방부는 드론을 활용한 정찰, 감시, 공격 등 다양한 군사적 활용을 연구하

---

6 https://www.aipostkorea.com/news/articleView.html?idxno=2257&utm_source=chatgpt.com

고 있다. 특히, 유뮤인복합체계(MUM-T)는 물론 육상,공중 통합체계 등 고도화된 드론 운용 체계 개발에 주력하고 있다. 교육 분야에서도 교육사령부를 비롯하여 정보학교, 항공학교 등에서 드론의 운영과 공격드론에 대응하는 교육과 훈련을 하고 있다. 전방 지역은 물론 후방 지역에서도 드론 운용 및 관련 전술 교육을 실시하여 군인들의 드론 활용 능력을 강화하고 있다. 국내 방산 기업들은 정찰용 드론, 공격용 드론 등 군사용 드론을 개발하여 국방부에 공급하고 있다.

한국은 전방지역과 국가중요시설에 드론의 공격으로부터 방어하기 위한 기술을 개발하고 있다. 한국원자력연구원은 불법 드론으로부터 원자력 시설과 공항 등 국가 중요 시설을 보호하기 위해 '불법드론 지능형 대응기술 개발사업'을 주관하고 있다. 이 사업은 2021년부터 2025년까지 총 420억 원의 예산이 투입되어 과학기술정보통신부, 산업통상자원부, 경찰청이 참여하는 다부처 협력 프로젝트로 드론 공역으로부터 국가중요시설을 보호하기 위한 국가 R&D 사업이다. 이 컨소시엄에는 한국항공우주연구원, LIG넥스원 등 23개 기관이 참여하고 있으며, 불법 드론의 탐지,

[그림 6-3] 불법 드론 지능형 대응 기술 개발

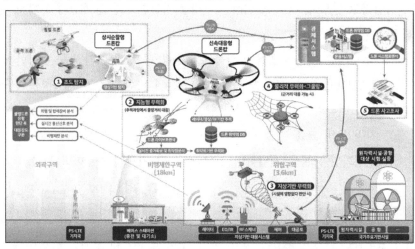

출처: 원자력연구원

식별, 분석, 무력화, 사고 조사까지 전 과정을 아우르는 통합 솔루션을 개발하는 것을 목표로, 지상 기반 시스템과 공중 기반 시스템을 연계하여 불법 드론을 조기에 발견하고 대응할 수 있는 체계를 구축하고자 함이다. 또한, 불법 드론의 취약점을 분석하여 최적의 무력화 방안을 도출하는 지능형 무력화 기술과, 불법 행위를 규명하기 위한 포렌식 기술 개발에도 주력하고 있다. 이를 통해 불법 드론의 비행 경로와 사고 경위를 파악하고, 용의자 추적 등 사후 대응까지 가능하다. 이러한 노력을 통해 원자력 시설과 공항 등 국가 중요 시설의 안전을 확보하고, 불법 드론으로 인한 잠재적 위협에 효과적으로 대응할 수 있을 것으로 기대된다. 드론시큐리티 분야 가운데 대드론의 핵심 영역이다.

드론시큐리티 분야 가운데 국방분야가 가장 크며, 이 중에서도 미국 국방 시장이 해외 생태계의 대표라고 해도 과언이 아니다. 미국 국방부를 중심으로 첨단 드론 기술 개발이 이루어지고 있다. 그러나 미국의 국방 드론은 다른 국가에서 따라가기에는 기술적으로나 예산면에서 한계가 있다. 대표적으로는 MQ-9 리퍼(MQ-9 Reaper)와 MQ-1 프레데터(MQ-1 Predator) 드론을 들 수 있다. MQ-9 리퍼는 원격 조종을 통해 정밀 타격이 가능하며, 헬파이어(Hellfire) 미사일 등 다양한 무기를 탑재할 수 있다. 가격은 천문학적이다.

[그림 6-4] MQ9리퍼와 MQ! 프레데터

출처: https://crewdaily.com/

또한, 다수의 소형 드론이 협력하여 임무를 수행하는 군집 드론 기술을 개발하여 활용하고 있으며, 유무인 복합체계가 진행중이다. 미국은 2016년 '퍼딕스(Perdix)'라는 소형 드론 103대를 동시에 운용하는 시험을 성공적으로 마쳤으며, 이를 통해 자율 비행과 임무 수행 능력을 입증했고 최근에는 유인기와 무인기가 함께 작전을 수행하는 유·무인 복합 전투 체계(Manned-Unmanned Teaming, MUM-T) 개발에 적극적으로 나서고 있다. 'Skyborg' 프로그램을 통해 유인 전투기(F-22, F-35)와 무인 제트기(MQ-58A Valkyrie) 간의 협업을 연구하고 있는데 이 프로그램은 인공지능(AI)을 활용하여 무인기가 유인기를 호위하거나 독자적인 임무를 수행할 수 있도록 한다. 미 국방부는 AI 기반의 무인 전투기 개발을 위해 '협동 전투 항공기' 프로그램을 추진하고 있으며 이 프로그램은 유인 전투기와 무인 전투기가 함께 작전을 수행하여 전투 효율성을 높이며, 1,000대 이상의 무인 전투기 확보를 계획하고 있다.

**[그림 6-5] skyborg**

출처: https://www.af.mil/News/

적의 드론 위협에 대응하기 위한 대드론 기술도 개발하고 있다. 레이저 무기를 활용한 드론 요격 시스템으로 록히드 마틴은 '아테나(ATHENA)' 시스템을 통해 레이저로 드론을 무력화하는 기술을 선보이기도 하였다. 미 국방부는 2015년 국방혁신부대(DIU)를 설립하여 실리콘밸리 등 민간의 첨단 기술을 군사 분야에 도입하고 있으며, 이를 통해 인공지능, 무인 무기, 사이버 기술 등 다양한 분야에서 혁신적인 기술을 군사적으로 활용한다. 이러한 노력을 통해 미국은 드론 기술 분야에서 선도적인 위치를 유지하며, 미래 전장 환경에 대비하고 있다.

[그림 6-6]
## [그림 6-6]
### 록히드 마틴 ATHENA시스템

## [그림 6-7]
### 신속시범획득사업을 수주한
### 현대로템의 다목적무인차량

출처: https://newsimpact.co.kr/

출처: 사진=뉴스1 DB

## 4) 재난안전 분야

국내에서는 재난안전 분야 연구는 정부출연연구기관과 자치단체에서 실증사업
과 연계하여 드론을 활용한 재난 현장 모니터링, 피해 평가, 구조 활동 지원 등의 연
구를 비롯하여, 지진 피해 지역의 영상을 실시간으로 수집하는 연구 등이 활발하게
진행되고 있다.

### [그림 6-8] 성남시 '드론 재난안전 다중관제시스템

출처: https://www.hankyung.com/

해외에서는 일본이 대표적으로 드론을 활용한 지진, 쓰나미 등의 재난 대응 연구를 활발히 진행하고 있고, 최근에는 재난안전에 대응하기 위한 기반 연구로 드론을 활용한 피해 지역의 3D 맵핑 연구가 다양하게 이루어지고 있으며, 재난현장에 활용되고 있다. 이 연구는 드론을 이용하여 3D 맵핑을 수행하는 과정과 그 활용 방안에 대해 다루고 있으며, 특히, 재난 발생 시 드론을 활용하여 피해 지역의 3D 지도를 신속하게 생성함으로써 구조 활동과 복구 작업에 필요한 정확한 정보를 제공하는 방법을 제시하고 있다.

재난안전분야에 드론을 활용하기 위한 교육으로 행안부를 비롯한 재난안전 관련 기관에서는 드론 운용 교육을 실시하여 재난 대응 인력의 드론 활용 능력을 강화하고 있으며, 해외에서는 미국의 재난안전청(FEMA)을 비롯한 재난안전기관에서 드론을 활용한 재난 대응 교육을 하고 있다.

## 5) 드론시큐리티 분야 국내 기술과 해외 기술 수준 비교

한국 드론산업진흥협회가 발표한 자료에 따르면,[7] 한국의 드론 핵심 기술은 선진국 대비 약 80% 수준으로 평가되며, 기술 격차는 약 5년 정도로 분석한다. 특히 중대형 드론 제작업체는 일정 수준 이상의 기술력과 연구 인력을 확보하고 있으나, 소형 드론 제작업체의 경우 규모나 기술력 측면에서 영세한 편으로 분석하고 있다.

반면, 해외 기술 수준은 드론 기술이 군사 분야를 넘어 민간 부문과 공공 부문의 소방, 방재, 안전, 경찰의 교통정보 수집 및 단속, 실종자 수색, 택배 배달 등으로 지속적으로 확장되고 있으며, 발전속도도 매우 빠른 것으로 나타났다.

드론산업은 크게 하드웨어, 소프트웨어, 서비스 시장으로 나누고 있다. 세계 드론 시장에서도 경찰, 소방, 국방과 관련된 감시, 정찰, 안전, 교육 등의 시장이 많은 부분을 차지하고 있다. 이에 반해 한국 시장은 세계 시장 규모에 비해 매우 영세한 편이며, 분야도 시큐리티 분야에 국한되어 있는 것으로 분석된다.

아래의 [그림 6-9]은 DRONEII.COM에서 제작한 해외드론 생태계 지도로 935

---

7 드론산업진흥협회에서 발행한 '2021년 국내외 드론 산업 동향 종합' 보고서에서 발췌

개 기업들이 수록되어 있으며, 그 가운데 서비스 분야가 138개로 가장 많으며, 하드론워 분야가 106개, 소프트웨어 분야가 66개로 구성되어 있다. 국내 드론 시장에서는 아직 성숙하지 못한 드론 택시(AIR-TAXI), 드론교통체계(UTM), 드론 배송(Drone Delivery), 안티드론(Anti-drone) 분야도 이미 시장이 형성되어 있는 것이 특징이다. Airbus, Amazon과 같은 글로벌 방산업체와 글로벌 배송업체들이 다수 참여하고 있는 것을 알 수 있다.

**[그림 6-9] 해외 드론 산업 생태계 지도**

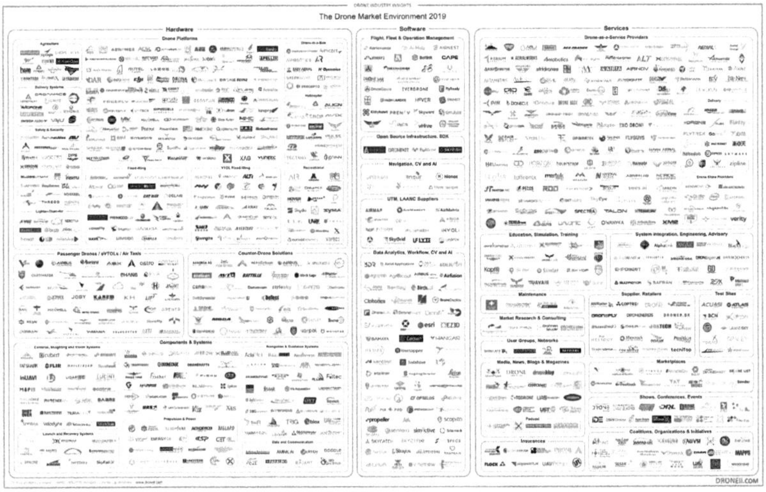

출처: Droneii.com

이에 반해 한국 드론 시장은 규모가 크지 않다. 아래의 그림은 항공안전기술원에서 제작한 한국 드론 시장 생태계 지도이다. 그림에서 처럼 한국의 드론 시장은 세계 시장에 비해 기업의 수도 적을 뿐 아니라 규모 면에서도 영세하다. 주로 기체 제작 분야가 대부분이고, 소프트웨어와 활용시장은 극히 미약하다. 국내 드론관련 협회는 2015년부터 나타나기 시작하여 약 30여개가 활동하고 있으나, 대부분 기업들이 중복가입되어 있고, 협회의 규모 또한 크지 않은 편이다. 사단법인 형태의 비영리단체가 대부분이며, 국토부, 산자부, 문화부 산하의 협회나 과기정통부 산하 연구조합으로 등록하여 활동하고 있다.

[그림 6-10] 한국 드론 산업 생태계 지도

출처: 항공정보포탈(www.droneportal.or.kr)

드론 생태계에서 드론시큐리티 분야가 차지하는 비중이 점점 커지고 중요해지고 있다. 특히 경찰, 소방, 국방, 재난재해에서의 드론 활용이 증가하고 있고, 이와 관련된 기업들의 매출이 증가하면서 드론시큐리티 생태계가 확장되고 있다.


## 4. 관련 법령 검토

드론과 관련한 법률은 2020년에 제정된 '드론활용의 촉진 및 기반조성에 관한 법률(2020.5.1. 시행, 이하 '드론법')'이 단일법으로는 유일하다. 2020년 드론법이 시행, 공포되면서 법·제도적 기반이 마련되었다고 볼 수 있으나 이 법은 법률명에서 보듯이 활용을 촉진하고 기반을 조성하는 법률의 성격이다. 드론법8은 제1조(목적)에 "드론활용의 촉진 및 기반조성, 드론시스템의 운영·관리 등에 관한 사항을 규정하여 드론산업의 발전 기반을 조성하고 드론산업 진흥을 통한 국민편의 증진과 국민경제의 발전에 이바지함을 목적"으로 한다고 규정하고 있으며, 국내 드론산업을 활성화시키기 위해 제정된 법률이며, 기존의 항공법과 항공법을 개정한 항공안전법의 규정을 보완하였다.

그러나 이 법률은 지원과 활성화와 관련된 법률일 뿐 경찰, 소방, 국방 드론 등 드론시큐리티 분야에 직접 적용하기에는 한계가 있다. 또한, 드론의 규제와 단속, 관리를 위한 법률은 아직 존재하지 않는다. 드론시큐리티 분야인 경찰, 소방, 국방의 경우는 이 드론법과는 크게 관련이 없다. 따라서 각 부처에서는 훈령 등을 통해 사용 근거를 마련하고 있다. 경찰의 경우 2019년 총 28개 조문의 '경찰 무인비행장치 운용규칙'을 제정하여 경찰 드론의 활용 근거를 마련하였으며, 2024년 3월에 개정하여 순찰, 교통, 집회시위등에도 활용할 수 있도록 하였다. 소방청은 2019년 4월 1일 총 28개 조문으로 구성된 '소방 무인비행장치 운용규정'을 소방청 훈령으로 제정한 이후, 2022년 7월 1일 조종자 및 부조종자의 자격요건을 구체적으로 기술하고 국가정보원법과 보안업무규정, 개인정보호호법, 위치정보법 등과 관련된 부분을 추가하는 등 일부 개정을 하였다. 해양경찰청의 경우 2019년 12월 9일 '해양경찰 무인비행장치 운용 및 관리에 관한 규칙'을 제정하였는데 당시에는 총16조로 구성되었으며, 내용과 형식이 미비한 부분이 많았으나, 2022년 12월 6일 전면 개정하면서 운용범위를 대폭 확대하였으며, 운용자의 임무, 면책 조항, 민간수색대 활용 조항을 추가하는 등 실제 현장에서 드론을 활용하는데 필요한 사항과 애로사항 등 관련 법규의 체계를 보완하였다. 아울러, '해양경찰장비 도입 및 관리에 관한 법률'까지 제정함으로써 해양경찰 드론 활용의 법적 근거를 마련한 것이 주목할 만하다.

이와 같이 드론시큐리티 분야의 법령이 재개정 되면서, 공공분야에 드론을 활용할 수 있는 법적 기반이 구축되고 있으며, 드론시큐리티 산업 발전의 밑거름이 되고 있다. 물론, 드론이 가지고 있는 여러 가지 위험성과 부작용을 우려하여 드론 사용

---

8 국토교통부 첨단항공과 소관법률.

을 제한하거나 꺼려하는 연구와 의견들도 있다. 하지만, 위험성을 완화하고 부작용을 최소화하는 방안들을 함께 고려하여 발전시키는 것이 바람직하다.

아래의 [표 6-2]는 드론과 관련된 법령을 정리한 것이다. 드론시큐리티 분야의 법령은 여러 분야에 걸쳐 있다. 새로운 기술이 등장하면서 정비되어야 할 부분이 많다. 그러나 이러한 법률들이 드론의 사용을 제한하거나 위축시키는 방향이 아닌 기술개발을 촉진하고 사용을 확대하는 방향으로 재정비되어야 한다.

**[표 6-2] 드론 관련 법령**

| 분류 | | 법률 | 비고 |
|---|---|---|---|
| 드론<br>기본법 | 2020년<br>이후 | 드론 활용의 촉진 및 기반조성에 관한 법률(드론법)*<br>자율주행자동차 상용화 촉진 및 지원에 관한 법률(자율주행자동차법)*<br>스마트도시 조성 및 산업진흥 등에 관한 법률(스마트도시법)* | 2020년 제정 |
| | 2020년<br>이전 | (기존) 항공법<br>(개정) 항공안전법, 항공사업법, 공항시설법 | 2017년 개정 |
| 사생활 보호 | | 개인정보보호법<br>개인영상정보보호법(안)**<br>위치정보의 보호 및 이용에 관한 법률<br>정보통신망 이용촉진 및 정보보호 등에 관한 법률<br>성폭력범죄의 처벌 등에 관한 특례법<br>형법<br>통신비밀보호법<br>드론 카메라 관련 개인정보보호 가이드라인** | (제정 중) |
| 사용 규제 | | 군사기지 및 군사시설 보호법<br>전파법<br>과학기술부 주파수 가이드라인 | |
| 드론시큐리티<br>관련<br>운용 및 규제 | | 경찰관직무집행법<br>경찰장비운용규칙<br>경찰항공운영규칙<br>범죄수사규칙<br>도로교통법<br>경범죄처벌법<br>교통사고처리특례법<br>교통안전법 | |

| | 국가통합교통체계효율화법<br>여객자동차운수사업법<br>자동차관리법<br>주차장법<br>테러방지법<br>통합방지법<br>민방위기본법 | 2019년 제정 |
|---|---|---|
| 드론시큐리티<br>분야 활용근거 | 경찰 무인비행장치 운용규칙<br>소방 무인비행장치 운용규정<br>해양경찰 무인비행장치 운용 및 관리에 관한 규칙 | 2019년 제정 |
| 배상제도 | 제조물책임법<br>국가배상법<br>우편법<br>민법<br>보험법 등 피해구제제도 | |
| 공공기관·자치단<br>체 드론운영 | 광역자치단체 조례*(경상남도 조례 등)<br>기초자치단체 조례*(전남 고흥군 등) | 2018년 제정<br>2019년 제정 |

출처: 이병석 박사논문 재작성

## 제2절 드론시큐리티 분야 및 사례

## 1. 경찰 분야

드론시큐리티 분야에서 경찰의 드론 활용은 국내외에서 다양한 사례를 통해 그 효과가 입증되고 있다. 경찰 분야 드론 기술의 발전은 치안 유지와 공공 안전 강화에 기여하고 있으며, 앞으로도 다양한 경찰 업무에 활용될 전망이다.

한국 경찰은 드론을 활용하여 실종자 수색 작업을 효율적으로 수행하고 있다. 충북경찰청은 2018년부터 고성능 드론을 도입하여 실종자 수색에 활용한 결과, 약

20%의 높은 발견율을 보이는 등 성과를 입증하였으며 이러한 성과를 바탕으로 경찰청에서는 2019년 하반기에는 각 지방경찰청에 수색용 드론을 보급하고, 17개 시도경찰청에 경력직 드론 전문 인력을 채용하여 드론 운용을 본격화하였다.

**[그림 6-11] 한국 경찰청 실종자 수색 드론**

출처: 경찰청

경찰드론은 [표 6-3]과 같이 2016년부터 과기정통부 주관의 공공수요 연계형 R&D 과제와 다부처 공동기획 R&D 과제에 참여하면서부터 시작되었다. 2016년부터 시작한 경찰 실종자 수색용 드론 개발 과제는 2018년에 완료되었고, 다부처공동기획 과제인 불법드론대응시스템(Counter-UAS)과 드론교통관리체계(UTM) 과제는 2021년까지 계속사업으로 진행되고 있다.[9] R&D를 거쳐 경찰청에서는 2018년 4월 '드론도입 관련 추진체계 및 과제 등 마스트플랜'을 마련하여 드론 도입 관련 추진체계를 마련하였고, 2018년 12월 조달청에서 실종자 수색용으로 무인비행장치 2대를 구매하여 각각 한강경찰대와 경남경찰청에 보급하여 시범운영하였다. 이후 2019년 실종자 수색용 드론 구입비용 28억 7천만 원을 예산으로 확보하여, 2019년 10월 제안서 평가와 실기성능 평가를 거쳐 경찰 실종자 수색용 드론을 최종 선정하고 조달청 구매절차를 거쳐 38대를 구매하여 운영하고 있다.

---

9 경찰청 첨단장비계, 2019.

[표 6-3] 경찰청 드론사업 추진 현황(다부처과제)

| 구분 | 과제명 | 기간 | 총예산 | 참여부처 |
|------|--------|------|--------|----------|
| 공공수요<br>연계형 | 실종자수색 전용 무인기 및<br>영상분석기술 개발 | '16.11.~18.5.<br>(19개월) | 8억 | 주관 : 과기정통부<br>수요부처 : 경찰청 |
| 다부처<br>공동기획 | 국민안전 감시 및 대응<br>무인항공기 융합시스템<br>구축·운용 | '17~'20<br>(4년) | 490억 | 주관 : 국민안전처<br>참여 : 경찰청, 과기정통부,<br>산업부 |
| | 저고도 무인비행장치<br>교통관리 및 감시 기술 개발 | '17~'21<br>(5년) | 437억 | 주관 : 국토부<br>참여 : 경찰청, 과기정통부 |

출처: 경찰청, 국토교통부, 과기정통부

보령해양경찰서는 '드론 스피커'를 도입하여 갯벌 방문객들의 안전을 관리하고 있다. 드론에 스피커를 장착하여 안전 수칙을 안내하고, 위험 상황 발생 시 신속하게 대응함으로써 갯벌 내 안전사고를 감소시키는 데 기여하고 있다.

[그림 6-12] 보령경찰서 안전관리 드론

출처: M.BLOG.NVER.COM

해외에서도 다양하게 활용하고 있다. 스페인의 산타 에울라리아(Santa Eulària) 경찰은 드론을 활용하여 교통 관리, 시민 안전, 실종자 수색, 사고 지원 등 다양한 분야에서 효율성을 높이고 있다. 드론은 자율 비행을 통해 실시간으로 영상을 전송하며, 특히 야간에는 열화상 카메라를 활용하여 시야 확보가 어려운 상황에서도 효과적인 감시가 가능하다.[10]

미국 뉴욕주의 햄스테드(Hempstead) 경찰서는 드론을 긴급 상황의 첫 대응 수단으로 활용하는 프로그램을 도입하여 운용하고 있다. 이 드론은 평균 85초 만에 현장에 도착하여 실시간 영상을 제공함으로써, 경찰관들이 상황을 신속하게 파악하고 대응 전략을 수립하는 데 도움을 주고 있다.

[그림 6-13] **스페인 경찰**

출처: CADENASER.COM

[그림 6-14] **햄스테드 경찰**

출처: THE-SUN.COM

경찰분야에 실시간으로 안전[11]관리를 할 수 있도록 하는 데에는 실시간 영상 전송 기술이 핵심이다. 드론에 장착된 고해상도 카메라와 열화상 카메라는 실시간으로 영상을 전송하여, 경찰이 현장 상황을 정확하게 파악할 수 있도록 해준다. 또한 자율 비행 및 목표 추적 기능을 통해 프로그래밍된 경로를 따라 자율적으로 비행하거나, 이동하는 목표물을 자동으로 추적하여 감시할 수 있다.

---

10 CADENASER.COM
11 THE-SUN.COM

아래의 사진은 록히드마틴이 개발한 인공지능(AI)이 탑재된 레이싱 드론으로 여러 대의 드론이 동시에 자율비행할 수 있으며, 최대속도 180km/h의 속도로 장애물을 스스로 피해서 목표한 지점까지 도착할 수 있다. 2019년 록히드마틴이 '알파 파일럿'이라는 이름의 AI 드론 레이싱 대회를 개최했다.

**[그림 6-15] 록히드마틴 사 자율비행 AI 레이싱 드론**

출처: news.locheedmartin.com

**[그림 6-16] AI 레이싱드론 론**

**[그림 6-17]
인공지능 그랜드 챌린지**

출처: www.wikileaks-kr.org

출처: www.newswire.co.kr

드론이 수집한 데이터를 지상 통제 센터와 실시간으로 공유하여, 신속한 의사결정과 대응을 가능하게 한다. 주요 분야로는 교통관리, 대규모 행사 안전관리, 재난대응 등을 들 수 있다.

드론을 활용하여 교통 흐름을 모니터링하고, 사고 현장을 신속하게 파악하여 교통 혼잡을 최소화할 수 있으며, 대규모 행사나 집회 시 드론을 활용하여 군중의 움직임을 모니터링하고, 잠재적인 위험 요소를 사전에 식별하여 대응할 수 있다. 또한 자연 재해나 대형 사고 발생 시 드론을 활용하여 피해 지역을 신속하게 파악하고, 구조 활동을 지원함으로써 안전을 확보할 수 있다.

이와 같이 경찰 드론 활용의 효과성과 효율성은 다양하게 입증되어 었다. 앞으로도 경찰드론을 효율적으로 활용하기 위해서는 드론 운영의 표준화를 통해 다양한 상황에서의 드론 활용을 최적화할 수 있도록 하는 것이 바람직하다. 드론 활용의 효율성과 안전성을 높이기 위해 드론 운용 및 데이터 분석에 능숙한 전문 인력을 양성하기 위한 교육 프로그램의 개발과 시행이 필요하다. 무엇보다 드론 활용에 대한 사회적 수용성을 높이기 위해서는 드론 활용에 대한 국민들의 이해와 지지를 얻는 것이 필요하다. 이를 위해 드론의 이점과 안전성에 대한 홍보 및 교육을 확대하여야 한다. 이러한 노력을 통해 경찰 분야에서 드론시큐리티의 활용을 더욱 강화하고, 공공 안전을 증진시킬 수 있을 것이다.


## 2. 소방 분야

드론시큐리티 분야에서 소방 드론의 활용은 국내외에서 점차 확대되고 있으며, 다양한 사례를 통해 그 효용성이 입증되고 있다. 소방 드론은 화재 진압, 인명 구조, 재난 현장 모니터링 등 여러 분야에서 중요한 역할을 한다. 연구개발 단계를 지나 상용화 단계로 발전해야 하며, 실제 화재현장에 투입하여 효과적으로 화재를 진해하는 소방 드론의 개발과 활용이 시급한 때라고 할 수 있다.

한국 소방청은 2015년부터 소방 드론을 도입하여 화재 현장에서의 활용을 시작하였으며, 현재많은 분야에 활용하고 있다. 이 드론들은 고층 건물 화재 시 빠른 시간 내에 상공으로 이동하여 화재 현장을 모니터링하고, 소화약제를 분사하는 등의 역할을 수행한다. 예를 들어, 수직 이동 속도로 30층 건물을 단 25초 만에 주파할 수 있어, 소방대원의 접근이 어려운 고층 화재 진압에 효과적으로 활용되고 있다.

[그림 6-18]
소방 드론 진화 시험

[그림 6-19]
HARWAR 소방드론

출처: Harwar.com

출처: 순천향대 드론시큐리티전략연구원

　　서울소방재난본부는 2022년 발생한 광주 화정아이파크 붕괴 사고 현장에서 드론을 활용하여 실내·협소 공간 탐색을 수행하였다. 이는 국내에서 소방 드론을 공식적으로 실내 비행에 투입한 첫 사례로 기록되었으며, 붕괴된 건물 내부의 위험 구역을 탐색하고, 실종자 수색 및 공간 정보 데이터를 확보하는 데 큰 역할을 하였다.

[그림 6-20]
소방 드론 진화 시험

[그림 6-21]
광주 화정 아이파크 붕괴 현장

출처: Harwar.com

출처: 연합뉴스

해외 적용 사례를 살펴보면 다음과 같다.

뉴욕소방서(FDNY)는 2017년부터 드론을 도입하여 화재 진압과 인명 구조에 활용하고 있다. 드론에는 고화질 카메라와 적외선 카메라가 장착되어 있어, 화재 현장의 3D 영상을 실시간으로 지휘본부에 전달함으로써, 소방관들의 안전을 확보하고 효율적인 진압 작전을 지원한다.[12]

미국 LA 소방국(LAFD)은 드론을 배치하여 효율적인 수색 작전을 수행하고 있다. 드론을 활용하여 화재 현장의 상황을 실시간으로 파악하고, 이를 기반으로 소방 전략을 수립함으로써, 소방 활동의 효율성을 높인다.

[그림 6-22]
미국 LAFD 드론 활용

[그림 6-23]
미국 LAFD

출처: ENTERPRISE.DJI.COM

미국 콜로라도주 산림청에서는 "그리즐리 크릭 산불화재 대응"을 목적으로 드론을 운영하고 있다. 그리즐리 크릭 화재(Grizzly Creek Fire)는 2020년 미국 콜로라도주 글렌우드 캐니언 지역에서 발생한 대형 산불이다. 이 화재로 인해 약 32,631에이커의 면적이 불탔으며, 진화 작업에 드론이 활용되었다. 드론은 화재 현장의 실시간 영상을 제공하고, 열화상 카메라를 통해 화재의 진행 상황을 모니터링하는 데 중요한 역할을 했다. 드론에 탑재된 고성능 광학카메라(electro-optic secsor)를 통해 잔불을 확

12 THEVOICEOFUS.CO.KR

인하고 화재확산 방향을 탐지하여 2차 산불 예상지역을 판단하였으며 열화상 카메라 (themal camera- infra red sensor)를 활용하여 지중화 화점의 가시화, 온도를 분석한다.

| [그림 6-24]<br>그리즐리 크릭 화재 드론운용 | [그림 6-25]<br>열화상 카메라 모니터링 |
|---|---|

출처: ENTERPRISE.DJI.COM

소방드론에 적용되는 카메라 등 임무장비와 자율비행 등 비행기술은 경찰 드론과 크게 다르지 않지만, 화재 진압용 소화장비를 탑재하는 기술과 고열을 견디는 내열 기술이 차이점이다.

우선, 드론에 장착된 고해상도 카메라와 열화상 카메라는 화재 현장의 온도 분포와 화염의 위치를 정확하게 파악할 수 있어, 진압 전략 수립에 큰 도움을 준다. 최신 드론은 자율 비행 기능과 장애물 회피 기술을 갖추고 있어, 복잡한 환경에서도 안전하게 비행하며 임무를 수행할 수 있다. 드론이 수집한 데이터를 실시간으로 지휘본부에 전송하여, 현장 상황에 대한 신속한 판단과 대응을 가능하게 한다.

이러한 임무장비와 센서들로 인해 다양한 분야에 활용할 수 있는데, 대표적으로는 고층 건물 화재진압, 산불 모니터링 진압, 재난 현장 탐색 및 구조를 들 수 있다.

드론은 소방대원의 접근이 어려운 고층 건물의 외부에서 화재 진압을 지원하고, 내부 상황을 파악하는 데 활용된다. 넓은 범위의 산불 현장을 드론으로 모니터링하여, 화재의 확산 경로를 예측하고, 효율적인 진압 전략을 수립할 수 있다. 또한, 붕괴된 건물이나 접근이 어려운 지역에서 드론을 활용하여 실종자 수색 및 구조 활동을 지원하는데 활용된다.

소방드론을 효율적으로 활용하기 위해서는 법적·제도적 정비와 전문 인력 양성이 필요하다. 드론의 재난 현장 활용을 촉진하기 위해 관련 법률과 제도의 정비가 필요하다. 비행 금지 구역에서의 드론 운용 허가 절차를 간소화하고, 긴급 상황 시 신속한 비행 승인이 가능하도록 제도를 개선할 필요가 있다. 다음은 전문인력 양성이 수반되어야 한다. 드론 운용에 숙련된 소방 인력을 양성하기 위한 교육 프로그램을 개발하고 적극적으로 시행하여야 한다. 또한 소방 드론의 성능 향상을 위해 지속적인 기술 개발이 필요하다. 예를 들어, 더 긴 비행 시간, 향상된 화물 운반 능력, 고급 센서 통합 등을 통해 드론의 활용 범위를 확대할 수 있다. 마지막으로 해외 소방 기관과의 협력과 정보 공유를 통해 최신 기술을 공유하여 현장에 적용할 수 있어야 한다.

## 3. 국방 분야

드론시큐리티 분야에서 국방 분야는 드론의 활용과 드론 공격에 대한 대응이라는 두 가지 분야로 나뉜다. 드론은 현대 전장에서 감시, 정찰, 공격 등 다양한 목적으로 활용되고 있고, 동시에 적의 드론 공격에 대한 효과적인 대응 전략 수립도 동시에 이루어진다.

먼저, 국방 분야의 드론 활용 사례를 살펴보면, 대한민국 국방부는 무인항공기(UAV)를 활용하여 한반도 주변의 정찰 및 감시 임무를 수행하고 있다. 최근에는 군집 드론 기술, 매쉬 네트워크를 활용한 통신체계를 도입하여 효율적인 정보 수집과 실시간 모니터링을 강화하고 있다. 한국군은 드론을 활용한 다양한 훈련 프로그램을 운영하고 있으며, 이를 통해 병사들의 전술 능력 향상과 실전 대비 태세를 강화하고 있다.

최근 우크라이나 러시아 전쟁을 통해 전장에서의 드론활용이 자세히 알려졌다. 우크라이나군은 다양한 유형의 드론을 활용한 가운데 약 400만 원 정도의 골판지 드론으로 러시아의 Tu-22M 전략폭격기를 파괴하는 등 저비용의 상업용 드론을 개조하여 정찰 및 공격 임무에 적극 활용하였다. 미국은 MQ-9 리퍼(Reaper)와 같은 무인 공격 드론을 중동 지역에서 테러리스트 제거 및 감시 임무에 활용한 바 있다. 이러한 드론은 장시간 비행과 정밀 타격 능력을 갖추고 있어, 지상군의 위험을 최소화하면서 효과적인 작전 수행이 가능하게 한다.

다음은 드론 공격에 대한 대응으로 대드론(Counter-UAS) 분야를 들 수 있다. 일반적으로 안티드론(anti-drone)으로 알려져 있지만 드론공격에 대한 방어와 대응 개념으로 대드론이 정확한 표현이다.

한국 정부는 드론 공격 및 테러 위협에 대응하기 위해 경상북도 의성군에 국가 안티드론 훈련장을 설립하고, 전파차단 등 다양한 대응 기술의 시험과 훈련을 진행하고 있다. 또한, 정부는 전파법 개정을 통해 국가 중요 시설에서 전파차단장치를 이용해 드론을 제압할 수 있는 법적 근거를 마련하고 있다.

[그림 6-26]　　　　　　　　　[그림 6-27]
안티드론 국가훈련장　　　　　　대드론 훈련

출처: MBC 보도　　　　　　　　출처: 국제대테러연구센터

이스라엘은 하마스와 헤즈볼라의 자폭 드론 공격에 대응하기 위해 전자전 장비와 레이저 무기를 활용하여 드론을 무력화하기도 하였다. 아래의 사진은 후티 세력이 사우디아라비아 아람코 정유시설을 공격했을 때 사용했던 드론이며, 오른쪽 그림은 팔레스타인 무장정파 하마스의 알카삼 여단 부대원들이 이스라엘을 공격하기 위해 드론 발사를 준비하는 모습이다. 많은 국가에서 이러한 자폭드론을 생산하고 있으며 활용하고 있다.

[그림 6-28]
예민 후티 드론 '콰세프'

출처: 사진=알딘 트위터

[그림 6-29]
팔레스타인 무장정파 하마스의
알카삼 여단 부대원들이
이스라엘을 공격하기 위해
자살폭탄 드론 발사를 준비하고
있다.

출처: 사진=알딘트위터

[그림 6-30]
이스라엘 엘빗 시스템 자폭드론
RANIUS

출처: ELBIT SYSTES 홈페이지

[그림 6-31]
드론을 탐지, 추적, 무력화하기
위해 개발된 드론 탐지 및 중성화
시스템

출처: Rafael Advanced Defense Systems

공격 드론을 방어하기 위한 대드론 장비들도 개발되고 배치되고 있다. 미국을
비롯한 영국, 독일, 이스라엘 등 많은 국가에서 전파 방해, 레이저 무기, 드론 포획
시스템 등 다양한 안티드론 기술을 개발하여 군사 기지와 중요 시설을 보호하고 있다.
세계적인 추세에 맞추어 한국도 국방 드론과 국방 대드론 분야의 기술 우위를 확보해 나가는 것이 중요하다. 특히, 인공지능(AI)을 활용한 자율 비행, 목표 인식, 전자전 대응 기술 등의 개발에 집중할 필요가 있다. 또한 드론 활용과 대응에 관한 법률과 제도를 정비하여, 드론 운용의 안전성과 대드론 활동의 법적 근거를 강화해야 한다. 전파법, 공항시설법, 테러방지법 등 관련 법령을 시대 변화와 기술 발전에 맞게 재개정하여야 한다.

아울러, 국방분야의 드론과 대드론 기술은 국가간 정보 공유와 공동 연구를 통해 글로벌 드론 위협에 효과적으로 대응해야 한다. 이를 위해 드론 운용 및 대응에 숙련된 전문 인력을 양성하는 교육 프로그램을 개발하고, 체계적인 훈련을 통해 전문성을 갖춘 인력이 안정적으로 운용할 수 있는 체계를 갖추어야 한다. 정부는 이러한 국방분야의 드론과 대드론 중요성을 인식하고 드론 및 대드론 관련 산업의 발전을 지원하여, 기술 개발과 상용화가 원활하게 이루어질 수 있는 환경을 조성하는데 노력해야 한다. 국방 분야에서 드론의 효과적인 활용과 드론 공격에 대한 대응 능력 강화는 안보에 필수 요건이다.


## 4. 재난재해 분야

드론은 재난재해 대응 분야에서 혁신적인 도구로 부상하여, 국내외에서 다양한 사례를 통해 그 효용성이 입증되고 있다. 재난 현장에서 드론의 활용은 신속한 정보 수집과 피해 평가, 구조 활동 지원 등 여러 측면에서 중요한 역할을 하고 있으며, 산불 감시 및 진화, 자연재해 감지 및 대응, 통신 재난 복구 지원 등 다양한 분야에서 사용되고 있으며, 그 활용범위가 점점 확대되어 가고 있다.

국토정보공사(LX)는 2018년 재해 전문 조사 기관으로 지정된 이후, 드론을 활용하여 산불 감시와 피해 조사를 수행하고 있다. 특히, 울진-강원도 영월 지역과 강원도 인제에서 발생한 산불 현장에서 드론을 활용하여 피해 지역을 신속하게 파악하였고, 정확한 피해 정보를 제공함으로써 효율적인 복구 작업을 지원하였다.

| [그림 6-32] 강원도 고성 산불 | [그림 6-33] 드론을 탐지, 추적, 무력화하기 위해 개발된 드론 탐지 및 중성화 시스템 |
|---|---|
|  |  |
| 출처: 강원일보, 2019. 1.7. | 출처: https://www.af.mil/News/ |

강원도 정선군은 군민의 생명 보호를 위해 드론 영상을 활용한 자연재해 감지 시스템을 구축하였다. 비탈면의 영상을 드론으로 촬영하여 산사태 징후를 사전에 포착하고, 이를 통해 신속한 대응 조치를 취함으로써 인명 피해를 예방할 수 있다. 영암산림항공관리소에서 드론을 활용하여 산불 진화 훈련을 실시하였고, 강원도 영월에서는 드론과 위성 영상을 활용하여 산불 피해 지역의 현황을 분석하고 복구를 지원하기도 하였다. 부산 금정소방서에서 소방드론을 활용하여 산불 발생 지역을 감시하는 등 드론이 산불 현장에서 감시와 진화에 효과적으로 활용되고 있음을 보여준다. 앞으로 드론은 산불의 예찰, 진화, 산불 후 피해 조사 등 다양한 분야에 활용될 것이다.

| [그림 6-34] 강원도 정선군 비탈길 점검고성 산불 | [그림 6-35] 영암산림항공관리소 드론 산불진화훈련 | [그림 6-36] 강릉산불 |
|---|---|---|
|  |  |  |
| 출처: 연합뉴스, 2024. 3.18. | 출처: 보안뉴스, 2023. 9. 3. | 출처: 오마이포토, 2023. 4. 11. |

또한, 드론으로 통신 재난 복구 지원도 가능하다.

중앙전파관리소는 주요 통신사와 협력하여 통신 서비스 긴급 복구 훈련을 실시하였으며, 이 과정에서 드론을 활용하여 복구 시간을 단축하고 작업자의 안전성을 개선하였다. 이는 국내 최초로 통신 재난 복구에 드론을 활용한 사례로, 향후 유사한 재난 상황에서의 드론 활용 가능성을 보여준다. 2023년 10월 25일, 전북 익산시 금마저수지 일원에서 드론을 이용한 통신서비스 긴급복구 현장훈련을 실시하였다. 이 훈련에는 전북 지역의 주요 통신사 6곳(SKT, KT, LGU+, SKB, LG헬로비전, 금강방송)이 참여하였으며, 훈련의 주요 목적은 집중호우로 인한 산사태나 지반침하 등으로 인해 인력과 장비의 접근이 어려운 지역에서 드론을 활용하여 통신 케이블을 견인하고 포설하는 방법을 검증하는 것이었다. 이를 통해 통신 서비스 장애 지역의 긴급 복구 시간을 단축하고 작업자의 안전성을 높일 수 있음을 확인하였다. 실제로, 전북 정읍시 내장저수지에서 발생한 산사태로 인해 통신 케이블이 유실되고 이동통신 중계기 12개가 피해를 입은 상황에서, 드론을 투입하여 예상 복구 시간인 12시간 이상을 2시간 45분으로 단축한 사례가 있다.[13] 이러한 사례는 향후 유사한 재난 상황에서 드론을 활용한 신속하고 안전한 통신 복구의 가능성을 보여준다.

해외에서도 드론을 활용하여 재난재해에 적용하고 있다.

일본 정부는 댐, 교량 등 주요 인프라의 점검 과정에서 드론을 활용하고 있다. 인공지능을 사용하여 자연재해로 인한 피해 정도를 측정하고, 신속한 복구 작업에 드론을 활용한다.

스페인에서는 홍수 피해 지역 구조활동에 드론을 활용하고 있다. 스페인 발렌시아 지역의 긴급 구조 서비스는 드론을 활용하여 홍수 피해 지역에서 구조 활동을 지원하였다. 드론에 장착된 열화상 카메라와 야간 카메라를 통해 실종자 수색과 차량 인식 등을 수행하였으며, 구조 작업의 효율성을 높였다.

재난재해에 활용되는 드론에 필요한 주요 기술은 고해상도 및 열화상 카메라, 자율비행 및 장애물 회피, 실시간 데이터 전송 및 분석 등을 들 수 있다.

드론에 장착된 고해상도 카메라와 열화상 카메라는 재난 현장의 온도 분포와 피

---

13 보안뉴스, 2024.10.25.

해 상황을 정확하게 파악할 수 있고, 구조 및 복구 작업에 효과적이다. 최신 드론은 자율 비행 기능과 장애물 회피 기술을 갖추고 있어, 복잡한 재난 현장에서도 안전하게 비행하며 임무를 수행할 수 있다. 좁은 지역과 실내, 지하에서도 운용가능하도록 발전되고 있다. 드론이 수집한 데이터를 실시간으로 재난 대응 본부에 전송하여, 현장 상황에 대한 신속한 판단과 대응을 가능하고, AI 기술이 적용되어 더 신속하고 빠르게 대응 가능하도록 한다.

재난분야에서 드론을 활용함으로써 재난 현장의 전반적인 상황을 실시간으로 모니터링하고, 이를 통해 효율적인 대응 전략을 수립할 수 있으며, 피해 지역을 신속하게 파악하고, 정확한 피해 평가를 통해 효율적인 복구 작업을 지원할 수 있다. 드론에 장착된 열화상 카메라 등 다양한 센서등을 활용하여 실종자 수색 작업을 지원하고, 구조 활동의 효율성을 높일 수 있는 장점이 있다.

재난분야에 드론을 효과적으로 활용하기 위해 다양한 방안들이 필요하다.

드론 활용에 따른 개인정보 보호 및 안전 문제를 해결하기 위해 관련 법률과 제도를 정비해야 한다. 재난 현장에서의 드론 운용에 대한 명확한 가이드라인을 마련하고, 우선적으로 사용이 가능하도록 절차를 간소화해야 한다. 드론 운용에 숙련된 인력을 양성하기 위한 다양한 교육 프로그램의 개발과 시행이 필요하다. 드론의 성능 향상이 골든타임을 줄이는 길이다. 더 긴 비행 시간, 향상된 화물 운반 능력, 고급 센서 통합 등을 통해 드론의 활용 범위를 확대할 수 있도록 지속적인 기술 개발과 지원이 필요하다. 또한 해외 재난 대응 기관과의 협력과 정보 공유를 통해 최신 기술 동향을 파악하고, 이를 국내 재난 대응 체계에 적용함으로써 대응 역량을 강화해 나가야 한다. 이러한 발전 방안을 통해 재난재해 대응 분야에서 드론의 활용을 더욱 강화하고, 국민의 안전을 증진시킬 수 있을 것이다.

드론시큐리티는 경찰, 소방, 국방, 재난재해 대응 등 다양한 분야에서 국가 위기 관리와 밀접한 관련이 있으며, 그 중요성이 날로 증가하고 있다. 드론 기술의 발전은 효율적인 위기 대응을 가능하게 하지만, 동시에 드론을 이용한 위협도 증가하고 있어 국가 차원의 체계적인 관리와 정책적 대응이 필요하다.

드론시큐리티 분야의 발전을 위해 다양한 정책과 전략이 필요하다.

첫째, 드론의 활용과 위협 대응을 위한 통합 관리 체계를 구축해야 한다. 각 기관 간의 정보 공유와 협력을 강화하여 드론 관련 데이터를 통합 관리하고, 대응하는 통합관리시스템과 통합관제센터가 필요하다. 둘째, 드론 운용과 관련된 법률과 제도를 정비하여 안전한 운용을 보장하고, 불법 드론 활동에 대한 처벌 규정을 강화해야 한다. 아울러 드론공격을 방어하기 위한 드론 탐지 및 무력화 장비의 사용에 대한 법적 기준과 가이드라인을 현실에 맞게 재조정해야 한다. 드론 탐지, 식별, 무력화 기술 등 드론시큐리티 관련 기술 개발을 위한 연구를 지원하고, 관련 산업의 성장을 촉진하는 정책이 다양하게 마련되어야 한다. 이를 통해 국내 기술 역량을 강화하고, 국제 경쟁력을 확보하는 것이 중요하다. 무엇보다 드론시큐리티 분야에 필요한 전문 인력을 양성하기 위한 교육 프로그램을 개발하고, 관련 자격증 제도를 도입하여 전문성을 확보해야 한다. 드론시큐리티와 관련된 국제 표준을 수립하고, 해외 기관과의 협력을 통해 최신 정보를 공유하며, 글로벌 위협에 공동 대응할 수 있는 체계를 갖추어야 한다. 이러한 정책적 노력을 통해 드론시큐리티 분야에서의 국가 위기관리 역량을 강화하고, 국민의 안전을 보장할 수 있을 것이다.

# 제7장

# 사이버 안보와 위기관리

제1절 사이버 안보의 개념과 범위

## 1. 사이버 안보 위기의 개념

'위기(crisis)'는 위험(risk), 위협(threats) 등의 개념과 서로 유사하면서도 구별되는 개념이다. 한 국가에 잠재해있던 위험이 드러나고 자연이나 사고로 재난이 발생하고 외부로부터 위협을 받는다고 해서 그 국가나 지역이 반드시 위기를 겪게 되는 것은 아니다. 즉 위험, 재난, 위협 등을 경험하는 국가나 지역이 그러한 변수에 어떻게 대비, 대처하면서 대응하고 그러한 상황을 어떻게 관리해나가는지에 따라 국가와 지역은 위기를 피해가거나 극복할 수 있다. '위험(risk)'은 해로움(harm)이나 손실(loss)이 생길 우려가 있는 상태를 일컬으며, '위기(crisis)'는 위험보다 해로움과 손실을 끼칠 수 있는 범위와 영향력이 훨씬 큰 개념으로 다뤄진다. 위험에 비해 위기는 '예상치 못한 사건(unexpected event)'의 의미를 갖고 위기에 처한 주체는 위험에 처한 주체보다 본질적으로 보다 심각한 상황 속에 있는 것으로 여겨진다. 즉 '위험'은 위험에 처한 주체에게 위해가 발생할 수 있는 잠재적 사건(potential event)이나 활동(activity)을 의미하기 때문에 사전에 인지되고 예상될 수 있다는 뜻을 내포하고 있다.

한 국가나 사회에 대한 '위협(threats)'은 '위험'이 끼칠 수 있는 영향력보다 '국가 안보(national security)'의 약화를 초래할 수 있는, 더 심각한 영향력을 일컫는다. 이러한 위협은 국가 안보의 다양한 차원 즉 국토 안보(homeland security), 정치적 안보(political security), 경제안보(economic security), 에너지와 자원의 안보(energy and natural resources security), 사이버 안보(cybersecurity), 인간 안보(human security), 환경 안보(environmental security)를 약화시키고 침해할 수 있다.

그런데 오늘날과 같은 초연결 사회(hyper-connected society)에 비전통 안보 영역의 위기는 사이버 공간(cyberspace)이 주요 진원지가 되는 경우가 많다. 사이버 공간에서 발생하는 위기는 국가 시스템 마비 및 사회혼란 유발 등 전복적인(subversive) 목적을 달성하고자 할 때 주권과 국가 안보에 대한 위협으로 인식되어 군사적 대응을 요구하기도 한다. 그런데 문제는 현대 인류의 일상 삶과 국가의 기능에서 사이버 공간과 무관한 영역은 거의 찾기 힘들다는 것이다. 사이버 공간은 사물과 사물, 사물과 인간, 인간과 인간, 온갖 조직과 기관, 전 세계 국가를 전 방위로 서로 연결시키고 있기 때문이다.

사이버 공간은 사람들의 정보 획득과 공유, 정보의 생산, 전달 및 유포, 개인, 기관, 국가 간 교류, 통신, 행정, 교육, 금융, 군사활동을 비롯한 모든 종류의 상호작용(interactions)이 일어나거나 지원하는 곳이다. 또한 사이버 공간은 군의 지휘통제와 군사작전이 수행되는 핵심 공간이다. 그러므로 사이버 안보는 국가안보와 세계안보뿐 아니라 각국의 금융, 국가 간 디지털 협력, 군사협력, 지속가능한 성장(sustainable development), 인권, 시민의 정치적 참여, 학술연구 등 인류의 활동 전반에 영향을 끼치고 있다. 따라서 인터넷 연결이 차단될 경우 개인과 사회 전체, 국가에 일어나는 상황은 인터넷이 존재하지 않던 시대의 모습이 아니라 국가 전체의 기능이 마비되는 '국가위기' 상황이다.

따라서 평시(peacetime) 국가와 사회가 내부와 외부로부터의 크고 작은 사이버 공격을 잘 방어하며 사이버 공간을 안전하고 원활하게 운영하는 능력은 곧 그 국가의 전시(wartime) 사이버 전력과 다름없다. 사이버 위협은 국가 기관이나 주요 인프라를 포함하여 사회 전 영역에서 발생하기 때문에 국가의 사이버 방위는 전방위적으로 이루어져야 하고 평시와 전시의 구분도 무의미하다. 요컨대 오늘날 사이버 공간은 공공영역과 민간영역, 전투공간과 비전투 공간의 구분과 경계가 모호하고 육·해·공과 우주공간을 모두 연결시키는 초연결 전장(hyper-connected battlefield)으로 진화하고 있다

## 1) 초연결성의 증대와 사이버 안보 위기

오늘날 사이버 공간은 국가의 모든 기관과 주요 인프라 및 모든 조직과 사람을 전방위로 연결하는 핵심 네트워크로서 군사적으로도 육상, 해상, 공중 및 우주에서의 물리적 군사활동을 모두 관장하고 있다. 즉 사이버 공간이 마비될 때 현대 군의 작전도 불가능해질 정도로 사실상 현대 군의 지휘통제체계에 있어서 사이버 공간의 역할은 핵심적이다. 세계의 거의 모든 국가가 사이버 공간을 육상, 해상, 항공에 이어 네 번째 '전장(battlefield)'으로 간주하는 것은 사이버 공간이 외부의 공격으로부터 국가가 반드시 지켜내야 하는 주권 수호의 공간이기 때문이다.

현대 대부분의 크고 작은 전쟁에서 '사이버전(cyber warfare)'이 물리적인 군사공격에 앞서서, '전초전'으로서 먼저 전개되는 것은 전쟁 초반의 전세를 자국에게 유리하게 만들기 위한 목적을 갖는다. 적국의 주요 인프라와 핵심 네트워크, 그리고 군의 지휘통제체제에 타격을 줌으로써 적국 정부와 대중을 충격과 혼란에 빠드리고 적국의 신속한 군사적 대응을 지체시켜 자국의 전세를 신속하게 진전시키는 데에 있어 사이버전이 가장 효과적이기 때문이다. 현대 전쟁이 이렇게 전개되는 방식은

사이버 공간이 국가 안보의 최전선이라는 것을 말해주는 것이기도 하다.

사이버 공간이 국가안보에서 차지하는 비중이 크지만 사이버 공간은 근본적으로 열려있는 공간이다. 비가시적인 심리전(psychological warfare) 혹은 인지전(cognitive warfare)이 주로 사이버 공간을 통해서 전개되는 것도 적국의 지휘부와 대중 여론을 교란시키고 국제사회의 여론을 자국에게 유리하게 빠르게 조성하는 데에 적에게도 열려있는 사이버 공간이 공격하기 쉽기 때문이다. 전 세계 디지털 네트워크를 통해 연결되어 있는 사이버 공간을 통한 적의 침투에 대해 언제든지 특정 콘텐츠나 플랫폼에 대한 접근을 차단할 수 있는 권위주의 국가에 비해 민주주의 국가의 취약성이 크다. 정치적 표현의 자유가 법과 제도로 보장되어 있는 민주주의 국가의 사이버 공론장은 경쟁국이나 적성국이 허위조작정보(disinformation)와 가짜뉴스를 유포시키며 다양한 영향공작(influence operations)을 수행하는 데에 있어 은밀성까지 보장된다.

사이버 공간이 국가안보에 있어서 차지하는 중차대한 위치는 대규모의 사이버 공격이나 사이버전이 전개될 때 어떤 식으로 국가 위기가 초래되는지 실제 사례를 통해서 확인할 수 있다.

사이버안보가 국가안보에서 차지하는 중요성은 2022년 2월 24일 러시아의 우크라이나 침공으로 시작된 러시아-우크라이나 전쟁의 사이버전을 통해 여실히 드러났다. 러시아는 우크라이나에 대해 공식적으로 선전 포고하기 전 이미 몇 달에 걸쳐 우크라이나에 대한 다양한 사이버 공격을 수행했고 2022년 1월 14일 대규모 해킹으로 우크라이나의 외교부, 에너지부, 재무부 및 위기대응 관련 부처 등 70여개에 달하는 홈페이지를 마비시키며 "너희들의 개인 정보는 모두 인터넷에 유출됐다. 컴퓨터의 모든 데이터는 파괴되었고 복구될 수 없다. 두려워하라, 그리고 최악을 기대하라"라고 러시아어, 우크라이나어, 폴란드어로 적힌 문구를 해킹된 웹페이지에 띄웠다(Reuters, 2022. 1.15). 러시아는 1월 15일 우크라이나 정부 웹사이트에 '위스퍼게이트(Whispergate)'로 불리는 멀웨어 공격을, 2월 15일과 16일에는 우크라이나 국방부, 국무부, 문화정보부(Ministry of Culture and Information Policy) 웹사이트 및 프리밧은행(Privatbank)과 우크라이나저축은행(State Savings Bank of Ukraine/Oschadbank)의 뱅킹시스템에 디도스 공격을 수행했다. 또한 전쟁 개시 하루 전인 2월 23일 러시아는 우크라이나에 '헐메틱와이퍼(HermeticWiper)'로 불리는 멀웨어 공격을 감행했다

(CISA 2022).

러시아가 이번 전쟁에서 최대 규모로 수행한 것으로 알려진 사이버 공격은 우크라이나 침공 1시간 전 美 위성회사 비아샛(Viasat)을 겨냥한 멀웨어 공격이었다. 이 공격은 오늘날 전시에 수행된 사이버 공격으로서는 최대 규모로 알려져 있다(O'Neill 2022). 러시아가 비아샛을 공격한 것은 우크라이나군이 미국의 비아샛 통신 서비스를 통해 자국 군을 지휘통제하고 있었기 때문이었다. 러시아의 공격으로 우크라이나를 포함하여 동유럽 국가 일대가 정전을 겪었고 비아샛의 핵심 인프라와 위성 자체에는 타격이 없었지만 비아샛의 수만 개 터미널(terminals)이 훼손되었다(BBC News, May 10, 2022). 러시아의 바이샛에 대한 사이버 공격은 역사상 전시에 수행된 해커그룹의 공격 중 최대 규모이며 공격 이후에도 비아샛의 KA-SAT 네트워크는 지속적으로 공격을 받아 시스템 복구에 어려움을 겪었다(Swinhoe 2022).

사이버전이 전초전으로 역할한 것은 2022년 러우전쟁이 최초의 사례는 아니다. 이전에도 2008년 조지아(Georgia)에 대한 러시아의 군사공격과 2014년 러시아의 우크라이나 침공 시에도 이와 같이 사이버전을 전쟁 전에 수행했다. 이러한 사이버전으로 조지아와 우크라이나의 정부 시스템과 미디어 기능이 완전히 마비되었고 이들 국가 대중의 공포심이 극대화되어 저항 의지가 좌절되는 심리전 효과도 있었다. 2008년 서방의 지원을 받지 못한 조지아는 러시아에 개전 5일 만에 항복했고, 2014년 우크라이나를 침공한 러시아는 대규모의 군사력을 동원하지 않고도 개전 20일 만에 크림반도를 쉽게 합병할 수 있었다. 요컨대 짧은 기간 동안의 전쟁에서도 사이버전은 전초전의 기능을 수행한 것이고 이후 전세에 지대한 영향을 끼쳤다.

사이버전은 전면전이나 국지전 차원에서 동반될 수도 있고 물리적 공격 없이 단독적으로 수행될 수도 있다. 사이버 공간은 전투공간과 비전투 공간, 평시와 전시의 구분, 공공영역과 민간영역의 경계가 없기 때문에 사실상 시공간의 제한을 받지 않는다. 즉 사이버 공간의 경계가 모호하고 공격 주체가 익명성을 띠기 때문에 사이버 안보 위기는 평시에도 빈발할 수 있다. 따라서 국민의 일상적인 삶과 경제활동 및 국가 산업과 금융, 투명한 여론형성 등 국가와 사회의 정상적인 기능 유지를 위해 필수적인 국가의 평시 사이버 방위 능력은 곧 전시 사이버 전력과 직결된다.

그런데 오늘날 전방위로 연결된 사이버 공간의 디지털 네트워크는 사이버 보안 시스템이 충분하지 않을 경우 곧 안보의 취약성(vulnerability)을 높이는 결과를 가져올 수 있다. 예를 들어 군의 지휘통제 체제와 무기체제의 사이버 연결성(connectivity)이 높을수록 사이버 보안이 비례해서 강화되지 않으면 오히려 적의 공격에 더욱 취약한 상황이 된다. 많은 국가들이 사이버 공간을 통해 수집되는 대규모의 전장 정보를 사용하여 군사작전을 수행하고 있으므로 사이버 공간의 네트워크는 다양한 형태의 사이버 공격의 주요 타격 대상이 되는 것이다. 전파방해(jamming), 해저 광케이블이나 인공위성 및 무선 커뮤니케이션 네트워크의 소프트웨어에 대한 사이버 공격을 비롯하여 전자기펄스(EMP: Electromagnetic Pulse) 등이 그러한 공격 방식이다. 최근 인텔(Intel), IBM, 구글(Google), 바이두(Baidu)와 같은 세계적 IT 기업들이 빠른 속도로 개발하고 있는 양자컴퓨팅(quantum computing) 기술도 온라인 뱅킹, 보안 통신, 디지털 서명 등에서 사용되는 다양한 암호화 알고리즘을 즉시 해독할 수 있기 때문에 사이버 보안 시스템을 크게 위협하고 있다. 요컨대 온갖 센서와 사물인터넷의 편재와 초연결성의 심화는 그만큼의 사이버 보안이 뒤따라주지 못할 경우 도리어 취약성의 증가를 가져오게 된다.

이렇게 사이버 공간이 국가 안보에서 핵심적 위치를 차지하게 되면서 미국의 경우 가상화폐 탈취나 랜섬웨어(ransomware) 공격 등을 단순히 사이버 범죄가 아닌 국가 안보에 대한 직접적인 위협으로 다루고 있다. 따라서 미국은 랜섬웨어 문제를 미국방부(Department of Defense), 사이버사령부(Cyber Command), 국가안보국(National Security Agency, NSA)가 직접 다루고 있다. 외부로부터의 사이버 위협에 대한 미국의 접근법이 더욱 공격적으로 변화하고 있는 것은 최근 미국이 러시아가 배후로 밝혀진 몇 차례의 거대 사이버 공격을 경험한 것이 결정적인 영향을 끼쳤다. 2020년 솔라윈즈공급망과 2021년 콜로니얼 파이프라인에 대한 사이버 공격은 정치적 목적에 의한 국가 배후의 랜섬웨어 공격으로서 국가의 핵심 기반 시설을 공격의 대상으로 삼았으므로 명백히 군사안보의 맥락에서 다뤄졌다.

## 2) 데이터 안보와 국가위기

오늘날 전방위로 연결되어 있는 정보통신기기, 각종 사물인터넷(Internet of Things,

IoT), 대규모 데이터를 저장하는 센서(sensor) 및 먼 거리에서 사람과 사물의 움직임을 정밀하게 탐지하고 인식할 수 있는 인공지능(Artificial Intelligence, AI) 기술을 탑재한 지능형 감시기술의 확산은 대규모의 실시간 정보수집과 신속한 정보 분석을 가능하게 하는 정보커뮤니케이션 환경을 형성하고 있다(NATO Science & Technology Organization 2020).

사이버 공간의 전방위적 확장으로 인해 디지털 데이터의 규모가 커지는 상황이 국가안보와 어떤 관련이 있을까? 1990년대 말과 2000년대 초 인터넷이 대중화된 이후 매년 급증하고 있는 사이버 공격에서 가장 큰 비중을 차지하고 있는 것은 디도스(D-Dos) 공격과 같이 공격의 피해가 가시적으로 드러나는 형태이기보다 금전적 탈취를 위한 랜섬웨어 공격이나 정보탈취를 목적으로 한 사이버 첩보활동인 경우가 더 많다. 하지만 가시적인 피해가 즉각적인 형태의 사이버 공격이 아니라 정보 수집, 기술탈취, 국가 기밀 탈취, 금전탈취, 데이터 오염이나 데이터 조작과 같은 목적의 해킹도 국가 기능을 교란시키며 국가 안보를 위협하는 중대한 위기를 유발할 수 있다. 특히 선거 시스템과 같은 민주주의 국가의 핵심 제도를 교란시키기 위해 선거 시스템에 침투하여 데이터를 조작하거나 탈취하는 행위는 국가 주권을 위협하는 행위이다. 또한 국가 기밀이나 주요 기술을 탈취하기 위한 목적으로 개인정보를 탈취하려는 시도 즉 개인 데이터에 대한 공격도 주권에 대한 침해가 될 수 있다.

오늘날 사이버 공간은 개인과 국가의 모든 활동과 관련된 정보와 기록을 지속적으로 생산시키는 곳이다. 따라서 사이버 공간에서 수집할 수 있는 대규모의 다양한 형태의 데이터는 상업적 이윤을 창출이나 정책 결정을 위한 근거로 분석되고 사용될 수 있다. 더불어, 인터넷에 연결되어 있는 어떤 개인도 사이버 공간에서 정보를 수집하고 저장하며 분석할 수 있으므로 사이버 공간은 초국가적 공공재의 성격을 갖기도 한다. 즉 획득할 수 있는 다양한 데이터를 어떻게 활용하는지에 따라 데이터의 가치가 달라지고 데이터에 대한 분석 결과는 정부의 정책결정에도 중대한 영향을 끼치는 것이다.

따라서 국가가 자국 내에서 수집하고 활용할 수 있는 모든 데이터는 오늘날 국가 간 기술경쟁의 승패를 좌우하는 인공지능 발전의 중요한 토대가 된다. 빅데이터(big data)는 인공지능의 기계학습(machine learning, ML)을 위한 재료가 되기 때문이다. 자국 내에서 국가가 다양한 분야에서 수집할 수 있는 데이터의 규모와 질 (quality)은 곧 국가 경쟁력이 되기 때문에 각국은 질 좋은 대규모 데이터를 획득하기 위해 경쟁하고 갈등을 빚기도 한다. 따라서 국가 간 혹은 국가와 기업 간 '디지털 주권(digital sovereignty)'을 둘러싼 갈등과 분쟁이 지속적으로 등장하고 있는 것이다.

국가 데이터 자체는 국가 기능의 중요한 토대이고 오늘날 디지털 데이터는 특히 인공지능 기술 경쟁력의 근간이 되기 때문에 국가 데이터 자체가 적성국의 공격 대상이 되기도 한다. 즉 타국의 국가 데이터를 탈취하거나 오염시키는 사이버 공격은 곧 공격 대상이 되는 국가에 중대한 위기를 유발할 수 있다. 특히 여러 정부부처가 보관하고 관리하고 있는 다양한 분야의 데이터, 금융활동, 개인 재산 및 세금 등에 대한 데이터들은 소실될 경우 국가 질서의 유지, 국토 관리 및 국가 경제에 막대한 위기를 초래할 수 있고 국가제도의 기능 자체를 마비시킬 수 있다.

2022년 2월 24일 시작된 러시아-우크라이나 전쟁에서 목도했듯이 전쟁 개시와 동시에 러시아가 우크라이나의 국가 데이터를 빠르게 삭제하는 사이버 공격인 와이퍼 공격(wiper attacks)을 수행한 것도 국가 데이터를 삭제하는 것이 우크라이나의 국가 시스템을 파괴하는 데에 결정적인 타격을 입힐 수 있기 때문이다. 우크라이나는 러시아의 침공 일 직전 우크라이나의 국가 데이터를 민간 IT 기업의 클라우드에 옮길 수 있는 방안을 미국 IT 기업 아마존(Amazon Web Services, AWS)과 논의했고 의회에서 시급히 그러한 데이터 이전을 합법화할 수 있는 법을 통과시켰다. 그러한 신속한 조치 덕에 우크라이나의 국가 데이터는 인류 역사상 볼 수 없었던 가장 파괴적이고 집요한 러시아의 대규모 사이버 공격에도 불구하고 우크라이나의 국가 데이터를 안전하게 보존할 수 있었다.

우리나라에서도 2022년 10월 15일 발생한 소셜미디어 업체 카카오(Kakao)의 SK C&C 데이터 센터 화재로 카카오톡(Kakaotalk)을 비롯한 주요 서비스들이 127시간 동안 기능이 마비되었고 일상과 업무의 커뮤니케이션을 위해 카카오톡을 광범위하게 사용하고 있는 국민 전체가 심각한 피해를 경험했다. 당시 시민들은 중요한 채팅 기록이나 카카오톡을 통해 주고 받은 주요 문서와 금융활동 기록 등이 복구되지 못하는 일이 발생할 수 있다는 두려움을 경험했다. 사건 직후 국가안보실은 국가안보실과 과기정통부, 국가정보원, 국방부, 대검찰청, 경찰청, 군사안보지원사령부, 사이버작전사령부 등으로 구성된 범정부 사이버 안보 태스크포스(TF)를 통해 이 사건에 대응했다.

카카오 화재 사건으로 민간 플랫폼 기업이 제공하는 서비스에 문제가 생길 경우 국가 전체의 기능이 크게 장애를 경험할 수 있다는 것을 목도한 정부는 사건 발생 이틀 뒤 카카오가 제공하는 부가통신서비스를 재난안전법상 '국가 핵심기반(critical infrastructure)'으로 지정했다. 국가핵심기반은 재난안전법(제3조)에 의거하여 에너지, 정보통신, 교통수송, 보건의료 등 국가경제와 국민 안전·건강, 정부의 핵심 기능에 중대한 영향을 미칠 수 있는 시설과 정보기술시스템 및 자산을 말한다. 카카오 데이터 센터 화재 사건은 전쟁이 아닌 데이터 센터 화재만으로도 국민들의 일상적인 커뮤니케이션 뿐 아니라 금융거래와 직장에서의 업무가 심각하게 방해받고 마비될 수 있다는 것을 보여주었다.

국가 위기는 국가를 이루는 중요 요소인 국민 개개인에 대한 정보를 둘러싸고 일어날 수 있다. 적대국이 한 국가 국민 개인에 대한 민감 정보를 탈취하거나 악용하여 국가 위기를 일으키는 것이 가능하기 때문이다. 북한의 경우 해킹을 통해 획득한 타국의 개인 정보를 사용하여 가짜 신분으로 위장하여 타국에서 불법적으로 일감을 얻거나 취직하는 일이 허다하다. 2024년의 경우 전 세계 암호화폐 도난 피해 금액의 약 35%인 약 8억 달러를 북한이 탈취했고 이러한 이런 방식으로 북한이 벌어들인 자금은 핵과 미사일 등 대량살상무기(WMD, Weapons of Mass Destruction) 개발에 사용되고 있다(Voice of America, 2025.2.12.). 마이크로소프트(Microsoft)가 발견한 바에 따르면, 북한은 가상화폐를 관리하는 기관과 개인을 공격하기 위해 구글(Google)의 브라우저인 크롬(Chrome)의 취약점을 이용하기도 했다(Microsoft, 2024.8.30). 다시 말해, 해킹을 통해 탈취된 개인정보는 범죄뿐 아니라 국가 안보와 세계 안보를 위협하는 일에 악용될 수 있는 것이다.

한편 사이버 기술과 인공지능 기술이 융합되면서 국가안보 차원에서 가장 광범위하게 적용되고 있는 분야는 감시기술이고 가장 많은 대규모의 실시간 데이터가 이러한 감시기술을 통해 생산되고 있다. 인공지능 기술이 접목된 첨단 디지털 감시 기술에는 접목된 지능형 폐쇄회로텔레비젼(CCTV, Closed Circuit Television)과 각종 드론(drone)과 무인비행체(UAV, Unmanned aerial vehicle), 위치기반 기능이 탑재된 모바

일 어플리케이션/앱(Apps), 빅데이터(big data)와 사물인터넷(IoT, Internet of Things)을 이용한 주요 인프라, 도시와 국토를 실시간으로 관리하는 스마트시티(smart city)와 국토관리 플랫폼, 안면인식(facial recognition), 보행인식(gait recognition), 생체인식(biometrics) 및 감정인식 기술 등이 있다. 이러한 다양한 인식기술을 통해 수집된 빅데이터 분석을 이용한 스마트치안(smart policing), 클라우드 컴퓨팅 기반의 원격 감시, 디지털 중앙화폐(CBDC, Central Bank Digital Currency)에 이르기까지 현대 감시기술은 빠르게 발전하고 있다.

특히 인공지능 감시기술을 탑재한 지능형 드론은 기상·국토·해양 관측, 재난 감시, 시설 점검, 교통 및 물류 감시, 농업 등 산업 분야에서도 사용되면서 사회질서와 국토 및 시민의 안전 및 국가 안보에서 핵심적인 역할을 담당하고 있다. 인공지능 감시기술을 통해 각국은 다양한 자연 재해와 재난, 열대 우림 벌채와 같은 환경 훼손, 해상에서의 불법 조업 단속, 아동 노동착취와 국경 지역 무력충돌이나 불법 이민자 단속 등에 대한 모니터링을 실시간으로 수행할 수 있게 된 것이다.

이러한 인공지능 기반의 감시기술 작동 방식은 인터넷과 사물인터넷이 개인의 일상생활과 거의 분리되지 않는 디지털 기기와 연결되어 국가의 감시권력이 시공을 초월한 편재성(ubiquity)을 갖게 만들고 있다. 따라서 오늘날의 감시는 다양한 커뮤니케이션 네트워크가 위치 정보 및 다양한 개인정보를 지속적으로 생산하고 기록하는 스마트폰, IoT, 항공 드론과 연결되어 관찰 대상에 대한 실시간 감시가 가능하다(이광석 2014). 특히 2019년 말 중국 우한에서 발생한 코로나19 감염병은 각국 정부의 감염자 추적과 확진자 정보수집 등 개인에 대한 다양한 추적이 가능한 감시기술에 대한 국가의 수요를 폭발적으로 증대시키는데 일조했다. 코로나19 감염병 팬데믹은 세계 각국의 강화된 방역정책의 필요성은 개인에 대한 프로파일링(profiling)과 사회전체를 대상으로 하는 전방위 감시체계 구축을 정당화하고 공고화시키는 계기가 된 것이다.

'사물지능(AIoT, Artificial Intelligence of Things/Machine Intelligence)'은 인터넷으로 서로 연결된 사물들이 서로 신호를 실시간으로 교환하며 거대 규모의 데이터를 생산해내는 AI 기술 환경으로 감시기술 체계를 더욱 첨단화시키고 있다.[1] 스마트폰이

---

1 사물지능 감시기술은 주요 시설물과 기관 등 특정 대상의 안전을 통합적으로 관리하고 위험을 감지,

나 태블릿 단말기와 같은 외부 네트워크과 양방향 통신이 가능한 드론도 사물인터넷이자 사물지능의 역할을 한다. 사물지능 기술은 계속 변하는 다양한 환경에서도 주변의 기기와 거대 규모의 데이터를 서로 실시간으로 전달하면서 최적의 의사결정 시스템을 구축하는 것을 지향한다. 이러한 사물지능 감시체계는 국가가 고정된 파놉티콘이나 중앙에서 통제력을 발휘하는 빅브라더가 아니라 수많은 리틀브라더스(Little Brothers)가 사회전체를 동적으로 감시할 수 있게 한다. 그러나 다수의 사물인터넷 기기 간의 소통과 협업은 네트워크에 연결된 사물 간 실시간 데이터 전송 속도, 통신비용, 서로 다른 기기 간 실시간 정보 전송을 위한 별도의 장비 설치 등의 많은 지원 조건을 필요로 한다(전자신문, 2019.8.27.)

다양한 감시기술을 이용하여 국가가 수집한 국내외 방대한 데이터는 기계학습의 기반이 되어 범죄 및 다양한 위험과 위협을 탐지하고 예방하는 인공지능 알고리즘 개발에 사용되고 있고 국가의 국내외 정보활동의 주요한 축이 되고 있다. 따라서 인공지능 기술 개발의 자원이 되는 데이터 확보의 중요성은 더욱 증대하고 있으며, 데이터의 수집, 처리, 보관 등의 과정에서 발생하는 개인정보 보호 문제와 AI 개발자가 준수해야 할 윤리 및 원칙을 다루는 데이터 거버넌스(data governance)에 대한 논의도 국제사회의 주요 화두로 부상하고 있다.

그런데 문제는 이렇게 광범위하게 국가의 감시체제와 치안에 전방위로 적용되고 있는 인공지능 감시 시스템이 앞서 언급한 데이터 오염과 같은 사이버 공격을 받을 경우 즉각적으로 국가위기가 초래될 수 있다는 점이다. 국경과 해상경계선, 항공 감시시스템을 비롯하여 국가 주요 기관이나 기반시설에 설치된 CCTV가 해킹되어 작동하지 않게 되거나 혹은 간첩이나 적의 드론 등이 침투하는 것을 인식하지 못하도록 잘못된 이미지와 영상을 송출하도록 적대적 공격을 받을 경우 국가안보는 순식간에 위험에 처할 수 있다.

인공지능이 적용된 감시체제가 도리어 그 국가에 위기를 유발할 수도 있다. 감시기술을 생산하고 판매하는 국가가 타국에 판매하여 설치된 감시시스템에 해킹을

차단하는 역할을 수행할 수 있다. 즉 사물지능은 대상의 진동, 기울기 이상, 지진, 화재, 수해 등 특정 설정 값 이상의 초기 위험을 즉각 감지하고 경보를 전파하여 가스 밸브나 전력을 차단하는 등 제어 기능을 수행한다.

통해 불법적으로 타국 개인과 주요 시설 및 기관에 대한 정보를 수집하고 악용하는 경우이다. 화웨이(Huawei)와 같은 중국 기업이 판매하는 ICT 장비나 인공지능 감시 기술의 세계적 확산이나 일대일로를 통해 중국과 다른 국가들이 계약하는 스마트시티 프로젝트가 중국의 탈취 수단이 되고 있다. 아프리카, 중동, 동남아시아와 남미의 많은 국가들은 압도적으로 중국 업체의 기술을 사용한다. 중국의 IT 업체들은 중국 정부로부터 독립적이지 못하므로 해외에 진출한 중국 업체들이 중국 정부에 백도어(backdoor) 접근을 허용하는 경우가 허다하다. 즉 중국의 장비와 기술을 수입하는 것만으로도 중국에 대한 이들 국가의 안보가 취약해지는 것이다(송태은 2021a).

자국 정부가 치안과 질서유지의 목적으로 임의적으로 수집할 수 있는 자국 시민의 민감한 개인 정보는 검열이나 범죄 및 간첩 활동의 여부를 식별, 차단하는 목적으로 사용될 수 있다. 문제는 전복적 활동이나 테러리즘 등을 차단하기 위해 무차별적으로 수집된 민감한 개인 정보가 개인의 프라이버시나 개인 인권을 침해할 수 있다는 것이다. 국가가 개인정보를 다루는 데 있어서 불가피하게 사회 전체에 대한 보호와 개인에 대한 보호 간에 법적 긴장이 발생한다. 특히 중국과 같은 권위주의 국가들은 개인의 프라이버시에 대한 보호에 관심이 없기 때문에 개인 정보는 개인의 자유를 침해하는 결과를 가져오는 정치적 탄압에 악용될 수 있다.

국제 범죄조직이나 북한과 같은 권위주의 국가들은 불법적인 초국가 활동을 국제사회에 들키지 않으면서 전개하기 위해 해킹을 통해 탈취한 타국의 개인 정보를 사용한다. 예를 들어 북한의 해커와 IT 인력들은 해킹을 통해 탈취한 타국의 개인 정보를 이용하여 해외에서 일감을 수주하거나 구인·구직 웹사이트에 가입할 때 이러한 개인 정보로 국적과 신분을 위조하여 외화를 벌어들이고 있다. 북한 해커들은 '링크드인(Linked-In)'과 같은 전문가 네트워크에 채용 모집 정보를 게시하고 사이트 사용자들과 신뢰를 구축하고, 'Skype', 'WhatsApp'과 같은 채팅앱에서 인터뷰하고, 백도어 삽입시킨 문서를 공유하여 해킹을 시도한다(United Nations Security Council 2019). 이렇게 해킹으로 탈취한 가상자산과 위장한 신분으로 벌어들인 외화는 북한의 대량살상무기를 개발하고 실험하는 데에 대규모로 투입된다.

## 3) 기술안보와 국가위기

사이버 안보가 국가위기에 있어서 핵심적인 지위를 차지하는 또 다른 이유 중 하나는 사이버 기술과 첨단 신기술(emerging technologies)이 대단히 빠르게 융합되면서 사회 전체에 끼치는 영향력이 급속도로 증대하고 있기 때문이다.

전방위적인 네트워크의 확장과 아울러 사물인터넷(IoT, Internet of Things), 온갖 센서(sensors)와 감시기술(surveillance technology), 인공지능(AI, Artificial Intelligence) 기술과 연결되고 융합되고 있는 사이버 공간은 지속적으로 첨단화, 안보화(securitization)되고 있는 것이다. 즉 인공지능, 블록체인(blockchain), 양자컴퓨팅(quantum computing), NFT(Non-Fungible Token, 대체불가능 토큰), 바이오기술(biotechnology)과 같은 첨단 신기술(emerging technologies) 거의 대부분은 사이버 기술과 융합되고 군사분야에도 빠르게 적용되어 새로운 무기체계가 출현하고 있다.

특히 인공지능 기술은 '기술 중의 기술(the field of the fields)'로서 반도체, 양자컴퓨팅, 바이오, 첨단 네트워크 등 수많은 다른 첨단 신기술의 발전을 견인하고 있다. 또한 인공지능 기술은 국방, 의료, 제조, 서비스, 유통, 치안, 사회기반시설 관리, 교통 분야에서 인간보다 고차원의 지능을 확보하고 인간의 판단을 보조하며 인간의 오류를 교정하는 역할을 수행하며 국가 기능 전반에 광범위하게 적용되고 있다. 나날이 고도화되고 있는 신흥기술 발전에 있어서 핵심적인 역할과 위상을 차지하고 있는 인공지능 기술은 현대 각국의 군사, 경제, 산업과 정치사회에 지대한 영향을 끼치고 있고, 향후 미·중 기술경쟁의 추세를 결정지을 범용기술(General Purpose Technology)이다.

사이버 기술은 이러한 인공지능 기술, 블록체인(blockchain)이나 양자컴퓨팅 등 다른 신기술(emerging technology)과 융합되면서 사이버 공격의 파괴력은 지속적으로 증대하고 있다. 신기술이 사이버 공격과 방어에 빠르게 적용되고 있는 추세를 고려할 경우 사이버 기술을 신속하게 보유하지 못하는 국가는 사이버 공격에 대해 대단히 취약해지게 된다. 인공지능은 법칙 기반의 탐지기술을 이용하여 사이버 공격을 탐지하거나 예측하는 데에 유용하지만 사이버 공격자도 동일한 기술로 네트워크의 취약 지점을 포착하여 선택적으로 공격할 수 있다. 최근 생성형 인공지능의 내러티브 기술을 이용하여 발신하는 피싱(phishing) 이메일은 사람이 제작한 피싱 이메일 메시지보다 훨씬 더 높은 확률로 읽히고 있다. 또한 인공지능을 이용한 멀웨어 (malware) 공격은 정태적인(static) 방어벽으로는 방어가 불가하다(CNBC, 2022.9.13). 결과적으로, 인공지능을 통해 공격 대상의 시스템 취약점과 문제를 찾아내 공격하는 사이버 위협의 등장은 사이버 공격과 방어를 점차 알고리즘과 알고리즘 간의 대결로 전환시키는 결과를 낳고 있다.

## [표 7-1] AI를 이용한 위협의 형태

| | |
|---|---|
| 첩보활동(espionage), 정찰(reconnaissande) | 공격대상(사용자, 소프트웨어 시스템, 네트워크) 물색하기 위한 intelli-gence 수집. 공격대상, 착취할 만한 취약성, 타협할 만한 자산 등을 물색하는 등 효과적인 데이터 수집과 신속한 탐문 활동에 유용함. 즉 기본적인 탐색 활동 시간을 획기적으로 단축시키고 분석의 정확성과 완결성을 향상시킴. |
| 맞춤형 공격 설계 (Customization) | 공격자가 원하는 데이터를 긁어 모으는 데이터 스크래핑(data scraping)을 통해 공격대상이 쉽게 속을 수 있는 콘텐츠와 메시지를 개인화된 피싱 공격에 사용하는 등 사회공학적(social engineering) 기술 증진시켜줌. |
| 접근성(access) 획득 | • 대규모 패스워드 데이터베이스에 AI 적용하여 패스워드 알아내기.<br>• 가짜 CAPTCHA(bot과 인간 분별위한 완전 자동화된 공개 튜링 테스트 (Completely Automated Public Turing test to tell Computers and Humans Apart) 페이지 생성<br>• 방화벽, 생체인증시스템 우회, 로그인 credentials 정보 획득<br>• watering hole 기법 |
| 획득한 접근 이용하여 다른 고가치 시스템 침입 | 이미 진입에 성공한 시스템에서 더 민감한 고가치 시스템으로 침입하기 위해 안전하지 않은 코딩패턴 찾아내는 등 취약점 탐색 |

한편 사이버 기술과 각종 첨단 기술이 서로 융합되면서 민간과 군사 양 분야에서 보안과 관련된 더욱 복잡한 문제들도 출현하고 있다. 특히 많은 신흥기술과 융합되는 범용기술인 인공지능 기술과 결합되고 있는 사이버 공간을 통해 인공지능 기술이 공격을 받으면 국가 위기가 초래될 수 있다. 그러한 공격 방식 중 대표적인 것이 '데이터 오염(data poisoning)' 혹은 '적대적 공격(adversarial attacks)'으로 불리는 인공지능기술에 대한 공격이다. 인공지능 알고리즘의 오작동을 유발하기 위해 악의적

으로 변조된 데이터를 공격대상 인공지능의 학습데이터에 유입시키는 방식의 사이버 공격이다. 즉 공격대상의 인공지능의 오작동과 불능을 유발하기 위해 사이버 공격을 활용하는 방식으로서 국가와 기업에게 있어서 인공지능이 학습하는 데이터를 보호하는 문제는 이제 사이버 안보 이슈인 것이다.

인공지능 기술이 적용된 자율주행차나 의료과정 알고리즘이 적대적 공격을 받을 경우 운전자나 환자의 안전이 심각하게 위협받을 수 있는 것과 같이 국가 안보환경에 대한 지도층의 상황인식과 군사적 의사결정에 영향을 끼치는 정보감시정찰(ISR, intelligence, surveillance, and reconnaissance) 자산과 그리고 이러한 ISR 자산으로부터 수집된 대규모 데이터에 대한 AI 분석 알고리즘이 적대적 공격을 받을 수도 있다(Danks 2020).

인공지능 알고리즘 훈련을 위해 인위적으로 제작하는 데이터가 악의적으로 사용될 수도 있다. 2021년 보 자오(Bo Zhao) 교수는 'CycleGAN' 알고리즘 프로그램으로 시애틀(Seattle)과 베이징(Beijing)의 위성사진을 이용하여 시애틀이 베이징처럼 보이게 하는 딥페이크(deep fake) 지도를 제작해보였다. 이러한 방식을 통해 도시가 정전이 일어난 것처럼 조작할 수도 있고 도시 전체의 분위기를 완전히 바꿀 수 있다. 이렇게 제작된 지도의 진위를 탐지하기 위해서는 시공패턴(temporal-spatial patterns) 분석이 활용되고 있지만 발전하는 인공지능 기술은 탐지를 막기 위한 패턴 조작 방법도 학습할 수 있기 때문에 인공지능 기술을 이용한 탐지와 탐지 방해 기술은 알고리즘 대 알고리즘의 대결을 초래하고 있다(Knight 2021). 예컨대 딥페이크 탐지 알고리즘에 대해 해상도가 낮아지게 하는 공격, 즉 '소음제거확산모델(DDMs, denoising diffusion models)' 공격을 수행할 경우 그러한 탐지 알고리즘의 정보분별 능력이 감소되는 등 딥페이크 탐지를 회피할 수 있는 공격 기술도 개발되고 있다(Ivanovska and Struc 2024).

알고리즘 데이터에 대한 적대적 공격은 인공지능 기술을 이용한 탐지 시스템이 부재할 경우 방어할 수 없다. 예컨대 유럽연합(EU, European Union)이 추진하고 있는 인공위성 집합체(constellation) 프로젝트인 IRIS(Infrastructure for Resilience, Interconnectivity and Security by Satellite)는 아직 인공위성을 우주궤도에 쏘아올리기 전인 2023년에 구식 위성으로 인식되었다. 그 이유는 IRIS에는 인공지능 기술이 적용되지 않았기 때문에 '스마트 재밍(smart jamming)'으로도 불리는 적대적 공격 혹은 적대적 머신러닝을 탐지할 수 없고 자동화된 반격이 불가능하기 때문이다(Mercier & Fontaine 2023). 이러한 문제로 인해 EU는 IRIS의 커뮤니케이션 보안을 위해 2024년 말 새로운 컨소시움 프로젝트를 발족했다. 결과적으로 오늘날 사이버 공격과 방어는 알고리즘과 알고리즘 간의 대결로 전환되고 있다.

인공지능 기술을 이용한 사이버 공격은 인공지능 시스템이 적용된 네트워크를 마비시킬 수도 있지만 대규모 정보 자체를 탈취하는 공격도 가능하다. 인공위성에 대한 해킹의 경우, 적대적 행위자가 공격 대상 인공위성이 인공지능 기술을 통해 수집하는 방대한 정보 능력을 방해하기 위해 인공위성의 궤도 이탈을 유발하는 형태의 사이버 공격을 수행할 수도 있지만 인공위성 정보 자체를 해킹할 수도 있다. 위성 해킹을 통해 해커는 위성이 수집하고 있는 주요 장소에 대한 구체적인 정보, 커뮤니케이션 내용, 이메일로 전달되는 온갖 문서와 같은 방대한 정보를 쉽게 획득할 수 있다. 이렇게 볼 때 우주기술과 사이버안보 기술은 거의 하나의 기술안보 이슈임을 알 수 있다.

결과적으로, 국가뿐 아니라 인공지능 프로그램을 개발하는 당사자인 기업도 국가와 기업이 ▲수집하고 처리하는 학습데이터를 보호하는 문제와 ▲학습데이터의 주요 소스가 되는 개인정보의 보호 문제, ▲알고리즘 오작동 유발을 위해 악의적으로 변조된 데이터를 학습데이터에 삽입시키는 공격에 대한 차단 등 데이터 안보와 관련된 다양한 문제를 인공지능 안보와 국가 안보의 관점에서 관리해야 한다. 다시 말해, 기술안보의 문제는 곧 사이버 안보의 문제이고, 사이버 안보는 다시 데이터 안보와 직결되고 있는 것이다.

## 2. 사이버 안보 위기의 특징

### 1) 익명성과 은밀성

국가를 상대로 한 사이버 공격은 주로 국가의 주요 기관, 금융·전력·보건 등 주요 인프라, 선거 시스템 등에 대해 취해지고 공격 대상 국가의 사회혼란과 위기를 상시화하고, 심지어 군사적 공격 직전에 전장의 상황을 공격자에게 유리하게 만들기 위한 사전 조건을 만들기 위해 수행될 수도 있다. 따라서 비전통 안보 이슈로 분류되는 사이버 안보 위기는 전통 안보의 위기와 직결된다. 이러한 심각성에도 불구하고 사이버 공격은 고도의 '익명성(anonymity)'으로 인해 공격의 목적이 명확하게 드러나지 않는다.

예컨대 단순히 금융 범죄로 간주할 수 있는 가상화폐 탈취와 같은 사이버 공격에서 해커들은 믹서(mixer)와 같은 디지털 서비스를 사용한다. 믹서는 가상화폐를 쪼개서 자금의 거래흐름을 추적하기 어렵게 만들어 자금의 소유권을 익명화시키는 자금세탁 서비스이다. 북한의 대표적인 해커조직인 라자루스(Lazarus) 그룹은 이러한 자금세탁 기업과 공조하여 2022년 4월 동안 탈취한 가상화폐 4억 5천만 달러를 자금 세탁했는데, 이 액수는 가상화폐 역사상 전 세계적으로 가장 큰 규모로 세탁된 자금이다.

사이버 공격의 이러한 익명성은 공격에 의한 피해가 발생했을 때 이것을 위험(risks)으로 판단할 것인지 의도적인 '위협(threats)'이 구사된 사안인지 구별하기가 쉽지 않다는 것이다. 위험을 가장하기에 가장 효과적인 것이 사이버 공격이기 때문에 많은 국가들은 사이버 안보 위기에 '대응'하는 것만으로는 불충분하다고 여기고 '선제적으로' 위협을 미리 차단하는 접근법을 추구하게 된다.

사이버 공격은 국가 및 비국가 행위자(non-state actors) 등 다양한 행위자가 수행할 수 있으나 사이버 공격 자체의 익명성으로 책임소재를 밝히기 힘들다. 따라서 사이버 안보의 많은 문제들은 단순히 위험을 제거하는 '안전(safety)'차원에서 다루기보다 국가 안보를 훼손할 수 있는 '위협(threat)' 차원에서 간주하는 적극적인 접근법을 취하는 경우가 많다. 사이버 위협을 구사하는 주체의 공격 의도는 알려진 정보를 통해서 완전히 파악하는 것이 어렵다. 평시 무기를 사용하는 군사훈련이나 정치지도자들의 수사(rhetoric)나 성명(statements) 등을 통해 지속적으로 국가는 적성국에 대해 위협적인 메시지를 의도적으로 발신할 수 있다. 하지만 이러한 메시지가 행동으로 실천될 위협인지 아닌지는 메시지 발신자의 말을 신뢰할 수 있어야 한다. 그 위협을 적성국이 단순히 말뿐인 허세로 받아들이는데 메시지 발신 국가는 진정한 위협이었다면 양국 간 충돌과 전쟁을 막을 수 없을 것이다. 즉 메시지의 '신뢰성(credibility)'은 국가 간 갈등이 무력충돌로 발전하는 것을 막을 수 있는 중요한 변수이다(Slantchev, 2003; Wagner, 2000).

하지만 사이버 공격의 진원지를 알게 되어도 진원지에 해당하는 적성국에 대해 자국이 복수를 하겠다는 신호를 보내거나 혹은 적성국이 자국에 대해 어떤 신호를 보내는 것인지 판단하기는 어렵다. 심지어 어떤 해커나 해커 조직이 본인들이 사이버 공격의 주체라고 주장해도 그것이 곧 그들의 공격사실의 증거가 되지 않는다. 국가가 수행하는 대부분의 사이버 작전에서 국가 행위자는 책임소재를 피하기 위해 해커 같은 비국가 행위자를 '대리(proxy)' 행위자로 사용하는 경우가 더 일반적이다. 특히 전시가 아닌 평시 사이버 공격은 더욱 은밀하게 이루어 때문에 사이버 공격을 통해 국가들이 상호 간에 전투의지 등의 신호를 효과적으로 발신할 수 있다고 볼 수 없다.

또한 사이버 공격은 다양한 목적을 위해 가변적으로 사용될 수 있기 때문에 국가가 의도한다고 해도 국가 간 신호 목적의 도구로서는 '믿을만한(credible)' 수단이 되지 못한다(Buchanan 2020, 3-7). 더불어 사이버 공간에서는 공격 주체를 추적하고 식별하는 것이 쉽지 않고 불가능하지는 않아도 공격 주체가 그러한 추적과 탐지를 피하기 위해 대단히 복잡한 통로를 통해 공격을 수행한다. 따라서 사이버 위협을 구사한다고 해도 이러한 사이버 공격이 이루어진 서버의 위치를 파악해야 하고, 그 진원지를 파악한다고 해도 여전히 공격의 주체가 진원지 국가가 아닌 다른 국가가 배후에 있을 수 있다.

더불어, 사이버 위협을 구사하는 동기가 단순히 금전을 갈취하기 위한 것인지, 위협 자체인지, 일부 해커들의 해킹 능력의 과시욕인지, 정보를 얻기 위한 첩보활동의 일환인지 혹은 대규모 사이버 공격을 위한 탐색 차원인지 방어자의 입장에서는 여전히 그 의도와 목적을 판단하는 것은 쉽지 않다. 무엇보다도, 위협 구사 주체를 최종적으로 확인하게 된다 해도 사이버 공격에 의한 피해는 이미 발생한 이후의 시점이 된다.

## 2) 비대칭성

사이버 공격은 국가의 군사기밀이나 기업의 민감 정보 및 개인의 정보를 탈취하여 이를 유출하거나 악용하는 악의적인 정보커뮤니케이션 활동으로부터 시작해서 금융 전산망, 전력망, 교통, 통신, 보건시설, 수자원 시설, 원자력과 같은 에너지 시설 등 국가의 주요 인프라를 비롯하여 선거시설에 대한 공격에 이르기까지 국가의 모든 기관과 기능을 공격의 대상으로 삼는다.

반면 공격의 주체를 특정하기 어려운 사이버 안보 위기의 은밀성과 익명성으로 인해서 사이버 공격을 막아내는 방어자의 입장에서는 공격자가 무엇을 공격할지 확실히 알 수 없기 때문에 결과적으로 모든 시스템을 방어해야 하는 부담을 갖게 된다. 다시 말해, 사이버 위협은 절대적으로 방어자가 아닌 공격자에게 유리한 게임이다. 즉 사이버 위협은 비대칭적 전력(asymmetric power)으로서의 성격을 갖는다. 군사적 차원에서도 다른 종류의 무기체계나 군사력을 갖추는 데에 소요되고 동원되는 예산과 조직의 규모가 국가 자원과 비교할 때 사이버 위협은 위협을 구사하기 위한 진입비용이 낮다.

또한 사이버 무기를 개발하거나 확보하는 데에 필요한 비용보다 사이버 무기를 사용하여 적에게 입힐 수 있는 정치적, 군사적, 경제적 파괴력이 대단히 높고 그 효과는 즉각적으로 나타난다(Sweets, 2018). 즉 사이버 공격에 수반되는 비용이 물리적 공격에 소요되는 비용에 비해 낮고, 사이버 공격을 취하는 데에 소요되는 비용이 위협 구사를 통해 얻을 수 있는 전략적 이익보다 낮기 때문에 적대국 간에는 상대에게 효과적으로 위해를 입히기 위해 사이버 공격을 사용할 유인이 크다.

이렇게 가성비가 높은 사이버 위협은 국가와 비국가 행위자 모두에게 있어서 사용 가치가 크고, 특히 약자의 비대칭 전력으로서 유용하다. 첨단화된 사이버 공격기술을 개발하거나 확보하는 데에는 많은 비용이 필요하지만 컴퓨터 코드는 일단 개발되면 복제되거나 변형하기가 수월하다(Whyte & Mazanec, 2023). 특히 약소국에게 있어서 사이버 공격은 지구적으로 자국의 영향력을 투사하기에 가장 쉬운 수단이다. 사이버 공격은 지리적 제한을 받지 않기 때문에 원거리 공격을 통해 공격 주체는 공격 대상에 대해 파괴적인 영향력을 행사할 수 있다.

세계 어떤 국가보다 우리나라를 가장 많이 공격하고 있는 북한에게 있어 사이버 위협은 군사적 측면뿐 아니라 정치적, 경제적 위협을 구사하는 데에도 유용하고 효과적인 수단이다. 국제사회로부터 고립되어 있고 소수의 국가와 외교 관계를 유지하고 있어 정상적인 외교 수단을 통해 국가목표를 추구하기 어려운 북한은 비대칭 전력인 사이버 공격을 통해 다양한 전략적 목표를 달성하려는 것이다. 사이버 공격은 위협수단으로서 북한이 사용하기 쉽고 다른 종류의 군사수단과 달리 평시 (peacetime)와 전시(wartime) 모든 상황에서 직접적으로 융통성 있게 사용할 수 있으며, 위협을 구사할 때의 파괴적인 효과도 즉각적이다(송태은 2023). 한국의 금융망, 가상화폐소, GPS 시스템, 언론사, 방산업체, 군, 교육기관, 국회, 법원, 선거 시스템, 병원, 플랫폼 업체의 클라우드 등 아주 다양한 대상을 공격하고 있는 북한은 핵을 제외하면 약소국임에도 불구하고 한국 사회를 상시적으로 위기에 빠뜨릴 수 있는 전력을 갖고 있다. 북한은 한국 뿐 아니라 미국, 일본, 중국, 러시아, 베트남, 중동, 남미, 아프리카에 이르기까지 북한이 적대하는 국가와 우방 모두에 대해 전방위적이고 광범위한 사이버 위협을 구사하고 있다.

심지어 해커 개인도 취할 수 있는 사이버 공격의 비대칭적 파괴력은 사이버 안

**[그림 7-1] 북한의 사이버 공격 대상 국가(2022년 7월~2023년 6월)**

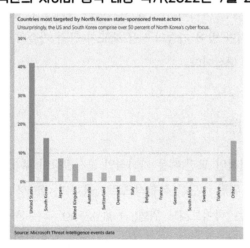

보 위기와 관련해서는 비국가 행위자도 국가 못지않은 전력을 투사할 수 있는 주체로 만들어준다. 사이버 공간에서 일어나는 갈등과 분쟁을 일으키는 행위자는 국가뿐 아니라 해커, 테러리스트, 범죄조직 등 비국가 행위자들인 경우가 더 많다. 특히 2022년 2월 시작된 러시아-우크라이나 전쟁의 사이버전은 전쟁 당사국인 러시아와 우크라이나 양국 간 쌍방 공격과 우방국들의 양국 지원으로 제한되지 않았다. 이번 러우전쟁은 해커(hackers), IT 기업, 프로그래머, 일반 시민 등 비국가 행위자가 대거 사이버전에 가세하여 사이버전이 민간화되는 현상을 초래했다(송태은 2022).

한편 전 세계에서 발생하는 사이버 공격의 궁극적 목표는 압도적으로 금전적 갈취이고, 범죄 집단의 사이버 공격이 국가 배후의 사이버 공격보다 14배로 많다. 최근 사이버 범죄가 일종의 서비스 산업화되면서 '서비스로서의 사이버 범죄(cybercrime-as-a-service)' 모델이 전체 사이버 범죄 생태계를 재구조화하고 있고, 그러한 상황이 최근 사이버 위협을 급증시키고 있는 주요 원인이기도 하다. 더불어 국가가 범죄집단을 이용해서 사이버 공격을 취하는 경우가 많은 것도 그러한 추세에 일조하고 있다.

특히 인공지능 기술은 최근 전 세계적으로 사이버 공격이 급증하게 만드는 가장 큰 원인이다. 즉 인공지능 기술은 사이버 공격의 ① 규모, ② 공격기술의 고도화, ③ 공격의 익명성 차원에서도 사이버 안보 위기의 피해를 더욱 증대시키는 데에 일조하고 있다. 인공지능 기술은 사이버 공격을 탐지하는 데에도 사용되므로 사이버 방어 기술 증진에 기여하지만 방어 기술의 사용 속도가 공격 기술의 사용 속도를 따라잡지 못하고 있는 것이 현실이다.


## 3) 하이브리드 위협

최근 전투원 간 직접적인 교전 혹은 가시적인 군사활동이 부재하거나, 전통적인 무력수단과 비전통적인 위협 수단을 복합적으로 사용하며 국가 시스템과 정부의 의사결정을 무력화시키려는 '하이브리드 위협(hybrid threats)' 혹은 '하이브리드전(hybrid warfare)'이 빈번하게 발생하고 있다. 대규모의 군사력을 동원하지 않고 공격의도를 은폐하기 위해 공격 주체의 노출을 최소화하면서 전략적 목적을 달성하려는 하이브리드 위협은 정규전(regular warfare)과 비정규전(irregular warfare)이 섞여 있는 복합적인 모습을 띠는 '무정형 전략(amorphous strategy)'이다. 전통적인 전쟁과 달리 하이브리드 위협은 공격주체의 공식적인 선전포고와 전장(battlefield)이 부재하며 군사적 수단과 비군사적 수단이 다전장(multi-domain)에서 조직적으로 혼합되며 동시다발로 전개될 수 있다(송태은 2021b).

러시아는 2022년 러우전쟁의 개전 초 우크라이나의 라디오 송신탑이나 키이우(Kyiv) TV 타워를 폭격할 때 키이우시의 미디어 회사를 사이버 공격하여 데이터를 탈취, 삭제했고, 원전을 군사적으로 점거하면서 원전회사의 네트워크를 마비시키는 등 특정 공격대상에 대한 물리적 타격과 사이버 공격을 동시다발적으로 결합시켰다. 또한 관영매체와 언론, 소셜미디어 플랫폼에서 사이버 심리전 혹은 인지전을 전개하며 개전 초기 전장 상황을 러시아에 유리하게 이끌고자 했다. 이렇게 러시아는 물리적 공격과 사이버 공격을 긴밀하게 결합시켜 합동작전을 펼치면서 하이브리드전을 전면전으로 확대시켰다.

하이브리드전에 대해 최초로 학술적 개념화를 시도한 프랑크 호프만(Frank G. Hoffman)은 하이브리드전을 "비정규 전술과 전통적 군사수단을 복합적으로 사용하는 전쟁"으로 정의했다(Hoffman, 2007). 하이브리드전은 전략적 시너지(synergy)를 일으키는 효과를 만들기 위해 전통적·비전통적 조직, 수단, 기술을 복합적으로 사용하므로 전쟁 전략을 구사하는 데에 있어서 공격의 규모와 전술을 특정 상황에 맞춰 전개할 수 있다(Calha 2015). 즉 하이브리드 위협에는 대리세력(proxy forces) 활용, 병력이동, 화학무기·생물무기·핵무기 사용, 사이버 공격, 심리전, 정치적 사보타주(sabotage), 경제적 압박, 해킹을 통한 국가기밀 유출, 국제적 범죄 네트워크를 통한 무기 밀거래나 인신매매 등 범죄행위 등이 전술로서 동원된다.

특히 2000년대 들어 사이버 공격을 이용하여 국가위기를 유발하는 방식은 공격에 동원되는 비용 대비 효과가 큰 비대칭적(asymmetrical) 위협의 구사가 가능한 대표적인 하이브리드 위협의 한 형태이다. 2000년대 초부터 본격적으로 나타난 하이브리드 위협의 대부분이 사이버 공격을 동반하고 있는 것은 인터넷 네트워크의 지구적 확장, 정보통신기술 및 사물인터넷의 급속한 발전에 의한 초연결 사회의 등장 등 정보커뮤니케이션 환경의 급격한 변화와 관련된다. 즉 사이버 공격이 빈번하게 나타날 수 있는 환경이 조성되어 있는 것이다. 하이브리드 위협의 공격 주체의 시각에서는 국가의 핵심 기반시설 간 급증하는 네트워크의 상호의존성은 공격 대상의 취약점으로 인식되어 하이브리드 위협을 구사하는 유인이 된다. 따라서 지능형 CCTV, AI 스피커, 사물인터넷 기기, 스마트시티, 스마트공장 등도 사이버 공격 대상이 되고 있고, 국가의 감시 및 관측 등 주요 정보활동과 군사영역에서의 역할이 증대하는 지능형 드론에 대한 외부로부터의 사이버 위협도 함께 증가하고 있다.

### [표 7-2] 2000년대 사이버전을 동반한 하이브리드전 사례

| | |
|---|---|
| 2006년 7월<br>이스라엘-레바논<br>전쟁 | • 이스라엘의 레바논에 대한 폭격에 대해 헤즈볼라(Hezbollah)는 이스라엘에 대한 미사일 공격 전 이스라엘 육군 컴퓨터 시스템을 해킹하여 군의 무선 통신에 침투하고 미국 웹서버 업체들을 하이재킹하여 이스라엘의 인터넷망 공격<br>• 헤즈볼라는 이스라엘 군인들의 휴대폰 통화를 도청하여 군사정보를 수집하고 가짜 시체와 폭격 장면을 연출하는 등 사이버 심리전 전개 |
| 2007년 4월<br>러시아의<br>에스토니아<br>사이버 공격 | • 러시아는 에스토니아의 대통령궁, 의회, 정부기관, 금융기관, 언론기관, 이동통신 네트워크 등에 대해 3주간 지속적으로 디도스(DDos) 공격 수행하여 에스토니아의 금융거래와 행정업무가 일주일 이상 중단되는 등 국가 시스템 전체 마비 |
| 2008년 6월<br>러시아-조지아<br>5일 전쟁 | • 러시아는 조지아에 대해 대규모의 지상군을 투입하는 정규전 외에 바이러스 프로그램에 감염되어 있는 컴퓨터 네트워크인 봇네트(botnets)를 이용하여 사흘 간 '메일폭탄(Mail-bombing)', 디도스 공격'으로 에스토니아 전산망 무력화<br>• 민간 사이버 범죄조직 '러시아비즈니스네트워크(RBN)'를 이용한 디도스 공격은 조지아 대통령 홈페이지, 국방부, 외교부, 의회 웹사이트에 대해 수행되었고, 이들 정부기관 및 언론사, 포털 등이 평균 2시간 15분, 최장 6시간 동안 공격받음. |
| 2012년 11월<br>가자-이스라엘 분쟁 | • 이스라엘 군사령부는 트위터(Tweeter)를 통해 선전포고를 했으며, 페이스북(Facebook), 트위터, 인스타그램(Instagram), 유튜브(Youtube)를 활용하여 가자지구 공습에 대한 우호적 여론을 조성<br>• 하마스 해커들은 이스라엘 장교 소유 휴대전화 5천여 대 해킹, 협박 메시지 발신 |
| 2013년 11월<br>이스라엘-하마스<br>교전 | • 하마스는 이스라엘에 대해 1,400회 로켓공격과 4천 4백만 회 사이버 공격 수행. 이스라엘은 하마스와 이슬람 지하드(Jihad)의 라디오 방송을 강탈(hijacking)하여 테러리스트를 돕지 말라는 심리전 수행<br>• 이스라엘 방위군과 하마스 무장세력 간 트위터 상 설전 |

| 2014년 3월 러시아의 크림반도 합병 | • 우크라이나의 親러 정권이 붕괴한 이후 우크라이나 동부 돈바스 지역(도네츠크주, 루간스크주)에서 親러시아 분리주의 반군과 정부군 간 무력분쟁 발생<br>• 2014년 3월 2천 명의 러시아군은 소속부대나 계급, 명찰이 식별되지 않는 국적이 불분명한 군복을 착용하고 우크라이나 침공. 러시아군은 우크라이나 군과 교전 없이 우크라이나의 군사기지, 의회, 대법원, 공항을 점령함<br>• 국가안보위원회(KGB)의 후신인 연방보안국(FSB)과 군사정보국(GRU)은 우크라이나에 대한 정보활동과 여론공작 등 사이버 심리전 전개 |
|---|---|
| 2016년 이후 사이버 심리전을 통한 선거개입 | • 2016년 미 대선, 영국 브렉시트 국민투표, 2017년 독일 총선, 프랑스 대선, 스페인 카탈루냐 독립투표, 2018년 이탈리아 총선, 2019년 유럽의회 선거(EU Parliamentary Election), 미 중간선거 등 서구권 소셜미디어 플랫폼에 AI 알고리즘 프로그램 가짜계정 봇(bots)을 이용한 디지털 허위조작정보의 대규모 유포 |

출처: 송태은(2021c)

사이버 공격이 하이브리드 위협으로서 공격주체의 입장에서 선호되는 것은 비군사적 위협만을 구사할 수도 있으므로 공격대상으로부터의 즉각적인 물리적 반격을 회피할 수 있고, 혹은 군사위협을 복합적으로 구사하여 파괴적인 시너지를 일으킬 수 있기 때문이다. 따라서 하이브리드 위협으로서 자주 동반되는 사이버 공격은 무력사용 없이도 국가 시스템과 위기대응을 위한 국가의 의사결정을 쉽게 무력화시킬 수 있으므로 최근 하이브리드 위협은 점차 사이버전을 중심으로 구사되고 있다(송태은, 2021c; 송태은, 2021d).

주로 사이버 공간에서 전개되는 '허위조작정보 유포(disinformation campaign)'와 '사이버 심리전'이나 '인지전'도 하이브리드 위협의 한 형태이다. 군사적 수단을 전혀 사용하지 않고 인터넷과 소셜미디어 플랫폼(social media platform)에 사회갈등을 증폭시키는 정보를 확산시켜 공격 대상으로 삼은 국가의 정부와 제도의 정치적 정당성을 훼손시켜 국가와 시민사회 관계를 교란시키는 것이 그러한 디지털 프로파간다 활동의 주요 목표이다(송태은 2020). 이러한 사이버 공격은 국가 전복과 사회교란 등 국가 지도층과 대중에 대해 정치적 위협을 구사하기 위해 수행되므로 '영향공격(influence attacks)'으로도 일컫는다(Whyte & Mazanec, 2023).

영향공격 혹은 영향공작은 오늘날 적성국에 대한 사이버 작전의 주요 활동으로 자리 잡게 된 것은 사이버 공격이 갖는 익명성과 은밀성 때문이다. 영향공격의 형태로 수행되는 사이버 작전은 적대국에 대해 자국의 의도와 메시지를 정확하게 전달하기보다 적국의 지휘부와 대중을 분열, 교란시키며 아래로부터의 전복적 움직임을 유발시키려는 목적을 추구한다. 이러한 사이버 위협은 적의 국정(statecraft) 원칙이나 사회의 근본적 가치 혹은 정부의 정치적 정당성(political legitimacy)을 훼손하며 가치선호를 변화시키려는 정보전(information warfare)과 심리전(psychological warfare)의 유용한 도구가 된다.

오늘날 인공지능의 자연어처리(NLP, Natural Language Processing) 기술 혹은 GPT(Generative Pre-trained Transformer)는 텍스트 생성을 위한 딥러닝(Deep Learning, DL) AI 언어모델로서 대규모 텍스트 데이터를 학습하여 인간의 언어를 분석하고, 인간의 질문에 대한 답변이 가능한 대화형 인공지능 프로그램이다. 소셜봇(social bots)이나 챗봇(chatbots)은 허위조작정보의 유포 문제를 한층 심화시키며 사이버 심리전이나 인지전의 파괴력을 증대시키고 있다. 이러한 현상은 2022년 2월 시작된 러시아-우크라이나 전쟁과 2023년 10월에 시작된 이스라엘-하마스 전쟁의 인지전을 통해 여실히 나타나고 있다.

인지전(cognitive warfare)은 개인, 대중, 지휘부의 인식과 생각하는 방식에 영향을 끼쳐 적이 我가 원하는 방식으로, 我에 유리한 의사결정과 행동을 하게끔 적의 인지과정을 공격하는 군사활동이다. 인지전은 궁극적으로 '적의 의사결정 과정을 교란하고 파괴'하는 것을 목표로 삼는다. 인지전 수행 주체는 자신의 위협을 과대 포장하여 공격대상이 정치적으로 빠르게 타협하도록 유도하고, 적국 지휘부와 대중 및 국제여론도 공격주체의 내러티브를 받아들이게 하여 공격 대상에게 외교적 압력을 가할 수 있다. 또한 인지전은 공격대상 국가의 정책을 비도덕적·비윤리적으로 보이게 만들고 국가의 법·정치제도의 정상적 기능이 어려워진 것으로 오도하여 공격대상 국가의 정치적 정당성을 훼손하고 정부에 대한 대중의 신뢰가 상실되게 만들 수 있다(송태은 2024).

2014년 러시아의 크림반도 합병 당시 전개된 여론전은 우크라이나 및 동유럽 대중을 공격목표로 삼았기 때문에 당시 서구권의 하이브리드 위협 대응에 대한 논의는 사이버 심리전에 초점을 둔 것은 아니었다. 하지만 2016년 미국 대선과 영국의 브렉시트(Brexit) 국민투표를 시작으로 이후 대부분의 미국과 유럽의 선거철 러시아와 이란 등 권위주의 레짐으로부터의 소셜미디어 플랫폼을 통한 가짜뉴스 유포활동은 서구권이 사이버 심리전을 주목하게 된 결정적인 계기가 되었다. 미국과 유럽은 사이버 심리전 공격이 단순히 여론왜곡 시도를 넘어서 서구권의 주권과 민주주의 제도에 대한 직접적인 도전으로 판단하게 되었고, 다양한 조사를 통해 그러한 심리전이 인공지능 알고리즘 기술이 동원된 디지털 프로파간다 활동임을 밝혀냈다(송태은, 2019). 요컨대 2016년 이후의 서구권 선거는 오로지 해킹과 사이버 심리전만으로도 서구권의 여론분열과 사회갈등을 심화시키는 등 미국과 유럽이 비군사적인 하이브리드 위협에 대한 경각심을 크게 고취하는 계기가 되었다.

최근 일어나 장기화된 두 전쟁에서 소셜미디어를 이용한 인지전은 주로 소셜미디어 플랫폼에서 허위조작정보나 가짜뉴스를 확산시키는 방식으로 전개되고 있다. 이러한 허위조작정보는 자국의 전쟁 어젠더를 뒷받침해주는 프로파간다 내러티브를 담은 텍스트, 이미지, 영상이다. 참전국은 국가가 직접, 혹은 생성형 AI를 이용하여 전문적으로 이러한 콘텐츠를 만들고 첨단 ICT와 AI 알고리즘 프로그램을 통해 대규모로, 실시간으로 확산시키므로 정보의 피해가 즉각적이고 무차별적이다.

특히 이스라엘-하마스 전쟁의 사이버 인지전은 국가와 테러단체 간 대결로서, 다양한 군사적 정보작전(IO, information operations) 조직과 역량을 갖고 있는 국가에 대해서도 테러집단이 디지털 커뮤니케이션 수단과 생성형 인공지능을 이용하여 공세적인 인지전 위협을 구사할 수 있음을 보여준 계기가 되었다. 하마스의 사이버 인지전이 체계적이고 공세적인 정보작전 및 전략커뮤니케이션 체제를 갖추고 인지전을 펼친 이스라엘을 압도한 것은 하마스가 인공지능 봇 계정을 더 공세적으로 사용했거나 팔레스타인을 지지하는 중동권의 협공 결과일 수 있으며, 혹은 금전적 이익을 위한 목적으로 팔레스타인을 지지하는 콘텐츠를 악용하는 세력이 있을 수 있다. 즉 사회혼란과 전쟁 자체가 허위조작정보의 유포가 활성화되는 정보커뮤니케이션 환경을 조성하고 있다. 또한 하마스의 사이버 인지전에는 이란, 러시아, 중국이 적극적으로 대외 메시지 발신에 공조했고, 이스라엘의 경우 민간인 희생자 급증 등 전황의 상황에 서방의 입장이 영향을 받으면서 이스라엘에 대한 공세적 공조에는 한계가 있었다(송태은 2024).

하이브리드 위협의 공격자가 이렇게 사이버전과 심리전·인지전을 선호하는 것은 사이버 공간의 국가·비국가 행위자의 행위를 규제할 국제규범과 레짐이 제대로 형성되어 있지 않아 책임을 회피할 수 있고, 인명 피해를 발생시키지 않을 수 있으므로 무력공격으로 인식되지 않아 공격대상의 즉각적인 군사적 보복을 우회할 수 있기 때문이다(Carment & Belo 2018). 민주주의 제도와 시민사회에 대한 대중의 신뢰를 훼손시킬 수 있는, 저비용의 고효율 수단인 인지전은 공격대상 정부의 정당성과 법적 권위에 대한 현지 주민 혹은 시민의 지지를 제거하기 위한 효과적인 위협 전술인 것이다. 특히 현대의 발전된 정보통신 기술은 대규모의 특정 메시지를 실시간으로, 원하는 특정 기간에 유포, 확산시키는 일을 기술과 비용 측면에서 쉽게 만들었으므로 사이버 인지전은 게릴라전처럼 수시로 급작스럽게 수행되고 있고, 정보와 내러티브는 하이브리드 위협의 효과적인 무기가 되었다.

## 제2절 사이버 공격의 형태와 사이버 안보 위기 분야

## 1. 사이버 공격 형태

### 1) 공격적 공격과 수동적 공격

사이버 안보 위기는 사이버 공격으로부터 시작되고 공격의 형태에는 공격적인 방식과 수동적인 방식이 있다. '공격적 사이버 작전(OCOs, offensive cyber operations)'은 '컴퓨터 네트워크 공격(CNA, computer network attack)'과 '컴퓨터 네트워크 탈취(CNE, computer network exploitation)'의 두 가지 형태로 구분된다. 컴퓨터 네트워크에 대한 공격은 적극적 공격(active attacks)으로 간주되고 컴퓨터 네트워크 탈취는 '수동적 공격(passive attacks)'으로 불린다. 수동적인 공격은 네트워크에 대한 접근성을 확보한 뒤 정보를 모니터링하거나 민감 정보를 탈취하는 형태로서 데이터 자체에 대한 변경을 시도하지는 않는다. 반면 적극적인 공격은 데이터를 삭제, 암호화 혹은 위해를 가하는 등 정보에 대한 변경을 시도하는 작전이다. 따라서 적극적인 공격은 공격 대상에 대해 직접적으로 협박을 가하기 때문에 공격에 의한 피해가 가시적으로 드러나고 공격을 받은 대상이 공격 사실을 쉽게 인지한다(Whyte & Mazanec, 2023).

네트워크 탈취 즉 수동적 공격은 정보를 훔치지만 공격대상 시스템에 대해 위해를 가하지는 않으면서 사이버 첩보(cyber espionage)를 수행하는 활동이다. 적극적 공격은 피해가 가시적으로 발생하여 공격 사실 자체가 노출되므로 수동적 공격이 적극적 공격보다 본질적으로는 더 고도의 복잡한 사이버 기술을 요구한다. 수동적 공격의 경우 네트워크에 대한 침입이 발각될 경우 공격대상이 공격자의 접근을 차단하게 되기 때문이다. 공격주체는 공격대상의 사이버 네트워크의 취약점을 파악하여 공격을 취하지만 공격대상도 외부의 침입을 탐지할 경우 즉각적으로 네트워크를 바꿔버리거나 이미 갖추고 있는 자동화된 반격시스템(automated countermeasures)을 통해 그러한 사이버 공격의 효과를 상쇄할 수 있고, 혹은 아예 전원을 차단하여 공격을 피할 수도 있다.

사이버 공격은 소위 '사이버 킬체인(cyber kill chain)'을 통해 수행된다. 킬체인은 사이버 공격 주체가 다양한 작전단계(operational phases)를 거쳐 주요 공격대상의 시스템에 대한 접근성을 확보하는 논리이다. 킬체인 모델은 멀웨어를 시스템에 설치하고 감염된 시스템을 통해 공격목표의 플랫폼을 통제하는 과정을 설명하기에는 유용하다. 하지만 '지능형지속 위협(APT, Advanced Persistent Threat)'과 같이 첨단 사이버 공격 기술을 보유한 그룹이 조직적으로 일정 기간 동안 수행하는 대규모 사이버 공격을 설명하는 데에는 킬체인 모델의 공격 과정은 실체와 거리가 있을 만큼 지나치게 단순하다. 따라서 APT는 다수의 킬체인을 통해 사이버 공격을 수행하는 작전으로 이해할 수 있다(Whyte & Mazanec, 2023).

**[표 7-3] AI를 이용한 위협의 형태**

| 사이버 작전의 종류 | | | | |
|---|---|---|---|---|
| 사이버 공격 | | 사이버 방어 | | 사이버 영향공격 |
| | 공격방식 | | 방어방식 | |
| 적극적 공격 | - 디도스(D-DoS) 공격<br>- 멀웨어(Malware) 공격: 피싱 (phishing), 스파이웨어(spyware)<br>- 랜섬웨어 (ransomware)<br>- 와이퍼(Wiper) 공격<br>- 적극적 공격의 모든 방식은 수동적 공격 뒤 취해질 수 있음. | 컴퓨터 네트워크 방어 | - 방어벽(firewalls)<br>- 침입탐지시스템 (intrusion detection systems, IDS)<br>- 바이러스백신 소프트웨어 (anti-virus software) | - 사이버 심리작전 (cyber psychological operations)<br>- 허위조작정보 유포 (disinformation campaign)<br>- 사회공학적기법 (social engineering) |
| 수동적 공격 | - 사이버 정보작전 (cyber information operations)<br>- 사이버 첩보활동 (cyber espionage)<br>- 컴퓨터 네트워크를 통해 표적 또는 적 정보 시스템이나 네트워크로부터 수집된 데이터를 활용해 무언가를 실행하거나 정보를 수집하는 작전 | 적극방어 | - 역해킹 (hack-back) | |

**[표 7-4] AI를 이용한 위협의 형태**

| 디도스 공격 (Distributed Denial of Service, DDoS) | | 일종의 '사이버 사보타주(sabotage)'로서 정부기관이나 군 기관 등 국가의 주요 웹사이트에 대한 압도적인 대량의 트래픽을 유입시켜 대상 시스템을 마비시킴으로써 해당 웹사이트에 대한 접근이 불가능하게 만드는 수단. |
|---|---|---|
| 멀웨어 공격 (malware attacks) | 애드웨어 (Adware) | 사용자의 컴퓨터에 원하지 않는 광고를 표시하는 모든 응용프로그램으로서 브라우저를 탈취해 다수의 광고를 표시하므로 감염 시 브라우저 이용이 거의 불가능. 무료 소프트웨어, 파일 다운로드, 악성 웹사이트 접속 시 감염. |
| | 파일리스 멀웨어 | 정상적인 소프트웨어나 운영체제에 내장된 도구를 통해 악성 스크 |

| | | |
|---|---|---|
| (Fileless Malware) | 립트를 실행. 공격자가 별도 프로그램을 사용자 PC에 설치하지 않고도, 기존 운영체제나 소프트웨어에 포함된 기능 혹은 소프트웨어 자체를 악용해 악성코드 실행. 저장장치(HDD 등)에 직접적 흔적을 남기지 않고, 메모리(RAM)에서 악성 행위가 실행되므로 탐지 및 차단 어려움. | |
| 바이러스 (Viruses) | 사용자의 인지나 승인 없이 컴퓨터를 감염시켜 자체적으로 설치되고 스스로를 다른 컴퓨터에 복사하여 컴퓨터 작동에 피해를 주는 소프트웨어. 감염자 파일 실행 시 바이러스도 실행되어 다른 정상적인 호스트 파일을 수정. | |
| 웜(Worms) | 감염된 컴퓨터 시스템에서 스스로 복제해 다른 컴퓨터로 복사본을 확산시킬 수 있는 악성 프로그램. 네트워크를 이용해 자신의 복사본을 다른 컴퓨터로 전송할 수 있고, 자신의 복사본을 계속 만들어 하드 드라이브와 네트워크에 과부하를 주고 대역폭과 같은 시스템 리소스를 고갈시킬 수 있음. | |
| 트로잔 (Trojans) | 정상 프로그램이나 파일로 위장하여 다운로드되는 멀웨어로서 바이러스와 달리 파일 자체를 복제하거나 감염시킬 수는 없고 피해자의 장치에 침투하여 다양한 악성행위에 활용됨. | |
| 봇(Bots) | 악성 봇은 멀웨어를 전달하고 민감한 정보를 훔치거나 감염된 컴퓨터를 봇넷에 추가할 수 있음. 바이러스를 동시에 대규모로 터트리거나, 스팸 이메일을 발신하고, 개인정보 유출 및 웹사이트 마비, 소셜미디어 '좋아요'나 구독자 수 조작 가능. | |
| 랜섬웨어 (Ransomware) | 사용자의 컴퓨터를 장악하거나 데이터를 암호화하고 정상적 작동을 위한 암호키를 대가로 금품을 요구하는 악성코드 공격. | 특정 중요 정보가 담긴 파일을 암호화시키거나 삭제하여 해당 파일에 대한 접근을 불가능하게 만드는 방식의 공격 수단임. |
| 와이퍼 (Wipers) | 파일이나 디스크를 완전히 삭제함으로써 컴퓨터 시스템이 제대로 작동하지 못하게 하는 악성 소프트웨어. 파일을 삭제하는 것 자체가 공격의 목적이고 파일삭제 대신 덮어쓰기 방식이 사용될 수 있음. | |
| 피싱 (phishing) | Spear phishing은 특정 공격 대상을 미리 정하고 이메일, 문자 등을 통해 주요 정보를 탈취하는 반면 일반 phishing은 불특정 대상을 공격. | 디지털 기기를 감염시켜 특정 정보를 탈취하는 방식의 공격임. |
| 스파이웨어 (spyware) | 사용자 동의 없이 설치되어 컴퓨터의 정보를 수집, 전송하는 악성 | |

| | 소프트웨어(신용카드와 같은 금융<br>정보 및 주민등록번호와 같은 신<br>상정보와 암호 탈취) | |

## 2) 적극방어

대개 '컴퓨터 네트워크 방어(CND, computer network defense)'는 방어벽(firewalls), 침입탐지시스템(IDS, intrusion detection systems), 바이러스백신 소프트웨어(antrivirus software)를 통해 이루어진다. 그 외에 '적극방어(active defense)'를 위해서는 적에게 내가 적의 시스템에 침입해 들어갈 수 있는 능력이 있음을 보여줌으로써 적의 미래 공격을 억지하는 '취약성 연소(burning a vulnerability)'도 하나의 방법이 될 수 있다. 즉 사이버 공간에서의 공격행위가 항상 공격적 목적을 가진 것만은 아니며, '좋은 방어는 곧 좋은 공격(a good defense means a good offense)'이므로 적극방어의 방법으로서 '역해킹(Hack-back)' 공격이 수행될 수 있다(Whyte & Mazanec, 2023).

역해킹 공격은 해킹의 피해를 입은 피해주체가 해커가 사이버 공격 시 사용하는 지휘통제(C2, command and control) 서버에 은밀하게 접근하여 탈취된 정보를 되찾거나 삭제하고 공격자의 시스템을 통제하며 공격자의 행위를 모니터링하는 등 공세적(offensive) 사이버 작전을 취하는 방법이다. 이러한 방법을 통해 방어주체는 미래의 적으로부터 다시 공격받을 가능성을 최소화할 수 있다. 사실상 적극적 방어의 개념은 방어를 위한 해킹 행위가 오로지 '방어'를 위한 것임을 강조하는 것으로서 역해킹을 정당화한다. 순수한 방어만으로는 강력한 해킹 시도를 차단할 수 없기 때문에 역해킹 개념이 등장한 것이다.

역해킹 공격은 과거 미국에서는 법원의 영장을 필요로 하고 영장 부재 시 '컴퓨터 사기 및 악용법(Computer Fraud & Abuse Act)'을 위반하는 불법적 행위였다. 당시에는 그러한 법적 제한이 부재한 해외의 프록시 서버를 이용하여 역해킹 공격을 취하는 민간 기업이나 요원의 작전이 존재했다. 그러나 2023년 3월 미국이 발표한 '국가사이버안보전략(National Cybersecurity Strategy)'의 '위협행위 파괴와 해체(Disrupt and Dismantle Threat Activities)' 섹션에서 미국은 범죄조직과 타국 정부가 미국의 네트워크를 사이버 공격할 경우 미 국방부, 정보기관 및 법집행 기관이 국가적 차원에서의 합법적 복수를 취할 것을 선언했다. 한편 타국의 지원 요청이 있을 때 타국에 대한 악의적 사이버 공격에 대해 미국은 '헌프포워드(hunt forward)' 차원에서 역해킹 공격을 취할 수 있게끔 공세적인 사이버 정책을 취하고 있다(White House, 2023).

### 3) 영향공격

사이버 작전은 국가 전복과 사회교란 등 국가 지도층과 대중에 대해 정치적 위협을 구사하기 위해 수행될 수 있기 때문에 그러한 종류의 사이버 공격은 '영향공격(influence attacks)'으로 일컫는다. 영향공격이 오늘날 적성국에 대한 사이버 작전의 주요 활동으로 자리잡게 된 것은 사이버 공격이 갖는 익명성과 은밀성 때문이다. 주로 소셜미디어 플랫폼에서 '허위조작정보의 유포활동(disinformation campaign)'이나 적국의 인공지능 알고리즘에 대한 공격을 통해 상시적으로 수행될 수 있는 영향공격은 '전복(subversion)', '기만(deception)', 그리고 적의 디지털 시스템, 정보, 내러티브, 알고리즘(algorithm)을 교란시키는 '오염(poisoning)'의 목적으로 수행된다(Cunningham 2020).

영향공격의 형태로 수행되는 사이버 작전은 국제정치 환경을 자국에게 유리하게 '조성하려는' 목적을 달성하는 것을 목적으로 삼고 있다. 영향공격은 공격대상에 대한 사회공학적(social engineering) 기법이나 첩보활동(espionage)을 통해 정보를 수집하고 그러한 정보를 토대로 공포나 불안감을 유발할 수 있는 허위조작정보 등을 확산하여 공격 대상의 정보분별을 방해하고 잘못된 의사결정을 유도하는 방식으로 공격한다.

이러한 사이버 위협은 적의 국정(statecraft) 원칙이나 사회의 근본적 가치 혹은 정부의 정치적 정당성(political legitimacy)을 훼손하고 대중의 가치선호를 변화시키는 효과를 발휘할 수 있다. 따라서 영향공격은 심리전(psychological warfare)이나 인지전(cognitive warfare)을 전개하기 위한 유용한 공격 형태가 된다. 다시 말해, 영향공격은 본질적으로 사이버 '영향공작(influence operations)'의 성격을 갖는다. 적에 대한 '전복'의 가장 효과적인 전술인 '기만'은 주로 적국의 정보환경과 여론공간을 교란시키는 활동을 통해 이루어진다. 이러한 영향공격은 대개 민주주의 국가의 선거철이나 주요 국내외 정책을 결정하는 시기에 빈번해지고 생성형 인공지능의 내러티브 구사 능력과 대규모 정보확산 알고리즘이 동원될 수 있다.


## 2. 사이버 안보 위기 분야

### 1) 국가 인프라와 공급망에 대한 사이버 공격

사이버 공격의 양상과 추이는 국제정치로부터 지대한 영향을 받고 있다. 최근 전 세계적으로 사이버 공격이 급증하는 데에는 사이버 공간에 영향을 끼치는 기술적 요인 외에도 미국·유럽과 중국·러시아를 중심으로 한 지정학적 갈등의 심화, 군사·경제·기술·정치체제·가치와 이념 전방위로 확대되고 있는 미중경쟁, 장기화되고 있는 러시아-우크라이나 전쟁, 이스라엘과 하마스·이란 전쟁 등이 영향을 끼치고 있는 것이다.

근래 국가 핵심 인프라(critical infrastructures)와 공급망(supply chains)에 대한 국가 배후의 사이버 공격이 급증하고 있는 이유에는 진영 대결로 적성국이나 경쟁국이 사이버 공간에서 서로 심각하게 충돌하고 있기 때문이다. 또한 해커들이 미중경쟁을 비롯하여 유럽과 중동에서의 전쟁 등 지정학적 갈등으로 인해 많은 국가들이 중대한 혼란을 경험할 수 있는 시설에 대한 공격을 적극적으로 추구하기 때문이기도 하다. 중동이 미국의 국가 핵심 기반시설에 대해 사이버 공격을 수행하는 것도 현재 이스라엘과 이슬람권 간 다양한 군사적 충돌 및 군사작전과 직결되고 있다. 특히 2023년 초부터 이스라엘의 에너지, 방산, 통신기관에 대한 가자(Gaza) 지역에 거점을 둔 하마스와 연계된 해커들의 'Storm 1133' 작전이 두드러졌는데, 이후 하마스의 이스라엘에 대한 10월 테러에 앞서 사이버 공간에서 사전 작업이 이루어진 것으로 보인다.

핵심 기반시설은 국민의 생명, 재산, 경제에 중대 영향 끼칠 수 있는 시설로서 ▲에너지(발전소, 댐, 송·변전 시설, 원자력), ▲통신시설(주요 전산시스템), ▲교통·수송(주요 철도, 공항, 교량, 화물기지, 무역항, 고속·국도), ▲금융, ▲산업, ▲의료·보건, ▲식·용수(다목적댐, 정수장) 등이다. 2023년 동안 핵심 기반시설에 대한 랜섬웨어 공격이 집중적으로 일어났는데 기반시설(500건) 중에서도 '의료·보건'과 '통신'에 대한 공격이 가장 많았으며, 정부기관이 2위(376)로 나타났다(World Economic Forum 2024; Microsoft Digital Defense Report 2023). 핵심 기반시설은 사이버 첩보 활동(cyber espionage)의 최대 공격 대상이기도 하다. 모든 부문에 대한 사이버 첩보 활동 중 핵심 기반시설에 대한 사이버 첩보 목적의 해킹이 41%를 차지하고 있고, 기반시설 중 가장 많은 공격을 받고 있는 부문은 IT 기업으로 전체에서 11%를 차지한다. 나머지 분야들인 통신, 금융, 교통, 방산, 에너지 등은 3-6% 수준이다(Microsoft Digital Defense Report 2023).

2022년에도 마이크로소프트(Microsoft)가 파악한 바에 따르면, 에너지와 수자원 등 미국의 주요 산업 인프라 제어(controller) 시스템의 사이버 공격에 대한 취약성 (vulnerabilities)이 최근 2년간 무려 75 퍼센트 급상승한 것으로 나타났다. 이렇게 국가 인프라의 보안 취약성이 급작스럽게 상승한 것은 취약성 자체가 증가한 것이라 기보다 그동안 발견되지 않은 취약성이 새롭게 드러난 것이기도 하다. 이렇게 더 많은 보안 취약성이 여러 기관과 인프라에서 발견될수록 국가의 사이버 보안 관련 기관이 집중적으로 보호해야 할 대상에 대한 우선순위의 결정은 더 어려워진다(The Washington Post, 2022.12.14).

이러한 맥락에서 전 세계에서 모든 형태의 사이버 공격을 가장 많이 받고 미국의 사례를 구체적으로 들여다볼 필요가 있다. 지속적으로 증가하고 있는 랜섬웨어 공격이 국가의 사회기반 시설을 대상으로 삼기 시작하는 추세를 2015년부터 파악하고 있었고, 미 보안업체 맨디언트(Mandiant)는 7개 랜섬웨어 그룹들이 2017년부터 산업 제어시스템을 집중적으로 공격하기 시작한 추세를 경고해왔다. 2018년 미 국토안보부(DHS, Department of Homeland Security)는 파이프라인사이버보안계획(Pipeline Cybersecurity Initiative)을 발표했고, 2020년 12월 미 의회는 CISA가 국가 기관의 주요 네트워크와 인프라에 대한 사이버 및 물리적 방어를 담당하게끔 명시한 국방수권법(NDAA, National Defense Authorization Act)을 통과시켰다.

하지만 이 같은 일련의 정부 차원에서의 대비책 마련과 지속적인 경고에도 불구하고 2020년 12월 일어난 미국의 솔라윈즈(SolarWinds) 사태는 주요 인프라 제공업체에 대한 사이버 공격을 통해 국가의 에너지 및 제조 역량에 심각한 피해를 유발할 가능성을 일깨워준 사건이었다. 2020년 12월 13일 사이버보안 업체인 파이어아이(FireEye)는 국가 배후 사이버 공격을 조사하는 과정에서 솔라윈즈 소프트웨어에 악성코드를 유포하는 백도어인 선버스트(Sunburst)를 발견했고 CISA는 솔라윈즈 제품의 전원 차단과 연결 해제 및 네트워크 차단을 명하는 긴급지침을 내렸다. 조사결과 러시아 첩보기관인 SVR과 연결되어 있는 해커그룹 코지베어(Cozy Bear)가 사이버 공격의 배후로 밝혀졌고 초기 침투와 공격이 이미 1년 전인 2019년 10월경부터 시작된 사실과 미국 에너지부(Department of Energy, DoE)와 에너지부 산하 핵무기 개발 총괄 기관인 국가핵안보국(National Nuclear Safety Administration, NNSA)도 공격을 받은 사실이 함께 알려졌다.

솔라윈즈 사태를 다루기 위해 2021년 1월 5일, 미 FBI, CISA, NSA, 국가정보장실(ODNI, Office of the National Director of Intelligence)은 공동으로 '사이버 통합조정그룹(Cyber Unified Coordination Group)'을 구성할 것을 발표했다. 솔라윈즈 사태 이후에도 미국의 국가 인프라에 대한 러시아의 사이버 공격은 계속되었고, 2021년 5월 미국의 대형 송유관 업체가 멀웨어 공격을 당해 마비되는 '콜로니얼 파이프라인(Colonial Pipeline) 사건'이 일어났다. 이 사건은 미국 동부 해안 지역이 소비하는 총연료의 45%를 보급하는 5,500마일에 달하는 파이프라인이 랜섬웨어 공격으로 마비되고 공격자들에게 440만 달러가 지급된 후 복구된 일이었다.

콜로니얼 파이프라인 사건 이후 미 정부는 파이프라인을 포함하여 교통, 온라인 금융, 수자원, 보건기관의 보안문제를 재점검했다. 미 국토안보부 산하 교통안전청(TSA, Transportation Security Administration)은 2021년 파이프라인의 보안 문제를 다루는 새로운 사이버 보안정책(TSA Security Directive)을 발표했고, CISA가 국가 사이버 방위에 있어서 중심 역할을 수행해야 함을 재차 강조했다(Department of Homeland Security 2021). 미국은 주요 인프라를 대상으로 한 랜섬웨어 공격에 대해 국가 안보 차원에서 접근하고 있다. 과거 랜섬웨어 공격은 사이버 범죄로 인식되었기 때문에 군이 아닌 연방수사국(FBI, Federal Bureau of Investigation)의 관할 대상이었으나, 그동안 외부로부터의 사이버 공격 대응에 집중해온 국방부, 사이버사령부 및 국가안보국(NSA, National Security Agency)은 랜섬웨어 공격을 국가 안보 차원에서 직접 다루기 시작했다.

미 백악관은 2023년 3월 1일 발표한 '국가사이버안보전략(National Cybersecurity Strategy)'에서 국가 핵심 인프라에 대한 보호를 5개 정책 필러(pillars) 중 첫 번째 필러로 제시했다. 이는 미국이 모든 사이버 공격 중 핵심 인프라에 대한 공격을 가장 위협적으로 인식함을 보여준다. 주목할 만한 사실은, 특히 러시아, 중국, 이란의 미국 상수도 시스템(주로 계량기와 요금청구서)에 대한 해킹 시도가 두드러지고 있다는 사실이다. 미국은 2023년 말부터 시작해서 2024년 초 미 전역의 상수도 시스템(water system), 에너지, 보건, 식품 관련 시설에 대한 이란과 러시아로부터의 집요한 사이버 공격을 받아왔다. 미국은 2023년 5월 동안 에너지 시설에 대한 10회의 대규모 사이버 공격을 받았다. 러시아는 2023년 11월 미국의 낙농업 시스템, 2024년 1월에는 미국의 상수도 시스템, 4월에는 미국의 에너지 및 폐수처리 시스템을 해킹했고, 1월 미 공군 기지 있는 텍사스(Texas) 상수도 시스템 공격으로 물탱크가 범람하는 사고가 일어나기도 했다.

이란의 이슬람혁명수비대(Islamic Revolutionary Guard Corps, IRGC)는 2023년 동안 이스라엘 회사의 기술을 사용하는 펜실베니아주(Pennsylvania)를 비롯한 미국의 상수도 시스템을 12회 공격했고, 2024년 2월 미국은 이란 사이버전자사령부(Cyber-Electronic Command: IRGC-CEC) 소속 9명에 대해 제재하기도 했다. 이러한 위험에도 불구하고 미 상수도 시설의 70%는 1,2,3,4,5와 같은 일률적인 패스워드를 오랫동안 사용해오고 있고 소프트웨어가 업데이트가 안 되어 있어 저급한 수준의 사이버 공격에도 취약한 실정이다. 이러한 사이버 공격은 공격 대상 지역의 물공급 차질을 유도할 수 있고, 물 정화 화학물질 농도를 변경하여 물을 오염시킬 수 있으며, 상하수도 시설 안전에 대한 대중의 불신과 공포를 유발할 수 있으므로 상수도 시스템에 대한 사이버 공격은 심리전 효과가 있다.

국가의 핵심 기반시설에 대한 사이버 공격은 제3의 공급업체와 소프트웨어 제공업체에 대한 사이버 공격 즉 공급망 공격을 통해서도 이루어질 수 있다. 이스라엘-하마스 전쟁 동안 하마스의 사이버전을 지원하고 있는 이란은 최근 2024년 10월 12일 이란 핵시설에 대한 외부로부터의 대규모 사이버 공격을 받았고, 그동안에도 정부기관, 공장, 교통 및 통신 시스템에 대한 고도의 사이버 공격을 받고 있는데, 이스라엘의 이란에 대한 공급망 공격이 배후로 추측되고 있다.

[그림 7-2] 공급망에 대한 사이버 공격 방식

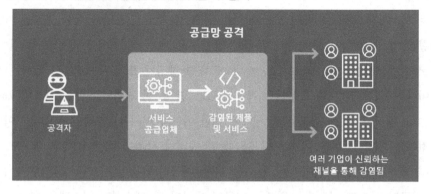

2024년 9월 레바논과 시리아 전역에서 헤즈볼라 부대원들이 사용하는 무선호출기(pagers)가 동시다발로 폭발하면서 3,000여명이 사상한 테러는 이스라엘이 레바논에 수입되는 무선호출기에 폭발물을 삽입해 넣은 작전으로 알려지면서 공급망 공격의 위험을 환기시킨 바 있다. 사이버 공격으로도 추측되고 있는 이번 무선호출기 폭발 사건은 앞으로 사물인터넷(IoT)에 대한 사이버 공격이 테러의 수단이 될 가능성을 일깨웠다. 흥미롭게도 인도 일간지 India Today는 자국의 통신 네트워크, CCTV 등의 하드웨어와 소프트웨어가 중국에 심각하게 의존하고 상황에 대해 앞으로 사물인터넷 등을 통해 중국이 인도에 대해 사이버 키네틱 공격(cyber kinetic attacks)을 수행할 수 있음을 경고하기도 했다. 사이버 공격과 달리 사이버 키네틱 공격은 사이버 공격을 통해 핵심 기반시설이나 사람들에 대해 물리적 위해를 가하는 공격을 일컫는다.


## 2) 정부·교육·연구기관에 대한 사이버 첩보 활동

사이버 첩보활동은 공격 대상 국가의 사회혼란과 갈등 유발, 선거여론 개입, 과학기술 및 방산 관련 주요 정보 탈취 및 자국의 체제선전 등 다양한 목적을 추구하기 위해 수행된다. 북한의 사이버 첩보 활동은 당장의 가시적인 피해를 입히지 않으면서 개인정보나 국가 기밀정보를 절취하는 범죄행위로서 이후 사이버 공격의 준비 단계로서 수행될 수 있다. 북한은 다양한 사회공학(social engineering) 기법이나 피싱(phishing) 공격 등을 통해 수집된 개인정보를 이용하여 사이버 첩보활동을 벌이거나 가상자산을 탈취하고 있다. 북한 해커들은 온라인 마켓플레이스 혹은 소셜미디어 플랫폼에서 사용 되었을 만한 개인정보를 피싱이나 대량의 패스워드 사용 시도 등을 통해 확보하여 기존 유저들의 계정을 공격하고 신규 계정을 생성하는 등 '신용정보스터핑 공격(credential stuffing attack)' 혹은 '신용정보수확공격(credential harvesting attack)' 등의 사이버 공격을 수행한다(Overby 2022).

전반적으로 볼 때, 멀웨어 공격, 디도스 공격 및 사이버 첩보활동은 즉각적으로 금전이나 고급기술에 대한 정보를 갈취할 수 있는 IT 기업이나 제조업 등 민간의 산업부문을 대상으로 가장 집중적으로 취해지고는 있으나 실제적으로 피해를 가장 많이 경험하고 있는 대상은 공공기관, 교육기관, 보건기관이다. 즉 제조업과 같은 민간의 산업부문은 랜섬웨어 공격의 최대 피해 분야인 반면, 정보수집을 목적으로 한 사이버 첩보활동은 산업분야보다도 교육기관, 정부기관, 연구기관에 집중되어 있는 것이다. 그 이유는 국가기관보다 금융 및 산업기관의 보안체계가 더 잘 구축되어 있는 것을 의미할 수도 있고, 공공기관에 대한 공격 빈도 자체가 급증한 것일 수도 있으며, 혹은 그동안 드러나지 않고 은밀하게 진행되었던 사이버 공격의 형태와 방식이 새롭게 포착되어 집계된 결과일 수도 있다.

2023년 동안 정보수집을 목적으로 한 사이버 공격 중 교육기관은 16%, 정부기관 12%, 씽크탱크 및 민간단체는 11%이고, 그 외 다른 분야들은 그보다 낮은 수준의 공격을 받고 있다. 교육기관이 정보수집을 위한 사이버 공격을 많이 받고 있는 것은 유출 시 대단히 민감할 수 있는 개인 정보가 많은 것이 그 이유 중 하나이다. 또한 최첨단 기술과 관련된 연구업적을 비롯한 고급 정보가 교육기관에 많은 것과 교육기관의 사이버 보안이 취약한 것도 공격을 많이 받고 있는 원인으로 지목되고 있다.

최근 경찰청 국가사이버위기관리단의 수사 결과에 따르면 한국 방산업체 10개 기관이 최소 2022년 10월 경부터 2024년 4월 약 1년 6개월 동안 전방위적으로 해킹 공격을 받아온 것으로 나타났다. 라자루스, 안다리엘, 킴수키와 같은 북한 해커조직들은 방산업체에 직접 침투하기도 하지만, 상대적으로 보안이 취약한 협력업체에 대한 접근성을 획득하고 방산업체 서버의 정보를 탈취하여 주요 서버에 무단으로 들어가 악성코드를 유포하는 방식으로 침투했다(자유아시아방송, 2024.4.23.). 방산분야에 있어서 북한은 한국 외에도 다양한 국가들을 골고루 공격하고 있고, 가장 많이 해킹하는 국가는 러시아가 1위(14%)로서 러시아와의 군사적 협력이 오히려 북한의 러시아 방산에 대한 공격 유인을 증대시켰던 것으로 보인다. 또한 미국과 이스라엘의 방산업체도 북한의 공격을 공동 2위(10%, 10%) 수준으로 빈번하게 받고 있고, 한국 방산에 대한 공격은 6%로 사실상 북한의 7위 공격 대상이다.

[그림 7-3] 북한의 한국 방산업체 사이버 공격 방식

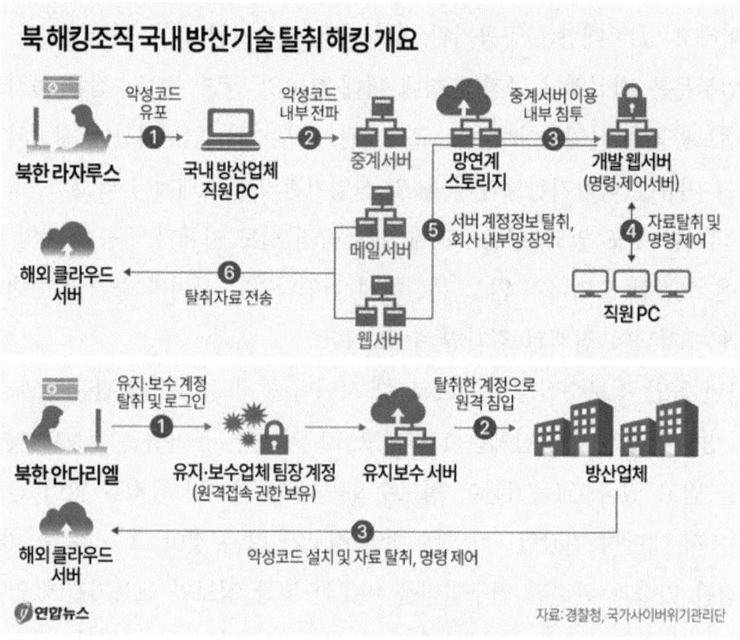

# 제8장
# 해외 주요국가들의
# 국가위기관리 체계

# 1. 미국

## 1) 개요

미국의 위기관리 시스템은 국가적 위기 상황에서 효과적으로 대응하고 관리하기 위해 다양한 법률 및 기관이 개발되었는데 여기서 몇 가지 주요한 사항을 살펴보겠다. 첫째 제2차세계대전 수행을 통하여 국가적 차원에서 안보문제를 종합적으로 조정·통제할 수 있는 체계와 제도발전의 필요성을 인식하여 1947년 「국가안전보장법」(National Security Act)의 제정을 들 수 있다. 이 법은 2차 세계 대전 이후 국가적 위기 관리를 위해 종합적인 조정 및 통제를 가능하게 하는 체계를 발전시키기 위해 제정되었는데 최초의 재난관리법으로 볼 수 있다(강욱·김학경, 2016).

둘째 1950년 연방재난관리법(the Federal Disaster Act)으로 행정상 최초의 재난관리법이다. 128개의 재난 관련 법령을 통합하여 연방 차원에서 재난 관리를 위한 법적 장치를 마련했다. 이후 재난의 유형에 따라 다수의 재난관리를 담당하는 연방기관이 신설되었다. 1961년 국방부산하 '민방위청'이 설립되었다(위금숙 외, 2009).

셋째 미국은 국가홍수보험법을 1968년 제정하여 자연재난에 대응하기 시작했다. 국가홍수보험법(National Flood Insurance Act)은 국가적으로 홍수 위험에 대응하기 위해 만들어졌다. 이를 통해 홍수 피해를 경감하고 보험을 통한 보상 체계를 구축했다. 또한 자연재해 위험정보 및 분석센터(National Disaster Risk Information and Analysis Center)를 창설하여 자연재해 위험 정보를 수집하고 분석하여 효과적인 대응방안을 마련하는 역할을 수행했다.

넷째 비상사태법(1976)으로 비상사태 발생 시 선포 및 해제 절차 등에 관한 사항을 규정하고 있는데 비상사태 발생 시 효율적인 대응을 위해 필요한 법적 프레임워크를 제공하였다(이상훈, 2021). 또한 군사공격에 대비하기 위한 민방위제도를 두었으나, 냉전이 종식되면서 민방위 개념은 비상사태관리(emergency management) 및 국토안보(homeland security)의 개념으로 변경되었다. 따라서 현재 미국에서는 연방차원에서 민방위(civildefense)제도를 운영하고 있지 않는다.

다섯째 1988년 스탠폴드 재난구제 및 비상사태지원법(Robert T. Stafford Disaster Relief and Emergency Assistance Act)이 개정(1974년 재난구제법)되면서 연방재난관리청(Federal Emergency Management Agency, 이하 FEMA)을 통해 재정적 물리적 지원이 개시되도록 하는 현행 시스템이 확립되었다. 이 법은 재난 피해를 최소화하기 위해 연방 정부와 주정부, 지방정부 간의 지원 사항을 규정하고 있다. 당시 카터 행정부 하에서 대통령의 집행명령으로 분산되어 있던 10여 개의 연방정부 관련 부처들이 통합되었다. 1979년에 설립된 FEMA는 주정부나 지방정부만으로 처리하기 어려운 재난에 대응하는 주요 기관으로서, 재난 발생 시 연방 정부와 협력하여 응급 상황이나 재난을 대응한다(이재은·양기근, 2005: 112). 이러한 FEMA의 신설로 기존에 재난의 종류에 따라 분산되고 소극적이었던 재난관리 방식이 통합적이고 적극적인 재난관리 방식으로 바뀌게 되었다(박동균 외, 2009)

기본적으로 미국은 연방정부 차원에서 스테포드 재난구호 및 비상지원법을 기본으로 재난구제의 일차적 책임은 개인과 주정부 혹은 지방정부에 있다는 연방정부 보충성의 원칙을 근간으로 재난관리 체계가 설정되었다(이병기·고경훈, 2018).

여섯째 미국 역사상 최악의 자연재난이었던 2005년 카트리나 발생 이후 국가재난관리시스템이 대대적으로 개편되게 되었다. 2008년에는 FEMA가 통합적으로 국가재난대응체계(NRF, National Response Framework)를 마련하는 방향으로 변경되어 각종 위기 대응계획을 하나로 통합하였다(유인술, 2015). 주요변화로 모든 위기유형에 연방~주~지방~민간 적용하였다.카트리나를 통해 발생한 문제점을 보완하기 위해 모든 위기 상황에 대한 대응 방안을 연방, 주, 지방, 민간 기관 간에 적용하도록 했다. FEMA 주도 국가재난대응체계 통합하였다. 2004년 국가대응계획(NRP)을 기반으로 2008년 국가재난대응체계(NRF, National Response Framework)를 도입했다. 이를 통해 기존 재난대응 경험에서 발생한 문제점을 보완하고 신축성과 적용력을 확보했다. 이를 통해 긴급 상황에서 소속 기관이 상이해도 효율적인 협업이 가능한 기준을 마련했다.

미국의 2023 국가재난대비백서(National Preparedness Report)에 따르면 2022년에 미국 정부는 47건의 주요 기후 재해(major climate-disasters), 10건의 비상 사태(emergencies), 33건의 화재 관리 지원 보조금(Fire Management Assistance Grants, FMAG)을 선포했다. 이러한 57건의 주요 기후 관련 재난 및 비상 사태로 인해 474명이 사망하고 총 1,650억 달러의 비용이 발생했으며, 이는 2005년과 2017년에 이어 기록상 세 번째로 비용이 많이 든 해였다.

아래 그림에서 제시된 대규모 기후 관련 재해 현황(수십억 달러 규모)은 1980년부터 2022년까지 미국 전 지역에서 발생된 것을 추세분석한 그래프이다. 2022년 미국 국립해양대기청(NOAA)은 18건의 사고로 각각 10억 달러가 넘는 손실이 발생했고 가뭄 1건, 홍수 1건, 산불 1건, 겨울 폭풍 1건, 열대성 저기압 3건, 대규모 폭풍

11건이 포함된 것 으로 분석했다(US. FEMA, 2023). 또한 NOAA는 2020년부터 2022년까지 60건의 기후 관련 재해로 인해 1,460명이 사망하고 2,939명이 부상을 입었다고 보고했는데 이러한 재해는 모두 각각 최소 10억 달러의 비용을 발생시고, 이는 수십 년 전에 비해 비용이 많이 드는 기후 관련 재해가 크게 증가한 것으로 평가했다. 10억 달러 규모의 기후 관련 재해(인플레이션 조정)의 이전 10년 총계는 33건(1980-1989년), 57건(1990-1999년), 67건(2000-2009년), 131건(2010-2019년)이었다. 최근 10년(2020-2029년)의 첫 3년 동안 미국은 이미 1980년에서 1999년 사이의 각 10년 동안 발생한 총 10억 달러 규모의 재난 피해액을 넘어섰다. 또한 지난 3년(2020-2022) 동안 미국은 지난 10년(2010-2019) 동안 발생한 총 10억 달러 규모의 기후 관련 재해 피해액의 50%를 경험했다.

**[그림 8-1] 미국 전역 대규모 기후 관련 재해 현황**

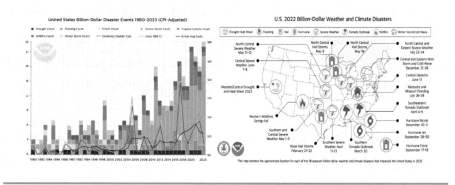

## [그림 8-2] 그림 미국의 주요 위기 유형[1]

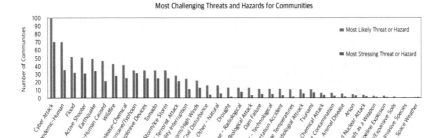

Most Challenging Threats and Hazards for Communities

2019년부터 2022년 동안 가장 심각한 위기유형으로는 사이버 공격, 팬데믹, 홍수, 총격 사건, 지진 등 5가지로 분석되었고 특히 2020년부터는 홍수 및 지진보다 팬데믹을 가능성이 높은 위험으로 분석되었다.

NRI(National Risk Index)는 18가지 자연 재해의 잠재적인 환경적, 사회적, 경제적 영향을 기반으로 국가의 어느 지역(인구 조사 지역 수준에서)이 더 취약하고 준비가 덜 되어 있는지에 대한 통찰력을 제공하고 있다. NRI의 미국 지역별 위험 수준을 분석해보면, 가장 고위험 수준 지역은 서부지역으로 나타났는데 이러한 이유는 해안선과 연계한 높은 인구 밀도, 자연 재해로 인한 높은 연간 경제적 손실(달러 기준), 사회적 취약성 수준이 높기 때문으로 나타났다. 또한 서부지역은 THIRA/SPR 분석결과에서 자연재해로서 산불과 지진을 가장 가능성이 높은 것으로 평가하였는데 이는 주택에 상당한 영향을 미칠 수 있어서 많은 재난 생존자들이 실향민이 되거나 대체 피난처가 필요하게 된다.

---

1 미국 지역 사회의 가장 심각한 위기유형(위협과 위험)을 분석하였는데, 2022년에 총 137개의 커뮤니티가 THIRA/SPR을 통해 이 데이터를 보고했다.

[그림 8-3] National Risk Index

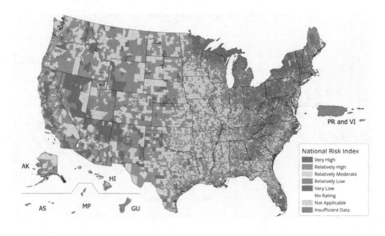

이러한 지역별 위험 수준 분석을 통해 위기관리 관리자(Emergency managers) FEMA의 회복력 분석 및 계획 도구와 기후 위험 및 회복력 도구를 사용하여 여러 회복력 지표 및 기후 변화 데이터에 대한 지역사회 수준에서 맥락화된 포괄적인 기후 분석을 제공할 수 있다.

## 2) 국가위기관리체계

미국은 국가위기관리 분야에서 전 세계적으로 가장 선진화된 시스템을 구축하고 있다고 해도 과언이 아니다. 2001년 9.11테러 및 2004년 허리케인 카트리나 피해 등의 대형 재난을 경험으로 현장에서 효율적으로 운영되는 새로운 정책과 기술을 개발하고 있다. 하지만 미국은 여기에 머물지 않고 재난 및 위기를 보다 총체적으로 관리하고 예방하기 위한 새로운 개념의 국가재난계획(National Planning Framework) 등을 수립해 이를 시행하기 위한 관련 법령 및 제도 정비에 한창이다(한형서, 2017; FEMA, 2020).

미국의 위기관리 시스템은 크게 3가지로 구분할 수 있다. 국외의 전통적 안보위협에 대비하는 국가안전보장회의(NSC, National Security Council)가 설치되어 있다. 둘째 9.11 테러사건 이후 테러, 핵, 화생방, 국경 방호 등 국내적 위기관리를 담당하는 국토안보부(DHS, Department of Homeland Security)가 있다. 셋째 국내외 자연재해 및 인위적 재난을 종전부터 지속 관리해 온 연방비상관리청(FEMA, Federal Emergency Management Agency)으로 구축되어 있다(김문겸, 손홍규, 유수홍, 이지상, 2019).

## (1) 중앙정부

### 가. NRF(National Response Framework)

미국의 모든 유형의 사고 등 국가위기관리의 기본이 되는 지침은 NRF(National Response Framework)라 할 수 있다. NRF는 미국 연방정부가 모든 유형의 재난과 비상상황에 대응하는 원칙 및 방법에 대한 표준화된 매뉴얼이다(Department of Homeland Security, 2019). NRF는 20년간의 연방 차원의 매뉴얼로 활용되었으나, 2005년 카트리나 허리케인 이후 미국정부의 재난대응 실패경험을 보완하여 2008년에 NRF에 PPD-8(PPD-8: Presidential Policy Directive 8)의 새로운 요건과 용어를 담아 2016년까지 4차례의 NRF 개정이 이루어졌다(송창영·박상훈, 2017). PPD-8는 국가적 차원의 재난에 대비하기 위해 연방, 주, 지방, 지역을 포함한 국가적 노력을 조직화하여 동시성(Simultaneity)을 갖도록 보완한 것이 특징이다. 즉 허리케인 카트리나를 비롯한 과거 재난들로부터 배운 교훈들을 반영하여 국가 안보를 심각하게 저해할 수 있는 위협에 대비하는 것을 목표로 예방(Prevention), 보호(Protection), 경감(Mitigation), 대응(Response), 회복(Recovery)이라는 다섯 가지 영역의 내용을 문서로 규정하고 있다. PPD-8은 국가대비목표(National Preparedness Goal), 국가대비시스템(National Preparedness System), 국가대비보고서(National Preparedness Report), 국가계획프레임워크(National Planning Framework), 연방 부처 운영계획(Federal Interagency Operational Plan)의 5개 중요 요소로 구성되어 국가적 측면에서 위험을 모두 포괄(all disaster)하고 예측하여 대응할 수 있도록예방적 측면에서 대형재난을 보완하였다. NRF는 국가 사고 관리 시스템(NIMS)에서 식별된 확장 가능하고 유연하며 적응 가능한 개념을 기반으로 구축되어 국가 전체의 주요 역할과 책임을 조정하며, 대응매뉴얼을 통해 다양한 위기 유형에 확장된 대응, 특정 리소스 및 기능의 제공, 각 위기 유형의 사고에 적합한 조정 수준이 가능하다.

## 나. NIMS(National Incident Management System)

한편 연방차원에서 미국의 재난관리는 FEMA를 주축으로, 체계적인 재난사고 대응과 수습을 위한 관리 및 운영을 위해 국가재난관리시스템인 NIMS(National Incident Management System, 이하 NIMS)를 운영하고 있다. NIMS는 미국 사회가 직면한 모든 범위의 위협과 위험에 대한 비상 대응을 관리하기 위한 국가 차원의 표준화된 위기대응 지침의 역할을 수행했다. 특히 2001년 9. 11테러 공격, 2005년 허리케인 카트리나와 같은 주요 위기 사건은 미국 내 공유된 다중 관할권, 다중 기관 사고 관리 시스템의 필요성을 인식하고 재확인하는 데 중요한 시점이 되었다. 국가 대비 시스템의 핵심 요소인 NIMS의 핵심 목표는 중앙~연방~지역사회 커뮤니티에서 가장 발생 가능성이 높은 확률의 위기 상황을 해결하기 위해 제한된 자원의 우선 순위를 지정하고 할당하도록 안내함으로써 지역사회가 역량을 구축하고 유지할 수 있도록 지원하는 시스템이다. 또한 사고 대응에 관여할 수 있는 모든 관계기관의 노력 단결을 강화하는 것이다. NIMS는 2016년 기존의 한계를 극복한 새로운 NIMS를 구축하여 중앙정부를 중심으로 데이터를 통합으로 관리함으로써, 재난 발생 시 중앙-연방-각 주가 협력할 수 있는 조정 기능 등을 수행하고 있다. NIMS는 교통사고부터 테러, 재난 등 중대 사고에 이르기까지 모든 위기 유형에 적용되는데, 개별 사건 관리와 관련된 다양하고 이질적인 관할 구역 및 조직은 권한, 관리 구조, 통신 기능 및 프로토콜 등 다양한 기능을 통합하고 공통의 목표를 달성하기 위한 공통 프레임워크를 제공한다(FEMA, 2017). NIMS는 지리정보 시스템을 기본으로 이를 통해 재난관리에 필요한 지리정보뿐만 아니라 인구, 실시간 재난정보, 복구 및 구조를 위한 등록자 정보 등 재난관리에 관련된 모든 데이터 베이스의 연계 및 통합을 위한 핵심기술로 사용하고 있다(FEMA, 2024).

### (2) 지방정부

지방정부는 재난관리의 제일선 책임자라 할 수 있으며, 위기관리국(EMA)을 기반으로 재난발생시 비상운영센터(EOC: Emergency Operation Center)를 운영하며 자체 현장지휘(ICS: Incident Command System)를 수행한다. 뿐만 아니라, 재난대비 기획기능뿐만 아니라 재난발생 기간 중 경찰, 소방 및 기타 서비스에 대한 조정기능을 수행하여 재난관리를 위한 실질적인 역할을 하는 중추조직으로 운영되고 있다.

　Incident Command System(ICS)은 지방정부 주도로 긴급 상황에서 효과적인 대응을 위해 설계된 표준화된 관리 시스템으로 ICS는 다양한 조직이 협력하여 재난이나 비상 상황에 신속하고 효율적으로 대응하는 시스템이다. 이 시스템은 명확한 지휘 체계, 통합된 커뮤니케이션, 그리고 자원 관리의 표준화를 통해 혼란을 최소화하고 대응의 일관성을 유지하며 지휘, 운영, 계획, 물류, 재정 및 행정등의 주요 요소로 구성된다. ICS는 유연하고 확장 가능하여 작은 사건부터 대규모 재난까지 다양한 상황에 적용될 수 있으며 조직 간의 협력과 조정이 원활하게 이루어지며, 효과적인 대응이 가능케 한다(FEMA, 2019).

　이와 같이 2001년 911테러, 2019 코로나 등을 토대로 미국의 국가위기관리 체계는 혁신적으로 변화하였으며, 미국 지방정부는 재난관리를 위한 중장기 전략을 구축함으로써, 재난관리 및 대응에 대한 체계적인 관리를 수행하고 있다. 범정부 차원에서 FEMA가 가장 최근에 수립한 미국의 재난관리 전략은 예방 문화의 구축, 심각한 국가적 재난을 대비할 철저한 준비, FEMA의 복잡성을 줄이기로 제시되고 있다.

## 2. 일본

### 1) 일본 재난 현황

　최근 자연재해가 일본 전역에 피해를 끼쳤는데, 대표적인 사례로는 2011년 동일본 대지진 및 쓰나미, 2019년 홋카이도 동부 지진, 2018년 서일본 집중호우, 2019년 동일본 산사태 등이 발생했다. 특히 국가 중요 인프라 손실의 사회적 영향이 고조되는 상황이다. 최근 도시화와 유통망의 발달 등 사회 변화와 함께 교통망, 전력, 가스 등 인프라 손실과 재난으로 인한 사회적 영향이 나날이 증가하고 있다. 공급망의 글로벌화로 인해 한 지역의 재난 피해가 다른 지역에 영향을 미치고 있다.

　특히 2000년 무렵부터 공공 건설투자가 감소하면서 이에 의존하는 중소 건설업체들은 어려운 영업 조건에서 운영되고 있다. 2011년 동일본 대지진 이후 일본 정부는 공공 인프라의 필요성을 인식하고, 복구 및 재건을 원활히 하기 위해 국가 회복력 강화 정책을 채택하였다. 이에 따라 건설업계의 역할 중요성이 부각되었다. 지역적 유지보수와 개발을 위한 긴급상황 대응 능력 강화, 긴급상황 발생 시 효율적 대응과 자원 조달 문제를 해결해야 하는 상황에 직면하고 있다.

## 2) 일본 국가위기관리시스템

일본의 재난대응체계는 방재책임, 방재조직, 방재계획, 재해복구 등을 규정하고 있는 「재해대책기본법」을 중심으로 재해의 종류, 방재 단계에 따라 체계적으로 나누어져 있다(송창영·박상훈, 2017). 재해대책기본법에서는 대규모 재난이 발생하면 우선적으로 재난이 발생한 시정촌에서 수립되어 있는 지역방재계획에 따라 가장 중요한 임무를 수행하고, 각 도도부현과 국가는 방재기본계획에 따라 해당 시정촌을 지원하도록 규정하고 있다.

긴급대응이 필요한 대규모 복합재난이 발생한 경우 방재기본계획에서는 복합재해의 대응방법에 대해 다루고 있으며, 일부 지자체에서 복합재해 예측과 대응 방법을 다루고 있다.

### (1) 방재기본계획

방재기본계획은 일본의 재난대응체계의 바탕이 되는 재난관리 분야의 최상위 계획이며, 재해대책기본법에 의거하여 중앙방재회의에서 작성되는 계획이다. 방재기본계획에서 복합재해의 정의를 제시하고 있는데 "동시 또는 순차적으로 두 개 이상의 재해가 발생하고 그 영향이 복합화 함으로써 피해가 심각해지면서 재해 응급 대응이 어려운 사건"을 복합재난으로 정의하고 있다(이병기·고경훈, 2018).

방재기본계획에서는 지진, 풍수해 등 주요 재해들에 대하여 예방(1장), 응급대책(2장), 복구·부흥(3장)으로 구분된 계획 형태를 가지고 있는데, 특히 응급대책에서는 복합재해방지활동(複合災害の防止活動)에 대하여 다루고 있다. 각 재해의 복합재해방지활동에 대해서는 제2편의 공통대책(各災害に共通する対策編)에 정의된 복합재난발생시

의 체제(複合災害發生時の体制)의 내용으로 대체하고 있으며, 부처 간 협업을 강조하고 있다. 즉 Table 2와 같이 복합재난발생시 재난유형에 따라 부처의 임무와 역할을규정하고 있다.

한편 지역단위 방재계획은 재해대책기본법에 근거하여 각 지방자치단체의 장이 각 지역의 방재회의 내용을 수렴·조정하여 각 지역의 지형, 기후, 제반사정 등 지역적 특성을 고려하여 지역방재를 위한 대책 및 업무 등을 상세히 기술해 놓은 계획이다. 일부 지방정부의 지역방재계획(地域防災計画)에서는 복합재해에 대하여 보다 상세하게 다루는 경우도 있다.

### (2) 재난관리 추진체계

#### 가. 중앙정부

일본의 재난안전관리체계는 일본의 지리적 특성으로 인하여 수많은 재해나 재난을 경험하고, 이를 극복하는 과정에서 축적된 경험에 그 토대를 두고 체계화한 것으로 우리에게 많은 시사점을 줄 수 있다(이병기·고경훈, 2018). 일본의 경우 중앙정부 차원에서 재난에 대응하기 위한 조직으로 재해대책기본법에 근거하여 재난대책의 종합성을 확보하고 방재에 관한 중요사항을 심의하기 위한 내각부 소속의 중앙방재회의가 재난관리의 주축이다. 중앙방재회의는 일본 내 방재기본계획의 작성 및 실시의 추진을 담당하고 있다. 중앙방재회의의 구성은 내각 총리대신이 회장으로 역임하고 있으며 방재담당대신, 일본 은행총재, 일본 적십자사사장, 일본방송협회 회장 등 지정 공공기관의 대표자 및 기타 국무대신, 그리고 총리가 임명한 전문가 등 총 25명 이내로 구성되며, 전문조사회와 간사회가 그 아래 조직으로 구성되어 있다.

이와 같은 중앙방재회의를 중심으로 작성되는 방재기본계획은 국가의 모든 방재정책의 기반이 되며, 자연재해와 사고재해를 아우르는 13개 재해에 대해 재해 예방, 사전준비, 재해 응급대책, 재해복구 및 부흥이라는 절차를 기준으로 재해의 종류에 따른 대책을 정리해 놓고 있다. 이때, 중앙정부 차원에서는 재해정보를 수집함과 동시에 대규모 재해 시 유관부처 국장급으로 구성된 긴급 집합팀을 모아, 피해 상황을 파악 및 분석한 후 내각 총리대신에게 보고하고, 필요에 따라 국무회의나 관계부처 연락 회의를 개최하여 기본적 대처방안을 결정을 할 수도 있다(내각부, 2011). 피해 상황에 따라 비상재해대책본부나 긴급재해대책본부를 설치하고, 방재담당 대신 등을 단장으로 하는 정부 조사단의 파견 및 중앙정부의 현지 대책본부를 설치하기도 하는 등이 그 활동이라 할 수 있다.

일본은 이와 같은 재난을 관리하기 위해 ICT를 활용한 다양한 기술을 도입하였으며, 이를 연구하는 기관으로 국토기술정책종합연구소(NILIM, National Institution for Land and Infrastructure Management)를 두어 재해 및 사고 대응에 대한 고급기술 지원과 대책 기술의 고도화를 추구하고 있다.

### 나. 자치단체

일본의 자치단체인 도도부현, 시정촌에서는 지정 지방행정기관, 경찰, 소방기관, 지정 공공기관 등의 장 또는 지명하는 직원으로 구성하는 도도부현 방재회의(광역), 시정촌방재회의(기초)를 설치하고 지역방재계획 등에 따라 각종 재해대책을 실시하고 있다. 재해대책기본법에서는 독립행정법인, 인가법인, 특수법인 및 민간회사 중에 내각총리대신이 지정하는 것을 지정공공기관으로 하고, 재해대책에 관한 각종 책무를 부과하고 있으며, 재해발생 시 응급대응을 위해 재해대책기본법에 근거하여 도도부현 또는 시정촌에서 각각 도도부현지사 또는 시정촌장을 본부장으로 하는 재해대책본부를, 중앙정부는 방재담당대신을 본부장으로 하는 비상재해대책본부, 또는 내각총리대신을 본부장으로 하는 긴급재해대책본부를 설치할 수 있도록 명시하고 있다(NIED, 2013).

만약, 지방공공단체의 대응능력을 초월한 대규모 재해가 발생한 경우 경찰청, 소방청, 해양보안청, 또한 도도부현 지사 등의 요청에 따라 자위대의 재해 파견을 통해 광역적 응원이 실시되며, DMAT(재해파견 의료팀)이 파견되어 중상환자를 자위대의 항공기로 피해지역 외의 병원에 반송하여 구명하는 광역의료반송도 실시하기도 한다(내각부, 2011).

일본의 재난관리자원 지원체계는 광범위한 지역에 걸쳐 재난피해가 발행하는 광역적인 재난에 적절히 대응할 수 있도록 지방자치단체의 재난대응관계기관을 상호 연대한 광역방재연응원체계를 구축하여 운영하고 있으며, 풍수해에 대한 신속한 재난관리자원의 지원을 위해 3D-GIS, 지식기반 의사결정시스템 등 첨단 IT기술을 활용하는 e-Japan 전략, 및 u-Japan을 실현하고 있다(국민안전처, 2016).

특히 최근 도쿄도는 동일본 지진 이후 방재대책에 대한 근본적인 재검토를 통해 도쿄지역의 방재계획의 수정에 반영시키고 있으며, 특히 지역방재계획에 근거하는 구, 시정촌 방재관계기관과의 연계성에 따른 역할을 명확하게 구분하고 있다. 이에 따라 도쿄도는 지진, 태풍 등의 자연재해 및 테러로 인한 대규모 사고, 감염 등과 같은 여러 가지 위험으로부터 재해를 최소화하기 위해 도민의 이해와 공감을 기반으로 자조, 공조, 공조 각자의 재해대응력을 높이고 협력하고자 하는 방향으로 재해방지계획을 수립해 나가고 있다. u-Japan의 일환으로 국토기술정책종합연구소(NILIM: National Institution for Land and Infrastructure Management)는 전자국토의 이념을 구현하는 지리 통합시스템을 운영하여, 일본 내 도로 및 교통 상황에서부터 각종 재난 등과 관련된 정보시스템의 입력을 통해 사전에 재난을 예측하고, 재난 발생 시 처리에 대한 정보를 빠르게 파악하여 대응하고 있다(Cabinet Office, 2011).


## 3. 영국

영국은 전반적으로 안전한 국가로 인식됨에도 불구하고, 역사적으로 악명 높은 날씨로 인한 자연재해와 2005년 자살폭탄 테러, 2010년 주변국인 아이슬란드의 화산폭발에 따른 항공 대란 그리고 에볼라 바이러스와 같은 전염병 확산 등 다양한 위험 요소들에 노출돼 있다.


### 1) 개요

영국의 현대적 재난관리체계는 민방위(Civil Defence) 개념에서 시작된다(김학경, 2009). 이러한 민방위 중심의 재난관리체계는 제2차 세계대전 당시 독일의 공중폭격으로부터 영국의 산업 및 주거시설 등을 보호하기 위한 방어대책으로부터 출발했으며, 근거법률은 1938년 항공폭격대책법(Air Raid Precaution 1938) 및 1939년 민방위법(Civil Defence Act 1939)이다. 이러한 민방위적 대책은 제2차 세계대전 이후, 전쟁의 위협이 사라지면서 잠시 소강상태를 보이다가, 미국과 소련 간의 냉전(Cold war) 이 시작되면서 다시 부활하게 된다(Walker & Broderick, 2006). 냉전의 시작과 함께 영국은 소련 핵 공격(Nuclear Attack)의 위협에 시달리게 되고, 이러한 핵 공격의 위협으로부터 영국의 국가방어체제를 설립하기 위하여, 제2차 세계대전 당시에 사용되었던 민방위적 개념이 다시 등장하게 된 것이다. 그 근거법이 1948년 민방위법(Civil Defence Act 1948)이며, 고로 영국의 현대적 의미의 재난관리체계의 시작은 바로 위 1948년 민방위법이라고 할 수 있다(O' Brien & Read, 2005).

하지만 1980년대에 영국에서 수많은 대형재난이 발생하게 되자 평시 재난대비 및 대응에 대한 국민적 요구가 증대되었고, 이에 1986년 평시시민보호법(Civil Protection in Peacetime Act 1986)이 제정되게 된다(Handmer & Parker, 1991). 동법은 재난을 예방하고 이에 대응하기 위하여, 지자체의 민방위의 자원 및 인력을 평시재난관리(Peacetime Emergency Planning)에도 사용할 수 있도록 허용한 법령이다. 다만 법적으로 평시 재난관리에 대한 법적인 의무는 아직 부과되지 않았으며, 단지 민방위적 대책 및 자원을 재난관리에도 사용될 수 있도록 허용한 임시적인 대책에 지나지 아니하였다는 것이 한계점이었다(김학경, 2009). 이후 1990년대 이르러 구소련이 붕괴되면서 냉전이 종식되자, 핵 공격의 위험성에 대비한 군사적 안보개념에 근거한 민방위 개념은 더 이상 필요치 않게 되었다. 따라서 일반적인 재난관리체계와 민방위 체계가 하나로 합쳐지게 되고 이를 통하여 통합형 재난관리체계(IEM, Integrated Emergency Management)의 모습이 조금씩 구축되게 된다(Hills, 1998; 김학경, 2009).

이후 2004년 민간비상대비법(Civil Contingencies Act 2004) 제정되면서 다양한 위기유형의 대응 대응하는 법적기반이 마련되게 된다. 테러, 산업 파업, 전력 및 물 공급 비상 사태, 연료 파업, 생화학 공격, 구제역, 기후변화(홍수와 가뭄) 등에 대한 위기관리 체계에 대한 포괄적인 접근 방식에 중점을 두게 되었다. 또한 동법상에 "Emergency"라는 재난개념을 확립하고 있으며,[2] 이를 통하여 유형과 관계없이 다양한 위험에 대비/대응할 수 있는 시스템을 구축하고 있다. 역사적으로 볼 때는,

---

2 인간의 복지에 심각한 피해를 입힐 수 있는 사건 또는 상황, 환경에 심각한 피해를 줄 수 있는 사건 또는 상황, 안보에 심각한 피해를 입힐 수 있는 전쟁 또는 테러로 규정하고 있다.

평시 재난관리체계와 민방위 체계가 서로 합쳐져 오늘날의 통합형 재난관리체계(Integrated Emergency Management)로 이어진 것이다. 영국의 재난관리체계는 지역단위에서의 대비 및 대응을 원칙으로 하고 있으며, 이를 위하여 각 대응기관 간의 상호협력과 정보공유를 강조하고 있다. 또한 지역사회 및 영국 전체에서 재난위험성을 진단하고 평가하는 제도, 즉 지역사회 위험목록(Community Risk Register) 및 국가위험목록(National Risk Register) 제도가 잘 구축되어 있으며, 평가결과가 국민들에게 공개되어 있다.

## (1) 전통적 안보위기

국가안보(National Security)에 심각한 영향을 미칠 수 있는 전시 또는 대테러상황 재난관리시스템은 크게 분산형과 통합형(모든 위험 접근법 또는 총체적 방위) 두 가지로 구분될 수 있는데, 분산형은 재난의 종류에 따라서 상응하는 대응방식이 다르다는 것을 전제로 재난의 발생유형에 따라서 대응책임기관도 다르게 배정하는 시스템을 의미한다(정선효 외, 2010).

## (2) 재난 대응체계

앞서 언급되었지만, 2004년 국가재난관리법(The Civil Contingencies Act 2004)에서는 "Disaster"가 아닌 "Emergency"라는 용어가 사용된다. 동법 제1절 제1조에서 결과중심(Consequences)의 통합적인 재난개념을 사용하고 있으므로, 민방위 위주의 군사적 안보뿐만 아니라 원인(Cause)및 유형(Source)과 관계없이 다양한 위협에 대응할 수 있다는 장점이 있다(Cabinet Office, 2012). 동법상의 Emergency 정의는 아래와 같다(김학경, 2009). 공공의 안녕(human welfare)에 심각한 영향을 미칠 수 있는 사건 또는 상황으로, 인명피해, 질병이나 상해, 이재민발생, 재산피해, 화폐·식료품·물·에너지 공급의 중단, 정보통신 시스템의 중단, 운송이나 의료보건서비스의 중단을 초래할 수 있는 것으로 정의하고 있다.

통합형 재난관리체계는 재난에 대한 유형별 접근이 아닌, 통합적이고 전체적인 대응모델을 구축하자는 것이다. 예를 들어 설명하자면, 군사적 공격으로 건물이 붕괴하나, 테러나 재난 등으로 인하여 건물이 붕괴하나 그 원인은 다르지만 건물붕괴에 대한 대응 및 복구방식은 기본적으로 동일하므로, 원인에 따른 유형별이 아닌, 포괄적 대응을 추진하는 것이다. 미국 및 호주에서는 모든 위험 접근법(All-hazard)이라고도 불린다(McConell & Drennan, 2006; 김학경, 2009; 강욱, 박준석, 조준택, 2015; 강욱, 김학경, 2016). 통합형 재난관리체계 또는 모든 위험 접근법에서는, 앞서 언급된(동일한) 대응방식을 기능(업무)별로 나누어서, 즉 소방·구급대·경찰·지자체 등 각 기관 별로 지정되므로, 재난 대비 및 대응에 있어서 각 대응기관들의 협력(Collaboration) 그리고 전체 활동의 조정(Coordination)이 무엇보다도 강조된다.

이렇게 통합형 재난관리체계(IEM)가 구축되면서, 다시 말해서 민방위와 평시 재난관리체계의 통합이 이루어지면서, 모든 유형의 위험 및 재난에 대한 전체적 대응이 가능하게 되었다. 하지만 문제는 재난관리체계의 입법적인 근거는 여전히 1948년 민방위법(Civil Defence Act 1948)이었다는 것이었고, 중앙정부단위에서는 내무부(Home Office)가 통합적 재난관리책임의 중앙정부 차원의 실행책임을 지고 있었다는 점이었다. 하지만 2000년대에 들어오면서 영국의 재난관리체계는 보다 더 완전한 포괄적/통합적 재난관리체계로 변화하기 시작한다. 구시대적인 1948년 민방위법으로는 급격히 변모하고 있는 현대적 재난관리체계의 업무를 더 이상 완벽히 수행할 수 없었고, 특히 미국에서 발생한 9.11테러는 이러한 변화의 모습을 더욱 더 가속화시킨다. 이러한 변화에 발맞추어, 재난관리와 관련한 중앙부처의 업무의 통일성 및 율성을 증대하고, 각 기능별 업무의 조정능력을 강화하기 위하여 2001년 7월 내각(Cabinet Office) 안에 국가재난관리사무처(CCS, Civil Contingencies Secretariat)가 신설된다. 동 국가재난관리사무처는 50년간 영국의 재난관리체계의 근간을 이루어왔던 1948년 민방위법을 폐지하면서, 동시에 새로운 포괄적·통합적 재난관리체계에 걸맞은 2004년 국가재난관리법(Civil Contingencies Act 2004)을 제정하게 된다(Walker & Broderick, 2006).

통합형은 현재 영국의 국가재난관리사무처(CCS)가 채택하고 있는 시스템으로서 앞서 설명되었듯이, 재난의 원인은 달라도 그 대응방식은 유사하다는 것을 전제로 재난대응에 필요한 대응기능(업무)별로 책임기관을 지정하고 이들 기관의 전체적인 협력과 조정을 유도하는 시스템이다. 이러한 영국의 통합형 재난관리체계는 크게 대비체계(Emergency Preparedness)와 대응 및 복구 체계(Emergency Response and Recovery)

로 나누어지며, 각 체계는 지리학적으로 지역단위(Local Level) 및 중앙정부단위(Central Government Level) 두 단계로 다시 구분된다. 참고로, 2004년 국가재난관리법 최초 제정 당시에는 지역 단위(Local)·지방단위(Regional)·중앙정부단위(Central government), 총 세단계로 구분되었으나, 현재 지방단위(Regional)에서의 대비 및 대응복구 체계 구성은 더 이상 법적인 의무가 아닌, 지방자치단체 서로간의 협력 내지 재량으로 위임되었다(Cabinet Office, 2013).

### (3) 영국 재난관리체계 특징

영국 재난관리체계의 핵심은 완전 통합형 재난관리체계의 도입 및 단일 재난개념의 사용, 경찰을 비롯한 각 긴급대응기관 간 상호운용성(Inter-operability) 확보를 위한 법제도 개선, 지역사회 위험목록 및 국가위험목록 등 국가단위의 재난위험성을 평가할 수 있는 제도의 도입 등을 들 수 있다(김학경·강욱, 2017). 바로 중앙정부단위가 아닌, 지역단위에서의 대비 대응·복구라는 점이고, 따라서 모든 재난상황은 원칙적으로 중앙정부의 개입 없이 지역단위에서 우선적으로 처리되고 있다. 다시 말해서 보충성의 원칙에 의거, 재난상황의 심각성이 지역단위의 대응역량을 뛰어넘는 경우에만 중앙정부단위의 개입이 예외적으로 이루어진다. 앞서 언급되었지만, 중앙정부단위에서는 내각부에 위치한 국가재난관리사무처(CCS)가 중앙정부 부처의 업무를 조정하면서 중앙정부단위의 재난관리정책의 통일성 및 일관성을 유지하고 있다(김학경, 2009; Cabinet Office, 2013).

#### 가. 지역단위 재난관리체계의 특징

먼저 지역단위의 재난대비(Emergency Preparedness)를 위하여, 1차 핵심대응기관(지역경찰·지역소방·지역구급대·지역 NHS 등) 및 2차 협력대응기관(가스회사·전기회사·철도회사 등)들에게 상호협력 및 정보공유 등의 의무가 부과되어 있다. 이러한 상호협력(Cooperation) 및 정보공유(Information-sharing)를 위하여 지역단위 내에 지역재난 회복포럼(LRF: Local Resilience Forum)이라는 재난관련(법률상) 기관 협력체제가 구성되어 있다(김학경, 2009; Cabinet Office, 2012). 1차 핵심대응기관이 위 포럼의 주된 법적 참여자가 되고, 2차 협력대응기관은 상황에 따라 참여할 수 있는 권리가 부여되어 있다. 지역재난회복포럼(LRF)은 경찰 행정구역 단위로 구성 되어져 있으며 그 의장직(Chair)도 전통적으로 지역경찰청장(Chief Constable)이 수행하는 등, 영국에서는 지역경찰이 지역단위의 재난 대비활동에 있어서 기관 간 조정역할(Coordination) 업무를 수행하고 있다. 다만 동 포럼은 기관의 협력 및 정보 공유체제를 위한 절차적인 모임에 지나지 아니하므로, (우리의 긴급구조통제단장과 달리) 지역경찰청장이 각 참여기관에 대한 지시권과 통제권을 가지고 있는 것은 아니다.

지역단위의 대응 및 복구(Emergency Response and Recovery)는 다시 "대응"(Response) 및 "복구"(Recovery)단계, 두 단계로 구분된다. 먼저, 대응체계(Response)를 위해서 1차 핵심대응기관과 2차 협력대응기관은 "Gold, Silver, and Bronze model"이라는 공통적인 대응 프로토콜(Protocol)을 공유하고 있다, Bronze는 현장(Operational)단위이고, Silver는 전술적(Tactical)단위, Gold는 전략적(Strategic)단위이다(김학경, 2009). 평상시 일어나는 작은 규모의 사건사고는 현장지휘관(Bronze commander)들에 의하여 다루어지며, 이러한 각 기관 현장지휘관의 활동은 지역경찰 현장지휘관에 의하여 현장에서 조정(Coordination)된다. 즉 경찰·소방·지역자치단체·가스회사·전기회사·수도회사 등에도 현장지휘관(Bronze Commander), 전술지휘관(Silver Commander), 전략지휘관(Gold Commander)이 각각 존재하며, 재난상황에 따라서 필요시 각 레벨에 맞는 지휘관이 서로 연락하고 협력하므로 각 기관의 지휘체계가 단일화 될 수 있는 장점이 있다(김학경, 2014).

심각한 재난이 발생할 우려가 있거나 발생한 경우 전략적인 단위의 Gold Level이 세워지게 되는데, 이때는 보통 전략적 조정 그룹(SCG: Strategic Co-ordinating Group)이 구성된다(김학경, 2009; Cabinet Office, 2015). 전략적 조정그룹에서는, 1차 및 2차 핵심대응기관의 각 전략적 지휘관들이 모여 통합된 재난대응을 논의하게 된다.

복구단계(Recovery)에서는 전략적 조정그룹과 유사한 복구조정그룹(RCG: Recovery Co-ordinating Group)이라는 다기관협력체제가 존재한다(Cabinet, 2013). 복구조정 그룹의 의장은 지방자치단체(Local Authority)에서 수행되는데, 마찬가지로 조정과 협력 관계이지 서로 지휘하고 통제할 수 있는 시스템은 아니다.

## 런던 도시 회복력팀(The London Resilience Team)[3]

런던시는 각종 위기발생시 예방, 대비, 대응, 복구, 학습을 통해 회복력 있는 런던 도시를 위해 2005년 전담팀(The London Resilience Team)을 발족해 활동 중이다. 여러 위원회를 통해 얻은 정보들을 런던시 홈페이지를 통해 매주 제공함으로써 누구나 쉽고 빠르게 도시에서 야기될 수 있는 긴급상황(안보, 날씨, 교통 등) 관련 정보를 확인할 수 있는 시스템을 제공하고 있다. 런던을 중심으로 시민들과 지역에 기반을 둔 기업체 및 각종 시설들을 보호하고 향후 발생할 수 있는 잠재적 위기상황에 대비하여 관련 시스템을 구축해 최적의 준비를 하고 있다.

2001년 미국의 9.11 테러에 따른 대비책으로 2002년 발족된 런던 도시회복력팀의 주요 업무는 런던시의 33개 자치구를 비롯한 지방정부, 의료기관, 런던교통공사, 170개가 넘는 기타 공공 및 민간기관으로 구축된 런던 도시 회복력 협력기관(London Resilience Partnership)을 지원하고, 4개월마다 열리는 런던 도시 회복력 포럼(London Resilience Forum)을 개최해 각계각층의 의견을 모아 매년 '런던시 비상계획(The London Strategic Emergency Plan)'을 발간해 이를 런던 시민과 시장에게 전달하는 역할을 하고 있다. 2016년 10월, 런던 회복력 팀과 런던 소방대 비상 계획팀이 결합되어 런던 시장, 런던 지방 당국 및 런던 소방대를 대신하여 서비스를 제공하는 법부처 차원의 대응체계로 발전하였다. 2024년 6월, London Resilience는 런던 소방대에서 그레이터 런던 당국으로 이전되어 런던 시청 City Operations Unit과 합병되어 오늘에 이르고 있다.

또한, 런던 도시 회복력 협력기관 및 포럼에서 결정된 계획을 수렴하고 그에 따른 대응 역시 런던 도시협력팀의 중요한 임무 중 하나인데, 계획과 관련된 부분으로는 ① 포럼을 구성하고 있는 다양한 위원회들을 조직화하는 역할, ② 런던 도시 회복력 포럼과 런던 도시 회복력 프로그램 위원회에 연락원 제공, ③ 런던시장이 책임을 맡고 있는 런던플랜(The London Plan)의 도시 개선사항 제시, ④ 런던에서 잠재적으로 발생할 수 있는 위험에 관한 사회적 인식을 높이기 위한 노력 등이 있다(London Resilience Partnership, 2020).

---

3 https://www.london.gov.uk/programmes-strategies/fire-and-city-resilience/london-resilience-partnership

런던 도시 회복력팀의 대응 부분으로는 ① 긴급상황 발생 시 협력기관들과 연계할 수 있도록 주7일 24시간 항시 대기, ② 포럼 및 협력기관에서 공유된 정보들의 일원화 작업, ③ The London Plan에 전략적 조언자로 참여 등이 있다.

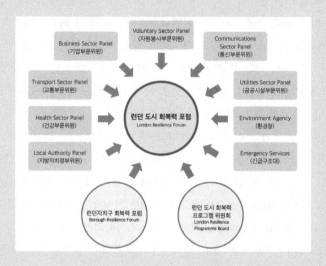

런던 도시 회복력 포럼은 2004년 발표된 「민간비상대비법(The Civil Contingencies Act)」에 따라 다양한 위원회(대중교통, 기업, 공공시설 등)로부터 런던에서 발생할 수 있는 잠재적 위험에 대한 정보를 포럼에서 함께 공유하고 토론하여 긴급상황에 대비하는 목적을 갖고 있다. 포럼을 구성하는 위원회 중 한 곳인 런던 도시 회복력 프로그램 위원회(The London Resilience Programme Board)는 170개 이상의 협력기관들(The London Resilience Partnership)의 위기대응 수준을 감시하고, 만약 중대한 문제점을 발견할 시 중앙정부로 전달하는 임무를 맡고 있다.

아울러 런던의 위험요소 평가 등을 포럼에 보고할 뿐 아니라, 포럼에서 합의된 계획들을 실행하는 실제적인 책임과 권한을 갖고 있다. 또 다른 위원회 중 하나인 런던 자치구 회복력 포럼(The Borough Resilience Fora)은 제정법에 따르는 법정기구로 런던시(The Grater London)를 구축하는 33개 자치도시의 위기상황 대책과 관련해 자체 토론한 사항들을 포럼에 전달하는 역할을 한다. 그 밖에 다양한 협력기관들이 런던시의 긴급상황에 신속하게 대응할 수 있도록 포럼의 위원회에 포함돼 있다. 런던시는 이와 같은 제도적 장치의 구축과 함께 런던 시민과 기업체, 그리고 방문하는 방문객들을 위해 매주 런던시 홈페이지를 통해 'London Resilience Blog'를 운영하고 있다.

### 나. 중앙정부단위 재난관리체계의 특징

중앙전부단위의 재난관리체계 관련하여, 먼저 재난을 유형별로 구분한 후 그 유형별 재난에 알맞은 각각의 주관부처(LGD: Lead Government Department)가 지정되어 있다(Cabinet Office, 2013). 다시 말해서 주관부처는 유형별로 국가단위의 대비, 대응 및 복구를 담당하고 있다. 중앙정부단위의 대비태세 확립을 위하여 각 주관부처의 장관들은 각종 행정입법권(Legislative Powers), 급박한 상황발생 예고 시 특정행동을 지시할 수 있는 긴급명령권(Urgent Powers of Direction), 1차 및 2차 핵심대응기관의 평상시 활동을 감시한다. 이와 더불어 정보를 요구할 수 있는 감시권(Monitoring Powers)의 권한을 행사할 수 있으며, 이것이 바로 중앙정부단위 재난관리체계의 또 다른 특징이다(김학경, 2009).

최근 영국 재난관리체계의 최근 변화는 2004년 국가재난관리법이 최초 발효되었을 때 당시 영국의 재난관리체계는 지역단위·지방단위·중앙정부 단위, 총 세 단위로 구분되었다. 지방단위의 대비체계를 위하여 지방재난 회복포럼(Regional Resilience Forum), 지방단위 대응 및 복구 단계에는 지방재난 대책위원회(Regional Civil Contingencies Committee)가 각각 존재했었다. 하지만 이러한 지방단위에서의 재난관리체계는 이제 더 이상 법적인 의무가 아니고, 지역단위의 1차 핵심대응기관과 2차 협력 대응기관의 재량권으로 위임되었다. 대부분의 지역에서는 별도의 지방단위 조직 구성없이, 지역단위의 지역재난회복포럼(LRF)을 서로 통합·조정하여 운영하고 있는데, 다만 이러한 조정을 위하여 중앙정부차원의 조정기구가 존재한다.

지방단위 대비단계에서는 지역사회·지방자치부(Department of Communities and Local Government)의 "재난회복과"(RED: DCLG Resilience and Emergency Division), 대응 단계에서는 "다기관 대응조정그룹"(ResCG: Multi-SCG ResponseCo-odinating Groups), 그리고 복구단계에서는 "다기관 복구조정 그룹"(RecCG: Multi-RCG Recovery Co-ordinating Groups)이라는(중앙정부 차원의) 조정그룹이 각각 설치되어 있어서, 각 지역단위

대비 및 대응복구 단계에 참여하는 다양한 지역재난회복포럼(LRF)·전략적 조정그룹(SCG)·복구조정그룹(RCG)의 활동을 각각 조정하고 있다(Cabinet Office, 2013).


## 4. 독일

### 1) 개요

독일의 재난관리란, 주민의 주거시설, 방위 목적의 민간시설, 기업체 시설, 국가기관 시설, 그리고 문화재 관련 시설을 보호하고, 기타 화재, 화생방사고, 환경오염사고 등을 최소화하기 위한 비군사적 조치로서 개념을 정리하고 있다(이재은, 2012). 독일의 재난관리체계는 연방정부, 주정부, 지방자치단체로서 지역 정부 및 시 정부로 나누어 각각의 역할에 맞는 운영체계를 갖추고 있다. 이때, 시민 보호는 연방이 그리고 재난보호는 주정부가 책임을 지는 것으로 이원화되어 있으나, 지원조직 및 소방과 협력하여 위기상황에 대처한다(이병기·고경훈, 2018).

시군 차원의 재난의 경우 현장에서 문제 해결을 함을 원칙적으로 하며, 규모 및 강도에 따라 상급 행정기관이 단계별로 개입하여 지원하며, 주정부와 지방자치단체 간의 수직적, 수평적 협력체계가 강조된다. 연방제 국가인 독일은 재난이 발생하면 16개의 주정부가 중심이 되어 대응하며, 작은 재난의 경우 시 등 기초자치단체가 구심점이 되고, 큰 규모의재난에는 주 정부가 책임과 권한을 행사한다.

### 2) 재난관리 추진체계

#### (1) 중앙정부

독일은 연방차원에서 국민보호법 제1조를 통해 국민보호업무를 규정하고 있다. 국민보호법에 따르면 연방의 행정업무 수행은 연방국민보호재난지원청(BBK)이 주체적인 역할을 담당하며, 국민보호법 제2항에 의거하여, 주 또는 게마인데에 그 역할을 위임할 수 있다고 명시되어 있다.

연방 차원에서의 국가재난관리를 위한 중추 조직은 내무성이라 할 수 있으며, 내부성 산하에 2004년 설립된 재난관리의 중축인 연방국민보호재난지원청과 위기관리 및 국민보호실, 연방기술지원처가 이를 함께 지원하고 있다. 내무부 소속의 위기관리단은 내무부 및 산하기관을 위한 중앙의 위기관리대응 수단으로 연방정부의 부처 및 주정부가 취한 조치들에 대해 조정의 역할을 담당한다. 또한, 독일은 부처 간 조정그룹(Inter-Ministerial Coordination Group)을 운영하여 심각하고 지리적으로 광범위하게 확산된 재난에 대해서 부처 간 조정을 실시하고 있다(조성원, 2017).

재난을 지원하기 위한 중추 조직으로 2004년 설립된 연방국민보호재난지원청과 대통령과 부통령 아래 총 5개의 국으로 이루어져 있다. 주요업무는 위기관리, 비상대비, 시민의 안전과 재산보호, 재난대응 교육, 공동상황실 센터와 시민보호 및 재난보호를 위한 전문정보시스템의 운영 및 조정 등 재난과 관련된 모든 제반사항을 관리한다고 할 수 있다. 즉 중앙정부차원에서 재난관리의 핵심인 연방국민보호재난지원청은 이와 같은 시스템을 적극적으로 발굴하고 운영함으로써 불확실한 재난의 위기를 예방하고 준비, 탐지하고 관리하는 위기관리에서부터, 재난발생 시 복구 대응, 사후 처리, 모니터링까지를 모두 포괄하는 업무를 담당하고 있다.

이때, BBK가 제시하는 기본 위기관리 수단은 연방정부와 주정부의 공동신고상황센터(GMLZ)와 그리고 사후 희생자들을 위한 조정국인(NOAH) 등이 있으며, 더 나아가 위기관리 프로그램의 연구 및 개발도 담당하고 있다. 다음으로 독일의 기술지원단은 연방정부가 자발적인 민간구조 단체에 예산을 지원하면서 연방행정기구가 된 사례로, 재난을 예방, 대응하기 위해 실질적으로 기술을 지원한다. 예방차원에서 연방정부와 주정부의 공동신고상황센터(GMLZ)는 유럽연합차원(EU)에서 운영되는 코페르니쿠스(Copernicus) 프로그램을 기반으로 육지, 해양, 대기, 기후 등을 관측하는 지구관측 인프라 프로그램으로 자체위성을 통해 응급관리서비스에 이용하고 있는데, 이는 독일뿐 아니라, 유럽자체의 재난을 예방하기 위한 통합시스템이라는 점에서 매우 의미있다고 할 수 있다. 이때, GMLZ의 주요 작업은 재난 상황 발생예측 및 재해선언, 중요한 상황에 대한 조정 및 행정자원의 원조 등이며, 신속하게 재난에 대비하기 위한 전사적인 시스템을 운영하는 것이다.

재난 처리의 다음 단계로 복구와 관련된 NOAH는 재난에 의한 피해를 본 피해자의 건강 및 정신적, 물질적 피해에 대응하고자 하는 것으로 재난사고나 테러 공격 등에 대해 이후, 외무부와 연방정부가 공동으로 협력하여 대처해 나가고 있다. NOAH는 24시간 핫라인 전화시스템을 운영되고 있으며, 재해 시 호송준비, 재해로 인한 심리적 문제 해결, 행정 및 법률 문제에 대한 도움, 생존자에 대한 대책회의 조직 및 운영 등을 통해 재해로 인한 피해에 대해 사후 심리, 사회적인 문제 해결을 도모하고 있다.

마지막으로 독일은 예방이자 교육적 측면에서 초국가적 위기관리운동의 하나로 시민의 참여를 지원하는 민간방위아카데미(AKNZ)를 운영하여, 통합적이고 효율적인 위험방지체계를 교육하는 핵심적인 역할을 담당하고 있다. 이는 대비, 대응차원에서 매우 중요한 역할을 한다고 할 수 있다. 특히 독일은 최근에는 LÜKEX라는 프로그램을 운영하여, 이와 같은 위기상황에서 전반적인 대응능력을 향상시키고자 실제 사람들이 투입되어 현장을 체험하고, 전문가 및 일반 시민 등이 참여하여 위기관리기법의 하나로 사전 시뮬레이션에 대해서 논의하고 있다.

이와 관련하여 최근 BBK는 통합리스크관리(Integrated Risk Management)에 대해 관심을 가지고, 도시의 위험에 대비, 대응하기 위한 방안의 하나로 BBK-지역-민간의 협력을 통한 프로세스 및 구조 등의 기본 사항들을 담은 가이드라인을 제시하기도 하였다. 독일은 국가 재난은 예측할 수 없는 상황에서 발생하기 때문에 연방정부 차원에서 위와 같은 종합적인 대응을 추도하고 있으며, 연방정부와 주정부 간의 명확하고 원활한 의사전달 체계를 마련하여 협력적 공조를 수행하는 것을 원칙으로 한다. 특히 위성경보시스템을 통한 통합관리 시스템을 적극적으로 이용하여 위기관리 시스템을 효과적으로 운영해 나가고자 한다.

## (2) 지방정부

평상시 재난에 대한 지원은 주정부의 과제로, 각 각의 주는 독립적인 안전관리 계획을 수립하고 소신껏 업무를 수행하고 있으며, 각 지방정부는 민방위와 관련된 법과 구조를 다양하게 가지고 있다. 안전관리에 관한 조정은 주 내무부에서 수행하며, 지방 단위의 안전관리는 시, 군 지방정부에서 담당하고 있다. 각 자치단체는 내부무의 안전관리 기조에 따라 소방당국과의 긴밀한 협조하에 재난관리 업무를 수행한다.

독일의 각 주의 재난관리에 대응하고자 하는 역할은 기본적으로 연방정부의 역할과 유사하나, 주별로 개별적 특성적, 기술적, 재정적인 이유 등으로 인해 피해를 최소화하기 위한 독립적인 지원시스템을 유지하는 것은 타당하지 않다고 보고 있다. 재난에 대한 지방정부차원에서의 관리를 위해 이들은 독립적인 계획을 수립하고 관련 업무를 조정해 나가고 있다. 이때, 각 주의 내무부는 민방위본부와 협의하여 재난 발생 시 대응계획을 수립하고, 주의 민방위 본부가 사고수습을 지원하고 있다(배재현, 2014).

각 주의 민방위 본부는 7개 협력기관의 인력을 공동으로 관리하여, 비상시 활용 가능한 인력을 유지, 관리하고 있으며, 민방위 본부 산하에는 응급구조본부, 기술지원단 등이 운영되고 있다.

재난 대응에 있어서는 소방지휘부를 주축으로 지휘관리 체계를 일원화하고 있으며, 재난발생 시 단계별 투입 대상을 지정하고 있다. 이때, 1단계 초기 대응에서는 민방위대 지휘부 및 소방인력, 의료, 경찰이 투입되며, 2단계는 민방위대 투입 및 소방인력의 추가지원, 인접지역과 협력하며 재난대비 가용인력을 총 투입한다. 마지막으로 3단계에서는 재난에 대응하기 위해 군부대의 지원이 이루어지도록 구성되어 있다(배재현, 2014).

정부에서 실무를 수행하는 기관으로는 내무부 산하의 지도, 감독 및 직무청이 있으며, 주 내무부의 지휘, 감독을 기반으로 민방위 사태 또는 재난을 총괄 관리하고 있다. 이때, 대응을 위해서는 주 소방대, 기술지원단, 각급 자원봉사자 등이 적극적으로 협력하고 있다.

## 3) 스마트 기술을 활용한 재난안전관리

독일은 재난을 관리하기 위한 기본 시스템으로 유럽전체 차원에서 운영되는 코페르니쿠스 프로그램을 사용하고 있다. 독일은 이와 같이 유럽 전체 차원에서 운영되는 코페르니쿠스(Copernicus) 프로그램을 기반으로 육지, 해양, 대기, 기후 등을 관측하는 지구관측 인프라 프로그램으로 자체위성을 통해 응급관리서비스에 이용하고 있다. 코페르니쿠스(Copernicus)의 핵심서비스 중 하나는 응급관리서비스(EMS, Emergency Management Service)로 EMS는 필요에 따라 권한이 부여된 사용자가 언제든지 활성화할 수 있으며, 위기관리의 전 단계를 위성 이미지 분석을 통해 보여줌으로써, 건물 및 교통 상황에 대한 정보를 전달하여 현재 진행 상황을 이해하게 해주기도 하며, 잠재적 위협에 대비하기 위한 분석을 제공하여 위기관리의 상황 및 의사결정 시 많은 도움을 주고 있다.

# 제9장

# 협상 · 위기협상의 개념과 유형

**협상의 개념과 유형**

## 1. 협상의 개념

협상은 '거래하다'라는 뜻의 로마자 'negotian'에서 왔다. 이는 '아니다'라는 뜻의 'neg(not)'와 '쉽다' 혹은 '여가'라는 뜻의 'otium(ease, free, leisure)'이라는 라틴어 단어가 합성된 'negotium'에서 비롯된다. 따라서 협상(negotiation)은 그 자체로 거래(business)를 뜻하며 '쉽지 않은 일'이란 의미이다(이종태, 2001). 협상의 개념은 여러 측면에서 파악할 수 있으며, 어떤 현상과 활동이 협상인가를 구체적으로 규정하기란 쉽지 않다. 이를 연구하는 학자들도 협상에 대한 개념적 합의를 보지 못하고 있는 현실이다. 선행연구 분석을 토대로 연구자별 협상의 개념 정립은 다음과 같다. 먼저 Fisher, R., & Ury, W.(1991)는 협상의 개념을 상대방으로부터 바라는 것을 얻어내기 위한 기본 수단으로, 당사자들이 어떤 문제에 대해 서로 상충하는 이해관계를 가질 경우 합의에 도달하기 위해 서로 의사를 주고받는 과정이라고 정의했다 (Fisher & Ury, 1991). 또한 Goldberg & Sander, & Rogers (1999)는 협상을 이해당사자들이 자신들의 욕구를 충족시키기 위해 상대방으로부터 최선의 것을 얻어내기 위해 상대방을 설득하는 커뮤니케이션 과정으로, 의사소통의 관점에서 정의했다.

예를 들어 임금 문제(노사 갈등)에서 상호 자신이 목적한 바를 쟁취하기 위한 설득 커뮤니케이션으로 해석할 수 있다.

국내에서는 하혜수·이달곤·정홍상(2014)의 연구에서 협상을 둘 이상의 이해당사자들이 여러 대안들 가운데서 모두가 수용 가능한 대안을 찾기 위한 의사결정 과정으로 정의했다. 공통적인 이익을 추구하지만 서로 입장의 충돌 때문에 모두에게 수용 가능한 이익의 조합을 찾으려는 개인, 조직, 또는 국가의 상호작용 과정으로 평가했다.

이종건(2001)은 일반적인 의사소통과는 달리 목표, 관계, 규범적 관행을 동반하는 독특한 상호작용으로 조화를 이루지 못한 이슈에 초점을 맞추고 상호 수용 가능한 합의를 도출하는 것을 목표로 한다는 것에 주목했다. 특히 전략과 전술을 사용한다는 점에서 일반적인 의사소통 과정과 구별된다고 강조했다. 이러한 요소들을 종합해 보면, 협상은 이질적 성격을 가진 이해관계를 보다 조화롭게 유지하려는 관점에서, 공통적이면서 상반되는 이익의 조합을 새롭게 변화시키려고 개인이나 조직, 국가가 명시적으로 상호작용하는 과정이다.

| 협상의 주체, 대상, 방법, 목적 |
| --- |

- 주체: 둘 이상의 당사자들
- 대상: 공통의 이익이나 이익의 갈등 상황
- 방법: 논리와 추론에 기초한 객관적이며 합리적인 정보를 바탕으로 한 의사결정 과정
- 목적: 갈등을 해결하고 상호 이익을 위해 노력하는 일련의 과정

## 2. 협상가의 딜레마

하버드 MBA 교수인 락스와 세베니어스는 1986년 협상에서 발생을 통해 발생하는 긴장상태를 협상가의 딜레마로 설명했다(Lax & Sebenius, 1986). 이는 경쟁 (competition, 가치 요구(주장): value claiming)과 협력(cooperation, 가치 창출: value crea-tion)이라는 두 가지 상반된 전술 또는 관계 형태 사이의 절충을 포함하는데, 협상의 참여자들이 가치 요구에만 몰두하여 나머지 더 좋은 해결안이 있음에도 불구하고 훨씬 열등한 해결안으로 귀착되고 만다는 것이 협상가의 딜레마의 핵심 내용이다. 기본적으로 협상가들은 자신의 이익을 극대화하려는 욕구(가치 주장)와 긍정적인 관계를 구축하고 공동의 이익을 창출하려는 필요성(가치 창출) 사이에서 균형을 잡아야 하는 딜레마에 직면하며, 특히 관리자, 임원, 변호사, 외교관, 그리고 협상에 관여하거나 협상의 문제를 연구하는 모든 사람에게 해당된다. 협상 과정에서는 성공적인 결과를 도출하기 위해 이 두 가지 접근 방식 사이에서 미묘한 균형을 찾아야 하는 경우가 많다.

협상가는 종종 경쟁적 접근 방식을 취할 것인지 협력적 접근 방식을 취할 것인지에 대한 딜레마에 직면하게 된다. 경쟁적이고 단호한 접근방식은 자신의 이익을 보호하고 유리한 결과를 확보하는 데 도움이 될 수 있다. 반면에 지나치게 경쟁하면 의사소통이 단절되고 관계가 손상되어 만족스러운 해결이 어려워질 수 있다.

반대로 협력적인 접근 방식을 취하면 신뢰를 쌓고 관계를 구축하며 긍정적인 협상 분위기를 조성할 수 있다. 그러나 너무 협조적이면 자신의 목적과 맞지 않는 양보를 하여 바람직하지 않은 결과를 초래할 수 있다. 협상가의 딜레마를 헤쳐나가려면 단호함과 협력 사이의 전략적 균형이 필요하다. 숙련된 협상가는 상대방의 필요와 관심사를 고려하면서 자신의 이익을 적극적으로 옹호함으로써 상호 이익이 되는 합의를 달성하는 것을 목표로 하며, 효과적인 의사소통, 능동적인 경청, 창의적인 문제 해결, 장기적인 관계에 중점을 두게 된다.

**[표 9-1] 협상의 딜레마**

참여자 B

| | | 창출 | 요구 |
|---|---|---|---|
| 참여자 A | 창출 | 훌륭(good)<br>훌륭(good) | 최고(great)<br>최악(terrible) |
| | 요구 | 최악(terrible)<br>최고(great) | 보통(mediocre)<br>보통(mediocre) |

출처: 대통령자문지속가능발전위원회(2005). 공공갈등관리의 이론과 기법(상)

## 3. 협상에 대한 고정관념

　　협상에서 고정관념은 중요한 역할을 하며, 협상의 결과를 크게 좌우할 수 있다. 아래는 협상에서 흔히 발생하는 고정관념을 설명한 것이다.

　　첫째, 높은 가격, 강한 입장에서 협상을 시작한다는 고정관념이다. 협상을 강한 입장으로 시작하는 것은 흔한 고정관념이지만, 이는 상대방과의 관계를 긴장시키고 대립을 부추길 수 있다. 둘째, 천천히, 마지못해 양보하는 척한다는 고정관념이다. 양보를 하면서도 상대방에게 강한 인상을 주려는 목적이 있지만, 자칫하면 신뢰를 떨어뜨릴 수 있다. 셋째, 어떤 정보도 누설해서는 안 된다는 고정관념이다. 정보를 숨기는 것은 협상의 효율성을 떨어뜨릴 수 있으며, 정보 공유는 협상의 핵심이므로 적절하게 활용해야 한다. 넷째, 상대방의 처지에 공감을 표시하지 말아야 한다는 고정관념이다. 공감은 협상에서 상대방과의 관계를 개선하는 데 도움이 되므로, 이 고정관념은 협상을 어렵게 만들 수 있다. 다섯째, 상대방의 주장의 정당성을 공격해야 한다는 고정관념이다. 이는 상대방의 주장을 비난하거나 공격하는 것으로, 협상의 분위기를 악화시킬 수 있다. 마지막으로, 심리적으로 상대방을 흔들어야 한다는 고정관념으로 감정적인 압박이나 위협은 협상의 결과에 부정적인 영향을 미칠 수 있다.

이러한 고정관념을 극복하고 협상을 효과적으로 이끌기 위해서는 상대방의 이익과 나의 이익을 고려하며 유연하게 접근하는 것이 필요하다. 이러한 고정관념과 전략의 기저에는 상대방의 이익이 나의 손해라는 인식이 내포되어 있다. 이는 파이의 크기가 고정되어 있을 것이라는 잘못된 가정에서 비롯되며, 협상을 Win/Lose 또는 Zero-sum의 상황에서 이해하기 때문에 발생한다. 또한 협상을 힘과 의지의 대결로 이해하는 편견에서 이러한 전략이 나올 수 있다.


## 4. 협상을 시작하는 조건(시기)

협상은 많은 에너지를 소모하는 대화 기법이다. 협상은 상호 의존성과 상대방과의 관계를 고려하여 신중하게 진행되어야 한다. 협상을 시작할 때, 허브 코헨(2011)이 제안한 3가지 질문에 모두 충족되면 협상을 시작할 수 있다.

첫째 협상에 참여하는 것이 내게 편안한지 고려해야 하며 상황과 상대방과의 관계를 고려하여 협상을 시작할지 여부를 결정해야 한다. 둘째 협상을 하면 내가 필요로 하는 것을 충족시킬 수 있는가? 협상을 통해 내가 원하는 목표를 달성할 수 있는지 확인해야 한다. 협상의 결과가 내 이익을 충족시킬 수 있는지 고려해야 한다. 셋째 협상의 결과로 얻는 이익이 내가 소비하는 비용과 시간만큼 가치가 있는 일인가? 협상의 결과로 얻는 이익이 내가 투자한 비용과 시간에 비해 가치 있는지 판단해야 한다.

이를 위해서는 늘 상황을 유리하게 이끌어갈 수 있는 힘을 가져야 한다. 대표적으로 정찰제 매장에서는 흥정(협상)을 할 수 없다는 믿음이 있다. 대중들은 시도조차

하지 않는다. 재래시장에서는 흥정과 협상이 이루어지지만, 대형마트나 쇼핑몰에서는 별도의 흥정(협상)이 실시되지 않는다. 결국, 정찰제 매장은 '흥정이 안됨'이라는 공식을 유발하게 된다. 이는 관행의 힘 때문에 협상을 시도조차 하지 않는 결과를 낳는다.

## 5. 협상의 유형[1]

### 1) 분배적 협상

분배적 협상이란 협상에서 분배해야 할 가치가 고정되어 있으므로, 양측 모두 분배의 몫을 가능한 한 많이 차지하는 것을 목적으로 하는 협상 유형이다. 이러한 이유로, 협상 테이블에 앉은 상대방을 협상의 대상이 아니라 반드시 이겨야 하는 적으로 간주하게 되고, 그 결과 모든 협상은 승자와 패자를 이분법적으로 구분하게 된다. 배분적 협상에 참여하는 당사자들은 자신의 몫을 차지하기 위해 경쟁적이 되고, 상대방을 희생시켜서라도 자신의 승리를 쟁취하려고 하는 제로섬(zero-sum) 방식의 협상 결과를 가져온다.

지금 여기 있는 파이(자원)의 배당을 결정하는 거래라면, '빼앗을 것인지 빼앗길 것인지'의 줄다리기라고 생각하는 사람도 있을 것이다. 상대의 이익이 많아지면 그만큼 자신의 이익이 적어지기 때문에 어떻게든 상대방을 속이거나 구슬려서 잠자코 있게 하는 것이 중요하다고 생각할 수도 있다. 분명히 한정된 파이의 몫을 서로에게 배당하는 협상에서는 양자의 이해가 완전히 대립한다. 이런 구조를 지닌 협상을 '분배적 협상'이라고 한다.

분배적 협상의 예로서, 중고차 매매 협상을 생각해 보자. 가격 이외의 조건은 모두 결정되었으며 쟁점은 하나(가격)뿐이다. 매도자는 되도록 비싸게 팔고 싶지만 500만 원까지는 깎아줄 수 있다고 생각한다. 매수자는 되도록 싸게 사고 싶지만 1000만 원까지는 괜찮다고 생각한다.

---

1 이 부분은 은재호. (2011)의 연구를 재구성.

제로섬(zero-sum) 게임

- 개념: 파이(고정된 자원)를 더 많이 갈라먹기(배당) 위한 협상
- 협상결과: 상대방을 희생시키더라도 자신의 승리를 쟁취
- 목적: 분배할 가치가 고정되어 있으며, 양측 모두 분배의 몫을 가능한 한 많이 차지하는 협상 유형
- 주어진 파이를 협상자들이 나눔(A: +, B: -, 총합 0)
- 협상해야 하는 쟁점이 단일일 때(쟁점이 복수일 때는 통합적 협상)
- 협상목표: 개인의 이익을 극대화하고 손실을 최소화
- 가정: '분배할 가치의 양이 제한되어 있으며, A 당사자의 이익은 B 당사자의 비용으로 발생한다는 가정
- 초점: 가치 창출보다는 가치 주장에 있으며, 당사자들은 경쟁적인 입장을 취하고 가능한 최상의 결과를 얻기 위해 공격적인 전술을 채택하는 경향이 있다. 양보는 약함의 표시로 간주되며, 당사자 간의 장기적인 관계를 유지하는 데 경시된다.

## 2) 적대적 협상

분배적 협상과 유사한 적대적 협상은 대립적이고 전투적인 접근 방식을 특징으로 한다. 당사자들이 서로를 적으로 간주하고 목표를 달성하기 위해 서로를 능가하거나 약화시키려는 적대적 사고 방식을 포함한다. 적대적 협상에는 종종 위협, 허풍, 또는 압박을 사용하여 이점을 얻는 논쟁적이고 공격적인 전술이 포함된다. 적대적 협상에서는 당사자들이 경직된 입장을 취하고 상대방의 근본적인 이익이나 필요를 고려하지 않고 그들의 요구를 주장한다. 목표는 어떤 대가를 치르더라도 승리하는 것이며, 상호 유익한 솔루션을 찾거나 장기적인 관계를 구축하는 데 중점을 두지 않는다.

분배적 협상과 적대적 협상이 경쟁적 성격 측면에서 유사점을 공유하지만, 반드시 동의어는 아니다. 적대적 협상은 당사자 간에 근본적인 불일치나 갈등이 있는 경우와 같이, 분배 시나리오를 넘어 다른 협상 맥락에서도 발생할 수 있다. 반면에 분배적 협상은 특히 고정된 양의 자원을 나누는 상황에서 경쟁적인 접근 방식을 의미

한다. 두 접근 방식 모두 고유한 장점과 단점이 있으며, 협상의 목표와 역학 관계에 따라 서로 다른 상황에 적용될 수 있다. 분배 협상(경쟁적 협상 또는 제로섬 협상이라고도 함)은 고정된 자원 집합의 분배를 놓고 당사자들이 직접적으로 충돌하기에 근본적인 가정은 분배할 가치의 양이 제한되어 있으며 한 당사자의 이익은 다른 당사자의 비용으로 발생한다는 것이다. 분배 협상에서 초점은 가치 창출보다는 가치 주장에 있다. 당사자들은 경쟁적인 입장을 취하고 가능한 최상의 결과를 얻기 위해 공격적인 전술을 채택하는 경향이 있다.

## 3) 통합적 협상

한정된 파이를 나누는 대신 파이 자체의 크기를 키울 수 있는 협상이다. 협상 당사자들이 각자의 이해관계를 통합한 합의를 도출하여, 서로 극대화된 이익을 얻기 위해 협력하는 방식이다. 이러한 통합적 협상 전략은 새로운 가치 창출과 동시에 자기 몫을 챙길 수 있는 전략으로, 서로가 '윈-윈(Win-Win)'할 수 있는 협상의 유형이다. 통합적 협상이 가능하기 위해서는 첫째, 협상에서 분배 대상이 되는 가치를 최대화하는 것이 필요하다. 둘째, 자신의 몫을 최대화하는 것이 필요하다. 파이(자원)가 한정된 분배적 협상과 달리, 파이(자원) 자체를 높이는 협상도 있다. 이는 양자 모두 자신의 이익을 크게 하고 싶지만, 이해가 완전히 대립하지는 않는 구조일 때 가능하다. 이러한 협상을 '통합적 협상'이라고 한다.

통합적 협상의 예로 치킨집 사장과 아르바이트 학생이 협상하려고 한다. 쟁점은 시급과 근무 시간 두 가지이다(최저 시급 같은 기준 임금은 정해져 있지 않고, 둘의 협상으로 임금을 정한다고 가정한다). 사장은 아르바이트 학생에게 지급할 시급을 낮게 하고, 1일 근무 시간을 길게 하고 싶어 한다. 반면 학생은 시급을 높게 하고, 1일 근무 시간을 짧게 하고 싶어 한다. 이때 사장에게는 근무 시간이 긴 것이 더 중요하며, 학생에게는 근무 시간보다 시급이 우선이다.

이때 사장과 학생은 서로 중요하지 않은 조건을 양보하고, 중요하다고 생각하는 조건은 상대방이 양보함으로써 최선의 결과에 접근할 수 있다. 이 경우, 학생의 희망대로 시급을 올리고 사장의 요구에 맞춰 근무 시간을 늘리는 것이 최선이다. 실제 협상간 현실적으로 인간은 항상 자신을 기준으로 상황을 보는 '자기중심성'이 강하다. 이는 협상에서도 무의식 중에 '자신에게 중요한 쟁점은 상대방에게도 분명히 중요할 것이다'라고 생각하게 한다. 그렇게 되지 않으려고 주의하지만, 타인의 입장에서 생각하는 일은 생각보다 훨씬 어렵다.

대부분의 사람은 합이 고정되어 있다는 환상에 빠져 있다는 사실을 자각하지 못한다. 먼저 그 사실을 깨닫는 것이 중요하다. 그런 다음, 상대 주장의 배후에 있는 이해의 우선순위에 눈을 돌리고, 그것을 이해하려고 노력하는 것이 중요하다. 물론 협상에서 서로 속내를 밝히려는 것은 어렵다. 그래서 어떤 조건을 언급하는 장면에서 상대의 표정을 살피며 이해의 우선순위를 추측하는 등, 통합적 협상의 길이 열릴 가능성을 의식하는 것이 유익하다.

## 3D 협상: 숨어 있는 가치를 발견하는 하버드의 3차원 생각법

- (개념) 3D 협상은 협상가에게 협상 테이블에서 전술 이상의 것을 바라보라고 촉구하는 협상 유형이다. 상호 이익을 극대화하고 관계를 구축하는 것을 목표로 한다. 《당신은 협상을 아는가》는 하버드의 인재들을 3차원 협상가로 키워온 최고의 강의를 담은 책이다. 세계 최초로 MBA를 개설한 하버드는 또한 '협상'을 필수과목으로 정했다. 20년 동안 하버드 케네디스쿨, 비즈니스 스쿨, 로스쿨 협상 강의의 바탕이자, 세상을 바라보는 사고방식을 바꿔놓은 '3차원 협상법'의 모든 것이 이 책에 담겨있다(Lax & Sebenius, (2015). 저자 Lax와 Sebenius는 하버드 협상 교육의 핵심 연구가이자 세계적인 협상 전문가로, 20세기와 21세기 세계의 정치, 경제, 외교의 주요 협상 전략을 세워 온 사례들을 체계적으로 설명한다. 오늘날 누구나 협상가로서의 능력을 요구받는다. 예술이자 과학에 가까운 3차원 협상의 본질을 자연스럽게 몸에 익힐 수 있다.
- (구성요소)
  1. (관심사 식별 및 이해) 모든 당사자의 관심사, 요구 사항 및 우선 순위를 식별한다. 개방형 질문을 통해 상대방의 동기와 우려 사항을 이해하려고 노력한다.
  2. (협력적 사고방식) 상생하는 사고방식으로 협상에 임하며, 모두가 더 많은 것을 얻을 수 있도록 함께 일하는 것을 강조한다.
  3. (파이 확장) 추가적인 가치를 창출하고 사용 가능한 리소스를 확장할 수 있는

기회를 탐구한다. 창의적인 솔루션을 고려하고 고정관념에서 벗어나 생각한다.
• 3D 접근 방식은 획기적인 합의를 이끌어내기 위해 표준 전술로는 달성하기 어려운
방법을 보여주며, 상호 이익을 극대화하고 관계를 구축하는 것을 목표로 한다.

---

**분배적 협상 VS 통합적 협상 (예)**

• 상황 : A B 가 한개의 오렌지를 놓고 협상
  (분배적 협상) 오렌지를 얻기 위해 협상하나, 끝내 A만 오렌지 얻고 B는 얻지 못함
  (통합적 협상) A는 오렌지로 주스를 만들기 위해 협상 시도
  　　　　　　　B는 오렌지 껍질을 요리에 사용위해 협상 시도
  　　　　　　　*이슈가 오렌지 한개가 아닌 오렌지 주스 + 오렌지 껍질 늘게 됨

• 같은 협상을 분배적 협상으로 바라볼수도 통합적 협상으로 바라볼수 도 있음.
  - 협상시에는 가능하다면 여러 개의 이슈 + 서로가 원하는 바를 명확히 아는 것이 중요.
  - 서로가 원하는 바에서 타협과 동시에 이익을 극대화 시킬 수 있음

---

## 4) 토마스 킬만 갈등격자 모형에 의한 협상유형

앞서 제 3장에서 언급한 토마스와 킬만(Thomas & Kilmann, 1975)의 갈등격자모형은
협력성(cooperativeness)과 독단성(assertiveness)의 두 차원을 결합하여 경쟁형(competition),
협동형(collaboration), 타협형(compromise), 회피형(avoidance), 순응형(accommodation)
으로 갈등 관리 유형을 분류한 모형이다. 이를 토대로 협상 유형을 재구성할 수 있
다(박원우, 2010).

경쟁형 협상: 독단적이고 비협력적이며, 승패의 상황을 만드는 유형이다. 상대방
의 입장을 고려하지 않고 자신의 관심사를 위해 공식적인 권위를 사용할 때 적용된
다. 비상시와 같이 신속하고 결단력이 있는 행동이 요구되는 상황에서 필요하다.

타협형 협상: 조직의 욕구와 개인의 욕구 간에 적정선의 균형을 유지하려는 유
형이다. 당사자들이 다른 목표를 가지고 있거나 비슷한 힘을 가지고 있을 때 필요하
다. 동등한 협상력을 가진 상대방이 상호배타적인 목표를 달성하기 위해 노력하는
경우나 복잡한 사안에 대한 잠정적 해결안이 필요한 경우 주로 사용된다.

회피형 협상: 비협력적이고 비독단적 상황에서 당면한 갈등 문제를 무시하거나 도외시하는 유형이다. 문제가 사소하거나 다른 의제가 더 긴급한 경우, 나의 관심사를 만족시킬 가능성이 전혀 없는 경우에 선택된다.

순응형 협상: 비독단적이고 협력적인 유형으로, 상대방의 관심 부분(이익, 욕구)을 충족시키기 위해 자신의 관심 부분을 양보하거나 포기하는 상황에 적용된다. 차후 중요한 협상을 위해 상대방의 신뢰성을 획득해야 할 경우에 사용된다.

협동형 협상: 독단적이고 협력적이며, 서로의 관심사를 모두 만족시키기 위해 문제의 본질을 집중적이고 정확하게 파악하여 문제 해결의 통합적 대안을 도출하려고 한다. 각 당사자가 모두 이익을 보게 되는 윈윈(win-win)을 추구한다. 이러한 협상의 유형 분류는 협상의 전략과 목표를 명확하게 이해하는 데 도움이 된다.


## 6. 협상의 구성요소

협상의 핵심 구성요소는 어느 협상 상황에서도 공통적으로 적용할 수 있는 프로세스를 포함한다. 다음은 협상의 핵심 구성요소들이다.


### 1) 당사자(Party)

협상을 하는 사람을 당사자라고 부르며, 협상에서 누가 당사자인지를 확인하는 것이 중요하다. 당사자는 한 사람 또는 이해가 같은 사람들의 집단이며, 자신의 선호에 따라 행동한다. 협상에서 당사자들이 존재하는 경우 쉽게 확인이 가능하지만, 가장 중요한 당사자들이 협상 테이블에 나타나지 않는 경우도 빈번하다. 이러한 당사자들을 숨겨진 당사자(hidden table)라 한다. 이해당사자(party of interest)는 상대방(opponent)과 구분할 필요가 있다. 일반적으로 협상에서 상대방을 의미하는 공통된 표현은 없다. 완전히 경쟁적인 협상의 경우처럼 당사자들의 이해가 상반되는 경우, '상대방'이라는 표현이 자주 쓰인다. 협상 당사자들의 이해가 협력적인 경우, '파트너'라는 표현이 쓰이기도 한다. 집단 간 협상의 경우 흔히 대표(representative) 또는 대리인(agent)에 의해 협상이 진행되며, 이들은 집단의 이해를 대표한다. 그 밖에도 집단의 구성원(constituent)이나 제3자(third party) 등과 같은 행위자들이 존재한다. 따라서 협상에 앞서 누가 이러한 사람들이며, 협상에서 이들의 위치가 어떻게 되는지를 확인하는 일이 매우 중요하다.

## 2) 의제(Agenda)

의제는 사안 또는 쟁점으로 불리며, 협상을 통해 분배되어야 하는 자원 또는 해결되어야 할 사항들을 의미하며 협상을 통해 분배되어야 하는 자원 또는 해결해야 할 사항들을 의미한다. 성공적인 협상의 핵심 조건은 의제들에 대한 정확한 파악이다. 의제의 수가 많아질수록 더 나은 협상 상황이 조성되는데 의제가 많을수록 당사자에게 의제들 간의 득실을 계산하는 데 더 많은 기회를 제공하게 된다. 예를 들어, 의제가 임금 한 가지로 고용주와 노동자가 서로 상충되는 선호를 가지고 있는 임금 협상의 경우, 고용주는 임금을 최소화하기를 원하고, 노동자는 더 많은 임금을 원한다. 이 경우, 두 당사자는 부분적인 만족을 통해 타협안에 도달할 수 있다. 그러나 동일한 협상 상황에서 임금뿐만 아니라 유급휴가일 수, 근로시간, 직장보험, 상여금 등이 의제에 포함되면, 당사자들은 의제들 간의 득실을 계산하여 협상하게 되고 의제 간 교환이 가능해진다. 그 결과, 자신에게 중요한 것으로 여겨지는 의제에 대해 서로 이익을 얻을 가능성이 커진다.

## 3) 대안(Alternatives)

협상에서 대안은 해결이 필요한 각 의제에 대해 당사자들이 취할 수 있는 선택을 의미한다. 예를 들어, 고용 협상에서 직장보험 의제의 대안으로는 가족에 대한 의료 혜택의 범위, 의료기관의 선정 등이 있을 수 있다. 또한, 휴가의 경우 연 5일에서 연 15일까지의 다양한 수준의 대안이 존재할 수 있다. 당사자들은 의제를 확인하는 것처럼 대안도 확인하고 개발해야 한다. 대안이 많을수록 협상이 성공적으로 진행될 가능성은 커진다.

## 4) 이해관계와 입장(Interests and Positions)

입장(positions)은 특정한 의제에 대해 협상 당사자가 명시한 선호를 의미한다. 반면, 이해관계(욕구)(interests)는 당사자가 생각하는 내면적 욕구로서 행동을 인도하는 근본적인 욕구다. 입장은 이해관계로부터 나온다. 예를 들어, 고용 협상에서 임금은 하나의 의제로서 직원이 연봉을 요구하는 것은 입장에 해당한다. 이 경우, 직원의 내면적 욕구는 대학 재학 중인 아들의 등록금을 내거나 10년 동안 은행 대출금을 변제하는 것 등이 될 수 있다. 성공적인 협상은 입장 협상에서 이해관계 협상으로 전환하는 데 있다. 입장이 이미 결정된 것이라면, 이해관계는 그렇게 결정하도록 만든 본질적인 동기를 의미한다(Fisher, Ury & Patton, 1991). 이해관계는 입장 뒤에 있는 소리 없는 행위자로서 상반된 입장의 이면에는 상충된 이해관계뿐만 아니라 공유와 양립 가능한 이해관계도 존재한다(Brown, 2021).

하지만 현실 속에서 당사자의 입장 뒤에 숨겨진 이해관계를 확인하는 것은 매우 어렵다. 흥미로운 사례로 자매의 오렌지 갈등이 있다. 두 자매는 오렌지 한 개를 나누기 위해 다퉜다. 두 자매는 오렌지를 반으로 나누는 것이 유일한 합의라고 생각했으나, 이는 둘 다 윈-윈하지 않은 결과였다. 한 명은 오렌지 속만 필요했고, 다른 한 명은 껍질만 필요했다. 상반된 입장의 이면에는 상충된 이해관계뿐만 아니라 공유와 양립 가능한 이해관계도 존재한다.

협상에서 스위트 스팟(Sweet Spot)을 찾는 것은 중요한 과정이다.[2] 스위트스팟은 양쪽이 만족할 수 있는 최적의 해결책을 의미한다. 예를 들어, 오렌지를 반으로 나누는 대신, 오렌지 껍질을 벗긴 후 한 명은 즙을 짜서 주스를 만들고, 다른 한 명은 오렌지 아이스콘을 만들기 위해 즙은 모두 버리고 오렌지 속만 사용하는 것이 스위트스팟이다(Thompson, 2020). 이렇게 상호 이익을 추구할 수 있는 해결책을 찾는 것이 협상의 핵심이다.

---

2 https://www.mk.co.kr/news/business/9483324

## 5) BATNA(Best Alternative to a Negotiated Agreement)

BATNA는 Fisher와 Ury (1981)에 의해 창안된 개념으로 협상 없이 얻을 수 있는 최선의 결과를 의미한다. 즉, 협상이 실패할 경우 당사자가 선택할 수 있는 여러 대안 중 가장 선호되는 것을 말한다. 협상력과 BATNA의 존재 여부는 협상력의 차이를 결정하는 중요한 요소 중 하나다. BATNA가 있는 경우, 현재 협상 상대방보다 더 매력적인 상황에 있으며, 이는 협상이 단절되어도 아쉬움이 없다는 것을 의미한다. 그러나 BATNA가 없고 상대방도 이 상황을 잘 인지하고 있다면, 협상력은 취약해질 수 있다(Sebenius, 2017).

협상 준비와 BATNA 관점에서 살펴보면 사람들은 협상 시작 전에 합의에 도달하지 못했을 때 선택할 수 있는 최선의 대안에 대해 충분히 준비하지 않는다. BATNA에 대해 생각해 보더라도 그것을 개선하려는 노력은 잘하지 않는 경향이 있다. 물론 대부분의 BATNA가 완전하지 않고 불확실성이 있더라도, 자신의 BATNA를 객관적으로 평가해 보는 노력이 필요하다. 더 매력적인 BATNA가 협상력을 증가시키며 이를 위해 협상간 상호적으로 받아들여지기 위해 필요한 최소 조건은 각자가 BATNA보다 협상을 선호하는 것이다. 따라서 각자의 BATNA의 매력도는 협상의 가능 영역(즉 상호적으로 받아들여질 수 있는 거래의 범위)이 존재하는지 여부를 결정하며, 만약 존재한다면 그러한 영역이 어디에 위치하는지를 결정해야 한다. 만약 어느 한쪽이 제안된 거래보다 BATNA를 선호한다면, 협상 가능 영역은 존재하지 않게 된다(Conlon & Pinkley & Sawyer, 2014).

예를 들어, 새로운 회사와의 연봉 협상에서 실패하는 경우, 현재 직장에 그대로 근무하거나 자영업을 시작하는 것이 BATNA가 될 수 있다. 또한, 시장에서 물건 값을 흥정하는 경우, 상인에게는 또 다른 손님이 BATNA가 되고, 고객에게는 또 다른 상점이 BATNA가 된다. 특히 파이를 나누는 분배적 협상에서는 훌륭한 BATNA를 갖는 것이 중요하다. 협상 전에 자신의 BATNA를 정확하게 평가하지 않는다면, 상대방에게 영향을 받을 위험이 있다. 협상 시 BATNA가 확보되어 있고 그 BATNA가 현재 협상 상대방보다 더 매력적 상황이면, 협상 테이블에서 유리한 위치를 차지할 수 있다. 반대로, BATNA가 없고 상대방도 그 상황을 잘 알고 있다면, 협상력은 떨어질 수밖에 없다.

결론적으로, 협상 전에 자신의 BATNA를 확인하고 개선하려는 노력을 기울이는 것이 중요하다. 훌륭한 BATNA를 갖고 있는 경우, 협상력은 크게 증대될 수 있다.

BATNA는 협상분야 실무에서 매우 성공적인 개념이 되었으며, Google 검색 결과만 1,700만 건의 사례 및 검색어가 분석되고 있다. 그러나 Getting to Yes(Fisher, Ury, Patton 1991)에서 이 개념의 초기 설명과 많은 후속 해석들은 여러 면에서 본질에서 벗어난 개념적 오해의 소지가 발생할 수 있다. 첫째 초기 설명은 BATNA 자체가 협상된 합의가 될 수 없다는 것을 암시하는 것으로 쉽게 읽힐 수 있다. 둘째 BATNA를 "다른 쪽과 독립적인 최고의 외부 옵션"으로 규정하는 것은 불필요하게 그 적용성을 제한하며, 특히 상호 의존적인 많은 협상 관계에서의 BATNA 적용시에는 오해가 발생할 수 있다. 셋째 BATNA는 종종 주로 "최후의 수단"으로 묘사되며, 교착 상태에 빠졌거나 "상대방이 더 강력할 때"만 관련이 있다고 잘못 설명된다. "BATNA가 없는 경우 협상은 어떻게 해야 하는가?"와 같은 질문은 오해를 반영한다. 숙련된 협상가와 분석가들은 일반적으로 이러한 함정을 피하지만, 덜 숙련된 사람들은 협상간 길을 잃을 수 있다.

## 6) 목표치와 유보치(Target Point and Reservation Point)

목표치는 당사자가 성취하고자 하는 최상의 결과이며, 유보치는 제안을 수용할 수 있는 최저 한계점이다. 모든 협상에서 당사자들은 성취하고자 하는 최상의 결과들을 가지고 있다. 이러한 최상의 결과를 목표치(target point & value)라고 한다. 목표치는 당사자가 가장 선호하거나 이상적으로 생각하는 해결 방법을 의미하며, 단순한 소망이 아닌 현실적인 가치를 반영해야 한다. 또한 구체적이고 명확한 수치로 측정이 가능하도록 설정하는 것이 바람직하다.

목표치와 함께 당사자들은 유보치(reservation point & value)를 지니고 있어야 한다. 유보치는 당사자가 제안을 수용할 수 있는 최저 한계점이며, 상대방이 더 이상의 양보를 거부할 경우 협상을 파기할 수 있는 임계점으로 일종의 마지노선이 된다. 협상가는 협상 준비단계에서 미리 협상을 파기할 수 있는 임계치를 결정해 둘 필요가 있다. 유보치는 BATNA로부터 도출되지만 반드시 동일한 것은 아니다. 유보치가 분명하지 않은 협상가들은 흔히 유보치로 위장된 어떤 자의적 가격이나 기준에 협상의 준거를 맞추게 된다(Thompson, 1998; 심준섭, 2008). 이러한 목표치와 유보치 사이의 영역은 한 당사자의 협상범위(bargaining range)가 된다.

## 7) 합의가능영역(Zone of Possible Agreement, ZOPA)

합의가능영역은 협상에서 흥정영역(bargaining zone) 또는 타협영역(settlement zone)으로 불리며, 협상이 타결 가능한 범위를 말한다(Walton & McKersie, 1965). 합의가능영역은 두 당사자의 유보치 사이의 영역으로, 협상에 참여하는 양 당사자가 수용할 수 있는 잠재적 결과 또는 조건의 범위를 의미한다. 예를 들어 판매자와 구매자의 예약 포인트 사이의 중첩이나, 각각 그들이 받아들일 의향이 있는 가장 낮은 포인트와 가장 높은 포인트를 포함한다.

협상이 가능하려면 합의가능영역이 존재해야만 한다. 당사자들의 유보치 영역이 중첩되어 긍정적인 흥정영역이 존재할 때 협상이 가능해지며, 중첩되지 않아 합의가능영역이 존재하지 않을 경우, 부정적인 흥정영역이 만들어져 협상이 이루어질 수 없게 된다. 양 당사자가 이 범위 내에서 자신의 이익과 필요를 충족하는 조건을 찾을 수 있으므로, 상호 이익이 되는 합의에 도달할 수 있는 공간이다. 결국 협상이 타결 가능한 범위로, 두 당사자의 유보치 사이의 영역이다.

## 제2절　위기협상(Crisis Negotiation) 개념과 유형

위기협상(Crisis Negotiation)은 극단적인 상황에서 폭력과 인명 피해를 최소화하고 평화적인 해결을 이끌어내기 위한 대화 중심의 전략이다(Archer & Todd, 2020). 현대의 위기 협상은 법 집행 공무원이 자신 또는 다른 사람에게 폭력을 행사하겠다고 위협하는 대상(피험자)과 의사 소통하는 것을 포함하고 있다. 이러한 피험자는 자살 위험을 내포하고 있거나, 가정 폭력이나 직장 폭력에 연루되어 있거나, 인질 또는 바리케이드 상황의 일부(예: 강도 사건 후 탈출을 시도하는 범죄자) 또는 테러 관련 행위를 저지르려고 할 수 있다. 위기협상은 경찰, 군대, 정부 기관, 기업, 정신 건강 전문가 등이 다양한 상황에서 활용하는 중요한 기술로서 폭력을 방지하고 인명을 보호하는 중요한 역할을 한다. 협상가는 심리학과 커뮤니케이션 기술을 활용해 극단적 상황을 해결하며, 이를 위해 지속적인 훈련과 연구가 필요하다. 국내에서도 위기협상팀이 점점 확대되면서 전문적인 협상 기법이 발전하고 있다. 국내 정부부처에서는 경찰이 주로 위기협상을 담당하게 되는데 인명을 보호하고 폭력을 최소화하기 위한 필수적인 경찰 업무이다. 경찰 위기협상(Police Crisis Negotiation)은 인질 상황, 자살 시도, 테러, 무장 대치 등 극한 상황에서 인명을 보호하고 평화적인 해결을 이끌어 내기 위해 경찰이 수행하는 전문적인 협상 과정이다. 경찰 위기협상에서는 전문적인 위기협상팀(Crisis Negotiation Team, CNT)에서 담당하게 된다(Archer & Todd, 2020). 본 장에서는 정부 위기협상, 범죄 및 테러시의 위기협상, 기업 위기협상을 중심으로 살펴보겠다.


# 1. 위기협상의 기원

오늘날 사용되는 위기 협상 기법은 1970년대 미국에서 시작되었다. 몇몇 사건에서 너무 많은 부상자와 사망자가 발생하는 것을 우려한 하비 슐로스버그(Harvey Schlossberg), 프랭크 볼츠(Frank Bolz) 및 다른 사람들은 당시 선호되던 폭력적인 전술적 공격, 즉 '하드 전술'에 대한 대안적 접근법을 홍보하기 시작했다(Archer & Todd, 2020). 주목할 만한 사건 중 하나는 1972년 뮌헨 올림픽 참사로, 이 테러 사건으로 20명이 사망했다. 10명은 이스라엘 선수들을 인질로 잡은 아랍 테러리스트 조직의 일원이었고, 9명은 이스라엘 인질이었으며, 1명은 독일 경찰이었다(Becker 2008).

심리학자이자 뉴욕시 경찰국(NYPD) 형사였던 슐로스버그는 같은 경찰 동료였던 볼츠와 함께 인질 협상을 위한 지침을 만들었다. 이들은 상황을 억제하고 모든 수단을 다 써버리거나 상황이 해결될 때까지 협상한다는 원칙에 기반했다. 두 사람은 또한 NYPD 동료들을 위한 인질 구출 프로그램을 수립하여 처음으로 전술적 대응보다 인질 협상을 촉진했다. 이 프로그램의 일환으로 장려된 기술 중 대표적인 기법이 바로 적극적인 경청이었다(Royce, 2005). 또 다른 기법은 협상 과정을 최대한 지연시키고 상황의 감정적 강도를 줄여 협상 대상자와 협상가가 보다 이성적으로 '대화'할 수 있는 기회를 갖는 방법을 찾는 것이었다. 세 번째는 협상 상황/경계선을 확보하는 효과적인 방법을 마련하여 협상 당사자와 협상 주체가 안전하게 논의할 수 있도록 하는 것이었다. 한편 1973년 스웨덴 은행에서 총격범이 인질을 잡은 사건과 131시간의 대치 끝에 인질들이 경찰이 아닌 범인의 편을 든 사건도 협상 프로그램에 반영되었다. 특히 협상가들은 피험자, 인질 및 관련된 모든 사람의 행동을 심리학적 원리와 이론에 기반하여 이해할 필요가 있다는 것을 인식하게 되었다. 비록 그러한 행동이 처음에는 무의미하거나 비합리적으로 보일 수 있지만 말이다(Becker, 2008).

## 2. 정부 위기협상(Government Crisis Negotiation)

정부 위기협상은 국가 또는 공공기관이 정치적, 경제적, 사회적, 외교적, 군사적 위기 상황에서 이해관계자와 협상을 통해 문제를 해결하는 과정이다. 국가의 신뢰성과 국민의 안전을 보호하면서 위기를 관리하는 것이 핵심 목표다. 정부 위기협상은 국가의 미래를 결정짓는 중요한 과정이며, 효과적인 협상 전략이 필요하다.

### 1) 정부 위기협상의 개념

정부 위기협상은 국가가 직면하는 다양한 위기 상황(외교 분쟁, 군사 충돌, 경제 위기, 노동 분쟁, 테러 협상 등)에서 효과적으로 협상을 통해 문제를 해결하는 전략이다. 주요 특징으로 다층적인 이해관계자(국민, 외국 정부, 국제기구, 기업, 시민사회 등)와 협상을 한다. 또한 정치적, 외교적, 법적 요소를 고려한 전략적 접근하며 단기적 해결뿐만 아니라 장기적 국가 이익을 고려하게 된다(박휘락, 2018).

정부 위기협상의 주요 목표는 국민 보호(위기 상황에서 국민의 생명과 재산 보호), 국가 안보 유지(군사, 외교, 경제적 안정 확보), 국제적 신뢰 유지 및 국가 이미지 및 외교적 신뢰성 확보, 경제적 피해 최소화(금융, 무역, 산업 등 경제적 리스크 관리), 사회적 갈등 조정 측면에서 내국인 및 외국인, 다양한 이해관계자의 요구 조율 등을 들 수 있다.

## 2) 정부 위기협상의 주요 유형

### (1) 외교 및 국제 위기 협상

- 외교 분쟁 해결 협상: 영토 분쟁, 국제 제재, 조약 협상
- 군사적 충돌 방지 협상: 전쟁 억제, 비핵화 협상, 방위 조약
- 국제 경제 협상: 무역 협정, 경제 제재, 글로벌 금융 위기 대응

### (2) 국내 사회 및 정치 위기 협상

- 노동 분쟁 협상: 대규모 파업, 공공기관 노사 협상
- 시민사회 및 정치적 갈등 협상: 시위 대응, 정치적 갈등 조정
- 환경 및 공공 정책 협상: 기후 변화 대응, 대형 인프라 프로젝트 조정

### (3) 공공 안전 및 테러 협상

- 테러리스트 협상: 인질극, 항공기 납치, 대테러 협상
- 자연재해 및 공공 안전 위기 협상: 대형 재난, 팬데믹 대응 협상
- 사이버 보안 협상: 국가 기관 해킹, 사이버 전쟁 대응

### (4) 정부 위기협상의 주요 원칙

- 국가 이익 우선(National Interest First): 협상의 최종 목표는 국가 이익과 국민 보호
- 국제적 신뢰 유지(Maintaining Credibility): 협상 과정에서 국가의 신뢰성과 지속성 유지
- 비공개 및 공식 협상의 조화(Confidentiality & Transparency Balance): 일부 협상은 비공개로 진행되지만, 국민이 신뢰할 수 있는 투명성 필요

- 전략적 유연성(Strategic Flexibility): 다양한 시나리오에 대응할 수 있도록 협상 전략 조정
- 법적·도덕적 책임 준수(Legal & Ethical Responsibility): 국제법 및 국내법을 준수하는 협상 진행

## (5) 정부 위기협상의 주요 과정

① 위기 발생 초기 대응: 사태 파악 및 긴급 대책 위원회 구성, 이해관계자 분석 및 협상팀 구성, 위기 대응 시나리오 마련
② 협상 전략 수립 및 실행: 협상 목표 설정(최대 목표, 최소 목표, 협상 한계선), 협상 팀 배치 및 대화 채널 설정, 상호 이익을 고려한 협상안 도출
③ 협상 과정 진행: 공식 및 비공식 채널을 활용한 협상 진행, 상대방의 요구 분석 및 대응 전략 수립, 타결 가능성 및 대체 방안(BATNA) 검토
④ 협상 종료 및 사후 관리: 합의 이행 계획 수립 및 검증, 미디어 및 국민 대상 협상 결과 설명, 장기적인 외교 및 사회적 관계 유지

## (6) 주요 정부 위기협상 사례

- 베르사유 조약 협상(1919)
  - 배경: 1차 세계대전 후 독일과 연합국 간의 평화 협상
  - 실패 요인: 독일에 과도한 경제적 부담 부과 → 2차 세계대전 원인 제공

- 쿠바 미사일 위기 협상(1962)
  - 배경: 미국과 소련 간의 핵전쟁 위기
  - 협상 전략: 직접적인 외교 채널 활용, 비공식 합의
  - 결과: 소련이 쿠바에서 미사일 철수, 미국은 터키에서 미사일 철수

- 한반도 비핵화 협상(1994, 2018-2019)
  - 배경: 북한의 핵 개발과 국제 사회의 제재

- 협상 전략: 단계적 비핵화, 경제 지원 교환
- 결과: 1994년 제네바 합의(실패), 2018-2019 북미 정상회담 진행

• 한국 IMF 경제 위기 협상(1997)
  - 배경: 아시아 외환 위기로 한국 경제 붕괴 위기
  - 협상 전략: IMF 긴급 자금 지원 요청, 경제 개혁 조건 수용
  - 결과: 금융 구조 개혁, 경제 회복

• 브렉시트 협상(2016-2020)
  - 배경: 영국의 EU 탈퇴 협상
  - 실패 요인: 영국 내부 정치 갈등, 협상안 합의 어려움

# 3. 범죄 및 테러시 인질 납치 위기협상

## 1) 개념과 목적

위기협상은 협상 대상자가 극단적이거나 비이성적인 상태에 있을 때, 심리적 안정과 신뢰를 형성하여 사태를 해결하는 과정이다. 인질테러(납치) 협상, 자살 협상, 범죄자 대치 협상 등 다양한 분야에서 적용된다.

이러한 위기협상의 주요 목적은 첫째 인명 보호로서 인질, 용의자, 협상가 및 시민의 안전을 확보하며 폭력을 최소화하고 물리적 충돌 없이 사태를 종결하는 것이다. 둘째 심리적 안정으로 협상 대상자의 감정을 진정시키고 극단적 행동 방지하는 것이다. 셋째 정보 수집을 위해 대상자의 동기, 요구사항, 심리 상태 분석한다. 넷째 시간 지연 측면에서 감정을 가라앉히고 대응팀이 준비할 시간을 확보한다.

## 2) 위기협상의 주요 원칙

- 적극적 경청(Active Listening): 상대방의 말을 경청하고 피드백 제공. "당신의 감정을 이해합니다"와 같은 표현 사용해야 한다.
- 신뢰 구축(Building Rapport): 공감적 태도를 통해 심리적 유대감 형성, 상대방이 자신을 믿고 대화에 응하도록 유도한다.
- 감정 완화(Emotion Management): 분노나 불안감을 감소시키기 위한 부드러운 대화 방식을 사용한다.
- 정보 분석(Gathering Information): 상대방의 요구와 동기를 파악하여 전략을 조정한다.
- 유연한 대응(Flexibility & Adaptability): 상황 변화에 따라 즉각적으로 협상 전략 수정한다.

## 3) 위기협상의 주요 과정

① 초기 대응: 위기 상황을 신속히 파악하고 통제, 협상 대상자의 심리 상태 및 배경 조사, 대화 채널 설정 및 신뢰 형성(정우일, 2008)
② 협상 진행: 대상자의 요구를 듣고 현실적인 해결책 모색, 감정적인 대응 대신 논리적이고 차분한 태도 유지, 대상자의 분노, 불안, 좌절감을 낮추는 대화 기법 활용
③ 해결 및 종료: 협상을 통해 대상자가 자발적으로 행동을 바꾸도록 유도, 무력 사용 없이 평화적 해결이 최우선, 사후 관리 및 재발 방지를 위한 피드백 진행

인질 위기협상시 주요 과정

1) 초기 대응: 현장 상황 파악 및 통제, 용의자와의 접촉 시도, 인질 유무 확인
2) 심리 분석 및 의사소통: 용의자의 동기와 목적 분석, 대상자의 심리 상태 및 요
   구 사항 파악, 신뢰 형성을 위한 의사소통 기술 활용
3) 협상 진행: 비폭력적 해결을 유도, 점진적 요구 수락을 통해 인질 석방 유도
   지속적인 대화를 통해 대상자의 감정을 완화
4) 해결 및 사후 처리: 대상자가 자발적으로 항복하도록 유도, 상황 종료 후 인질
   및 관련자 심리적 지원, 대응 과정 평가 및 피드백 반영

## 4) 위기협상의 유형

- 인질 협상(Hostage Negotiation): 강도, 테러 등 인질이 있는 상황에서 인질의 안
  전 확보가 최우선
- 자살 협상(Suicide Negotiation): 자살 시도자를 설득하여 생명을 보호, 공감적
  경청과 심리적 안정이 핵심
- 범죄자 대치 협상(Barricade Negotiation): 무장 용의자가 특정 장소에서 경찰과
  대치, 무력 사용 없이 협상으로 해결 유도
- 테러 협상(Terrorism Negotiation): 조직적이고 이념적인 목적을 가진 테러범과
  협상, 국가 간 협력이 필요한 경우가 많음

## 5) 성공적인 위기협상의 조건

- 협상가의 전문성: 심리학, 의사소통 기술, 위기 대응 훈련이 필수
- 팀워크: 협상가, 특수기동대, 정신 건강 전문가 등 다양한 인력의 협력
- 시간 관리: 감정이 가라앉을 수 있도록 충분한 협상 시간 확보
- 전략적 유연성: 협상 대상자의 반응에 따라 전략을 조정할 수 있는 능력

## 4. 기업 위기협상(Corporate Crisis Negotiation)

기업 위기협상은 내부 또는 외부의 심각한 위기 상황에서 이해관계자(고객, 직원, 주주, 정부 기관, 미디어 등)와 협상을 통해 문제를 해결하고 기업의 명성을 보호하는 과정이다. 이는 기업의 생존과 지속 가능성을 결정짓는 중요한 전략적 활동이다(정재엽, 김동재, 2022).

기업 위기협상은 단순한 위기 대응을 넘어 기업의 명성과 지속 가능성을 좌우하는 중요한 과정이다. 사전 준비와 리스크 관리가 필수이며, 투명하고 신뢰할 수 있는 커뮤니케이션을 유지하고, 이해관계자의 우려를 고려한 협상 전략을 수립해야 한다. 기업이 효과적인 위기협상 전략을 실행하면 단기적인 손실을 줄일 뿐 아니라, 장기적으로 신뢰받는 브랜드로 성장할 수 있다.

### 1) 기업 위기협상의 개념과 목적

기업 위기협상은 재무적 손실, 평판 위기, 법적 문제, 노동 분쟁, 고객 및 파트너와의 갈등 등 다양한 위기 상황에서 기업이 효과적으로 대응하기 위한 전략적 협상 기법이다. 특히, 위기 상황에서는 단순한 거래 협상이 아니라 감정적이고 복잡한 이해관계를 조율해야 하기 때문에 보다 정교한 협상 전략이 필요하다.

기업 위기협상의 주요 목적은 기업의 명성 보호를 통한 부정적 여론 확산 방지 및 브랜드 가치 유지, 재무적 피해 최소화(주가 하락, 고객 이탈, 법적 책임 감소), 법적 위험 회피 및 규제 준수(정부 기관 및 법적 문제 대응), 이해관계자와의 신뢰 회복(직원, 고객, 투자자, 미디어 등), 지속 가능성 확보(단기적 위기 극복뿐 아니라 장기적 생존 전략 구축) 등이다 (정재엽, 김동재, 2022).

### 2) 기업 위기협상의 주요 원칙

- 신속한 대응(Speedy Response): 위기 발생 초기 24~48시간이 가장 중요. 신속한

입장 표명 및 적극적인 해결 태도 필요

- 투명성과 신뢰 구축(Transparency & Trust): 정보를 숨기지 않고 솔직한 소통을 통해 신뢰 회복. 허위 정보나 변명을 지양하고 책임감 있는 태도 유지
- 이해관계자 중심 협상(Stakeholder-Centric Negotiation): 고객, 주주, 직원, 정부 기관, 미디어 등 각 이해관계자의 우려 해결
- 감정 조절 및 공감(Emotional Intelligence & Empathy): 감정적 대응을 피하고 상대방의 입장을 공감하는 태도 유지
- 전략적 협상(Strategic Negotiation): 단기적인 해결책이 아닌 장기적인 관계와 기업 이미지 고려

## 3) 기업 위기협상의 주요 유형

### (1) 내부 위기 협상

- 노사 협상(Labor Dispute Negotiation): 파업, 임금 협상, 노동 환경 문제 등 노사 간의 신뢰 구축 및 장기적 관계 개선 필요
- 내부 부정행위 대응(Corporate Fraud & Scandal Negotiation): 임원의 비리, 내부 고발 등. 법적 리스크 관리 및 내부 커뮤니케이션 전략 필수

### (2) 외부 이해관계자와의 협상

- 고객 및 소비자 보호 협상(Customer & Consumer Crisis Negotiation): 제품 리콜, 서비스 장애 등. 고객 신뢰 회복 및 법적 문제 방지
- 정부 및 규제 기관 협상(Government & Regulatory Negotiation): 법적 소송, 환경 규제, 독점 문제 등. 정부 및 규제 기관과의 협력적 해결 방안 모색
- 미디어 및 여론 대응 협상(Media & Public Relations Crisis Negotiation): 부정적 뉴스, SNS 위기 확산 등. 적극적인 미디어 전략 및 위기 커뮤니케이션 필요

## 5. 기업 위기협상의 주요 전략

### 1) 사전 예방 및 리스크 관리

위기 대응 시뮬레이션 및 대비책 마련, 명확한 커뮤니케이션 가이드라인 설정 사내 위기 대응팀 구성 및 정기적 훈련

### 2) 위기 발생 후 초기 대응

신속한 공식 입장 발표, 허위 정보 차단 및 투명한 정보 공개, 감정적 대응 대신 신뢰를 구축하는 접근 방식 유지(정인호, & 이재훈, 2012)

---

**주요 기업 위기협상 사례**

1) 타이레놀 사건(Tylenol Crisis, 1982)

사건 개요: 타이레놀(Johnson & Johnson) 제품에 청산가리 독극물 혼입 사건 발생. 고객 사망으로 인해 브랜드 신뢰도 위기

대응 전략: 신속한 제품 리콜 및 조사 진행. 투명한 정보 공개 및 안전 강화 대책 발표

결과: 소비자의 신뢰 회복 및 브랜드 가치 강화

2) 스타벅스 인종차별 논란(2018)

사건 개요: 스타벅스 매장에서 아프리카계 미국인이 부당하게 체포됨

대응 전략: CEO가 직접 사과 및 전국 매장 직원 대상 인종차별 교육 시행

결과: 위기관리의 모범 사례로 평가

3) BP 석유 유출 사고(BP Oil Spill, 2010)

사건 개요: 멕시코만에서 대규모 원유 유출 사고 발생. 환경 재앙 및 기업의 책임 논란

실패 요인: 초기 대응 부실(책임 회피 및 늦은 사과). 규제 기관 및 피해자와의 협상 실패

결과: 수십억 달러의 손실 및 브랜드 가치 하락

---

# 제10장

# 위기협상 주요 기법

위기관리와 협상기법은 긴밀하게 연계되어 있으며, 효과적인 위기 대응을 위해서는 협상기법이 필수적이다. 위기 상황에서 협상은 신뢰구축, 갈등해결, 의사소통 개선, 자원 배분, 의사결정의 신속성 측면에서 중요한 역할을 한다.

① 위기 상황에서는 신뢰가 중요한 요소이다. 협상을 통해 각자의 입장을 이해하고 조율함으로써 신뢰를 구축할 수 있으며 이는 앞으로의 문제 해결에도 긍정적인 영향을 준다. 협상을 통해 각자의 입장을 이해하고 조율함으로써 신뢰를 구축할

수 있다. 이는 앞으로의 문제 해결에도 긍정적인 영향을 준다. 협상기법을 통해 이해관계자 간의 신뢰를 구축하고, 협력적인 관계를 형성할 수 있다. ② 위기 상황에서는 다양한 이해관계자 간의 갈등이 발생할 수 있다. 협상기법을 통해 이러한 갈등을 효과적으로 해결하고, 공동의 목표를 달성할 수 있다. ③ 위기 상황에서는 명확하고 일관된 의사소통이 중요하다. 협상기법을 통해 효과적인 의사소통을 촉진하고, 오해를 줄일 수 있다. 협상 과정에서 다양한 의견이 교환되므로, 창의적이고 혁신적인 해결책을 도출할 수 있다. ④ 위기 상황에서는 제한된 자원을 효율적으로 배분하는 것이 중요하므로 협상기법을 통해 자원의 우선순위를 정하고, 필요한 곳에 적절히 배분할 수 있다. 자원이 한정된 위기상황에서는 협상을 통해 자원의 효율적인 분배가 가능하다. ⑤ 위기 상황에서는 신속한 결정이 필요한데 협상기법을 통해 빠르고 효율적인 결정을 내릴 수 있다. 위기상황에서는 신속하고 효과적인 해결이 매우 중요한데 특히 시간이 생명이다. 협상을 통해 불필요한 갈등을 줄이고 신속하게 해결책을 모색할 수 있다.

본 장에서는 대표적인 위기상황에서의 협상기법인 FBI 협상기법과 하버드 비즈니스 협상기법을 중심으로 살펴보기로 한다.

## 제1절　위기협상 기법

FBI 위기협상 기법에 따르면 협상 당사자들은 서로 존중받고 지지받기를 원하며, 감정적으로 최종 의사결정을 한다. 따라서 상대방에게서 무언가를 빼앗으려는 적대 의식은 숨기고, 연대감을 주며, 상대방으로 하여금 자신이 현재 상황을 통제하고 있다는 안정감을 줌으로써 같은 편으로 만들 때 상대방의 마음을 움직일 수 있다고 강조한다(Bos & Raz, 2023).

이를 통해 독자들에게 일상생활에서 펼쳐지는 설득과 협상의 장면에서 갈등에 부딪힐 때마다 대처하는 방법과 인간 심리를 어떻게 활용해야 하는지가 중점이다. 특히 감정적인 지원에 중점을 두며, 갈등 협상에서는 상대가 더 합리적이고 감정을 통제할 것으로 예상하여 존중을 표시하고 관계를 형성한다(Jon, 2023). 설득을 잘하거나 설득에 넘어가지 않으려면, 우리의 마음이 무엇에 의해 움직이는지를 먼저 알아야 한다. 사람들은 대부분 유창한 말솜씨나 빈틈없는 논리로 상대의 마음을 움직인다고 생각하지만, 결코 그렇지 않기 때문이다(Voss & Raz, 2016).

위기상황에서의 효과적인 협상이란, 목표를 달성하기 위해 가용한 지식과 정보를 활용하는 방법 등 협상 전 과정에서 심리적 우위를 차지하는 것이다. 이를 위해 때로는 상대의 마음을 움직이기 위해 시의적절하게 화를 내는 전략적 분개, 대립으로 치닫지 않으면서 경계선을 그을 수 있는 '나' 전달법 등의 방법을 제시한다. 또한, 잘못된 협상이나 타협보다 협상 결렬이 낫다고 강조하며, 협상에 절실함을 보이지 말 것을 강조한다(Voss, 2016). 목숨을 걸고 베팅하는 테러리스트들이 항상 얻을 게 없는 선택지를 고르는 이유가 여기에 있다.

## 1. FBI 협상 패러다임변화

### 1) 인질 구출 작전과 FBI의 변화

Roger Fisher와 William Ury는 "Getting to Yes"를 출간하면서 협상에서 이성적인 문제 해결 방식을 강조하였고, 감정과 문제를 분리하는 것이 중요하다고 주장하였다. 이들은 게임 이론과 법률적 사고를 결합하여 합리적인 행위자로서의 협상을 강조하였다. 그러나 이러한 이성적 협상 방식은 1970년대 미국의 대규모 인질 사건에 대한 대응 실패로 인해 일대 전환기를 맞게 되었다. 대표적인 사례로는 1972년 뮌헨 올림픽 인질 사건이 있는데, 이 사건에서 협상 실패로 이스라엘 선수 11명이 전원 사망하였다. 이 사건을 계기로 미국을 비롯한 서구권 주요 국가들은 위기 협상 기법을 도입하였으며, 협상이 폭력적 개입을 예방하는 데 중요한 역할을 한다는 점이 강조되었다(Jon, 2023). 갈등 상황에서 협상은 갈등의 복잡성과 난이도를 고려하여 가장 효과적인 해결책을 모색하는 데 필수적이며, 경찰 자원을 동원하는 과정에서 조기에 활용되어야 한다. 협상은 폭력적 개입을 피하는 데 중요한 역할을 한다.

이 사건은 FBI가 협상 접근 방식의 패러다임에 큰 변화를 가져오게 하였다. 협상 변화의 근간은 Kahneman 등이 주장한 인지적 편향과 같은, 인간은 비합리적 행위자라는 것이었다. 심리학자 Kahneman은 인간의 인지적 편향을 연구하였으며, 게임 이론과 같은 수리 이론으로 협상을 설명한다고 하더라도, 인간은 공포, 욕구, 지각, 욕망을 근거로 행동하고 반응하기에 합리적이지도 전적으로 이기적이지도 안정적이지도 않다고 주장하였다. Kahneman은 인간이 지극히 비이성적이며 감정에 휘둘리는 동물이라고 주장하였고, 모든 인간은 인지적 편향을 겪고 있다는 사실을 증명하였다. 이러한 주장은 협상이 비합리적 행위자의 감정에 좌우된다는 새로운 패러다임으로 변화되게 하였다.

1975년 뉴욕 경찰국은 위기 협상 전문가팀을 창설하여 협상 절차를 체계화하기 시작하였고, 1994년에는 FBI의 위기 협상 개혁이 이루어졌다. 이 과정에서 Critical Incident Response Group(CIRG)가 설립되었으며, 이를 통해 위기 상황에서 필요한 심리 기술 교육이 강조되었다.

이와 같은 변화는 FBI 협상 패러다임의 근본적인 변화를 의미하며, 비합리적인 요소를 고려한 새로운 접근 방식을 통해 보다 효과적인 위기 대응이 가능해졌다.

## 2) 감정중심의 협상기법의 발전

영국에서는 첫 번째 원칙에 입각한 전통적인 협상 방식의 메커니즘이 정립되었는데, 한쪽만 승리하는 것이 아닌 양 당사자의 이익이 충족되는 조건을 형성하였다. 이러한 모델은 인질 및 위기 협상 상황에서 잘 적용되어 해당 상황에 해결책을 제공하였으나, 이는 상황에만 집중하고 각 상황 주체의 사고방식을 고려하지 않는다는 비판을 받았다.

이를 개선하고자 두 번째 발전 단계에서는 위기 협상에 비즈니스적 접근 방식을 보완하여 인질 또는 위기 상황에 대한 감정 변수의 상황적 배경을 기반으로 모델을 제시하였다. 이 모델은 통상적인 요구를 해결하는 것 외에 위기 상황에서의 급박한 요구를 해결하려는 데 주안을 두었다. 예를 들면 협상 실무자와 피협상자 간의 관계

형성을 통해 피협상자의 정서적 각성을 완화하고, 피협상자를 고조된 감정 상태에서 벗어나게 하는 것의 중요성을 강조하였다.

세 번째 발전 단계에서는 S.A.F.E 모델1을 도입하여 다양한 전략을 통합함으로써 위기 상황을 단계적으로 축소하고 해결하기 위해 고안되었다. 이 모델은 협상 과정에서 협상가가 언어적 단서를 사용하여 대상의 감정 틀을 확립하고 식별하며, 이에 따른 인터커뮤니케이션을 형성하는 데 주안을 두었다. 이러한 인질 및 위기 상황 대처 프로세스의 한계를 해결하기 위해 BCMS와 조금 더 발전된 행동영향계단모델(BISM)2은 위기 상황의 평화로운 해결을 위해 협상가와 대상자 간의 관계 구축 과정을 강조하는 모델이다. 이 모델을 통해 협상가는 피협상자에 대한 공감을 보이며 관계를 형성하고, 그 다음 그 대상에게 영향력을 행사하여 행동 변화를 이끌어내는 단계적 모델을 고안하였다.

결과적으로, 기존 모델은 여러 위기 대처 상황에서 역할을 하였지만, 이 모델들 내의 구성 요소에서 협상 실무자가 직면하는 절차적 오류와 환경의 매개 변수로 인해 실제 상용에 어려움을 겪음을 인식하고, 이에 임상적 유용성을 증진시키기 위해 영국 경찰청에서는 기존의 위기 협상 기법 모델을 보완한 D.I.A.M.O.N.D 모델을 적용하여 기존의 위기 협상 이론을 개념화하고자 하였다. 이를 통해 조직의 역량을 총동원하여 위험 평가를 통한 적절한 협상 방식을 설정하였다. 세부 절차 단계로는 1) 조직 역량의 배치, 2) 정보 및 정보 수집, 3) 위험 및 위협 평가, 4) 의사소통 방법, 5) 주제에 대한 열린 대화, 6) 협상가가 가용한 도구 및 레퍼토리, 7) 행위 절차 순서로 위기 협상 진행 절차를 단계적으로 개념화하였다(Grubb, et al, 2021).

## 3) 미국 위기협상모델 개요

미국 FBI에서 범죄행동분석은 다양한 방법과 접근 방식을 사용하여 사회의 가

---

1 다양한 전략을 통합하여 위기상황을 단계적으로 축소하고 해결하기 위해 고안되었으며, 대상자의 행동에 긍정적 영향을 주는 것이 목적이다.
2 행동영향계단모델(BISM)은 위기상황의 평화로운 해결을 위해 협상가와 대상자를 포함하는 관계구축 과정의 중요성을 강조하는 모델이다.

장 큰 문제 중 일부를 해결하기 위해 도입되었다. 미국 연방수사국(FBI)의 행동분석팀(Behavioral Analysis Unit 2, BAU-2)이 대표적 조직으로서 행동 분석 원칙을 사용하여 범죄자를 프로파일링하고 범죄자의 생각, 움직임 및 행동을 예측하는 것으로 유명하다. 한편 FBI 행동분석팀의 인접부서인 위기협상부서에서도 범죄행동분석 이론에 기반한 인질 전문 협상이 발전되었다. CNU가 종종 수행하는 역할은 인질의 안전한 석방과 적대적인 대상의 평화적 해결을 위한 협상이다. 이것은 미국을 포함한 전 세계에서 가장 정예화된 SWAT 팀인 FBI의 Hostage Rescue Team(HRT, 인질구조 팀)와 함께 수행된다. 행동 분석과 프로파일링은 현재 인질 협상의 필수 요소로 간주된다(Vecchi et al., 2005). 이 부서에서 인질협상간 중요한 BCSM 협상모델이 개발되었다(Aitchison, 2019). 이 모델은 많은 사람들이 미국의 주요 위기 및 인질 협상가 중 한 명으로 간주하는 당시 FBI 수석 협상가인 Gary Noesner에 의해 CNU에서 발명되었다(G. Noesner, personal communication, 2020년 1월 7일).

BCMS 모델(Behavior Change Stairway Model)은 이제 많은 사람들로 하여금 테러, 인질납치 등 고위험 분야에서 필수적인 협상기법으로 자리잡았는데 주요 초점은 협상가가 행동 변화를 달성하기 위해 필요한 단계인 '무엇(WHAT)'에 있다(Archer et al., 2018). 첫 단계는 적극적인 경청(AL)이 협상가의 시작점을 구성하는 것으로 시작된다. 적극적인 경청(AL)은 피험자가 자신의 말과 감정 표현을 통해 전달한 내용을 이해하기 위해 경청하고, 그 이해를 피험자에게 다시 반영하는 것을 의미한다. 이는 다양한 유형의 경청을 포함한다. 협상가는 상대방이 말하는 모든 단어에 주의를 기울이고 있다는 신호를 보내기 위해 집중적인 경청에 참여한다. 이를 통해 주제의 의미를 평가하고, 위기 상황에서 '추출'할 수 있는 관련 요소(주제, 인물, 사건 등)를 식별할 수 있다(Strentz, 2013). 한편 반응형 경청(Responsive listening)은 협상가가 피험자에게 심리적으로 존재한다는 것을 알리고 싶을 때 사용된다. 최소한의 격려(minimal encouragers)(어허!!, 음…), 짧은 질문(오? 정말?), 고개 끄덕임/기울기, 눈 맞춤, 미러링 행동 등을 통해 이를 표현할 수 있다. 성찰적 경청(Reflective listening)은 피험자가 계속 말하도록 격려하는 것을 목표로 한다. 예를 들어, 협상가는 피험자의 말을 자신의 말로 바꾸어 표현할 수 있으며, 피험자의 관점에 대한 참여를 나타내는 방식으로 감정적 라벨링을 사용할 수 있다(Vecchi et al., 2005). 이는 협상가와 피험자가 잠재적인 오해를 명확히 할 수 있는 메커니즘을 제공하는 추가적인 이점을 가진다.

## [표 10-1] Behavioral Change Stairway Model

Figure 1 – The Behavioral Change Stairway Model.

Table 1 – Details of the Behavioral Change Stairway Model

| | |
|---|---|
| **ACTIVE & ETHICAL LISTENING** | Most critical step is *Active Listening*:<br>1. Ask open-ended questions<br>2. Effective pauses (remain silent at the right times)<br>3. Minimal encouragers (brief statements like yes and okay that let them know you are listening)<br>4. Mirroring (repeat the last word or two they say)<br>5. Paraphrasing (repeat what they said in your own words)<br>6. Emotional labeling (give their feelings a name) |
| **TACTICAL EMPATHY** | It implies an identification with, and understanding of, another's situation, feelings, and motives. The negotiator uses empathy to see through the eyes of the person in crisis and to absorb some of the tension. In crisis intervention, the goal is not to feel sorry for the subject, but to establish a relationship through effective communication, enabling resolution through collaboration. |
| **RAPPORT** | As empathy is shown, rapport develops, which is characterized by increased trust and mutual affinity. Once rapport has been developed, the person in crisis is more likely to listen to (and accept) what the negotiator has to offer. At this stage, the negotiator, in collaboration with the subject, begins to build themes that provide face saving justifications minimizations, or blending which serve as precursors to ending the crisis |
| **INFLUENCE** | At this stage, a relationship has been established and the subject is willing to accept the suggestions of the negotiator as a prelude to behavior change. In negotiator parlance, the negotiator has beaned the right to recommend a course of action to the subject as a result of collaborative problem solving. |
| **BEHAVIOR CHANGE** | At this final stage, the subject will likely follow the negotiator's suggestions to the extent that negotiator tasks in the previous stages have been effectively carried out. |

*출처: Aitchison, D.(2019)

협상가는 이러한 기법을 사용하여 피험자의 말을 듣고 이해했음을 보여줄 뿐만 아니라 공감(BCSM의 두 번째 단계)과 친밀감(BCSM의 세 번째 단계)을 구축한다. 이러한 단계의 목표는 신뢰를 확보하여 호감과 상호 이해에 기반한 협상가와 피험자 간의 일시적인 관계로 이어지는 것이다. BCSM의 마지막 단계는 피험자가 행동 변화를 경험하는 것이다. 특히 피험자가 자신의 이야기를 하거나 협상가와 자신의 필요를 공유할 때 그 가능성이 더 높아진다(Strentz, 2013). Vecchi(2009)는 행동 변화단계가 단

방향적이지 않으며, 협상가들은 협상이 전개됨에 따라 다양한 단계를 오르내리게 되므로 점진적인 방향으로 변하게 된다고 강조한다. 협상가는 자살을 위협하는 사람이 다리의 안전한 쪽으로 이동하거나, 인질범이 인질 중 일부를 풀어주도록 영향력을 행사할 수 있을 만큼 충분한 친밀감과 신뢰를 쌓을 수 있다. 이 시점에서 협상가와 그의 팀은 BCSM과 관련하여 자신이 어디에 있는지 평가하고 협상기법을 활용하여 다음 조치를 계획해야 한다.

## 4) 인지적 편향과 협상

인지편향(Cognitive Bias)은 우리가 사고하고 판단할 때 일어나는 일종의 사고 오류로, 과거의 경험이나 편견, 특정한 정보의 강조 등으로 인해 발생한다. 이러한 인지편향 때문에 우리는 사실과 다른 결론을 내릴 가능성이 높아진다. 인지적 편향의 대표적 유형으로는 먼저 확증편향(Confirmation Bias)이 있다. 이는 사실 여부를 떠나 우리가 이미 믿고 있는 것과 일치하는 정보, 자신의 믿음이나 주장에 도움이 되는 정보만을 찾으려는 경향을 의미한다. 무의식적으로 발생하기 때문에, 자신이 믿고 싶지 않은 정보는 의도적으로 외면하는 성향을 나타낸다. 인지편향과 유사한 개념으로 정보 편향(Information Bias)이 있는데, 이는 기존 선입견이나 믿음에 따라 정보를 수집하거나 해석하는 경향을 의미한다. 인지편향과 공통점은 자신이 이미 가지고 있는 믿음을 강화하거나 일치하는 정보를 선택하려는 경향이 있다는 것이다. 그러나 정보 편향은 이미 가지고 있는 선입견이나 믿음에 따라 정보를 선택하거나 해석하는 반면, 확증 편향은 이미 가지고 있는 믿음을 확인할 수 있는 정보를 우선적으로 찾는 경향이 있다.

협상 언어는 대화와 관계의 언어로서 신속하게 관계를 확립하고 사람들이 함께 말하고 생각하게 만드는 방법이다. 일반적으로 우리는 상대방과 대화나 협상 중에 우리가 믿고 있는 것이 항상 진실일까에 대해 생각해 볼 필요가 있다. 앞서 언급한 앵커링 효과를 기반으로 사람들은 자신이 믿고 있는 것을 고수하는 편견이나 경향을 가지며, 때로는 이미 내린 결론에 맞도록 자신의 지각을 왜곡한다. 초기 정보를 고수하는 경우도 있으며, 잘못된 정보 전달과 낙관적 초기 판단을 통해 때로는 잘못된 정보를 전달할 수도 있다. 특히 처음에 습득한 허위 정보로 인해 낙관적인 초기 판단을 하게 될 수 있으므로 상대방의 욕망을 잘 이해해야 한다. 협상을 시작할 때 상대방의 본질적 욕망을 이해하는 것은 중요한데, 이는 상대방이 지닌 '통제감'이라는 환상을 지속시키는 데 도움이 된다. 상대방의 욕망을 알면 더 나은 대화를 이어나갈 수 있으며, 상대를 존중하고 감정을 인정하는 기반을 마련할 수 있다. 협상은 신뢰와 안전을 기반으로 진행되어야 하며, 상대방의 욕망을 경청하고 존중하는 태도가 필요하다. 협상은 상대를 존중하고 그들의 감정을 인정하며 진정한 대화를 시작하기 위해 필요한 신뢰와 안전을 도모하는 경청으로 시작한다. 아래 내용은 심리학적 효과를 활용한 협상 간 설득기법을 설명한 것이다.

## 5) 심리학 관점의 주요 협상기법

### (1) 문전 걸치기 전략(put in the door technique)

미국의 심리학자 조너선 프리드먼(Jonathan I. Freedman)과 스콧 프레이저(Scott C. Fraser)는 개발한 기법으로 작은 부탁을 먼저 제시하고 그것이 받아들여진 다음에 허락받기 힘든 원래의 목적을 제시하는 방법이다. 예를 들어, 주변 사람에게 작은 돈을 빌리고 갚으면 신뢰가 쌓이게 되며, 이후 큰 돈을 빌리는 경우가 있다. 또한 길거리에서 간단한 설문을 권한 다음 관련된 상품을 권유하는 방식도 이 기법의 한 예이다. 이 방법은 방문 판매 영업 사원이 상품을 팔려고 할 때 발을 들이밀어 현관문을 열게 한 다음 최종적으로 상품을 사게 하는 효과적인 방법이다.

### (2) 로볼 전략(low ball technique)

로볼 전략은 일관성의 원리를 활용하여 상대방의 선택을 유도하는 협상 기법으로, 먼저 매력적인 조건을 제시하고 그것이 받아들여진 후에 좋은 조건을 취소하거나 나쁜 조건을 덧붙이는 것이 특징이다. 예를 들어, 자동차 판매 시 처음에 낮은 견적 가격을 제시하고 고객이 구입을 결정한 다음에 부속품 등의 비용을 추가로 제시하여 가격을 올리는 전략이다.

이 기법은 상대방의 일관성을 이용하여 초기 선택을 변경하지 않도록 유도하며 불리한 사실을 왜곡하는 심리적 이론인 인지 부조화(인지적 불협화)와 관련된 현상이다. 예를 들어 담배를 피는 사람이 '담배는 건강에 해롭다'는 정보를 접했을 때, 자신이 담배를 피우는 인지와 상반되는 인지 부조화가 발생하며, 이 부조화는 심리적으로 불쾌감을 야기하므로 상대방의 인지를 왜곡하거나 다른 인지를 내세워 부조화를 해소하려는 심리가 작용하기 쉽다. 담배를 피우는 사람이 '사실 건강에 해롭다는 근거는 희박하다'든지 '긴장을 풀어주는 효과도 있다'고 말한다면, 그것은 인지 부조화가 영향을 미치는 것일 수 있다.

## (3) 역단계 요청기법(door in the face technique)

로버트 치알디니가 개발한 "문전 걸치기 전략"은 먼저 상대방에게 받아들이기 어려운 내용을 제시하는데, 이는 일종의 큰 부탁이거나 어려운 요구일 수 있다. 이후 상대방이 거절한 후, 최초의 목적을 제시하게 되는데, 이때 최초의 목적은 더 작은 부탁이거나 상대방이 받아들이기 쉬운 내용일 가능성이 높다. 문전 걸치기 전략은 앞서 언급한 일관성의 원리와 정반대로 작용한다. 처음에 받아들이기 어려운 내용을 거절한 후, 더 작은 내용을 받아들이는 것은 일관성을 유지하기 위한 전략이다. 이 기법은 상대방과의 관계를 중시해야 하는 상황에서 효과적이다. 상호성의 원리에 따라 상대방이 처음에 거절한 후, 더 작은 부탁을 받아들이는 것이 자연스러울 수 있다.

## (4) Sleep 효과

"잠자던 설득력"이 깨어나는 현상으로 초기 정보의 신빙성이 낮을 때 발생하며, 시간이 지나면서 정보 전달자 간 연계가 약화되고 내용만이 남아 설득력을 갖게 된다는 것이다. 여기서 주목할 점은 전문성이 부재한 협상자의 정보와 애초에 누구에게서 나왔는지 알 수 없는 내용이 설득력을 갖는 경우이다. 이러한 정보는 잠자던 설득력이 깨어나는 것으로 볼 수 있다. 반면, 일반적으로 누구에게서 나왔는지 분명하고 그 사람을 믿을 수 있거나 전문성을 가진 경우, 신빙성은 높아지지만 모든 정보가 어디에서 비롯된 것인지를 정확히 파악하고 기억하는 것은 현실적으로 불가능하다. 예를 들어, SNS에서 "가짜 뉴스"가 문제가 되는 경우가 많은데, 수상한 출처에서 나온 정보일지라도 전달되는 과정에서 발언자의 신빙성과 별개로 내용만이 설득력을 가지고 확산될 수 있다. 이러한 현상은 정보의 전달과 인지에 영향을 미치게 된다.

### (5) 프레이밍 효과(틀짜기 효과)

같은 상황이라도 어떤 틀에서 생각하는가에 따라 인식과 판단이 크게 달라진다는 점을 강조하는 전략이다. 사람들이 정보를 해석하고 이해하는 방식은 다양한 심리학적 편향에 영향을 받는데, 특히 "손실 회피 심리"는 협상과 의사결정에서 중요한 역할을 하며, 손실을 피하려는 인간의 본능적 경향을 반영한다. 심리학자인 대니얼 카너먼은 이러한 편향을 협상, 광고와 마케팅 분야에 적용하며, 소비자들이 어떻게 정보를 받아들이고 선택하는지를 연구했다. 프레이밍 효과는 협상 결과를 이익의 관점에서 파악하는 긍정적 틀짜기와 손실로 파악하는 부정적 틀짜기 관점으로 설명할 수 있다.

먼저 긍정적 틀짜기는 이익의 획득을 강조하는 관점으로, 상황을 긍정적으로 해석하여 이익을 얻는 방향으로 선택하려는 경향을 의미한다. 예를 들어, 아이가 용돈을 1만 2000원으로 올려달라고 요구했을 때, 1만 1000원이면 좋겠다고 받아들이는 경우를 뜻한다. 반면, 부정적 틀짜기는 손실을 피하려는 관점이다. 상황을 부정적으로 해석하여 손실을 최소화하려는 경향으로, 친구들이 1만 2000원을 받는 상황이라면 "원하는 금액보다 1000원 적음"이라고 느낄 수 있다. 결국 같은 상황이어도 어떤 틀을 기반으로 생각하는가에 따라 인식의 방식이 다르다. 협상에서 틀짜기 효과를 고려할 때, 부정적 틀짜기(손실 초점)에서는 손실을 피하려는 심리가 강하다. 예를 들어, 주택 매매 시, 팔지 않으면 집 가치가 하락하는 상황에서는 구매자가 손실을 피하기 위해 빠른 결정을 내릴 수 있다. 반대로 긍정적 틀짜기(이익 획득 초점)에서는 이익을 획득하는 것에 초점을 맞추므로 불확실한 큰 이익보다 확실하게 작은 이익을 선택하는 경향이 있다. 이러한 틀짜기 효과는 협상 상황에서 당사자들의 선택과 의사결정에 영향을 미치며, 이를 이해하고 적절히 활용하는 것이 중요하다.

이러한 틀짜기 효과는 협상과 의사소통에서 상대방의 선택과 의사결정에 큰 영향을 미치며, 이를 이해하고 적절히 활용하는 것이 중요하다.


## 2. FBI 주요 위기협상기법

### 1) 심야 DJ 목소리

상대방과의 협상에서 목소리는 강력한 도구이다. 특히 심야 라디오 DJ 목소리와 같이 부드럽고 나직한 목소리는 상대방의 긴장을 풀어주고, 편안한 분위기를 조성하며, 상대방의 뇌에 직접적인 영향을 미치고 감정 스위치를 작동시킬 수 있다. 뇌는 말뿐만 아니라 행동, 감정, 의도, 사회적 의미를 처리하고 이해하는데, 때로는 무의식적으로 상대방의 감정을 파악하고 그에 맞게 반응하게 한다. 이러한 텔레파시와 같은 현상은 우리가 의도하지 않아도 발생할 수 있다. 따뜻한 분위기에서 대화를 나눌 때, 상대방과의 연결이 자연스럽게 이루어지며, 편안하고 열정적인 분위기는 사람들을 끌어들이고, 상호작용을 원활하게 만드는 효과를 가진다. 미소와 같은 반사적인 행동도 이러한 원리를 따르는데, 상대방에게 미소를 보이면 그들도 반사적으로 미소를 지으며 긍정적인 분위기를 조성하게 된다.

협상 기술을 성공적으로 적용하기 위해서는 상대방의 감정과 반응을 이해하고, 그에 맞게 행동하는 것이 중요하다. 목소리를 활용하여 상대방의 뇌에 감정 스위치를 누르는 능력은 협상에서 큰 장점이 될 수 있으므로, 상대방의 긴장을 풀고 긍정적인 분위기를 조성하는 데 목소리를 적극 활용해야 한다.


### 2) 미러링(mirroring)

미러링은 상대방과의 관계 형성을 위해 말하는 방식, 몸짓, 단어, 템포, 목소리를 따라 하는 기법이다. 협상 시 미러링을 활용하면 상대방과의 관계를 개선하고 효과적인 의사소통을 이룰 수 있다. 미러링의 목적은 상대방이 편안함을 느끼고, 신뢰와 공감을 형성하며, 자신감을 얻게 하는 것이다. 미러링은 단순히 흉내 내는 것이 아니라, 상대방과의 심리적 연결을 강화하기 위한 도구로서 역할을 수행한다. 상대방의 말과 행동을 전략적으로 반영하여 신뢰를 구축하고 협상에서 우위를 점하고 효율성의 효과를 높일 수 있기에 체계적으로 적용해야 한다. 미러링의 주요 원리는 반복과 신뢰 강화로 구분할 수 있다.

① 반복은 상대방이 방금 말한 중요한 3단어나 문구를 반복하게 한다. 예를 들어, 상대방이 "우리는 더 많은 수익을 얻고 싶어"라고 말했다면, 미러링으로 "더 많은 수익을 얻고 싶으시다면 어떻게 해결할 수 있을까요?"라고 반복한다. 이때는 간단하게 상대방의 말을 반복하거나 핵심 부분을 재구성하고 상대방과 톤을 맞추어 자연스럽고 공감가는 방식으로 협상에 임해야 한다. 이를 통해 상대방의 추가적인 더 많은 정보를 제공하도록 유도해야 한다. ② 신뢰 강화는 미러링을 통해 상대방에게 "나를 믿어"라는 신호를 보내는 것이다. 상대방은 무의식적으로 나와 유사한 사람에게 끌리고 신뢰를 갖게 된다.

일상 생활에서의 미러링은 자주 발생한다. 커플들이 걷는 걸음을 맞추거나, 친구들이 동시에 고개를 끄덕이고 다리를 꼼짝이는 것도 미러링의 사례이다. 미러링은 협상에서도 공감과 지속 효과 측면에서 효과적으로 활용된다. ① 공감을 통해 상대방이 한 말을 반복함으로써 협상 당사자는 상대방의 감정을 공감하게 된다. ② 지속 효과로서 방금 한 말을 더 자세히 설명하거나 연결해 나가면서 협상이 지속될 수 있다. ③ 협상팀은 미러링을 활용하여 상대방과의 관계를 개선하고 필요한 시간을 벌거나 상대의 전략을 유도할 수 있다. 이와 같이 미러링은 상대방과의 긍정적인 관계 형성과 협상에서 큰 장점을 제공하는 강력한 도구이다. 상대방의 말을 주의 깊게 듣고 미러링을 통해 상호작용을 원활하게 만들 수 있다.

미러링은 다른 협상 기술(BATNA, 앵커링 등)과 함께 사용될 때 더욱 효과적인데, 미러링으로 신뢰를 구축한 후, 상호 이익을 찾는 협력적 접근을 강화할 수 있다.

한편 미러링 사용시 주의점으로 과도한 모방은 금지해야 한다. 미러링이 부자연스럽거나 의도적임을 느끼게 하면 역효과를 초래할 수 있다. 둘째 유연성 유지 측면에서 상대방의 스타일에만 매몰되지 않고, 본인의 협상 목표와 전략을 유지해야 한다.

(1) 미러링의 유형

- 언어적 미러링: 상대방의 키워드, 문장 구조, 어조 등을 자연스럽게 반영

* 상대가 "이 프로젝트는 예산이 가장 중요합니다"라고 말하면, "그렇군요, 예산이 가장 중요한 요소군요"라고 응답.

- 비언어적 미러링: 상대방의 몸짓, 자세, 표정, 말투를 미묘하게 따라함

예: 상대가 팔짱을 끼고 있다면 약간의 간격을 두고 같은 자세를 취합니다.

- 속도와 리듬: 상대방의 말 속도, 억양, 리듬에 맞춤

* 상대가 천천히 말한다면, 본인도 천천히 대화합니다.

(2) 미러링 구조화 단계

① 관찰: 상대방의 언어적·비언어적 표현을 주의 깊게 관찰하고 상대방의 감정 상태와 의도를 파악
② 동기화: 상대방의 스타일에 자연스럽게 동기화하는데, 과도하게 흉내 내지 말고 자연스럽게 반영하는 것이 중요함
③ 질문과 확인: 상대의 말을 반복하거나 재구성하여 확인함
　　* "그러니까 말씀하신 대로, 이 부분이 가장 우선이신 거죠?"
④ 연결 강화: 미러링을 통해 신뢰가 형성되면, 상대방의 입장을 더 깊이 이해할 수 있는 개방형 질문을 던짐
　　* "왜 이 점이 가장 중요하다고 생각하시나요?"
⑤ 미러링 후 조율: 미러링을 통해 형성된 신뢰를 바탕으로 본인의 입장을 점진적으로 표현하며 상대방의 반응을 기반으로 협상의 방향을 조정

### 비즈니스 협상(Business Negotiation)

A: "귀사의 제품이 우리의 특정 요구를 충족시킬지 확신이 서지 않습니다."

B: "우리 제품이 귀사의 요구를 충족시킬지 확신이 서지 않으신 거군요?"

A: "We're not sure if your product meets our specific needs."

B: "You're not sure if our product meets your needs?"

### 연봉 협상(Salary Negotiation)

고용주: "예산 제약을 고려했을 때 이것이 우리가 제안할 수 있는 최선의 조건입니다."

구직자: "예산 제약을 고려했을 때 최선의 조건이란 말씀이신가요?"

Employer: "We think this is the best offer we can make given the budget constraints."

Candidate: "The best offer given the budget constraints?"

### 갈등 해결(Conflict Resolution)

A: "회의에서 우리가 의견을 듣지 못하고 있는 것 같아요."

B: "회의에서 의견이 제대로 반영되지 않는다고 느끼시는 거군요?"

A: "I feel like we're not being heard in these meetings."

B: "You feel like you're not being heard?"

### 판매 협상(Sales Negotiation)

고객: "이 패키지가 투자할 가치가 있는지 잘 모르겠어요."

판매자: "투자할 가치가 있는지 확신이 서지 않으신 거죠?"

Customer: "I'm not sure if this package is worth the investment."

Salesperson: "You're not sure if it's worth the investment?"

### 공급업체 협상(Vendor Negotiation)

공급업체: "이 가격은 최고의 품질 자재를 반영한 것입니다."

당신: "최고 품질의 자재를 반영한 가격이라는 말씀이신가요?"

Vendor: "This price reflects the best quality materials available."

You: "The best quality materials available?"

테러범(인질납치)과의 위기협상시 미러링 실습예문

테러범: "나는 더 이상 참을 수 없어. 모두 나를 무시했어."

협상가: "모두 당신을 무시했어요?"

Terrorist:I can't believe this is happening. They pushed me too far, and now I have no choice."

Negotiator: "They pushed you too far?"

테러범: "내가 이렇게 된 건 그들의 잘못이야. 아무도 날 도와주지 않아."

협상가: "아무도 당신을 도와주지 않는다고요?"

Terrorist: "Nobody listens to me. Nobody ever cares about what I want."

Negotiator: "Nobody cares about what you want?"

테러범:: "난 이제 끝났어. 여기서 벗어날 방법이 없어."

협상가: "여기서 벗어날 방법이 없다고 생각하세요?"

Terrorist: "I have nothing left to lose. Nobody understands what I'm going through."

Negotiator: "Nobody understands what you're going through?"

테러범: "그들이 내 인생을 망쳤어. 내가 노력한 모든 게 물거품이 됐어."

협상가: "당신이 노력한 모든 것이 물거품이 되었다고 느끼세요?"

Terrorist: "They ruined everything for me. Everything I've worked for is gone now."

Negotiator: "Everything you worked for is gone?"

테러범: "나는 믿을 수 있는 사람이 아무도 없어. 아무도 내 편이 아니야."

협상가: "아무도 당신의 편이 아니라고 느끼시나요?"

Terrorist: "I just want to get out of here. I can't trust anyone anymore."

Negotiator: "You can't trust anyone?"

테러범: "난 정말로 이 상황을 어떻게 해야 할지 모르겠어. 전혀 희망이 없어."

협상가: "전혀 희망이 없다고 느끼시나요?"

Terrorist: "I can't see any way out of this. There's no hope for me."

Negotiator: "You can't see a way out?"

---

협상, 커뮤니케이션시 활용기법 I

- 심야 라디오 DJ의 목소리로 말하기: 심야 라디오 DJ의 톤을 활용해 권위 있고 신뢰감을 주는 분위기를 만드세요. 차분하고 느리게 말하며, 낮고 안정적인 톤을 유지하세요. 지나치게 단호하거나 자신감 넘치는 말투는 상대방의 반감을 사거나 문제를 일으킬 수 있으니 피하는 것이 좋습니다.
- "죄송하지만"이라는 표현 사용하기: 상황에 따라 "죄송하지만"이라는 표현으로 대화를 시작하면 자신의 의견을 더 부드럽고 배려 있는 방식으로 전달할 수 있습니다. 이는 상대방이 당신의 의견을 더 수용하기 쉽게 만들어 줍니다.
- 미러링: 상대방의 말을 반복함으로써 더 원활한 상호작용을 이끌어낼 수 있습니다. 실제 서비스 업계의 종업원들이 사용하는 긍정적인 단어나 칭찬을 활용하여 대화의 흐름을 더 긍정적으로 만들 수 있습니다.
- 침묵: 전략적인 침묵은 효과적인 의사소통 도구가 될 수 있습니다. 상대방의 말을 반복하기 전에 4초 이상 침묵을 유지하면, 상대방이 당신의 말을 더 주의 깊게 듣게 됩니다. 이 기술은 업무나 의사소통 전반에 걸쳐 신중히 활용할 경우, 마치 만능 도구인 맥가이버 칼처럼 다양한 상황에서 유용하게 사용할 수 있습니다.

## 3) 전술적 공감(Tactical emphathy)

전술적 공감(Tactical Empathy)은 전직 FBI 인질 협상가였던 크리스 보스(Chris Voss)가 그의 저서 "Never Split the Difference: Negotiating As If Your Life Liked On It"에서 가장 유명하게 만든 개념이다. 협상 과정에서 상대방의 감정, 관점, 욕구를 이해하고 적극적으로 인정하여 신뢰를 구축하고 효과적으로 영향력을 행사하는 전략적 실천 기법을 의미한다. 전술적 공감은 상대방의 감정과 관점을 이해함으로써 신뢰와 협력을 이끌어내는 기법이다. 우리나라 속담 중 "동상이몽(같은 침상에서 다른 꿈을 꾼다)"과 같은 맥락으로 중요한 관계에서 당사자들 간의 소통이 제대로 이루어지지 않는 상황을 설명하는데, 겉으로는 함께 행동하지만, 속으로는 서로 다른 생각을 하고 있다는 뜻이다. 이러한 상황은 협상에서 실패로 이어질 수 있는 지름길이 된다. 협상에서 중요한 것은 상대방의 희망과 감정을 진정으로 이해하는 것이며, "네"와 같은 무의미한 반응 대신 진정한 이해를 이끌어내는 기법이 필요하다(Hipel & Hegazy & Yousefi, 2010).

전술적 공감은 협상에서 중요한 역할을 하는 기술로, 상대방의 관점을 인식하고 이를 표현하는 능력을 의미하며 그 핵심은 상대방의 말 속에 담긴 감정을 경청하는 데 있다. 이는 상대방의 세계를 이해하려는 노력의 일환으로, 상대방의 감정에 주의를 기울이고 그들에게 어떻게 느끼고 있는지 물어보는 과정입니다. 이는 인위적인 대화 기술이 아니라 자연스러운 인간 상호작용의 연장선으로 볼 수 있다. 전술적 공감은 신경 공명(neural resonance)의 관점에서 설명될 수 있다. 이는 우리가 누군가의 얼굴 표정, 제스처, 목소리 톤을 면밀히 관찰할 때, 우리 뇌가 상대방의 뇌와 동기화되어 그 사람의 생각과 감정을 더 잘 이해할 수 있게 되는 현상을 의미한다.

전술적 공감의 핵심 개념은 아래와 같은데 먼저 상대방의 감정을 적극적인 청취를 통해 식별하고 언어로 표현하는 것이다. 적극적인 청취는 말한 내용과 말하지 않은 내용을 모두 포함하는 데 중요하다. 여기에는 톤, 비언어적 표현(신체 언어) 및 감정적 신호가 포함된다. 협상에서 중요한 목표 중 하나는 상대방이 감정적으로 원하는 것을 충분히 공감하고 이를 통해 그들의 감정을 이해하는 것이다(Tudoran & Boglus, 2014). 상대방이 중요하게 여기는 것이 무엇인지, 또는 관심을 두는 것이 무엇인지 정확히 이해하는 것이 중요하다. 예를 들어, "무엇이 가장 중요하다고 생각하시나요?"라고 묻는 것은 상대방의 감정을 잘 파악했다는 인상을 줄 수 있다(Hipel, Hegazy, & Yousefi, 2010).

둘째는 상대방의 공정함을 느끼게 하는 것이다. 전술적 공감은 상대방과 타협하지 않으면서도 상대방이 공정한 대우를 받고 있다고 느끼게 만드는 기술이며, 상대방의 상황에 진심으로 공감하는 동시에 자신의 상황에 대한 공감도 이끌어내는 것이 중요하다. 협상 상황에서 상대방이 공감을 느끼면 제안에 대해 더 수용적인 태도를 보이게 된다.

결국, 전술적 공감은 상대방의 감정 뒤에 숨겨진 진의를 발견하고, 감성 지능을 향상시키며, 상대방과의 관계를 개선하고, 감정적 장애물을 극복하여 효과적으로 의사소통하고 합의에 도달할 수 있도록 돕는 기술이다. 이러한 전술적 공감을 통해 상대방의 순간적인 감정과 태도를 이해하고, 그 감정 뒤에 숨겨진 진의를 주의 깊게 살펴봄으로써 영향력을 높일 수 있게 해준다. 전술적 공감은 심리 상담에서도 중요한 역할을 한다. 환자가 스스로 말하도록 격려하고, 상담자는 환자의 말을 경청하며 환자가 말하는 내용을 올바르게 이해하려고 노력하게 된다. 질문을 던지고 환자가 경청받고 있다는 사실을 인지하도록 함으로써, 환자는 방어적인 태도를 줄이고 변화를 더 잘 수용할 수 있게 된다.

## (1) 전술적 공감의 핵심요소

- 능동적 경청Active Listening: 상대방의 말과 톤에 완전히 집중하고 상대방이 말하는 동안

  답변 준비 지양
  * "그렇군요", "더 말씀해 보세요" 등 언어적 단서를 사용하여 개방적인 분위기를 조성.
- 반영하기(Mirroring): 상대방이 말한 마지막 몇 단어나 중요한 문구를 반복하거나 재구성하는데, 이는 주의를 기울이고 있다는 신호를 보내며 상대방이 더 이야기하도록 유도
  * 상대가 "이 프로세스가 정말 답답해요"라고 하면, "답답하시다구요?"라고 응답
- 감정 명명(Labeling Emotions): 상대방이 드러내지 않은 감정이라도 식별하고 이를 언급
  * "이런 느낌이 드시는 것 같아요...", "이렇게 들리는데요...", "이렇게 보이네요..."
  * "일정에 대해 불확실함을 느끼시는 것 같네요."
- 상대방 관점 인정(Acknowledging Their Perspective): 상대방의 감정을 인정하되, 반드시 동의할 필요는 없다(Validate their feelings without necessarily agreeing with them).

* "그렇게 느끼시는 게 이해가 됩니다.", "그 부분이 걱정스러우실 만해요."

- 교정 질문(Calibrated Questions): 상대방이 생각하고 설명하도록 유도하는 개방형 질문을 사용, "어떻게"와 "무엇"에 집중하는 문제 해결을 유도하는 질문을 사용하고, "왜"는 지양할 것(비난처럼 들릴 수 있음).

    * "이 상황이 어떻게 개선될 수 있을까요?" 또는 "무엇이 필요하다고 보시나요?"

    * "이 상황에서 가장 우려되는 점이 무엇인가요?", "이것이 당신에게 어떻게 작용할 것 같나요?", "이 문제를 해결하려면 무엇이 필요하다고 생각하시나요?"

- 라포 형성(Building Rapport): 상대방의 관점에 대해 진심 어린 호기심과 관심을 보이며, 인간적인 연결을 위해 작은 개인적인 경험을 공유

- 속도 조절 및 침묵(Pacing and Silence): 대화 중간에 침묵을 적절히 사용. 침묵은 종종 상대방이 더 많은 정보를 공개하거나 입장을 유도하게 함. 천천히, 차분하게 말하되 감정적 고조를 지양할 것

- 요약 및 재구성(Summarizing and Paraphrasing): 상대방이 한 말을 주기적으로 요약하여 당신이 이해하고 있음을 표출.

    * "그러니까 일정이 추가 비용을 충당하지 못할까 봐 걱정된다는 말씀이시죠?"

- 숨겨진 동기 파악(Uncovering Hidden Motivations): 즉각적으로 드러나지 않는 우려나 욕구를 탐구 노력

    * "이 우려를 초래하는 다른 요인이 있는 것 같아요. 나눠 주실 수 있을까요?"


## (2) 전술적 공감 구조화 단계

① 준비: 협상 전에 상대방의 동기, 필요, 두려움을 조사할 것. 이는 감정을 예측하는 데 도움을 준다.

② 신뢰 구축: 우호적인 톤과 개방형 질문으로 시작하여 안전하고 협조적인 환경 조성

③ 탐구 및 조정(Probe and Adjust): 상대방의 반응(언어적, 비언어적)을 주의 깊게 관찰하고, 이에 따라 접근 방식을 조정

④ 긴장 완화(Diffuse Tension): 상대방이 방어적으로 변하면, 공감을 통해 좌절감을 인정하고 함께 해결책을 찾고 있음을 안심

⑤ 공감과 자기주장(단호함)의 균형(Balance Empathy with Assertiveness): 전술적 공감으로 연결을 구축하면서도 자신의 목표를 잊지 말 것. 상대방의 필요(요구사항)에 맞춰 제안을 제시
⑥ 협력으로 마무리(End with Collaboration): 대화를 요약하고 상호 이익이 되는 해결책을 제안

---

### (상황 시나리오) 고객과 지연된 프로젝트 일정협상

고객: "이런 지연은 절대 용납할 수 없는 일입니다. 이로 인해 우리 쪽의 모든 것이 망쳐지고 있습니다."

대응(전술적 공감): 1. 미러링: "모든 것을 버린다고요?"

2. 라벨링: "이번 지연으로 인해 팀에 심각한 혼란을 초래하는 것 같습니다."

3. 확인 중: "이 문제가 귀하에게 얼마나 실망스러울지 이해합니다."

4. 조정된 질문: "이 상황을 더 관리하기 쉽게 만드는 방법은 무엇입니까?"

5. 협업 솔루션: "주간 진행 상황 업데이트를 추가하고 [새 날짜]까지 배송을 보장한다면 걱정을 덜어주는 데 도움이 될까요?"

---

### 상황별 전술적 공감 실습예문

1. 비즈니스 협상

(상황) 고객이 제공된 서비스의 비용에 대해 불만을 표현함.

고객: "이 가격이 너무 높아서 우리 예산에 맞추기 어려워요."

응답: "이 가격이 너무 높다고 느끼시고 예산에 부담이 되시는군요. 혹시 어느 정도 수준이라면 예산에 적합하다고 생각하시는지 말씀해 주시겠어요?"

(전술적 공감): *고객의 감정을 공감하며 그들의 상황을 이해하려는 태도를 보여줌으로서 고객은 더 열린 태도로 협상에 임할 가능성이 높아짐*

2. 연봉 협상

(상황) 구직자가 회사의 초봉 제안에 만족하지 못함.

구직자: "제 경력과 능력을 고려했을 때, 이 금액은 적절하지 않은 것 같아요."

응답: "그 금액이 경력과 능력을 제대로 반영하지 못한다고 느끼시는군요. 귀하께서 생각하시는 적절한 수준은 어느 정도인지 말씀해 주실 수 있을까요?"

(전술적 공감) *상대방의 불만을 공감하면서도 구체적인 요구를 끌어내어 더 나은 협상 조건 조성*

3. 갈등 해결

(상황) 팀원 간의 의견 충돌.

팀원 A: "저는 우리가 너무 빠른 속도로 진행하고 있다고 생각해요. 충분한 논의가 이루어지지 않는 것 같아요."

응답: "우리가 논의를 충분히 하지 않고 너무 빨리 진행하고 있다고 느끼시는군요. 그렇다면 어떤 방식으로 논의를 보완하면 좋을까요?"

(전술적 공감) *상대방의 감정을 인정하면서 실질적인 해결책을 논의할 기회를 제공*

4. 고객 응대

(상황) 고객이 배송 지연에 대해 불만을 표시함.

고객: "배송이 너무 늦어져서 중요한 일정에 맞추지 못했어요."

응답: "배송 지연 때문에 일정에 차질이 생기셔서 정말 불편하셨겠어요. 저희가 어떻게 도와드리면 이 문제를 더 원활히 해결할 수 있을까요?"

(전술적 공감) *고객의 불만을 진심으로 이해하고 문제 해결을 위해 적극적인 태도 보임*

5. 판매 협상

(상황) 구매자가 가격을 낮춰달라고 요청함.

구매자: "이 가격은 너무 높아서 저희가 예상했던 예산을 초과합니다."

응답: "예상했던 예산을 초과해서 부담을 느끼고 계시는군요. 귀사에서 어떤 부분에서 더 가치를 느낄 수 있을지 조정 방안을 함께 고민해볼까요?"

(전술적 공감) *구매자의 감정을 공감하고, 추가적인 가치를 제공하거나 조정할 여*

6. 심리 상담

(상황) 환자가 자신의 문제를 이야기함.

환자: "저는 아무리 노력해도 나아지지 않는 것 같아요. 너무 지치고 포기하고 싶어요."

응답: "아무리 노력해도 변화가 없어서 지치고 포기하고 싶은 마음이 드시는군요. 그렇게 느끼시는 건 당연하다고 생각해요. 혹시 최근 어떤 점에서 가장 힘드셨는지 더 얘기해 주실 수 있을까요?"

전술적 공감: *상대방의 감정을 깊이 공감하고, 이야기를 더 끌어내어 문제의 핵심* *접근*

7. 테러범과의 위기협상

테러리스트: "우리는 이 체제가 부패했다고 생각한다. 아무도 우리를 들으려 하지 않아. 이건 우리가 선택할 수밖에 없는 유일한 방법이었다."

협상가: "당신은 부패한 체제 때문에 큰 좌절과 분노를 느끼고 계시군요. 당신의 의견이나 목소리가 계속 무시당했다고 생각하셨나 봅니다."

테러리스트: "그래, 맞아. 우리가 평화롭게 행동했을 땐 아무도 신경 쓰지 않았어. 그래서 이 방식밖에 없다고 생각했어."

협상가: "당신 입장에서는 평화적인 시도가 효과가 없었고, 다른 방법으로 당신의 메시지를 전할 수밖에 없다고 느끼셨군요."

테러리스트: "이제라도 우리가 진지하다는 걸 알게 될 거야. 우리는 그냥 우리의 권리를 요구하는 거야."

협상가:"당신은 진지하게 당신의 요구를 전달하려고 하고 계시고, 이것이 당신과 당신의 대의를 위한 중요한 싸움이라고 생각하고 계시군요."

테러리스트: "우리가 원하는 건 단지 정당한 대우야. 왜 그렇게 어려운 건데?"

협상가: "당신에게는 정당한 대우를 받는 것이 가장 중요하고, 그것이 왜 받아들여지지 않는지에 대해 매우 좌절하고 계신 것 같아요."

## 4) 라벨링(labeling)

라벨링(Labeling)은 상대방의 감정, 의도, 또는 관심사를 언어적으로 명확히 표현함으로써 신뢰를 쌓고, 협상을 유리하게 이끌어가는 협상기법이다. 이 기법은 주로 상대의 입장을 공감적으로 인정하면서도 상황을 명확히 정의하기 위해 상대방의 감정을 인정함으로써 그들의 감정을 검증하게 된다. 상대방의 얼굴 표정, 몸짓, 목소리 등에서 강조하고자 하는 감정을 포착한 후, 그 감정을 명확히 이름 붙이고 상대방이 자발적으로 마음을 열도록 격려하는 것이 핵심이다. 이를 통해 상대방이 협상대상자 간 적극적 경청시 유용한 정보를 제공할 수 있다. 또한 상대방의 감정을 인정하면 방어 태세를 낮추고 더 깊은 대화를 유도할 수 있다.

감정을 언어로 표현하는 것(감정 라벨링)은 심리학 및 신경영상학의 다양한 분야에서 부정적인 감정 경험을 관리하는 데 도움이 되는 것으로 나타났다. 특히, 감정 라벨링은 편도체와 기타 변연계에서 다른 형태의 정보 부호화보다 더 효과적이며, 이는 부정적인 감정 이미지에 대한 반응을 줄이는 데 기여한다고 밝혀졌다(Leiberman et al., 2007). 일반적으로 협상이 실패하는 주요 이유는 협상의 이점보다 부정적인 장애물이 더 크기 때문이므로 부정적인 영향을 부정하지 않고 드러내는 것이 중요하다. 특히, 상대방의 부정적인 감정을 명명할 때, 세련된 언어로 이를 표현하는 과정에서 상대방의 감정적 반응이 진정되는 효과가 나타난다. 궁극적으로 라벨링은 협상의 긍정적인 측면을 강화하고 부정적인 측면을 완화하는 데 도움을 주는 기술이다. 상대방의 얼굴 표정, 몸짓, 목소리 등에서 강조하고자 하는 감정을 포착한 경우, 침묵 후 그 감정을 명확히 이름 붙여 상대방의 감정을 공감하고 자발적인 대화를 이끌어내는 것이 중요하다(서순복·정용환, 2023). 예를 들어, "한 시간 동안 대화를 나누어 보니, 당신이 딜레마에 빠져 있다는 것을 알게 되었습니다"라는 표현등을 들 수 있다.

### (1) 라벨링 기법의 4가지 핵심 요소

- 감정 및 상황의 인정: 상대방의 감정과 상황을 명확히 인지하고, 이를 적절히 언어화하여 표현하는 것이다. 이 단계에서는 관찰 및 경청이 중요한데 상대의 말과

행동을 통해 그들의 감정과 의도를 파악해야 한다. 예로 "당신은 이 상황에서 매우 좌절감을 느끼고 있는 것 같군요." 식이다("It seems like...", "It sounds like...", "It looks like...").

> 상대방: "이 결정은 우리 직원들에게 큰 타격을 줄 겁니다!"
> 협상가: "이 결정이 직원들에게 큰 영향을 미칠 거라고 걱정하고 계신 것 같군요."

- 비난을 피하고 공감을 표현: 상대의 감정을 비난하거나 판단하지 않고, 이해와 공감을 표현하는 것이 중요하다. 예로 "당신의 요구가 왜 중요한지 이해합니다."라는 식이다. 이때 라벨링으로 감정을 인정해야 하는데 상대방의 감정을 단어로 표현해야 한다.

> 협상가: "이 상황에서 회사가 직원들에게 충분히 배려하지 않는다고 느끼실 수 있을 것 같습니다."

또한 라벨링한 내용에 대해 상대방이 동의하거나 추가적으로 설명할 기회를 제공해야 한다.

> 협상가: "제가 제대로 이해한 게 맞나요? 더 말씀해주실 수 있을까요?"

- 문제의 구조화: 협상대상자의 감정과 상황을 언어로 명확히 정의함으로써 협상을 체계적으로 정리할 수 있다. 감정을 인정한 후, 구체적인 논의로 이어질 수 있도록 문제를 정의해야 한다.

> 협상가: "말씀하신 부분을 바탕으로, 직원들이 가장 우려하는 점은 고용 안정성과 보상 체계로 보입니다. 맞습니까?"
> "지금 당신이 말씀하시는 주요 문제는 보상 구조와 관련된 것처럼 보입니다."

- 반응을 이끌어내는 것: 상대방이 자신의 입장을 더 구체적으로 설명하도록 유도하여 대화의 주도권을 확보

> "제가 이해한 게 맞나요? 혹시 다른 중요한 점이 있을까요?"

## (2) 라벨링 구조화 단계

① 감정 관찰: 상대방의 언어적, 비언어적 신호(말투, 표정, 행동 등)를 관찰하여 숨겨진 감정을 파악

예: 짧은 대답, 말 속도 변화, 목소리의 톤 등

② 감정 추론: 상대방의 말과 행동에서 어떤 감정을 느끼는지 추론

예: 상대방이 한숨을 쉬면서 *"이건 정말 어렵네요"*라고 말한다면, 좌절감을 느낄 가능성

③ 감정 라벨링: 추론한 감정을 상대방에게 표현

"이렇게 느끼시는 것 같아요…", "들리는 바로는…", "이렇게 보이네요…", "혹시 이런 감정이 드셨나요?", "지금 상황이 정말 답답하게 느껴지시는 것 같아요."

"많이 좌절감을 느끼고 계신 것처럼 보이네요."

④ 확인받기: 상대방이 라벨링된 감정을 수용하거나 수정할 수 있도록 공간을 제공, 상대방이 동의하면, 당신이 공감하고 있다는 신호를 받게 됨

"맞나요?" 또는 "제가 제대로 이해했을까요?"

⑤ 감정 수용 및 확장: 상대방이 인정한 감정을 수용하고 이를 기반으로 대화를 확장

"그렇게 느끼는 건 정말 당연하네요.", "그 상황에서는 누구라도 그렇게 느낄 것 같아요."

"지금 상황이 답답하신 것 같네요. 어떤 부분이 가장 답답하게 느껴지셨을까요?"

⑥ 감정 완화: 라벨링은 감정을 언급함으로써 상대방의 긴장감을 낮추는 데 도움, 상대방이 자신의 감정을 설명할 수 있도록 개방형 질문을 추가 사용

예: "그런 감정을 느끼게 된 원인은 무엇인가요?" 또는 "이 문제를 해결하려면 어떤 점이 중요하다고 보시나요?"

⑦ 정기적으로 반복: 협상이 진행되는 동안 새로운 감정이나 변화된 태도를 지속적으로 라벨링 통해 협상의 흐름을 부드럽게 만들고 협력 강화

(상황) 동료가 프로젝트 일정이 늦어지는 것에 대해 불만을 표현함

동료: "이 일정은 너무 빡빡해서 더 이상 못 버티겠어요."

Labeling: "이 일정이 굉장히 부담스럽게 느껴지시는 것 같아요.", "스트레스를 많이 받고 계신 것처럼 들리네요."

(라벨링 확장) "이 일정을 조금 덜 부담스럽게 만들려면 어떤 점이 필요할까요?"

라벨링 기법의 장점으로 상대방이 자신의 감정을 이해받고 있다고 신뢰를 느끼게 하여 협상 분위기를 긍정적으로 만든다. 또한  감정을 명확히 정의하고 인정함으로써 갈등을 완화를 통해 상대방의 숨겨진 의도나 문제를 더 명확히 이해하는 등 상호 이해를 증진케 한다. 마지막으로 협상의 주도권 확보 측면에서 상대방이 감정을 표현하도록 유도해 협상 주제를 자연스럽게 이끌어 갈 수 있다.

효과적인 라벨링을 위한 팁으로는 감정을 가정하지 말고 탐구하듯 말해야 한다. 확신을 가지기보다 "그런 느낌이 드는 것 같다"는 식으로 표현하는 것이다. 또한 감정을 비난하거나 판단하지 않고 감정에 대해 "옳다/그르다"를 논하지 말고 단순히 인식에 집중해야 한다. 마지막으로 감정에 이름을 붙이는 데 두려워하지 말아야 한다. 잘못된 라벨링은 상대방이 올바른 감정을 말하도록 유도하는 계기가 되기 때문이다.

## 5) 비난심사

한편 라벨링과 유사한 개념인 비난 감사(Acquisition Audit)는 협상 과정에서 상대방이 당신을 비판할 가능성을 예측하고 이에 대한 방어 전략을 세우는 것을 의미한다. 이는 신뢰를 구축하고 협상에서 상대방의 우려를 해소하는 데 중요한 역할을 하며, 일반적으로 상대방의 가장 큰 문제들을 미리 목록화하고 상대방이 이를 언급하기 전에 먼저 언급하는 방식으로 수행된다. 이를 통해 협상의 초기 단계에서 상대방이 가질 수 있는 부정적인 생각이나 비판을 먼저 언급하고 이를 해결하려는 노력을 보여줌으로써, 협상의 분위기를 긍정적으로 전환할 수 있다. 여기서 손실 회피(loss aversion)는 사람들이 이익을 얻는 것보다 손실을 피하는 것을 더 중요하게 여기는 경향을 의미한다. 협상에서 사람들은 손실을 피하기 위해 더 많은 양보를 하거나 위험을 피하려는 경향이 있다. 이 손실 회피 경향은 협상 전략에 큰 영향을 미치며, 협상 과정에서 상대방의 손실 회피 성향을 이해하고 이를 활용하는 것이 중요하다.

결국, 협상 과정에서 상대방의 부정적인 감정을 비판으로 명명하는 것도 부정적인 요소를 완화하는 데 효과적이다. 비판에 대한 이름을 붙일 때, 상대방에게 충분한 전술적 공감을 보여주는 것이 중요하며 이를 통해 상대방은 더 열린 마음으로 대화에 참여할 수 있다. 모든 사람은 즐거운 대화를 원하지만, 상대방의 두려움과 불안을 유발하는 뇌의 편도체 작동을 방해하지 않고, 오히려 안전감, 행복감, 신뢰감을 이끌어낼 수 있을 때 긍정적인 결과를 얻을 가능성이 높아진다(하버드 공개 강의 연구그룹, 2024). 특히 협상간 전략적으로 분노를 표출하는 것도 의미가 있음을 강조하고 있다. 선별적이고 의도적인 분노 표현은 분노를 표현하는 사람이 대안이 부족한 상황에서 협상에서 협상력을 강화시킬 수 있다는 연구결과도 있다(Sinaceur & Tiedens, 2006).

한편 비난심사는 협상간 비합리적 결정의 법칙과 연계되어 상대방의 감정을 손실에 대비하도록 유도할 수 있다. 즉 상대방의 손실회피 성향을 자극하는 방법으로 제안하기 전에 당신의 협상조건을 미리 언급해야 한다. 상당히 과한 제안을 해야 하는 상황이라면, 상대방이 얼마나 형편없는 제안을 하고 있는지 미리 언급을 통해 상대방의 감정을 고정시킬 수 있다. 예를 들어, 상대방이 2,000달러를 500달러로 깎을지 고민하다가 어떻게 500달러를 다른 이에게 뺏기지 않을까 고민하게 되는 것이다. 상대방이 자신의 말을 듣고 이해받고 있다는 인식을 갖는 것은 상호 인간 관계의 기본이며, 라벨링을 통해 공감적인 관계를 형성하고 상대방이 자신의 상황을 더 자세히 설명하도록 유도하면 상호 관계가 더욱 강화될 수 있다. 협상 당사자는 자신이 인정받고 이해받고 있다는 느낌을 갖길 원하기 때문에, 라벨링 기술을 통해 긍정적인 인식을 강화하고 이를 독려할 수 있다. 이를 통해 상대방의 감정과 우려를 직접적으로 다루고 이에 공감하는 것이 가능해진다. 상대방이 나를 이해한다고 느낄 때, 그들의 생각과 행동은 변화할 수 있으며, 돌파구를 찾을 가능성이 높아진다. 무조건적인 긍정적 존중은 건설적인 행동의 출발점이며, 이는 상대방의 관점을 이해하고 강조하면서 상대방이 이해받고 있다고 느끼게 하는 것을 요구한다. "맞아요, 바로 그거예요"라는 반응을 이끌어내려는 노력은 상대방과의 원활한 소통과 협상의 긍정적인 결과로 이어지게 된다.

## 상황별 라벨링(Labeling) 실습 예문

비즈니스 협상

(상황) 고객이 서비스 품질에 대해 불만을 제기함.

고객: "이 서비스가 우리가 기대했던 것만큼 가치가 있다고 생각하지 않아요."

응답: "서비스가 기대에 못 미친다고 느끼시는군요. 어떤 점에서 개선이 필요하다고 생각하시나요?"

갈등 해결

(상황) 팀원이 업무 분배에 대해 불만을 가짐.

팀원: "이 업무 분배는 공정하지 않은 것 같아요."

응답: "공정하지 않다고 느끼시는군요. 구체적으로 어떤 부분이 그렇게 느껴지셨나요?"

개인 대화

(상황) 친구가 일에 대한 스트레스를 토로함.

친구: "요즘 일이 너무 많아서 감당이 안 돼."

응답: "일이 너무 많아서 많이 지치신 것 같아요. 제가 도울 수 있는 일이 있을까요?"

상황별 비난심사 실습 예문

협상 초반

상황: 고객과의 협상에서 예상되는 비판이 있음.

응답: "제가 제안한 조건이 너무 높은 것처럼 보일 수도 있다는 점 알고 있습니다. 하지만 이 조건이 귀사의 목표를 달성하는 데 어떻게 도움이 될 수 있을지 말씀드리고 싶습니다."

의사소통 문제 해결

상황: 팀 회의에서 의견 충돌 가능성이 있음.

응답: "제 제안이 너무 급진적이거나 팀의 기존 방향성과 맞지 않는다고 생각하실 수 있습니다. 그래서 그 부분을 충분히 논의할 준비가 되어 있습니다."

고객 불만 처리

상황: 고객이 배송 지연에 대해 불만을 가질 가능성이 있음.

응답: "배송이 지연되어 귀하께서 불편함을 느끼셨을 수 있다는 점 잘 알고 있습니다. 이 문제를 해결하기 위해 어떤 조치를 취할 수 있을지 함께 논의하고 싶습니다."

---

### 구조조정 협상 라벨링(Labeling) 실습 예문

(상황) 회사는 구조조정을 계획하고 있고, 직원 대표와의 협상 중에 있다.

직원 대표: "이런 결정은 우리 직원들 삶을 엉망으로 만들 겁니다!"

협상가: "이 결정이 직원들의 생활에 큰 영향을 미칠 거라고 느끼시는 것 같군요." (라벨링으로 감정 인정)

직원 대표: "맞습니다. 많은 직원들이 이 상황에서 미래를 걱정하고 있습니다."

협상가: "그 점을 저희도 충분히 이해합니다. 현재 직원들에게 가장 중요한 건 고용 안정성이라는 말씀이시죠?"(문제를 구조화하여 구체적인 논의로 유도)

직원 대표:
"그렇습니다. 특히 연령이 높은 직원들이 가장 큰 걱정을 하고 있어요."

협상가:
"그렇다면 연령대별로 맞춤형 지원 프로그램을 설계하는 방안을 함께 검토해보는 건 어떨까요?" (공감에 기반한 대안 제안)

---

## 6) '예'와 '아니요'에 관련된 협상 기법

### (1) 협상에서 '아니요'의 역할과 기능

상대방이 '아니오'라고 말하는 순간부터 협상이 시작되는데. 일반적으로 '아니오'는 회피해야 할 단어로 인식되지만, 많은 경우 '아니오'는 단순히 "잠깐만요"라는 의미를 내포하고 있다. 상대방의 '아니오'라는 대답을 차분히 경청함으로써 효과적인 협상과 소통이 가능해진다. 협상 과정에서 상대방이 '아니오'라고 말할 때, 이는 그들에게 안정감, 안전감, 그리고 통제감을 줄 수 있으므로 이를 유도하는 질문을 적절히 사용하는 것이 중요하다. 예를 들어, "지금 이야기하기 어려우신가요?"와 같은 질문이 더 효과적일 수 있다. '아니오'는 다양한 상황에서 여러 가지 기능을 할 수 있다.

첫째 안정감 제공 및 감정적 편안함을 유도한다. '아니오'는 상대방에게 안정감을 제공하고, 자신의 결정에 대해 통제감을 느끼게 도와준다. 예를 들어, "이 프로젝트를 포기하셨나요?"라는 질문에 "아니오"라고 답하면, 상대방은 추가 설명을 요청하거나 다시 만남을 제안할 수 있는 기회를 제공받으며, 동시에 안도감을 느낄 수 있다. 둘째 손실 회피 성향을 활용할 수 있다. 상대방이 프로젝트를 중단하거나 계약을 수정해야 하는 상황에서 "아니오"라는 대답은 상대방이 잘못된 결정을 내리는 것을 방지하는 데 유용할 수 있다. 셋째 실질적인 문제 제기 측면에서 협상에서 중요한 문제를 제기할 때 '아니오'를 활용할 수 있다. 이는 상대방의 입장을 이해하고 존중하면서 중요한 포인트를 명확히 표현할 수 있도록 도와준다. 넷째 협상 과정 지연 측면에서 '아니오'를 사용하여 협상 과정을 느리게 진행할 수 있다. 이는 결정과 합의를 자유롭게 받아들이고 싶을 때 유용하다. 요약하자면, '아니오'는 다양한 기능을 수행하며, 상대방과 원활한 소통 및 협상 과정에서 매우 유용하게 활용될 수 있는 기법이다. Sebenius(2017) 연구에서는 3가지 아니오("three nos")를 명확하게 식별하는 것이 제안된 협상에서 합의를 거부하는 다양한 이유를 알 수 있으므로 협상에서 도움이 된다고 주장했다.

① "전술적 아니오(tactical no)"다. 이는 더 나은 제안을 얻기 위해 제안된 거래를 단순히 거절하는 것이다.

② "재설정 아니오(no to re-set)다. 이는 협상 과정의 어느 단계에서나 발생할 수 있다. 이는 "협상 테이블에서 벗어나" 자신의 무거래 옵션을 개선하거나 상대방의 무거래 옵션을 악화시키기 위한 움직임을 포함할 수 있다. "재설정 아니오"는 원래의 상대와 계속 협상하거나 적극적으로 수정한 환경에서 협상을 재개하려는 의도로 사용된다.

③ "최종 아니오(final no)"다. 이는 충분히 바람직한 합의가 상대와의 협상에서 실현 가능하지 않을 경우에 취할 행동이다.

"전술적 아니오," "재설정 아니오," 또는 "최종 아니오"를 사용할 때마다, 그로 인한 영향을 평가해야 한다. "아니오"를 전달한 시점부터의 과정을 어떻게 예측하고 평가하는가? 이는 앞으로의 최소 조건에 대해 어떤 의미가 있는가? 상대방의 경우는? 협상시 더 유리한 거래의 가능성은? 등을 분석해야 한다(Sebenius, 2017).

## (2) '아니요'를 유도하는 다양한 방법

첫째 선택지를 제공하는 것이다. 예를 들어, "이 레스토랑에서 저녁을 드시겠습니까?"라는 질문 대신 "다른 레스토랑을 찾아보시겠어요?"와 같이 선택권을 제공함으로써 상대방이 원하는 방향을 선택하도록 유도할 수 있다. 둘째 원칙적인 이유를 제공하는 것이다. 예를 들어, "이 프로젝트를 포기하셨나요?"라고 묻기보다는 "이 프로젝트는 우리 목표에 부합하며 중요한 이유가 있습니다"와 같이 원칙적인 이유를 제시하여 상대방의 결정을 이해하려는 접근을 시도할 수 있다. 셋째 상대방의 이익을 강조하는 것이다. 예를 들어, "이 계획을 변경하시겠습니까?"라는 질문 대신 "이 변경은 우리 둘 모두에게 이익이 될 것입니다"와 같이 상대방의 이익을 강조하여 협상을 유도할 수 있다. 상황에 따라 적절한 방법의 '아니요'를 선택해야만 상대방과 원활한 협상을 이어갈 수 있다.

---

### 상황별 '아니요' 유도 예문

1. 비즈니스 협상
질문: "이 조건이 지금 당장 받아들이기 어려운 부분이 있으신가요?"
목적: 상대방이 "아니요"라고 대답하면서 자신감을 느끼고 추가적인 대화를 열도록 유도

2. 고객 서비스
질문: "이 문제가 고객님께 만족스럽게 해결되지 않았다고 생각하시나요?"
목적: "아니요"라는 대답을 통해 고객이 문제 해결 의지를 다시 확인할 수 있도록 만듦

3. 팀 관리
질문: "이 프로젝트 방향이 팀의 목표와 전혀 맞지 않다고 생각하시나요?"

---

목적: "아니요"라는 답변을 통해 팀원이 프로젝트 방향에 대해 재고하게 만듦.

4. 개인적인 대화
질문: "제가 이 상황에 대해 충분히 이해하지 못한다고 생각하시나요?"
목적: "아니요"라고 답하며 상대방이 당신의 이해를 인정하고 더 많은 정보를 공유하도록 유도

5. 판매 상황
질문: "이 제품이 귀하의 필요를 전혀 충족시키지 않는다고 생각하시나요?"
목적: "아니요"라는 답변을 통해 제품의 장점이나 필요성을 다시 생각하도록 유도.


## (3) 협상에서 '예'를 분석하는 방법

세 가지 '예'는 거의 똑같이 들리므로 분석하는 방법을 배워야 한다. 첫째, '거짓'의 의미이다. 정보를 얻거나 유리한 입장을 취하기 위해 사용되는 거짓 동의를 의미한다.

둘째, '확인'의 의미이다. 대개 무심하며 단답형 질문에 반사적으로 나오는 반응으로 아무런 행동도 약속하지 않는 단순한 긍정의 의미이다. 셋째, '약속'의 의미이다. 협상 시 행동으로 이어지는 참된 합의의 의미로서, 당사자가 안전하다고 느끼게 하며 정서적으로 편안함과 자기결정에 대한 통제감을 유도한다. 안도감, 안심, 통제감을 창출하여 화자가 원하는 바를 자세히 설명하기 위한 중간 휴식 기능으로 활용된다.

한편 상대방의 '예'가 진정한 '예'인지 확인하는 3단계 규칙은 동일한 동의를 세 번 얻어내 상대방의 의사를 확인하는 전략이다. 첫 번째 동의는 상대방이 동의를 표시하거나 약속을 하는 경우이다. 두 번째 동의는 상대방이 말한 내용을 명명하거나 요약을 통해 상대방의 답변을 이끌어내는 것이다. 세 번째 동의는 "상황이 잘 안 풀리면 어떻게 해야 할까요?"와 같은 교정 질문을 통해 상대방이 성공을 위해 필요한 점을 구체적으로 설명하게 유도하는 것이다. 교정 질문을 여러 방식으로 바꿔가며 반복(예: "당신이 직면한 가장 큰 문제는 무엇인가요?")함으로써 상대방의 진심을 파악할 수

있다. 반복을 통해 거짓된 응답을 유지하기 어렵게 하여 상대방의 동의가 진실인지 확인할 수 있다.

---

### 상황별 '예' 의미 분석 예문

1. 계약 협상

"이 계약 조건에 동의하신다고 말씀하셨죠?"

"그럼 이 내용대로 진행해도 괜찮으신지 다시 한번 확인드리겠습니다."

"최종적으로 이 조건에 문제가 없으신지 확인 부탁드립니다."

2. 가격 협상

"이 가격에 동의하셨다는 말씀으로 이해해도 될까요?"

"확인을 위해 다시 말씀드리면, 이 금액으로 계약 진행하시는 것이 맞으신가요?"

"그럼 이 금액으로 확정하는 것으로 알고 진행하겠습니다. 맞으신가요?"

3. 배송협상

"배송일은 1월 20일로 합의하신 것으로 확인했습니다. 맞으신가요?"

"다시 한번 확인드리면, 1월 20일에 맞춰 진행하는 것으로 동의하신 거죠?"

"최종적으로 1월 20일로 확정해도 괜찮으신지 확인 부탁드립니다."

4. 파트너십 협상

"이 파트너십 제안을 받아들이신다고 하셨죠?"

"제가 이해한 게 맞는지 확인드리겠습니다. 이 조건에 동의하신 거죠?"

"최종적으로 이 제안에 문제가 없으신지 확인 부탁드립니다."

5. 프로젝트 협상

"이 프로젝트 범위에 동의하신다고 말씀하셨죠?"

"다시 말씀드리면, 이 범위대로 진행하는 것에 동의하신 거 맞으시죠?"

"최종적으로 이 프로젝트 범위로 확정해도 괜찮으신지 확인 부탁드립니다."

## 7) 협상에서 '대명사'를 분석하는 방법

대명사의 활용법을 이해하면 협상 전략을 보다 효과적으로 조정하고 대화를 성공적으로 이끌 가능성을 높일 수 있다. 대명사는 협상 과정에서 의사결정의 역학과 관계 형성을 파악하는 데 중요한 역할을 하는데 상대방이 사용하는 대명사는 그들의 역할, 권한, 그리고 협상에 대한 관점을 드러낸다. 먼저 상대방이 3인칭 대명사(예: "우리", "그들", "그쪽")를 자주 사용할 경우, 이는 중요한 의사결정자이거나 그룹을 대표하고 있을 가능성이 높으며, 팀이나 조직을 대변하며 최종적으로 합의를 이끌 권한이 있을 가능성이 크다. 이와는 다르게 상대방이 1인칭 대명사(예: "나", "내가", "나의")를 자주 사용할 경우, 이는 궁극적인 의사결정권이 제한되며 다른 사람에게 있을 가능성을 나타낸다. 이 경우 상대방은 상급자의 승인을 받아야 하는 위치에 있을 수 있다.

또한 협상 중에 상대방의 이름을 사용하는 것은 신뢰를 형성하고 감정적 유대를 강화하는 강력한 방법이다. 이름을 사용하는 것은 대화를 개인화하여 상대방이 존중받고 있다고 느끼게 만든다.

---

**상황별 '대명사' 실습예문**

1. 제안 협상
협상가: "귀하의 팀은 이 제안을 어떻게 보고 있나요?"
응답: "우리는 이 제안이 우리의 목표와 일치한다고 생각하지만, 세부사항을 더 논의해야 할 것 같아요."
분석: "우리(we)"라는 표현은 집단적인 권한과 책임을 나타내며, 상대방이 그룹의 의사결정을 대변하고 있음을 암시

2. 계약 협상
협상가: "오늘 이 합의를 진행할 수 있을까요?"
응답: "제가 상사와 확인해봐야 할 것 같아요."

분석: "나"와 "내가"라는 표현은 상대방이 최종 결정을 내릴 권한이 없고, 다른 사람의 승인을 필요로 한다는 것을 인식

### 3. 일정 협상

협상가: "제임스, 귀하의 팀이 일정에 대해 우려를 갖고 있다는 점을 이해합니다. 이를 해결할 방법을 함께 논의해 보죠."

분석: 상대방의 이름을 사용하는 것은 대화를 보다 개인적이고 참여적으로 만들어주며, 열린 소통과 협력을 촉진

## 인질납치 협상 실습 시나리오

*협상기법 중점: 전술적 공감, 라벨링, 미러링, 침묵, '예/아니오' 기법 결합

시나리오 개요:

테러리스트 A: 몸값으로 1,000만 달러의 전쟁 보상을 요구하는 국제 테러 조직의 지도자

협상가: 확고한 입장을 가진 협상팀 지휘관

중재자(Hidden Table): 협상 중에 숨겨진 테이블 진행자 역할

### 1. 최초 접촉

협상가: "테러리스트 A씨, 당신의 요구사항은 알고 있습니다. 인질들의 안전을 대가로 당신이 원하는 것은 정확히 무엇입니까?"

(테러리스트 A를 초대하여 대화를 시작하고 자신의 입장을 공유)

테러리스트 A: "1,000만 달러입니다. 이것은 귀하의 회사가 내 가족에게 끼친 피해에 대한 보상입니다. 돈도 없고 석방도 없습니다."

### 2. 팀 내부 협상

(협상팀은 수요(1,000만 달러)에 초점을 맞추는 것에서 테러리스트 A의 근본적인 이해관계를 이해하는 것으로 전환하기로 합의)

협상자(팀내 협상): "테러범의 욕구는 단순히 돈에 관한 것이 아닙니다. 무엇이

이러한 요구를 불러일으키는가? 개인적 복수인가?, 회사가 테러범과 테러범 가족에 대한 사과와 보상인가?, 아니면 다른 무엇인가? 우리는 그의 핵심 관심사를 밝혀내야 합니다."

중재인: "그의 불만에 전술적으로 공감하고 그의 본질적인 욕에 집중하자. 그것이 우리가 테러범과 건설적으로 협상에 참여하도록 하는 방법이다."

3. 협상 시작

협상가: "당신은 이 보상이 당신에게 해를 끼친다고 생각되는 문제를 해결하기 위한 공정한 방법이라고 생각합니다. 맞습니까?"

테러리스트 A: "예, 맞습니다! 당신의 회사는 나와 내 가족에게 고통을 초래했고 이것이 당신이 할 수 있는 최소한의 일입니다."

(미러링과 라벨링은 친밀감을 형성 기여)

협상가: "너무나 비극적이고 불공평한 일이지 않습니까? 당신의 관점에서 보면 당신의 가족들은 엄청난 고통을 견뎌왔군요."

(그의 감정에 라벨링 하는 것은 테러범의 불만을 이해하고 인정한다는 것을 인식)

테러리스트 A: "그렇습니다! 내가 아무리 그동안 호소해도 들어주는 회사 책임간부들은 아무도 우리 말을 듣지 않습니다."

4. 침묵으로 대화 장려

(협상자는 테러리스트 A에게 설명을 요청하기 위해 침묵을 사용)

(잠시 침묵 후 테러리스트 A가 이어간다...)

테러리스트 A: "당신의 회사는 나와 내 가족에 입힌 피해에 관심이 없습니다. 그들은 우리에게 빚을 지고 있습니다!"

5. 공감 표현을 바꿔서 표현

협상가: "그렇다면 천만 달러는 단지 돈에 관한 것이 아니라 당신의 가족에게 가해진 피해에 대한 인정과 정의에 관한 것이라는 말씀이신가요? 맞습니까?"

테러리스트 A: "예! 바로 그 뜻입니다."

6. "예, 맞습니다" 응답 유도

협상가: "우리가 당신 국민의 고통을 인정하고 그 불만을 해결할 방법을 찾는다면

인질을 석방하는 것이 올바른 조치라는 데 동의하시겠습니까?"

테러리스트 A: "예, 그렇죠."

7. 협상대안 제시

(협상자는 몸값 요구를 직접적으로 양보하지 않고 테러리스트 A의 핵심 욕구를 해결하는 협상 대안을 제안합니다)

협상가: "우리는 당신의 요점을 이해합니다. 생명을 더 이상 위험에 빠뜨리지 않으면서 국민의 목소리를 듣고 그들의 고통을 인정하는 해결책을 모색합시다. 동의할 수 있습니까?"(테러리스트 A는 제안을 고려하며 평화적 해결 대안 제시)

## 8) 앵커링 기법: 시간 압박 전략(마감기한 공지)

앞서 언급한 앵커링 효과(Anchoring Effect)가 있다. 이는 머릿속에 정해진 "닻"을 기준으로 판단하게 되는 현상으로, 의사 결정을 내릴 때 무의식적으로 설정한 기준에 영향을 받는 전략을 의미한다(Ames & Mason, 2015). 이 닻은 초기 제안이나 정보로부터 파생된다. 판매자는 가격을 높이려고 하고, 구매자는 낮은 가격으로 시작하여 판매자의 기준을 낮추려고 한다. 앵커링 효과의 예시로는 상점에서 상품의 가격, 시간, 숫자 등을 토대로 적용할 수 있다. 만약 가격을 높게 제시하면, 이후 협상에서 더 낮은 가격을 제시하더라도 초기 제안이 기준이 되어 구매자의 판단력이 흐트러지게 된다(Loschelder & Stuppi & Trötschel, 2014). 마찬가지로 완료 예상 시간을 높게 제시하면, 실제로 더 빨리 완료되더라도 초기 제안이 기준이 되어 인식이 바뀌게 된다. 마지막으로 큰 숫자를 강조하면, 이후 작은 숫자는 상대적으로 작아 보이게 된다. 앵커링 효과는 협상, 판매, 마케팅, 의사소통 등 다양한 상황에서 중요한 역할을 한다(Epley & Gilovich, 2005).

앵커링 기법 등 시간 압박은 협상에서 중요한 요소이다. 날카로운 시간적 마감은 긍정적인 압박 효과를 가져오게 하는데, 마감 기한이 다가오면 사람들은 협상을 서두르게 되어 자신의 이익에 반하는 행동을 표출할 수 있다. 이는 인간의 본성 중 하나로, 마감이 다가오면 서두르게 되는 경향이 있다. 협상 간 출발 기준점을 설정함으로써 상대방이 제시하고자 하는 조건을 조작할 수 있다. 숫자를 제시할 경우 극단적인 기준점을 제시하거나, 공격적으로 보이고 싶지 않을 때는 범위를 활용할 수 있다. 제안하기 전에 조건이 얼마나 형편없는지 미리 말함으로써 상대의 감정을 고정시킬 수 있다. 무엇이든 그 진짜 가치는 어떤 관점에서 바라보는가에 달려있음을 기억해야 한다.

앵커링 기법을 통해 협상에서 주도권을 확보하는 데 도움이 된다. 자신의 실질적 마감기한이 비노출되어 있다면, 상대방이 실질적으로 협상을 진행하도록 동기를 부여할 수 있고 양보 가능성을 높일 수 있다. 앵커링은 협상의 시작점을 설정하고 협상의 흐름을 주도하는 강력한 전략이므로 상대방의 기대치를 효과적으로 조율하고, 협상에서 유리한 결과를 이끌어낼 수 있다. 특히 배트나, 미러링, 교정질문 등과 함께 사용하면 시너지 효과를 달성한다. 만약 상대방의 BATNA를 분석한 뒤, 이를 넘어서는 초기 앵커를 제시하여 협상을 유리하게 진행할 수 있다. 만약 자신의 합의 안에 상대방이 동의하지 않는다면 협상을 종료케 함으로서 상대방에게 극적인 상황을 만들어 손실을 느끼게 해야 한다. 예를 들어 의도적으로 긴장 상황을 조성하여 상대방이 공지한 시간 이전에 답변하도록 유도하는 전략을 수행함으로서 상대방의 결정을 빠르게 이끌어내고 협상을 성공적으로 마무리할 수 있다.

(1) 앵커링 기법의 핵심 원리

- 초기 제안의 중요성: 협상에서 첫 번째 제안은 기준점(앵커)이 되어 이후 협상 과정 좌우
- 심리적 프레임 설정: 상대방이 제시된 앵커를 기준으로 자신의 요구를 조정
- 정보의 영향력: 초기 제안이 강력한 근거와 함께 제시되면 상대방은 이에 대한 신뢰 가능성 증대

(2) 앵커링 유형

- 높은 앵커 설정: 초기 제안을 이상적 목표에 가깝게 설정하여 협상의 시작점을 높임
  예: "이 프로젝트를 완료하기 위해 $1M 예산이 필요합니다."

- 유도형 앵커: 상대방이 먼저 제안을 하도록 유도하여, 그 제안에 대응하는 전략을 수립

    예: "귀사에서는 이 조건에 대해 어떤 수준의 지원을 고려하고 계신가요?"
- 범위 앵커: 협상의 여지를 보여주면서도 자신의 유리한 범위를 제시.

    예: "우리는 $45~$55 범위 내에서 이 프로젝트를 진행할 수 있습니다."
- 심리적 앵커: 상대방의 인식에 영향을 미칠 수 있는 조건이나 사례를 제시

    예: "시장에서는 이 제품이 보통 $60에 판매되고 있습니다."

## (3) 앵커링 기법의 구조적 단계화

① 준비된 초기 제안 설정: 시장조사 및 데이터 활용 등 제안이 신뢰를 얻으려면 근거가 뒷받침

  - 자신의 목표치 반영: 초기 제안은 협상 목표치와 최대한 가깝게 설정
  *  *"현재 시장에서 유사한 직책의 연봉은 평균적으로 8천만 원입니다. 저는 제 경험과 성과를 고려해 9천만 원을 제안드립니다."*

② 강력한 근거와 함께 앵커 제시(구체적이고 명확한 제안): 추상적이거나 모호한 숫자가 아닌, 구체적인 수치를 제시
  *  *"이 프로젝트의 시장 가치는 5억 원 이상입니다. 우리는 5억 5천만 원을 시작점"*
  - 객관적 자료 제시: 데이터를 활용해 제안이 현실적이고 타당하다는 인상 전달

③ 앵커 설정 후 침묵 활용: 제안 후 침묵을 유지해 상대방이 이를 소화하고 반응하도록 유도
  * 심리적으로 상대방은 제안을 기준으로 논의점을 찾으려고 노력
④ 상대방의 반응에 따라 유연성 유지
  - 상대방이 높은 앵커에 반발하면 협상 범위를 조정할 수 있도록 대비
  * "5억 5천만 원이 어렵다면, 어떤 대안을 생각하고 계신가요?"

## (4) 앵커링 기법 방어 전략(상대방의 앵커에 대응)

### ① 첫 제안을 회피하거나 지연

* "좋은 제안 감사합니다. 하지만 전체 맥락을 더 이해한 뒤 의견을 드리겠습니다."

- 상대방의 제안에 즉시 동의하지 말고, 기준점을 설정하기 전에 자신의 제안을 준비

### ② 상대방의 앵커를 무효화

- "그 수치는 현재 시장 상황과는 맞지 않는 것 같습니다. 이 데이터를 보시면 다른 결과를 확인하실 수 있습니다."

### ③ 자신의 기준점 재설정

- "제가 조사한 바로는, 이 프로젝트의 시장 가치가 6억 원에 가까운 것으로 보입니다. 이 수치를 기준으로 논의해보면 어떨까요?"

---

### 상황별 '앵커링 기법' 실습예문

1. 프로젝트 마감 기한 설정 예문:

"프로젝트 완료 기한이 다음 주 금요일로 다가왔습니다. 이번 주 내로 수정 사항을 확인하고 반영해야 하며, 마지막 조정은 내일 오후 3시까지 완료해 주세요. 최종 보고서 검토는 마감일 당일 오전까지 부탁드립니다."

2. 상품 할인 행사 예문:

"이번 주 토요일까지 모든 상품에 대해 50% 할인 행사를 진행하고 있습니다. 마감 기한이 가까워질수록 인기 상품의 재고가 빠르게 소진되고 있으니 서두르시기 바랍니다. 한정된 시간 동안만 적용되며, 행사가 종료되면 원래 가격으로 돌아갑니다."

3. 회의 일정 조정 예문:

"이번 주 수요일 오전 10시까지 회의 자료를 제출해 주세요. 마감 기한이 지나면 추가로 조정할 시간이 부족하니, 일정을 지켜 주시기 바랍니다. 목요일 오전 11시에 최종 회의가 예정되어 있으며, 변경이 어렵습니다."

4. 계약 협상 마감 기한 예문:

*"계약 조건 합의의 마감 기한이 이번 주 금요일입니다. 추가 협상을 원하시면 목요일 오후 5시까지 의견을 제출해 주세요. 기한을 넘기면 협상 연장이 어려울 수 있습니다."*

5. 서비스 구독 연장 예문:

*"기존 서비스 구독 연장이 오늘 자정까지 가능합니다. 구독을 연장하지 않으면 서비스가 중단될 수 있으니, 기한 내 연장을 완료해 주세요. 이후 구독 재개 시에는 추가 비용이 발생할 수 있습니다."*

## 9) 니블링(Nibbling) 기법: 협상 마무리 단계시 추가적 양보 요청 전략

협상 과정에서 마지막 순간에 추가적인 양보나 혜택을 요구하는 전략을 체계적으로 활용하는 방법이다. 이는 협상 마무리 10분 전 상대방에게 추가적인 양보를 요청하는 전략으로 분위기상 거절 제한으로 제안 수용으로 매몰비용이 아까워 거절하는 것이 제한될 수 있다.

일반적으로 협상 마무리 단계는 합의점을 찾았으며, 상대방과의 긍정적인 관계를 유지하는 중요한 국면이지만 체력적으로 힘들고 집중력도 저하되어 있으며, 큰 맥락에서 합의점을 찾았기 때문에 마음을 놓기 쉬운 상황이기도 하다. 노련한 협상가는 이 순간을 놓치지 않고, 상대방의 마음을 더욱 끌어들이기 위해 다양한 전략을 활용하는데 니블링 전략(Nibbling Tactics)은 이러한 시점에서 중요하게 사용된다. 예를 들어 물품공급계약 체결 시, 거래 수량과 공급 단가에 대해 치열하게 다툰 뒤 사인하기 직전에, "아, 참. 배송비는 당연히 공급자 부담으로 해주시는 거죠? 이부분도 계약서에 명시해주시기 바랍니다."라고 구매 담당자가 이야기한다. 공급자 입장에서는 계약 체결을 눈앞에 두고 분위기상 거절하기가 쉽지 않아 뭔가 모르게 찜찜하지만 얼떨결에 제안을 받아들인다(류재언, 2022).

니블링의 목적은 협상이 끝나기 직전 추가적인 혜택을 요구하여 최대의 가치를 창출하고 상대방이 이미 합의한 조건에 만족감을 느끼고 있을 때 추가적인 요구를 수용하게 할 수 있다. 니블링은 BATNA와 미러링, 교정질문과 함께 활용하면 효과적인데 특히 상대방의 BATNA를 이해한 상태에서 니블링을 적용하면 요구를 수용할 가능성을 높일 수 있다.

니블링은 협상의 마지막 단계에서 추가적인 이익을 얻는 데 유용한 전략으로 협상시 구조적으로 적용하면 상대방과의 관계를 유지하면서도 최대한의 가치를 확보할 수 있다.

## (1) 니블링 기법의 핵심원리

- 타이밍: 합의가 거의 완료된 순간에 니블링을 시도
- 소규모 요구: 상대방이 부담스럽지 않은 작은 요구부터 시작
- 합리적 근거 제공: 추가적인 요구에 대해 설득력 있는 이유를 제시
- 상호 호혜적 접근: 상대방도 이익을 얻을 수 있도록 설계

## (2) 니블링의 유형

- 금전적 니블링: 추가 할인, 무료 서비스, 배송비 면제 등을 요청.
  * *"이 조건으로 계약하면, 추가로 소모품도 포함해 주실 수 있나요?"*
- 시간적 니블링: 마감 기한 연장, 추가적인 협력 시간 요청.
  * *"완료 기한을 며칠만 연장해 주실 수 있을까요?"*
- 조건적 니블링: 기존 조건에 약간의 수정이나 추가를 요청.
  * *"계약 조건에 사후 지원을 조금 더 포함해 주실 수 있나요?"*

## (3) 니블링 구조화 단계

① 협상 마무리 단계 진입: 주요 조건에 대해 거의 합의가 이루어진 시점에서 니블링을 시도한다.
  * *"계약서에 서명하기 전에 한 가지 작은 요청이 있습니다."*
② 작고 구체적인 요구: 큰 요구가 아닌, 상대방이 쉽게 수용할 수 있는 작은 양보를 요청한다.
  * *"이 조건에 추가로 배송비를 포함해 주실 수 있을까요?"*

③ 근거 제시: 니블링 요구가 합리적이고 정당하다는 점을 설명한다.

*예: "다른 공급업체들은 이 조건을 포함해 주셨는데, 여기서도 가능할까요?"*

④ 심리적 압박 완화: 상대방이 느낄 수 있는 심리적 부담을 줄이기 위해 긍정적인 어조를 유지한다.

*\* "물론 이건 큰 문제는 아니지만, 가능하다면 감사하겠습니다."*

⑤ 상호 이익 제안: 추가 요구가 상대방에게도 도움이 된다는 점을 강조한다.

*\* "이 부분이 포함된다면, 장기적으로 더 많은 협력을 기대할 수 있을 것 같아요."*

⑥ 대응 전략 준비: 상대방이 요구를 거절하거나 추가 양보를 요청할 경우 대비책을 마련한다. *\* "만약 어렵다면, 이 대안이라도 가능할까요?"*

## (4) 니블링 활용의 주의점

- 과도한 요구 금지: 지나치게 큰 요구는 상대방의 반감 유발가능
- 타이밍 조절: 협상이 거의 마무리된 시점에만 시도해야 효과적
- 관계 유지: 상대방이 협력 의지를 잃지 않도록 신뢰를 유지하며 요청
- 대안 준비: 상대방이 거절할 경우를 대비한 다른 협상 전략을 마련
- 상대방의 신뢰를 유지하는 방식으로 적절히 활용하는 것이 중요

## (5) 니블링 방어 전략

- 선제적 방어: 협상 초기부터 "추가 요구는 없다"는 원칙을 명확화
- 작은 요구 수용: 상대방의 니블링 요구가 작고 실현 가능하면 수용하되, 새로운 양보는 요구하지 않도록 유도
- 대등한 추가 요구: 니블링 요청이 들어올 경우, 상대방에게도 비슷한 양보를 요구

\* "이 조건을 추가해 드릴 수 있지만, 저희도 몇 가지 조정이 필요합니다."

## 10) 교정질문 기법

　　교정질문(Calibrated Question)이란 상대가 대답은 할 수 있지만 정해진 답이 없는 질문(Open Question)을 의미한다. 이러한 교정질문의 목적은 단순히 느낌을 물어보는 것이 아니라, 방향성을 이끌기 위해 대화를 유도하기 위함으로 사용된다. 또한 상대방의 의도와 정보를 정확히 이해하고 오해를 방지하고 명확한 소통을 보장하며 대화를 논리적으로 정리하고 다음 단계를 준비하기 위해 사용된다. 사격 조준기나 측정용 저울과 같은 계기를 교정할 때처럼 구체적인 문제를 중심에 두고 주의 깊게 질문을 교정하게 된다. 이는 공격적이거나 자기중심적인 협상 상대에게 효과적이며 상대방이 주도권을 착각하게 한다. 교정질문시에는 육하원칙에 입각한 질문을 사용하며, 무엇을, 어떻게 중심으로 질문을 구성한다. 이러한 교정질문의 예시로는 "당신에게 이 일의 어떤 점이 중요한가요?", "이를 개선하기 위해 제가 어떻게 도울 수 있을까요?", "저희가 무엇 때문에 이 상황에 처하게 됐을까요?", "여기에서 우리가 성취하고자 하는 바가 무엇입니까?" 등이 있다.

　　듣는 사람과 말하는 사람 중 대화의 주도권을 쥔 쪽은 당연히 듣는 사람이다. 왜냐하면 말하는 사람은 정보를 드러내고 있는 반면, 제대로 듣는 훈련을 받은 사람은 대화를 목표한 방향으로 몰아갈 수 있기 때문이며 말하는 사람의 에너지를 목적 달성을 위해 활용하기 때문이다. 협상시 주의할 사항으로 나의 주장이 옳다는 것을 인정하라고 상대에게 강요하려 하지 말아야 하는데, 공격적인 대립은 건설적인 협상의 적이기 때문이다. 또한 '예' 또는 간단한 정보로 답할 수 있는 폐쇄형 질문은 생각할 필요도 없이 인간이 지닌 호혜 욕구[3]유발을 통해 상대는 질문에 답한 대가를 자연스레 바라게 되므로 지양해야 한다. 반대로 '어떻게' 또는 '무엇'이 들어가는 교정 질문을 통해 상대는 자신이 통제하고 있다는 착각에 빠져서 많은 내용을 말하고 궁극적으로 중요한 정보를 밝히게 된다. 또한 상대가 자신의 의도에 따라 당신을 유도하려는 때가 아니라면 '왜'가 들어가는 질문을 하지 말아야 한다. '왜'는 어떤 언어에서든 비난의 의미를 내포하고 있기 때문이다. 협상시 교정질문을 통해 상대방으

---

3 양편이 서로 특별한 편의와 이익을 주고받는 일

로 하여금 문제를 해결하는 방향으로 집중하면 상대는 해결을 찾고자 자신의 에너지를 쏟게 된다.

이와 같은 교정질문은 상대방의 자발적인 참여를 유도하고, 문제 해결을 위한 구체적인 답변을 이끌어내는 데 유용하다. 이러한 질문을 통해 협상의 주도권을 유지하고, 상대방의 진정한 의도와 욕망을 파악할 수 있다. 교정질문은 협상 과정에서 BATNA나 미러링 기술과 함께 활용하면 더 효과적이다. 상대방의 BATNA를 교정질문으로 명확히 이해하고, 이를 기반으로 자신의 전략을 조정할 수 있다. 교정질문은 협상과 대화에서 효과적인 의사소통과 문제 해결을 돕는 강력한 도구이므로 이를 구조적으로 적용하면 상대방과의 상호 이해를 높이고 협상을 유리하게 이끌어갈 수 있다.

### (1) 교정질문의 핵심원리

- 중립적 태도: 비판적이거나 방어적인 어조를 피하고 객관적으로 질문을 제시
- 명확성: 상대방의 발언에서 모호하거나 불확실한 부분을 구체적으로 질문
- 열린 질문: 상대방이 충분히 설명할 수 있도록 유도
- 경청 기반 질문: 상대방의 말에 근거하여 질문을 구성

### (2) 교정질문의 유형

- 명확화 질문: 상대방의 발언에서 모호하거나 이해가 어려운 부분을 명확화
  * "여기서 '효율적'이라는 표현은 어떤 기준에서 말씀하신 건가요?"
- 확인 질문: 상대방의 진술이 정확히 전달되었는지 확인
  * "즉, 이 방안이 가장 비용 효율적이라고 생각하시는 거죠?"
- 탐색 질문: 상대방의 관점을 더 깊이 탐구하기 위해 추가적인 정보를 요청
  * "이 방식이 효과적이라고 판단하신 근거를 더 자세히 설명해 주실 수 있나요?"
- 반론 유도 질문: 상대방의 주장에 대한 대안이나 약점을 유도
  * "이 방법에 어떤 잠재적인 위험 요소가 있을까요?"
- 문제 해결 질문: 문제를 해결하기 위한 구체적인 방안을 모색하도록 유도
  * "그렇다면, 이 문제를 해결하기 위해 우리가 어떤 부분을 조정할 수 있을까요?"

## (3) 교정질문 구조화 단계

① 핵심 이해: 상대방의 주장을 요약하거나 재진술하여 정확히 이해했는지 확인

*예: "제가 이해한 바로는, 이 조건이 가장 중요하다는 말씀이신데 맞나요?"*

② 세부 확인: 상대방의 주장의 세부적인 부분을 명확히 질의

*예: "구체적으로 어떤 부분에서 어려움이 있다고 생각하시나요?"*

③ 의도 파악: 상대방의 발언 뒤에 숨겨진 의도나 맥락을 탐색

*예: "왜 이 옵션이 다른 것보다 더 적합하다고 생각하시나요?"*

④ 가정 확인: 상대방의 주장이 기반하고 있는 가정을 확인

*예: "이 옵션이 효과적이라는 가정은 어떤 데이터나 경험에 기반한 것인가요?"*

⑤ 대안 질문: 상대방의 주장에 대해 다른 가능성을 열어주는 질문

*예: "만약 이 방안이 현실적으로 어렵다면, 다른 선택지는 무엇이라고 보시나요?"*

## (4) 교정질문 활용의 주의점

공격적 질문 지양: 질문이 상대방에게 방어적 태도를 유발하지 않도록 어조와 표현을 주의

- 연속적인 질문 자제: 지나치게 많은 질문은 상대방을 압박할 수 있으므로 적절히 간격 유지
- 대화의 맥락 존중: 교정질문이 대화의 흐름을 방해하지 않도록 유연하게 적용
- 폐쇄형 질문이나 "왜"라는 질문 지양: 역효과를 유발할 수 있으므로 사용하지 않는다. 상대가 자신의 의도에 따라 당신을 유도하려는 때가 아니라면 '왜'가 들어가는 질문을 하지 말아야 한다. '왜'는 어떤 언어에서든 한방 비난조를 유도하기 때문이다. 대신 누가, 언제, 어떻게, 무엇을, 어디서와 같은 단순한 사실 확인 질문을 활용할 수 있다.

## 상황별 '교정질문' 실습예문

1. 프로젝트 진행 상황 점검: "이 부분의 작업이 예상보다 늦어지고 있는 것 같은데, 어떤 점에서 문제가 발생하고 있는지 공유해 주실 수 있을까요?"

2. 회의 중 의견 확인: "방금 제안해 주신 아이디어가 매우 흥미로운데, 그 아이디어가 현재 프로젝트 목표에 어떻게 부합한다고 생각하시는지요?"

3. 팀원 피드백 요청: "이번 프로젝트에서 본인이 가장 기여한 부분과, 개선이 필요하다고 생각되는 부분이 있다면 말씀해 주실 수 있을까요?"

4. 고객 불만 대응: "고객님께서 불편을 겪으신 부분에 대해 정말 죄송합니다. 어떤 점이 가장 불편하셨는지 구체적으로 말씀해 주시면 개선에 큰 도움이 되겠습니다."

5. 상품 판매 상황 점검: "최근 판매량이 감소한 이유가 무엇이라고 생각하시나요? 더 나은 판매 전략이 있다면 제안해 주실 수 있을까요?"

6. 협상 중 견해 차이 조정: "상대방이 제안한 조건에 대해 의문이 있으신 부분은 무엇인가요? 그 부분을 조정하기 위해 어떤 방법이 효과적이라고 생각하시나요?"

7. 교육 중 학생 이해도 평가: "이번 수업 내용 중에서 가장 어려웠던 부분이 무엇인지 말씀해 주실 수 있을까요? 이해를 돕기 위해 어떤 방식이 더 효과적일까요?"

8. 인사 평가 중 피드백: "이번 평가에서 본인이 가장 자랑스러워하는 성과는 무엇인가요? 향후 목표를 달성하기 위해 어떤 지원이 필요하신가요?"

9. 새로운 정책 도입 시 의견 수렴: "이번에 도입된 정책에 대해 어떤 점이 가장 만족스럽지 않으셨나요? 이를 개선하기 위해 어떤 변화를 제안하시겠습니까?"

10. 팀 회의 후 의견 묻기: "오늘 회의에서 다룬 내용 중에 이해되지 않는 부분이 있나요? 더 자세한 설명이 필요하시다면 어떤 부분인지 말씀해 주실 수 있을까요?"

## 11) 블랙스완(Black Swan) 기법

블랙 스완은 예측할 수 없는 사건이나 현상으로 기존에는 생각지도 못했던 일이 실제로 발생하는 현상을 의미한다. 예를 들어, 스티브 잡스가 아이패드를 개발할 때 사람들은 아이패드를 원한다고 말하지 않았지만, 잡스는 우리의 욕구를 파악하고 블랙스완을 밝혀냈다. 협상 상황에서도 블랙스완이 발생할 수 있다. 협상에서 블랙스완 기법은 협상에서 예기치 않은 중요한 정보나 상대방의 숨겨진 동기를 찾아내어 협상의 판도를 바꾸는 전략으로 이러한 기법을 통해 협상의 결과를 크게 좌우할 수 있다. 이 기법은 Chris Voss의 Never Split the Difference에서 소개되었으며, 협상에서 가장 중요한 요소인 "알려지지 않은 사실"을 발견하고 활용하는 데 초점을 두고 있다. 이 기법은 협상 과정에서 상대방이 숨기거나 간과하고 있는 요소들을 발견하고 이를 활용하여 협상의 흐름을 유리하게 이끄는 데 사용된다. 협상 당사자간 모르는 무엇인가(Unknown Unknown)가 협상을 결렬시키거나 예기치 않게 성공적으로 종결시킬 수 있다. 그러나 협상간 우리는 미지의 미지를 찾기란 매우 어려운데 어떤 질문을 해야 할지조차 모른다. 대표적 예로 상대방은 블랙스완 관점의 정보가 얼마나 중요한지, 그 정보를 밝혀서는 안된다는 사실조차 무지할 수 있다. 결국 어떤 질문을 해야 할지조차 모르는 경우 다수이다.

블랙스완의 효과는 협상시 레버리지를 증대하는 역할을 한다. 비록 상대는 자신이 그 가치를 제대로 인식하지 못하는 정보를 갖고 있더라도 협상시 가장 중요한 정보가 될 수 있다. 사전에 상상하지 못했는데 협상간에 발견되어 활용한다면 협상의 Game Changer가 되어 향방을 완전히 바꿔서 예기치 않은 성공을 이끌게 한다. 블랙스완 기법 측면에서 시간을 서두르는 것은 협상에서 대표적인 실수로서 상대방이 자신이 하는 말을 잘 듣지 않는다는 인식을 가지게 되며, 기존 관계와 신뢰가 악화될 수 있다. 협상가에게 있어 시간 경과가 가장 중요한 수단이며, 진행 속도를 늦추면 상황을 오히려 진전시킬 수 있다. 만약 협상 진행속도가 급하다는 이미지를 주면 상대방은 주도권을 쥐고 휘두를 수 있다. 예를 들어 인질테러범과 협상통화를 할 때 몇 분씩의 공백을 두는 것은 공격하지 않는 환경을 조성하는 방법이다. 이때 금액을 먼저 제안하지 않거나 서두르지 않는 것이 좋다.

또한 상대의 협상 유형을 파악하는 것이 중요한데 상대방이 순응자인지, 독단적 유형인지, 분석적 유형인지를 식별하면 맞춤식 협상 전략을 수립할 수 있다. 공격적인 협상가는 대개 상대의 협상전략을 무너뜨리기 위해 극단적인 기준점 제시로 흥정을 시작한다. 따라서 경계선을 설정하고 강타에 대비하는 법이나 분노하지 않고 반격하는 법을 숙달해야 한다. 상황을 맞은편 협상 상대방이 문제가 아닌 상황의 본질로 바라보고, 경계선을 설정해야 한다.

## (1) 블랙스완 기법 핵심 요소

- 상대방의 관심사 탐색: 상대방이 표현하지 않은 진짜 관심사와 목표를 파악하고 이를 통해 표면적으로 드러난 요구 사항 외에도 그들이 진정으로 원하는 것을 이해할 수 있다.
- 예기치 않은 정보 발견: 협상 과정에서 예상치 못한 정보를 발견해야 한다. 이 정보는 협상의 판도를 바꿀 수 있으며, 이를 통해 새로운 해결책을 모색할 수 있다.
- 심리적 영향력 활용: 상대방의 심리 상태를 파악하고 이를 적절히 이용할 수 있다. 예를 들어, 상대방의 두려움, 불안, 희망 등을 이해하고 이를 통해 협상에서의 위치를 유리하게 조정한다.
- 추가적 정보 유도: 상대방의 말을 주의 깊게 듣고, 예리한 질문을 유도함으로서 상대방의 숨겨진 의도와 감정을 더 잘 이해할 수 있다.
- 비언어적 신호 관찰: 상대방의 표정, 몸짓, 음성 톤 등 비언어적 신호를 통해 그들의 진정한 감정을 파악한다. 이는 언어적 표현으로 표현되지 않은 중요한 단서를 제공한다.
- 유연성 유지: 협상 과정에서 유연하게 대응할 수 있는 능력을 갖추어 새로운 정보를 기반으로 전략을 조정하고, 변화하는 상황에 맞춰 협상 방식을 수정해야 한다.

이러한 블랙스완 기법은 협상에서 예기치 않은 기회를 포착하고, 이를 통해 협상을 성공적으로 이끄는 데 중요한 역할을 수행한다. 상대방이 스스로도 깨닫지 못했던 동기와 정보를 끌어내고, 이를 활용하여 협상의 판도를 유리하게 바꾸는 강력한 도구이다.

## (2) 블랙스완 구조화 단계

① 준비 단계(정보 수집과 분석): 협상 전에 가능한 모든 정보를 수집하는데, 상대방의 목표, 우려 사항, 동기, 문화적 배경, 관계 등을 분석한다. 이때 목표는 숨겨진 정보를 추측할 기반을 마련하는 것이다. 주요 질문으로 상대방이 원하는 진짜 목표는 무엇인가?

그들에게 무엇이 가장 중요한가?, 그들이 두려워하는 것은 무엇인가? 등을 들 수 있다.

② Active Listening(능동적 경청): Black Swan을 발견하기 위해선 상대방이 말하는 모든 단서를 주의 깊게 들어야 한다. 언어적 단서(사용되는 특정 단어, 이야기의 흐름, 강조점)와 비언어적 단서(표정, 목소리 톤, 제스처의 변화)가 중요하다

③ 실행 방법: 상대방이 말하는 것을 끊지 않고 끝까지 듣고 말 속에 숨어 있는 의미를 찾아내기 위해 감정적 뉘앙스에 집중해야 한다.

④ Calibrated Questions(교정 질문): 상대방의 숨겨진 정보를 끌어내기 위해 개방형 질문을 사용하는데 "어떻게"와 "무엇"으로 시작하는 질문이 효과적이다. " 이 일이 당신에게 어떤 영향을 미치나요?", "어떤 부분이 가장 큰 우려를 낳고 있나요?"
" 이 상황에서 가장 중요한 것은 무엇인가요?" 등이다,

⑤ Black Swan 단서 포착: 상대방의 답변과 행동에서 예상치 못한 단서를 발견해야 한다. 예로서 상대방이 실제로 다른 동기를 가지고 있음을 암시하는 표현, 협상에 영향을 미칠 외부 요인(정책, 개인적 관계, 숨겨진 목표 등), 상대방의 비언어적 신호와 말의 불일치 등을 들 수 있다. 주의 깊게 관찰해야 할 영역: 협상에서 지나치게 강조되거나 축소된 부분이나 "이건 별로 중요하지 않아요"

라는 표현 뒤에 숨겨진 의도등을 포착해야 한다.

⑥ 라벨링(Labeling)과 공감 활용

발견된 단서를 기반으로 감정을 명명하고 공감을 통해 신뢰를 형성해야 한다. " 이 부분이 당신에게 중요한 이유가 있는 것 같아요.", "당신이 이 문제를 어떻게 느끼는지 이해할 수 있을 것 같아요." 등이다.

⑦ Tactical Empathy(전술적 공감)로 신뢰 구축: 상대방이 숨기고 있던 정보를 스스로 드러내도록 유도해야 한다. 감정과 관점을 인정하며 압박하지 않고, 상대방이 더 말하도록 하고 침묵과 간격을 적절히 사용해 상대방의 추가 발언을 유도한다.

⑧ Black Swan 활용한 협상 재구조화: 발견한 Black Swan 정보를 활용하여 협상 구조를 새롭게 정의하고 상대방의 숨겨진 동기를 중심으로 나의 제안을 조정해야 한다.

예로서 숨겨진 우려를 해소하는 방안을 제시하고 상대방의 최우선 목표를 해결할 방법을 강조해야 한다. 또한 프레임 변경 질문 예로서 "만약 우리가 이 문제를 해결할 수 있다면, 어떤 변화가 있을까요?", "이 부분을 우리가 지원할 수 있다면, 다른 부분에서도 협력이 가능할까요?" 등을 들 수 있다.

⑨ 협상 완료(Black Swan 결과 확인): 협상 과정에서 활용된 Black Swan 정보를 최종 제안에 반영하고 상대방의 입장에서 그들의 우려를 해결하고, 신뢰를 강화하며, 합의안을 도출한다.

## (3) 블랙스완 실습 시나리오

(상황) 공급 계약 협상 중, 상대방이 예상보다 강하게 반발.

능동적 경청: 상대방이 "이 계약은 우리에게 너무 큰 위험이 될 수 있습니다."라고 말함.

*단서: '위험'이라는 단어가 반복적으로 등장.

Calibrated Question: "어떤 위험 요소가 가장 우려스러운가요?"

답변: "사실 이번 프로젝트가 실패하면 회사 내 입지가 흔들릴 수 있어요."

*Black Swan 발견: 협상 테이블의 목적이 단순한 이익이 아니라 개인적 위험 회피.

Labeling과 공감: "이번 계약이 정말 중요한 결정이라는 점이 느껴지네요. 실수할 수 없다는 부담을 많이 느끼시는 것 같습니다."

Black Swan 활용: "이번 계약에서 귀사의 리스크를 줄일 수 있는 방안을 마련하면 도움이 될까요? 예를 들어, 초기 3개월 동안의 성과를 기준으로 계약 조건을 유연하게 조정하는 방안을 고려해 보겠습니다."

## 3. 위기협상과 인질납치 협상의 이해

### 1) 위기협상의 개념과 특징

#### (1) 위기협상 개념

위기협상은 매우 극단적으로 중요한 상황에서 대화 불가능한 위기자를 대화 가능한 상태로 만드는 것이다. 위기 협상은 인질, 바리케이드에 갇힌 용의자 또는 극심한 고통에 처한 개인이 포함되는 등 개인이나 집단이 자신이나 다른 사람에게 위협을 가하는 중대한 상황에서 사용되는 특수한 협상이나 커뮤니케이션 프로세스를 의미한다. 위기 협상의 주요 목표는 상황을 완화하고 모든 당사자의 안전을 보장하며 무력을 사용하지 않고 평화로운 해결을 달성하는 것이다(Voss & Raz, 2016).

이러한 협상의 특성은 위기자가 초기에 심리적, 육체적으로 격렬한 반응을 보이며, 위기 상황은 24시간 이내에 촉발되고, 원인이 된 사건이 존재한다. 그러나 시간이 지연되면 초기의 격렬한 감정은 감소하게 된다.

위기협상 시 주의사항은 다음과 같다. 첫째, 위기자와 논쟁을 피하고, 섣부르게 충고하거나 판단하거나 설득하지 않도록 주의해야 한다. 둘째, 책임질 수 없는 약속과 거짓말을 피하고, 위기자와의 약속에 의지하지 않아야 한다. 셋째, 상황을 해결하는 것보다는 위기자의 감정 배출에 집중해야 한다. 또한, 위기자의 신상정보를 파악하여 동기와 성격을 이해하는 것이 중요하다(Healy, 2023).

## (2) 위기협상 시 주요 기법

위기 협상에서 앞서 언급한 협상기법과 의사소통 기술은 긴장을 완화하고 건설적인 대화를 촉진하는 데 중추적인 역할을 한다.

첫째 감정 상태 라벨링에는 위기에 처한 개인의 감정을 식별하고 말로 표현하는 작업이 포함된다. 예를 들어, "네가 소리 지르는 걸 보니 많이 화난 것 같아"라고 말하면 상대방의 감정을 인정하고 공감하는 것이다.

둘째 미러링은 사용자가 사용하는 핵심 단어나 문구를 뒤집어 다른 기술과 혼합하여 조롱하는 어조를 피하면서 듣고 이해하는 느낌을 갖도록 도와준다. 마찬가지로 의역에는 "그 사람이 돈을 가지고 도망쳤어요"를 "그럼 대리 ○○이 절도를 저질렀다는 겁니까?"로 바꾸는 등 핵심 문제를 명확하게 하기 위해 그 사람의 진술을 다듬는 것이 포함된다.

셋째 요약은 초점을 유지하기 위해 주기적으로 핵심 사항을 강조하는 데 도움이 되는 또 다른 중요한 도구이다. 예를 들어, 협상가는 "그럼 선생님이 지금까지 말씀하신 것은 ~~~~?"라고 말할 수 있다.

넷째 협상가의 감정을 진정성있게 표현해야 한다. '나' 메시지를 통해 개인적인 고민을 표현하면 "네가 지금 있는 옥상이 위험해 보여서 걱정돼" 등 협상가의 감정을 전달할 수 있다. 이러한 접근 방식은 대립하지 않고 진정한 관심을 보여준다.

다섯째 효과적인 침묵은 분노나 흥분과 같이 고조된 감정을 진정시키는 강력한 전략으로 협상가는 전략적인 순간에 침묵을 지킴으로써 대화의 공백을 메우는 부담을 위기에 처한 개인에게 전가하고 종종 더 많은 것을 공유하도록 유도한다.

여섯째 교정형 질문 및 개방형 질문은 '~라고 하셨는데요'와 같이 더 깊은 대화와 생각 탐색을 장려한다. ○○○에 대해 좀 더 말해줄 수 있나요?" 이러한 질문을 통해 개인은 제한적인 폐쇄형 질문에 비해 자신을 더 완전하게 표현할 수 있다.

일곱째 최소한의 격려에는 "아, 그래, 그렇구나~~"와 같은 미묘한 언어적 또는 비언어적 단서 또는 주의를 기울이고 계속 말하도록 유도하기 위해 고개를 끄덕이는 것이 포함된다. 이러한 협상기법을 능숙하게 사용하면 큰 위험을 해결하는 데 중요한 신뢰와 이해의 기반이 형성된다.

## 2) 해외 인질납치(Hostage Negotiation) 협상[4]

### (1) 해외 인질납치 협상 개념

해외 인질납치 사건은 국가의 주권 범위를 벗어난 장소에서 발생하는 인질납치 사건을 의미한다. 인질납치 협상은 최소 몇 시간에서 며칠 동안 집중적이고 스트레스가 많은 협상이 필요하며, 심리학과 법 집행 분야 등 다양한 협상전략을 사용해야 한다(Miller, 2005).

많은 인질 납치 관련 선행연구에서는 아래와 같이 일반적인 범주로 유형을 구분하였다(Boltz et al., 1996; McMains & Mullins, 1996; Rogan, 1997; Russell & Biegel, 1990). 첫째 계획된 인질 상황으로 범죄자들이 강도 시도 중 인질을 이용하려고 계획하는 시나리오다. 인질 또는 원치 않는 제3자의 존재는 범죄를 복잡하게 만들기 때문에, 범죄자들은 인질 없이는 탈출이 불가능할 때 이러한 극단적인 계획을 포함한다. 이러한 유형의 범죄는 정치적인 동기와 겹칠 수 있다.

둘째 가정 내 위기 유형으로서 통제 불능의 가정 내 갈등이 인질 상황을 만든다. 부부 싸움이 심해져 남성이 파트너를 집 안에 가두고 떠나지 못하게 할 때 발생한다. 경찰이 도착하면, 범죄자는 가족과 자신의 탈출을 요구한다. 이와 유사하게, 직장에서 이별한 배우자나 애인이 찾아와 직장 폭력 및 인질 사건이 발생할 수 있다(Miller, 2005).

셋째 정신 장애를 가진 범죄자 유형으로서 정신적으로 불안정한 범죄자가 인질을 잡고 자신의 망상적 요구를 주장하는 상황이다. 이 유형의 인질 상황은 가장 위험할 수 있으며, 위기 팀 심리학자가 가장 효과적인 협상 전략을 결정하는 데 중요한 역할을 할 수 있다.

넷째 탈출을 계획하는 죄수: 죄수들은 탈출 계획에 인질을 포함시킬 수 있다. 이러한 상황은 특히 인질(보통 경비원이나 다른 죄수들)에게 위험할 수 있다. 다른 경우에는,

---

4 윤민우 (2018)의 관련부분을 재정리 하였음.

죄수들은 더 나은 조건이나 양보를 요구하는 시위로 발전할 수 있으며, 이 경우 인질은 동정심을 얻기 위해 인도적으로 대우받을 수 있다.

다섯째 은행 또는 상점 강도 실패 유형으로서, 범죄자들이 빠른 강도를 계획하지만, 예상보다 빨리 경찰이 도착하여 강도들이 직원과 고객들을 사실상의 인질로 삼게 된다. 범죄자들은 탈출을 위해 인질들을 협상 카드로 이용하려고 할 수 있다.

여섯째 정치적 또는 종교적 동기의 인질범 유형으로서 이들은 명확한 이념적 의제를 가지고 행동하며, 이는 테러리스트의 정의와 겹칠 수 있다. 이러한 인질 상황은 매우 위험할 수 있으며, 인질범들이 자신의 목적을 위해 기꺼이 죽고 다른 사람을 죽일 수 있기 때문이다. 이러한 유형들은 인질 위기 상황의 복잡성과 다양한 유형을 보여주는데, 각 상황은 독특하지만, 공통된 패턴과 협상전략을 통해 이해하고 대응할 수 있다(Miller, 2005).

본 장에서는 위 유형 중 주로 정치적 종교적 측면에서의 인질납치 유형에 대해 살펴보고자 한다. 이러한 상황에서는 공권력의 행사가 불가능하며, 대신 협상을 통해 문제를 해결해야 한다. 특히 정부가 효과적인 공권력을 행사하지 않거나 영향력이 미약한 국가에서 발생하는 경우, 주재국 정부는 협상 능력이 취약하거나 정부 담당자와 인질범 사이에 커넥션을 형성해야 한다. 전 세계 어느 나라에서도 테러단체와 직접 협상하지 않는 것이 기본 원칙이다. 국가가 테러범들과 대등한 위치에서 요구를 수용하는 선례를 남길 경우 위험이 더 커지기 때문이다. 결국 선원들에 대한 법적 책임이 있는 선사나 가족이 몸값을 지불해야 한다. 대부분 나이지리아에서 벌어진 납치사건은 인질의 90% 이상이 생존한다. 해적 사건의 경우 테러 단체들은 하나의 조직이 아닌 여러 군소 조직으로 얽혀있어 생계가 막히면 협상 카드로 활용할 수 있는 여지가 생긴다.[5]

이러한 상황은 봉쇄(barricaded) 상황과 비봉쇄(non-barricaded) 상황으로 구분된다. 봉쇄 상황에서는 공권력이 언제든지 협상이나 인질구출 작전을 통해 물리력을 사용할 수 있다. 반면, 비봉쇄 상황에서는 전적으로 협상에 의존하며, 인질범 주도권과 심리적 편안함이 중요하다. 해외에서 발생하는 인질사건은 일반적으로 국내에서

---

5 https://www.joongang.co.kr/article/22517095#home

발생하는 봉쇄된 인질납치 후 대치상황에 비해 협상을 성공적으로 수행하기가 매우 까다롭다. 이는 해외라는 특수한 상황과 인질범과 인질의 위치를 특정할 수 없다는 어려움 때문에 전술공격팀을 활용할 수 없는 상황에서 거의 전적으로 위기협상의 수단에 기대어 사건을 마무리 지어야 하기 때문이다(이종화, 2011).

정부는 정보제공이나 협상 전략 등의 신뢰할 수 있는 채널을 마련해주는 게 중요한데, 피랍 지역의 현지 당국조차 100% 신뢰할 수 없는 경우가 빈번하다. 인질·납치 등 대테러 문제가 일어나는 곳은 중앙정부의 권력이 약한 경우가 많고 부패한 정부 관계자가 범인들과 결탁하거나 몸값을 지불하는 과정에서도 아찔한 사고가 일어나기도 한다. 실제로 과거 필리핀에서는 한국인 선원이 납치됐을 때 선사와 가족이 정부의 도움이 없이 엉뚱한 사람에게 몸값을 전달해 인질이 사망하는 사고가 일어난 적도 있다.

서구권에서는 경찰 기관을 중심으로 인질에 대한 위기협상 기법이 발전되어왔는데, 기존의 협상기법이 다양한 종교적, 문화적 특성을 고려하여 인종, 성격 등 환경적 매개변수를 고려하지 않았던 것이 한계점으로 지적되어왔다. 이를 극복하고자 대표적으로 영국 경찰청에서는 기존의 위기협상 기법 모델을 보완한 D.I.A.M.O.N.D 모델을 적용하여 기존의 위기협상 이론을 개념화하고자 하였다. 이 모델은 전통적으로 차용되어온 모델과 같이 의사소통 측면에서만 초점을 두는 것이 아니라, 영국 중심적인 관점에서 협상을 모델링하는 시도이며, 여타의 국가 및 조직에도 중요한 사건 관리에 대한 프로세스 통찰력을 제공하였다(Grubb et al., 2021). 이를 통해 협상 의제 대한 열린 대화를 할 수 있게 되고, 이때 협상 실무자는 여러 도구들과 전략을 수립할 수 있도록 개선을 통해 더 효과적이고 효용 있는 협상 도구를 사용하려는 노력을 추진해왔다. 본 책에서는 대표적인 해외인질납치 협상의 원칙이나 기술, 노하우 등을 소개한다(윤민우, 2018).

## (2) 해외인질납치 협상 주요 기법

### 가. 인질범으로부터 아무런 컨택이 없는 경우

인질이 이미 살해되었을 개연성도 있지만 반대로 인질범의 경험이 미숙하여 자신들을 위해 협상을 진행해 줄 마땅한 협상자 또는 브로커를 찾지 못한 경우도 있다. 또한 인질범이 의도적으로 컨택을 지연시킴으로서 인질가족들을 더욱 불안하게 만들 어 이후 몸값 협상에서 유리한 위치를 점유하려는 전술적 목적 때문이기도 하다. 특히 시간 관념이 희박하거나 시간의 진행 속도가 느리게 흐르는 중동이나 아프리카 등의 지역에서는 이러한 지연된 협상시도가 흔히 나타난다. 따라서 질범의 이력을 조사하고 인질사건이 발생한 지역의 이전사례나 관례들을 살펴봄으로서 이것이 단순한 협상 진술인지 등을 판단해 볼 수 있다. 가능한 모든 노력을 기울여 무슨 일이 일어나고 있고 왜 그런지 등에 대해 알아보도록 노력해야 한다.

* 초기 접촉의 중요성: 전적으로 인질범의 의사에 달림(여유를 갖고 기다림)
시간이 오래 경과할수록 사고나 질병 등으로 사망, 범죄조직에 인질을 팔아넘길 가능성 제기될 수 있다. 또한 미디어 통한 광고, 보상 약속, 유력인물이나 조직, 해당국 정부 등 통해 인질범 영향력 행사할 수 있다. 전단지를 인질범이 위치한다고 추정되는 지역에 배포해야 한다.

## 나. 인질납치범이 다수 나타나는 경우(주장)

인질납치 초기에 흔히 나타나는 상황은 인질을 데리고 있다고 주장하는 인질납치범이 다수 나타나는 경우이다. 이때 섣불리 개별조직들과 협상을 시도하지 말고 이들이 실제로 인질을 데리고 있는지 확인할 필요가 있다. 어떤 특정조직이나 개인이 실제로 인질을 데리고 있다는 사실이 확인되기 전까지 모든 인질납치주장을 실제(real)로 다루어야 한다. 인질을 데리고 있다고 주장하는 자가 연락을 취해오면 그렇게 주장하는 자가 이미 다수가 있었다는 사실을 알려주고 대기리스트 에 기록하고 먼저 연락해 온 순서대로 나중에 연락을 취하겠다고 알려줄 수 있다. 이때 인질을 데리고 있다는 사실(POL, Proof of Life)을 확실히 증명할 수 있다면 가장 먼저 협상을 진행할 것이라는 사실을 통지할 수 있다고 알려주며 POL을 요구할 수 있다. 인질범을 주장하는 자가 연락을 취해 올 때는 요구내용 뿐만 아니라 요구하는 양식과 스타일 모두를 평가하여 진위여부를 파악해야한다. POL를 확인하는 몇 가지 방법은 일반적으로 일시에 관한 정보를 포함한 비디오와 사진 등이 가장 신뢰할 수 없다. 예를 들면 인질이 해당날짜가찍힌 신문을 들고 사진을 찍은 것 등이다. 이런 것들은 최근 기술의 발달로 얼마든지 위조 또는 조작될 수 있다. 인질과 직접 대화를 시도하는 것이 언제나 가장 좋은 옵션이다. 단 이때 인질과 사전에 약속된 질문들을 던지는 것들은 좋지 않다. 인질범들 가운데는 이와같이 미리 인질사건을 예상하고 사전에 약속된 질문들을 설정했는지 여부를 파악하기 위해 인질을 납치한 후 고문 협박등을 통해 이러한 사실을 알아보기도 한다.

### 다. 인질협상 데드라인 관리

인질협상에서 데드라인을 관리하는 것은 중요하다. 데드라인은 주로 인질범이 설정하게 되는 경우가 많다. 인질범의 요구조건을 언제까지 들어주지 않으면 인질을 죽이거나 다치게 하겠다는 것과 같은 메시지의 형태로 나타난다. 이러한 데드라인에 가장 효과적으로 대처하는 방안은 데드라인을 무시 또는 듣지 않으려고 하는 것이다. 데드라인에 매몰되고 인질범의 데드라인에 따라 움직이는 것은 협상의 주도권을 인질범에게 내어 놓는 것이다(Miller, 2005). 협상을 하고 있다는 자체가 인질이 인질범에게 교환가치가 있다는 것을 의미한다. 따라서 인질범의 데드라인을 마치 듣지 못했던 것처럼 무시하고 협상을 지속할 필요가 있다.

### 라. 인질범 위협 대처

인질범이 가하는 위협들에 효과적으로 대처하는 것 역시 인질협상에서 주요하게 고려해야 할 사항들이다. 인질범들은 성공적인 협상을 위해 인질의 생명과 안전을 위협한다. 여기에는 인질을 살해하겠다는 위협뿐만 아니라 인질의 귀나 손가락 등 신체일부를 절단하거나 절단하여 가족에게 보내겠다는 위협이 포함된다. 한편 인질협상자나 가족과 협상하는 과정에서 욕설을 하거나 소리를 지르는 등 위협하기도 한다. 이러한 여러 위협에 대한 가장 효과적인 대응방법은 무시하는 것이다. 인질범이 인질을 죽이려고 하였다면 진작 사살했을 것이며 협상하고 있다는 사실 자체가 인질이 교환가치를 갖고 있게 된다(Miller, 2005).

인질범들의 위협들에 대해 논리적인 반박이나 감정적인 반박을 시도하는 것이 바람직하다. 예를 들면 이러한 위협이 계속된다면 내가 당신에게 예기하는 것이 허락되지 않을지도 모른다는 논리적인 반박과 당신의 상관이나, 가족 등이 당신이 하고 있는 일을 안다면 당신에게 어떻게 반응할 것인가하고 되묻는 감정적인 반박을 시도할 수 있다. 경우에 따라서는 그냥 전화 끊기를 고려하는 것도 필요한데 "전술적 끊기(tactical cutoff)"라고 한다. 특히 전화와 관련하여 인질범에 아무 때나 전화를 걸지 않도록 커뮤니케이션의 시간과 날짜를 특정하는 것도 필요하다.

<br>

| 제2절 | Negotiation Preparation Sheet(NPS)[6] |

협상 테이블에 들어서기 전, 협상 준비과정에서 협상 성공의 80% 이상이 정해진다. 흥정 수준이 아닌 협상에 있어 아무런 준비 없이 몇 가지 협상 스킬과 순간의 기지로 바꿀 수 있는 것은 극히 제한적이므로 성공적인 협상을 위해서는 사전에 자시에게 유리한 판을 짜는 것이 핵심이다. 이를 위해 협상 상황을 다각적으로 이해할 수 잇도록 빈틈없는 준비를 통해 협상 전 체크리트를 통해 성공적인 협상 결과를 이끌어내야 한다. 협상과정에서 당사자들이 하는 가장 빈번하고 큰 실수는 사전에 협상준비간 요구되는 상대방의 분석과 전략적 접근방식에 대해서 사전 준비를 수행하지 않아 협상 상대방에게 협상 목표와 이익을 고스란히 뺏겨 버린다는 것이다.

협상 준비 체크리스트(Negotiation Preparation Sheet)는 당신이 협상 준비간 나와 상대방의 입장을 고려해서 협상간 무엇이 일어날지를 고민하도록 도와줄 수 있다. 미국 하버드 로스쿨의 협상 프로그램에서 제공하는 NPS는 협상 준비를 체계적으로 돕기 위한 도구로서 협상 전에 고려해야 할 다양한 요소들을 정리하고, 협상 전략을 구체화하는 데 도움을 준다. 하버드 로스쿨에서 개발된 NPS는 협상 준비를 체계적이고 효과적으로 수행하기 위한 도구로 협상 과정에서 중요한 요소들을 구조적으로 검토할 수 있도록 설계되었다. NPS는 협상자의 목표를 명확히 하고, 협상 전략을 세우며, 협상 상대방의 관점을 고려하도록 기여한다. 이 도구는 특히 하버드 협상 프로젝트(Harvard Negotiation Project)와 관련된 원칙 중심 협상(Principled Negotiation) 접근법에 기반을 두고 있다. NPS는 협상을 준비하기 위해 체계적으로 정보를 정리

---

6 류재언(2022), 서순복·정용환(2023) 등의 내용을 재구성

하고 전략의 수립을 통해 협상 중 예상치 못한 상황을 줄이고, 목표를 명확히 하며, 상대방과의 효과적인 대화를 이끌어낼 수 있다. NPS는 협상의 성공을 높이는 데 매우 중요한 역할을 한다. 협상전략에 대한 사전 분석은 실제 협상과정시 급박하게 상황판단, 결심, 대응하는 국면에서 큰 도움이 될 수 있다. 결국 NPS를 활용하여 다각적인 관점에서 협상 상황을 분석하고 효과적인 전략을 수립할 수 있다.

NPS의 주요 구성 요소로는 첫째 목표 설정을 통해 협상 시작 전에 이번 협상을 통해 얻고자 하는 단기 및 장기 목표를 명확히 정의하고 전략을 수립하는 것이다.[7] 둘째 요구와 욕구 파악으로 상대방의 형식적인 요구사항과 그 이면에 있는 주된 욕구를 파악함으로써 상대방의 관점을 이해하고 협상전략을 조율할 수 있다. 셋째 목표 달성을 위해 협상 과정에서 활용 가능한 설득력 있는 기준점을 마련하고 제시해야 한다. 넷째 양측 모두를 만족시킬 수 있는 창조적인 대안을 고민해야 한다. 다섯째 상대방이 생각대로 움직이지 않는 경우, 협상을 방해하거나 도와줄 수 있는 숨은 이해관계인이 있는지 확인해야 한다. 여섯째 협상 결렬 시 취할 수 있는 최선의 대안인 배트나를 확보 및 평가해야 한다. 일곱째 협상 카드를 어떤 타이밍에 활용할지 고민하고, 나와 상대방의 감정 상태를 통해 협상 테이블에서 어떤 감정을 드러내는 것이 도움이 될지 고려해보아야 한다(서순복·정용환, 2023).

이러한 체계적인 협상 준비는 팀 협상 시에도 유용하며, 내부적으로 가이드라인을 공유하고 역할을 분담하는 것이 협상 준비를 더욱 효과적으로 만들 수 있다. 협상팀원들과 함께 NPS를 활용하여 협상 전략을 세워보면 어떤 까다로운 상대에게서도 원하는 것을 얻을 수 있고 좀 더 체계적으로 협상을 이해할 수 있게 된다. 본 장에서는 협상 실시 전 반드시 확인해야 할 체크리스트를 살펴보기로 한다.

## 1. 목표설정

협상에서 목표 설정은 매우 중요한 단계다. 목표를 명확히 정의하고 수치화하는

---

7 https://www.pon.harvard.edu/daily/negotiation-skills-daily/negotiation-preparation-checklist/

것은 협상 과정에서 성공적인 결과를 이끌어내는 핵심으로 협상 목표를 기준으로 전략을 세울 수 있다. 여기서 두 가지를 강조하자면 첫째 목표를 수치화하는 것이 중요하다. 예를 들어, 부동산 매매시 매도인이 아파트 거래가격을 5% 높이는 것이 목표라면 이를 수치화하여 명확히 정의해야 한다. 둘째 협상 범위를 정하는 것이 중요한데, 협상성사지점(목표치)과 협상결렬지점(유보치)을 고려하여 범위를 설정하며 이는 협상 과정에서 어떤 수준까지 타협할 수 있는지를 나타낼 수 있다.

## 1) 협상 전 목표 설정방법

> 1. 목표와 관심사(Goals and Interests)
> - 나의 기본 목표는 무엇인가?
> - 나의 근본적인 관심사(interest)는 무엇인가?(왜 이것이 중요한가?)
> - 상대방의 목표와 관심사는 무엇이라고 예상되는가?

협상 전 목표 설정방법으로는 협상팀 내부에서 목표를 명시하고 공유하는 것이 효과적인 전략이다. 구체적인 목표를 설정하고 계획을 세운 그룹은 수익을 크게 높일 수 있다. 예를 들어 연봉 협상 시 목표설정과 관련해서 준비해야 할 사항은 아래와 같다. 연봉 규정, 근무 연한, 업무 내용 강도, 성취도와 임금 상승(단순한 수치), 업무 안정성 등을 들 수 있다.

협상 당일 목표 설정과 역할 분담 측면에서 협상 당일에 설정된 목표를 종이에 적어 각인하고 팀원들 간의 역할 분담을 확인해야 한다. 자신의 제안에 대한 상대방 예상 답변 미리 파악하고 각 상황별 대응 전략을 준비하며 협상 직전까지 반복하여 적고 되뇌며 각인해야 한다.

공공갈등 협상과정에서는 협상당사자들을 때로는 불공정하고 부정직하며 성격이 특이한 사람들로 매도하는 경향이 있는데, 당사자들 입장에서 생각하면, 이들은 자신들의 권리를 찾기 위해 지극히 정상적인 행위를 하고 있는 것이다. 그런데 정작 경쟁적 협상 당사자가 되면 어떤 행위도 적대적인 행위로 비추어지며 협상에서 해결해야 하는 욕구는 이러한 적대적인 관계가 양 당사자들, 즉 요구(입장)의 문제가 아니며 적대적 행위나 반응하는 방법에 있다. 요구는 협상 이전 즉흥적으로 설정되는 반면 욕구는 정교한 검증을 통해 설정된다. 이를 인지하게 되면 협상에서 서로 보다 기술적으로 자신있는 논의를 할 수 있게 되며 행위와 사람을 분리하여 생각함으로써 책임의 대상을 '나'나 '그들'이 아닌 '우리'로 변화시킬 수 있다.

협상의 양 당사자가 갈등에 대한 책임에서 해결책 강구와 집행까지 공동으로 책임을 지게 되면 문제의 대상도 '상대방인 너'가 아니라 '그것'이라는 객체로 바뀌어 문제를 풀어가는 관계가 되며 결국 성공적인 문제해결이 가능해진다(Fisher & Patton, 2011). 이러한 문제와 사람을 분리하는 방식은 다음과 같은데 상대방이 우리에게 행동했으면 하는 식으로 상대방에게 행동하는 것이다. ① 문제가 된다고 생각하는 상대방의 행동에 대해 적절하게 지적한다. ② 우리의 BATNA를 명심하고 함부로 동의하지 않는다. ③ 인식, 감정, 소통을 고려하여 행동하기: 상대방이 가지고 있는 인식과 다르게 행동할 수 있는 기회를 탐색하며, 상대방의 체면을 세워주고, 문제에 있어서는 사람이 아닌 문제로 접근해야 한다. 이러한 접근 방식을 통해 양 당사자는 서로 다른 공공갈등에 있어서 이해관계, 인식, 감정을 가지고 있다고 하더라도, 항구적인 합의에 이를 수 있게 된다.

---

**상황별 입장과 목표 분석 예문**

1. 회사 간 계약 협상
입장: "우리는 이 계약에서 연간 1억 원의 매출을 보장받아야 합니다."
목표: "우리는 안정적이고 장기적인 파트너십을 통해 지속 가능한 성장을 이루고자 합니다. 이를 위해 매출 목표를 논의하고 상호 합의할 수 있는 조건을 찾아야 합니다."

2. 직원 연봉 협상
입장: "저는 10%의 연봉 인상을 원합니다."
목표: "저의 성과와 기여도를 반영한 공정한 보상을 받고, 회사와 함께 성장할 수 있는 기회를 얻고자 합니다."

3. 공급 계약 협상

입장: "우리 회사는 이 부품을 단가 500원에 제공해야 합니다."

목표: "우리 회사는 품질 높은 부품을 합리적인 가격에 공급하여, 고객사의 경쟁력을 높이고, 장기적인 협력 관계를 구축하고자 합니다."

4. 프로젝트 일정 협상

입장: "프로젝트는 2주 이내에 완료되어야 합니다."

목표: "프로젝트가 정해진 기한 내에 성공적으로 완료되어, 고객의 만족을 높이고, 추가적인 기회로 이어질 수 있도록 하고자 합니다."

5. 거래 협상

입장: "우리 회사는 이 제품을 20% 할인된 가격에 구매해야 합니다."

목표: "우리 회사는 이 제품을 적절한 가격에 구매하여 비용을 절감하고, 고객에게 더 나은 가치를 제공하고자 합니다."

6. 파트너십 협상

입장: "우리는 이 프로젝트에서 50% 이상의 수익을 가져가야 합니다."

목표: "우리는 공정한 수익 분배를 통해 양측 모두에게 이익이 되는 파트너십을 형성하고, 장기적인 협력을 위한 기반을 마련하고자 합니다."

## 2. 이해관계(Position)와 욕구(Interest)의 식별

### 1) 이해관계와 욕구의 개념

협상학에서는 협상을 이해하는 핵심적인 개념으로 'Position'과 'Interst'를 강조한다. 'Position'(요구, 입장)은 겉으로 표현된 '요구'를 의미하고 특정한 의제에 대한 협상 당사자의 명시적 선호라고 정의된다. 'Interst'(욕구, 이해관계)는 충족되길 바라는 내면적 '욕구'로서 요구나 입장을 결정하는 근본적인 욕구를 의미한다. 겉으로 표현된 요구사항 이면에 좀더 근원적 욕구가 존재하며 욕구를 만족시킬 방법이 바로 문제 해결의 실마리인 것이다. 일반적으로 협상간 수면 위 빙산의 일각인 요구에 집착하고 거대한 수면 아래 몸체인 욕구 파악하기 못하는 경우가 빈번하다(Fisher & Patton, 2011).

입장과 이해관계를 구분하는 것은 협상에서 매우 중요한 접근 방식으로 협상 당사자간 상반된 입장이나 요구 뒤에는 상충된 욕구나 이해관계도 존재하지만 공유와 양립이 가능한 부분도 존재한다. 따라서 입장이 아닌 이해관계에 주목하여 해결책을 마련해야 한다. 모든 협상 당사자간에는 다양한 입장이 존재하는데 일반적으로 가장 분명한 입장 하나만 채택하는 경향이 있다. 그러나 상반된 입장 뒤에는 다양한 이해관계가 숨어 있으므로 이를 고려하여 대안적인 입장을 찾을 수 있다. 또한 상반된 입장 뒤에 드러나지 않은 이해관계를 고려하여 협상을 더 효과적으로 진행할 수 있다(Baber & Fletcher-Chen, 2020).

**[그림 10-1] 요구와 욕구의 관계**

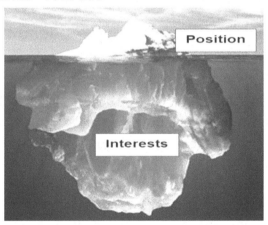

특히 상대방의 요구와 이해관계를 파악하는 것은 협상에서 매우 중요한 부분이다. 이를 통해 표면적인 요구(Position)와 내면적인 욕구(Interest)를 구분할 수 있는데 특히 상대방이 3번 이상 강조하는 키워드 주목을 통해 상대방의 핵심적인 욕구를 파악하고 적절한 전략을 세울 수 있다. 특히 요구 이면의 '욕구'에 초점을 맞추기 위

해서는 전술적 공감 사용을 통해 관계를 구축하고 감정적, 논리적 동기를 식별해야
한다. 이를 위해 교정질문이나 개방형 질문을 통해 숨겨진 욕구 사항을 찾아내기 위
해 더 많은 정보를 식별이 가능하다.

예를 들어, A가 B 에게 코카콜라를 달라고 요청할 때 요구는 코카콜라 제품에
대한 특정 요구일 수 있지만, 내면적 욕구는 갈증을 해소하고자 하는 욕구에서 상쾌
한 음료를 원한 것이다. 이처럼 상대방이 강조하는 키워드를 통해 핵심적인 욕구를
파악하고, 이를 기반으로 협상 전략을 세우는 것이 협상의 핵심이다.

---

### 상황별 요구와 욕구 분석 예문

1. 인질 상황 - 재정적 수요

요구: 인질범은 현금 100만 달러를 요구

욕구 분석: 요구는 재정적이지만 근본적인 욕구는 탈출 계획, 인정 또는 인식된 불
의에 대한 성명일 수 있습니다. 이를 이해하려면 전술적 공감과 질문을 통해 개인의
배경과 불만을 식별 필요.

2. 노동 파업 - 임금 인상

요구: 근로자들은 급여 20% 인상을 요구

욕구 분석: 근본적인 욕구는 금전적 이득뿐 아니라 근무 조건 개선, 경영진의 존중
또는 인식된 불평등에 대한 보상일 수도 있음. 협상가는 근로자들의 좌절감을 식별함
으로써 정확한 임금 요구를 반드시 충족시키지 않고도 이러한 광범위한 문제를 해결
가능

3. 비즈니스 계약 - 더 긴 지불 기간

요구: 고객이 지불 기간을 30일에서 90일로 연장해 달라고 주장

욕구 분석: 수요는 현금 흐름 문제, 운영 제약 또는 시장 상황의 불확실성으로 인해
발생가능. 이러한 이유를 조사하면 단계적 지불이나 금융 옵션과 같이 양측 모두를
만족시킬 수 있는 대안 식별 가능

4. 국제 분쟁 - 영토 주장

---

요구: 국가가 분쟁 지역에 대한 통제권을 요구

욕구 분석: 이러한 욕구는 국가적 자부심, 역사적 불만, 경제자원 접근 또는 안보 문제에 근간이 있을 수 있음. 이러한 동기를 이해하면 자원 공유 계약이나 상징적 인식과 같은 공유 솔루션을 향한 협상을 유도 가능.

5. 가족 분쟁 - 양육권 싸움

요구: 부모 중 한 명이 자녀에 대한 단독 양육권을 요구

욕구 분석: 욕구는 부족감, 연결 끊김에 대한 두려움 또는 해결되지 않은 개인적 갈등에서 비롯됨. 이러한 감정을 밝혀내면 공동 양육권이나 중재된 방문 계획과 같은 타협으로 이어질 수 있으며 요구 사항 뒤에 숨은 진정한 우려 사항을 해결 가능.

6. 적대적 인수 - 기업 인수

수요: 경쟁사가 즉시 다른 회사를 인수할 것을 요구

욕구 분석: 이러한 욕구에는 시장 점유율 확보, 독점 기술 접근 또는 경쟁 무력화가 포함. 이러한 목표를 식별함으로써 협상자는 합작 투자, 라이센스 계약 또는 파트너십과 같은 대안을 제안제시 가능

## 2) 상대방의 이해관계를 파악하는 방법

상대방의 욕구를 파악하는 데 도움이 되는 다양한 방법 중 5가지를 제시하고자 한다. 먼저 나보다 상대가 더 많이 이야기하도록 유도하는 것이다. 이를 통해 그들의 욕구와 관심사를 더 잘 파악할 수 있다. 둘째 개방형 질문으로 상대방에게 열린 질문을 하면, 자세한 답변을 얻을 수 있다. 예를 들어, "어떤 것이 가장 중요한가요?"와 같은 질문을 활용하는 것이다. 셋째 제3자 활용하기이다. 공통된 친구, 동료, 또는 전문가를 통해 상대방의 욕구를 파악할 수 있는데 제3자의 관점은 유용한 통찰을 제공할 수 있다. 넷째 나의 욕구를 먼저 드러내는 것이다. 상대방에게 나의 욕구를 솔직하게 표현하면, 그들도 자신의 욕구를 더 쉽게 공유할 수 있다. 다섯째 욕구가 하나가 아닐 수 있음에 대비하기이다. 상대방의 욕구가 다양할 수 있으므로, 여러 측면을 고려하고 유연하게 대응할 수 있다.

**[표 10-2] 1978년 캠프 데이비드 협상시 이스라엘-이집트 요구와 욕구**

## 시나이 반도 분쟁 협상: 요구와 욕구에 초점

(개요) 1978년 캠프 데이비드 협정(Camp David Accords)은 이집트와 이스라엘 사이의 시나이 반도 분쟁을 해결하기 위한 이집트-이스라엘 평화협정을 의미한다. 이 협정은 평화 달성을 위한 근본적인 필요와 욕구가 해결된 획기적인 협상 사례가 되었다. 분쟁은 1967년 6일 전쟁 당시 이스라엘이 시나이 반도를 점령하고 이집트가 이 지역에 대한 주권을 되찾겠다는 주장으로 인해 발생했다. 협상가들은 양국의 필요와 욕구에 초점을 맞춰 항구적인 해결책을 마련했다. 당시 협상간 지속적인 합의의 기초로서 입장을 넘어 이해관계를 추구하는 것의 중요성을 강조하고 있다.[8] 당시 협상이 시작될 때 당사자들의 입장은 겉으로 보기에는 양립할 수 없는 것처럼 보였다. 이집트의 요구는 시나이 반도에 대한 주권을 추구하면서 시나이 반도 반환이었고 내면적 욕구는 주권국가 자존심 회복이었다. 이집트가 받아들일 수 있는 방식으로 시나이 반도를 분할할 수 있는 지정학적 공식은 없었다. 당시 안와르 사다트 이집트 대통령에게 주권 문제는 불가침의 문제였다. 이집트의 관심사는 시나이 반도에 대한 주권이었으나 이스라엘의 관심은 평가절하되었다. 반면에, 이스라엘의 요구는 시나이 반도 반환 불가이었는데, 이러한 내면적 욕구는 국민 안전 보장을 추구하였다. 결국 캠프 데이비드에서 협상가들은 이스라엘이 원하는 안보와 이집트가 추구하는 주권을 제공할 수 있는 분리 지대를 고안했다. 그 산물로 1979년에 체결된 평화 조약은 시나이 반도가 이집트의 주권 영토로 남을 수 있었다(Brown, 2021).

---

8 Fisher et al, above n 14, at 43. Egypt's interest was sovereignty over the Sinai Peninsula. Israel's interest was security.

1. 이집트의 요구와 욕구
- 주권: 이집트의 주된 소망은 국가적 자부심과 영토 보전에 필수적인 지역인 시나이 반도에 대한 주권을 완전히 회복
- 국가 정체성: 시나이 반도의 귀환은 이집트의 독립과 지역 강국으로서의 힘을 상징했으며, 국가 정체성과 깊이 연관
- 경제적 이점: 시나이 반도는 석유 매장량, 수에즈 운하의 중요성 등 전략적 경제적 가치
  지역 안정성: 이집트는 내부 개발에 집중하고 추가 비용이 많이 드는 갈등을 피하기 위해 이스라엘과의 평화를 확보 노력
- 합법성: 시나이 반도의 회복은 아랍 세계에서 이집트의 리더십 위치를 강화하고 안와르 사다트 대통령의 권위를 강화

2. 이스라엘의 요구와 욕구
- 안보: 이스라엘의 주요 관심사는 안보였는데, 특히 시나이 반도가 향후 공격의 발판이 되지 않도록 하는 것이었음. 이스라엘은 1973년 아랍-이스라엘 전쟁의 결과로 얻은 영토 획득이 국제법에 따라 인정받을 수 있는 국경을 다시 선정할 것을 요구했음
- 국가로서의 인정: 이스라엘은 아랍 세계의 적대감 패턴을 깨고 국가로서 이집트로부터 인정과 합법성을 추구
- 안정적 국경관리: 지속적인 군사 교전을 피하고 자원을 내부 개발에 투입하기 위해 남부 국경을 따라 평화 유지
- 외교 관계: 이스라엘은 광범위한 아랍-이스라엘 평화 노력을 위한 디딤돌로서

이집트와 공식적인 외교 관계를 수립하는 것을 목표
- 국제 지원에 대한 접근: 이집트와의 평화는 이스라엘과 미국 및 기타 서방 동맹
국과의 관계를 강화하고 지정학적 입지 강화 필요

3. 주요 협상 전략
- 양측의 요구에서 욕구분석으로 전환: 초기 입장(이집트는 완전한 영토 반환을
요구하고 이스라엘은 철수를 거부함)은 더 깊은 이해관계를 탐구함으로써 해결
되었습니다. 이집트의 주권에 대한 필요성과 이스라엘의 안보에 대한 필요성이
초점
- 상호 안보보장을 통한 타협: 이스라엘은 UN이 감시하는 비무장지대 설정을 포
함하여 안보를 보장하면서 시나이 반도에서 단계적으로 철수하기로 합의
- 경제 협력: 경제 안정에 대한 상호 이익을 해결하기 위해 이 협정은 시나이 유전
을 포함한 자원 접근에 대한 합의를 촉진
- 이스라엘의 평화에 대한 인정: 이집트는 시나이 반도에서 철수하는 대가로 이스
라엘을 공식적으로 인정한 최초의 아랍 국가가 되었으며, 이는 합법성과 외교
관계에 대한 이스라엘의 열망

4. 결과
캠프 데이비드 협정은 1979년 이집트-이스라엘 평화 조약으로 이어졌고, 여기서
이스라엘은 시나이 반도에서 철수했고 이집트는 이스라엘을 주권 국가로 인정. 두 국
가 모두 핵심 욕구 사항을 달성함
- 이집트는 주권을 되찾고 아랍 세계에서 리더십을 다시 확립
- 이스라엘은 평화와 국제적 인정을 확보
지미 카터 미국 대통령을 포함한 협상가들은 경직된 입장보다는 근본적인 필요와
욕구를 다루면서 중동 외교의 초석으로 남아 있는 역사적인 합의를 촉진했습니다.

Fisher, Ury, & Patton(1991)은 이해관계를 명확히 할 수 있는 방법으로 "왜 그
럴까〉" 또는 "왜 그러지 않을까?"라는 상대방의 선택에 대해서 물으라고 강조한다.
또한 협상 양측은 복수의 이해관계를 가지고 있다는 사실과 가장 강력한 이해관계
란 인간의 기본적 욕구 충족이며, 이해관계의 목록을 작성하라고 강조한다. 이러한

목록은 협상 상황에서 다음과 같이 적용해 볼 수 있다. 우리의 이해관계와 상대방의 이해관계에 대해 분석할 때 협상의 양측은 복수의 이해관계를 가지고 있다는 사실을 알게 된다. 둘째 우리의 이해관계를 상대방에게 전달하기 위해 명료하게 대화한다(Fisher & Patton, 2011). 우리의 이해관계를 구체적이고 명료하게 드러내고, 해결책을 제안하기 전에 문제를 먼저 설명한다. 또한 융통성을 가지고 상대방을 대해야 한다. 셋째 상대방의 걱정 및 필요 등 이해관계를 파악하기 위해 잘 듣는다. 상대방의 공감을 사기 위해 상대방의 이해관계를 문제의 일부로 인정하는 것이 상대방으로 하여금 나의 이해관계를 더 잘 들을 수 있도록 유도해야 한다. 넷째 우리와 상대방이 서로 중요하게 생각하는 것과 덜 중요하게 생각하는 것을 파악하고 교환해야 한다. 성공적인 협상은 확고하면서도 열린태도를 필요로 한다(Roger Fisher 외, 2002:98). 따라서 성공적인 협상을 하기 위해서는 우선적으로 입장보다 이해관계에 우선한 협상이 진행되어야 하며, 서로의 이해관계를 잘 듣고 대안을 결정하는 것이 필요하다.

## 3. 기준제시

객관적 기준이나 표준은 무엇인가?(예: 시장 가격, 법적 기준, 산업 표준 등)
합리적이고 공정하다고 받아들여질 기준을 어떻게 활용할 것인가?

협상에서 기준 제시는 매우 중요한 전략으로 기준을 제시함으로써 상대방을 설득하고 협상의 방향을 조절하여 원칙화된 협상으로 방향성을 정립할 수 있다. 논리적으로 설득하고 상호 합의된 원칙을 따르는 협상은 우호적이고 능률적인 합의를 낳으므로 협상의 기준들을 개발하고 현안 문제를 공동 탐색하는 과정을 통해 협상을 진행해야 한다.

이를 위해서는 ① 근본적으로 객관적이고 공정한 기준과 절차가 마련되어야 한다. 협상에서 정당성을 얻기 위해 객관적이고 공정한 기준과 절차를 사전에 정하는 것이 중요하며 이를 통해 협상의 지속성과 정당성을 확보할 수 있다(Fisher & Patton,

2011). ② 공정한 협상 기준이 개발되어야 하며 이는 정당성과 실용성을 모두 고려하여 설정해야 한다. ③ 기준을 제시할 때, 상대방을 제시한 프레임 속에 구속시킬 수 있도록 적절한 기준점을 활용해야 한다. 대표적 예로 시세, 선거래 가격, 법규, 정부지침, 업계 관행 등을 고려할 수 있다. ④ 협상 테이블에 들어가기 전에 어떤 기준을 활용하여 유리하게 이끌어 나갈지 고민해야 한다. 합동 전문가 의견 청취, 우선순위 설정, 대안간 교환의 원칙, 상호 합의된 방법론을 고려할 수 있다. 기준 제시는 협상 과정에서 상대방과의 의견 조율을 위해 중요한 단계이다. 여러 가지 기준을 활용하여 협상 전략을 세울 수 있다.

여기서 몇 가지 기준을 살펴볼 수 있는데 객관적, 주관적, 사회적 기준을 협상에서 활용하는 것은 협상의 효과를 높이는 중요한 전략이다.

첫째 객관적 기준은 시세, 선거래 가격, 법규, 정부지침, 업계 관행과 같은 객관적으로 증명될 수 있는 기준으로 이론적 근거를 바탕으로 다른 조직에서의 활용도 가능하다. 즉측정 가능하거나 외부 기준(예: 시장 가치, 법률)에 의존하게 된다.

둘째 주관적 기준으로 협상 당사자 간 합의된 윤리적 기준이나 가치를 활용하여 상대방과 협상해야 한다. 이때 두 기업이 수긍할 수 있는 기준을 제시하는 것이 중요한데, 통상 당사자간 합의는 MOU(Memorandum of Understanding)를 통해 주관적인 기준을 제시할 수 있다. 주관적 기준은 개인적인 판단이나 감정(예: 공정성, 사전 경험)을 기반으로 한다.

셋째 사회적 기준은 사회적으로 다수가 따르는 기준을 참고하여 협상 전략을 세울 수 있는데 사회적으로 다수가 따르는 행동 기준을 활용하면 본인이 오류에 빠지지 않았다는 안도감을 얻을 수 있다. 대표적 사례로 전례나 전통, 사법처리 결과 등을 들 수 있다. 사회 표준은 공유된 규범이나 문화적 관행(예: 사회적 전통, 지역 사회 규칙)에 따라 달라진다.

이러한 기준을 활용하여 앵커링 효과와 같이 최초 가격 기준 선점 전략으로 적용할 수 있다. 상대방은 당신이 최초 제시한 가격을 기준으로 판단하게 되므로, 이를 활용하여 원하는 방향으로 협상을 이끌어낼 수 있다. 첫 제안 시 20% 룰을 적용하여 여유 있게 제시하고, 바로 "yes" 하지 않도록 주의해야 한다. 아파트 매매협상 간 당신이 시세보다 2억 비싸게 부른 상황에서 객관적 기준 제시로서 국토교통부

실거래가 공개시스템[9]의 평균 단가를 제시할 수 있다. 이와 같이 객관적인 정보로 상대방의 사고 범위를 제한할 수 있다. 이와 더불어 건축법 위반과 관련된 상대방의 염려를 떠안고, 신속한 대금 지급 제시를 통해 협상의 합의점을 이끌어낼 수 있다. 또한 연봉 협상시 급여 내역서 사전 제출과 희망 연봉 요구와 같은 정보를 확보한 뒤, 회사 내부 기준을 의거로 연봉을 제시할 수 있다. 이와 함께 업계 평균과 인접 와인 업체 공급 조건을 확인다. 협상의 기준점으로 업계 평균이나 인접한 와인 업체 의 공급 조건을 확인하여 활용할 수 있는데 이러한 다양한 기준을 고려하여 협상 전 략을 세우면 더욱 효과적인 협상이 가능하다.

---

### 유형별 기준제시 예문

1. 객관적인 기준
객관적인 표준은 양측이 합의할 수 있는 공정하고 측정 가능한 기준을 기반
- 시장 가치
예: 급여 협상 중에 직원과 고용주는 공정한 보상을 결정하기 위해 특정 역할 및 지역에 대한 업계의 보편적인 급여 가이드라인을 참조
- 법적 관례
예: 계약 조건에 대한 분쟁에서 양 당사자는 주장의 근거로 확립된 법적 판결 또는 조항을 따르는 데 동의

2. 주관적인 기준
주관적인 기준은 개인의 인식, 의견, 감정에 따라 달라지며, 이는 개인마다 상이
- 개인적인 경험
예: 구매자는 이전에 비슷한 모델을 더 저렴한 가격으로 구매한 경험을 바탕으로 중고차의 가격이 더 낮아야 한다고 주장하고 이는 가치에 대한 주관적인 인식을 반영
- 인식된 공정성
예: 파트너십 협상에서 한 당사자는 불평등한 기여에도 불구하고 50:50의 이익 공

---

9 https://rt.molit.go.kr/

유 계약이 "균형 잡힌 느낌"을 주기 때문에 공정하다고 주장

3. 사회적 기준
사회적 표준은 사회적 규범, 문화적 관행 또는 집단적 기대에 기초
- 문화 규범
예: 국제 협상에서 한쪽 당사자는 협력 계약의 분위기를 조성하기 위해 문화의 일부로 선물 제공이나 공식적인 존중을 강조
- 커뮤니티 기대치
예: 지역 분쟁을 해결하는 과정에서 양 당사자는 지역 사회의 조화를 유지하기 위해 공유 주차 공간에 대해 "선착순"이라는 비공식 규칙을 따르는 데 동의

## 4. 창조적 대안(상호이익)의 개발

협상에서 다룰 주요 쟁점은 무엇인가?
각 쟁점에 대해 가능한 옵션은 무엇인가?
상호 이익을 창출할 수 있는 창의적 대안이 있는가?

협상과정에서 당사자들이 서로 다른 관심사와 목표를 추구할 때 함께 이룰 수 있는 창조적이고 통합적 대안을 개발하는 것이 중요하다. 상호이익을 고려하여 창조적 대안을 개발하는 것은 협상에서 중요한 전략으로 여러 가지 관점을 고려하여 상대방과의 합의점의 개발이 가능하다. 첫째 서로의 욕구에 초점을 맞추어야 한다. 상대방과 자신의 욕구에 초점을 맞추면 상당한 간극을 줄일 수 있다(Fisher & Patton, 2011). 앞서 [그림 ]과 같이 이스라엘과 이집트 시나이 반도 분쟁시 협상과정이었던 캠프 데이비드 협정과 같이 협상간에는 비록 적이지만 공통 문제를 함께 해결하는 관점으로 접근해야 한다.
둘째 제안을 활용하여 상대방과의 합의점에 도달할 수 있는데, 예를 들어 투수

가 200 이닝 이상 책임지면 보너스를 지급하는 제안을 구단에 제시할 수 있다.

셋째 가치 재평가와 파이 최대화로서 자신의 입장에서 가치를 재평가하고, 상대방과의 파이를 크게 만들어야 한다. 가치를 다르게 평가하는 관점 변화를 고려해보고, 돈 자체의 가치를 행위로 인해 인식 변화시킬 수 있다.

넷째 우선순위에 의한 가치평가로서 동일한 사안도 상호 가치를 다르게 평가될 수 있다. 내가 좋아하는 것과 상대방이 싫어하는 것, 공통으로 좋아하는 것을 고려하여 가치를 평가해야 한다. 사람들은 가치를 평가할 때 주관적인 요소와 상황에 따라 다르게 생각하게 되는데, 예를 들어 당장 현금으로 지급하는 것과 한 달 뒤 지불하는 것은 같은 금액이라도 사람마다 가치를 다르게 느낄 수 있다. 또한 사막에서의 물 한 모금과 도시에서의 물 한 잔은 가치가 상황과 환경에 따라 달라지게 된다. 사막에서 물은 귀한 자원이며 생존에 필요한 것이기 때문에 비싸게 느껴질 수 있는 반면 도시에서는 물이 상대적으로 풍부하게 제공되기 때문에 물 한 잔의 가치가 낮아질 수 있다. 이러한 관점 변화를 고려하여 협상을 진행하는 것이 중요하다.

다섯째 이해관계의 실체를 파악하고 상대방의 욕구를 자극하여 창조적 대안을 마련하는 것이 중요하다. 이를 위해서는 단순 흥정이나 단일대안을 통안 제로섬 게임이 아닌 교환 기법을 활용하여 우선순위를 설정할 수 있다. 나에게 낮은 순위의 대안과 상대방의 높은 순위의 대안이 상호이익을 고려한 교환기법을 통해 협상의 만족도를 높이는 것이 좋다. 즉 협상 당사자인 A와 B가 중요하게 생각하는 조건들이 무엇인지를 파악하고, 각 우선순위가 다르다는 점을 확인할 수 있다면 본인이 우선순위로 생각하는 조건을 확보하고 상대가 우선순위로 생각하는 조건들을 양보하여 협상의 만족도 극대화가 가능하다.

협상 테이블에서 제로섬 게임을 하기 전, 양측 모두의 만족도를 극대화시킬 수 있는 창조적 대안이 존재할 수 있음을 인식하고 협상 당사자들이 가진 욕구의 교집합 영역이 있는지 확인하고, 조건부 제안과 교환 기법 등을 적극 활용해야 한다. 이를 위해서는 당사자간 적이나 경쟁자로 간주하기보다는, 공통의 문제를 함께 해결하기 위한 문제 해결사의 견지에서 협상 상대방을 바라보는 관점의 전환이 전제되어야 할 것이다(Fisher & Patton, 2011).

요약하면 공유된 필요에 초점을 두고 이해관계가 일치하는 영역을 찾아 협력적 해결책을 도출해야 한다. 또한 혁신적 인센티브 제안 측면에서 성과나 공유된 목표에 맞춘 맞춤형 합의를 제안한다. 파이 극대화 측면에서 가치를 재평가하고, 양측 모두에게 추가적인 혜택을 제공할 방법을 탐구한다. 아울러 가치 평가와 우선순위 측면에서 서로 다른 우선순위와 필요를 평가하여 양측을 만족시키는 절충안을 만든다. 마지막으로 관점 전환 차원에서 문제를 재구성하여 초기에는 보이지 않았던 독창적인 해결책을 발견한다.

---

### 상황별 창조적 협상대안 예문

**1. 공동 성장 위한 합작 투자**

상황: 두 기업이 같은 지역에서 시장 지배를 놓고 경쟁 중입니다.

창의적 대안: 경쟁 대신, 두 기업이 합작 투자를 통해 전문성을 결합합니다. 예를 들어, 한 기업은 생산을, 다른 기업은 유통을 담당하여 자원을 공유하고 경쟁을 줄이는 방식으로 상호 이익을 얻습니다.

**2. 유연한 근무 조건 제안**

상황: 직원이 높은 임금을 요구하지만, 고용주는 임금 인상을 감당할 수 없습니다.

창의적 대안: 고용주는 원격 근무 또는 주 4일 근무제 같은 유연한 근무 조건을 제안합니다. 이는 직원에게 시간과 통근 비용을 절약할 수 있는 혜택을 제공하면서 고용주의 비용을 유지합니다.

**3. 평화로운 토지 이용 합의**

상황: 두 농장이 물 사용 권리를 놓고 갈등을 겪고 있습니다.

창의적 대안: 두 농장은 물 사용 일정을 정하여 한 농장은 파종기에, 다른 농장은 수확기에 물을 사용하도록 합의합니다. 또한, 공동으로 물 절약 시스템에 투자해 양쪽 농장이 이익을 얻을 수 있도록 합니다.

**4. 기술 개발 인센티브**

상황: 노동조합이 임금 인상을 요구하지만 회사는 재정적 여력이 부족합니다.

창의적 대안: 회사는 직원들의 기술 개발 프로그램에 투자하여 직원들의 자격과

미래 소득 잠재력을 높이는 동시에 회사의 인력 역량을 강화합니다.

5. 토지 분쟁에서의 상호 이익 공유

상황: 두 나라가 국경 지역의 자원(예: 석유) 소유권을 놓고 분쟁 중입니다.

창의적 대안: 두 나라는 자원 추출에서 발생하는 수익을 반반으로 나누거나, 양국에 이익이 되는 인프라 구축에 재투자하는 방식으로 자원을 공동 관리합니다.

6. 성과 기반 인센티브

상황: 스포츠 구단이 높은 연봉을 요구하는 스타 선수와 계약 협상 중입니다.

창의적 대안: 고정 연봉 인상 대신, 선수에게 성과 기반 보너스를 제공합니다. 예를 들어, 200이닝 이상 소화하거나 특정 목표를 달성하면 추가 보수를 지급하는 방식을 통해 선수의 재정적 동기와 구단의 성공을 일치시킵니다.

## [그림 10-2] 창조적 대안 교환기법

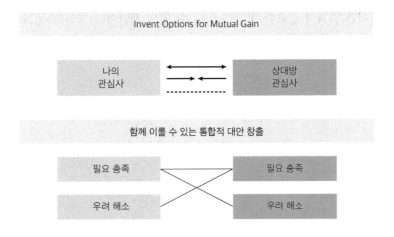

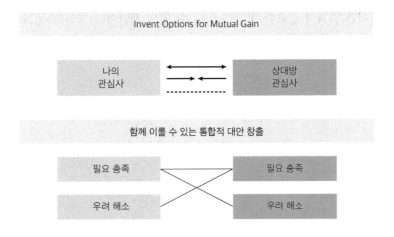

## 5. 숨은 이해 관계인

협상에 결정적 영향을 미치는 이해관계자를 파악하는 것은 매우 중요하다. 숨은 이해관계인들이 협상에 영향을 미치는 경우를 고려하여 이해관계인들의 관계도를 시각화하고, 각 이해관계인의 역할과 영향력을 고려하여 전략을 세워야 한다. 숨은 이해 관계인의 다양한 유형은 아래와 같다. 첫째 최종 의사결정권자로서 갑질(돈 요구)과 상급기관 내용증명, 입장 변경이 영향을 끼친다. 둘째 의사결정과정에 영향을 줄 수 있는 실무자들을 파악해야 한다. 셋째 협상에 도움이 되는 우호적 이해관계인과 협상에 방해가 되는 적대적 이해관계인들을 고려해야 한다. 넷째 상대방이 가장 두려워하는 이해관계인을 파악하여 협상의 돌파구를 마련할 수 있다

협상 전 먼저 숨은 이해관계인의 존재를 파악하고, 숨은 이해관계인이 포함된 협상 당사자 관계도를 활용해서 이를 시각화를 통해 어떻게 견제하고 활용하여 협상을 유리하게 이끌 것인지에 대한 전략을 세울 수 있다.

구조조정 협상에서 숨겨진 이해관계자의 예시로서 이들은 협상에 직접적으로 참여하지 않지만 결과에 중요한 영향을 미칠 수 있는 집단이나 개인을 들 수 있다. 이러한 숨겨진 이해관계자를 파악하고 관리하면 구조조정 전략을 더욱 탄탄하게 수립하고 예상치 못한 도전에 효과적으로 대응할 수 있다.

---

### 구조조정 협상시 숨은 이해관계인 예시

1. 핵심 역할의 주요 직원
리더십이나 노조에 속해 있지 않지만, 조직 운영에 필수적인 구성원으로 불만이나 이탈은 비즈니스 연속성에 큰 영향을 미침
예) 특정 제품 생산에 필요한 전문 지식을 가진 핵심 엔지니어

2. 외부 컨설턴트 또는 고문
왜 숨겨져 있는가?: 이들은 경영진이나 노조에 조언하면서 의사결정에 영향
예) 구조조정 비용 절감을 위해 경영진에게 조언하는 재무 컨설턴트, 법적 리스크

담당 변호사

### 3. 주주 또는 투자자

협상에 직접적으로 참여하지 않지만, 특정 재무 목표를 달성하도록 경영진에 압력

예) 신속한 구조조정을 요구하며 수익률을 보호하려는 기관 투자자

### 4. 지역 사회 지도자 또는 단체

구조조정은 지역 사회에 영향을 미치며, 특히 일자리 감소나 경제 활동 감소와 관련됩니다. 지역 사회 지도자들은 간접적으로 압력 시도

예) 지역 고용에 의존하는 도시에서 대규모 감원을 최소화토록 요청하는 시의회

### 5. 공급업체 및 협력업체

구조조정으로 인해 구매량 감소나 결제 조건 변경이 발생하면 간접적으로 영향

예) 회사 주문에 크게 의존하는 주요 공급업체가 과도한 감축에 반대 의견 제기

### 6. 규제 기관(정부)

구조조정 과정에서 규정 준수, 노동법, 경제적 영향을 감독하는 역할을 하지만 직접 협상에 미참여

예) 대규모 감원 시 공정한 직원 대우를 확인하는 노동위원회

### 7. 직원 가족

구조조정의 결과로 인해 영향을 받는 직원 가족들은 간접적으로 직원들의 사기와 결정에 영향

예) 감원에 반대시위에 참여하거나 불리한 조건을 거부토록 직원들에게 영향 미치는 직원 가족

### 8. 미디어와 여론

미디어 보도는 구조조정 과정에 대한 대중의 인식을 형성하고, 이는 회사의 명성과 결정에 영향

예) 부정적인 언론 보도가 감원 처리 방식을 비판하며 대중적 반발을 초래.

### 9. 잠재적 인수자 또는 합병 기업

회사를 인수하거나 합병하려는 기업은 구조조정이 자신들의 이익과 일치하도록 간접적으로 영향

예) 미래의 인수를 원활히 하기 위해 구조조정 과정에서 효율성을 강조하는 잠재적 구매자

10. 퇴직자 및 연금 수령자
구조조정으로 직접적인 영향을 받지 않을 수 있지만, 연금이나 복지 혜택을 보호

예) 비용 절감을 위해 연금을 축소하려는 계획에 반대하는 퇴직자 단체

## 6. 배트나(BATNA, Best Alternative To a Negotiated Agreement) 협상결렬 대안

내가 협상에 실패했을 경우 선택할 수 있는 최고의 대안은 무엇인가?
상대방의 BATNA는 무엇일 가능성이 높은가?
BATNA를 개선하거나 상대방의 BATNA를 약화시킬 방법이 있는가?

나와 상대방의 협상력의 차이를 규정짓는 가장 결정적 요인은 바로 배트나의 존재 여부다. 배트나(BATNA, Best Alternative To a Negotiated Agreement)란 '협상이 결렬되었을 경우 취할 수 있는 최선의 대안을 의미한다(Fisher & Patton, 2011). 당사자 A와의 협상 계약에 대한 최선의 대안'은 당사자 B와의 더 나은 계약일 수 있으므로 결국 배트나란 협상 결렬시 자신의 이익을 충족시킬 수 있는 기준인 것이다. 배트나의 존재 여부, 즉 베트나의 매력성에 따라 갑을 관계가 결정된다. 협상력을 극대화할 수 있는 비결은 매력적 배트나 확보를 통한 대체 불가능성이다. 상대방 압박 가능한 매력적 배트나 확보하고, 나를 대체할 수 있는 배트나를 찾기 힘들게 만드는 대체 불가능성의 확보이다(Sebenius, 2017). 이를 위해 새로운 배트나를 개발 통해 협상이 유리한 고지 선점할 수 있다. 또한 배트나가 있다는 것을 상대에게 노출하여

심리적 압박을 가하는 전략도 중요하다(서순복·정용환, 2023).

특히 당신의 배트나와 당사자의 배트나를 평가하고, 가능한 합의 영역이 존재하는지(그리고 존재한다면 어디에 있는지)를 결정하고, 당신의 배트나를 향상시킴과 동시에 당사자의 배트나를 악화시키는 것을 고려해야 한다(Fisher & Patton, 2011). 이와 같이 협상전에 반드시 배트나를 준비하고, 상대방의 배트나도 고려해보는 것이 좋은데, 예를 들어 당사자가 속한 업체와 경쟁 관계에 있는 업체 몇 군데를 통해 공급조건을 확보하는 것은 좋은 배트나의 예시로서 협상력을 극대화할 수 있다. 배트나를 구조화하는 것은 협상의 성공 가능성을 높이고 자신에게 유리한 조건을 확보하는 데 도움이 된다.

## (1) 배트나 구조화 단계

협상 배트나를 구조화하는 단계로서 협상에서 감정에 휘둘리지 않고 논리적으로 행동하도록 하고 협상 실패에 대한 두려움을 줄이고, 성공적인 결과를 도출하는 데 기여한다. 특히 상대방과의 협상력을 객관적으로 평가하고 조정할 수 있다. 이와 같은 구조화는 협상 준비 단계에서 필수적으로 이루어져야 하며, 협상 진행 과정에서도 끊임없이 점검해야 하는 전략적 도구이다.

① 목표 정의: 협상에서 달성하려는 목표를 명확히 설정한다. 예로 가격, 계약 조건, 시간 등 협상 대상의 우선순위를 명확히 구체화하는 것이다.

② 대안 탐색: 협상이 결렬될 경우 가능한 모든 대안을 목록화한다. 예로 다른 공급업체를 찾거나, 기존 계약을 유지하거나, 독자적으로 해결 방안을 모색하는 것 등이 해당한다.

③ 대안 평가: 나열한 대안들을 구체적으로 평가하여 실현 가능성, 비용, 시간, 리스크 등을 고려한다. 각각의 대안을 비교해 현실적이고 실행 가능한 최선의 대안을 찾는다.

④ 최선의 대안(BATNA) 설정: 평가 결과를 바탕으로 협상이 실패했을 때 택할 최선의 대안을 선택한다. BATNA가 명확할수록 협상에서 흔들리지 않고 자신감 있게 진행할 수 있다.

⑤ 협상 전략 수립: BATNA를 활용하여 협상에서 요구사항을 제시하거나 양보의

한계를 설정한다. 상대방이 제시한 조건이 자신의 BATNA보다 나쁠 경우, 협상에서 물러나는 결정을 내릴 수 있도록 준비한다.

⑥ 상대방의 BATNA 분석: 상대방이 가질 수 있는 BATNA를 분석하여 그들의 협상 한계를 파악한다. 상대방의 BATNA를 이해하면 협상력을 높이고 유리한 조건을 이끌어낼 가능성이 높아진다.

---

### 상황별 배트나 예문

**1. 경쟁사와 협상**

현재 협상이 결렬될 경우, 경쟁사와 새로운 거래를 체결하여 더 유리한 조건을 확보

**2. 직접 생산 전환**

외주 생산 협상이 실패하면 회사 내부에서 직접 생산을 시작하여 비용을 절감하거나 품질을 통제

**3. 새로운 파트너 물색**

협상이 실패하면 다른 잠재적 파트너를 찾아 협상하거나 새로운 협력 기회를 모색

**4. 현 상태 유지**

협상이 실패하더라도 기존 계약이나 거래 관계를 유지하면서 안정적인 상황을 지속

**5. 시장 내 대체 제품 구매**

특정 공급업체와의 협상이 실패할 경우, 시장에서 대체 제품을 찾아 구매

**6. 자체 개발 투자**

협상이 실패하면 특정 기술이나 서비스를 직접 개발하는 데 투자하여 장기적인 자립성을 확보

**7. 법적 조치**

계약 조건이 지켜지지 않거나 협상이 실패할 경우, 소송이나 중재를 통해 문제를 해결하는 법적 조치

8. 예산 삭감 및 비용 조정

협상이 실패하면 예산을 삭감하거나 비용 구조를 조정하여 손실을 최소화

9. 서비스 제공자 변경

협상이 실패할 경우, 다른 서비스 제공자로 변경하여 더 나은 조건을 협상하거나 서비스를 지속

10. 타국으로 생산 이전

협상이 실패하면 생산 기반을 타국으로 이전하여 비용 절감이나 새로운 기회를 창출

---

당신만의 배트나를 확보: 갑을 상대하는 을을 위한 일곱 가지 협상 전략

- 연대 구축 전략: 대기업의 갑질 행위에 염증을 느낀 하청업체들이 연대하여 대기업의 경영진 교체를 요구하는 전략

- 숨은 이해관계인 활용 전략:

프렌차이즈 분쟁 사례에서 가맹점주가 여론 또는 공정거래위를 활용하여 협상하는 전략

- 자신의 을임을 숨기기 전략: 자신의 배트나가 부재한 협상력을 숨기는 전략

- 갑의 치명적 약점 노출 전략: 법규와 정부 지침을 방패로 삼아 협상에서 갑의 치명적 약점을 노출시키는 전략 * 임대차 보호법, 공정거래법, 근로기준법 등을 활용

- 을의 포지션 벗어나기 전략:

자신의 대체불가능성을 확보하고 을의 포지션에서 벗어나는 전략

---

### 부동산 매매협상시 배트나 예문

1. 다른 구매자에게 매각

현재 협상이 실패할 경우, 이미 관심을 보인 다른 구매자와 협상을 진행하거나 새로운 구매자를 찾아 매각할 수 있는데, 특히 부동산 시장이 경쟁적일 때 효과적인 대안임

2. 부동산 임대

부동산을 매각하지 않고 임대하여 안정적인 임대 수익을 창출하면서 자산을 보유

3. 미래를 위해 보유

현재 제안이 만족스럽지 않다면, 시장 상황이 개선될 때까지 부동산을 보유하고 나중에 더 높은 가격에 매각

4. 부동산 개발 또는 리모델링

현 상태로 매각이 어렵다면, 리모델링이나 개발을 통해 부동산 가치를 높이고 더 나은 제안을 받을 가능성 증대

5. 다른 매매 채널 활용

현재의 방식 대신, 부동산 플랫폼, 경매, 혹은 다른 부동산 중개인을 통해 더 넓은 구매자 층을 타겟팅

## 7. 최적의 타이밍 공략

협상에서 최적의 타이밍을 공략하는 것은 매우 중요한 전략으로 경험이 많은 사람이 협상에서 유리한 위치에 있을 수 있다. 왜냐하면 협상은 한 번이라도 더 경험해본 자가 절대적으로 유리할 수밖에 없는 경험 집약적인 역량을 토대로 한 게임이기 때문이다(류재언, 2022). 상대방이 일방적으로 제시한 협상 시한에 흔들리지 않는 것이 중요한데 정보가 많을 때는 내가 먼저 제안해도 되지만, 정보력이 부족할 때는 상대방이 먼저 제안하도록 유도하는 것도 좋다. 이런 측면에서 정보가 내가 많을 경우에는 앵커링 효과와 같이 첫 제안을 유리한 쪽으로 제시, 협상결과가 크게 벗어나지 못하고 최초 조건에 얽매이게 하여 새로운 정보를 미수용케 하는 협상 전략을 수행하는 것이 중요하다(Epley & Gilovich, 2005).

협상간 시작 5분과 마무리 10분 단계는 특히 중요한 순간으로 먼저 시작 단계

는 상대방과의 첫 인상을 형성하는 시간이다. 상대를 인정하고 우호적인 분위기를 조성하는 멘트를 사용하는 것이 중요하며, 이는 상대방과 긍정적인 관계를 구축하는 데 도움이 된다. 예를 들어 협상 시작간, "우리는 이 문제를 함께 해결하고자 합니다"와 같은 문구를 사용하여 상대방에게 협력적인 태도를 보이는 것이 의미있다. 협상 시작 5분이 70% 이상의 중요도 차지하는데 인정하는 멘트, 우호적 분위기를 느낄 수 있게 상대를 인정하는 멘트를 통해 라포를 형성하는 것이 중요하다.

## 8. 상대의 감정 활용

협상에서 감정은 의식적이든 무의식적이든 중요한 역할을 한다. 감정을 이해하고, 관리하며, 효과적으로 활용하면 신뢰를 구축하고 협력을 유도하며, 협상의 결과에 긍정적인 영향을 줄 수 있다. 감정을 회피하는 대신, 이를 적절히 활용하면 더 강력한 협상 도구가 될 수 있다. 인간은 감정적 존재이기에 사람의 의사결정은 종종 논리보다 감정에 의해 좌우된다. 이를 이해하면 상대방을 더 효과적으로 설득할 수 있다. 신뢰와 라포 형성 측면에서 공감과 진심 어린 관심은 상대방이 존중받고 이해받는다고 느끼게 만든다.

협상에서 감정을 적절하게 활용하는 것은 중요한 전략으로 본 장에서는 감정활용법에 대한 몇 가지 팁으로 먼저 인정, 칭찬, 감사의 마음을 제시하고자 한다. ① 협상 초기에 상대방을 인정하고 긍정적인 분위기를 조성하는 것이 좋다. "당신의 의견을 고려해 보겠습니다"와 같은 문구를 사용하여 상대방에게 존중을 표현할 수 있으며 칭찬과 감사의 마음을 표현하면 상대방과의 관계를 원만하게 유지할 수 있다. ② 실망했던 부분 솔직히 드러내기로 협상 중에는 솔직한 피드백이 중요하다. 실망했던 부분을 솔직하게 언급하면 상대방과의 신뢰를 높일 수 있으므로 "이 부분에 대해 조금 실망했습니다"와 같은 표현을 사용하면 유용하다. ③ 감정싸움 피하기로 격렬한 말다툼은 협상과 설득에 도움이 되지 않는다. 상대방과의 감정싸움은 피하고, 합리적인 논리와 협력적인 태도를 유지하는 것이 중요하다. 상대방이 무슨 얘기를 해도 듣지 않는 상태로 가게 되면 협상이 어려워진다.

대표적 사례로 2019년 북미 정상회담은 협상에서 감정활용 전략의 실례를 명확하게 보여주었다.

첫째 칭찬과 긍정적 관계 형성 측면에서 트럼프 대통령은 협상 시작 단계에서 김정은을 훌륭한 지도자로 칭찬하며 긍정적인 관계를 구축하려 했다. 이는 상대방에게 호감을 주고 협상을 원활하게 진행하기 위한 전략이었다. 둘째 감정의 솔직한 표현을 통해 북한은 회담 20일 전에 취소 공개서한을 통해 분노와 실망을 솔직하게 드러냈다. 이는 트럼프 대통령의 감정을 뒤흔들어 협상 전략을 변화시키고 주도권을 확보하려는 의도를 가진 전략이었다. 셋째 강력한 메시지 전달을 위해 북한은 핵무력 시위를 통해 상대방을 압도하며, 협상 재개 의지를 동시에 표현했다. 이는 협상에서 강력한 지위를 점하고자 하는 전략적 선택이었다.

김정은은 품격보다는 실리를 중시하는 협상가로서, 최소 비용으로 최대 효과를 얻는 경제 원칙에 입각한 협상술을 사용했다. 이는 효율적이고 실용적인 접근을 통해 협상에서 유리한 위치를 차지하려는 전략이었다. 이와 같은 전략들은 감정의 효과적인 활용이 협상에서 중요한 역할을 할 수 있음을 잘 보여준다. 협상 상황에서 감정적 메시지와 표현이 상대방의 반응과 전략에 영향을 미칠 수 있는 강력한 도구임을 알 수 있다.

## (1) 협상에서 감정을 활용하는 구조적 단계

한편 협상에서 감정을 활용하는 방법으로 감정을 인식하고 조절하고 활용하는 것이 중요하다.

① 자신의 감정과 그것이 행동에 미치는 영향을 인지: 상대방의 감정적 신호(말투, 몸짓, 표정 등)를 주의 깊게 관찰해야 한다. 앞서 언급한 전술적 공감(Tactical Empathy)을 활용하여 감정을 인정할 수 있다.

* *"이 상황이 정말로 답답하게 느껴지시는 것 같아요."*

② 협상 중에 감정을 조절: 협상 중에도 차분함과 침착함을 유지하고 화나거나 좌절한 감정을 드러내지 말고, 감정적으로 대응하지 않도록 주의해야 한다. 필요하다면

잠시 멈추고 심호흡을 해야 한다. 대화가 격해질 경우,

　*  *"잠시 멈추고 다시 생각해 보는 시간을 가져볼까요?"라고 제안하는 것도 좋다.*

③ 긍정적인 감정 활용하며 따뜻하고 친근한 태도로 협력적인 분위기를 조성해야 한다. 작은 합의를 축하하며 협상 진행에 동력을 더하고 감사와 존중을 표현하여 신뢰를 강화해야 한다.

　*  *"이 문제를 함께 해결하기 위해 시간과 노력을 투자해 주셔서 감사합니다"와 같*
　　*은 감사의 말을 전하세요.*

④ 부정적인 감정 다루기 위해 상대방이 좌절하거나 화를 낸다면, 그들의 감정을 인정하고 방어적으로 반응하는 것을 지양해야 한다. 비난심사 측면의 라벨링을 활용해 부정적인 감정을 완화해야 한다. 감정을 인정하는 것만으로도 상대방이 차분해지고 협력적인 태도로 바뀌는 경우가 많다.

　*예:  *"이 문제로 인해 스트레스를 많이 받으신 것처럼 들리네요."*
　　*  *"많은 실망감을 느끼고 계신 것 같아요."*

⑤ 취약함을 전략적으로 공유해야 한다. 진심 어린 감정(걱정, 희망, 불확실성 등)을 공유하면 인간적인 연결이 형성된다.

　*  *"이 문제가 우리 모두에게 중요한 것 같아 더 신중히 접근하고 싶습니다."*

⑥ 상대방의 감정을 공략하기: 논리뿐만 아니라 감정을 자극하는 설득 방식을 사용해야 한다. 해결책이 상대방의 가치와 필요에 어떻게 부합하는지 강조한다.

　*  *"이 방안은 팀의 노력과 헌신을 반영하며, 최종 목표를 더 효과적으로 달성하는*
　　*데 도움이 됩니다."*

⑦ 침묵을 감정적 도구로 사용하기

대화 중간에 침묵을 유지하면 상대방이 생각을 정리하거나 더 많은 정보를 드러내도록 유도할 수 있다. 침묵은 차분함과 자신감을 나타내며 대화의 흐름을 조절하는 데 유용하다.

---

## (2) NPS의 장점

NPS는 단순히 체크리스트로 사용되는 것이 아니라, 협상 준비 과정에서 깊은

사고와 분석을 유도하는 도구로 활용된다. 협상을 앞두고 이 도구를 잘 활용하면, 상대방과의 협상을 보다 자신감 있고 효과적으로 이끌어갈 수 있다.

- 체계적 접근: 협상에 임하기 전에 필요한 모든 주요 사항을 철저히 점검할 수 있음
- 효율적인 전략 수립: 명확한 목표와 전략을 수립해 협상을 효과적으로 이끌 수 있음
- 상호 이익 극대화: 창의적이고 상호적으로 유익한 해결책을 찾을 기회를 제공.
- 객관성 확보: 감정적 충동이 아닌 객관적 기준에 기반한 결정을 촉진

---

### 기업 구조조정 협상간 NPS 예문

1. 상황: 기업이 경영 위기로 인해 구조조정을 진행해야 하는 상황에서, 노조와 임 직원들과의 협상

2. 목표(Goals) / 욕구

핵심 목표: 비용 절감 및 경영 안정화

부수적 목표: 조직 내 갈등 최소화, 장기적 신뢰 관계 구축

* 상호 이익 강조: 구조조정을 통해 기업이 생존하면 장기적으로 고용 안정이 가능하다는 점 설명

유연성 제시: 보상 수준 및 근무 조건에 대한 일부 유연성을 제공하여 협상 타결 가능성 높이기

3. 기준

(데이터 기반) 재무 보고서 및 비용 분석 자료, 경쟁사 구조조정 사례, 법적 절차 및 규정 관련 자료, 직원 대상 설문 조사 결과, 시장 상황 등을 제시하여 구조조정의 필요성을 강조

4. 창조적 대안(Issues) / 대안우선순위

인력 감축 대상과 규모, 퇴직금 및 보상 수준, 잔류 직원들의 근무 조건

구조조정 후의 경영 전략 및 조직 문화 변화

(대안의 우선순위) 감축 대상 및 규모에 대한 합의, 퇴직 보상 수준 확정, 잔류 직원

들의 사기 유지 및 동기 부여

5. 숨겨진 이해관계인(Hidden Stakeholders)
비공식 리더(공식적인 직책이 없지만 직원들 사이에서 영향력이 큰 인원)
특정 팀/부서의 핵심 인물(조직 내 특정 부서에서 중추적인 역할 인물)
정부 및 규제기관, 지역사회, 소객, 공급업체 및 협력업체

6. 협상 결렬 시 대안(BATNA)
- 강제 구조조정 실행
- 외부 컨설팅 회사에 의한 대체 방안 수립
- 법적 절차를 통한 비용 절감 방안 모색

7. 합의 시나리오(Agreement Scenarios)
최상의 결과: 최소한의 인원 감축으로 비용 절감 및 노사 합의 도출
수용 가능한 결과: 감축 규모와 보상 수준에 대한 상호 타협
최악의 결과: 협상 결렬로 강제 구조조정 실행

## 테러범과의 인질 협상간 NPS 예문

1. 상황: 인질억류에 의한 정부당국자가 인질의 안전한 석방 및 피해
   최소화하는 상황에서 테러범과 협상가와의 협상

2. 목표(Goals) / 욕구
범인의 목표: 금전적 보상, 특정 인물과의 교환, 도주 수단 등
*협상 중 명확히 드러난 요구와 숨겨진 의도를 구분
우리의 욕구: 인질의 안전 보장, 상황의 평화적 해결, 대중과 언론의 신뢰 확보

3. 기준
객관적 기준: 경찰 및 법적 절차 준수, 과거 유사 사례에서 도출한 성공 요인
주관적 기준: 범인의 심리 상태 분석 및 정서적 안정 필요
사회적 기준: 대중의 신뢰 확보 및 테러사건 관리의 투명성 유지

4. 창조적 대안

심리적 안정 제공을 위해 가족이나 신뢰할 수 있는 대화 상대를 연결

대화를 통해 신뢰를 쌓아 자발적 협력을 유도

요구사항 중 일부를 부분적으로 충족하여 시간을 벌고, 추가 전략 마련


5. 숨겨진 이해관계인(Hidden Stakeholders)

범인의 동료 또는 배후 세력: 사건의 배경이 되는 인물들

인질의 가족 및 지인: 협상에서 직접적인 영향을 받는 이들

언론과 대중: 상황 전개 및 결과를 예의주시하며 압력을 가할 수 있음

6. 협상 결렬 시 대안(BATNA)

특수부대 투입 및 물리적 제압을 통해 신속한 해결

최소한의 피해로 사건을 종결할 수 있는 대응책 준비

협상 결렬 시 심리학 전문가 및 전략팀 투입을 통한 새로운 접근법 시도

7. 감정 동요

범인의 감정 관리: 위협적인 행동을 하지 않도록 정서적 안정 제공

진심 어린 공감을 표현하며 대화 유도, 인질의 감정 관리

외부 소통을 통해 인질들에게 심리적 안정을 제공할 방안 고려

우리 팀의 감정 관리: 협상팀의 긴장과 스트레스를 최소화하기 위한 지원

감정적으로 흔들리지 않도록 전략적 대응책 반복 연습

# 제11장
# 국가위기관리 발전방안

## 제1절 국가 안보위기 대응 발전방안

## 1. 2023 이스라엘 하마스 전쟁과 국가위기관리 발전방안[1]

### 1) 이스라엘 하마스 전쟁 개요

전 세계적으로 국가위기관리를 수행하는 조직 및 구성원들은 디지털 플랫폼을 통해 제공받을 수 있는 폭발적인 국가위기관리 정보량이 더욱 증가함에 따라 과포화된 상황에서 임무를 수행하고 있다. 또한 이제 디지털 가상현실의 모델이 인간의 신체적 특성뿐만 아니라 인지적 특성도 조작, 모방, 마비시킬 수 있는 환경에서 군사적·비군사적 위협에 대응하고 있다(Whiteaker, J., & Valkonen, 2022). 우리는 그러한 새로운 위협의 양상을 2023년 10월 7일부터 2025년 1월 19일까지 약 478일간 수행되었던 이스라엘-하마스 전쟁을 통해 실시간 경험하였다. 이 전쟁은 1973년 제4차 중동전쟁 이후 역대 최대 규모의 전쟁으로서 이스라엘은 1,919명(부상자 1.3만명), 팔레스타인은 46,800(부상자 10만명)명의 사망자가 각각 발생했다.

---

1 이 부분은 김정모·김태영(2024)의 관련 부분을 수정·보완한 것이다.

2023년 10월 7일 팔레스타인 이슬람주의 무장단체인 하마스는 이스라엘을 대상으로 기습적인 테러공격을 감행하면서 2025년 1월까지 전쟁이 계속되었다. 특히 음악축제장의 민간인 300여명을 무차별 대량살상하면서 미국 등 서구권으로부터 명백한 테러공격으로 규정되기도 하였다. 이전에도 로켓을 활용한 국지적 공격은 간혹 벌어졌으나, 동시다발적인 육해공중 영역에서의 테러공격 및 민간인을 대량살상, 납치하여 전쟁의 방패막이로 활용하였다(지효근, 2024). 군사적 전력면에서 이스라엘과 하마스는 큰 격차가 존재하기에 하마스는 전면전 양상보다 하이브리드 전략을 추구하였다. 양측의 전쟁은 복잡한 비대칭 전쟁 환경을 조성하여 군사 전술과 비군사 전술을 모두 포함하는 하이브리드 전쟁의 양상을 야기시켰고 구식 장비와 첨단 무기체계의 대결, 비정규전에 숙달된 테러범과 유사한 전투원과 정규군의 대결, 허위 조작정보, 인질납치를 통한 심리전 등 주요한 특징을 보여주었다(Fahmi & Sutanto, 2024). 테러 공격 직후 이스라엘은 즉시 예비군 동원령을 선포하고 지상병력을 가자지구 일대에 집결시켰으며, 총리와 국방부 장관이 지속적으로 언론에 나와 공개적으로 가자 지구 내 지상군 투입을 공언하는 등 기존의 제한적 군사력 사용에서 벗어나 가자 지구 내 하마스 세력에 대한 대규모 지상 작전을 수행중에 있다(Csepregi, 2024).

이스라엘 하마스 전쟁사태는 70여 년째 남북 간의 대치 상태에 있는 우리 한반도의 국가위기관리 상황에도 유의미한 시사점을 주고 있다. 최근 북한은 다양한 형태로 하이브리드 전 형태의 위협을 고조시키고 있다. 대표적으로 2010년 3월 백령도 해상에서 북한의 도발로 인해 우리 해군의 천안함이 침몰한 사건과 동년 11월 연평도 포격도발 사건을 들 수 있다. 당시 북한은 여론조작 및 가짜뉴스를 통해 남남갈등 및 정치적 혼란을 유도하고 차후 도발을 위한 명분쌓기 측면의 관련이슈에 대한 가짜뉴스를 남한내 종북단체와 연계하여 SNS상에 유포시켰다. 이러한 본질적 의도는 정부 및 군 당국으로 하여금 결정적 골든타임내 국가위기관리 측면의 대응을 지연 및 혼란시키려는 의도로 평가되었다. 최근의 남북 정세상황은 급속도로 강대강 구도로 악화되어 2024년 5월부터는 오물풍선 도발 등으로 도발의 위협 가능성이 고조되고 있는 상황이다.

따라서 본 장에서는 이스라엘-하마스 전쟁을 하이브리드 및 인지전 양상 분석을 통해 국가위기관리 측면에서 정책적 시사점을 도출하고자 한다. 이를 위해 하이브리드·인지전 측면에서의 이스라엘-하마스 전쟁양상 분석과 주요한 정책적 시사점을 분석하였다.

## 2) 국가위기관리 측면의 이스라엘-하마스 전쟁 분석

### (1) 전쟁원인 및 10.7 테러사건(개전일)

이스라엘을 공격한 하마스의 가장 큰 이유는 이스라엘과 사우디아라비아가 두 나라의 관계를 정상화하려는 시도를 견제하려는 것이다. 팔레스타인이 현재가지 유지해 나갈 수 있었던 주요 동력 중 하나는 이스라엘에 대해 극도의 증오심을 가진 아랍의 국가들, 특히 이란이 팔레스타인을 다양한 방식으로 지원을 하였기 때문이다. 그 중에서도 이슬람의 큰 형 역할을 하는 사우디아라비아와 이스라엘의 국교 정상화 시도는 곧바로 팔레스타인의 고립으로 이어질 수 있어 팔레스타인으로서는 방법을 불문하고 이를 저지해야 하는 입장이었다.

다음으로는 이스라엘을 향한 무력투쟁을 전개해 온 하마스 단체에 대해 국제적으로 부정적인 여론이 확산되는 가운데 자신들의 투쟁에 대한 국제사회의 관심을 다시 되찾아오기 위함이다. 이스라엘이 지속적으로 하마스 세력에 대한 압박을 가하면서 하마스에 대한 지지율은 30% 이하로 추락하였으며, 가자 지구 일부에서는 2023년 8월에 반하마스 관련 시위가 연속으로 발생할 정도로 팔레스타인에서의 하마스의 입지는 좁아지는 상황이었다. 더군다나 팔레스타인의 대이스라엘 무장 투쟁을 지원해왔던 아랍 국가들이나 사우디아라비아가 국내 정치, 특별히 경제 발전에 눈을 돌리기 시작하면서 이스라엘과 관계 개선을 도모한 것이 팔레스타인을 더욱 궁지로 몰았다(인남식, 2023).

### (2) 전쟁경과

이스라엘-하마스의 전쟁경과를 살펴보면 2023년 10월 7일 오전 6시 30분경 팔레스타인 무장단체인 하마스가 이스라엘 남부 전역에 대한 복합테러 공격을 계기로 이스라엘-하마스 전쟁(2023 Israel-Hamas war)이 시작되었다. 이 날은 마침 4차 중동전쟁 기념 안식일 휴일이었다. 첫째 하마스는 20분간 2,500여발의 로켓 포격을 실시했는데, 본질적 의도는 침투 의도를 기만하기 위한 성동격서식 전술이었다. 그리고 하마스 예하 누크바 카삼여단 300명이 중심이 되어 7시 40분부터 21개 지역의 육상, 해상, 공중 복합테러 공격을 실시하였다. 이 과정에서 국경장벽의 무력화를 위해 드론으로 감시장비를 파괴하였고, 공중에서 동력 패러글라이딩 활용 국경장벽을 침투하였고 고속침투 목적으로 민수용(위장) 트럭, 오토바이, 불도저 등을 활용하였다. 특히 네게브 사막 일대의 레임 키부츠에서 유대교의 초막절을 기념하는 '슈퍼노바 초막절 음악축제 행사장'에 총기난사를 통해 민간인 260명이 사망하고 다수의 인질을 납치하였는데 이 행위가 하마스의 테러사건으로 규정짓는 결정적 증거가 되었다. 미국 백악관에서는 10.9. 프랑스, 독일, 이탈리아, 영국 국가원수들과의 공동성명을 통해 10.7일 하마스 공격을 테러사건으로 규정하였고 이것이 이스라엘로 하여금 테러와의 전쟁을 수행하는 유용한 정당성과 명분으로 작용하게 되었다(US THE WHITE HOUSE, 2023.10.9.)[2] 10.7일 테러공격 피해규모로는 사망자 1,300명 포함한 사상자 4,200여명, 250여명의 인질이 발생했다. 이스라엘은 곧바로 대대적인 공습경보 및 예비군 소집령 하달, 오전 9시 40분경 가자지구를 공습하며 즉시 반격하면서 전쟁이 시작되었고, 테러발생 4시간 30분 만에 군 전시체제가 발령되었다.

10월 8일 일요일에는 하마스가 오파킴 지역에 침투하였고, 이스라엘군은 이 지역을 재탈환하기 위하여 대대적인 소탕전을 전개하였으며 곧이어 이스라엘군은 레임의 군사기지를 탈환하였다. 10월 9일에도 하마스는 텔아비브를 비롯한 예루살렘 방향으로 포격을 가했으며 그중 한 발의 로켓은 이스라엘의 벤구리온 공항 터미널 근처에 떨어졌다. 이 날 이란 대통령 및 국방장관은 하마스, 팔레스타인에 대한 지지를 표명하였으며, 이에 반해 미국은 항모전단을 이스라엘 인근에 전진 배치하였다. 이스라엘의 대변인은 점령당했던 가자 모든 지역의 통제권을 회복하였다고 밝

---

2 공동성명의 주요 테러공격의 규정내용은 다음과 같다. (중략) We make clear that the terrorist actions of Hamas have no justification, no legitimacy, and must be universally condemned. There is never any justification for terrorism. In recent days, the world has watched in horror as Hamas terrorists massacred families in their homes, slaughtered over 200 young people enjoying a music festival, and kidnapped elderly women, children, and entire families, who are now being held as hostages.

힘으로서, 10월 7일 하마스의 기습공격으로 빼앗긴 모든 영토를 48시간 만에 다시 되찾았다.

이후 가자 지구에 대해 하마스 요원 소탕을 위한 이스라엘군의 작전이 지속되는 가운데 2024년 3월에는 유엔안전보장이사회가 즉각적으로 휴전할 것과 인질의 조건 없는 석방을 요구하는 결의안을 채택하였음에도 공습과 사상자 발생은 지속되었다.

이스라엘과 하마스는 2025년 1월 19일 15개월간의 전쟁끝에 휴전 협정에 합의 하였다. 휴전의 주요 협정은 세 단계로 구성되어 있는데, 1단계(6주간)는 하마스는 여 성, 아동, 환자, 55세 이상 남성 등 33명의 인질을 석방하며, 이스라엘은 점진적 가 자 지구에서의 군대 철수와, 팔레스타인 수감자 석방 및 가자 지구 북부에서 피난민 들의 귀환을 허용한다. 2단계는 양측이 추가 인질들의 석방과 가자 지구에서의 군 사적 긴장완화를 위해 이스라엘군의 완전한 철수를 수행한다. 3단계는 가자지구의 새로운 행정 체계와 재건이 진행되는 것이다. 미국의 도널드 트럼프 대통령 당선인 의 취임이 임박한 시점에서 이 협정이 체결되었다. 휴전이 된 상황에서도 양측 모두 과거 휴전 협정의 실패 사례로 인해 양측의 신뢰가 여전히 낮은 상태로 소규모 충돌 과 정세 불안정이 계속 발생하며 협정의 이행을 위협하고 있다.

### (3) 주요쟁점

이스라엘-하마스 전쟁은 미국, 카타르를 비롯한 여러 국가들의 전쟁을 마무리하 려는 노력에도 불구하고 여전히 긍정적인 결과를 얻지 못하고 있다. 오히려 이란과 의 갈등으로 인해 중동 전역으로 사태의 파장이 커질 수도 있다는 불길한 전망이 나 오고 있다.

전쟁과 관련된 주요 쟁점들을 살펴보면 첫째 이스라엘의 과도한 보복에 대한 국 제사회의 비난이다. 이스라엘은 하마스의 도발에 대한 대대적인 무력 사용에 대해 자위권을 행사한 적법적인 대응이라고 주장한다. 이에 반해 유엔의 전문가들은 이 스라엘의 대응이 유엔현장 제51조 자위권의 한계를 넘어섰다고 주장한다. 자위권을 행사하기 위해서는 그 행위의 필요성과 적절성이 충분히 고려되어야 한다는 것이다. 3만 명을 넘어서는 팔레스타인인의 희생은 약 1,000여 명 이상의 희생자가 나온 이 스라엘인이 사망상황에 비해서 과도한 것으로 보는 것이다. 또한 실질적으로 가자

지구에 대한 통제권을 행사하고 있는 이스라엘이 국가 대 국가에서 행사 가능한 자위권을 본인들의 통제지역에 행사하는 것이 적절한지에 대한 논란이다. 이스라엘의 과도한 보복작전은 인도주의적 측면에서 국제적인 비난을 사고 있다. UN에 따르면 가자지구에서 희생된 사람들의 70%가 여성과 아이들로 보고되고 있으며, 가자지구 전체 주민의 절반 이상이 몰린 라파 지역에는 현재 다수의 피난민들이 사회 기반시설 파괴에 따라 식량과 물, 연료 및 전기 등이 부족해지면서 생계를 위협받는 열악한 상황에 놓여있다.

둘째 국제형사재판소를 중심으로 한 이스라엘과 이스라엘 지도자, 그리고 하마스에 대한 책임 추궁 문제이다. 하마스에 대해서는 납치한 인질의 석방을 포함하여 국제인도법을 비롯한 국제법 위반에 대한 책임을 지속적으로 물을 것으로 보이며, 이스라엘에 대해서도 가자 지구에 대한 봉쇄를 해제하고 즉각적인 인도적 지원이 이루어질 수 있도록 계속 요청하였다.

2024년 이스라엘은 유엔국제사법재판소(ICJ)에서 팔레스타인인 학살에 대한 제소에 직면했다. ICJ는 2024년 2월 13일 이스라엘의 가자 지구 라파 공격이 국제사법재판소 잠정조치 명령에 위반된다고 주장하면서 ICJ 규정 제75조 1항에 근거하여 추가 잠정조치 명령을 요청하였다(남승현, 2024). 또한 국제형사재판소(ICC)는 2024년 5월 네타냐후 이스라엘 총리와 군 지휘부 및 하마스 지휘부에 대한 체포영장을 발부하였다. 국제형사재판소(ICC)와 같은 국제 사법기구는 이스라엘군과 팔레스타인 단체의 전쟁범죄 혐의를 조사했다(Ilyas, 2024).

이스라엘이 팔레스타인 영토 내에서 국제형법을 위반했는지에 대해서는 다양한 시각이 있다. Ben-Meir(2023)는 이스라엘의 팔레스타인 기존의 영토 점령, 정착촌 건설, 군사 작전 및 기타 활동이 국제법, 특히 국제인도법과 인권법을 위반할 수 있다고 주장해 왔다(Human Rights Watch, 2023). 특히 이스라엘의 국제법 위반으로 인해 전 세계적으로 반이스라엘 감정이 고조되었다. 이로 인해 가자 지구 등 팔레스타인에 대한 이스라엘의 안보정책에 대한 비판이 커졌으며, 미국을 비롯한 전통적으로 친이스라엘 국가들이 이스라엘에 제공하던 변함없는 국제적 지지가 약화되었다. 이러한 상황에도 불구하고 네타냐후는 정치적 생존을 위해 전쟁을 지속하는 쪽을 선택했다(Eunbee Kim, 2024).

셋째 하마스가 전쟁에 민간인을 이용한 전술을 활용하였다. 특히 인질을 인간방패(human shield)[3] 및 협상의 수단으로 활용하는 하이브리드 전쟁을 주요한 특징이다(지효근, 2024). 먼저 2024년 8월 현재 전쟁 휴전과 인질 석방을 위한 협상이 이집트 카이로에서 이스라엘 협상팀인 신 베트(국내정보국) 수장인 로넨 바르와 모사드(해외정보국) 수장인 다비드 바르네아를 중심으로 수행하였다. 이때 협상중재국으로 미국, 이집트, 카이로 정보기관이 참여했다. 협상의 주요조건으로 하마스는 이스라엘군의 가자지역 완전철수와 최고지도자 신와르의 생명보장을 요구하였다. 이스라엘은 이집트와 가자 지구 사이 완충지대를 극대화하는 것을 주장했는데 상호 경합되는 것으로 평가되었다.

한편 하마스가 민간인을 인간방패로 삼아 전쟁의 공포심을 극대화하였다. 개전 초기부터 하마스는 민간지역인 병원, 학교, 아파트 등을 이용하여 전투지휘 시설 및 장비 저장고로 활용하였다(the Guardian. 2023. 10. 30).[4] 특히 하마스의 지휘통제시설을 가자시티의 다르 알 시파 병원 지하에 배치하고 이를 통해 팔레스타인 민간인들을 의도적으로 숨기고 있다고 비난받았다. 전쟁이 지속되면서 가자지구의 민간인 보호 지역 및 주거시설 인근에서 로켓 등 무기들을 활용한 군사작전을 수행하였다.

## 3) 국가위기관리 관점의 이스라엘-하마스 전쟁 분석

### (1) 인지전 측면의 허위조작정보(Disinformation) 확산

이스라엘과 하마스 양측 모두 적극적으로 인지전 측면에서 텔레그램(telegram), X, 인스타그램(instagram) 등 디지털 플랫폼을 활용한 허위조작정보를 생성 및 확산시키는데 역점을 두었다(김태영·송태은, 2024). 미가공된 정보를 텔레그램을 통해 발신하

---

3 국제형사재판소(ICC)는 인간 방패를 사용하는 전쟁 범죄를 "민간인 또는 기타 보호 대상자의 존재를 이용하여 특정 지점 및 지역 또는 군대를 군사작전으로부터 면제시키는 것"으로 정의하고 있다. 예를 들어 민간인 밀집 지역인 학교, 병원 등 제네바 협약에 따라 보호되어야 하는 민간시설 근처에 무기를 발사하고 군사기지를 배치하는 것을 의미한다.

4 What is a human shield and how has Hamas been accused of using them https://www.theguardian.com/world/2023/oct/30/human-shield-israel-claim-hamas-command-centre-under-hospital-palestinian-civilian-gaza-city

고 이는 실시간 X로 공유되는 흐름이 패턴화되었다(Israel-Hammas Armed Conflict Resource Hub 2024). 특히 대중의 공포심을 극단화시키는 전장 영상을 가짜뉴스화하여 디지털 SNS 상에 확산시켰다. 주로 납치당한 여성이나 어린이 등 민간인에 대한 비인륜적 행위, 공중 폭격에 의한 민간시설 파괴 현장 관련 사진과 영상인 경우가 많았다.

하마스에 의한 가짜계정으로 위장 생성된 'Jerusalem Post' 언론을 통해 네타냐후 총리가 입원했다는 허위조작정보를 X에 게시하기도 했고, 10월 7일 하마스의 패러글라이딩 공중 침투 영상이 국제사회에 이슈화되자 이집트와 프랑스의 2023년 공중 훈련영상으로 왜곡되기도 했다(Dina Sadek & Layla Mashkoor 2023). 이러한 하마스의 온라인 인지전 수행으로 미국 디지털 플랫폼의 대표적 컨텐츠인 텔레그램에서는 23년 10월 25일 하마스의 공식 계정을 차단했지만, 현재까지도 하마스와 연계된 다른 채널들은 유지되고 있다(연합뉴스 2023. 10. 26). 텔레그램 CEO 파벨 듀로프는 하마스와 연결된 텔레그램 채널이 팔레스타인 주민들에게 물리적 공격 시점이나 장소를 알려 인명 피해를 줄이는 역할을 수행함으로써 텔레그램은 하마스의 주요 플랫폼으로 계속 작동하고 있다고 강조했다(NPR, 2023.10.31).

결국 교전국 간의 허위조작정보 확산 목적에 의한 생성형 AI 네러티브들이 특정단 기간내 반복적, 지속적, 집중적으로 대량 생산 및 확산됨에 따라 전쟁상황을 정확하게 상황판단, 결심, 대응하기가 제한되는 실정이다. 이러한 허위조작정보의 과부하는 전쟁 의사결정자에게 군사적 대응의 큰 부담으로 작동하고 있다.

## (2) 정보 분석 및 공유 실패

10.7. 하마스의 테러공격을 적절히 대응하지 못한 이스라엘의 대응실패 요인은 무엇보다 정확한 정보분석에 실패한 때문이다. 정보기관의 가장 중요한 임무는 전략적 기습의 방지다. 기본적으로 하마스 지도부는 고의적으로 이스라엘로 하여금 안이한 자만심과 이로 인한 집단사고에 안주하도록 유도하였다. 일례로, 이스라엘은 2021년 5월에 벌어진 마지막 하마스와의 전투 이후 더 이상 하마스로 하여금 가자지구의 파괴를 원치 않고 있으며, 팔레스타인 사람들을 위한 경제 회복에 더 초점을 맞추고 있는 것으로 믿게 하였다. 「월스트리트저널(WSJ)」 보도에 따르면 지난 2년

여동안 이스라엘 정부에서는 많은 팔레스타인인들이 이스라엘 지역에서 취업할 수 있도록 허용하였고, 팔레스타인 자치지구 안에서 하마스는 세금도 거둬들였다. 이집트는 가자 지구 방향의 관문을 개방하고, 수출업 기업들에게서 하마스가 세금을 거둬들일 수 있도록 하였고, 카타르는 미국의 묵인과 요청에 따라 가자지구에 매달 수천만 달러를 지원했다. 이스라엘과 카타르에서는 하마스를 도와주면, 하마스가 테러 등의 공격행위를 감행하지 않을 것이라는 믿음을 갖고 있었다.

또한 하마스 지도자들은 이스라엘 정보기관이 대화를 도청하고 있다고 확신하고 자신들이 전쟁을 원치 않는다는 허위조작정보를 의도적으로 확산시켰다. 이스라엘은 하마스가 드디어 접근방식을 근본적으로 바꾼 것으로 믿었다. 기존의 재래식 로켓 공격 방식 등은 이스라엘의 더욱 강경한 보복을 초래할 것이 두려워, 마침내 하마스가 감히 공격에 나서지 못하고 '억제된 상태'에 놓인 것으로 속단한 것이다. 제한적인 어차피 간헐적 공격을 퍼부어 본들 강력한 방공시스템인 아이언돔으로 문제없이 저지할 수 있단 확신에 빠져, 시간이 지날수록 안이한 자만심이 늘어난 것이다. 마지막 순간까지도 이집트가 임박한 하마스의 공격을 경고했지만, 이스라엘은 이를 무시해버렸다.

### (3) 첨단기술에 대한 과잉 의존과 휴민트 중요성에 대한 간과

하마스가 어떻게 세계 최고의 정보기관인 이스라엘 모사드를 완벽히 기만하고 10월 7일 동시다발 테러공격 작전을 비밀리에 끝까지 유지할 수 있었을까? 가장 큰 이유 중 하나로, 이스라엘의 휴민트의 붕괴를 꼽을 수 있다. 세계 최강의 정보기관이라도 주요 위협과 관련하여 단일 출처에 의존하지 않는다. 그래서 적의 통신을 가로채기 위한 전화·인터넷 도청, 영상정보(IMINT), 신호정보(SIGINT), 인간정보(HUMINT) 등의 다양한 경로에 의존한다. 모사드는 적의 휴대폰과 컴퓨터 체계에 은밀히 침투하는 등, 컴퓨터 네트워크 작전면에서 세계 최고의 수준이며, 그 능력이 너무 뛰어나고 교묘하여 적지 않은 논란을 불러일으키기도 했다. 또한 정보수집 담당자는 각 출처에 다수의 접근 스트림(access stream)을 확보하고 있어, 어느 스트림이 발견·차단되더라도, 다른 스트림을 계속 활용할 수 있다. 그렇다면 하마스 작전에 대한 정보 수집이 어디에서 이루어졌을지가 중요하다.

안타깝게도 이스라엘은 휴민트가 거의 또는 전혀 없었을 가능성이 있다. 이유는 가자지구가 극도의 폐쇄적 공동체이고 하마스의 감시망을 벗어나기 어려웠을 것이기 때문이다. 일례로, 이스라엘을 위해 스파이 활동을 하는 사람은 자신의 목숨과 가족 전체의 안전을 모두 위험에 빠뜨릴 수 있다. 또는 인적 정보원이 보고하지 않았거나 이미 발각되어 사라졌을(처형 등) 가능성이 있다.

이는 이스라엘 정보기관이 휴민트 보다는 디지털 수단에 과도하게 의존한 결과일 수 있다. 이스라엘 언론매체들의 보도에 따르면, 신베트는 하마스의 공격 전날 밤 이스라엘군 장교들과 2차례 전화 협의를 가졌다. 이 자리에서 정보당국은 하마스의 이례적 활동과 이스라엘 사람들에 대한 납치 음모 가능성 등을 제기했다. 그러나 신베트는 결국 이러한 징후가 미약한 신호라고 결론을 내렸고 경계태세 강화를 권고하지 않았다. 궁극적으로, 이스라엘이 첨단기술에 대한 과도한 의존, 그리고 인간정보에 대한 과소한 의존이 비극의 핵심적 원인 중 하나였는지 또한 향후 규명되어야 할 문제로 보인다.

## 4) 정책적 시사점

이스라엘과 하마스의 전쟁은 기존의 전통적 전쟁양상과 하이브리드·인지전 관점에서 차별화된 특징을 가지고 있는 것으로 분석되었다. 주요 특징으로 다양한 전쟁 수행 방식인 인지전, 심리전, 사이버전, 정규전, 비정규전, 테러, 범죄 등 다양한 전쟁 수행방식이 동시성 있게 전장에서 복합적으로 발생되었다. 또한 정규군, 게릴라, 테러분자, 범죄조직 등이 혼합된 국가행위자와 비국가행위자가 작전을 수행하였다. 이러한 특징들은 하이브리드 전쟁이 단순한 군사적 충돌을 넘어, 다양한 비군사적 수단을 동원하여 복합적인 전쟁 양상을 갖게 하면서 현대전쟁의 복잡성을 더욱 증가시키고 있다. 본 연구를 통한 국가위기관리 관점의 시사점은 아래와 같다.

첫째 국가위기관리 관점에서 테러공격이 군사 개입으로 전개되는 상황에 대비하여야 한다. 개전일인 10월 7일 하마스의 기습적인 테러 공격 사례를 통해 '테러'가 하이브리드 전쟁의 주요 수단으로 주목받기 시작하였다. 북한은 비대칭전력인 장사정포를 활용한 타격과 특작부대 침투를 통한 테러를 결합하는 형태 외에도 저고도

침투(AN-2), 패러글라이더, 잠수함, 무인기를 통한 다양한 방식의 하이브리드 공격방식을 택할 수 있다. 대표적인 주요 테러상황이 군사개입으로 진화되는 위기상황의 시나리오를 살펴보면 생성형 AI에 의한 내러티브 생산 및 허위조작정보 확산 통한 국민들의 공포심 극대화 및 국론분열, 무인기(드론) 탑재하 국가중요시설 및 다중이용시설 대상 생화학 테러, 국가 주요 요인 암살테러(사제총기, 우편 테러), 민간인 대량살상과 납치(인간방패, 장기간 인질 협상 유도) 등이다. 이러한 하이브리드전쟁 유형을 고려하여 테러사건이 군사 개입으로 확전하는 위기 유형에 대비한 국가위기관리 기본지침의 개정 소요를 추진하여야 한다.

둘째 하이브르디드·인지전 차원에서 전쟁, 테러 등 물리적 위협과 사이버 공격 등 비물리적 위기상황에 일원화된 동시 대응가능한 국가 위기대응체계를 일원화해야 한다. 국가위기대응체계 중 군사적 위협, 비군사적 위협 중 테러 및 사이버 공격에 대한 대응체계가 분리되어 있는 우리나라의 시스템은 근본적으로 이러한 복합적인 위기에 효율적으로 대응하기 제한된다고 평가할 수 있다(최창규·김태영, 2023). 이에 대한 개선방안으로는 위기 유형별 예방~대비~대응~복구 단계별 관계기관별 조치사항이 정합성있게 구체화되어야 한다. 또한 5개유형별 국가테러대응체계 테러사건대책본부 및 전담조직과 국가 사이버안보 수행체계 속에서의 국가안보실, 국가정보원, 한국인터넷진흥원(KISA) 등 주요 관계기관들의 전담조직이 통합적 대응체계속에서 구성되어야 할 것이다.

앞서 언급했던 것처럼 미국은 2022년 이후 국토안보부 CISA 를 중심으로 국내 하이브리드 위협에 대응하기 위해 적대국이 생성형 AI로 생산 및 확산시키는 허위조작정보와 연계된 다양한 위협에 대응하기 위한 MDM-incident-response-guide를 중심으로 연방 및 지방정부, 민간조직 등 범정부 및 거버넌스 차원의 역량을 강화하고 있다(US CISA, 2022).

셋째 국정원, 방첩사 등 정보협력체를 통합한 하이브리드·인지전 차원의 정보 컨트롤 타워를 신설하여야 한다. 진주만, 9.11 등 국가 위기의 실패 원인은 정보공유체제 미흡이 주 요인이었다. 미국의 경우 2004년 국가정보실(DNI)을 신설하여 16개 정보기관 관리 및 정보기능을 감독하며 정보예산의 결정권과 통제권을 보유하게 하였다. 각 정보기관의 정보를 종합 컨트롤 할 수 있는 조직이 없어 정보공동체간에 유기적인 협조 정보공유가 미흡한 실정인 우리의 경우 독립기관을 설치하거나 대통령실에 정보수석(비서관)을 신설하는 방안을 검토할 수 있을 것이다.

넷째 관계기관 및 구성원의 역량강화를 위해 국제 인지전 분쟁에 대한 법률적 대응, 교육훈련, 인질 협상(Hostage Crisis Negotiation) 역량을 강화하여야 한다. 기존의 전쟁은 정치 또는 군사적 힘에만 의존하여 해결하는 것이 일반적이었지만, 이스라엘 하마스 전쟁을 포함 최근 국제 재판소를 통해 일종의 법률적 전쟁(lawfare)을 수행하려는 국가들의 움직임이 증가하는 추세에 있다. 특히, 국제사법재판소의 잠정조치는 앞서 살펴본 바와 같이 법적 구속력이 있으며, 국제형사재판소는 현직 지도자에 대한 체포영장을 발부할 수 있는 권한도 있는 등 하이브리드 전쟁 양상 고려시 전쟁범죄적 관점에서 예방하기 위한 강력한 법적 조치들을 포함하고 있다. 따라서 우리나라도 관련 동향을 지속적으로 파악하면서 향후 한반도 상황과 관련하여 발생할 수 있는 국제적 법률전에 대비할 필요가 있다.

또한 미군에서는 인지전 수행교육(PSYOP)을 강화하고 있다. PSYOP Operations Specialist Course라는 43주간의 교육과정을 통해 외국어 말하기 및 듣기 능력, 군사 정보, 고급 대인 커뮤니케이션, 허위조작정보, 문화 분석, 고급 소셜 미디어 및 마케팅 등 인지전 수행을 위한 핵심 기술을 배우고 있다(US Joint Chiefs of Staff 2010; Whiteaker, & Valkonen, 2022). 마지막으로 한편 인질 협상역량을 강화해야 하는데, 납치상황시 협상문제 해결방식은 전적으로 주도권을 쥐고 있는 테러조직과의 협상이 유일한 수단이다. 특히 국제 인질납치 협상은 인질의 정확한 위치를 알기 어렵고, 무력진압작전이 제한되며, 특히 공권력을 행사하기 어려운 구조적 취약성을 안고 있다. 따서 해외 민간 보안업체 중심의 인질협상 협업체계를 강화하고 국제적 협상 전문 인력을 양성하여 숙련된 경험과 전문성을 갖춘 요원을 양성하여야 한다.

마지막으로 범 정부차원의 재외국민보호 역량을 강화해야 한다. 이를 위해 국외 군사적 위협·테러·재난·범죄 발생시 골든타임내 우리 국민 보호 및 긴급피난 지원을 위해 운영되는 외교부의 신속대응팀의 보강이 요구된다. 미국 국무부 주도의 OSAC(Overseas Security Advisory Council) 등 유사기관의 사례분석을 통해 향후 제도개선 및 조직보강, 관련 매뉴얼 정비가 요구된다.

## 1. 통합적 국가 대응체계[5]

최근 국내 안보위협을 고려한 하이브리드·인지적 차원에서 테러, 전쟁등 물리적 위협과 사이버 공격·인지전·마이크로타켓팅 기술 등 비물리적 위기상황에 일원화된 동시 대응가능한 국가 위기대응체계를 구축해야 한다. 특히 비물리적 측면의 인지적 테러공격은 전·평시를 막론하고 물리적 테러의 수행여부와 관계없이 전개될 수 있는 위협수단이기 때문에 복합테러의 한 유형으로 인식해야 한다. 테러의 목적(정치적·군사적 등)을 신속하게 파악하고 물리적 복합테러로 확장 가능성을 항상 염두하여 선제적 대응을 위한 방안을 마련해야 한다.

현재 우리나라 국가위기대응체계는 근본적으로 테러와 사이버 공격에 대한 대응체계가 분리되어 있어 이러한 다양하고 복합적인 위기에 효율적으로 대응하기 제한된다고 평가할 수 있다(최창규·김태영, 2023). 현재 물리적 측면의 국가 테러대응체계는 테러방지법에 따라 대테러센터가 컨트롤타워가 되고 테러 발생 장소 유형을 기준으로 주무 부처(장관급)를 선정하여 테러사건 대책본부(현장 지휘 본부), 대테러 전담조직을 편성 및 운영하고 있다.[6] 한편 국가 사이버 안보 대응체계는 국가안보실(사이버안보비서관실)을 중심으로 업무 전반의 컨트롤타워 역할을 수행하고 있으며 국가정보원(국가사이버위기단)이 사이버위기관리 주관기관으로 지정되어 국방부 사이버작전사령부와 과기부 한국인터넷진흥원(KISA), 국정원과 경찰청, 국방부가 각각의 체계에 의해서 대응하고 있다(전태식·김찬우·류연승. 2023; 국정원, 2024)

---

5 김태영, & 최창규(2024)를 재구성 하였음.
6 테러발생 시 지휘통제 역할을 하는 테러사건대책본부(장관급)를 5개 발생장소 유형을 중심으로 외교부(국외테러), 국방부(군사시설 테러), 국토교통부(항공테러), 해양경찰청(해양테러), 경찰청(국내일반 테러)으로 구분하고 있다. 이에 테러사건대책본부 예하에 현장지휘본부와 지역·공항만테러대책협의회, 대테러합동조사팀, 대테러특공대 등의 전담조직을 운영하고 있으며, 국가테러대책위원회를 보좌할 사무국의 성격으로 국무조정실 대테러센터가 국가대테러활동 업무를 수행하고 있다(김태영·문영기, 2022).

이를 개선하기 위해서는 현재 분권화되어 있는 물리적 및 비물리적 복합테러위협에 효율적으로 대응하기 위한 통합적 대응체계가 필요하다. 현재의 5개 발생장소별 테러유형을 인지적 테러공격 영역까지 확대하고 5개 유형별 테러사건대책본부 및 전담조직과 국가 사이버안보 수행체계 속에서의 국가안보실, 국가정보원, 대테러센터, 한국인터넷진흥원(KISA) 등 주요 관계기관들의 전담조직이 통합적 대응체계 속에서 구성되어야 할 것이다.

한편, AI와 IoT 기술 발전 속도는 기하급수적으로 빨라지고 자율주행차량의 상용화가 앞당겨지면서 전 세계적으로 자율주행차량의 보행자 충돌 방지 소프트웨어의 개발을 권장하고 있다(Jenkins, & Butterworth, 2019). 국내에서는 자율주행차량의 네트워크 효율성이나 차량제어 등과 같은 성능 개선 위주의 연구가 지속해서 진행 중이고 이에 대비하여 경찰에서는 치안 자율주행연구센터를 설립하여 자율주행 사이버 보안이나 교통사고 포렌식 등의 교통사고 위주의 정책이 시행 중이다(이데일리, 2023. 10. 19). 하지만 자율주행차량 해킹이나 원격조종에 따른 차량돌진테러를 염두에 둔 사이버·물리적 복합테러에 관한 연구는 미비하다. 이를 위해 대테러센터를 중심으로 한 대테러 관계기관과 산·학·연 협력 클러스터를 창설할 것을 제안한다.

차량테러와 같이 자율주행차량이 해킹 또는 원격조종으로 돌진하거나 폭발물을 탑재한 상태에서 테러 발생과 같이 사이버와 물리적 테러가 융합된 형태의 복합테러 발생에 대비한 테러 대응체계의 보완이 요구된다. 구체적으로 테러사건대책본부 및 현장지휘본부 지정과 테러 대응 매뉴얼 및 거버넌스 측면의 대응체계 정립이 되어야 한다. 예를 들어 자율주행차량에 의한 차량돌진테러 발생시 현장지휘본부 지정에 있어 사이버 테러는 국정원이나 경찰청(사이버테러대응센터)에서 대응하고 물리적 테러 대응은 현 체계를 유지하여 기존의 단일 현장지휘본부에서 사이버 영역을 관장하는 공동 현장지휘본부 개념을 검토할 수 있다(김태영·김호, 2022).

또한 추가적 개선방안으로 위기 유형별 예방-대비-대응-복구 단계별 관계기관의 조치사항이 정합성있게 구체화되어야 한다. 이를 위해서는 국가 대테러 기본계획과 국가 사이버안보전략 및 기본계획에 물리적 복합테러와 인지적 테러위협의 기본개념 및 대응방향을 단계별 주요 조치사항이 정립되어야 한다. 더불어 테러유형별 물리적·인지적 복합테러 대응을 위해 국정원, 경찰, 군 사이버 사령부 등의 전문 인력으로 구성된 전담조직이 대테러센터와 각 테러사건대책본부 신규설치되어야 한다. 특히 이를 뒷받침하고 효율적인 대테러 예방 및 대응활동을 할 수 있도록 테러방지법, 국가정보원법, 정보신망법, 국방정보화법 등 관계법령 및 국가테러대응 표준·실무·현장조치 매뉴얼의 재·개정이 수반되어야 할 것이다.


## 2. 드론 위협 대응 역량 강화

### 1) 범정부 차원 핵심기술 개발

드론위협의 예방 및 대비단계에 있어 우선적인 문제점은 먼저 범부처 및 산/학연 차원의 공동 핵심기술 개발과 공동 대응매뉴얼의 부재이다. 현재는 국방부, 경찰청, 국토교통부, 소방청 등 주요 개별부처별로 드론 위협 대응 기술(탐지, 식별, 무력화 센서)을 운용하고 AI 기반의 지능형 플랫폼 기술 도입 등을 독립적으로 수행하고 있다. 앞서 언급한 대로 드론의 위험은 대공(북한의 군사적 위협), 개인적 목적의 범죄, 정치적 목적의 테러 등의 위기형태로 표출되기에 컨트롤 타워 기반의 관계기관별 공동의 기술개발이 필요하다.

특히 최근 이태원 인파밀집에 따른 압사사고나 기시다 일본총리 암살 미수사건의 후속조치로 위해범과 같은 위험인물 식별을 위한 드론 기반 실시간 AI이상징후 분석기술 개발이 활발해지고 있는데, 컨트롤 타워 부처의 정립이 미흡한 실정이다. 또한 우리나라는 미국 국토안보부의 Science & Technology Directorate 부서와 같이 테러, 범죄 등 공공안전 분야 기술개발을 통합관장하는 부서 및 공공 민간 연구기관이 참여하는 기술개발 협의체가 부재한 실정이다.

이를 개선하기 위해서는 범정부 차원에서 핵심기술 개발을 위해 공공분야의 안전 주무부처를 중심으로 한 통합적 추진이 필요하다. 미국의 경우 국토안보부 Science & Technology Directorate(S & T)와 Office fo Intelligence & Analysis(I & A) 부서 등을 중심으로 앞서 언급한 C-UAS 기술개발을 거버넌스 차원에서 민간 주요 기업, 연방주-로컬 공공안전기관과 추진하고 있다. 소형드론의 위협에 대한 효과적 대응을 위해 Counter-Small UAS Advisory & Review Toolkit(C-SMART)이라는 위협 평가 및 대응 데이터베이스를 기반으로 한 AI 분석모델을 관계기관과 공동 개발하였다. 주요 관계기관으로는 국방부, Secret Service에서 개발하여 실증사업을 공동으로 진행하였고, 주요 내용은 미국 본토의 주요 드론 침투상황 대응개념 수립이나 국가중요행사 등급선정시(NSSEs, National Special Security Events) 활용하고 있다. 특히 도심지 환경에서 드론 위협 대응 신기술을 고도화 및 테스트하고자 MIT 대학의 Lincoln Laboratory와 공동 개발하였다. UCOP는 Hanscom 공군 기지의 시설에 통합 실험실을 포함하고 있으며, 도시 환경에서 무인 항공기 대응 기술을 테스트하기 위한 다양한 시나리오를 제공하고 있다. 따라서 우리나라도 국가안보실이나 국무조정실 대테러센터, 행정안전부, 과학기술정보통신부 등에 신규 드론위협에 대응하는 기술개발을 위한 주무부서를 신설방안을 검토해 볼 수 있다. 이를 통해 범정부 차원에서 드론 및 안티드론 경쟁력 확보를 위해 연구개발(R & D)을 전략적·선제적으로 투자하고 관계기관 및 산학연 협업체계를 강화하며 최근의 드론 핵심기술인 딥러닝 알고리즘 등 인공지능(AI)를 적용한 재밍 및 하이재킹 기술, 원스탑(탐지-식별-분석-무력화사고조사) 플랫폼 기술 등에 대한 개발을 속도감 있게 추진해야 할 것이다 (과기정통부, 2020). 특히 북한의 군사용 무인기 등 고정익 소형 무인기는 제조 국가추정이 가능하지만, 멀티콥터 상용드론은 피아 구분이 제한되는 실정이다. 따라서 소형 무인기는 비행체 외관 중심으로, 멀티콥터형 드론은 비행 패턴을 중심으로 DB 기술을 구축해야 한다(장상국, 2022).

마지막으로 효과적인 드론 비행 감시 및 관리를 위한 드론 기체 식별장치(Remote ID) 기술개발이 추진되어야 한다. 미국의 경우 연방항공국(Federal Aviation Administration, FAA) 규정 개정을 통해 2023년 9월 16일까지 미국 영공에서 활동하는 무인기에 식별장치를 부착토록 규정하고 있다. 식별장치상에 포함되는 정보들은 드론 ID, 무인기 위치와 고도, 드론속도, 제어 스테이션(조종자) 위치와 고도, 시간대, 긴급상황 방송 등이다. 우리나라의 경우 현재 영월 드론비행 시험장을 중심으로 실증 실험 중으로, 빠른 시내에 공역과 기체의 성능을 종합적으로 고려해 기체 식별장치 제도를 도입해야 할 것이다. 이와 더불어 테러현장에서 표출되는 테러범의 행동패턴을 식별하기 위한 AI 영상기술 발전을 관계기관을 중심으로 추진해야 한다. 미국의 경우 Secret Service 경호기관을 중심으로 2022년 이후 소형드론 실증사업을 국토안보부(DHS)및 관계기관과 연계하여 다양한 기상조건, 위해자의 복장 및 차량 유형(번호판)을 상정하여 탐지식별 위한 실증사업을 진행중이다(US. DHS, 2020). 우리나라에서도 다양한 테러위험 발생을 사전 감지, 대응하기 위한 영상보안기술을 일부 관계기관 및 연구소를 중심으로 추진중에 있다. 향후 범죄학, 군사학, 심리학, 공학 등 다양한 분야의 연구자들을 융합한 많은 관계기관의 집단지성의 투입이 필요하다.

## 2) 합동 대응매뉴얼 및 합동훈련

2023년 4월 18일 제주국제공항에 불법드론이 침입하여 공항 활주로가 폐쇄되는 사건이 발생했고 한 달여간의 수사과정에도 불구하고 실체적 진실은 규명되지 못했다(KBS, 2023. 4. 24). 이러한 이유는 안티드론 시스템과 연계한 공항 및 지방항공청, 군, 경, 국정원 등 관계기관의 단계별 주요 조치 및 임무 등을 포함하는 정합성 있는 합동 드론위협 대응 매뉴얼이 미흡하기 때문이다.

이처럼 관계기관별로 분절화·파편화된 드론위협 대응매뉴얼의 운용은 실제 상황발생시 엄청난 혼선을 야기시킬 수 있다. 현재 경찰은 '국내 일반테러 위기 대응 실무매뉴얼'에, 군은 '군 테러위기대응 실무매뉴얼'에 드론 테러 대응 절차를 포함하고 있고, 비교적 실효성 있게 작성되어 있으나 주로 각 기관의 임무수행절차에만 초점이 맞추어져 있는 실정이다. 특히 각 기관 모두 유관기관 상황전파 및 협조에 대한 개념은 있으나 협조가 필요한 상황과 방법, 대상 등에 대한 구체적인 사항은 부재하다. 상황 발생 시 신속한 상황공유의 제한은 물론, 대응에 있어서 상호 지원 및 합동 임무수행이 필요한 상황이 되었을 때 혼란을 유발하고 책임 소재가 불명확해질 수 있는 것이다.

군과 경찰의 드론위협 공동 대응개념 발전이 필요하다. 군의 경우 국내 일반 드론에 의한 범죄 및 테러보다는 북한 무인기 공격에 대한 대응에 초점을 맞추고 있어 일반적으로 적용하기 어렵다는 한계를 지니고 있다. 반면 경찰의 경우 발견된 드론이 적기일 경우에 대한 대응개념이 부재해 각각의 기관 특성에만 집중된 매뉴얼로서 광범위하게 적용하기 어렵다는 한계를 지니고 있었다. 이는 현재 국내 테러사건의 경우 테러사건 성격에 따라 각 부처가 테러사건대책본부를 통제하는 것이 주요원인으로서, 각 기관별 테러대응 가이드라인 및 지침이 상이하고 특정 유형별 테러목표에 따른 시나리오를 기초로 실무매뉴얼이 작성되어 있기 때문인 것으로 분석된다(최창규·김태영, 2023).

관계기관(군·경)의 조종자 추적 및 검거 방법이 기존의 범죄·테러양상에 대한 대응과 동일하다는 점 역시 개선이 요구된다. 이는 드론을 일반적인 범죄와 테러의 개념을 동일하게 인식하고 있는 데서 출발하는 것으로 보여진다.

드론은 조종자와 기체가 분리되어 원격으로 운용되고, 이륙중량과 탑재물 등에 따라 다양한 공격방법과 능력을 가지므로 드론을 이용한 범죄 및 테러는 일반적인수단을 이용한 경우와는 다른 접근이 필요하다. 기존의 작전 개념에 입각한 검거 및추적으로는 신속한 검거가 매우 어려울 것이며 만약 공격에 사용되는 군집드론일경우 그 문제는 더욱 심각해질 것이다. 또한 앞서 언급한 바와 같이 불법드론 관련신고를 가장 많이 접수하는 기관인 경찰이 비행승인 관련 정보를 공유받지 못해 골든타임 내 대응이 어렵다는 것도 신속한 상황전파 및 대응을 어렵게 하는 큰 문제라고 할 수 있을 것이다.

마지막으로 실효적인 합동훈련의 미흡을 들 수 있다. 현재는 상급부대 또는 중앙기관 주도 하의 체계적인 훈련이 이루어지지 않고, 지역별로 일선부대와 경찰관서 간 협조를 통한 자체 훈련만이 이루어지고 있다. 결국 지휘관의 관심도와 기관간 관계에 따라 대응역량에 차이가 날 수밖에 없으며, 이러한 실전적 대응태세 미흡은 드론 대응에 적합한 무기체계 확보와 운용 능력 숙달 저하로 연결될 수 있다.

이를 개선하기 위해서는 먼저 드론테러가 실존하는 해외 주요 국가들의 드론테러 대응개념을 분석하는 것이 중요하다. 대표적 사례로 사우디아라비아의 경우 전세계에서 드론테러가 가장 많은 국가(2016~2021년, 140건)이다(김태영·이준화·최창규, 2022). 주된 위협의 주체는 이란의 지원하에 있는 후티반군(예멘)으로서 이러한 위협의 양상은 북한과도 유사하다고 할 수 있다. 공격양상을 살펴보면 우리나라와 유사하게 국가중요시설 및 민간시설에 대한 테러가 주로 이루어지고 이중 상당수에 대해 안티드론 시스템으로 성공적으로 대응하고 있다. 최근에는 2022년 3월, 6대의

Samad-1드론(예멘 제작 무인기)을 활용해 수도 리야드의 주요 국가중요시설(아람코 정유 시설)과 민간시설을 공격한 사건이 발생했는데, 사우디아라비아가 안티드론시스템을 활용해서 효과적으로 무력화하였다. 미국의 글로벌 분쟁 연구기관인 ACLED(Armed Conflict Location & Event Data Project)에서 분석한 후티반군 공중전(Aerial Warfare) 양상(2015~2022년) 백서에 의하면 최근 2022년 10월 유엔 중재 사우디와의 휴전으로 인해 공격의 횟수는 다소 감소하였지만 후티반군은 여전히 드론 재고확보 및 신기술 개발에 진력하고 있다(ACLED, 2023). 따라서 우리도 대테러 연구기관을 중심으로 사우디-예멘(후티반군)-이란 등의 드론위협 및 대응개념을 연구하는 것은 매우 유의미할 것이다(Reuters, 2022. 3. 12).

이를 토대로 주요국가들의 합동 드론대응 매뉴얼을 심층적으로 연구 하는 것이 필요하다. 미국의 경우 국토안보부 과학기술국 예하 National Urban Security Technology Laboratory라는 연방 연구소를 기반으로 연방정부 차원의 관계기관 합동 드론대응 매뉴얼 및 교리연구를 수행한다. 우리나라도 드론위협의 주요 대응 기관인 군과 경찰을 중심으로 한 대응 매뉴얼 보완과 합동 훈련을 통한 통합 임무수행 능력 강화는 드론위협 대응의 성패를 좌우하는 중요한 선결조건이다. 이를 위해서 개별기관이 보유한 기존 대응 매뉴얼의 취약성을 식별하고 공동 계획팀을 상설화하여 각 기관이 공동 발전해야 할 단계별 대응절차와 교리 등을 구체화해야 할 것이다. 특히 기관별로 상정한 주요 드론위협양상과 단계별 전력 운용 범위 및 적용시설(대상)이 상이하므로 국가테러대응표준·실무매뉴얼과 항공안전법, 군사시설법, 테러방지법, 대통령경호법 등 관계법령을 고려하여 가외성과 효율성을 고려하여 작성되어야 할 것이다.

군·경·대통령경호처·국통교통부 등 관계기관이 실시간 드론 비행승인 정보를 공유하여 필요시 승인 여부를 확인할 수 있도록 시스템이 개정되어야 할 것이다. 또한 불법드론 신고 채널이 경찰 계통뿐만 아니라 관계기관 계통으로도 신속히 전파되어야 골든타임내 대응이 가능하다. 서울 등 주요 대도시의 드론 대응 개념은 도심복합테러 등의 민간 위협요소를 고려하여야 하므로 경찰의 동선추적식 강력범죄 추적대응 개념이 적용되어야 한다. 그런데 한편으로 북한 무인기나 멀티콥터형 소형 드론은 탐지 및 식별이 제한되는 문제점이 있다. 따라서 군의 방공작전 교리인 고고도-중고도-저고도 대응개념과 민간의 국가중요시설방호 개념인 3지대 방호개념이 인공지능 기반으로 심층적으로 융합될 수 있도록 검토되어야 한다.

상황발생 시 전담조직 및 유관기관별 구체적 역할이 명시되어야 한다. 공항을 예로 든다면, 운항 안전과 관련된 부분은 공항공사(상황전파 및 현장지원)와 지방항공청(반경 9.8km 이내 운항중단 결정 등)에서, 대테러합동조사는 국정원 주도로, 현장에서는 경찰에 의한 조종자 검거와 군에 의한 하드킬 장비이용 격추에 의한 무력화 등 유관기관 특성과 능력을 고려한 구체적인 임무 명시가 이루어져야 할 것이다. 이러한 기관별 명확한 임무수행 구분과 구체적인 절차 및 협조방안이 군·경은 물론 시설 보안책임부서 및 관련 기관에 매뉴얼화되어 있어야 할 것이다. 이에 더해 지역책임부대와 지역 경찰서 등 관계기관간 양해각서 체결 등을 통해 협업체계를 공고히 하는 것 또한 필요할 것이다.

매뉴얼과 연계된 합동훈련을 통해 실효성 있는 대응역량이 구비되어야 한다. 미국에서는 Secret Service를 중심으로 소형 무인기(sUAS) 합동 대응훈련을 정례적으로 추진하고 있다. 예하 교육훈련시설인 James J. Rowley Training Center(RTC)를 중심으로 Aviation Program 등 합동훈련과정을 개설 하여 연방-주-지방 거버넌스 관계기관과 공동으로 진화하는 드론위협 양상 및 핵심적 대응전술 관련 합동훈련을 추진하고 있다(US. SECRET SERVICE, 2023).

또한 드론의 특성을 고려, 인력에 의한 직접 추적 중심의 기존 작전 개념에서 탈피하여 대응전력들도 탐색용·공격용 드론을 충분히 갖추고 운용함으로써 작전반경을 넓혀야 할 것이다. 또한 개선된 대응매뉴얼과 장비를 바탕으로 주요 드론 위협대상 시설에서 실무자급이 아닌 관계기관 주요 의사결정권자 참여하에 지휘통제기구 훈련 및 합동훈련(FTX)를 수행해야 한다. 특히 사후 단계에서의 드론 추적 및 테러혐의점 규명을 위해 합참과 경찰청 차원에서 상호 협조를 통한 합동대응 및 공조수사에 대한 훈련모델을 수립해야 한다. 추가적으로 대테러센터에서도 연간 진행중인 합동훈련을 개선하여 대테러 특공대 중심의 진압작전만이 아닌, 사전 징후 포착단계나 테러범 검거, 대테러합동조사팀 훈련(혐의점 규명) 등 특화된 합동훈련이 실효적으로 수행되어야 한다.

## 3) 드론 무력화 방안 발전

현재의 국내 대응체계에서는 법률적·기술적 측면에서 드론위협이 높은 국가중요시설 일대에서 불법드론이 식별되어도 지역 내 군·경이 출동하기 전까지 해당 시설에서는 실효성 있는 무력화 조치를 취하기 어려운 실정이다. 현재 공항이나 원전시설의 경우 전파법과 공항시설법(2020년 개정)을 근거로 시설 보안요원도 안티드론 장비를 운용하여 불법드론에 대한 퇴치·추락·포획이 가능토록 되어 있다. 이때 사용할 수 있는 방법은 전파교란 등을 이용하는 소프트킬(Soft-Kill)인데, 문제는 전파교란 장비 사용시 방사되는 방해전파가 항공기 및 항행안전시설 등에 미치는 전파영향성 등 안정성에 대한 검증이 미흡한 실정이다. 또한 전파교란 장비 사용을 통한 피해 발생시 이에 대한 형사처벌 면책은 가능하나 민사소송에 대한 보상 규정은 불비한 실정이라 실효적인 안티드론 시스템 운용이 취약하다고 볼 수 있다.

이는 비단 공항에만 국한된 문제는 아닐 것이므로 제한사항을 극복하고 드론을 차단하기 위해서는 물리적인 공격수단을 함께 갖추어야 할 것이나, 물리적 공격 방법인 하드킬(Hard-Kill)은 군을 제외하고는 타 기관이나 일반시설에서는 실정법내에서 운용하기 제한되는 실정이다. 물론 주요 국가중요시설의 경우 청원경찰법 및 경비업법 등 관련 법률에 따라 해당 시설의 경비와 보안을 담당하는 경비인력들의 경우 소총 등의 무기를 사용할 수 있으므로 무력화 권한은 형식적으로는 부여되어 있다. 그러나 실제 무기 사용에 대한 부담감 및 총기 사용에 따른 부수적인 피해 등에 대한 문제 때문에 상황 발생 시 원활한 총기 사용이 가능할 지 여부는 미지수이다. 게다가 극히 고도로 훈련되지 않은 이상 총기를 이용해 드론을 제압한다는 것은 매우 어려운 일이다. 또한 현재 개발 중인 레이저 장비 등의 첨단장비 역시 군사용 무기이면서 동시에 전문인력에 의해 운용되어야 하는 장비이므로 민간에서 운용하기 매우 제한된다는 특징이 있다. 특히 인천공항의 경우 대한민국의 관문으로서 언제든지 드론의 공격 대상이 될 수 있으며, 인근의 백령도, 파주 등지는 북한과 인해 있어 북한 소형 무인기에 의한 안보위협이 증대되고 있는 곳이기에 강력한 무력화 대책이 마련되어야 하나 현실적으로 실효성 있는 조치는 아직 요원한 실정이다.

이에 더해, 전파교란 장치를 이용해 드론을 추락시키는데 성공하더라도 추락으로

파손된 드론에 대한 보상 및 추락지점에 발생한 2차 피해 보상에 대한 책임 역시 문제로 남아 있다. 실제로 현재 공항에서는 범죄 의도 없이 단순 조종 미숙이나 착오 등으로 인해 공항으로 진입한 드론을 추락시켰을 경우 그에 대한 보상문제를 상당히 우려하고 있다. 드론 무력화시 사유재산 침해 및 2차피해 등에 대한 법률적 분쟁 가능성이 존재함에도 이에 대한 법적 보장 장치는 마련되어 있지 않기 때문이다.

이를 개선하기 위해서는 합동 드론무력화 대응체계를 구축해야 한다. 국내 500여개의 국가중요시설들 중에서도 우선적으로 드론위협의 무력화역량이 구축되어야 하는 곳은 공항시설과 원전시설이다. 공항의 경우 드론의 진입만으로도 항공기 운행에 차질을 빚어 공항 운영에 막대한 지장을 초래하며, 원전시설에 대하여 폭발력이 강화된 드론 공격이 있을 경우 그 피해는 상상을 초월할 것이다. 특히 국내 안보위협의 특성상 공항 및 원전시설에 대한 드론 테러는 초국가적 위기상황인 군사적 도발을 상정한 북한의 소행일 가능성이 농후하기 때문에 강도 높은 접근이 필요할 것이다. 현재 위 시설들은 우선적으로 제한된 안티드론 시스템 구축중에 있는데 주로 탐지장비 위주로 구축 중인 한계점이 있다. 원전시설의 경우 2023년 내로 고리, 한빛, 월성 등 5개 원전에 탐지장비인 RF 스캐너 도입을 완료할 예정이며 공항시설은 2020년부터 인천·제주공항에서만 탐지레이더, RF 스캐너(시범 적용)를 운영 중이다. 보다 실효성 있는 방호 효과를 달성하기 위해서는 탐지장비뿐만 아니라 통합성·중첩성 측면에서 관계기관 합동 드론무력화 대응체계를 발전시켜야 한다. 예를 들어 안티드론 관련 기반시설 구축 및 유지관리는 시설장이, 무력화는 지역 최기 군부대, 불법드론 및 조종자 추적검거는 경찰, 실시간 비행승인 확인(지방항공청) 등 구체화하는 방안으로 지향해야 할 것이다. 특히 주요 국가중요시설 최기지역에는 레이저 무기등 무력화 자산이 확보된 드론 대응부대를 창설하여 상황과 위협 정도에 따라 즉각적인 대응이 이루어지도록 할 필요가 있다. 시설(보안팀)은 최초 불법드론 탐지 및 상황전파와 소프트킬(Soft-Kill) 무력화를, 경찰은 조종자 추적및 검거를, 군은 위협 고조시 하드킬(Hard-Kill) 무력화를 수행하는 대응체계가 정립되어야 한다.

또한 이와 더불어 소프트킬(Soft-Kill) 장비의 성능 및 안전성 검증이 정교하게 이루어져야 한다. 앞서 언급한 바와 같이 현재 공항 내 소프트킬 장비는 전파교란시 주요시설에 대한 전파영향성 등이 검증되지 않아 개선이 요구된다. 마지막으로 무력화 과정에서 발생할 수 있는 부수적 피해에 대해서 대응기관의 민·형사적 책임을 지지 않도록 공항시설법 개정 등이 조속히 이루어져야 한다. 이와 관련하여 24년 8월부로 공항시설법 일부 개정되었다. 기종에는 불법드론 진압 과정에서 불가항력적으로 발생할 수 있는 재산상 손해 및 사상(死傷)에 대하여 현행법은 불법드론 진압 조치에 따른 피해에 대한 민·형사적 책임을 감경하거나 면제하는 법적 근거가 존재했다. 불법드론 대응기관이 소극적으로 대처할 우려가 있다는 점을 지적하였다. 이에 따라 개정 법률은 불법드론 대응기관의 정당한 진압 조치 과정에서 발생한 피해에 대한 민·형사적 책임을 감경·면제할 수 있도록 손실보상 및 면책에 관한 규정을 신설해 불법드론 대응기관이 항공안전을 위한 불법드론 진압 조치를 적극적으로 수행할 수 있도록 개선했다(안 제56조의2 및 제 56조의3 신설).

## 3. 복합테러 대응 역량 강화

### 1) 복합테러 시나리오 개발 및 관계기관 합동매뉴얼 제정

첫째 군, 경찰, 소방, 지자체 등 관계기관이 계획단계에서부터 복합테러에 대한 예상 시나리오에 대한 분석이 필요하다. 시나리오 분석간에는 각국의 최신 테러사례를 기초로 대응기관의 조치방안을 분석하여 국내환경에 맞춰 대응계획을 목록화하고 구체화해야 한다(JCTAWS, 2016). 더불어 테러예방을 위한 위협 및 표적대상을 상정할 경우, 상황범죄 예방이론과 합리적 선택이론에 기반한 EVILDONE과 CARVER요소의 툴(Tool)[7]을 활용 가능하다(김태영·문영기, 2022).

둘째 복합테러 시나리오에 따른 관계기관의 융합적 작전수행체계를 위한 합동테러대응매뉴얼이 작성되어야 한다. 예를 들어 인천공항이나 인천가스공사 LNG기지, 부산항만, 용산청사에서 테러가 발생할 경우 항공테러+일반테러, 해상테러+일반테러, 일반테러+군사시설테러+경호체계 등 예상되는 복합테러 대비 융합된 작전

---

7 CAVER과 EVILDONE은 유사성을 가지지만, EVILDONE은 테러공격자의 관점에서 목표물을 평가했다면, CARVER은 시설이나 건물등 소유자의 관점에서 평가했다는 차이가 있다.

수행체계를 구축하고, 복합테러 발생시 초동조치나 합동조사의 범위, 무력진압작전의 우선권 등의 주도 전담조직을 선정하여 유형별 통합된 매뉴얼을 작성해야 한다.

## 2) 복합테러 합동 훈련체계 및 위기관리 커뮤니케이션체계 정립

첫째 인질구출 및 무력진압작전에 편중되어 있는 군과 경찰의 특공대 및 특수임무대의 교리와 훈련을 탈피하고, 다양한 테러상황에서 초기대응 및 테러범 추적, 진압을 위한 훈련과제를 도출하고 실행할 필요성이 있다. 모든 테러대응기관이 차량돌진, 화생방, 폭발, 화기류 등 복합테러 유형별 상황을 가정하여 시민대응, 무력대응, 의사소통 및 경고, 의료지원, 통합지휘체계 등 복합테러 대응 필수임무를 목록화하여 논스톱(non-stop)식 훈련으로 복합테러시 지휘체계와 기관별 협의관계에 있어 취약점을 실시간으로 식별하는 등의 훈련체계정립이 필요하다

둘째 복합테러에 대비한 위기관리 커뮤니케이션체계를 정립해야한다. 현재 국내의 통신기술발달 수준과 소셜미디어의 파장력을 고려한다면 대중과의 소통전략은 필수요소이다. 미국의 경우 언론매체를 복합테러 대응 공보파트너로 참여시켜 가짜뉴스와 민감한 정보를 실시간으로 관리하도록 지침화하고 있는데, 이는 TikTok, Twiter, 유투브 등 SNS의 발달과 파장력을 고려한 것이다.

국내에서도 대테러센터를 중심으로 문체부나 주요언론사 일부를 공보파트너십으로 조성하여, 검증된 위기정보와 공보를 조화롭게 활용되어 혼란을 최소화할수 있는 위기관리커뮤니케이션 전담조직을 설치해야 한다.

복합테러 커뮤니케이션 전략은 2013년 보스턴테러 당시 보스턴 경찰서의 트위터 활용전략[8]을 참고할 필요가 있다.

---

8 5가지 전략으로, ①공식 트위터 계정을 활용하여 시민들에게 정확한 정보를 적시에 전달 ②사진,동영상 등 수사 정보 크라우드소싱 수집 ③언론에 수사진행 협조 및 정보제공 ④언론 및 인터넷 상 유포된 루머와 오보 정정 ⑤위로·감사메시지를 통한 커뮤니티 회복

### 3) 지휘체계 정립 및 도심복합테러 대응부대 패키지화

첫째 복합테러 발생시 골든타임 내 초기대응이 실효성 있게 작동되기 위한 테러대책본부 선정 및 지휘체계 정립이 명문화되어야 한다.

군 이나 경찰의 관할권이 복합적으로 작동되는 복수지역에서 복합테러가 발생했을 경우에는 군, 경 통합작전수행체계의 지휘통제 및 대응이 필요하다. 이 경우 국가대테러대책위원회에 의해 지정된 하나의 테러사건대책본부 예하에 공동 현장지휘본부를 설치 및 운영할수 있다. 공동 현장지휘본부 운용은 2020년 코로나19 사태 초기 골든타임 사수와 효율적인 대응을 위해 기존 행정안전부 장관 단일 차장제 하에서 재난전문부서인 보건복지부를 주무부처로 추가 임명하여 중앙재난대책본부설치시 공동 차장제 운영을 법제화한것이다(김태영·문영기, 2022).

또한 복합테러 대응을 위한 권역별 대응조직을 패키지화해야 한다. 서울의 경우 MOU를 체결하여 지자체·군·경·소방의 통합전력을 구성하고 작전유형에 따라 주도기관을 선정하는 것과 같이 대응조직 통합체계와 주도기관 선정 등 복합테러 맞춤형 작전수행개념 구축이 필요하다. 마지막으로 도심지역 복합테러 대응을 위한 MC(MotorCycle, 이하 MC)기반 테러대응부대 확충이 필요하다. 실제로 유럽 중에서도 테러발생률이 높고 교통량이 많은 영국(CTSFO)과 프랑스(GIGN)에서는 MC기반 대테러부대를 양성하여 테러나 그에 준하는 강력범죄 발생시 적극적으로 활용하고 있고 있으며, 가시적인 측면에서 테러예방 효과도 보고 있다.


## 4. 테러 대응 역량 강화

### 1) 인지적 관점의 국가 대테러 활동 확대

둘째로 대테러 안전대책 수립시 인지전 영역요소의 추가가 필요하다. 국내에서는 「국민보호와 공공안전을 위한 테러방지법」 제10조(테러예방을 위한 안전관리대책의 수립)와 동 시행령 제25조(테러대상시설 및 테러이용수단 안전대책 수립)를 근거로 하여 관계기관의 장은 국가중요시설과 다중이용시설 대상으로 테러예방대책과 테러의 수단 등 테러 취약요인을 제거하기 위한 대테러 안전대책을 수립해야 한다. 이처럼 현재의 법률에는 자체방호계획, 테러 첩보 입수·전파 및 긴급대응 체계, 비상대피 및 사후처리 대책 등 물리적 테러에 대한 안전관리 대책 위주로 수립되어 있고 인지전이나 마이크로타켓팅 등 비물리적 테러에 대한 안전관리 대책은 부재한 실정이다.[9] 또한 국내 테러대응 체계상 인지적·복합테러의 예방 및 대응 측면에서 소셜미디어를 통한 프로파간다 및 허위조작정보 확산에 대한 모니터링과 수집·분석을 통한 물리적 테러공격에 대한 정보 융합에 대한 전담조직 및 대응이 취약한 실정이다(김태영·송태은, 2024)

이를 개선하기 위해서는 인지전, 마이크로타켓팅, 사회공학적 공격 등 비물리적 테러도 사회적 혼란으로 인한 재난적 사고와의 연계성이 높은 만큼 인지전 위험정보 통합성, 허위조작정보 등 관련 교육강화, 데이터 수집 및 사용에 대한 규제방안 등 인지적 요소와 관련된 안전관리대책에 대한 방안과 평가 요소도 추가되어야 할 것이다. 또한, 동 시행령 제26조(국가 중요행사 안전관리대책 수립)와 같이 국가 중요행사 안전관리대책을 계획하고 시행에도 인지적 요소에 대한 부분이 반드시 포함되어야 한다.

## 2) 거버넌스 관점에서 대테러 전략적 커뮤니케이션 역량 강화

인지적 테러공격 등 비물리적 위협의 핵심은 사회 전체에 불안과 공포심을 확산하고 정부의 정치적 정당성을 제거하며 정부의 의사결정을 교란시키려는 목적을 갖기 때문에 대응의 수준과 범위도 광범위하게 이루어져야 한다.

이를 위해 정보기관, 경찰, 군, 외교부, 법무부 및 정보통신 관련기관은 평상시부터 전략적 커뮤니케이션(strategic communication)체제를 마련하고 위협정보와 메시지에 대해 신속한 정보 공유 및 대응방안, 의사결정 방식을 구축해야 한다.

---

9 테러방지법 시행령 제25조(테러대상시설 및 테러이용수단 안전대책 수립) ② 포함사항
  1. 인원·차량에 대한 출입 통제 및 자체 방호계획
  2. 테러 첩보의 입수·전파 및 긴급대응 체계 구축 방안
  3. 테러사건 발생 시 비상대피 및 사후처리 대책

또한 이를 위해 소셜미디어를 통해 일상적인 정보 커뮤니케이션 공간에서 무차별적으로 확산되는 민간 섹터의 모니터링과 대응을 연계하기 위한 민간기관과의 공조를 극대화해야 한다. 정부와 민간의 공조가 장기간 지속되면 민·관의 유대 및 신뢰관계가 강화되고 동일한 안보관과 위협인식 공유는 위기관리 시 더욱 신속하고 효과적으로 만들 수 있다.

특히 인지적 테러공격이나 마이크로타켓팅 공격기술에 대한 국가적 대응태세는 군이나 정보기관을 넘어 범부처적으로 이루어져야 한다(김태영·송태은, 2024). 미국의 경우, 대테러 주관기관인 국토안보부(DHS) 예하 CISA에서 물리적·인지적 테러 예방 및 대응하기위해 단일화된 지휘체계 하 효율적인 업무 수행 중이다. 특히 최근 CISA는 주요 선거에 작용하는 허위조작정보에 대한 예방 및 대응을 위해 연방-주 정부기관, 민간영역, 학계 및 국제협력기구와 거버넌스 측면을 긴밀히 협력하여 권위있는 매뉴얼을 제작해 업무프로세스를 구축하고 있는 점은 시사하는 바가 크다.10

Stochastic terrorism(확률적 테러리즘)은 대중매체나 영향력 있는 인물이 대중을 선동해 예측 가능한 테러행위를 일으키는 것으로 이러한 행위는 구체적인 실행자나 시점을 예측하기가 어렵다(Angove. J., 2024). 이를 사전에 차단하기 위해서는 대중적인 메시지 분석과 개인화된 마이크로타켓팅을 결합한 접근법이 포함된 알고리즘 개발이 필요하다. 알고리즘은 대규모 대중 메시지나 소셜미디어 데이터를 수집하여 자연어 처리(NLP) 기법을 통해 혐오 발언이나 폭력적 선동 언어를 분석하고 역사적으로 발생한 테러 사례와 연계해 이러한 발언 패턴을 통한 폭력 가능성을 예측할 수 있도록 구축해야 한다.

또한, 해당 알고리즘이 국가 고위급 인사(HVI)를 대상으로 한 공격에 대해서도 사전에 차단할 수 있도록 맞춤 설계가 되어, 마이크로타켓팅 등 비물리적인 테러는 물론 후속 공격에 대한 물리적 테러도 예방되도록 해야한다. 또한 Stochastic terrorism의 특징인 확실한 지시 없이 폭력·테러 행위 선동을 모델링하고 애매모호한 메시지라도 위험이 될 수 있는 경우를 감지하도록 알고리즘을 설계하고, 이러한 메

---

10 Cybersecurity and Infrastructure Security Agency., Mis-, Dis-, and Malinformation Planning and Incident Response Guide for Election Officials, 2022.

시지는 국정원, 방통위 등 감시기관이 활용하여 사전에 차단할 수 있어야 한다.

### 3) 인지전 관련 교육훈련 및 연구 분야 확대

테러위협으로서의 인지전과 마이크로타켓팅 기술, 사회공학적 공격 기법과 관련된 교육훈련 시스템을 강화해야 한다. 미군은 현대 전장에서 정보환경의 변화에 따른 인지전의 중요성을 인식하고 2024년 PSYWAR School을 재설립하여 미 국방부 예하 군 심리작전(PO) 요원을 훈련하고 자격을 부여하고 있다.(U.S. Army, 2024).[11]

43주간의 교육과정을 통해 심리작전 이론, 타깃분석, 메시지 개발, 군사정보 및 허위조작정보, 문화분석, 고급 소셜 미디어 및 마케팅 등 인지적 수행을 위한 핵심 기술을 배우고 있다(US Joint Chiefs of Staff, 2010; Whiteaker & Valkonen, 2022).

국내에서도 국정원, 경찰, 국방부, 사이버보안 기관이 협력하여 통합된 인지적 훈련프로그램을 개발하고 프로그램을 활용하여 국가 보안요원들에게 최신 위협인식과 대응전략을 주기적으로 교육해야 한다.

더불어 대테러센터에서는 교육효과를 실시간으로 모니터링하고 평가할 수 있는 시스템을 만들어 교육의 효과를 측정하고 인지적 테러공격 등 관련 사례와 대응 방안을 중점적으로 연구용역을 추진하고 필요한 제반 조치들을 신속하게 처리하는 체계를 구축할 필요가 있다.


### 4) 정신무장, 매뉴얼에 입각한 대테러 작전요원 임무수행

앞선 사례와 같이 최근에는 전·현직 대테러 요원이나 경호기관 종사자를 대상 접근, 포섭을 통한 테러 공격이 증가하고 있다. 특히나 마이크로타켓팅 기술과 사회공학적 공격 기법의 융합적 활용은 이러한 위협 수위를 높이고 있다.

이에 대응하기 위해서는 국정원, 경호처, 군, 경찰과 같이 전·현직 대테러 작전요원의 대외 활동시 작전보안을 엄수하도록 인식향상 교육이 필요하다.

---

11 U.S. Army. Psychological Operations, 2020(https://www.goarmy.com/careers-and-jobs/specialty-careers/special-ops/psychological-operations.html.)

시대의 변화에 따라 작전요원들의 적극적인 SNS 활용은 홍보효과와 비례하여 장기간 사생활 정보수집 대상이 되기도 한다. 이는 타켓팅화를 통한 주체 불분명 아웃소싱 공격수단의 핵심대상이 될 수 있다는 점에서 심리적인 정신무장을 강화하고 인지적 위협에 대한 직원 교육이 필수적이다.

또한, 인지적 테러공격의 위협을 원천 차단하기 위해 철저한 매뉴얼에 입각한 임무수행 강조를 통해 합법성을 가장한 사회공학적 공격에도 의사결정과정 상 왜곡되거나 혼란이 발생하지 않도록 해야 한다. 그리고 이러한 공격이 감지되었을 때 신속하고 효과적으로 대응할 수 있는 상세한 매뉴얼도 개발할 필요성이 있다.

## 5. 요인테러 등 국가 경호안전 역량강화[12]

### 1) 정보공동체 및 대테러합동조사팀 역량 강화

앞서 분석한 트럼프 사례를 평가해 보면, 미국의 비밀경호국은 경호 행사장 및 상대적으로 경호조치가 취약한 경호대상자별(전직 대통령, 대선후보 등) 발생 가능한 위협 시나리오를 고려하지 않고 획일적이고 단편적인 정보수집 및 분석업무를 하다보니 그 역량이 취약할 수밖에 없었다. 이러한 측면에서 프랑스 경호기관 DSPR의 경우 2019년 이후 변화된 경호환경에 대응하기 위해 위험추적반(suivi de la menace)을 신편하여 관계기관에서 공유된 정보를 융합·분석하는 상설기구를 구축한 바 있다(김태영·이강호·문홍렬, 2022).

이를 위해 현재보다 확장된 형태의 국가 경호안전 정보공동체 구축이 필요하다. 주요 정보기관인 국정원, 외교부, 경찰청, 법무부, 안보지원사, 해경 등에서 정보분석관들을 대통령경호처나 대테러센터 등으로 파견하여 경호위해요소 중심의 정보를 합동으로 융합·분석하는 기능을 강화해야 한다. 이를 통해 소수의 관계기관으로부터 일방향적으로 정보를 제공받는 수준에서 진화하여 고가치 요인테러와 관련된 정보생산이 가능할 것이다(김태영·송정훈, 2024).

---

12 김태영·이강호·문홍렬(2022)과 김태영·송정훈(2024) 연구 재정리.

대통령경호처 특별사법경찰권의 실효적 운영을 검토해야 한다. 프랑스 DSPR의 위험추적반의 임무를 유추해 볼 때, 테러방지법 시행령(제21조)을 근거로 가칭 '경호처 대테러합동조사팀' 조직의 상설기구화는 반드시 필요하다(대통령령 제31380호, 2021).[13] 우리나라 국내 안보·치안상황의 특수성상 경호대상자와 관계된 위해사건은 크게 북한의 군사적 도발, 국내외 테러조직에 의한 테러, 강력 조직범죄 가운데 하나일 것이다. 따라서 경호업무간 위해사건의 신속한 혐의 규명을 위해서는 대통령 등의 경호에 관한 법률(이하 '대통령경호법' 제17조)에서 명시된 경호공무원의 사법경찰권을 기반으로 한 과학적 수사·조사기법, 범죄행동분석(행동탐지) 기법 등을 기반으로 한 대통령경호처 특별사법경찰 주도 하, 관계기관으로 편성된 대테러합동조사팀의 상설조직화가 필수적이다(법률 제14839호, 2017).

## 2) 고도화된 통합 경호 지휘체계 정립

미국 트럼프 대통령 테러 사례에서도 경호 현장에 다양한 관계기관 근무자와 비밀경호국내 다수의 요원들이 불명확한 지휘체계에서 운용되었다. 행사장 지역 경찰들도 사전 경호 계획상 실시사항이 반영 및 공유되지 않고 단편적인 연락처 교환식의 업무협의로 대체되었다. 이를 개선하기 위해서 조사결과 개선안으로 지휘체계 단일화 측면에서 비밀경호국 지역 지부 및 관계기관 계획 및 행사실시 단계에서 통합작전이 가능토록 권고하였다.

전문가들은 전 세계 국가별 경호조직 모델의 대표적 유형을 두 가지로 분류하고 있다. 먼저 미국의 경호조직 Secret Service처럼 특정기관의 직원들로만 임무를 수행하는 시스템과 핵심조직과 외부조직으로 나누어 핵심조직이 필요하면 외부조직을 운용하며 지휘하는 시스템이 그것이다(Cour des comptes, 2021). 우리나라도 1970년대 이후 군·경찰 경호부대들이 창설되면서 프랑스 모델과 같은 원리로 경호시스템을 구축하였다. 프랑스보다 50여 년 앞서 이와 같은 시스템이 구축된 것

---

13 현 국가테러대응체계 상 국가 요인테러 시 투입되는 대테러합동조사팀 전담조직의 주요 임무는 경호대상자와 연계된 테러징후를 식별하고 테러 발생 시 테러혐의점을 규명하는 것이다.

이다. 현장투입 인력중심으로 보면, 한국의 경호체계는 대통령경호처·군·경찰의 하이브리드 경호체제[14]이다. 경호에 직접 투입되는 인력들은 대통령경호처 소속 직원 외에 군인과 경찰들이 대표적이다.[15] 우리나라는 대통령경호처라는 주관 기관이 조정통제하는 제도적 방법으로써 균형을 유지한다는 점이 양 기관의 큰 차이점이라 할 수 있다.

경호현장은 전장과 마찬가지로 긴박한 상황의 연속이다. 위협상황이 발생한다면 신속한 의사결정을 통해 즉각적 안전조치가 수반되어야 한다. 한국의 경호 관련 지휘체계를 살펴보면, 대체로 법적 기반이 대체로 잘 정비되어 있으나 관계기관별 보완은 일부 필요해 보인다. 대통령경호처는 대통령경호법에 의거하여 존속되며, 경호 지휘와 관련된 부분은 동법 및 대통령경호안전대책위원회규정과 관계기관 자체 법규 등에 제시되어 있다(김태영·송정훈, 2024).

조성구(2019)는 대통령경호안전대책위원회에서의 조정기능이 대통령경호처의 중요 기능 가운데 하나라고 강조하였다. 다만 위원회의 임무가 '첩보·정보의 교환 및 분석'을 중심으로 하기 때문에 현장 지휘권과는 거리가 있다. 경호부대의 지휘체계는 수도방위사령부령[16]과 국군지휘통신사령부령,[17] 서울경찰청 훈령, 서울특별시경찰청과 경찰서의 조직 및 사무분장규칙 등에 명시되어 있다. 하지만 지휘체계에 대한 내용이 기관별로 상이하기 때문에 이를 보다 균형성 있게 개정할 필요가 있다.

2022년 11월 대통령경호법 시행령 개정을 통해 대통령경호처가 경호구역에서 경호업무를 하는 군·경찰 등 관계기관 공무원 등에 대한 지휘·감독권을 경호처장이 갖도록 하는 명문화 하였고 2023년 개정안을 통해 경호업무 수행 관련 관계기관 간의 협조 조정사항이 명시되었다.[18] 이러한 취지는 경호대상자의 경호를 위해서

---

14  이는 복수의 기관이 단일 경호대상자에 대하여 경호서비스를 동시에 제공하는 시스템이라 할 수 있다.

15  공개자료로 확인되는 군경 관계기관 부대로는 서울경찰청 산하 101경비단과 22경찰경호대가 있다. 그리고 수도방위사령부와 국군지휘통신사령부 산하의 일부 부대가 있다. 이 외에도 대통령경호안전 대책위원회에 포함된 기관들이 경호임무를 위해 긴밀하게 협조하고 있다.

16  특정경비구역과 관련된 작전활동을 할 때에는 대통령경호처장과 협의하여야 한다. https://www. law.go.kr/LSW/lsInfoP.do?efYd=20170905&lsiSeq=197272#0000

17  대통령의 직무수행에 관련된 통신망의 구축 및 운용업무를 대통령경호실장에게 위탁할 수 있다. https://www.law.go.kr/LSW/lsInfoP.do?efYd=20170905&lsiSeq=197237#0000

18  제3조의3(경호업무 수행 관련 관계기관 간의 협조 등) .... 중략.... ③ 처장은 경호업무를 효율적으

는 수많은 관계기관과의 협업이 필수적이며, 책임구역을 명확하게 하고 상황 발생시 신속한 대응을 위한 대통령경호처장의 지휘체계 조정권 정립이 중요하다는 시대적 환경에 비롯된 경호안전 조치였다고 평가할 수 있다.

### 3) 경호조직의 독립성

경호대상자 입장에서는 본인에게 경호서비스를 제공하는 조직이 지나치게 강력한 원 소속기관으로부터 독립성을 갖추길 원했을 것이다. 이러한 요소들이 최근 프랑스 경호조직 개편의 동력으로 작동했다고 판단된다. 한국의 대통령경호실은 1961년 5.16 이후 중앙정보부 경호대를 거쳐 1963년 12월 17일 창설되었다. 박정희 국가재건최고회의장의 경호를 위해 설치되었고, 최초 국가재건최고회의의장 경호대라는 이름으로 편성되었다. 이후 1961년 중앙정보부 예하 중앙정보부경호대가 출범하였다가 대통령 취임과 더불어 직속기관으로 독립하였다(조성구, 2019). 5.16 이후 군인 주도로 조직개편이 많이 이뤄졌다. 박정희 대통령 본인이 군인 출신이었음에도 불구하고, 5.16 직후 신설한 친위기관 성격의 수도방위사령부나 중앙정보부에 본인의 경호서비스를 맡기지 않고 별도의 독립 기관을 설치한 것은 유의미하다고 할 수 있다. 국가원수 경호기관은 경호대상자와 직속성을 갖추는 등 독립적이고 중립적이어야 한다. 한 기관의 독립성은 예산과 조직편성, 인사권 등으로 판단할 수 있다. Cour des comptes(2021)에 따르면 DSPR은 기존 각 소속기관의 영향에서 탈피하여 대통령궁에 별도 예산을 할당받았다. 한국의 대통령경호처는 정부조직법상의 독립적 행정기관인만큼 독자적인 예산, 조직, 인사권을 가지고 있다.

---

로 수행하기 위해 필요한 경우 관계기관의 장과 협의하여 법 제15조에 따라 경호구역에서의 경호업무를 지원하는 인력·시설·장비 등에 관한 사항을 조정할 수 있다. 〈신설 2023. 5. 16.〉

국가 재난대응 체계의 발전을 위해서는 기본적으로 새로운 위험 상시 발굴·예측 범정부 관리체계 구축차원에서 재난 환경 변화로 인한 새로운 위험요소의 증가에 따라 선제적으로 재난을 예측하고, 위험을 상시적으로 관리할 수 있는 체계를 구축해야 한다.

# 1. 우리나라 국가 재난대응 발전방향 개요[19]

## 1) 새로운 위험 예측 및 상시 대비체계 강화

'신종재난 위험요소 발굴센터'를 구성하고 운영해야 한다. 연구원, 지자체, 민간전문가 등이 참여하여 상시 위험 분석을 실시한다. 위험 요소는 소방·경찰 신고, 안전신문고 제보, 전문가 의견, 해외 사례, 언론, SNS 등 빅데이터 분석을 통해 발굴한다. 예를 들어, 인파 사고, IT 장애, 지하 주차장 전기차 충전소 화재 등이 포함될 수 있다.

또한 발굴한 위험 요소 평가를·선정해야 한다. 위험 요소를 매 분기 정기적으로 평가하고, 선정된 새로운 위험 요소를 신종재난으로 규정한다. 이 과정에서 주관 기관을 지정하고, 위험 요소 발굴 센터를 중심으로 관계 기관 등이 참여하는 평가 위원회를 운영한다.

후속 조치측면에서 선정된 신종 재난에 대한 위험 징후 감시 방안을 마련하고, 예·경보 체계 및 예측·관리 시스템을 구축한다. 위기 관리 매뉴얼 등 대응 체계를 마련한다. 위험 요소 발굴 센터에서는 신종 재난 감시 및 관리 상황을 지속적으로 모니터링한다.

---

19 행안부 보도자료 재정리(2023. 4).

## 2) 범정부 국가 위험 분석 및 평가·관리 체계 구축

먼저 범정부 협업 체계가 구축되어야 한다. 행안부, 관계 부처, 지자체 협업을 기반으로 국가 위험 상황을 선제적으로 관리하고 실질적으로 대비하는 관리 체계를 구축한다. 행안부는 민간 전문가, 국립재난안전연구원과 협업하여 위험 분석 기법을 개발하고, 관계 부처 및 지역별 위험 분석 및 대비를 총괄한다. 개별 부처와 지자체는 소관 재난 분야 및 지역의 위험 분석 협의체를 구성하여 정기적으로 발생 가능한 위험을 예측·분석하고 대비한다.

[그림 11-1] **범정부(중앙-지자체) 재난 협업체계**

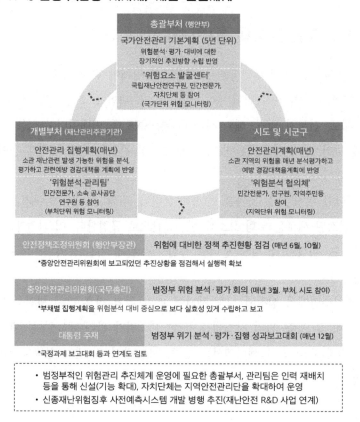

예측·분석한 위험 상황(국가 전반, 지역별, 개별 재난)을 국가 안전관리 기본 계획, 부처별 집행 계획, 지자체 안전관리 계획에 반영한다. 부처별·지역별 위험 분석을 토대로 안전관리 계획을 수립하여 위험을 예방·경감하는 선순환 구조를 구축한다. 매년 중앙안전관리위원회(국무총리), 안전정책조정위원회(행안부장관) 등을 통해 재난·지역별 위험 분석 결과 및 예방·경감 계획을 점검하여 체계적으로 대비한다.

## 3) 신종 재난유형인 인파사고 재발 방지대책 마련

다중밀집 인파사고 방지를 위한 제도 및 인프라 정비, 인파관리시스템을 구축해야 한다.

### (1) 인파사고의 제도적 사각지대 해소

제도 개선 차원에서 인파사고'를 재난 유형에 포함하고, 주최자가 없는 축제·행사에 대한 안전관리 규정을 마련한다(2023년까지 완료). 지자체가 안전관리계획을 수립하도록 한다. 매뉴얼 등 관련 지침 개정을 통해 인파사고에 대한 관계기관의 임무와 역할을 정비하고, 긴급 상황 시 조치할 사항의 기준과 절차를 정비한다. 예를 들어, 유관기관의 긴급 요청 시 지하철 무정차 통과를 위한 규정·매뉴얼을 제정·개정해야 한다

인프라 정비측면에서 경기장·공연장 점검·정비, 버스·전철 승객 분산, 불법 건축물(무단 증축, 피난 통로 미확보 등) 시정 이행 점검 등 인파사고 위험 장소의 인프라 정비를 추진한다.

### (2) 현장인파관리시스템 구축

먼저 시스템 구축을 위해 기지국 접속 정보(유동인구) 등 다양한 데이터를 수집·분석하여 밀집도를 모니터링한다(GIS 상황판). 밀집도 표시, 과거 추이 그래프, 구역 내 추정 인구 등 기능을 지원한다. 밀집도 위험('주의' 단계)이 감지되면 지자체에서 경찰·소방에 알리고, CCTV 영상 확인 후 해당 지역에 위험 상황을 전파하는 시스템을 구축한다.

시스템 보급을 위해 서울, 부산 등 대도시를 대상으로 시범 운영한다(2023년 10~11월). 인파사고 우려 대상 지역을 추가 발굴하여 확대 운영해야 한다..

시스템 고도화 측면에서 CCTV·드론 촬영 영상 등을 통한 밀집도 실시간 분석, 위험도 평가 및 예·경보 기술 개발(R&D) 등 시스템을 고도화한다. 또한 인공지능 기반 전조 감지 기술, 112 신고 연계 기술, 이상 행동 인식 추적 등 단계적으로 고도화한다. 특히 현장 대응 기관의 초기 대응 역량 및 협업 강화 대책을 마련한다. 이와 같은 방안을 통해 인파사고에 대한 제도적 사각지대를 해소하고, 현장 인파 관리 시스템을 구축하여 안전사고를 예방하고 대응할 수 있다.

## 4) 기후위기에 대비한 재난관리체계 구축

기후변화로 인한 재난 위기에 선제적으로 대비하는 재난관리체계 구축해야 한다.

### (1) 기상·홍수 등 예측 및 예보 역량 제고

예보 정확도 향상을 위해 위험 기상 상황 감시를 위한 기상 관측 장비를 확충한다. 또한 국지적 호우 예보 정확도 향상을 위해 수치 예보기술을 개발한다.

홍수 예보 체계 보강을 위해 AI 등을 활용하여 본류와 지류를 아우르는 홍수 예보 체계를 구축한다. 또한 하천 범람지도, 도시 침수지도 등 홍수 정보를 구축·보완한다. 이를 위해 서울 도림천과 포항 냉천에서 시범운영(2023년 홍수기)하고 전국으로 확대한다. 특히 소하천 수위 모니터링 시스템을 구축하여(2023년 440개) 국가·지방하천 홍수 예보와 연계한다.

### (2) 산사태 예측 고도화 / 점검관리 강화

집중호우에 따라 위험 등급이 변화하는 동적인 산사태 위험 지도를 구축한다. 유역 단위 실시간 위험을 부여하여 주민 대피 등 상황 판단 시 활용도를 높인다. 또한 급경사지, 산사태 취약지역(인위적 개발지) 등 관리지역을 확대하고, 각 기관의 사면 정보 연계 및 점검을 강화한다. 급경사지는 GIS 분석, 위험지 추출, 재해위험도 평가 등 실태 조사를 매년 5,000개소씩 실시한다. 산사태 취약지역은 기초조사 1만8

천개소/년, 실태 조사 7,200개소/년(2026년까지)을 실시한다. 또한 산지 태양광의 공사 중인 취약 허가지는 전문기관에 위탁 점검을 맡긴다.

### (3) 기후 변화를 고려한 재해 예방 인프라 확충

재해 예방 인프라 확충을 위해 빗물 배수 터널, 강변 저류지, 소규모 댐, 저수지 등 예방 인프라를 확충하고, 홍수 취약 지구 정비를 확대한다. 이를 위해 강남역(3,500억 원), 광화문(2,500억 원) 빗물 배수 터널을 우선 설치한다.

방재 성능 목표 상향 차원에서 방재 성능 목표를 상향(지역별 할증률 적용) 및 시군구별 세분화하고, 하천·하수도 등 설계 기준을 연계하여 홍수 방어 효과를 개선한다. 방재 성능 목표 대상 지역을 확대 적용한다.

최신 기술을 활용한 비탈면 IoT 시스템을 설치한다(2025년까지 500개). ICT 기반 침수 취약도로 자동차단 시설을 구축한다. 하상도로 90개소를 2023년까지 설치한다. 또한 재해 취약 주택 및 지하공간 침수 방지 대책을 마련한다.


## 2. 사회재난 관리체계 발전방안: 코로나19 사례 분석

### 1) 중앙재난안전 대책본부 공동차장제 도입

코로나 위기 이후 중앙재난안전대책본부가 중대 재난 상황에 보다 효율적으로 대응하기 위해 공동차장제를 도입했다. 행정안전부는 '재난 및 안전관리 기본법 시행령'개정안을 코로나 기간인 2020년 6월 9일부로 개정했다. 주요 내용으로 먼저 공동차장제 도입에 따라 중앙재난안전대책본부 구성에 관한 사항을 규정했다. 신종, 복합재난의 일사불란한 대응을 위해 중대본(범정부컨트롤타워) 설치시 1, 2차장제 운영토록(재난 및 안전관리기본법)개정하였다. 즉 중대본부장이 국무총리일 경우 행안부 장관과 함께 전문성을 가진 주무부처 장관을 차장으로 임명할 수 있도록 하는 공동차장제를 도입됐다. 기존에는 해외재난과 방사능재난 외 재난은 행안부 장관만 차장 임명할 수 있었고 현행법상 행안부장관이 단독 차장맡는 1차장제였다. 재난의 전문성 고려 주무부처 장관을 추가 임명토록 하고 이에 구성 가능한 중대본 유형을 행안부 장관이 중대본부장, 국무총리가 중대본부장 공동차장제 운영 등으로 재정비했다.

또한 중대본 구성원에 대해 기존에 특정 직급을 명시하던 것을 중앙대책본부장과 차장이 지명·추천할 수 있도록 변경했다. 이어 대책지원본부의 구성 및 운영 규정을 마련했다. 그동안 법적 근거 없이 AI·구제역, 화재 등 재난 발생 상황에 따라 관계부처, 지자체를 지원하기 위해 대책지원본부를 운영했다. 이에 행안부 공무원, 관계 재난관리책임기관 파견자, 민간 전문가 등이 참여하는 대책지원본부 구성 관련 사항을 규정하고, 재난발생 시 신속히 실무반 편성 및 현장 수습지원단 파견을 통해 재난 상황을 조기 수습할 수 있도록 했다.

## 2) 복합 재난의 예측 및 대응역량 강화[20]

코로나19 이후 급증하는 신종위험에 대한 경각심을 일깨우고 국가 차원의 위기관리 전략 수립의 필요성이 증대되고 있다. 이주호·허준영·김세진(2023)의 연구에서는 신종재난의 이슈로 감염병, 기후변화, 초연결사회, 인공지능, 노후화, 유전자기술, 수자원부족, 고도화, 고령화, 방사능, 부동산 붕괴, 환경오염 등의 순으로 신종재난 관련 사회이슈 요인으로 중요하게 평가하고 있었다. 이러한 신종재난의 위기관리 전략을 다음과 같이 제시할 수 있다.

대형복합재난은 자연재난과 사회재난이 연쇄적 또는 동시다발적으로 발생함에 따라 예측 가능한 범위 밖의 거대한 규모로 전개되는 재난을 의미한다. 대형복합재난은 위험의 내외부적 경계를 초월하고 경험하지 못한 재난이기 때문에 기존의 재난관리방식과 다른 새로운 재난관리방식을 필요로 한다. 전통적으로 지진, 해일, 태풍 등의 자연재난과 사회재난과 달리 대형복합재난은 피해규모가 대형화되고 사회적 파급력이 크기 때문에 장기적 복구 및 갈등관리의 과정이 요구된다(송창영·박상훈, 2017; 안승민·임성빈·민세홍, 2023). 미국과 일본의 경우 매뉴얼또는 지침 형태로 복합재난 대응체계를 갖추고 있으나 국내는 복합재난 대응 매뉴얼 개발이 전무한 실정이

---

20 이주호·허준영·김세진(2023)의 연구 재구성

다. 복합재난은 기존의 재난유형과 달리 비정형화되고 변화와 예측이 불가능하기 때문에 기존의 재난관리체계 및 매뉴얼형태로는 대응하기에 한계가 있다.

이를 개선하기 위한 방안으로 대형복합재난이 발생할 경우, 기존의 각 부처별(재난관리주관기관별) 대응을 넘어서는 공동 대응이 필요한 상황이 발생하기 때문에 복합재난 대응매뉴얼은 위기관리표준매뉴얼에서 제시하는 다양한 재난유형(31개 재난유형)을 근간으로 포괄적 개념을 적용하여 이를 기능별로 컨트롤(컨트롤 타워 역할)하고 융합, 협업할 수 있는 형태로 개발될 필요가 있다. 컨트롤타워 모호했던 이태원 참사와 달리 오송참사는 '국가 및 지자체'의 컨트롤 타워가 명확했다. 두 재난의 핵심적인 차이는 재해의 성격에 따른 명확한 컨트롤타워의 존재 여부다. 재난 및 안전관리 기본법상 이태원참사의 경우 '다중운집 인파사고'로 법정 재난유형에 포함되지 않았다. 예방 및 대응, 복구 등의 업무를 주관하는 행정기관이 모호해 컨트롤타워가 어디냐는 논란이 끊이지 않았던 이유다.[21] 반면 오송 참사는 홍수·호우 등 자연현상으로 인해 발생한 '자연재난'이다. 재난 및 안전관리 기본법은 재난이나 사고로부터 국민의 생명, 신체 및 재산을 보호할 국가의 책무를 적시하고, 그 책임기관도 중앙행정기관 및 지방자치단체로 명확히 하고 있다.

## 3) 스마트 국가재난관리 시스템 역량 강화

기존의 복합재난을 중심으로 한 전통적인 재난안전관리나 체계로는 다양한 국가위기를 예방하기 어렵고 위기발생시 즉각적인 대응과 복구가 힘들다는 점이다. 때문에 ICBMS와 같은 4차 산업혁명의 성과를 포함하는 스마트 국가위기관리 시스템의 도입과 정착이 필요하다. 스마트 국가위기관리시스템의 정착을 위해서는 국가위기의 성격과 유형에 따른 세부적인 대응매뉴얼의 전면적인 재검토가 필요하다(최성·김태윤, 2019). 특히 기존의 복합재난에대한 대응수칙을 복합재난의 성격에 맞게 발전적으로 도출해야 한다. 국가위기의 사전예측·평가시스템의 부재에서부터 골든타임 시기의 적절한 자원과 기술의 활용, 통합적인 스마트 국가위기관리시스템의

---

21 https://v.daum.net/v/20230719055705743

전체 작동과정에서 첨단화된 4차 산업혁명의 기술과자원, 인력이 거의 동원·활용되지 못했다. 이러한 스마트 국가재난관리시스템의 정착을 위해서는 6대 핵심체계라 할수 있는법, 조직, 운용, 정보화, 자원관리, 교육훈련 등에 있어서 혁신적 개선작업이 이루어져야 한다. 특히 ICBMS로 상징되는 4차산업혁명의 성과가 법과 조직, 예산운영에 반영될 수 있는 혁신적인 정책이 수반되어야 한다.

### (1) 재난관리를 위한 스마트기술 도입

과거 재난은 언제 발생할지 모른다는 측면에서 대응에 정책적 초점이 맞추어져 있었다면, 다양한 데이터 및 ICT 기술을 응용하여 사전에 재난에 대해 예측할 수 있게 됨으로써 재난의 전 단계가 모두 중요한 정책적 이슈가 되고 있다. 특히 앞서 제도적 측면에서 다루었으나, 중앙-지방정부의 유기적인 협력을 위해서 재난관리에 있어 스마트정보통신의 활용은 매우 중요하며, 선진국의 사례에 따라 다음과 같은 시사점을 얻을 수 있다.

### (2) 재난 데이터관리를 위해 표준화된 체계를 구축

주요 재난대비 선진국들은 GIS를 통해 재난정보를 구축하고, 이를 통해 피해의 예측 및 피해 복구 상황 등을 시나리오로 파악할 수 있는 통합시스템을 구현하고 있다. 이는 빅데이터, 스마트시티와 연결되는 것으로 독일, 일본, 미국 모두 해당된다. 지리를 기반으로 한 GIS를 이용하여 각 지역의 재난 사항에 대한 데이터를 지속적으로 축적하게 함으로써, 예상 가능한 재난피해 등을 분석하고 있으며, 복구와 관련된 정보 역시 데이터의 축적을 통해 복구 시 필요한 부분과 한계 등에 대해 미리 보완할 수 있게끔 정보를 지속해서 제공한다. 이와 같은 통합정보시스템의 활용은 재난에 대한 예측을 할 수 있을 뿐만 아니라, 재난상황 발생 시 처리에 있어 대피로 혹은 통제 구역 등의 지정 등 전방위적으로 지역적인 이점 및 단점을 파악하여 빠른 처리가 가능하도록 한다는 장점을 지닌다. 특히 이와 같은 GIS를 통한 데이터를 활용할 때, 유럽의 코페르니쿠스(Copernicus) 프로그램처럼, 주변국과의 정보교환을 통해 더 광범위한 예측이 가능하도록 하는 것 역시 예방에 있어 중요한 역할을 하게 될 것이다. 이와 같은 표준화 작업은 데이터 수집을 위한 항목이 될 수도 있으며, 수집 단위가 될 수도 있다. 특히, 데이터 수집에 있어서 일괄적 단위 적용은 2차 가공을 통한 오류를 줄이고, 더 많은 데이터 축적을 통한 활용의 용이성이 증대될 것이다. 이와 같은 표준화는 EU국가를 중심한 스마트시티 조성 시 다양하게 활용되고 있으며, 특히 GIS를 이용한 위치기반 데이터의 통합수집은 유럽 각국에서 일어날 수 있는 다양한 문제에 대응하는데 효과를 거두고 있다.

## (3) 재난 관리 빅데이터 통합시스템 구현

미국과 일본은 재난의 발생 전 지리적, 유형별로 각종 재해를 예측하기 위한 시스템을 범정부적으로 분석하고 지방정부 차원에서 재난이 발생한 경우, 이에 대응할 수 있는 인력 및 자원에 대한 데이터를 확보하여 이를 각각의 지자체 및 시민들과 공유한다. 이와 같은 체계는 다시 국가 통합관리 시스템에서 관리되는 데, 이 동합관리 시스템을 통해 체계화, 표준화된 정보들은 재난 발생 시 대응 및 복구를 위해 매우 유용하게 활용된다.

미국의 경우 재난대응의 총체적 관리를 위한 재난방재체계 NIMS시스템을 기본으로 HAZUS라는 재해예측 프로그램을 통해 재해를 예측하고, 기초 지역별로 인적, 물적 자원의 데이터를 수립한 TIAB 재난자원 목록시스템을 활용하는 방향으로 재난의 예방, 대응 및 복구, 관리가 철저하게 이루어진다. 또한 복구 시, 재해복구센터(DRC)를 운영하여, www.disasterassistance.gov를 통해 자신이 속한 지역의 재난 및 관련 지원 프로그램에 대해 자세히 검색해 볼 수 있으며, 재난이 발생한 경우 이에 대해 적극적으로 자원하여 이를 도울 수 있는 체계를 구축하고 있다.

## (4) 재난관리를 위한 범정부적 정보통신체계 구축

범정부적 재난망의 구축을 통해 재난 시 모든 분야의 통신이 원활할 수 있도록 설계되고 있다. 앞서 우리나라의 사례에서도 문제가 제기되었으나, 우리나라의 재난통신망은 45개 재난관련 기관에서 상이한 방식의 무선단말기를 운영하여 통신방식과 주파수 대역이 달라 대규모 재난의 경우 신속하고 체계적인 현장 통제가 어렵다. 각 선진국들은 범정부적인 재난망을 적용하거나 혹은 표준 기술을 이용한 통합관리 등을 통해 재난상황을 통제하기 위한 시스템을 구축해나가고 있다. 특히 독일은 선재적으로 BOS 디지털 무선네트워크 TETRA망을 구축하여 운영하고 있으며, 이로 인하여 일상 업무뿐 아니라 응급상황에서 경찰, 소방대, 구조대 간의 전국에 걸친 커뮤니케이션이 가능하게 구축되어 있다(정윤한, 2013).

### (5) 시민친화적인 재난정보시스템 구축

일본의 경우 이와 관련된 동영상 등을 제작하여, 홈페이지에서 예방 및 대책 등에 대해 제공하고 있으며, 독일의 재난이 발생했을 때, 빠르게 재난및 복구 상황에 대해 상세하게 알려주는 Warn-App 등의 친화적 시스템을 운영하고 있다. 특히 중점 홈페이지에서는 시민들이 현재 자신이 살고 있는 지역 혹은 관심있는 지역의 재난 상황에 대해 실시간으로 지도를 통해 볼 수 있으며, 복구 상황까지도 알 수 있게 되어있다. 아직 선재적이지는 않으나, 이와 같은 ICT 기법을 활용하여 시뮬레이션을 통한 재난시 대응 교육도 이루어지고 있다. 이와 같은 시민 친화적 프로그램의 운영은 이는 시민 개개인에게 앞으로의 재해 및 재난에 스스로 대비할 수 있도록 할 수 있으며, 또한 물자 제공 등을 통한 협력에 유용하게 활용하는데 이바지 할 수 있을 것이다.

### (6) 스마트시티의 기술·인프라 부분의 융복합

서비스 및 사업들이 원활하게 운영될 수 있는 지방자치단체 차원에서의 재원확보 역시 매우 중요한 안건이 되어야 할 것이다. 국외의 경우 재난관리를 위한 지방정부의 적극적인 노력이 가능 한 것은 그만큼 재원마련의 안정성이 기본이 되고 있다. 이를 효율적으로 운영하기 위해서는 중앙 및 지방정부 차원에서의 기술과 인프라 연계는 물론이며, 중앙정부의 재정적 지원과 지방정부의 안정적 재원의 확보를 통해 성공적인 스마트시티의 구축을 위한 자원을 마련해야 할 것이다.

### (7) 데이터 중심 분석기반의 의사결정 시스템 활용

프랑스 파리, 미국 필라델피아는 빅데이터, 인공지능, 사물인터넷(IoT) 등 4차 산업시대의 디지털 기술을 활용하여 데이터를 중심으로 교통, 방법부분에서 의사결정 시스템을 적극적으로 구현하여 도시 문제를 해결하고 있다. 그러나 우리나라의 경우 아직까지 사람의 경험과 직관에 의한 점검과 피해복구, 방송을 통한 일괄 경보 등 허점이 많은 부분 노출되고 있다. 이에 따라 앞으로는, 데이터 중심 분석기반의 의사결정으로의 변화를 통해 사고 감지센서 등 사물인터넷 시스템 및 빅데이터를 기반으로 한 전조규칙 등을 미리 프로파일링 하고, 이에 따른 의사결정을 통해 맞춤형 조기경보 등을 통한 재난의 최소화를 도모해야 할 것이다.

### (8) 복합재난의 위험지도 구축

대형복합재난관리가 중요한 이유 중 하나는 위해요인(발생원)이 복합적으로 발생한다는 점보다도 피해의 대상이 복합화되고 그 과정에서 재난의 영향이 대형화된다는 점이다. 특히 같은 공간적 범위 내에 다양한 피해 대상이 밀집되어 있는 경우, 대형복합재난의 피해는 더욱 극심해질 수밖에 없다. 한편, 복합재난은 일정한 유형이 없고 예측이 매우 어려우므로 위험성이 높은 지역 및 시설에 대한 위험평가와 이에 따른 위험지도 구축이 필요하다. 예를 들어 핵발전소, 화학단지, 대규모 군시설, 국가기반체계 등 재난이 일어나면 복합재난으로 확산 용이한 시설물 및 지역을 대상으로 리스크 평가 및 초동대응체제 구축이 수행되어야 한다.

## 4) 현장·예방·거버넌스 중심의 재난관리체계 강화

복합재난을 국가위기관리 전략 차원에서 관리하기 위해서는 기존의 재난유형별, 재난규모별 관리 방식을 활용하여 현장 중심의 재난관리체계를 강화하는 것과 별개로, 사전에 위험을 차단하고 재난을 예방하기 위한 예방중심의 예측 및 대응 전략과 위험요인의 구체화를 통한 관리전략이 필요하다. 또한 신종위험으로 위한 재난 발생 시 부정적 피해와 파급효과를 최소화하기 위한 사회안전망 확충이 함께 병행되어야 한다.

또한 법제도적 차원의 추진은 근본적으로 국가위기관리체계 전반에 대한 재구축과 함께 위험예측을 높이기 위한 조직과 종합계획, 그리고 기존 재난경험 외에 신종위험에 대한 기록을 체계적으로 관리하고 이를 위한 플랫폼 구축이 요구된다. 신종위험의 예측 및 대응을 위한 조직관리는 개별 조직에 대한 접근만으로는 한계가 있으며, 조직 간 상호연계와 신종위험에 대한 모니터링과 취약성 중심의 접근이 요구되며, 이를 위해 각 부처 내 담당부서와 전문적인 신종위험관리 전문조직 기능이 포함되어야 한다.

아울러 복합재난의 예측과 대응을 위해서는 거버넌스의 역할이 무엇보다 중요하며, 특히 전문가를 포함하는 거버넌스를 상설화하고 일반 대중과의 위험소통과 정보 공유를 통하여 민간자원을 적극적으로 활용하는 것이 필요하다. 복합재난의 예방 및 대비, 대응 강화를 위한 역량 강화는 어느 한 수준에 제한되지 않고, 국가, 조직, 구성원, 시스템 모두에 있어서 필요한 과제로 신종위험에 대한 예측과 이를 위한 기술 개발를 추진하고, 위기관리 전담부서와 구성원에 대한 관리체계를 재설계하는 한편, 교육훈련과 인재양성과정을 통해 전문 능력을 신장하는 것이 필요하다. 특히 과학과 기술은 재난 상황에 의사결정을 효과적으로 뒷받침하는 역할뿐만 아니라 새로운 해결책을 제공하면서도, 어떤 경우에는 재난의 원인이 될 수 있는 다중 성격을 가지고 있기 때문에 사전에 기술예측이 매우 중요하다(박병원, 2020).

마지막으로 인문학적 상상력에 기반을 둔 미래문해력의 획기적 제고가 필요하다. 미래문해력이란 "주체(개인, 조직, 국가 등)의 발전 여부에 그 영향을 크게 미칠 미래의 변화에 대해 이해하고 있으며, 이 변화에 대응하기 위해 현재부터 준비하고 계획을 세울 수 있고, 이를 행동과 결정으로 옮길 수 있는 능력"을 뜻한다. 여기서 미래문해력은, 미래를 100% 수준으로 적중하는 능력이 아니라, 미래의 불확실성을 받아들이되 다양한 미래를 상상하고 어떤 미래가 도래하더라도 능동적으로 대응하여 원하는 미래로 만드는 능력을 의미한다(박병원, 2020).

## 3. 국가 재난관리 측면의 민간경비 활용[22]

### 1) 법적 발전방안

#### (1) 경비업법

현행 경비업 허가기준(제 4조)상 법인은 당해 법인의 주 사무소의 소재지를 관할하는 시. 도 경찰청장의 허가를 받아야 한다. 시설경비업의 경우 2023년 경비업법 개정을 통해 인력기준이 경비원 20명에서 10명으로 감소를 통해 경비인력 확보에 대한 부담이 완화되었다(경비업법, 2023. 5. 16). 자본금 규정은 2013년 이전 5천만원에서 1억원으로 상향(특수경비는 5억원)하여 경비업 허가 기준을 상향하였다(박수현·김병태·최동재, 2019). 경비업의 제정목적이 국민의 생명 및 재산을 담보로 하고 있기에 국가적 측면에서 강력한 규제를 설정함과 동시에 불필요한 규제에 대해서는 완화하는 합리적인 행정절차가 필요하다.

첫째로 불필요한 이중행정 개선 측면에서 경비원 채용 시 범죄경력조회와 성범죄경력조회 일원화가 요구된다. 현행법은 경비원의 결격사유로 형법 및 성폭력범죄 처벌 등에 관한 특례법 등에 따른 폭력행위 및 성폭력 범죄자에 대해서 결격사유를 적용하고 있다(경비업법 제10조, 2023). 그러나 이미 경비업법과 관련한 범죄경력조회에 성범죄 경력자를 구분할 수 있기 때문에 합리적으로 제도를 개선하여 범죄경력 조회로 일원화가 요구된다.

둘째로 심각한 사회문제로 대두되는 스토킹범죄경력자에 대한 임용 결격사유를 강화해야 할 것이다. 민간경비원은 현장에서 위험방지 및 안전유지간 초동대응해야 할 임무를 가지고 있어 스토킹범죄는 임용 시 중대한 결격사유로 명기하는 것이 타당하다. 현재 국회에서 경비업법 제10조를 중심으로 하는 개정법률안(임병헌 의원등 11인 발의)을 통해 추진 중에 있다(매일신문, 2023. 3. 2).[23] 국가공무원의 경우 스토킹 범죄로 형벌을 받은 사람은 임용될 수 없도록 2022년 12월에 국회 본회의에서 통과

---

22 김준기·김태영(2023)의 연구를 재정리하였음.
23 임병헌 의원 "스토킹 범죄경력자, 경비원·경비지도사 임용 제한"(https://news.imaeil.com/page/view/20230302132643223406)

되었다. 따라서 민간경비 영역에 이를 적용하여 경비원에 대한 대국민 신뢰성 증진 및 범죄예방정책 강화에 기여할 수 있을 것이다.

셋째로 경비업 허가기준(제 4조)상 교육장 기준의 개선이 요구된다. 법령상에는 경비인력을 위한 교육장 등 시설과 교육장비 보유를 구비조건으로 하고 있다. 최근 온라인 비대면 교육플랫폼의 패러다임과 민간경비 업체들의 영세성을 고려할 때 실질적인 직무교육은 온라인 교육이나 대통령경호처 경호안전교육원 및 주요 대기업 교육훈련 시설을 통해 교육서비스를 제공받는 것이 실효적으로 타당할 것이다.

## (2) 재난안전관리 기본법

재난 및 안전관리 기본법(이하 재난관리법)은 각종 재난으로부터 국민의 생명·신체 및 재산을 보호하기 위해 제정된 법이다. 현재 재난관리법 제19조에는 재난 등의 위기 상황의 징후를 포착하였을 때 민간경비도 재난 등 위기 상황 발생 징후에 대한 신고 역할을 해야 하지만 신고뿐만 아니라 국가 및 지방자치단체, 관련 기관에서 응급상황 대처 전까지 공익성 차원에서 탐색·구조, 질서유지 등 초동조치를 해야 할 것이다. 이를 위해서는 민간경비 측면의 공익적 활동에 대한 인센티브를 부여해야 한다.

현재 재난관리법 제33조의 2(재난관리체계 등에 대한 평가)에는 매년 중앙 및 지방 재난책임관리기관 대상으로 재난관리평가[24]제도를 통해 대규모재난 발생에 대비한 단계별 예방, 대응 및 복구과정, 재난대응조직 구성, 안전관리규정 등 량 진단을 통해 특별교부세 등 재정 인센티브를 부여하고 있는데 민간경비 영역 등 민간분야는 제외되어 있는 실정이다(재난 및 안전관리기본법, 2023. 5.15). 국가 재난관리 역량에서 점차 중요한 역량을 차지하는 민간경비 산업은 기본적으로 영리성을 추구하므로 국가 및 지방자치단체는 이러한 민간경비의 직접적인 공익적 활동에 대한 세금감면, 활동경비지원 등 인센티브 제공을 검토할 필요가 있다.

---

24 재난관리평가는 중앙 29개, 공공 66개, 지자체 243개 책임관리기관을 대상으로 재난관리역량을 진단, 재난관리책임성을 향상시키는 목적으로 시행하고 있다. 주요 역량 지표로는 재난안전분야 기관장 관심도, 재난유형별 대응매뉴얼 개선실적, 재난 대비 훈련분야 등으로 구성되어 있다.

## (3) 근로기준법

재난 등의 위기가 발생하면 재난의 확산과 2차 피해를 예방하기 위해 초동조치는 중요하다. 작게는 관할 건물에서부터 크게는 관할지역의 안전을 위해 수시로 순찰·경계하는 민간경비원은 재난 등의 위기발생에 대한 발생 징후를 사전에 인지할 가능성이 높다. 상황발생 전후 조기경보 및 시민대피 등을 포함한 초동조치를 위해서는 재난의 종류와 규모에 따라 적절한 민간경비원의 배치가 필요하다. 하지만 민간경비원의 주목적은 특정고객의 안전과 그에 대한 영리를 추구하고, 필요 이상의 유휴인력은 영리성에 반비례하므로 재난까지 대비한 여유인력을 충분히 확보하기는 어렵다. 따라서 필요시 비번자까지 동원해야 할 상황이 발생할 수 있다. 재난 발생 시 민간경비원의 적절한 근무 조정, 비번자 소집을 위해서는 재난 발생 시 일정기간 동안 일시적으로 근로기준법을 적용하지 않는 법적 개선이 필요하다. 아울러 민간경비원에게도 초과근무에 따른 보수를 별도로 책정할 필요가 있다.


## 2) 제도적 발전방안

### (1) 미국 국가위기대응체계(National Response Framework)상의 민간경비 활용

미국 연방재난관리청(FEMA, Federal Emergency Management Agency)은 미국 국토안보부의 소속 연방 수준의 재난 및 테러대응 연방기관으로 모든 재난·재해·테러 등 각종 위기상황에 대한 효과적인 대응과 복구를 위해 2008년 국가위기대응체계(NRF, National Response Framework, 대통령훈령)를 구축하고 관계기관인 연방, 주 및 지방정부 등에 지원을 제공하고 있다. 이를 통해 각종 자연적·사회적 재난, 테러 등 위기상황이 발생했을 때 국가, 주, 지방정부 및 민간기관이 대응하기 위한 통합된 전략 및 원칙, 모든 관계기관의 역할과 단계별 조치사항을 규정하고 있다. 이를 통해 위기상황에 대응하고 복구하기 위해 협력하는 방법에 대한 포괄적인 거버넌스 차원의 공통된 프레임워크를 제공한다(US. DHS, 2019). NRF의 주요 구성은 위기지원기능(ESFs,

Emergency Support Functions), 사건관리 지원팀(IMATs, Incident Management Assistance Teams), 위기지원기능부록(Emergency Support Function Annexes), 지원기관(Support Agencies) 으로 분류된다.[25]

최근 FEMA는 각종 재난 대응 및 복구 작업 중에 민간 경비 영역과의 협력을 강화하고 있는데, FEMA 또는 주 및 지방 정부와 계약을 맺어 재해 복구, 구호 물품 배포, 공공 안전 보장 및 중요 인프라 시설 보호 등의 지원임무를 수행한다. 특히 NRF 매뉴얼 상에도 민간경비 영역이 명시되어 있다(US. DHS, 2021). 첫째, 미국의 다양한 수준의 공안기관에서는 민간경비 회사에서 실시간 식별된 다양한 위기정보를 공유를 통해 잠재적 위험, 취약성 또는 새로운 위험을 식별하여 공동 대응을 수행한다. 대표적 사례가 다음에서 서술한 미 국무부의 OSAC이다. 둘째, 위기 상황 발생 시 민간경비 업체의 전문가 그룹 컨설팅이나 현장 경비 인력 공공 기관에 지원한다. 셋째, 물리보안 측면에서 위기 대응 및 복구 과정중에 NRF의 ICS(Incident Command System)에 기반하여 국가중요시설 및 주요 민간다중이용시설의 핵심자산을 보호한다.

### (2) 재외국민 보호를 위한 민간경비 활용

미국의 경우 국무부 주도로 전 세계 주재국에서 활동하는 미국의 민간경비회사를 활용하여 OSAC(Overseas Security Advisory Council) 프로그램 운영하고 있다. 주요 역할로는 해당 국가들의 공공 및 민간 인적 협의체, 소셜미디어, 오픈소스 등 전방위적 네트워크를 활용하여 다양한 위기상황에 대한 경보 수집 및 분석활동을 수행하고 있다. 특히 전 세계의 권역을 아프리카, 아메리카, 아시아, 유럽, 중동 및 북아프리카로 구분하여 자국민을 보호하기 위해 민간 기업, 비영리 단체, 학교기관 등 5,400개의 조직(1.8만 명)을 활용하고 있다. 주요 편성으로는 연구개발팀(Research &

---

25 비상 지원 기능(ESF)은 연방 차원에서 주·지역·민간 기관 등의 위기대응 역량을 지원하기 위해 조정하고 지원을 제공하는 주요한 운영 수준(operational-level) 메커니즘이다. 운송, 통신, 물류, 공중 보건 및 보안과 같은 다양한 기능 영역을 다루는 15개의 ESF가 운영된다. 위기관리지원팀(IMAT)은 FEMA의 초동현장조직으로 상황발생시 현장사고관리지원 및 조정 지원을 수행한다. 또한, 현장지원기능부속서는 ESF와 관계된 관계기관의 역할과 책임을 설명하고 특정 기능 영역과 관련된 추가 지침 및 정보를 제공한다. 그리고 지원기관은 대응 및 복구 작업을 지원하는 전문 자원 또는 기능을 조정하고 제공하는 책임이 있는 국방부, 보건복지부, 에너지부 등을 의미한다.

Analysis), 대외협력팀(Partnerships), 지부 인증팀(Country Chapter Accreditation), 세계위기분석팀(Global Threat Warning) 등으로 구성된다.[26]

　　최근 정세가 불안한 아프리카, 중동, 동남아시아 국가 등을 중심으로 서구권 시큐리티 컨설팅 업체들은 현지 에이전트 등을 고용·수집하여 정보분석지가 공관들에서 활용되고 있는 실정이다. 우리나라도 외교부를 중심으로 정세가 불안한 주재국을 중점적으로 해당국가에서 활동중인 국내 대기업이나 시큐리티 조직 등과 정보협의체를 구성해야 할 것이다. 이를 통해 주재국내 다양한 정보채널의 융합 및 분석을 통한 신뢰성 있고 최신의 치안 및 안보 정세의 파악이 가능할 것이다.

## (3) 재난 대응을 위한 민간 경비원 자격인증제도 및 교육훈련 역량 강화

　　국내 민간경비 산업의 특성상 다양한 경비수요 등으로 인해 업무의 범주가 단순한 인력 및 기계경비에서 탈피하여 고도의 ICT기술 및 전문성이 요구되고 있다. 즉 사회안전이라는 국가적 중요성에 기인하여 공공의 이익보호 차원에서 사회안전 종사자에 대한 전문성 확보가 무엇보다 중요하다. 미국산업보안협회의 경비원 인증제도 사례연구에서는 사회안전 종사자인 민간경비원을 국가위기관리의 대응단계에 활용하기 위해서는 이에 상응하는 교육훈련이 이루어져야 한다. 현재 민간경비원을 교육할 수 있는 기관 또는 단체는 경비협회, 경찰교육기관, 경찰청장이 지정 고시하는 기관 또는 단체로 규정하고 있다. 일반경비원 신임교육은 24시간 교육을 받고 있는데, 실무교육과목 중 각종 재난에 대비하기 위한 과목은 시설경비실무 2시간, 테러 대응요령·화재대처법 및 응급처치법을 포함한 사고예방 대책 3시간으로 구성되어 있다. 이는 재난 사고 시 직접 실무에 적용하기 어려운 수준의 교육훈련으로써 보다 실질적인 교육훈련이 되어야 할 것이다. 응급구조사 양성 기관의 교육시간 중 기본응급처치 과목이 50시간[27]인 반면, 신임경비원은 3시간으로 실질적인 교육이라고 판단하기는 어렵다. 따라서 응급구조사 수준의 능력은 아니더라도 기초적인 응

---

26　https://www.osac.gov/About/WhoWeAre
27　응급의료에 관한 법률 시행규칙 중 '응급구조사 양성기관의 교육과목 및 시간'(제25조 1항 관련)에서 응급구조사 양성을 위한 교육 시간은 총 343시간이며, 그 중 기본응급처치학 총론은 50시간이다.

급조치를 위해서는 민간경비원의 응급처치 교육 시간을 현재의 3시간[28]보다는 더 늘려야 할 것이다. 아울러 실무교육 과목에 조기경보·현장이탈 등 재난 시 대피요령 및 2차 피해 방지를 위한 통제선 설치 등 질서유지 과목도 포함되어야 할 것이다. 재난 발생 시 조기경보는 피해를 최소화하는데 중요한 역할이며 탐색·구조, 질서유지 등에서 민간경비 활동이 효과를 발휘할 수 있다.

### (4) 국가위기관리 측면의 지역자치경찰제도-민간경비의 협업 강화

현대 핵심치안활동(Core policing)의 중점은 건강하고 안전한 사회 증진을 통해 삶의 질을 높이는 것이다. 경찰활동에 대한 이러한 접근 방식은 전통적인 법 집행을 넘어 경찰관과 지역사회 간의 긍정적인 관계 구축의 중요성을 강조하고 있다. 이를 위한 보편적 특성으로는 미국과 캐나다 경찰의 경우 재난 등 위기관리 측면에서 지역사회 참여(Community Engagement)를 통해 삶의 질에 영향을 미치는 문제를 식별 및 해결(Problem Solving)하고 능동적으로 위기상황(Proactive Policing)을 해결하기 위해 경찰, 주민, 민간경비 영역이 상호 협력서비스를 증대하는 것을 강조하고 있다.

### [표 11-1] 미국·캐나다 경찰과 민간경비 협력 분야

| 구 분 | | 경찰 민간경비 협력분야 |
|---|---|---|
| 캐나다 | Alberta Health Services | Edmonton시와 계약되어 주차단속, 차량견인 업무 |
| | 웨스트 에드먼튼 합동 경찰 지구대 및 민간경비 파견대 | 웨스트 에드먼튼 몰에서 경찰과 민간경비 연계된 경비 및 보안 업무 |
| | Saskatoon 민간경비 | 민간경비 요원이 경범죄 초동 대응 (경찰은 체포이후 대응) |
| | Rama First Nations | Rama 경찰과 카지노 민간경비원간의 상호지원 |
| | Commissionaires 민간경비 | 고속도로 건설구역내 보안, 경비, 출입 통제, 검색 및 조사 업무수행(레이저 레이더 운영) |

---

28 경비업법 시행규칙 제15조에서 특수경비원 신임교육 시간 중 응급처치는 3시간이며, 일반경비원 신임교육의 경우 테러 및 화재 대처법을 포함한 응급처치 교육이 3시간이다.

| | | |
|---|---|---|
| | 온타리오주 워털루의 경찰, 은행, 보험사 간의 민간경비 파트너십 | 금융범죄수사 관련 정보공유 및 공식적 협력 |
| | 온타리오주 경찰과 민간경비 협력 | 경찰본부시설 및 주 정부청사에 민간경비회사 보안업무 아웃소싱 |
| 미국 | Minneapolis Police Department radio channel | 경찰과, 민간경비업체와의 통신개선위해 시내 지역에 무전기 공유채널 구축(은행 강도 개선) |
| | The Chief of Greensboro, North Carolina | 그린보로시 경찰과 민간경비 요원의 업무 통합 |
| | the Area Police-private Security Liaison(APPL) program | 경찰 위기대응센터(상황실)에서 민간경비전문가 파트너십 |
| | Sand Springs 9.11 dispatch[29] | 조지아주 샌드스프링시 경찰 9.11파견 임무에 관한 민간경비 업체 민영화 critical emergency response services 민간경비파트너십 |
| | Business Improvement Districts(BIDs) | 물리보안 및 범죄 예방 위한 정부, 민간경비, 경찰의 파트너십 |

출처: Cook & MacDonald(2010), Segal(2012), Montgomery & Griffiths(2015) 재정리

우리나라의 경우 2021년 7월 '국가경찰과 자치경찰의 조직 및 운영에 관한 법률'에 따라 자치경찰제가 시행된 지 2년이 접어들고 있다. 자치경찰은 지자체 자치경찰위원회의 지휘감독 하에 주민의 가장 가까운 접점에서 생활안전업무를 수행하게 되는데, 민간경비도 공공안전 영역에 있어 효율적 활용되고 있다. 대표적 사례로 최근 대구 자치경찰위원회와 대구경찰청이 손해보험, 범죄피해자지원센터, 민간경비업체의 홈보안 서비스와 '스토킹 등 범죄피해자 주거안전 확보를 위한 3자간 업무협약'을 체결하였다. 특히 스토킹 범죄 피해자 등 범죄 노출 우려가 있는 사회적 약자 147가구에 홈·도어가드(CCTV)를 무상 설치하고, 민간경비 업체의 홈·보안 서비스[30] 지원

---

29 "A Georgia Town Takes the People's Business Private." The New York Times, June 23. Accessed on March 5, 2015 from http://www.nytimes.com/2012/06/24/business/a-georgia-town-takes-the-peoples-business-private.html?_r=0
30 홈·보안 서비스는 CCTV가 설치된 현관문 앞 실시간 영상 확인 및 배회 감지, 영상 녹화, 출입 내

하는 것을 주요 내용으로 하였다.

　이러한 다양한 정부관할과 민간경비와의 관계는 범죄예방 및 테러예방측면에서 매우 유용한 역할을 수행한다. 특히 최근 지역사회의 민영화 영역이 확대가 되면서 지방자치단체 산불관리경비 제도 도입,31 군사시설경비, 교통유도, 작전수행자 호송 경비업무, 경찰순찰업무 대행 등에서도 민간경비의 확대 검토가 필요하다.

## (5) 재외국민보호업무 시 민간경비 활용방안

　최근 중동 및 아프리카, 동남아시아 등 자연적·사회적 재난, 내전, 테러 등으로 인한 국가차원의 재외국민보호 위협이 고조되고 있다. 대표적으로 2021년 아프가니스탄, 2022년 우크라이나러시아 전쟁과 코티브아르, 2023년 수단사태 등의 사례를 들 수 있다. 이러한 국가들의 재외국민보호 업무는 외교부를 중심으로 국방부, 경찰청, 국가정보원, 소방청 등 우리나라의 공안 및 안전기관 중심으로 구성된 중앙재난대책본부, 재외국민보호대응체계, 국외테러사건대책본부가 구성되어 작동토록 되어 있다. 그러나 최근 골든타임內 신속하고 포괄적 대응이 요구되는 재외국민대응 시스템의 특수성을 고려 시 공공영역의 역할만으로는 한계점이 상존하고 있다. 따라서 이러한 재외국민보호 업무에 민간경비 영역이 비중 있는 역할을 수행토록 위기대응업무에 포함해야 할 것이다. 먼저 주재국 위기관리 대응체계상 해외 주재 민간경비 기업과의 협조사항을 구체화하여야 한다. 민간경비 영역 구성의 상당수가 과거 공안기관에서 위기대응 업무를 수행했던 전문가 그룹들이므로 이들의 주재국 공안기관과의 인적네트워크 및 경험적 노하우를 활용할 필요가 있다. 이를 통해 재외국민보호대응체계상 현장지휘본부나 석방·구호지원팀, 대외협력팀에 추가편성이 가능할 것이다(윤민우, 2014). 특히, 외교부 등 주무기관의 민간경비 영역 전문가들을 활용하여 위험국가 소재 공관들의 위기관리 매뉴얼 및 안전 컨설팅을 제도화하는 방안도 거버넌스 측면에서 유용할 것이다(김태영·이상학, 2022).

　둘째로 내전이나 정정 불안 등으로 재외국민의 신속한 대피가 요구되는 상황에

---

　　역 확인, 24시간 출동서비스 기능을 갖춰 스토킹과 절도 등 범죄 예방과 대응에 효과적이다.
　31 공공근로 사업으로 특정한 자격 없이 모집하는 산불예방업무에 '산불관리경비제도'를 도입한다면 보
　　다 전문성 높고 체계적인 산불예방 대응체계를 구축가능하다.

서 국내 민간군사기업이나 민간경비회사의 숙련된 역량을 활용해야 한다. 위기상황시 공관 현장지휘본부에서 실질적으로 수행하기 제한되는 재외국민 대피장소나 집결지까지의 이동로 호송 및 보호나 교전으로 인한 사상자에 대한 병원 이송, 공관 방호 및 공관폐쇄 및 비상대피시설 이동지원 등의 재외국민보호 업무지원에 투입이 가능하다. 특히 외교부 차원에서 사전 위험국가를 선별하여 국내 민간경비회사와의 계약을 통해 공관 및 주재국 답사 및 비상대피계획 공유 등을 통해 재외국민 대피 등 위기상황 임박前 주재국으로 전개하여 골든타임內 임무 수행하는 시스템을 갖추는 것을 제안한다.

## (6) AI 등 ICT기술을 접목한 민간기술의 국가위기관리 활용

국내 공안기관 중 대표적으로 대통령경호처는 2022년 'AI과학경호'TF[32]를 출범하면서 그 동안 전통적인 경호방식을 탈피하여 과학경호를 바탕으로 한 경호 패러다임을 전환하였다. 2022년 7월 12일 연합뉴스 보도에 의하면 "경호처의 인적 자원에 민간 기업이 보유한 AI와 로봇, 5세대 통신(5G) 등 최첨단 정보통신기술(ICT)을 접목해 경호 패러다임을 바꾸기 위한 취지"라고 소개하고 있다. 이는 공경호 및 공경비에만 적용되는 기술이 아닌 민간경비에도 활용되어야 하는 모델이다. 민간 기업이 보유한 최첨단 정보통신기술(ICT) 등은 재난관리에도 유용하게 활용될 수 있다. 예를 들면, 최초 CCTV는 사람의 눈을 대신하여 감시하는 기능만 가지고 있었지만 최근에는 지능형CCTV로 발전되어 CCTV가 위험 요인을 찾고 경고할 수 있게 개발되었다. 즉, 특정행동 또는 특정 물체까지 확인하여 감시 목적에 따른 화면을 자동 인식하여 경보를 전달한다. 아울러 ICT기반 재난종합상황실을 구축하여 재난 발생 인지 및 조기경보, 관련기관 경보전파, 대응매뉴얼에 따른 조치 등 민간경비 첨단기술을 활용한 재난관리를 실시하고 있다.

다만, 규모면에서 대기업 수준의 민간경비업체부터 영세한 민간경비업체가 존재하여 첨단경비기술을 개발하고 활용할 수 있는 업체는 제한되어 있다. 따라서 민간경비업체가 지역에서 재난관리에 동참하기에는 인적·물적 제한이 있을 수밖에 없

---

32 https://www.yna.co.kr/view/AKR20220712153300001(연합뉴스, 22.7.12)

다. 첨단기술을 활용하기 위한 장비 및 재원 투자를 지방자치단체에서 실시하고, 지방자치단체의 지원을 받은 민간경비업체는 지역 재난 예방과 초기대응을 위한 순찰·경계를 실시한다면 재난예방을 위한 민관이 상생할 수 있는 방안이라 할 수 있다.

## 4. 해외 재난관리 측면의 기업 위기관리 시스템 발전방안

### 1) 예방단계: 테러 등 해외 위협상황 정보 공유체계 및 현지 네트워크 강화

해외진출기업들이 우선적으로 테러를 예방하기 위해서 정보 공유체계 및 현지 네트워크를 강화해야 한다. 미 국무부 OSAC의 사례를 보면, 전 세계 미국 재외공관이 있는 곳마다 해당 지역 Council을 만들어서 해외에 활동하고 있는 기업 안전 담당 직원들과 정기적으로 교류를 하고 있다. 미국 정부 입장에서는 재외국민 보호와 해외 주재 미국의 산업을 보호하기 위한 것이다. 해외 주재 미국 대사관은 해외 주재 기업들에게 일방적으로 위협정보를 제공하는 것은 아니다. 미국 정부는 이러한 교류를 통해 지역에 있는 여러 가지 정보도 수집하고 있기 때문이다. OSAC 내부 Community들은 여러 지역의 Council과 또 교류를 하면서 공유되는 정보량은 증가하고 수집된 정보의 신뢰도는 증가하게 된다.

이와 같이, 재외공관에서 재외국민 보호 차원 해외 주재 국내기업들과 네트워크를 강화할 필요가 있다. 재외공관에도 '민-관 정보공유 협의체'를 만드는 것이다. 해외 주재 한국대사관에서 이러한 Community를 만들어 활용한다면, 일반적인 치안 지원 업무 외에도 위협정보를 공유하여 재외국민 보호 업무를 향상시킬 수 있다. 또한, 이러한 해외 Community들이 서로 연결된다면 신뢰도 높은 정보를 수집할 수 있다. 이러한 체계가 구축된다면 국내 대테러 정보 수집 및 분석기관에 큰 도움이 될 것이며, 이를 지원받는 해외진출기업 입장에서도 위협정보가 유용할 것이다.

## 2) 대비단계: 해외진출기업 위기관리시스템 법·제도적 장치 마련

첫째 범정부 차원에서 '해외진출기업 등 재외국민보호 기본법'(가칭) 제정을 통해 정합성 확보를 해야 한다. 현재 해외진출기업 등 재외국민보호 관련 법령들은 재외국민보호를 위한 영사조력법, 재외공관 영사업무 법령, 재외동포법, 여권법, 통합방위법, 테러방지법, 재난 및 안전관리기본법, 선박안전법, 해상교통안전법, 해적행위 예방에 관한 법률 등이 있다. 상기 개별적인 법령으로는 통합적인 재외국민 보호가 효율성이 낮고, 특히 변화하는 테러환경 등 위기양상에서는 다양한 형태의 재외국민 위협에서 효율적으로 대응하기가 제한된다(김열수·박계호·박민형, 2016). 또한 개별 법령이 해당 소관 부처 중심으로 규정되다 보니, 관계기관들의 개별법령과 상충되는 것들이 있기 때문이다(김태영·이상학, 2021). 따라서 정부부처 간의 공조체계와 역할 분담을 구체화하여, 각 법령들의 정합성이 보완된 재외국민보호 기본법 제정이 요구된다. 이를 통해 전 세계 진출한 우리 기업 등 재외국민들의 체계적이고 포괄적인 안전보호 정책이 중장기적으로 추진될 수 있는 기반이 마련될 수 있다.

둘째 개별 법령의 정합성이 확보된 경우, 해외 테러 등 위기상황별에 맞는 매뉴얼을 보완할 필요가 있다. 「국가위기관리기본지침」을 근간으로 재외국민보호 위기관리 표준매뉴얼, 실무매뉴얼, 그리고 현장조치 매뉴얼 등으로 구분된다. 매뉴얼에 제시된 위기 유형으로 해외납치, 국외 테러, 국가간 갈등과 분쟁, 정정불안 및 내전, 지진 등 자연재해, 방사능 누출, 감염병 또는 가축질병, 항공기, 선박, 철도 등 교통사고 등 7가지로 분류되어 있고, 유형별 주요 단계 사전예방, 초동대응, 사건대응, 사후조치 등 4단계로 정립되어 있다. 그러나 지난 2019년 헝가리 선박침몰사고 당시 골든타임내 초기대응과 업무조정 일원화를 통해 주재국 공안기관과 유기적 공조한 것으로 평가받고 있지만, 당시 매뉴얼에 소방청, 문화체육관광부 등 핵심기관 등이 종합체계도상에 반영되지 않아 상황공유에 상당한 시간이 소요되기도 하였다(외교부, 2019). 따라서 해외진출기업과 관련 상황이 발생하였을 때 위기상황별로 대응할 수 있는 구체적인 역할분담과 업무일원화 대응할 수 있는 체계도가 마련되어야 한다.

셋째 골든타임내 초동대응 가능한 해외 위기대응체계를 개선해야 한다. 현 해외 사건사고(위난) 유형별 관계부처와의 협업간 사각지대 발생이 다수 식별되고 있다. 특히 중앙부처·주재국 관계기관·민간요소과 긴밀한 협업체계 구축시 제한사항 초래로 초동대응 측면에 취약성이 식별되어 왔다. 이를 개선하고자 현 해외 위기초동대응 조직으로 재외국민보호 범정부 통합대응기구인 외교부 신속대응팀 조직에 민-관 정보공유 협의체를 포함시켜 실시간 주재국 유관기관 간 유기적인 협업을 이끌어낼 수 있도록 대응체계를 보완해야 한다. 이를 통해 사건 유형별 접수시 관계부처·기관에 관련 사항 신속 전파 및 실시간 협업체계 구축방안이 가능할 것이다. 또한 정부 당국의 제한된 정보채널을 보완하여 다양한 민간기관과의 정보교류를 통한 최신 정보가 분석이 되어 신속한 의사 결정 체계(Tool) 구축이 가능할 것이다(김태영·이상학, 2021).

## 3) 민-관 위기관리 거버넌스 역량 강화

현재의 테러는 국가간의 경계와 상관없이, 불특정 다수 대상 대규모 피해를 전제로 발생하고 있는 점에서 네트워크, 파트너십 등의 거버넌스적 위기관리시스템 구축방안을 마련하고 협력체계를 강구해야 한다. 해외진출기업 주재원이 테러에 대한 위기관리 대응하기 위해서도, 거버넌스적 관점으로 정부와 기업간 네트워크와 파트너십 등을 고려하여 위기관리 업무 체계를 마련하는 것은 중요하다. 해외 테러 발생 시 국가정보원, 외교부, 국방부 등이 주도적으로 담당하고 있다. 이를 효과적으로 대응하기 위해서는 유관기간 협조채널을 통해 위기 관련 정보수집체계를 구축하고, 각 기업 및 유관 조직에 자료를 공유하며, 위기발생시의 대응지침을 마련하고, 함께 해결하는 지원시스템이 필요하다.

특히 테러 발생 전 단계에서부터 민-관 위기관리 거버넌스 역량을 강화해야 한다. 현재 국정원 중심으로 협의체가 운영되고 있는데, 해외진출기업 - 국정원 외에도 외교부, 국방부, 경찰청 등 테러와 관련 있는 모든 기관들을 포함하여 대응협의체가 비상설로 구성되어 있어 유사시 즉각 대응 할 수 없어 신속 대응을 위해서는 상시 운영 할 수 있도록 상설화하여야 한다. 해외 현지에서도 마찬가지이다. 상기에서 전술하였듯이 해외진출기업, 재외공관, 주재국 정부기관 등과 연계하여 민-관

위기관리 거버넌스를 구축해야 해외 테러 발생시 대응 회복력(Resilience)을 갖출 수 있다.

### 4) 우리나라 해외진출기업의 위기관리 대응역량 강화

민-관 위협정보 공유 협의체와 위기관리 시스템이 효율적으로 운영되기 위해서는, 정부기관의 노력 외에도 해외진출 기업들이 글로벌 테러위협에 대한 대응역량을 강화해야 한다. 미국의 해외진출기업의 위기관리시스템 강화 사례를 전술한 것과 같이, 우리나라 해외진출기업들도 전 세계적인 테러위협의 변화를 인지하고 위기관리 역량을 강화해야 한다. 따라서 우리나라 해외진출기업의 위기관리 대응역량 강화방안을 아래와 같이 네 가지를 제시하였다.

첫째, 해외진출기업의 대테러활동 등 위기관리에 대한 인식 전환이 필요하다. 특히 최고 경영자의 위기관리 유형별 대응체계 강구의 필요성에 대한 인식이 매우 중요하다(Juval Aviv, 2004). 기업 최고경영자들이 위기대응 중요성을 인지하고 있으나, 예방활동을 위한 투자를 소모성 경비로 간주하는 경향이 있다. 그러나 테러 등 위기대응 조직, 장비 및 시설 등을 갖추면 보험료가 낮아지기 때문에, 이를 실질적인 생산적 투자로 인지해야 한다. 또한 위기관리 역량을 강화함으로서 기업의 이미지를 제고할 수 있고, 고객들에게 심리적 안정감을 줄 수 있는 등 투자 대비 효과가 높다고 인식해야 한다(최진태, 2005). 따라서 해외진출기업의 최고경영자의 인식 전환이 그 기업의 위기관리 역량을 결정짓는 중요한 요소가 된다.

둘째, 해외진출기업내 위기관리 전문가를 충원하고 자체 양성하는 것이다. 특히, 기업의 대테러 활동에 있어서 물적 자원 마련 외에도 전문성 있는 인적 자원이 중요하다. 대테러 활동은 인적 요소의 사전 인지 및 예방이 최상의 방책이다. 테러에 대한 징후는 기술정보, 인간정보, 그리고 공개출처정보 등 다량으로 수집한 정보를 분석하여, 산업 환경에 맞게 정보를 생산하는 과정에서 나타난다. 이런 업무는 단순히 은퇴한 군경 출신이 아닌 전문가들만이 할 수 있다. 따라서 대테러 전반에 관한 직무지식과 실무능력을 갖춘 전문가를 충원하고, 양성하는 노력을 통해 대테러 능력을 제고해야 한다(최진태, 2007).

셋째, 위의 두 번째 요건이 충족된다면, 정보 수집할 수 있는 글로벌 위협정보 네트워크 구축과 해외진출기업 각 환경에 맞는 정보생산 능력을 갖추어야 한다. 대다수 해외진출기업들은 언론 등 공개된 정보(Open Source) 또는 정보기관으로부터 입수된 일반화된 정보를 근거로 위협 및 위험에 대한 판단을 하고 있다. 이로 인해 각 기업의 환경에 맞는 정보를 생산하는 것도 제한되지만, 일반화된 정보를 근거로 각 기업 환경에 맞는 위협분석을 하는데 제한되는 경우가 많다. 따라서 글로벌 위협정보 네트워크 구축과 각 기업 환경에 맞는 정보생산 체계를 갖추는 것이 매우 중요하다(김준기·김태영, 2023).

넷째 구체적인 위기대응 매뉴얼 작성과 관련 업무 담당 직원 교육이 중요하다. 기업은 최악의 사태를 예상하여 위기 상황 발생시 신속한 대응이 중요하다. 해외진출기업이 위기상황이 발생하였을 때, 현지 대책 본부는 어떻게 구성할 것인지, 관리자와 각 담당자들의 역할과 업무 등에 관한 사항들을 매뉴얼로 마련하여 활용해야 한다. 구체적인 업무절차나 대책이 없는 상태에서 위기 발생시 적절한 대응은 제한될 것이다(조환태, 2004).

## 제4절 드론시큐리티와 위기관리방안

### 1. 드론시큐리티 관련 기술 지원 촉진

드론을 구성하는 드론의 핵심기술은, '비행제어시스템, 추진동력 기술, 탑재장비·센서 기술, 자율비행 및 충돌회피 기술, 데이터링크 기술'로 요약할 수 있다. 이러한 기술들을 과학기술정보통신부에서는 공통 핵심기술로 분류하여 장기적 관점에서 기술개발을 추진하고 있다.[33]

드론의 공통 핵심기술은 다음과 같다.

---

33 항공우주연구원, 전게서, pp.177~183.

- 비행제어시스템은 드론의 두뇌로 안전한 비행과 임무수행을 위한 제어기술을 말한다.
- 추진동력 기술은 장기간 비행을 위한 기술로 고성능, 고효율, 친환경 동력원 개발이 중심이다
- 탑재장비·센서기술은 항법센서, 3차원 공간정보 제작, 장애물 탐지 LADAR기술, EO/IR 등 탑재장비 기술 등이다.
- 자율비행 및 충돌회피 기술은 인식센서, 충돌회피, 비행환경변화에 따른 대처 기술, 3차원 공간정보 기반 자율비행 기술 등이다.
- 데이터링크 기술은 비행 및 임무제어 데이터와 정보 데이터를 송수신 기술이다. LTE, 5G가 핵심으로 국가공역 기반의 표준화에 대한 연구가 진행되고 있다.

## [그림 11-2] 드론의 기술

출처: 항공우주연구원 무인이동체 기술혁신과 성장 10개년 로드맵

항공우주연구원(2019)의 자료에 의하면 아래의 [표 11-2]와 같이 민수용 소형 무인기 분야의 기술력은 최대 74점에서 최소 42점으로 낮은 수준으로 평가하였다. 2025년 기준으로도 크게 달라진 부분은 없다. 상업용 드론의 핵심부품 및 기술은

대부분 미국과 중국 등에 의존하고 있으며, 기술력과 가격경쟁력에서도 모두 열위라고 분석하였다. 완제품의 경우 65점 수준으로 보았고, 세계의 주요기업들과 비교했을 때 비교 열위라고 평가하였다.

세부적으로 국내 산업현황을 기술 경쟁력, 가격 경쟁력, 상용화 기반, 산업 생태계로 나누어 각 기술 수준을 분석해 본 바, 전체 핵심 부품 기술 12가지 가운데 프레임 74점, 배터리 73점, 카메라 52점을 제외한 9개의 기술이 기술 경쟁력에서 부족한 것으로 나타났다. 상대적으로 기술력을 확보하고 있는 프레임, 배터리, 카메라 기술도 가격 경쟁력과 상용화 기반, 산업생태계가 매우 취약한 것으로 분석하였다.

[표 11-2] 국내 드론 완제품 및 핵심부품 기술력[34]

| 기술구분 | 수준 (점수) | 부족 원인 | | | | 국내 기업 비교 |
|---|---|---|---|---|---|---|
| | | 기술 경쟁력 | 가격 경쟁력 | 상용화 기반 | 산업 생태계 | |
| 완제품 | 65 | | ◎ | | ◎ | • 품질 경쟁력, 가격 경쟁력 부족 |
| 프레임 | 74 | | ◎ | ◎ | ◎ | • 기술은 우수하나 가격경쟁력, 생태계 약함 |
| 배터리 | 73 | | | ◎ | | • 배터리 팩은 세계 수준이나 기반 미약 |
| 조종기 /GCS | 68 | ◎ | | ◎ | | • Portable GCS 개념으로 자체 개발 |
| 모뎀 | 62 | ◎ | | ◎ | ◎ | • 전문부품사 부재, 5G기반 차세대 기술 확보 |
| FCC | 59 | ◎ | | | | • 오픈소스 기반으로 자체 제품 개발 사용 |
| ECS | 57 | ◎ | ◎ | | ◎ | • 타산업에서 기술력 확보 |
| 카메라 | 52 | | | ◎ | ◎ | • 디지털카메라 기술은 확보, 드론 산업은 미진출 |

34 항공우주연구원, 전게서, p.64~65. 재작성

| 항목 | 점수 | | | | | 비고 |
|---|---|---|---|---|---|---|
| 프로펠러 | 50 | ◎ | | ◎ | | • 출연연 등이 기술확보, 중소기업 기술 미진 |
| 모터 | 49 | ◎ | | | ◎ | • 기술력은 확보했으나, 드론산업 영세성으로 미진출 |
| 항법센서 | 46 | ◎ | | | | • 지상로봇 무인기용 중심, 원천기술 부족 |
| 짐벌 | 45 | ◎ | | | | • 해외제품과 성능차가 큰 분야 |
| GPS | 42 | ◎ | | ◎ | | • 무인기용 대형부품 중심, 핵심기술 부족 |

출처: 항공우주연구원 무인이동체 기술혁신과 성장 10개년 로드맵, 재작성

## 2. 드론시큐리티 데이터센터 구축

드론은 다양한 센서와 카메라를 통해 대량의 데이터를 수집한다. 이러한 데이터는 실시간 분석과 저장을 통해 위기 대응에 효과적으로 활용될 수 있다. 그러나 현재 국내에는 드론시큐리티 분야의 데이터를 전문적으로 수집, 저장, 분석하는 통합된 데이터센터가 없다. 경찰, 소방, 국방의 경우 해당 부처에서 드론을 활용하고 있으나 드론으로 인해 수집한 데이터를 전문적으로 분석하는 부서가 없다. 따라서 드론시큐리티 전용 데이터센터를 구축하여 다음과 같은 기능을 수행하는 것이 바람직하다.

첫째 데이터 통합 및 관리가 필요하다. 드론으로부터 수집되는 다양한 형태의 데이터를 통합적으로 관리하는 체계를 구축하여 데이터의 일관성과 신뢰성을 확보하도록 한다. 둘째 실시간 데이터 분석시스템과 공유체계를 확립하여 수집된 데이터를 실시간으로 분석하고 전파하여 위기 상황에 대한 신속한 대응을 지원하도록 한다. 셋째 데이터를 수집하고 관리하는 과정에서 민감한 정보가 포함된 드론 데이터를 안전하게 저장하고 전송하기 위한 보안 체계를 구축하는 것이 필요하다. 넷째 데이터 센터를 운영하기 위해서는 전문인력의 보강과 인재 양성 프로그램이 함께 진행되어야 한다. 특히 드론의 하드웨어 및 소프트웨어에 대한 깊은 이해를 가진 전

문가를 확보하는 것이 우선되어야 한다. 드론으로 수집한 데이터를 분석하고 유의미한 정보를 도출할 수 있는 데이터 과학자를 충원하고, 데이터 센터의 보안 위협을 식별하고 대응할 수 있는 보안 전문가를 확보하여야 한다. 전문가 확보와 동시에 인재 양성 프로그램도 동시에 진행되는 것이 중요하다. 대학과의 협력을 통해 인턴십 프로그램을 운영하고, 우수한 인재를 조기에 발굴하여 육성한다. 기존 직원들의 역량 강화를 위해 정기적인 교육 프로그램을 실시하고, 연구원들의 최신 기술 동향 파악과 네트워킹을 위해 국제 학술대회 등 전문가 세미나를 개최, 참여하여 국제네트워크를 강화할 필요가 있다.

우수 해외 사례를 벤치마킹하여 현장에 적용할 필요가 있다. 대우건설은 네이버 클라우드와 협력하여 클라우드 기반의 드론 관제 시스템을 개발하여 운영하고 있다. 이를 통해 건설 현장의 공정 기록과 안전 관리를 효율적으로 수행하고 있으며, 향후 소방, 인명 수색, 해안 정찰 등 다양한 분야에 활용한다. 드론 제조사 DJI는 드론의 온보드 데이터 저장에 암호 보호 메커니즘을 지원하여 데이터 보안을 강화하고 있으며 드론이 수집하는 민감한 정보의 무단 접근을 방지하는 등 보안을 강화하고 있다. 드론시큐리티 데이터 센터의 구축은 이러한 요소들을 종합적으로 고려하여 체계적으로 진행함으로써 드론을 활용한 데이터의 효율적인 관리와 보안 강화, 그리고 국가 위기 대응 능력의 향상을 도모할 수 있다.


## 3. 국가공동연구 확대

드론시큐리티 분야는 기술의 복잡성과 빠른 발전 속도로 인해 단일 대학, 기관이나 기업의 노력만으로는 효과적으로 대응하기 어렵다. 따라서 산학연 공동 연구 및 국가 차원의 국가간 연구를 통해 대응하는 것이 필요하다. 기술 표준화를 비롯하여, 연구 자원의 공유, 문제 해결의 다각화 등 대학과 기업, 정부가 함께 대응해야 하거나, 국가 간의 자료를 공유하고 함께 해결해 나가야 하는 분야가 많기 때문이다.

국가 간 공동연구를 통하여, 드론시큐리티 관련 기술의 표준을 수립하여 상호 운용성과 호환성을 높이고, 데이터를 비롯한 연구 장비, 인력, 정보 등을 공유하여 연구 효율성을 높이는 것이 필요하다. 민관은 물론 세계 각국의 다양한 분야의 전문가들이 협력하여 드론시큐리티와 관련된 복잡한 문제를 다각도로 분석하고 해결책을 모색하는 것이 중요하다. 이를 위해 정부는 연구 기관, 대학, 기업 간의 협력을 촉진하는 정책을 수립하고, 공동연구를 위한 재정적 지원과 인프라를 제공하는 것이 바람직하다.

**[그림 11-3] 아프리폴 협력 회의**

출처: 알제리 알제 아프리폴 본부

드론시큐리티 분야에서 경찰, 소방, 국방, 재난재해 대응 등 다양한 영역의 국가 공동연구를 확대하기 위한 방안으로 우선, 드론시큐리티는 여러 부처와 기관의 관할이 중첩되는 분야가 많으므로, 일관된 정책 수립과 효율적인 연구 협력을 위해 드론시큐리티 전략연구원을 중심으로 기관과 부처가 함께 참여하는 공동 연구로 진행하는 것이 바람직하다.

드론시큐리티 기술의 상호 운용성을 높이도록 표준화와 관련된 부분의 연구를 선행적으로 수행할 필요가 있다. 이를 위해 연구 결과와 데이터를 공유할 수 있는 플랫폼을 구축하여 중복 연구를 방지하고 연구 효율성을 증대시키는 것이 바람직하다.

아래의 사진과 같이 최근 드론의 활용과 드론테러의 대응 분야는 중동지역은 물론 인터폴에서도 가장 관심을 많이 가지고 있는 분야로 국가간 전문가회의를 비롯한 공동연구가 확대되고 있다.

**[그림 11-4] 인터폴 100주년 기념 포럼**

출처: 사우디 NAUSS

　이러한 국가공동연구를 위해서는 예산 및 자금의 확보가 무엇보다 중요하다. 정부는 드론시큐리티의 중요성을 인식하고, 관련 연구를 위한 예산을 우선적으로 배정하고, 기존의 연구개발 지원 프로그램을 활용하여 드론시큐리티 연구를 지원하는 정책과 예산을 확대하여야 한다. 드론시큐리티 분야의 성장 가능성을 강조하여 벤처 캐피탈, 엔젤 투자자 등 민간 투자를 유치하는 것도 방법이다. 해외의 연구 기관 및 기업과의 공동연구를 통해 국제적인 연구 자금을 확보하고, 글로벌 연구 네트워크를 구축하여 국가공동연구를 확대해 나가는 것이 필요하다.

　드론 기술, 사이버 보안, 데이터 분석, 정책 등 다양한 분야의 전문가로 구성된 연구팀을 구성하고, 우수 인재를 유치할 수 있도록 전문교육 프로그램의 마련과 다양한 인센티브 제공이 필요하다. 대학과의 협력을 통해 드론시큐리티 관련 학과나 대학원을 신설하거나, 기존 학과에 관련 과목과 전공을 개설하여 이 분야 전문 인력을 양성하고, 산학연 협력 프로그램을 통해 학생들이 현장 경험을 쌓을 수 있도록 해야 한다. 나아가 해외의 선진 연구 기관과의 교류를 통해 연구원들의 역량을 강화하고, 최신 기술 동향을 파악할 수 있도록 지원하고, 국제적인 역량을 강화하기 위해 국제 학술대회 참여, 해외 연수 프로그램 확대 운영할 필요가 있다.

## [그림 11-5] 세계드론회의 발표

출처: 2023, 2024 중국 심천

　　미국과 일본은 인공지능(AI)과 드론 기술을 결합한 공동 연구를 진행하고 있으며, 국제 공동연구를 통해 양국은 기술 개발의 시너지를 창출하고 있다. 일본의 NTT 도코모는 전자업체 NEC와 함께 5G를 활용한 드론 무인점검 서비스 공동 연구를 하고 있으며, 이를 통해 인프라 점검의 효율성을 높이고, 전문 기술자 부족 문제를 해결하고 있다. 드론을 통해 현장에서 검사 데이터를 수집 및 실시간 공유하고, 최종 점검 판단을 하는 전문 기술자는 사무실에서 여러 현장을 관리하기 때문에 인력부족 문제도 해결되고 시설물의 상시적인 안전관리에도 도움이 된다. 이러한 방안들을 통해 드론시큐리티 분야의 국가 공동연구를 확대하고, 경찰, 소방, 국방, 재난재해 대응 등 다양한 분야에서의 드론 활용을 촉진하여 국가 위기 대응 능력을 강화할 수 있다.

## [그림 11-6] NTT 도코모와 NEC 드론 공동연구

5G 기반 드론을 활용한 인프라 검사 무인화(NTT도코모-NEC 공동연구)

출처: 보안뉴스, 2025.2.15.

미국의 경우 메릴랜드 대학교의 START(National Consortium for the Study of Terrorism and Responses to Terrorism, 이하 START) 프로그램이 대표적이다. START 국가컨소시엄은 테러리즘과 그에 대한 대응을 과학적으로 연구하기 위해 설립된 대학 기반의 연구 및 교육 센터로, 미국 국토안보부의 지원을 받아 2005년에 설립되었으며, 전 세계 50개 이상의 학술 및 연구 기관과 협력하여 테러의 원인, 동향, 사회적 영향 등을 연구하고 있다.[35]

## [그림 11-7] 메릴랜드 대학 START 국가컨소시엄

출처: 메릴랜드 대학 홈페이지

START의 주요 활동 중 하나는 글로벌 테러리즘 데이터베이스(GTD)의 유지 및 관리다. 이 데이터베이스는 1970년부터 전 세계에서 발생한 200,000건 이상의 테러 사건에 대한 정보를 포함하고 있으며, 테러 연구에 있어 가장 포괄적인 비분류 데이터베이스로 알려져 있다. 또한, START는 학부 및 대학원 학생들을 위한 다양한 교육 프로그램을 제공한다. 예를 들어, 온라인으로 진행되는 테러리즘 분석 대학원 인증 프로그램과 보안 및 테러리즘 연구 석사 프로그램을 통해 학생들은 테러리즘의 원인, 동향, 대응 전략 등에 대한 심도 있는 학습을 가능하게 한다.

START의 이러한 모델은 드론시큐리티 분야의 국가 공동연구를 확대하는 데 있어 유용한 참고 사례가 될 수 있다. 다양한 학술 기관과의 협력을 통해 드론시큐리티에 대한 포괄적인 데이터베이스를 구축하고, 이를 기반으로 연구 및 교육 프로그램을 개발함으로써 드론시큐리티 분야의 전문 인력을 양성하고, 국가 위기 대응 능

---

35 스타트 연구소 홈페이지(start.umd.edu)

력을 강화하는 데 기여하고 있다.


## 4. 국가컨소시엄 구축

드론시큐리티 분야의 지속적인 발전을 위해서는 학계와 산업계, 연구기관과 정부와의 긴밀한 협력이 필요하다. 이 분야는 기업에만 맡길 수도 없고, 국가에만 의존할 수 없다. 국가차원의 컨소시엄을 구축하여 각자가 역량을 발휘할 수 있도록 운영하는 게 효과적이다.

국가차원의 컨소시엄에서 각자의 역할은 다음과 같다. 대학은 드론시큐리티 전문 인력을 양성하고, 기업은 필요한 기술과 현장 경험을 제공하여 실무 능력을 배양하도록 한다. 대학의 연구기관은 연구 결과를 기업이 상용화하여 시장에 신속하게 진입할 수 있도록 유도하고 산학연 협력을 통해 지속적인 기술 혁신을 추구하고, 글로벌 경쟁력을 강화하도록 하는 산학연 공동 협력 모델이다. 정부는 이러한 컨소시엄의 운영을 지원하고, 산학연 협력의 장애 요인을 제거하는 정책을 마련해야 한다. 이러한 드론시큐리티 산학연 공동체 활성화와 역량 향상을 통해 국가 위기 대응 능력을 한층 강화할 수 있을 것이다.

드론시큐리티 분야에서 경찰, 소방, 국방, 재난재해 대응 등 다양한 영역의 효율적인 협력을 위해 대학, 기업, 정부기관이 연합하는 국가급 컨소시엄이 필요한 이유이다.

[그림 11-8] 드론시큐리티 국가컨소시엄 조직 개념도

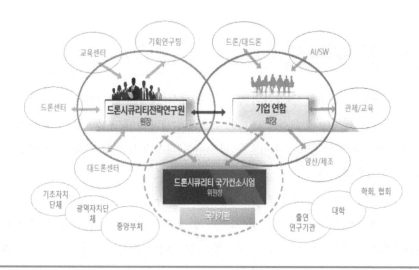

출처: 순천향대학교 드론시큐리티 전략연구원

드론시큐리티는 여러 부처와 기관의 관할이 중첩되는 분야이므로, 일관된 정책 수립과 효율적인 협력을 위해 국가급 거버넌스 체계를 구축하여 운영함으로써 국가 안보와 사회안전에 기여할 수 있을 것이다. 국가위기관리를 위해서 드론시큐리티 생태계의 건전한 육성이 필요하다.

제5절 사이버 안보 위기관리 방안

## 1. 국가 사이버 안보 위기대응 역량의 조건

국가가 사이버 안보 부문과 관련하여 빈번하게 발생할 수 있는 위기에 대해 신속하게 대응하고 그러한 위기를 효과적으로 관리하여 더 큰 위기로 발전되지 않도

록 하기 위해서는 일정한 수준에서의 국가의 사이버 안보 역량이 요구된다.

하버드 케네디 대학(Harvard Kennedy School)의 벨퍼센터(Belfer Center for Science and International Affairs)는 국가의 '사이버 전략', '외부 공격에 대한 방어역량과 공격작전 역량', '사이버 자원 제공 역량', '민간의 사이버 역량'을 종합하여 '사이버국력지수(NCPI, National Cyber Power Index)'를 개발했다. 구체적으로 NCPI를 도출해내기 위해 측정된 치수는 사이버 영역의 금융, 감시기술, 정보·첩보, 통상, 방위, 정보통제, 공격력, 규범과 관련된 국가 역량이다. 상당히 종합적이고 포괄적인 이러한 전방위적인 기준을 통해 볼 때 한 국가의 사이버 국력 지수가 높은 경우, 국가는 다음과 같은 사이버 역량을 보유한다고 평가할 수 있다(Voo, Hemani & Cassidy, 2022).

첫째 국내 다양한 위협과 행위자에 대한 정보를 모니터링하고 감지하며 수집할 수 있는 '사이버 감시 역량(cyber surveillance capabilities)'은 시민 감시, 인터넷 트래픽 모니터링, 암호해독, 해외 첩보활동 감지 및 차단, 범죄 혹은 테러집단에 대해 모니터링을 수행할 수 있는 능력을 의미한다. 즉 국내에서 발생하는 사이버 위협을 신속하고 정확하게 포착할 수 있고 다양한 사이버 수단을 통해 국내 안보위협을 분별해낼 수 있는 능력이 그러한 감시역량이다.

둘째 높은 수준의 사이버 역량을 보유한 국가는 국가 자산과 제도를 방어하고 '사이버 복원력(resilience)'을 효과적으로 달성할 수 있으며, 다양한 사이버 위협에 대한 상황인식(situational awareness) 능력이 크다. 그러한 역량을 보유한 국가는 그만큼 자국의 주요 산업과 시민들을 더 잘 보호할 수 있다.

셋째 높은 수준의 사이버 역량을 가진 국가는 국내외 정보와 내러티브를 사용하고 활용하는 데에 있어서 더 많은 사이버 수단을 갖고 있다. 즉 그러한 국가는 자국의 프로파간다나 메시지를 담은 내러티브를 국내외로 효과적으로 확산시킬 수 있다. 따라서 그러한 역량을 가진 국가는 국가 안보를 위협하는 다양한 세력을 특정하고 (identify) 그러한 위협을 차단할 수 있는 사이버 수단을 사용할 수 있어야 한다. 오늘날 사이버 심리전이나 인지전은 평시에도 상시적으로 위협적으로 전개되고 있기 때문에 국가의 군이나 정보기관이 수행할 수 있는 영향공격 능력도 이제는 국가의 사이버 역량으로 간주되기 시작한 것이다.

넷째 높은 사이버 역량을 보유한 국가는 곧 사이버 수단을 사용하여 적국에 대한 주요 기밀 정보나 지도층에 대한 민감 정보를 더 잘 수집할 수 있고 그러한 정보를 통해 타국의 외교활동과 군사계획, 조약의 준수 실태를 더 잘 파악하고 대응할 수 있다. 초연결 사회의 오늘날 국가가 수집하는 대부분의 주요 정보가 사이버 공간을 통해 수집되는 디지털 정보이므로 국가의 사이버 공간에서의 정보수집과 분석 능력은 즉 사이버 첩보능력은 곧 국가의 방위능력을 의미한다.

다섯째 높은 사이버 역량을 보유한 국가일수록 그 국가는 국내 기술 산업이나 사이버 기술을 이용한 다른 산업을 더 잘 발전시킬 수 있고, 타국 기업이나 국가에 대한 산업첩보 활동도 더 잘 수행할 수 있다. 또한 국가가 사이버 보안과 관련된 연구나 개발에 더 많은 자원을 투입할 수 있다는 것도 높은 사이버 역량을 의미한다. 이러한 측면에서 볼 때 민간의 사이버 역량이 국가 사이버 역량에서 차지하는 비중은 지대하고 민관협력과 공조의 강화는 곧 국가 사이버 역량의 증대를 의미한다.

여섯째 사이버 역량이 큰 국가는 사이버 전장이나 물리적 전장에서 적의 인프라를 파괴하거나 오작동을 일으킬 수 있는 사이버 공격 기술과 적의 사이버 공격을 효과적으로 차단할 수 있는 능력을 보유하고 있다. 따라서 사이버 공격 주체에 대한 반격과 응징 등 방어 차원을 넘어선 사이버 억지력을 보유한 국가는 그러한 반격을 실제로 수행할 수 있는 능력과 의지를 적에 대해 보여주는 등 다양한 잠재적 사이버 공격 주체에 대한 선제적 억지를 실현하는 효과를 발휘할 수 있다.

일곱째 사이버 역량이 큰 국가는 국제사회의 사이버 거버넌스, 즉 사이버 규범의 법적, 정책적, 기술적 논의에 참여하고, 사이버 관련 조약이나 사이버 범죄를 다루는 사이버 파트너십, 사이버 동맹, 사이버 이슈를 다루는 다양한 워킹그룹을 주도하거나 그 속에서 일정한 역할을 담당한다. 사이버 역량이 큰 국가는 이러한 다양한 활동을 주도하거나 참여하면서 다른 국가들과 사이버 관련 전문지식과 역량을 공유할 수 있다.

여덟째 높은 사이버 역량을 갖는 국가는 그러한 자국의 경제와 산업을 안전하게 보호하여 더 효과적으로 경제성장을 도모할 수 있다. 그러한 역량은 랜섬웨어를 통한 탈취나 해킹을 통한 정보수집, 혹은 금융기관의 디지털 인프라에 대한 사이버 공격 능력도 포함한다. 또한 사이버 역량이 큰 국가는 자국의 다양한 국가목표를 달성하기 위해 사이버 역량을 효과적으로 사용할 수 있다.

2022년 벨퍼센터가 발표한 사이버국력지수를 통해 측정했을 때 현재 미국은 세계 최고의 사이버 국력을 보유하고 있다. 중국과 러시아가 미국 다음의 순위를 점하고 있고, 한국은 2020년에는 10위권 밖이었으나 2022년 7위로 올라서면서 10위권에 진입했다. 한국은 과학기술 잡지인 'MIT Technology Review'가 발표하는 2022/2023년 사이버방위지표(Cyber Defense Index)에서 호주 1위, 네덜란드 2위에 이어 3위를 차지했고(MIT Technology Review 2023), 로위연구소(Lowy Institute)가 발표하는 아시아파워지표(Asia Power Index) 중 사이버역량(cyber capabilities) 분야에서는 2023년에 4위를 차지했다. 한국은 이 지표에서 2024년에는 6위로 내려갔는데 군사방위 네트워크가 북한으로부터 빈번하게 사이버 공격을 받은 일들이 부정적인 영향을 끼친 것으로 보인다(Lowy Institute Asia Power Index 2024).

[표 11-3] MIT Technology Review가 발표한 2022/2023년 사이버방위지표 (Cyber Defense Index)

|  | 한국 | 북한 |
|---|---|---|
| 호주 | 7.83 | #1 |
| 네덜란드 | 7.61 | #2 |
| 한국 | 7.41 | #3 |
| 미국 | 7.13 | #4 |
| 캐나다 | 6.94 | #5 |
| 폴란드 | 6.91 | #6 |
| 영국 | 6.79 | #7 |
| 프랑스 | 6.78 | #8 |
| 일본 | 6.71 | #9 |
| 스위스 | 6.45 | #10 |
| 이탈리아 | 6.37 | #11 |
| 중국 | 6.27 | #12 |
| 독일 | 6.24 | #13 |
| 스페인 | 6.13 | #14 |

하버드 벨퍼센터가 최근 로위연구소나 MIT Technology Review보다 한국의 사이버 역량을 낮게 평가한 이유는 한국이 사이버 공격력을 적극적으로 사용하지 않은 것이 영향을 끼쳤다. 최근 한국의 북한에 대한 사이버 정책이 기존의 '거부에 의한 방어(defense by denial)', 즉 수세적 방어 중심에서 벗어나 공세적인 내용을 담기 시작한 것은 북한의 사이버 위협에 대한 효과적 대응이 방어정책만으로는 제한적이기 때문이다. 사이버 안보 정책이 '수세적 방어 중심'이라는 것은 곧 2000년대 초반부터 시작된 북한의 사이버 공격을 지속적으로 당하기만 하고 그러한 공격에 대해 우리가 공세적인 사이버 작전을 수행하지 않았다는 것을 의미한다(송태은 2023).

[표 11-4] 한국과 북한의 사이버 국가역량(NCPI)

| 영역 | 한국 | | | 북한 | | |
|---|---|---|---|---|---|---|
| | 능력 (최대치=100) | 의도 (최대치=1) | 능력×의도 | 능력 (최대치=100) | 의도 (최대치=1) | 능력×의도 |
| 금융(Financial) | 0 | 0.05 | 0 | 100 | 0.5 | 50 |
| 감시기술 (Surveillance) | 45 | 0.45 | 20.25 | 28 | 0.6 | 16.8 |
| 정보·첩보 (Intelligence) | 25 | 0.95 | 23.75 | 8 | 0.6 | 4.8 |
| 상업 (Commerce) | 35 | 0.45 | 15.75 | 8 | 0.6 | 4.8 |
| 방어력(Defense) | 40 | 0.38 | 15.2 | 45 | 0.08 | 3.6 |
| 정보통제 (Information control) | 40 | 0.45 | 18 | 5 | 0.65 | 3.25 |
| 공격력(Offense) | 35 | 0.35 | 12.25 | 30 | 0.6 | 18 |
| 규범(Norms) | 30 | 0.65 | 19.5 | 10 | 0.15 | 1.5 |
| 총계 | 250 | | 124.7 | 234 | | 102.75 |

출처: 벨퍼센터 평가점수 Voo et al(2022) 활용하여 계산

한편 벨퍼센터의 NCPI를 통해 파악된 북한의 종합적인 사이버 역량은 2022년

세계 14위를 차지하고 있으며, 북한의 사이버 전력은 압도적으로 사이버 공격 활동과 불법적인 금융 활동에 집중되어 있다. 북한의 사이버 공격 능력(destructive capability)은 미국, 러시아, 중국, 영국, 이란에 이어 세계 6위이고 한국은 11위이다. 특히 금융 분야에서 북한의 가상자산 탈취 기술은 최고 점수인 100점에서 100점으로 평가받고 있는 반면 디지털 금융활동과 관련된 사이버 역량과 그러한 역량의 사용 의지도 매우 낮다. 측정된 북한의 사이버 방어력은 사이버 공격력보다 큼에도 불구하고 북한의 사이버 방어 의지는 공격 의지보다 약하고 사이버 공격능력을 사용하려는 의도가 월등히 크다.

이러한 맥락에서 우리 정부는 2024년 2월 국가안보실이 '국가사이버안보전략'을 발표했는데 제일 첫 번째로 강조된 항목은 '공세적 방어(offensive defense)'이다. 공세적 방어와 함께 '글로벌 리더십 확장'과 '사이버 복원력 확보'는 정부가 발표한 대표적인 세 개 주요 정책 목표이다. 우리 정부가 제시한 '공세적 방어'의 개념은 한국 사이버 안보 정책에서 처음으로 제시된 적극적 방어(active defense)의 개념으로 우리의 정책 방향이 기존의 수동적인 기조에서 완전히 탈피할 것을 정부가 의지적으로 제시한 것으로 볼 수 있다.

국가안보실은 2024년 9월에 추가적으로 '국가사이버안보기본계획'를 발표했고, 이 기본계획에는 14개 부처가 이행할 100개의 실천과제를 제시했다. 이는 다른 주요 사이버 강국과 같이 국가 사이버 안보에 있어서 우리도 '범정부 접근법(a whole of government approach)'을 취하고 있음을 보여주고 있다. 또한 이번 기본계획은 특별히 '허위정보'에 대한 대응을 처음으로 언급하고 있어 정부가 사이버 공간에서 유포되는 허위조작정보의 문제를 다른 사이버 강국처럼 '사이버 위협'의 문제로서 보기 시작했음을 말해준다. 한편, 정부의 이러한 다양한 노력에도 불구하고 한국은 아직까지 사이버 안보 기본법이 없는 상태에서 대통령 훈령인 '국가사이버안전관리규정'에 근거하여 세계적 수준의 사이버 공격 능력을 구사하는 북한에 대응하고 있는 상황이다.

## 2. 사이버 안보 위기 대응을 위한 통합적 접근법

### 1) 복원력 강화를 위한 통합적 의사결정 체계

오늘날 급속도로 발전하고 있는 사이버 기술은 공격의 규모와 속도를 크게 증대시켜 국가안보와 국가의 경제·산업에 입힐 수 있는 피해가 막대하다. 초연결 사회에서 사이버생태계(cyber ecosystem) 전체의 복원력(resilience)이 강화되지 못할 경우 사이버 안보상의 위기는 국가기능을 쉽게 무력화시키고 사회전체가 큰 혼란에 빠질 수 있다. 따라서 많은 국가들이 사이버 복원력을 강조한다. 사이버 복원력은 사이버 보안 사고를 미리 예방하고, 보안사고 발생 시 피해의 충격을 견뎌내고 신속하게 복구할 수 있는 능력을 일컫는다.

이러한 복원력 강화에 있어서 가장 중요한 것은 신속한 위협정보의 공유와 관련 기관과 부처의 통합된 의사결정 체계의 구축이다. 국내외 다양한 사이버 위협에 대해 평시와 전시를 모두 아우르며 신속하게 정보를 공유하고 의사결정을 내리면서 자원과 인력을 효율적으로 배치시킬 수 있는 범부처 대응 체제를 통합적으로 마련하고 운영하는 능력이 중요한 것이다. 특히 전방과 후방의 구분이 없는 사이버 공간에서 외부 공격에 대해 대응하는 일은 물리적 공간에서의 방어보다 어렵고 복잡하며 사이버 공격을 당한 직후의 대응과 회복이 매우 중요하므로 민·군·관의 합동 대응 상황을 염두에 둔 공조 시스템 구축과 합동 훈련이 중요해진다.

사이버 안보 위기에 대응할 통합적이면서 신속한 의사결정 체계를 구축하기 위해서는 전 부처가, 그리고 민간과 함께 다양한 사이버 위협에 관한 정보를 공유하고, 조기경보를 신속하게 발신하며 공동대응을 위한 플랫폼을 운영할 수 있어야 한다. 특히 사이버 위협과 같이 비전통 안보 영역에서 발생하는 위기는 서로 다른 영역별로 독립적으로 발생하기보다 동시다발적으로 발생하거나 서로 영향을 끼치며 위기의 범위와 수준이 발전할 수 있다. 따라서 사이버 위기 대응 체제는 전·평시를 연계한 통합적 접근법을 취해야 한다. 즉 명확한 전·평시의 구분, 공공영역과 민간 영역의 구분, 전투공간과 비전투 공간의 구분과 경계를 뛰어넘는 통합적인 접근법이 필요한 것이다.

## 2) 위험관리와 위기관리의 연계

사이버 안보 위기에 있어서 사이버 공간에서 활동하는 행위자의 은밀성과 익명성은 위험과 위기의 구분을 어렵게 하고 합리적인 의사결정을 방해하는 요소이다. 인터넷 네트워크에 문제가 생겼을 때 이것이 단순히 기계의 오작동이나 오류가 아니라 분명한 공격자에 의한 결과라면 위기대응 방식이 달라질 것이다. 따라서 비의도적인 성격의 위험(risk)과 의도적 공격에 의한 위기(crisis)를 분별하기 어려운 대응 초기 단계에서 국가는 애초에 위험관리와 위기관리를 연계한 사이버 작전을 공격적으로 운용하는 것이 바람직하다. 위기관리(crisis management)'는 국가의 각종 제도와 조직, 지도층과 일반 대중을 위기에 빠뜨리거나 위협하는 중대한 사건을 다루고 대응하는 것이라면, '위험관리(risk management)'는 그러한 위기나 위협의 영향을 미리 파악하고 상쇄시키거나 통제할 방법을 찾는 활동이다. 그런데 오늘날과 같이 하이브리드 위협이 증대하는 상황에서 이 둘을 명백히 구분하고 차별되게 대응하는 것은 공격자가 노리는 취약점이 될 수 있다.

따라서 사이버 안보 위기에 대한 대응은 다양한 층위의 사이버 도발에 대한 개념 수립을 필요로 한다. 즉 사이버 공간에서 발생하는 위기대응 지침이나 사이버전 대응체계 구축의 마련에 있어서 위기에 처한 주체가 위기를 '어떻게 인식하는가'가 중요하므로 사이버 위험과 위기의 단계를 판단할 근거와 기준을 마련할 필요가 생긴다. 즉 사이버 공격을 대응하는 주체가 위기관리를 어떤 측면에서 이해하고 인식하는지에 따라 위기관리는 달라질 수 있기 때문에 이러한 기준을 마련할 필요가 있는 것이다. 위기는 언제 발생할지 '예측할 수 없는(unpredictable)' 성격을 갖지만 위기 자체가 '예상할 수 없는(unexpected)' 사건은 아니다. 따라서 위기가 발생하기 전에 나타나는 다양한 경고신호(warning signals)와 징후들을 파악하고 위기 발생을 대비하며 위기 발생 전 다양한 위험을 관리해 나갈 수 있어야 한다.

궁극적으로 사이버 공격에 의해 발생하는 위기의 전 과정과 단계에서 정보기관과 군을 포함한 정부의 각 부처가 공조하며 위기에 신속하게 대응하기 위해서는 위기의 각 단계에서 적절한 정책과 조치가 통일성(coherence)을 유지하며 취해지도록 하는 의사결정체계를 필요로 한다. 즉 사이버 공격의 징후를 포착하는 것에서부터 공격 발생 이후의 정보공유 및 분석, 반격과 피해 복구에 이르기까지 사이버 공격에 대한 대응이 시의적절하고 효과적으로 이루어질 수 있는 의사결정체계를 구축하는 것이다.

## 3. 사이버 상황인식 역량과 민관공조

사이버 공간의 다양한 위협에 대한 대처에 있어서 가장 중요한 선행 조건은 국가가 사이버 공간에 대한 높은 수준의 상황인식(situational awareness) 능력을 보유하는지의 여부이다. 즉 국가의 사이버 공간에 대한 사이버 감시역량(cyber surveillance capabilities)은 다양한 사이버 위협에 대해 지휘부가 무엇을 '위기'로서 판단해야 하는지, 어떤 대응과 작전이 적절한지를 정확하게 판단하게 하는 전제 조건이다. 예를 들어 적의 조직적인 군사적 사이버 작전을 일반 해커의 사이버 범죄 수준으로 잘못 판단하는 등 정보분별에 실수가 없기 위해서는 사이버 공간에 대한 높은 수준의 상황인식을 필요로 한다.

국내 다양한 위협과 행위자에 대한 정보를 모니터링하고 감지하며 수집할 수 있는 사이버 감시 역량은 인권을 침해하지 않는 범위에서의 개인의 비정상적인 인터넷 활동에 대한 감시, 인터넷 트래픽 모니터링, 암호해독, 해외 첩보활동 감지 및 차단, 범죄 혹은 테러집단에 대해 다양한 사이버 수단을 통해 모니터링을 수행할 수 있는 능력을 의미한다. 다시 말해, 국가가 사이버 감시역량을 증진시키기 위해서는 수준 높은 사이버 첩보 능력을 필요로 한다. 사이버 첩보 능력은 자국의 사이버 수단을 사용하여 적국에 대한 주요 기밀 정보나 지도층에 대한 민감 정보를 더 잘 수집할 수 있고 그러한 정보를 통해 타국 외교활동과 군사계획 등의 실태를 더 잘 파악하고 대응할 수 있음을 의미한다.

과연 우리의 경우 사이버 공간에 대한 감시능력과 첩보활동 능력이 현재 어떤 수준에 있는지 엄밀한 평가가 수시로 이루어져야 한다. 초연결 사회의 오늘날 국가가 수집하는 대부분의 주요 정보는 사이버 공간을 통해 수집되는 디지털 정보이기 때문에 국가의 사이버 공간에서의 정보수집과 분석 능력은 곧 국가의 상황인식 능력과 방위능력을 의미한다. 따라서 현재 우리 정부의 사이버 첩보 기술이나 역량이 어떤 정보까지 수집, 분석하는 것이 가능한지 엄밀한 평가가 필요하고, 사이버 첩보 역량을 신속하게 증진시키기 위한 법제도적 방법이 마련되어야 한다.

국가의 사이버 공간에 대한 상황인식은 민간과의 협력과 공조를 필요로 한다. 그리고 민과 관이 본격적으로 사이버 안보 분야에서 협력하기 위해서 필요한 것은 민관 간 신뢰형성인데 특별히 사이버 안보 분야에서는 민간의 안보관이 국가와 동일해야 한다. 예컨대 북한의 사이버 위협에 민관이 공조하며 효과적으로 대처하기 위해서는 국가와 민간 및 시민사회가 동일한 사이버 안보 인식을 갖는 것이 조건이다. 민간의 안보관이 중요한 것은 사이버 공간을 이용한 해킹, 포르노·도박·마약밀매·사기 등 각종 범죄, 국가 기밀 유출, 스파이 활동 및 영향공작, 테러리즘 모의 등은 대중이 일상적으로 사용하는 소셜미디어, 메타버스(metaverse) 혹은 챗GPT(ChatGPT) 등을 통해서도 이루어질 수 있기 때문이다. 즉 민간의 안보의식이나 사이버 공간의 사용 방식이나 위험이나 위협에 대한 동질적인 인식과 시각은 국가 안보와도 직결된다.

민간 및 시민사회가 사이버 안보 위협에 대해 국가 및 국제사회와 동일한 민감성과 상황인식 및 분별력을 갖기 위해서는 동 이슈에 대한 교육, 훈련 및 자문 등을 통한 정보와 대응지침의 제공이 상시적으로 이루어지는 것이 중요하다. 이러한 동일한 안보관을 마련하기 위해서 외교부, 국방부, 국정원, 과기정통부 등 사이버 안보와 관련된 정부 부처는 국민의 사이버 안보 의식을 증진하기 위해 각 부처가 운영하는 다양한 교육 프로그램에 사이버 안보와 관련된 정보와 지식 및 토론과 훈련이 IT 기업 등 관련 종사자뿐 아니라 일반 시민들에게도 제공되게 하는 노력을 펼칠 수 있다. 더불어, '개방되고 안전하며 신뢰할 수 있는 사이버 공간 증진' 및 '사이버 공간에서의 국가의 책임 있는 행동(responsible state behavior in cyberspace) 규범' 등 유엔을 비롯한 국제사회가 사이버 공간에 대해 공유하는 가치와 원칙을 민간 및 시민사회가 인지, 이해할 수 있도록 관련 정보와 교육의 기회를 지속적으로 제공할 수 있어야 한다.

2020년 미국이 경험한 러시아의 첩보기관인 해외정보국(SVR)가 배후로 밝혀진 솔라윈즈 사태는 사이버 안보 위기를 해결하는 데에 있어서 민관공조가 얼마나 결정적인지 보여준다. 사태 초기에 미 보안업체인 파이어아이(FireEyes)는 자 회사에 대한 러시아 발 사이버 공격 배후가 러시아 첩보부임을 감지했고 이 사실을 NSA에 신속하게 알렸다. 이러한 민관 공조는 NSA가 솔라윈즈 사태의 취약한 부분을 신속하게 파악하고 공격자가 사용하는 기술과 멀웨어를 발견하여 즉각적으로 대처하는 데에 결정적으로 기여했다. 보안회사에 있어서 보안침해 사고는 회사에 대한 신뢰를 대단히 훼손시킬 수 있는 일이지만 파이어아이는 평판 문제가 생길 수 있음에도 불구하고 결단적으로 행동했던 것이다. 미 사이버사령관(Commander of U.S. Cyber Command)이자 국가안보국장(Director of the National Security Agency) 폴 나카소네(Paul Nakasone)는 솔라윈즈 사태가 미국의 민관공조를 통한 사이버 방위력을 강화시키는 중요한 전환점이 되었다고 언급한 바 있다(Pomerleau 2022). 이러한 공조는 미국 정부와 업체 간의 신뢰와 빈번한 협력이 부재했다면 불가능했을 수도 있다.

우리의 경우 2022년 11월 국정원은 사이버 위협 대응에 있어 민관공조를 증진시킬 목적으로 판교에 '국가사이버안보협력센터'를 개소하여 사이버 위협 동향과 공격 기술을 민관이 공동으로 분석하고, 악성코드와 침해지표 등 위협정보를 공유하며, 사이버 위협에 대해 합동으로 대응하는 기능을 수행케 하고 있다. 2024년 센터의 이름을 '국가사이버안보센터(NCSC) 판교 캠퍼스'로 명칭을 변경했다. 이 캠퍼스에는 안전진단 및 기술공유실이 마련되어 사이버 보안 기업이 개발한 제품에 대한 평가와 컨설팅을 제공하고 있다. 센터가 설립될 때 센터는 침해합동대응팀은 국방부, 과기정통부, 경찰, 금융보안원, 한국인터넷진흥원 등 정부기관과 안랩, 이스트시큐리티, S2W, SK쉴더스 5개 IT 보안기업 전문가로 구성되어 특정 사이버 위협에 대한 공조가 즉각적으로 이루어질 수 있게 했고 이후 사이버 침해 사고에 대응하는 데에 있어서 공동작전을 통해 많은 성과도 도출시켰다.

여기에서 더 나아가 2024년 9월 국정원은 범국가 사이버안보연대인 '사이버 파트너스(Cyber Partners)'를 출범시켜 국가, 공공기관이 정보보호업체, 통신, 방산, 의료, 금융, 전력 관련 기업과 함께 사이버 위협 정보를 공유하고, 교육훈련과 실무교육을 추진할 것을 천명했다. 또한 국정원은 2024년 9월 국제사이버훈련인 'APEX (Allied Power EXercise)'를 개최했고 미국, 일본, 싱가포르 등 나토 및 인도태평양 20여 개 국이 참여하여 이 지역에서의 사이버 안보 위기에 대해 공동의 대응역량을 강화하는 훈련을 성공적으로 마쳤다.


## 4. 국제 사이버 모의훈련과 국가 간 공동작전

　사이버 안보 협력과 공조는 동맹국 혹은 우호국 간 연합 방위태세의 확립에서 가장 중요한 요소이다. 더군다나 최근의 사이버 위협은 첨단 기술의 발전에 따라 급속도로 고도화, 지능화되어 파괴력도 지속적으로 증대하기 때문에 오늘날 국가 간 사이버 안보 협력은 자연스럽게 정보통신기술, 인공지능과 블록체인 및 우주기술 등 다양한 신기술 분야로의 협력으로 확장된다.

　사이버 연합 전력을 강화하는 데에 있어서 긴밀한 정보공유와 정보보안, 디지털 역량 강화 지원, 공동의 군사작전을 위한 사이버 공간 방어, 사이버 공간의 복원력 증대는 양국 협력의 가장 기본적 조건이다. 이러한 조건을 충족하기 위해 양국은 통신망이나 공급망의 보안 및 위기 시 상호 지원에 필요한 소프트웨어와 주요 기술이 상호운용성(interoperability)을 갖도록 동일한 표준을 사용하게 된다. 또한, 국가 간 협력에 있어서 사이버 안보 분야 민간 행위자들이 관련 정부 기관 및 부처와 동일한 수준으로 함께 공조하면서 정보보안에도 철저할 수 있어야 한다. 이러한 기본 조건을 토대로 국가 간 사이버 영역에서의 연합 전력이 다층적으로 강화될 수 있다.

　이러한 차원에서 한국과 미국은 2023년 4월 26일 양국 정상회담에서 〈한미 전략적 사이버안보 협력 프레임워크〉를 채택했다. 한·미정상회담에서 양국은 한·미 동맹을 사이버 공간으로 확장하는 내용을 담은 이 프레임워크를 통해 양국의 사이버 안보협력에서 상호방위조약의 적용과 관련된 구체적인 논의를 시작하기로 합의했다. 특히 사이버 안보 분야에서 양국이 파이브아이즈(Five Eyes) 수준의 정보동맹 관계를 심화할 것을 밝혔고 한·미는 ▲정보공유, ▲악의적 사이버 활동 차단과 억지 및 방어와 위협감소 조치 등 대응수단을 개발하고 실행할 것과 ▲자금세탁과 가상자산 탈취 탐지, 억지, 와해를 위한 협력, ▲평시 사이버 공간에서 국가의 책임 있는 행동 촉진 및 국제공조, ▲사이버 훈련을 통한 사이버 역량 강화 및 국가 기반시설 보호를 위한 기술 연구와 개발 협력, ▲양국 민간 협력 증대, ▲사이버 복원력 강화를 위한 민·관·학 협력, ▲개방성, 상호운용성, 신뢰성, 안전하고 안정된 사이버 공간 추구 등의 노력에 합의했다. 이후 한미 양국은 사이버 안보 분야에서 양국 간 동맹 차원에서 그동안 추진해오지 못했던 협력 어젠다를 급진전시켰고, 2024년 1월 에는 한국에서 미국의 사이버사령부와 한국의 사이버작전사령부가 최초의 사이버 동맹훈련을 실시했고 성공적인 훈련결과를 토대로 양국 훈련을 정례화시키기로 했다.

국제 사이버 안보 협력에 있어서 협력국 간 공동의 위협인식과 연대감을 고취시킬 수 있는 방법은 사이버 훈련을 함께 해보는 일이다. 미국은 다국적 사이버 훈련으로서 '사이버플래그(CyberFlag)' 훈련을, NATO는 '락트쉴드(Locked Shields)'와 '사이버 연대훈련(Cyber Coalition)'을, 영국은 'Defense Cyber Marvel(DCM)'를, 네덜란드는 CyberNet을, EU는 유럽연합사이버안보국(European Union Agency for Cybersecurity, ENISA)이 개최하는 'Cyber Europe' 훈련을 이끌고 있다. 한국은 이러한 다양한 국제 사이버 훈련에 매년 참여하고 있고, 여러 차례 우승을 차지하며 우리의 역량을 세계 무대에서 증명해보였다. 한국은 2024년부터 사이버 안보 분야의 국제회의로서 '사이버서밋코리아(Cyber Summit Korea, CSK)'를 개최했고 이 회의는 두 개 프로그램으로서 '사이버공격방어대회(Cyber Conflict Exercise, CCE)'와 'Allied Power EXercise(APEX)'를 개최하고 있다.

이와 같은 훈련은 향후 국가 간 사이버 작전을 함께 펼치며 해커조직들에 대해 반격을 하거나 사이버 범죄 문제에 공조하는 등 보다 본격적인 사이버 안보 협력으로 이어지게 하는 발판이 된다. 훈련을 통해 파트너 국가의 사이버 역량을 직접 확인할 수 있고 상호 커뮤니케이션을 통해 협력 가능성과 유익을 판단해 볼 수 있기 때문이다. 사이버 안보 협력에 있어서 각국은 ▲서로 다른 우선순위의 문제, ▲국내 법·제도 미비나 제약사항, 그리고 ▲사이버 보안 관련 잦은 침해사고 발생 등이 상호신뢰와 더 심화되고 진전된 형태의 협력으로의 이행을 방해할 수 있다. 그러한 측면에서 국제 사이버 훈련은 국가 간 협력을 방해하는 장애요소를 식별하고 해결안을 도출할 동인을 제공할 수 있다.

더불어, 세계적인 사이버 위협에 대해 함께 위협 주체를 거론하고 비판하며 책임을 묻는 행위인 'attribution', 즉 '거론하고 망신주기(naming & shaming)'에도 국가들은 공조할 수 있다. 한국은 영국과 북한의 공급망 공격에 대한 합동주의보(2023.11.

23.)를, 독일과는 북한의 사이버 첩보 활동에 대한 합동주의보(2024.2.23.)를 발표하는 등 유럽의 유사입장국과 규칙기반의 사이버 안보 질서를 추구하고 사이버 공간에서의 책임 있는 국가 행위를 강조하기 위한 공동의 목소리를 빈번하게 냈었다.

한편 연합된 사이버 전력을 구사하기 위해서는 각국이 각자가 보유한 사이버 전력을 공동의 목표를 위해 기꺼이 사용하고 공유할 수 있어야 한다. 또한 각국은 사이버 기술과 방어 및 공격 전략을 상호간에 효과적으로 조율하여 공동의 사이버 방어를 위해 최적의 의사결정을 공동으로 내릴 수 있어야 한다. 우리의 경우 북한 사이버 위협 대응을 위한 '상황실(Situation Room)'이나 '전략커뮤니케이션 센터(strategic communication center)'를 한국에 설치하는 방안을 향후 고려해볼 수 있다. 이러한 상황실이나 센터 설치를 통해 한국은 북한을 포함한 역내 다양한 행위자에 의한 사이버 위협 정보를 다루는 정보 허브를 운영하고 역내 다양한 국가와 정보공유 및 위기 대응 협력을 도모할 수 있다.

# 참고문헌

QR코드를 스캔하면 참고문헌을 볼 수 있습니다.

국가위기관리의 스펙트럼

초판발행      2025년 3월 10일

지은이        김태영·송태은·이병석
펴낸이        안종만·안상준

편 집         김선민
기획/마케팅    장규식
표지디자인     벤스토리
제 작         고철민·김원표

펴낸곳        (주) **박영사**
             서울특별시 금천구 가산디지털2로 53, 210호(가산동, 한라시그마밸리)
             등록  1959. 3. 11. 제300-1959-1호(倫)

전 화         02)733-6771
f a x         02)736-4818
e-mail        pys@pybook.co.kr
homepage      www.pybook.co.kr
ISBN          979-11-303-2224-7  93350
copyright©김태영 외, 2025, Printed in Korea

정 가          35,000원